AtV

Harro Schulze-Boysen wurde am 2. September 1909 geboren, ab 1928 studierte der Großneffe des legendären Admirals Alfred von Tirpitz in Freiburg und Berlin Jura, ab 1934 arbeitete er in der Abteilung »Fremde Luftmächte« des Reichsluftfahrtministeriums und vermittelte als Kopf eines Widerstandskreises Informationen über den geplanten Überfall auf die Sowjetunion nach Moskau. Im August 1942 wurde er verhaftet und am 22. Dezember 1942 in Berlin-Plötzensee als »Landesverräter« hingerichtet. Bis zu seinem letzten Lebenstag hat sich Harro Schulze-Boysen regelmäßig in sehr persönlicher und zugleich politischer Weise mitgeteilt. Er war ein glänzender Stilist und hinterließ mehr als 400 Briefe an seine Eltern, Geschwister und Freunde.

Die vorliegende Auswahl aus diesem reichen Fundus zeichnet den widersprüchlichen politischen Werdegang Schulze-Boysens in einer Zeit gewaltiger sozialer und gesellschaftlicher Umbrüche nach. Anders als die meisten Bürgersöhne seiner Generation unterwarf er sich mit seinen Visionen und Hoffnungen nicht dem Zeitgeist. Er wollte den Untergang, in den er Hitler und sein »Drittes Reich« schon früh steuern sah, verhindern. Diese Haltung führte ihn in einem spannungsvollen Prozeß zwischen Anpassung und Selbstbehauptung zum Widerstand gegen den Nationalsozialismus.

Mit ihren zeitgeschichtlichen Analysen und Kommentaren zu den Briefen lassen die Herausgeber auch deren verborgenen Subtext unter den nach 1933 notwendigen Verschlüsselungen sichtbar werden, der die wahre Gedankenwelt des Hitlergegners und Offiziers im Reichsluftfahrtministerium wiedergibt.

Hans Coppi, 1942 in einem Berliner Frauengefängnis geboren, seine Eltern Hans und Hilde Coppi wurden als Mitglieder der »Roten Kapelle« hingerichtet, 1962 bis 1967 Ökonomiestudium in Berlin, 1992 Promotion mit einer biographischen Studie über Harro Schulze-Boysen, zahlreiche Veröffentlichungen zur »Roten Kapelle«.

Geertje Andresen, 1962 geboren, Germanistikstudium, 1985 bis 1995 wissenschaftliche Mitarbeiterin an der Gedenkstätte Deutscher Widerstand, z. Zt. wissenschaftliche Mitarbeiterin im Deutschen Bundestag.

Hans Coppi/
Geertje Andresen (Hg.)

Dieser Tod paßt zu mir

Harro Schulze-Boysen – Grenzgänger im Widerstand

Briefe 1915 bis 1942

Aufbau Taschenbuch Verlag

Überarbeitete und aktualisierte Ausgabe
Mit 21 Abbildungen

Der Verlag und die Herausgeber danken der Gedenkstätte Deutscher Widerstand Berlin für die Unterstützung bei der Entstehung dieser Publikation.

ISBN 3-7466-8093-X

1. Auflage 2002
Aufbau Taschenbuch Verlag GmbH, Berlin

Umschlaggestaltung Preuße & Hülpüsch Grafik Design
unter Verwendung des Fotos: Harro Schulze-Boysen und seine spätere Frau Libertas Haas-Heye, 1935, aus dem Archiv der Gedenkstätte des Deutschen Widerstands, Berlin
Satz LVD GmbH, Berlin
Druck Ebner & Spiegel, Ulm
Printed in Germany

www.aufbau-taschenbuch.de

Inhalt

Der Mythos »Rote Kapelle« 7

Kindheit und Jugend zwischen Krieg, Revolution und Stabilisierung (1909–1929) 22
- Familiäre Prägungen: Von Tirpitz bis Tönnies 22
- Krieg und Revolution: Warten auf den Vater 24
- Ferien in Schweden und England – Schulzeit in Duisburg . . . 28
- Ein »Bombenleben« – Studium in Freiburg 48

Die Suche nach Auswegen aus der Krise (1929–1933) 77
- Zwischen Studium und Jungdeutschem Orden 77
- Eingreifen in die Zeitläufte: Die »gegner« 132

Zwischen Depression und Selbstbehauptung (1933–1939) 164
- Verkehrsfliegerschule Warnemünde 164
- Eine schwierige Karriere: Das Reichsluftfahrtministerium . . . 190
- Vom Freundes- zum Widerstandskreis 228

Der Krieg: Hoffnung und Katastrophe (1939–1942) 279
- Student in Uniform: Die auslandswissenschaftliche Fakultät . . . 291
- Kassandro: Über Arvid Harnack zur sowjetischen Botschaft . . . 311
- Zeitenwende: Krieg gegen die Sowjetunion 337
- Verhaftung 370

Abkürzungsverzeichnis 383
Anmerkungen 385
Bildnachweis 414
Lebensdaten 415
Bibliographie 418
Personenregister 421
Zu dieser Ausgabe 439

Der Mythos »Rote Kapelle«

Zu meinen Kindheitserinnerungen gehören die Erzählungen meiner Großeltern und der Freunde meiner Eltern, wie sie im September 1942 plötzlich von der Gestapo verhaftet wurden. Meine Großeltern kamen nach zwei Wochen wieder frei. Meine Eltern wurden mit weiteren fünfundvierzig Frauen und Männern vom Reichskriegsgericht zum Tode verurteilt. Ich kam in einem Berliner Frauengefängnis zur Welt und blieb die ersten acht Monate bei meiner Mutter. Anfang August 1943, wenige Tage vor ihrer Hinrichtung, holte mich ihre Mutter aus dem Gefängnis in der Barnimstraße. Wenn meiner Eltern in den frühen Nachkriegsjahren vor dem Häuschen, in dem sie gewohnt hatten, gedacht wurde, dann hieß es, sie gehörten zur Widerstandsgruppe Schulze-Boysen/Harnack.

Als Kind stellte ich mir vor, daß mein Vater im antifaschistischen Untergrund mit Harro Schulze-Boysen und anderen verdeckte Aktionen gegen die Nazis im Schutz der CoppiDunkelheit vorbereitet und ausgeführt hatte. Später las ich, daß Hans Coppi als Funker der »Roten Kapelle« verschlüsselte Informationen von Harro Schulze-Boysen nach Moskau gesendet und meine Mutter ihn dabei unterstützt habe. Leben und Tod meines Vaters und auch meiner Mutter schienen für mich mit der Person Harro Schulze-Boysen verwoben zu sein.

Ich lebte in der DDR. Dort waren meine Eltern und ihre Freunde Helden des antifaschistischen Widerstandes. Ihre Biographie wurde zumeist von ihrem tragischen Ende aus erzählt, das ihren Lebensweg vorbestimmt überwölbte, als ob sich alles in ihrem Leben auf diesen Punkt zubewegt hätte. Ihr Opfergang wurde gewissermaßen zur Sinnstiftung ihres Lebens und hatte in der DDR seine Erfüllung gefunden. Das war zumindest die offizielle Lesart, die ich weitgehend angenommen hatte. Die DDR war mir Vaterland und Mutterland zugleich. Als sich in den achtziger Jahren Anspruch und Wirklichkeit in der DDR-Gesellschaft immer weiter auseinanderbewegten, begann mich der reale Alltag im Widerstand gegen das faschistische Deutschland immer mehr zu beschäftigen.

Harro Schulze-Boysen war eine Schlüsselfigur in einem weltanschaulich und politisch vielschichtigen Widerstandsverbund. Der Leutnant im Reichsluftfahrtministerium hatte meinen Vater im Frühjahr 1940 kennengelernt. Hans Coppi arbeitete damals als Dreher in einer kleinen Maschinenbaufabrik, war Mittelpunkt eines Freundes- und Widerstandskreises früherer Schulkameraden und hatte Kontakte zum kommunistischen Widerstand. Ich wollte mehr über den Luftwaffenoffizier, über seinen Lebensweg und seine entschiedene Auflehnung gegen das Nazi-Regime erfahren. Was verband die beiden Hitler-Gegner, die aus einem so unterschiedlichen sozialen und politischen Umfeld kamen?

Ich fand in der Nachkriegsliteratur in Ost und West für den im Alter von 33 Jahren hingerichteten Schulze-Boysen die unterschiedlichsten Attribute: Er galt als glänzend begabt, rührig, tapfer, menschlich, durchaus sauber, aber auch als bedenkenlos. Man bezeichnete ihn als Abenteurer, sektiererischen Eiferer, Fanatiker, Weltverbesserer, Salonbolschewisten, Meisterspion, Freiheitskämpfer, Kommunisten, nationalrevolutionären Aktivisten, Idealisten, Revolutionär, konspirativen Dilettanten, Nationalbolschewisten, Europäer, Patrioten, Landesverräter, Utopisten, antifaschistischen Widerstandskämpfer, Kundschafter und proletarischen Internationalisten. Wegen seiner Zusammenarbeit mit deutschen Kommunisten im Widerstand und seiner Kontakte zum sowjetischen Nachrichtendienst galt Harro Schulze-Boysen in der Bundesrepublik als Landesverräter, die DDR erhob ihn zum staatstragenden Vorbild.

Meine Gespräche mit seinen Freunden und Verwandten und die Recherchen in Archiven zeigten mir, daß viele Veröffentlichungen wenig mit Schulze-Boysens vielschichtigen Beweggründen und seinem wirklichen Leben zu tun hatten. Bereits als Heranwachsender war der Sohn eines kaiserlichen Marineoffiziers und Großneffe des legendären Admirals von Tirpitz politisch sehr interessiert und engagierte sich im Jungdeutschen Orden, einem national gesinnten Frontkämpferverband, der Ende der zwanziger Jahre in die politische Mitte rückte. Das Jurastudium unterbrach er, als er Ende 1931 eine Möglichkeit sah, als Redakteur und späterer Herausgeber der politisch nicht festgelegten Zeitschrift »gegner« zu arbeiten und in die sich überstürzenden Zeitläufe einzugreifen. Nach dem Verbot des »gegner« begann er im Mai 1933 eine Ausbildung an der Fliegerschule in Warnemünde. Durch glückliche Umstände und Beziehungen seines Vaters gelang es Schulze-Boysen, im April 1934 in der Abteilung »Fremde Luftmächte« des von Göring geleiteten Luftfahrtministeriums unterzukommen. Nach fünf Jahren wurde er zum Leutnant der Luftwaffe befördert. Mitte der dreißiger Jahre hatte sich um Harro Schulze-Boysen und seine Frau Libertas ein privater Freundes- und Widerstandskreis herausgebildet. Nachdem Schulze-Boysen Ende März 1941 über Arvid Harnack einen Vertreter der sowjetischen Botschaft kennengelernt hatte, ließ er diesem zahlreiche Informationen über die Vorbereitungen des Angriffs auf die Sowjetunion zukommen. Der nach dem Einfall deutscher Truppen in die Sowjetunion geplante Funkkontakt zwischen Berlin und Moskau kam wegen technischer Schwierigkeiten nicht zustande. Ende August 1942 wurde Schulze-Boysen von der Gestapo verhaftet. Zwei Tage vor Weihnachten wurde der Dreiunddreißigjährige auf Befehl Hitlers in Plötzensee erhängt. Sein toter Körper kam in die Anatomie und wurde später verbrannt. Alles, was an ihn und seine Frau Libertas erinnerte, sollte ausgelöscht werden. Ihre persönlichen Gegenstände wurden beschlagnahmt und als »Feindvermögen« zugunsten der Staatskasse veräußert.

Greta Kuckhoff, eine Mitstreiterin Schulze-Boysens, selbst knapp dem Todesurteil entgangen, hatte in der Haft über eine Mitgefangene die Mitteilung Arvid Harnacks erhalten, sie solle, falls sie den Krieg überlebte, mit den Verantwortlichen aus Moskau die Umstände klären, die zur Verhaftung der Berliner Gruppen geführt hatten. Es seien eine Reihe schwerwiegender Fehler gemacht worden.

Nach der Befreiung benannte Greta Kuckhoff die für die deutschen Widerstandskämpfer so folgenschweren Mängel der sowjetischen Seite: das Nicht-wahrhaben-wollen des heraufziehenden Krieges, die unzureichende Vorbereitung des Funkverkehrs und den leichtfertigen Umgang mit dem Telegramm, das die Namen und Adressen von Schulze-Boysen und Kuckhoff enthielt und von der deutschen Funkabwehr entschlüsselt wurde. Alexander Korotkow, der Verbindungsmann der sowjetischen Botschaft im Frühjahr 1941, war inzwischen ein hochrangiger Offizier des KGB in Deutschland. Es kam zu keinem klärenden Gespräch. Die Moskauer Zentrale war an einer Aufklärung der Ursachen, die zur Verhaftung und zum Tod vieler Menschen geführt hatten, nicht interessiert und schwieg. Als Greta Kuckhoff die KPD-Führung im Herbst 1945 bat, sie bei ihrem Anliegen zu unterstützen, löste ihre Schilderung nur ungläubiges Staunen aus. Ihr wurde von führenden Funktionären nahegelegt, weitere Recherchen in diesem brisanten Umfeld zu unterlassen.

Die überlebenden Beteiligten der Widerstandsgruppe und die Familienangehörigen verfügten nur über ein bruchstückhaftes Wissen von dem wirklichen Ausmaß des geleisteten Widerstandes. Die Untersuchungsakten der Gestapo und die Unterlagen des Reichskriegsgerichtes galten als vernichtet oder verschollen. In den Nachkriegsjahren bemühten sich Freunde und Verwandte, mit Veröffentlichungen und Gedenkveranstaltungen in Ost und West ihre ermordeten einstigen Mitstreiter und Angehörige dem Vergessen zu entreißen.

Für die Schriftstellerin Ricarda Huch gehörte der Luftwaffenoffizier Schulze-Boysen mit den Geschwistern Scholl, den Männern aus dem Kreisauer Kreis und den »Verschwörern des 20. Juli« nach dem Krieg zu den Märtyrern und Heldenmütigen, die den Versuch unternommen hatten, das Schreckensregime Hitlers zu stürzen. Überlebende aus der Widerstandsgruppe und Angehörige wollten einen authentischen Bericht über die illegale Arbeit, die Verhaftungen, Vernehmungen und die Prozesse erstellen und die Beweggründe der Beteiligten aufzeigen. Das im Jahre 1948 von der Vereinigung der Verfolgten des Naziregimes (VVN) herausgegebene Buch über die Schulze-Boysen/Harnack-Gruppe verdeutlichte ihre weltanschauliche und politische Differenzierung, würdigte die intellektuelle Lauterkeit und menschliche Integrität der Akteure und ihre Widerstandsaktivitäten. Hinweise auf die Verbindungen zur Sowjetunion wurden ausgelassen oder umschrieben.[1]

Harro Schulze-Boysen und seine Freunde, die in mehreren lose miteinander verbundenen Widerstandskreisen in Berlin gewirkt hatten, wurden bald nach 1945 in westlichen Veröffentlichungen als Teil eines Westeuropa umspannenden sowjetischen Spionagenetzes angesehen. Nachdem die deutsche Abwehr in Belgien Ende 1941 verstärkte Funkkontakte von Westeuropa nach Moskau festgestellt hatte, erfand sie den Fahndungsnamen »Rote Kapelle«. Die Gestapo ermittelte in der Folgezeit unter diesem Tarnbegriff gegen zahlreiche Verdächtige, von denen sie annahm, daß sie in Verbindung mit sowjetischen Nachrichtendiensten standen. In Belgien, Holland, Frankreich und in Deutschland wurden von Dezember 1941 bis Mitte 1943 mehr als 250 Personen verhaftet; weit über einhundert Frauen und Männer wurden entweder in der Untersuchungshaft ermordet, nach Gerichtsverfahren hingerichtet, nahmen sich das Leben oder kamen in Konzentrationslagern um. Gegenüber der NS-Führung hatte die Gestapo in einem Abschlußbericht das Bild einer weit verzweigten, eng miteinander verflochtenen und vom Moskauer militärischen Nachrichtendienst gesteuerten kommunistischen Spionageorganisation entwickelt, die sie durch ihre Ermittlungen aufgespürt und zerschlagen habe. Dieses im November 1942 zur eigenen Reputation aufgebaute Konstrukt hatte mit den realen Gegebenheiten wenig zu tun, da die Verhafteten in überwiegend autonomen Kreisen oder einzeln agierten. Die meisten der in Berlin Inhaftierten wußten nichts von den gelegentlichen Kontakten, die Harro Schulze-Boysen, Arvid Harnack und Adam Kuckhoff zu sowjetischen Gewährsleuten hatten.

Kurz nach dem Krieg bezeichnete Allan Welsh Dulles, der als amerikanischer Geheimdienstoffizier Kontakte zu deutschen Hitler-Gegnern in der Schweiz hatte, Harro Schulze-Boysen als den wichtigsten deutschen Spion in russischen Diensten.[2] Auf Quellen stützte er seine Behauptungen nicht. Immer häufiger wurde Schulze-Boysen in westdeutschen Veröffentlichungen als sowjetischer Agentenführer hingestellt. Der Vater Erich Edgar Schulze verfaßte gegen die sich ausbreitenden Verratsphantasien ein Lebensbild seines Sohnes. Schulze, Vorstandsmitglied der Deutschen Maschinenbau AG in Duisburg und Präsident der Niederrheinischen Industrie- und Handelskammer, bat seine Schwägerin Elsa Boysen, das schmale Buch unter ihrem Namen herauszubringen.[3] Dieses Buch hatte genausowenig wie andere Veröffentlichungen die Chance, in der westdeutschen Öffentlichkeit zu einem adäquaten Bild des Widerstandes beizutragen. Vor dem Hintergrund der Frontstellung gegen die Sowjetunion im Kalten Krieg wurde die Gegnerschaft zum NS-Regime weitgehend auf die Kontakte Schulze Boysens zum sowjetischen Nachrichtendienst reduziert und in Kontinuität zu den nationalsozialistischen Deutungsmustern als Spionage für eine feindliche Macht ausgelegt. Die aktuelle Politik bemächtigte sich der Berliner Widerstandskreise.

Mit dem Kriegsende hatte sich der amerikanische Geheimdienst für die »Rote Kapelle« zu interessieren begonnen, um Arbeitsweise und Strukturen der sowjetischen Nachrichtendienste zu erforschen. Frühere Gestapo-Beamte, Mitarbeiter der Abwehr und des Reichskriegsgerichtes wurden befragt. Man sammelte Materialien und legte Dossiers zu allen Beteiligten und zu deren Angehörigen an. Überlebende Widerstandskämpfer und Angehörige der Ermordeten wurden in den ersten Nachkriegsjahren observiert. Die einstigen Verfolger aus Gestapo, Abwehr und NS-Justiz galten nunmehr als Fachleute in Sachen »Rote Kapelle« und bestimmten die Deutungsmuster. Sie suggerierten, daß Teile der »Roten Kapelle« nicht aufgedeckt worden seien. Mitarbeiter des amerikanischen CIC gingen davon aus, daß dieses »schlafende Netz« in Zeiten des eskalierenden Ost-West-Konflikts reaktiviert werden könnte. Von ähnlichen Überlegungen ließ sich der damalige Chef des Bundesnachrichtendienstes Reinhard Gehlen leiten. Er vertrat in den fünfziger Jahren die Auffassung, daß Personen aus der »Roten Kapelle« unerkannt leitende Positionen in der Bundesrepublik innehätten. Mit ihren Berichten stilisierten die früheren Verfolger die »Rote Kapelle« zur größten Spionageorganisation des Zweiten Weltkrieges. Das revitalisierte Konstrukt »Rote Kapelle« nahm – jetzt als westliches Medienereignis – einen immer größeren Umfang an und wurde zu einem Synonym für sowjetische Spionage schlechthin. Die Verfasser und ihre Quellen blieben zumeist ungenannt.

Der Luftwaffenoffizier Harro Schulze-Boysen avancierte in diesen Veröffentlichungen zum Chefinformanten des sowjetischen Geheimdienstes. Seine Stellung im Luftfahrtministerium regte die Illustrierten von »Stern« bis »Praline« zu immer neuen phantastischen Kombinationen im Reich von Spionage, Sex und Verrat an.

Für den Historiker Gerhard Ritter, der in den fünfziger Jahren eine erste biographische Untersuchung zu Carl Goerdeler und dem »20. Juli« vorlegte, war der »sozialromantische« Schulze-Boysen ein »geistiger Abenteurer«, der sich bedingungslos dem Landesfeind als höchst gefährliches Werkzeug zur Verfügung gestellt hatte: »Mit ›deutschem Widerstand‹ hatte diese Gruppe nichts zu tun, man sollte daran keinen Zweifel lassen. Sie stand ganz eindeutig im Dienst des feindlichen Auslandes. Sie bemühte sich nicht nur, deutsche Soldaten zum Überlaufen zu bewegen, sondern verriet wichtige militärische Geheimnisse zum Verderben deutscher Truppen. Wer dazu als Deutscher imstande ist, mitten im Kampf auf Leben und Tod, hat sich von der Sache seines Vaterlandes losgelöst, er ist Landesverräter (nicht nur dem Buchstaben des Gesetzes nach).«[4] Als Quelle gab Ritter eine 1952 erschienene Schrift des früheren Anklägers beim Reichskriegsgericht Manfred Roeder an. Mit den Behauptungen vom Verrat der »Roten Kapelle« hatte Roeder bereits 1951 den Wahlkampf der dann später verbotenen rechtsradikalen »Deutschen Reichspartei« bestritten.

Überlebende aus den Widerstandskreisen und Angehörige von Hingerichteten hatten gegen den noch im Januar 1945 zum Generalrichter beförderten Roeder im Jahre 1948 ein Ermittlungsverfahren wegen »Aussageerpressung im Amt« angestrengt. Roeder befand sich zu dieser Zeit in amerikanischer Kriegsgefangenschaft. Er wurde wiederholt vom amerikanischen Office of Councel for War Crimes, Special Projects Division, und von einer Dienststelle des CIC vernommen, der Roeder bis in die fünfziger Jahre hinein als informellen Mitarbeiter führte.

Die Staatsanwaltschaft Lüneburg folgte im Jahre 1951 der Argumentation der ehemaligen Senatspräsidenten, Richter, Staatsanwälte und Gestapobeamten. Roeder wurde mit der Feststellung entlastet, daß alle Beschuldigten durchaus zu Recht wegen Landesverrats verurteilt worden waren und es sich bei den Prozessen gegen die Frauen und Männer im Jahre 1942/43 um ein ordnungsgemäßes Strafverfahren gehandelt habe. Die Opfer erlebten auf diese Weise eine bittere Neuauflage der Schuldsprechung nationalsozialistischer Gerichte. Die Macht der nationalsozialistischen Rechtsnormen schien ungebrochen.

Dabei hätte sich die Staatsanwaltschaft auch an den Aussagen anderer Zeugen orientieren können. Der ehemalige Gruppenleiter der Gegenspionage in der militärischen Abwehr Joachim Rohleder erklärte, daß durch die Weitergabe von militärischen Nachrichten kein erheblicher militärischer Schaden eingetreten sei, weil es keinen Funkverkehr gegeben habe. Rohleder hatte im November 1942 in der Gestapo-Zentrale noch ein Gespräch mit Schulze-Boysen unter vier Augen geführt und dabei den Eindruck gewonnen, daß Schulze-Boysen und Harnack aus gefühlsmäßigen und besonders aus verstandesmäßigen Gründen gegen das von den Nazis regierte Deutschland gehandelt hätten: »Sie hielten den Krieg für ein Verbrechen. Es kam für sie darauf an, alles zu tun, um Rußland in seinem Kampf gegen Nazideutschland zu unterstützen und durch Dienstleistungen jeder Art beizeiten seine Gunst und Freundschaft für das deutsche Volk, dessen Kriegsniederlage feststand, zu erkaufen. Die Tatsachen zeigten, daß Schulze-Boysen und seine Helfer auch vor militärischer Spionage zugunsten Rußlands nicht zurückgeschreckt sind. Ihre Hauptaufgabe sahen sie darin, das deutsche Volk politisch aufzuklären und alles zu tun, um das Hitlerregime zu beseitigen.«[5]

Diese differenzierte Meinung wurde nicht Gegenstand der öffentlichen Auseinandersetzung. Statt dessen wurden die unter Stalin begangenen Verbrechen und die übersteigerte Ablehnung kommunistischer Bestrebungen in historisch unzulässiger Weise in die moralische Entscheidungssituation des Widerstands projiziert. Die aufkommende Agentenhysterie tat ein übriges, um die Legende einer weit verzweigten sowjetischen Spionageorganisation zu nähren und die Gruppen um Harnack und Schulze-Boysen als deren deutsche Ableger abzustempeln. 1951 bezeichnete die Zeitschrift »Stern« in einer Serie über die »Rote Kapelle« Harro Schulze-Boysen als »Lumpen«. Erich Edgar Schulze wehrte sich in einem Brief an die Redaktion gegen diese Diffamierung seines Sohnes: »Hochverrat und Landesverrat sind relativ klar definierbare Tatbestände. Zu einer *menschlichen* Wertung reichen aber solche (und andere) formaljuristischen Kategorien nicht immer aus, besonders in einer so spannungsreichen Zeit wie der nach 1933 ... Das Kriterium, ob einer ein Lump ist, liegt nicht an der Grenze zwischen Hoch- und Landesverrat ..., sondern das Motiv des Handelns ist das Kriterium ... Für meinen Sohn war Hitler *der* große Landesverräter, dem gegenüber er keine höheren Bedingungen kannte und den zu verraten er für keinen Verrat hielt.«

Die Ausgrenzung von Harro Schulze-Boysen und seinen Mitstreitern aus dem deutschen Widerstand stand in Artikelserien und Buchpublikationen der fünfziger Jahre vielfach in deutlicher Kontinuität zu den Behauptungen der Gestapo und der NS-Justiz. In den Dolchstoßphantasien wurde nicht nur der »Roten Kapelle«, sondern auch den Widerstandskämpfern des »20. Juli« »Vaterlandsverrat« vorgeworfen. Damit wurde nachträglich das Unrechtsregime legitimiert, gegen das sich der Widerstand gerichtet hatte.

Margret Boveri, die Harro Schulze-Boysen als aktivsten und leidenschaftlichsten Geist in der »Roten Kapelle« würdigte, relativierte diese Sicht in ihrem Buch »Verrat im 20. Jahrhundert«: »Waren sie alle Verräter, nicht nur im nazistischen, sondern im wahren Sinne des Wortes?«[6] Dem Historiker Hans Rothfels schien die Ausgrenzung aus der Opposition gegen Hitler eher fragwürdig. Er warnte davor, »ex post« eine eindeutige Linie zu ziehen zwischen dem, was der »Rettung« des Landes, und dem, was seiner »Preisgabe« dient.[7]

Der streitbare Theologe Karl Barth bezog in seiner Rede anläßlich des Volkstrauertages im Jahre 1954 ausdrücklich die Widerstandskämpfer der »Roten Kapelle« ein. Seine Ausführungen lösten nicht nur bei den anwesenden Politikern der CDU Empörung aus. Auch der hessische Ministerpräsident Zinn von der SPD distanzierte sich von Barths Ehrung der »Roten Kapelle«.[8]

Der ehemalige Gefängnispfarrer Harald Poelchau berichtete voller Hochachtung von den Frauen und Männern der »Roten Kapelle«, die er auf ihrem letzten Weg begleitet hatte. Er, der selbst dem »Kreisauer Kreis« angehört hatte, war davon überzeugt, daß sich diese Gruppe trotz ihrer östlichen Orientierung mit den Männern des »20. Juli« zusammengefunden hätte, wenn sie nicht im Entstehen schon vernichtet worden wäre.

Auf die Auseinandersetzungen in der Bundesrepublik zum Standort der Kreise um Harro Schulze-Boysen in der deutschen Widerstandsbewegung wurde in der DDR in den fünfziger Jahren kaum eingegangen. Harro Schulze-Boysen und seine Freunde gehörten zu den Helden des antifaschistischen Widerstandes. Sie wurden in Veröffentlichungen zum Widerstand erwähnt, die sich zumeist auf das 1948 von der VVN herausgegebene Buch oder auf Erinnerungen von Zeitzeugen bezogen. Weder die Schrift von Elsa Boysen über Harro Schulze-Boysen noch die Widerstandsmonographie »Der lautlose Aufstand« von Günther Weisenborn wurden in der DDR verlegt. Die SED-Geschichtsschreibung nahm sich erst Mitte der sechziger Jahre dieser Widerstandsgruppe an. In der »Geschichte der deutschen Arbeiterbewegung« wurde aus den informellen Berliner Freundschafts- und Widerstandskreisen um Schulze-Boysen und Harnack eine der größten antifaschistischen Widerstandsorganisationen. Diese Darstellung skizzierte das Bild einer zentralen Berliner Leitung für eine weit verzweigte Organisation mit Stützpunkten in vielen Orten Deutschlands, mit Verbindungen nach Frankreich, Griechenland, den Niederlanden, Österreich, in die Schweiz und in die Sowjetunion. Die Tatsache, daß sich unter den Mitgliedern des Widerstandsverbundes auch die früheren KPD-Funktionäre und Journalisten Wilhelm Guddorf, Walter Husemann und John Sieg befanden, galt nun als Beleg für die Führung des Widerstands durch die KPD und deren auf eine breite antifaschistische Front ausgerichtete Generallinie. Damit wurde der Mythos eines zentral organisierten und effektiv durch die emigrierte Führung der KPD in Moskau geleiteten Widerstands in Deutschland gestützt. Diese Interpretation war jedoch von der komplizierten Situation des kommunistischen Widerstands in Deutschland nach der Zerschlagung seiner organisatorischen Basis Mitte der dreißiger Jahre durch die Gestapo weit entfernt.

Greta Kuckhoff wandte sich Ende der sechziger Jahre an das Institut für Marxismus-Leninismus des ZK der SED, das diese Neubewertung vorgenommen hatte, und versicherte, daß sie in der illegalen Arbeit von der Führung durch Funktionäre der KPD nichts bemerkt hätte. Bis kurz vor der Verhaftung hätte sich ihr Mann vergeblich um einen Kontakt zu KPD-Leitungsgremien bemüht. Von einer Anleitung durch die Moskauer Führung der KPD könne keine Rede sein. Nach der Befreiung hätte niemand in der KPD-Führung die Namen Harnack, Schulze-Boysen und Kuckhoff gekannt. Die KPD-Zentrale sei davon ausgegangen, daß es sich bei den Verhafteten um Personen gehandelt habe, die den Kreisen des »20. Juli« nahegestanden hätten.[9] Greta Kuckhoffs Einwände führten jedoch zu keiner realitätsnahen Bewertung der Widerstandsgruppe.

Der Paradigmenwechsel in den sechziger Jahren war weder durch Erschließung neuer Quellengrundlagen begründet noch Ergebnis sorgfältiger historiographischer Untersuchungen. Mit dem Rückgriff auf den antifaschistischen Widerstand legitimierte die SED ihre führende Rolle in der DDR. Mit der Berufung auf die Märtyrer sicherte sich die SED-Führung ihre moralische Reputation und ihre Unangreifbarkeit. Die Übernahme des Gestapo-Konstruktes von der größten kommunistischen Spionageorganisation, jetzt mit umgekehrtem politischem Vorzeichen, zeigte sich am deutlichsten in der erstmaligen Würdigung von Kontakten zum sowjetischen Nachrichtendienst. Die »Kundschafter«, so die positive Besetzung nachrichtendienstlicher Tätigkeit, hätten einen bedeutsamen Beitrag zur Befreiung Deutschlands vom Faschismus geleistet. Das Ministerium für Staatssicherheit entdeckte nach der parteigeschichtlichen Neubewertung in der »Roten Kapelle« ein traditionsstiftendes Potential. Erich Mielke begründete die aktive Beteiligung des Ministeriums bei der Erforschung und Würdigung der Widerstandsorganisation mit der Tatsache, daß in der »Roten Kapelle« mehrere »verdienstvolle Kundschafter der sowjetischen Sicherheitsorgane« tätig gewesen seien. Die »Kundschaftertätigkeit« für die Sowjetunion betrachtete Mielke als die »höchste Form des antifaschistischen Widerstandskampfes«.[10] Dem Komitee für Staatssicherheit in Moskau wurde vorgeschlagen, die deutschen »Kundschafter« mit sowjetischen Auszeichnungen zu ehren. Diese Ehrung sollte in der Öffentlichkeit den gemeinsamen Kampf deutscher Patrioten mit der Sowjetunion als »proletarischen Internationalismus in Aktion« illustrieren. Außerdem erhoffte sich das MfS mit derartigen Veröffentlichungen über die »Rote Kapelle« eine Außenwirkung nach Westdeutschland. Die Abteilung IX/11 begann, eine Sammlung mit Kopien von Dokumenten aus

Archiven, Artikeln und Büchern aufzubauen, und erhielt auch einzelne Berichte aus Moskau. Der Forschung waren diese Materialien jedoch nicht zugänglich.

Am 7. Oktober 1969 verlieh die sowjetische Regierung an zwölf Frauen und achtzehn Männer des Widerstandes postum Orden des Großen Vaterländischen Krieges, die Ende Dezember 1969 durch den sowjetischen Botschafter Pjotr Abrassimow an die Angehörigen übergeben wurden. Den Rotbannerorden für Harro Schulze-Boysen überbrachte ein Mitarbeiter der sowjetischen Botschaft in Bonn den Eltern in Mülheim. Nach dieser späten Anerkennung widmeten sich die sowjetischen und DDR-Medien ausführlicher der »Roten Kapelle«. Ihre Geschichte wurde zu einem häufigen Thema antifaschistischer Spionageliteratur.[11] Die Fragen nach den Ursachen für die Preisgabe der Berliner Widerstandsgruppe durch das fahrlässige Verhalten des sowjetischen militärischen Nachrichtendienstes wurden weiterhin tabuisiert. Die Berichte der Vertreter der sowjetischen Nachrichtendienste über die Verbindungen und Gespräche mit Arvid Harnack, Harro Schulze-Boysen, Adam Kuckhoff und anderen deutschen Informanten blieben ebenso unter Verschluß wie die Funksprüche des Agenten »Kent« nach dessen Besuch bei Schulze-Boysen im November 1941 in Berlin.

Der Wiederentdeckung der »Roten Kapelle« in der DDR folgte wie in anderen Fällen auch die politische Vereinnahmung. Unter Ausdünnung des Reichtums an Motivationen wurde nunmehr der Widerstand zum »patriotischen Kampf in Liebe und Treue zur Heimat des Sozialismus« stilisiert, begleitet von der Formel, daß das Vermächtnis auch dieser Widerstandsgruppe in der DDR seine wahre Erfüllung gefunden habe. Im Rahmen der »antifaschistischen Traditionspflege« erfuhren Mitglieder der Widerstandsgruppen durch Ehrungen verstärkte öffentliche Aufmerksamkeit. Ein Luftnachrichtenregiment bei Strausberg wurde nach Harro Schulze-Boysen benannt, auch zwei Flugplätze der Gesellschaft für Sport und Technik, Jugendbrigaden, eine Schule und eine Straße in Berlin-Lichtenberg erhielten seinen Namen. Die Formen der offiziellen Wertschätzung spiegelten die wachsende Ritualisierung des Antifaschismus. Die moralische Überhöhung der Akteure des Widerstands zu makellosen Helden verhinderte eine an der historischen Wirklichkeit orientierte Bilanzierung ihres Lebens. Dies führte auch zu einer Glättung ihrer Biographien.[12]

Greta Kuckhoffs[13] und Elfriede Pauls[14] Erinnerungsberichte fanden ein interessiertes Publikum und bildeten aufgrund ihrer persönlichen Sicht ein Gegengewicht zur Verzeichnung von Schulze-Boysen und der ihn umgebenden Gruppe. Allerdings trugen auch sie deutliche Spuren von Selbstzensur im Sinne der herrschenden Geschichtsinterpretation, die sich auch in dem viel beachteten Defa-Film »klk an ptx – Die rote Kapelle«[15] zeigte.

Der französische Publizist Gilles Perrault leitete 1967 mit seinem Buch über die »Rote Kapelle« im Westen einen Perspektivwechsel ein. Für ihn war die nachrichtendienstliche Tätigkeit ein wichtiger Beitrag im Kampf gegen die deutsche Besatzungsmacht und zur Überwindung der Hitler-Diktatur.[16] Er bezog ausdrücklich die deutschen Widerstandskreise ein. Das antifaschistische Spionagemilieu faszinierte den Franzosen. Auch für Perrault war die Berliner Gruppe Teil eines sowjetischen Nachrichtennetzes. Er hatte allerdings Sympathie und Respekt für die Deutschen, die zu einer Zusammenarbeit mit den Russen gegen ihre eigene Regierung bereit gewesen waren.

Die von Patrick Rotmann verfaßten Memoiren von Leopold Trepper[17], einem wichtigen Agenten des sowjetischen militärischen Nachrichtendienstes in Belgien und Frankreich in den Jahren 1938 bis 1942, vermitteln die Sicht eines früheren sowjetischen Nachrichtendienstoffiziers. Trepper stilisierte Schulze-Boysen, den er nie kennengelernt hatte, zu seinem Informanten und zu einem Agenten des sowjetischen militärischen Nachrichtendienstes. Ständig seien Informationen von Berlin über seine Funkstellen in Belgien und Holland nach Moskau geflossen. Er »enthüllte«, sogar ein Stenograph Hitlers sei Mitglied der Schulze-Boysen-Gruppe gewesen. Die Phantasien in den Erinnerungen dienten auch seiner Selbstdarstellung als »Grand Chef« des größten sowjetischen Spionagerings.

Zeitgleich zu den Veröffentlichungen in Frankreich und in der DDR setzte Ende der sechziger Jahre in der Bundesrepublik eine erneute Diskussion über die »Rote Kapelle« ein. Die »Welt« reaktivierte in Artikelserien die »deutsche Spionage für Rußland« mit der eindeutigen Stoßrichtung, die Frauen und Männer um Arvid Harnack und Harro Schulze-Boysen auch weiterhin aus dem Widerstand gegen den Nationalsozialismus auszugrenzen.[18] Noch immer wurde die Landschaft des Verrats durchforstet. Wilhelm Ritter von Schramm spekulierte über ein mögliches Zusammenwirken von Harro Schulze-Boysen mit der Schweizer Gruppe um Alexander Rado.[19]

1968 nahm sich das Nachrichtenmagazin »Der Spiegel« der Geschichte des »sowjetischen Spionageringes Rote Kapelle« an.[20] Die Artikel von Heinz Höhne bildeten auch die Grundlage für sein 1970 publiziertes Buch »Kennwort Direktor. Die Geschichte der Roten Kapelle«, das sich vor allem gegen die »Selbstrechtfertigung der Akteure« richtete.[21] Harro Schulze-Boysen geriet im Dickicht aus Dichtung und Wahrheit zum »fanatischen Beweger« mit einem Hang zum Irrationalismus, zum charismatischen Führer eines Spionagerings, der seine Gruppe energisch, rücksichtslos und unvorsichtig vorantrieb. Die mit vielen Fußnoten versehene Geheimdienststory scheint nur auf den ersten Blick akribisch recherchiert. Viele Aussagen bedienen zwar das auch von diesem Autor konstruierte Spionagemilieu, gehen aber an der realen Lebenswelt, den Beweggründen der Akteure vorbei und verfälschen das tatsächliche historische Geschehen. Der Phantasie sind keine Grenzen gesetzt. Höhne läßt Schulze-Boysens Nachrichtendienst auf Hochtouren laufen und über 500 Funksprüche nach Moskau übermitteln. Die von ihm angegebenen militärischen Nachrichten kamen jedoch aus der Schweiz. Tatsächlich ist aus Berlin nur ein einziger Funkspruch abgesandt worden. Ein siebenteiliger Fernsehfilm vom gleichen Autor folgte der Linie des Buches.

Der CIA brachte im Jahre 1979 seine Version der Geschichte der »Roten Kapelle« heraus.[22] Hierin finden sich ohne jeglichen Hinweis auf Quellen völlig neue Gruppen und Länder in einer immer weiter ausufernden Organisation. Ein im rechten Spektrum angesiedelter Verlag publizierte dieses Buch mit wenigen Änderungen in der Bundesrepublik Deutschland.[23]

Die Verbindungen von Vertretern des deutschen Widerstandes mit Nachrichtendiensten der Anti-Hitler-Koalition gerieten jedoch nicht immer in eine Grauzone von moralisierenden Spionage- und Verratsklischees. Die Kontakte von Hans Oster, Helmuth James Graf von Moltke und anderen zu westlichen Nachrichtendiensten wurden jetzt in der Bundesrepublik als Teil ihrer Auflehnung gegen das NS-Regime akzeptiert und gewürdigt.

Als Gegenentwurf zur herrschenden Geschichtsschreibung verstand der Schriftsteller Peter Weiss seine literarische Verarbeitung der Geschichte der Widerstandsgruppierung um Schulze-Boysen und Harnack im dritten Band der »Ästhetik des Widerstands«.[24] Ihn faszinierten an der Berliner Gruppe die Ansätze einer neuen breiten Front, in der sich die Zweifelnden, die Ängstlichen, die Mutigen und Entschlossenen, Arbeiter und Intellektuelle zu einer Avantgarde zusammengefunden hatten.

Harro Schulze-Boysens Aktivitäten in der Endphase der Weimarer Republik fanden in der Bundesrepublik ebenfalls Beachtung. Die Einordnung der von ihm herausgegebenen Zeitschrift »gegner« und des dazugehörigen Diskussionskreises in das Umfeld von nationalrevolutionären und nationalbolschewistischen Zirkeln erweist sich jedoch als problematisch.[25] Harro Schulze-Boysen war eher Europäer als Nationalist. Für ihn war Deutschland ein wichtiger Teil dieser Welt, nicht aber das Zentrum seines Denkens und Fühlens. Er suchte keine deutschen, sondern internationale Antworten auf die Krise der Gesellschaft. Deshalb waren ihm Kontakte zu französischen nonkonformistischen jungen Leuten so wichtig und sein Interesse an den Vorgängen in der Sowjetunion so groß. Außenpolitische Fragen gehörten zu den zentralen Achsen seines Denkens.

Die mit der politischen Entwicklung der Nachkriegsgeschichte verwobenen Deutungsmuster von Spionage und Landesverrat auf der westlichen Seite und von der sich an den Beschlüssen der Führung der KPD orientierenden Widerstandsorganisation oder der mit der Sowjetunion verbundenen »Kundschaftergruppe« auf der östlichen Seite Deutschlands dominierten als komplementäre Fehleinschätzungen bis in die achtziger Jahre hinein die historische Publizistik.

Seit Mitte der achtziger Jahre vollzog sich eine erkennbare Neubewertung der Widerstandsgruppierung Schulze-Boysen/Harnack. Ihre Einbeziehung in die Berliner Gedenkstätte Deutscher Widerstand beendete deren vormalige Ausgrenzung aus dem deutschen Widerstand gegen den Nationalsozialismus.[26] Die Arbeiten von Heinrich Scheel leiteten für die DDR-Historiographie eine an den Überlieferungen orientierte Sicht auf die Widerstandsgruppe ein.[27] Im Rahmen eines Forschungsprojektes zur Geschichte der Widerstandsorganisation Schulze-Boysen/Harnack an der Akademie der Wissenschaften der DDR wurde 1987 mit der Sammlung und Dokumentation von Überlieferungen sowie der Erarbeitung von Biographien begonnen.[28]

Die Ausstellung »Rote Kapelle. Ein Portrait der Widerstandsgruppen um Arvid Harnack und Harro Schulze-Boysen in Fotografien und Selbstzeugnissen« und eine wissenschaftliche Tagung führten 1992 zu einer neuen Sicht auf die »Rote Kapelle«.[29] Jetzt konnten sich Historiker erstmals auf Recherchen in bisher nicht zugänglichen Beständen Moskauer, Washingtoner, Prager, Berliner und privater Archive sowie auf Befragungen zahlreicher Zeitzeugen stützen.

Der Großteil der Veröffentlichungen in Ost und West war für eine differenzierte Annäherung an das wechselvolle Leben von Harro Schulze-Boysen wenig geeignet. Herkunft und familiäre Traditionen, Kindheit und Jugend wurden in der Mehrzahl der bisher vorliegenden Publikationen kaum befragt, seinem widerspruchsvollen Weg in den Widerstand selten nachgegangen. Das Leben von Harro Schulze-Boysen wurde oftmals aus den Umständen, die zu seinem gewaltsamen Tod führten, nicht aber aus seinen Prägungen und Antriebskräften erklärt. Dabei wurde sein tatsächlicher Lebensverlauf häufig entstellt.

Seine vielschichtige Persönlichkeit sperrte sich gegen eine Einordnung in die üblichen Klischees. Sein Leben verlief zwischen den Kriegen und in den ersten Jahren des Zweiten Weltkrieges in Kontinuitäten und

Brüchen zu seinem sozialen Umfeld und wurde von den dramatischen Umständen der Geschichte der ersten Hälfte dieses Jahrhunderts geprägt und bedroht. Außergewöhnlich war seine Art, auf diese Ereignisse zu reagieren. Er stellte in seiner Haltung und Konsequenz, sich dem herrschenden NS-Regime zu verweigern, innerhalb seiner Generation eine Ausnahme dar.

April 1999 *Hans Coppi*

Der 22. Dezember 1942 ist ein kalter, grauer Tag.

Berlin-Plötzensee – die Todeszelle. Auf einem Schemel sitzt ein blasser, hochaufgeschossener Mann. Vor ihm auf einem kleinen Tisch ein weißes Blatt Papier, Kopfbogen des Gefängnisses. Ein Abschiedsbrief. Vor drei Tagen, am 19. Dezember, ist er zusammen mit acht weiteren Angeklagten zum Tode verurteilt worden. Wegen Vorbereitung zum Hochverrat, Kriegsverrats, Zersetzung der Wehrkraft und Spionage.

Er schreibt einen Brief an seine Eltern: »Ich denke an Vaters letzten Blick, bis zuletzt. Ich denke an die Weihnachtsträne meiner lieben kleinen Mutter. Es bedurfte dieser letzten Monate, um Euch so nah zu kommen. Ich habe, ich verlorener Sohn, ganz heimgefunden, nach so viel Sturm und Drang, nach so viel Euch fremd anmutenden Wegen ... Ja, ich denke noch an so manche(n), – zurück an ein reiches, schönes Leben, von dem so Vieles ich Euch verdanke, so Vieles, das nie gelohnt wurde.«

Es ist eine späte Versöhnung mit den Eltern, eine Art Rückkehr in den Schoß der Familie, so kurz vor dem Tod. Sie waren oft nicht einverstanden gewesen mit den Lebenswegen ihres ältesten Sohnes. Seine Mutter, eine temperamentvolle Frau, hatte manches Mal versucht, sich in Harros Leben einzuschalten, das Privatleben des Sohnes zu ordnen und ihn auf den »richtigen« Berufsweg zu bringen. Sein Vater, jetzt Korvettenkapitän in den Niederlanden, von Harro sehr verehrt, hatte in hitzigen Gesprächen versucht, den ältesten Sohn von seinen radikalen, zunächst sehr rechten, dann zunehmend linken Ideen abzubringen.

Harro schreibt noch einen zweiten Brief – nur an den Vater. In wenigen Zeilen will er ihm seine Beweggründe verdeutlichen, warum er mit den Vorschriften und Gesetzen des Staates in Konflikt geraten ist. Harro ahnt, wie bitter dem Vater das Todesurteil des höchsten deutschen Militärgerichtes für den Sohn ist. Doch der Vater hält zu ihm – und das ist Trost für Harro.

Kindheit und Jugend zwischen Krieg, Revolution und Stabilisierung (1909–1929)

Familiäre Prägungen: Von Tirpitz bis Tönnies

Die Vorfahren von Harros Mutter Marie-Luise Schulze, einer geborenen Boysen, kamen aus Schleswig-Holstein. Ihr Onkel mütterlicherseits Ferdinand Tönnies, Professor für Staatswissenschaften an der Universität in Kiel, gehörte zu den Mitbegründern der Deutschen Gesellschaft für Soziologie und war von 1922 bis 1933 deren Präsident. Sein Buch »Gemeinschaft und Gesellschaft« wurde in den zwanziger Jahren viel gelesen. Harro lernte ihn erst im Sommer 1930 persönlich kennen, als er mit seinen Eltern einen letzten gemeinsamen Urlaub am Timmendorfer Ostseestrand verbrachte.

Der älteste nachweisbare Vorfahre des Vaters Erich Edgar Schulze war nach Preußen geflohen, weil er als Hugenotte in Frankreich verfolgt wurde. In den folgenden Generationen waren Richter, Universitätsprofessoren, Pfarrer, Offiziere, Baumeister, königlich preußische Beamte und auch ein jüdischer Hofapotheker vertreten. Sie lebten in Schlesien, Brandenburg und Berlin.

Harros Großvater Dr. Georg Schulze, Philologe, Germanist und Sanskritforscher, leitete von 1887 bis 1912 das angesehene Königliche Französische Gymnasium in Berlin. Auch seine Söhne Werner und Erich Edgar Schulze besuchten die traditionsreiche Eliteschule, die politisch wie pädagogisch als liberal galt.

Harros Großmutter Olga Schulze war die ältere Schwester des von Kaiser Wilhelm II. 1897 zum Staatssekretär im Reichsmarineamt ernannten Admirals Alfred von Tirpitz. Der Kaiser nutzte Organisationstalent und propagandistische Fähigkeiten des Seeoffiziers für ehrgeizige Flottenpläne, mit denen er seine weltpolitischen Ambitionen durchzusetzen gedachte.

Die Besuche des imposanten Onkels und dessen spannende Erzählungen vom Leben auf See und in fernen Ländern hinterließen großen Eindruck. Zur großen Freude der Neffen war »Onkel Alfred« immer zu Ulk und Schabernack aufgelegt. Er ließ sich ihre Schulhefte zeigen, machte seine Glossen darüber und meinte bedenklich, sie seien ja Musterschüler. Er war das Gegenteil davon gewesen und versprach ihnen eine Belohnung, wenn sie Arrest bekämen. Dazu kam es allerdings nie.

Nach glänzend bestandenem Abitur am Französischen Gymnasium

in Berlin entschied sich Erich Edgar Schulze für die Marinelaufbahn. 1899 in Kiel als Seekadett eingestellt, avancierte er auf Grund seiner hervorragenden Leistungen zum »Crewältesten der Crew 99«. Zu seinen unvergeßlichen Erlebnissen zählte er die Reise auf einem Segelschiff mit einer kleinen alten Dampfmaschine über den Atlantik nach Rio de Janeiro, dann nach Venezuela, durch die Karibik nach New Orleans, Havanna und von dort wieder heimwärts. Nachdem er auf verschiedenen Kriegsschiffen in der Ostsee Dienst getan und die Militärakademie absolviert hatte, kam er vor 1913 in die 1. Zentralabteilung des von Tirpitz geleiteten Marineamtes. Als Stabsoffizier wegen seiner intellektuellen Fähigkeiten geschätzt, verband Erich Edgar Schulze Pflichterfüllung mit einem hohen geistigen Anspruch. Er sprach fließend englisch und französisch, Goethes Werke begleiteten ihn sein ganzes Leben.

Marie-Luise Boysen hatte den Oberleutnant zur See Erich Edgar Schulze 1906 in Kiel kennengelernt. Sie nahm seinen Heiratsantrag an. Nur Schulze wollte sie nicht unbedingt heißen. So stellten Erich Edgar Schulze und Marie-Luise Boysen beim Staatssekretär des Reichsamtes für Inneres den Antrag, den Doppelnamen Schulze-Boysen tragen zu können. Der Staatssekretär Theodor von Bethmann Hollweg verweigerte jedoch seine Zustimmung. Das silberne Eßbesteck mit den Signa SB erinnerte die Familie an die vergeblichen Bemühungen.

Am 2. September 1909 kam in Kiel Heinz Harro zur Welt. Zur Freude der Eltern fiel der Geburtstag auf den bedeutendsten nationalen Feiertag im Wilhelminischen Deutschland, den »Sedantag«. Am 2. September 1870 hatten deutsche Truppen die französische Armee bei Sedan vernichtend geschlagen und Napoleon III. gefangengenommen. Großvater Georg Schulze erzählte stolz, wie er in den »Einigungskriegen« als Rekrut bei den Garde-Füsilieren in St. Privat, Sedan und vor Paris gefochten hatte. Harros Geburtstag war bis 1918 ein Tag patriotischer Veranstaltungen: militärische Umzüge, Fahnenhissen, Trommelwirbel und Reden.

Die im November 1910 um die Tochter Helga vergrößerte Familie Schulze zog in den Berliner Vorort Schmargendorf. Hinter dem Bürgerhaus am Hohenzollerndamm 62 befand sich ein kleiner Garten. Dort baute die Mutter in den schweren Kriegs- und Nachkriegsjahren Kartoffeln, Erdbeeren und Gemüse an. Die Kinder mußten den Pferdemist von der Straße für den Garten holen.

Harro Schulze wuchs behütet in einer bildungsbewußten bürgerlichen Familie auf: kaisertreu, preußisch, patriotisch, evangelisch, wenn auch mit einem eher distanzierten Verhältnis zur Kirche als Institution. Aus dem Stolz auf die vertretenen bürgerlichen Werte erwuchs jedoch kein elitärer Anspruch. Das Bekenntnis zum Preußentum schloß Dienen und

Opferbereitschaft gegenüber dem Vaterland und Bescheidenheit in den Lebensansprüchen mit ein.

Die Eltern unterschieden sich in Temperament und Charakter. Die Tochter Helga und der 1922 geborene Sohn Hartmut beschreiben den Vater als einen gütigen, geistigen und disziplinierten Menschen. Pflichterfüllung, Bescheidenheit und Zuverlässigkeit waren von ihm geschätzte Tugenden, die er seinen Kindern weiterzugeben suchte. Die Mutter, ruhelos und leidenschaftlich um die Familie bemüht, war eine tatkräftige Frau.

Krieg und Revolution
Warten auf den Vater

Im September 1914 wurde Erich Edgar Schulze in das Generalkommando des Marinekorps kommandiert. 1916 zum Korvettenkapitän befördert, diente er bis Kriegsende als erster Admiralstabsoffizier im flämischen Brügge. Obwohl die ursprünglichen Kriegsziele – eine schnelle Niederschlagung Frankreichs und Englands – nicht erreicht wurden, hing er noch lange der Illusion nach, der Krieg sei zu gewinnen. Militärisch erwies sich die von Tirpitz aufgebaute Hochseeflotte als Fehlschlag, sie konnte den Kriegsverlauf nicht maßgeblich beeinflussen. Der Kaiser drängte Alfred von Tirpitz im März 1916 zum Rücktritt. Im September 1917 gründete Tirpitz die Vaterlandspartei, die eine Fortsetzung des Krieges bis zum Sieg verlangte.

Der Vater hatte bei seinen Besuchen immer Siegeszuversicht verbreitet. Während eines Urlaubs im Sommer 1917 im Harz sangen Vater und Sohn gemeinsam das nationalistische Lied »Denn wir fahren gegen Engelland«. Die weißen Hände der Mutter erschienen dem Knaben damals als Sinnbild der weißen Hände aller Marinefrauen, deren Männer »gegen Engelland« fahren sollten. Er glaubte dem Vater, daß es nicht mehr lange dauern werde, bis der Feind geschlagen und wieder Frieden einziehen werde. Zugleich erlebte der Heranwachsende den »Heimatkrieg«: geschlossene Schulen wegen fehlender Kohlen und den Hunger im Kohlrübenwinter 1916/17. Die Mutter kümmerte sich um Verwundete und die Hinterbliebenen gefallener Soldaten. Volksgemeinschaft, Vaterland und Opferbereitschaft waren Begriffe und Werte, mit denen der andauernde Krieg und die wachsenden Entbehrungen glorifiziert wurden. Harro identifizierte sich mit dieser Art vaterländischer Gesinnung.

Zu jung, um die weltpolitische Dimension dieses Krieges zu erfassen, bedeutete er für den Knaben vor allem eine lange Abwesenheit des Vaters. Die schmerzlich empfundene Trennung lastete er daher den »Feinden«, vor allem Frankreich und England an. Um dem Vater auch auf die weite Entfernung hin nah sein zu können, versuchte der Junge, der schon schreiben gelernt hatte, bevor er 1916 in die Vorschulklasse des Realgymnasiums Schmargendorf aufgenommen wurde, in seinen Briefen die Welt der Erwachsenen zu erfassen.

Berlin, [August 1915]

Lieber Papa!
Ich habe jetzt auch eine Fahne, die große von Dir ist auch herausgestegt. es ist fein, das wir den großen Sieg über die Rusen[1] hatten. wir haben eben drei Flieger gesehen. MaMa sagt, Du bist auch geflogen. Wir gehen in den Grunewald und wollen Ball sbilen.
viele grüße von Helga und
Deinem Sohn Harro.

Berlin, 25. Mai 1916

Lieber Papa!
[...] Mein Kaufladen sieht jetzt sehr hübsch aus. Kommst Du bald auf Urlaub? Neulich war ich 4 Tage in der Schule, da war es sehr schön. Im Garten kriegen wir viele Erdbeeren. [...] Hoffentlich geht es Dir gut. Ich freue mich, wenn ihr die Engländer wegjagt. Wann ist wohl der Krieg zu ende?
Viele Grüße von
Deinem Sohn Harro.

Berlin, 17. Dezember 1916

Mein lieber Papa!
Ich wünsche Dir ein frohes Weihnachtsfest. Ich habe schon 9 Einsen und 4 Lobe, ich werde sicher eine gute Zensur bekommen. Auf die Weihnachtsferien freue ich mich sehr.
Wie geht es Dir? [...] Nun putzen wir Deinen Baum auf und sprechen von Dir. Ist der Baum nicht schön geworden? Ich schreibe so schief[,] weil ich die Linie nicht sehen kann, es ist so dunkel. Nun haben wir doch keinen Frieden bekommen! Wir hätten dich so gerne hier gehabt; [...] Ich schenke Dir das Buchzeichen. [...] Viele grüße
von Harro.

Berlin, 4.7.1917

Mein lieber Papa!
Ich habe dich immer noch lieb. Ich danke Dir für den Brief, der sehr schön war. Meintest Du Spaß oder Ernst? [...] Freitag gibts Ferien. »Hurra!« Deine Bonbons waren sehr schön! Ich danke Dir

herzlich dafür. Ist der Krieg nicht bald zu Ende? Wir sehen hier immer sehr viele Flieger und Zeppeline. Wir haben neulich ein Bild von unserer Klasse bekommen, ich schicke es dir mit. Mein Beet ist sehr schön. Wie geht es Dir? Ich habe keine Zeit mehr. Viele Grüße
von Deinem Sohn Harro!

Berlin, [August 1918]

Lieber Papa!
Vielen Dank für Deinen Brief. Das Bild und den Spruch von Friedrich dem Großen habe ich bekommen. Ich danke Dir sehr dafür, auch für den Aufruf des Kaisers an Heer und Flotte[2]. Ich habe ihn sehr gerne gelesen. Hier ist es sehr lustig. Gestern war wieder ein großer Ball, wo wir vorgetanzt haben, Gedichte wurden auch aufgesagt, dann haben wir alle getanzt und haben alle dann noch etwas vorgeführt, und zum Schluß wurde noch Grießspeise gegessen. Hier dichten wir sehr viel. Wie steht es jetzt eigentlich in Flandern, haben die Engländer viel Bomben geworfen, ich habe lange nicht mehr die Zeitung gelesen. […]
Viele Grüße von
Deinem Sohn Harro.

Die Matrosen der Hochseeflotte hatten Anfang November 1918 in Kiel die Revolution ausgelöst und ein jähes Ende des Wilhelminischen Deutschland und auch des Tirpitzschen Lebenswerkes herbeigeführt. Plötzlich galten die alten Autoritäten und Symbole nicht mehr, der Kaiser verabschiedete sich fast geräuschlos. Harro hörte von »Ungeheuerlichkeiten«, von Streiks, Meuterei, von Übergriffen gegen die Offiziere, von großen Demonstrationen der Arbeiter und Soldaten, von »Spartakisten«, die in Deutschland »russische Zustände« schaffen wollten.

Die Lehrer an der Schmargendorfer Realschule – bislang kaisertreu – gelobten, die neue Regierung zum »Wohl von Volk und Vaterland« zu unterstützen. Der 16. Dezember 1918 war wegen der Abschlußparade der deutschen Truppen schulfrei. Auf dem Hohenzollerndamm wehten überall schwarz-weiß-rote Fahnen. Vom Heidelberger Platz zogen die Einheiten in Richtung Berlin, umjubelt von einer Menschenmenge, aus der den Heimkehrenden Blumen, Tannenzweige und Liebesgaben entgegengestreckt wurden. Es begann sich der Mythos vom an der Front ungeschlagenen Heer zu verbreiten, das in der Heimat verraten wurde. Die »Dolchstoßlegende« nahm Gestalt an.

Harro Schulze erlebte Anfang März 1919 die bürgerkriegsähnlichen Zustände aus unmittelbarer Nähe. Als die Mutter mit den Kindern den Vater bei einer befreundeten Familie in der Mark Brandenburg besuchen wollte, gerieten sie am Schlesischen Bahnhof in die Kämpfe zwischen roten Soldaten und Regierungstruppen. Der Zugverkehr war unterbrochen. Marie-Luise Schulze ging mit den Kindern in ein nahe gelegenes Hotel, die ganze Nacht wurde geschossen. Am nächsten Morgen band sich die Mutter ein altes Tuch um und schlich mit den Kindern zum Bahnhof. Die ersten Züge fuhren wieder.

Nach der Novemberrevolution schied der Korvettenkapitän Erich Edgar Schulze aus dem Marinedienst aus. Ehrenamtlich arbeitete er eine kurze Zeit als Geschäftsführer der Deutschnationalen Volkspartei im Kreis Teltow. Diese Partei auf der rechten Seite des sich herausbildenden politischen Spektrums der Weimarer Republik verstand sich als Erbin der alten konservativen Parteien des kaiserlichen Deutschland. Im Sommer 1919 begann E. E. Schulze eine Tätigkeit beim Reichsbürgerrat in Berlin. Seit September 1919 war er dort geschäftsführender Direktor mit dem beachtlichen Anfangsgehalt von 12 000 Mark. Diese bürgerliche Sammlungsbewegung versuchte, unter Adaption proletarischer Organisations- und Aktionsformen den Mittelstand gegen die Arbeiter- und Soldatenräte zu mobilisieren. Sich vom Marxismus strikt abgrenzend, lehnte der Bürgerrat jede »Klassenherrschaft« ab. Aus Furcht vor einer sozialen Revolution sollte eine parteiübergreifende bürgerlich-nationale Plattform geschaffen werden, die sich auch für die Aufhebung der Versailler Friedensverträge einsetzte.

Viele Bürgerräte unterstützten den Kapp-Putsch. Als am 13. März 1920 die Marinebrigade des Kapitäns Ehrhardt[3] in Berlin einzog, um die sozialdemokratische Regierung zu stürzen, wehten in den vom Bürgertum bewohnten Vierteln, so auch am Hohenzollerndamm, wieder die schwarz-weiß-roten Fahnen. Kapitän Hermann Ehrhardt war ein früherer Marinekamerad von E. E. Schulze.

Die Eltern waren stolz auf ihren Sohn. Er war ein hübscher Junge, lebhafter, begabter und wißbegieriger als der Durchschnitt, und er machte sich bereits früh eigene Gedanken über politische Dinge. Der »Zusammenbruch« – so wurde die November-Revolution von 1918 in der Familie aufgefaßt – schärfte die kritische Haltung des Knaben. Der Erste Weltkrieg, Revolution und Gegenrevolution prägten Harros Kindheit. Diese Ereignisse beflügelten seine Phantasie und weckten bei dem Heranwachsenden bald ein an den konservativen Werten des Vaters und des Großonkels Alfred von Tirpitz sich orientierendes politisches Interesse. Der Neunjährige begriff das Kriegsende, die Novemberrevolution und den Frieden von Versailles auch als familiäres Desaster und als großes Unrecht.

Wegen seiner schwachen Konstitution wurde Harro über das Rote Kreuz im Sommer 1920 nach Schweden geschickt. Schwedische Familien hatten sich bereit erklärt, deutsche Kinder aufzunehmen. So kam Harro in das Haus der gastfreundlichen Familie Hasselrot in Gripsnås, die Schwester Helga wohnte zur gleichen Zeit bei anderen Gasteltern. Das Sommerhaus des Gerichtspräsidenten Berndt Hasselrot befand sich gegenüber dem Schloß Gripsholm. Sein Sohn Bengt, ein Jahr jünger als Harro, war wegen spinaler Kinderlähmung an den Rollstuhl gefesselt. Für Harro wurde die Fahrt aus dem krisengeschüttelten Deutschland nach Schweden zu einer Reise ins Paradies.

Gripsnås, 7. Juli 1920

Liebe Mama und lieber Papa.
Ich danke Euch vielmals für den lieben Brief. Hier ist es wunderschön. Es gibt hier immer wunderschönes Essen. Gripsnäs liegt direkt an der See (Melaren). Man braucht nur die Terassen heruntergehen, so ist man schon am Wasser. Wir rudern hier sehr oft, fast jeden Abend und auch sehr oft Vor- oder Nachmittags. Herr und Frau Hasselrot und Frl. Staël von Holstein und alle anderen, außer den Dienstmädchen können deutsch. Auch Bengt hat schon 1 Jahr in der Schule deutsch gehabt, so daß ich mich gut mit ihm verständigen kann. Frl. Staël von Holstein ist eine gute Freundin von Frau Hasselrot, die ist sehr nett zu mir und sorgt für mich und paßt auch auf mich auf, damit, wenn ich zurückkomme, nicht alle guten Manieren verlernt habe. Hier schicke ich Euch wieder 4blättrigen Klee mit, den ich selbst gefunden habe, wie auch den vom vorigen Briefe. Auch schicke ich Euch 1 Bild von Gripsnäs. [...] Hier ist eine wunderschöne Natur. Es ist so wunderschön, wenn man, von einer Terrasse aus, auf die Melaren hinaussieht. Auf der Seereise bin ich nicht seekrank oder seetoll, wie Papa es nennt, geworden. Ich fand die Seereise gerade das Gegenteil, wie Helga es beschrieb. (Mit: »Entsetzlich« beschrieb sie die Seereise.) Es waren 3 m hohe Wellen und es war sehr kalt und windig. Ich saß immer ganz vorne, an der Spitze des Schiffes; und wenn man den Mund aufmachte, konnte man überhaupt nicht mehr atmen. Aber es war doch sehr, sehr schön. [...] Viele Grüße von
Eurem Harro

Schreibe mir doch bitte, wieviel Fett und Fleisch es auf Marken gibt, und wieviel das kostet. Frl. von Holstein möchte es gerne wissen. [...]

Gripsnås, [Mitte August 1920]

Mein lieber Papa und meine liebe Mama.
[...] Was ist jetzt eigentlich in Deutschland los, ich habe nicht mehr aus den schwedischen Zeitungen herausbekommen, als daß die Russen mit den Pollacken Krieg führen[4], die Pollacken aber vor Schrecken nach Deutschland gehen, die Russen aber nicht hinterdrein wollen, weil sie Angst vor den Deutschen haben. Schreibe mir doch bitte mal, wie es ist. ... Eben machten wir einen Spaziergang in den Wald, wo die vielen Hirsche darin sind. [...] Gestern, am Sonntag, war es hier so, wie in Berlin, alle Proletarierleute aus Mariefred und Umgegend gingen in den Wald. (Aber sie gingen alle an dieselbe Stelle.) Ein Arbeiter hielt eine social-demokratische Rede, und sagte, daß die Arbeiter mehr Lohn haben wollten, da machten die andern Leute Musik, Krakeel und Krach, und schrieen »Hurra«! und tanzten dazu. Ich kann jetzt ungefähr 170 schwedische Wörter. [...]

Viele Grüße
von Harro.

Zum Dank schickte der Vater den schwedischen Gasteltern die Tirpitzschen »Erinnerungen«. Auch in den nächsten Jahren verbrachte Harro seine Sommerferien noch häufig in Schweden.

Im Februar 1921 verteilten Harro und Helga Schulze mit großem Eifer anläßlich der preußischen Landtagswahlen Propagandamaterial für die Deutschnationale Volkspartei (DNVP). Der Vater arbeitete seit Mai 1921 in der Zentralabteilung des großen Elektrokonzerns Siemens und Halske in Berlin. Im Sommer 1921 begleitete die Mutter ihren Sohn auf seiner zweiten Reise nach Schweden. Mitte Februar 1922 kam Harros Bruder Hartmut in Berlin zur Welt. Erich Edgar Schulze hatte im Frühjahr 1922 eine Anstellung als Abteilungsleiter im kaufmännischen Bereich des Maschinenbauunternehmens Demag in Duisburg gefunden. Die weltweit operierende Deutsche Maschinenbau A. G. (Demag) produzierte hydraulische Pressen, Hafenkrananlagen, Walz- und Stahlwerkanlagen sowie Bergbauausrüstungen.

Berlin, 22. 5. 1922

Lieber Papa.
Vielen Dank für Deinen lieben Brief und die Marken. Gestern, am Sonntag, habe ich beim Umgraben im Garten einen kleinen Sonnenstich bekommen, deshalb liege ich im Bett und schreibe mit Bleistift. In der Schule habe ich in der Lateinarbeit 3, in der Eng-

lischarbeit 3+, und in Französisch auch 3+, Mathematik haben wir noch nicht zurückbekommen. Das letzte Mal sollte ich noch mit 4 Korken schwimmen [...], aber darnach versuchte ich es schon ganz ohne, und ich konnte schon 2 Minuten *ohne* Korken schwimmen. Denke Dir nur, Helga hat schon wieder Ponys! Vielen Dank für die 10 Mark. Morgen werde ich mir dafür die Haare abschneiden lassen. (Sonntag war zu und heute liege ich im Bett). Hier ist es sehr schönes Sonnenwetter! Im Garten habe ich schon fast alle Beete umgegraben, aber noch nichts gesät oder gepflanzt. Russisch macht mir viel Spaß, es ist ja nur immer einmal in der Woche: сто оно папа? он Дуйсбурга! d. h. Wo ist er, der Papa? Er ist in Duisburg![5] Das »Ерих-Елгар Шулце« kannst Du nicht lesen, trotzdem es Dein eigner Name ist. – Nun Aufwiedersehn, lieber Papa! Amüsier' Dich recht gut in Duisburg und
viele Grüße von Deinem Harro. [...]

Gripsnås, [Sommer 1922]

Liebe Helga! (Lieber Hartmut)
Hier ist es sehr schön, trotzdem so schlechtes Wetter hier ist! [...] Gestern schrieb ich in meiner Zeitung, damit du ein Beispiel hast, daß Lenin von Läusen aufgegessen sei, Tschitscherin, ein Russe, in seinem Bett eine Ratte getötet hat; Dempsey in London ein Kind totgetrampelt hat, der Chah von Persien sich wegen Bauchschmerzen, die er im großen Zeh hatte, die Ohren gewaschen hat, und daß Lloyd George sich hat die Hühneraugen schneiden lassen und Poincaré zur Trauer von ganz Frankreich gestern abend seine seidene Nachtmütze verlor u. s. w. Viele Grüße dein Putz. –
Harro

Gripsnås, [Juli 1922]

Liebe Mama, lieber Papa! –
[...] Schreibe mir bitte mal, was jetzt eigentlich in Deutschland los ist, ich kann ja zwar die Schwedischen Zeitungen gut lesen, aber es steht fast immer ein »?« dahinter. – Reventlow? – Regierungswechsel? Reichstagsauflösung? – »Consul«[6] hört man! Ist Reventlow wirklich mit dabei gewesen? [...] Ich schreibe immer noch Zeitungen und lerne dadurch ganz gut schwedisch. [...]

Berlin, 3.9.1922

Lieber Papa!
Gestern zu meinem eigentlichen Geburtstage war ich bei Onkel Werner[7]. Er gab mir das schöne Buch mit den hübschen Bildern, das Du mir geschenkt hast. Vielen herzlichen Dank dafür, ich habe mich sehr darüber gefreut. [...] Ich habe noch in Schweden einen großen Koffer voll von Kleidungsstücken bekommen. Mama weiß es noch garnicht, sie soll eine Überraschung haben! – In der Schule habe ich hauptsächlich *Mathematik* versäumt (Ähnlichkeitssätze, Wurzeln), *Latein fast garnichts* – weil der Lateinlehrer die ganze Zeit nach den Ferien gefehlt hat. – Englisch und Französisch werde ich wohl einigermaßen gut einholen können! Ich würde es sehr schön finden, wenn ich recht bald zu Dir nach Duisburg kommen dürfte und bei Dir wohnen könnte. – Mama muß mir nur noch vorher zeigen, wie man einen Knopf annäht oder ein Loch zustopft, und das wird ja noch zu lernen sein. Im Kochen bist Du doch Meister, dann können wir ja beinahe Dinés essen! [...] Nun Aufwiedersehn, lieber Papa! Schreibe mir bitte recht bald und sei recht herzlich gegrüßt von

Deinem Sohn Harro.

Der Sohn folgte dem Vater im Herbst 1922 nach Duisburg. Sie wohnten einige Wochen gemeinsam und führten ein behagliches Junggesellenleben. Harro behielt diese Zeit in besonders guter Erinnerung. Nachdem Ende 1922 die Wohnung in der Demag-Siedlung für Angestellte in der ersten Etage der Karl-Lehr-Straße 9 fertiggestellt war, kam auch die Mutter mit den beiden Geschwistern nach Duisburg. Harro war sehr froh über sein eigenes Zimmer. Der Umzug bedeutete für die Familie eine große Veränderung. Am meisten störten die allgegenwärtigen Schlote des nahe gelegenen Industriereviers mit ihren Abgasen, im Vergleich zum Berliner Hohenzollerndamm eine umweltbelastete, häßliche Gegend. Duisburg war eine Montanstadt. Fördertürme und Hochöfen bestimmten ihre Silhouette. Unmittelbar an die Karl-Lehr-Straße grenzte der Stadtteil Hochfeld, ein proletarischer »roter« Stadtteil, eine Hochburg der KPD.

Harro besuchte das Realgymnasium, das später nach seinem Gründer Dr. Quintin Steinbarth benannt wurde. Die Mitschüler entstammten mit wenigen Ausnahmen der »Duisbourgeoisie« und dem Mittelstand. »Harro ist, eigentlich wider Erwarten! nach Sekunda versetzt, er hat nun für ein andermal das Sitzenbleiben zugute«, teilte der Vater Ostern 1923 erleichtert Alfred von Tirpitz mit.

Einen tiefen Einschnitt bedeutete die Okkupation des Ruhrgebiets durch französische und belgische Truppen Mitte Januar 1923. Das besetzte Gebiet wurde durch eine Zollinie vom übrigen Deutschland abgetrennt und die Zechen unter französische Kontrolle gestellt. Die Werkleitungen weigerten sich, Reparationskohle nach Belgien und Frankreich zu liefern, die Eisenbahner stellten den Transport der Kohle ein. Teilnehmer dieser Aktionen wurden aus Duisburg ausgewiesen. In der Industriestadt an der Ruhr spitzten sich soziale und nationale Probleme in besonderer Schärfe zu. Die Bergleute und die Arbeiter standen im »passiven Widerstand« zusammen mit den Unternehmern gegen die Besatzungsmacht. Die Bevölkerung feierte die von französischen Sondergerichten zu Geld- und Freiheitsstrafen Verurteilten als nationale Märtyrer. Die sozialen Konflikte und die unterschiedlichen politischen Standpunkte schienen im »Ruhrkampf« der nationalen Frage untergeordnet zu sein. Viele Bürgersöhne nahmen begeistert den Kampf gegen die Besatzer auf. Eine nationalistische Welle überrollte das Land. Der dreizehnjährige Harro Schulze beteiligte sich an antifranzösischen Kundgebungen und kam für kurze Zeit in Haft. Zechen und Betriebe wurden bestreikt, die ausfallenden Löhne durch die Reichsregierung mit Notgeld ausgeglichen. Die deutsche Währung fiel ins Bodenlose. Auch die Familie Schulze verlor durch die Inflation sämtliche Ersparnisse.

Der erlebte »passive Widerstand der einigen Ruhrbevölkerung« blieb für Harro Schulze-Boysen ein Schlüsselerlebnis, das auch später seine politischen Vorstellungen beeinflussen sollte. Ende Mai 1923 schickten die Eltern ihren Sohn abermals nach Schweden, diesmal, um ihn aus den Auseinandersetzungen herauszuhalten.

Gripsnås, 10. 6. 23

Lieber Papa und liebe Mama.
Vielen Dank für Euren lieben Brief. Hoffentlich ist Mama jetzt wieder gesund! Wir haben also glücklicher Weise keine Einquartierung[8] bekommen? Das ist ja schön! Ich war schon ziemlich in Sorge über mein Zimmer. […] Alles hier ist jetzt deutschfreundlich oder wenigstens mitleidig, doch wundert man sich, daß die Deutschen noch so zähen Widerstand an der Ruhr leisten können. Na, mehr darf man ja nicht schreiben.[9] […] Ich kann jetzt wieder ziemlich gut schwedisch. Nun will ich euch meinen kurzen Tageslauf schildern: Morgens 9 Uhr!!!!! aufstehen, dann Frühstück essen, dann die Post holen. Dann arbeite ich von 12–1 Uhr im Garten, d. h. ich rupfe Löwenzähne, sodaß Frau Hasselrot mich »Zahnarzt« nennt. Dann nach Lunch und »Schlafen« zeichne oder lese ich! Diese beiden letzteren Vergnügen werden wohl in den nächsten Tagen ihren Abschluß finden, denn ich [habe] schon so ungefähr alles gezeichnet

und gelesen. Daß meine Schule besetzt ist, ist ja äußerst erfreulich für mich. Bengt schreibt jetzt immer sehr glücklich aus England; für ihn ist es vielleicht ein lustigerer Aufenthalt als in Deutschland; das ist ja schade, aber er wird wohl merken, daß der Unterschied nur durch den Krieg gekommen ist. [...] Dann also Schluß! Gruß an Alle! Schreibt mir doch bitte recht bald wieder mal! Wenn man dieser Aufforderung promptemang Folge leistet, bleibe ich sein

wohlaffektionierter Harro.

Gripsnås, 22. 7. 1923

Lieber Papa u. liebe Mama.
Gestern bekam ich einen Brief von Helmut[10], durch den ich erfahren habe, daß die gute Stadt Duisburg noch existiert; es war auch die höchste Zeit, sonst hätte ich vielleicht Selbstmord gemacht; d. h. im Theater, denn Bengt und ich haben uns wieder mal so ein schreckliches Schauerstück von Theater ausgedacht, in welchem ich einen Selbstmordversuch machen mußte, im letzten Augenblick aber noch gerettet werde, wie gesagt: fast hätte ich es richtig gemacht.

– Jetzt schreibe ich auch wieder Zeitung: »Mälar-Posten«. [...] Jetzt fällt mir gerade ein, daß heute schon der 22. ist, also: *Ich gratuliere Dir, liebe Mama vielmals zum Geburtstag* und schicke Dir einen lila Jumper. [...] Hoffentlich geht es Euch allen gut! Und schreibt mir doch mal! Jetzt habe ich seit drei Wochen keinen Brief von Euch. Viele Grüße, an Hartmut und Helga auch,

von Harro.

[...] Heute wollte Bengt mit mir Bridge um *Geld* spielen, das wird mir aber doch zu viel, und ich habe ihm ruhig meine Meinung gesagt; jetzt ist er darum schlechter Laune. Was für eine Sorte von Tanzstunden wollen denn Nostitzens einrichten? Hoffentlich keine Grazien-Hopserei! Übrigens kann ich ungefähr alle Tänze, doch das tut ja nichts. Wer macht denn mit?

Gripsnås, 26. 8. 1923

Lieber Papa u. liebe Mama,
[...] Ist mein Rad wohl noch mal aufgepumpt worden? Und ist es nicht gestohlen? – – Geht der Schulbetrieb in Duisburg jetzt wirklich am 5. 9. wieder los? Da fehlen doch sicher eine ganze Menge Lehrer und Jungen! Gestern bekam ich einen Brief von Ernst Birkhäuer, genannt Pimpf, der seine Ferien ganz lustig in Bonn bei Verwandten verbringt. [...] Helmut ist in Ostpreußen mit einem anderen Jungen aus seiner Klasse – einem Juden – zusammen, und hat

mit dem Freundschaft angebändelt. Pimpf und ich bleiben bis jetzt noch: »Schwer-Antisemit«. Aber Helmuts Sache geht mich ja sonst nichts an. Vielleicht ist er ja auch ein anständiger Jude – wahrscheinlich sogar. Wir beiden sind auf alle Fälle ebenso gute Freunde wie vorher. [...] Viele Grüße [...]

von Eurem Harro.

Dieser Brief verdeutlicht den latent vorhandenen Antisemitismus, dem sich auch der Heranwachsende offensichtlich nicht zu entziehen vermochte. Der einzige jüdische Mitschüler in Harros Klasse war Alfred Hergershausen. Die in Bürgerhäusern oftmals anzutreffende antijüdische Haltung erlebte Harro bei sich zu Hause allerdings nicht. Verwandte des Vaters hatten jüdische Vorfahren.

Als Harro zum Schuljahresbeginn im September 1923 nach Duisburg zurückkehrte, fand er sein Gymnasium unter veränderten Bedingungen vor: Das Schulgebäude war Anfang Juni 1923 durch belgische Truppen beschlagnahmt worden und diente als Kaserne. Der Unterricht fand zwei Jahre lang in vierzehntägigem Wechsel vormittags oder nachmittags statt. Im Herbst 1923 kam es in Duisburg zu Auseinandersetzungen mit den Separatisten, die das Rheinland vom übrigen Deutschland abzutrennen versuchten. Mitte November 1923 ersetzte die Rentenmark das Inflationsgeld. Damit begann die Rückkehr zu stabilen Währungsverhältnissen. 1924 setzte mit Hilfe ausländischer Kredite eine wirtschaftliche Erholung und damit eine Phase der relativen Stabilisierung in Deutschland ein.

Duisburg, 11.5.1924

Liebste Mama.

Heute ist der Tag, an dem die neue Erfindung, der »Muttertag«[11] zum 1. Male in Erscheinung tritt, und da Du nicht hier bist, will ich Dir mit einigen Zeilen eine ganz kleine Freude machen. Das wichtigste, was ich Dir mitzuteilen habe, ist, daß ... Bubi noch lebt, und zwar nicht nur dies, sondern daß er auch noch ebenso lustig wie vorher hier seine Kunststücke macht. Schon diese Mitteilung allein wird Dich wohl schon erfreuen. [...] Gestern abend war ich im Konzert; [...] Es war sehr schön, wenn es auch am Schluß der 3 Stunden etwas langweilig wurde, weil es doch eigentlich immer ziemlich dasselbe ist. Es war etwas von Mozart, Brandt und Mahler. Brandt ist scheinbar ein neuer Komponist, er hat den »Mistral« von Friedrich Nietzsche komponiert und der wurde gestern auch vorgetragen usw. [...] Helga brennt vor Begierde, sich ebenso wie Helga Gottschalk eine Pagenfrisur anzulegen. Sie ist doch ein Back-

fisch. [*Einfügung der Schwester:* stimmt nicht!!! Harro ist frech!!] Es ist alles bestimmt, nur besteht noch die Frage, ob die Haarschneideprozedur schon Morgen oder erst Übermorgen vor sich geht.
Dies hat die unverschämte Dirn in meiner Abwesenheit hingeschrieben; das ganze verdient eingerahmt zu werden; Sie ist *DOCH* ein Backfisch.
Harro

Gripsnås, Mariefred, 1. Sept. 1924.

Lieber Papa, liebe Mama!
[...] Was man hier von Deutschland in den Zeitungen liest, ist äußerst unerquicklich – die Unfähigkeit bezw. Unmöglichkeit eines Parlaments, Annahme des Dawes-Gutachtens[12], von dem jeden Tag Aufsätze in der Zeitung stehen, des Inhalts, daß es unmöglich für Deutschland sein würde, dieses 2. unvorteilhafte Versailles[13] auszuführen. – Und das in Schweden!! [...]

Den 2. Sept. 1924
Heute ist mein Geburtstag! Vielen Dank für Eure lieben Briefe, nebst dem wertvollen geistigen Inhalt! [...] In Euren Briefen steht eigentlich ein recht verschiedener Inhalt. Papa: »das Glück sitzt im Menschen drin« Mama: Das Glück kann man in den Menschen hineinpflanzen, »*Wissen*, Können und Ruhm sei kein Glück«, – kann nicht ein Mensch glücklich sein, wenn er (nicht ich) wirklich im Wissen Glück und Zufriedenheit findet? Das Glück jedes Menschen ist doch anders beschaffen! Was meinst Du, Mama? Schreibt bald.
Harro.

Duisburg, den 30. 11. 24

Lieber Papa!
Auch ich will doch mal etwas von mir hören lassen; zwar habe ich nicht so interessante Geschichten wie Du zu erzählen – wie Schneegestöber und Bauernhochzeit etc. –, aber so aufregende Historien wirst Du wohl auch nicht erwarten. – Gestern war Schulausflug – zu Rad, zusammen mit der Parallelklasse; über Wedau, Großenbaum, Angermund, Lindorf, Ram, Werder nach Kettwig, von da über Saarn – Uhlenhorst wieder zurück; es war sehr schön; in »sausendem« Tempo fuhren wir kilometerlange Berge hinunter; wenn es (die Berge) bergauf ging, war ich mit meiner kleinen Übersetzung, immer zuerst oben, während die Andern meistens »schieben« muß-

ten. Das Wetter war ausnahmsweise auch gut, wenigstens kein Regen. – Helga geht jetzt öfter zu den neuen Elternabendproben; Grabbe's »Hannibal«; ich finde, sie hätten auch Geeigneteres finden können; denn Grabbe ist immer etwas mannigfaltig in der Personenzahl und Auswahl; Ich bin ja gespannt, wie Dickus sich macht, wenn sie Carthago in Brand steckt. – Mama und ich sind neulich so aus »Versehen« in eine deutschnationale Wahlversammlung hineingeraten – in der Tonhalle, wo Dryander sprach. Ich komme mir jetzt richtig »politisch jebildet vor«. Nach dem 2 Stunden langen Vortrag begann die Diskussion. Zuerst kam ein jüdischer F. F. F.-Mann; er faselte, er wolle den Anwesenden den Schleier wieder von den Augen reißen usw. Die Leute schrien: Schmeißt den Juden doch raus *usw.*; und er entfernte sich nach einigen Minuten. Dann kam ein Kommunist, der immer wieder beteuerte, er wäre aus *Saaxe*; er konnte gar nicht reden, da das belustigte Publikum immer wieder anfing zu klatschen (ironisch!); schließlich sandte er nur noch seine »sächsischen Bannflüche« in die Gegend mit nicht mißzuverstehenden Armbewegungen; darauf entfernte er sich schimpfend; dann kamen noch mehrere Andere, die nicht so lustig waren, aber zum groben Teil auch ausgepfiffen wurden. – Pimpf entpuppte sich als wohlhabender »Junggeselle« und schickte Helga an ihrem Geburtstag Rosen und Konfekt; jetzt beinahe verblüht und aufgegessen!!!! Da ich mich mit der Schokolade als Zuschauer schadlos hielt, ist mir alles recht; ich bezahle es ja nicht. Neulich kam ein Brief von Frau Hasselrot an Mama, in dem sie nochmals ihre Liebe für mich beteuerte. Hoffentl. kommt der Brief richtig an! Die Freimarken auf Deinen Briefen hatte ich alle noch nicht. –

Viele herzl. Grüße von Deinem Harro

Nach dem Zwischenzeugnis stehe ich in *allen* Fächern in der Schule 3 oder besser (auch Latein!).[14] Ich lese jetzt das Buch »Treue« von Werner Jansen, das sehr packend geschrieben ist. [...]

Gripsnås, 24. VII. 1925

Liebste Mama!

Ich gratuliere Dir vielmals zu Deinem –?ten Geburtstag. Leider habe ich diesmal keinen seidenen Jumper zu verschenken, dafür sollst Du aber bei meiner Rückkehr einen großen »Topf« Gripsnåser Honig von mir bekommen, den ich hier kaufen werde. Zur Feier des Tages habe ich ein »Geburtstagskreuzworträtsel« fabriziert, an dem Ihr Euch ja abquälen könnt (wie ich es auch getan habe in vielen Stunden, um es »herzustellen«). [...]

Hier stand heute im nationalen »Südschwedischen Tageblatt« ein

»Aufsatz« von Prof. von Delbrück über Ludendorffs Mitschuld am Ausgang des Krieges; die »Dolchstoßlegende« könnte man nur auf *Ludendorff selbst* beziehen u. s. w. – (Wahrscheinlich aus dem Berliner Tageblatt[15], Mosse, abgedruckt.) – Sowas ist ja geradezu vergiftend für die öffentliche Meinung hier in Schweden.

Was ist dieser »Delbrück« für ein Mensch?? Ich hatte immer gedacht, das wäre ein einigermaßen vernünftiger bezw. rechtsgerichteter Historiker [...] In der schönen Natur hier fühle ich mich äußerst wohl; mit jedem Atemzug und Blick hamstere ich für den häßlichen Duisburger Winter. Was ist es doch für ein Unterschied!! [...] In Berlin bei Großpapa war es sehr nett, er war, als ich kam, gerade zum Arzt gegangen wegen einiger Magenschmerzen, die er sich beim Begießen der Balkonblumen zugezogen hatte; inzwischen bewirtete mich Frl. Nagott, die ich übrigens *sehr* nett finde, mit Gartenobst, das in voller Blüte stand. Wir, Großpapa und ich, sind nachher zu Großmamas Grab gegangen, wo ich noch einen schönen Blumentopf einpflanzen ließ.
Gruß auch [...] an Papa und Bubi (kukirolen Sie schon??) Nochmals viele herzliche Geburtstags-, Honig- und Kreuzwortgrüße von

Deinem *Harro.*

Gripsnås, 24. VIII. 1925

Lieber Papa, liebe Mama!
[...] Ist es wahr, daß die DAZ[16] demokratisch geworden ist; i. t.[17], daß das ganze alte Redaktionspersonal verabschiedet worden ist, scheint es ja so. Wenn es also ist, müssen wir wohl wieder mal Zeitung tauschen, es gibt ja auch noch andere gute, wie Deutsche Zeitung[18], Deutsches Tageblatt, der Jungdeutsche[19] u. s. w. [...] Es tut mir wirklich leid, daß ich beim Abzug der Franzosen nicht dabei bin. [...] Herzliche Grüße [...] von Eurem Harro.

Gripsnås, 3. September 1925

Lieber Papa u. liebe Mama!
Vielen Dank für Eure lieben Briefe und das schöne, interessante Buch. Den Geburtstag verlebte ich sehr nett. Morgens wurde ich schon im Bett mit Kaffee und Kuchen aufgewartet. Ich bekam, wie ich ja schon erzählte, ein paar Nachthemden plus 10 Kronen von Herrn Hasselrot, ein sehr teures und schönes Buch aus Schweden (von Europas Brandstätten) von Frau Hasselrot, von Bengt ein Buch, was ich mir gewünscht hatte, Eine schwedische Besprechung von Spenglers: »Untergang des Abendlandes« und einen Patent-

Drehbleistift. [...] Beim Lesen von Papas Brief wurde ich richtig traurig, daß ich nicht mit »dabei« war. [...]

Die französisch-belgischen Besatzungstruppen hatten Duisburg am 25. August 1925 geräumt. In der ganzen Stadt läuteten die Kirchenglocken, die Häuser waren beflaggt – zumeist mit der schwarz-weiß-roten Fahne des Kaiserreiches. Mitte September besuchte Reichspräsident Paul von Hindenburg die Stadt. Unter den ihm zujubelnden Bürgern befand sich auch der sechzehnjährige Harro Schulze. Er vernahm Hindenburgs Botschaft: »Der Rhein gehörte zu uns, wenn wir einig waren, und wir verloren ihn, wenn wir uneinig waren. Darum sei der Rhein uns immer eine Mahnung zur Einigkeit.«

Einige Mädchen schwärmten für Harro, der selbstsicher und gewandt auftrat, witzig und ironisch sein konnte. Manche traf er, und sie küßten sich im Duisburger Park. Die Rechtsanwaltstochter Martha Michels war Harros Tanzstundenpartnerin. Sie erlebten eine Romanze, gingen manchmal spazieren, saßen Hand in Hand in einer Opernaufführung des Duisburger Theaters. Helga Schulze erinnert sich, daß ihr Bruder einen Weg suchte, diese Beziehung zu beenden. Er gab Martha zu verstehen, daß er sie nicht so wie sie ihn liebe, es ihm aber zu ernst sei und er nicht mit ihr spielen wolle. Deshalb wäre es besser, wenn sie sich trennten. Vielleicht hatte der Zeitgeist der neuen Sachlichkeit auch Duisburg erreicht. »Bloß keine Sentimentalitäten« war ein durchaus populäres Lebensgefühl. Liebe, Leidenschaft, Eifersucht oder gar eine Bindung auf Ewigkeit galten als veraltet, bürgerlich, geschmacklos und peinlich.

Politisierende männerdominierte Gemeinschaften übten auf den Heranwachsenden eine wesentlich größere Anziehungskraft aus. Mit der ihm eigenen Begeisterungsfähigkeit betätigte sich Harro Schulze seit 1923 in einer Jugendgruppe des Jungdeutschen Ordens, dem aus einem Freikorps hervorgegangenen Wehr- und Frontkämpferverband. Auch der Vater war eine Zeitlang Mitglied des »Jungdo«, so die zeitgenössische Abkürzung, gewesen.

Der publizistisch sehr aktive Hochmeister Arthur Mahraun trug wesentlich zur Attraktivität des »Jungdo« bei. Der aus dem Altwandervogel kommende ehemalige Frontoffizier verband Charisma mit Organisationstalent, Führungswillen mit Überzeugungskraft. Der Jungdeutsche Orden strebte keine Rückkehr zum Wilhelminischen Deutschland, sondern eine grundlegende gesellschaftliche Erneuerung an. Dafür wurden Elemente der Ordensmystik aus dem mittelalterlichen deutschen Reich aufgenommen und mit antikapitalistischer, völkischer, zeitweise auch antisemitischer Propaganda gekoppelt. Mit ihrem Bekenntnis zum preußischen Geist, zur deutschen Geschichte und Tradition richteten sich die Hauptlosungen des »Jungdo« gegen Parlamentarismus, Pazifismus, Bolschewismus und Plutokratie. Das Programm zielte auf einen romantisch verklärten »Volksstaat«, eine Art christlichen Ständestaat, in dem völkisches wie sozialreformerisches Gedankengut, tradierte Vorstellungen mit Veränderungsbereitschaft zusammentrafen. Außenpolitisch bemühte sich Mahraun 1925/26 um eine deutsch-französische Verständigung. Dieser Vorstoß brachte jedoch nicht den gewünschten Erfolg, sondern Landes- und Hochverratsvorwürfe der nationalistischen Rechten. Der »Jungdo« lehnte die nationalsozialistische Bewegung ab und stand in Konkurrenz zum »Stahlhelm«, dem größten Frontkämpferverband in der Weimarer Republik. Die Wehrbereitschaft wurde in Form einer verdeckten militärischen Ausbildung aktiv gefördert.

Im Jungdeutschen Orden wurden die »Kameradschaft« aus den Schützengräben des Ersten Weltkrieges als Folie für eine »Volksgemeinschaft«, die auf direkter Demokratie basieren sollte, und eine konfliktfreie harmonische Gesellschaft beschworen. Um Deutschland wieder zu einstiger Größe führen zu können, sollten Klassenschranken überwunden, Privilegien und Ränge aufgehoben werden. Die Parteiendemokratie wurde ebenso abgelehnt wie eine Diktatur von rechts oder links. »Das Vaterland über die Partei« lautete eine populäre Losung. Die »Bruderschaften«, in denen Männer aus unterschiedlichen sozialen Schichten zusammentrafen, vermittelten das Gefühl einer Gemeinschaft ohne Standes- und Klassenunterschiede. Hierin lag wohl auch die Anziehungskraft des Ordens, in dem Mitte der zwanziger Jahre 200 000 Mitglieder vereint gewesen sein sollen. Dem egalisierenden Prinzip der »Bruderschaften« stand eine am Deutschen Ritterorden orientierte hierarchische Führerstruktur von »Meistern« und »Großmeistern« über »Komture« und »Großkomture« bis zum »Hochmeister« gegenüber.

Fronterlebnis und Gemeinschaftsgeist sollten auf die Jugend übertragen werden. In grauen Windjacken marschierten die Ordensbrüder hinter weißen Fahnen, auf denen ein schwarzer achtzackiger Stern als Symbol der Einheit prangte. Die Führer der Ordensjugend waren aktive Frontsoldaten und kamen überwiegend aus dem Wandervogel. Ausmärsche, so hießen die Gruppenfahrten, und Heimabende wurden zu Gemeinschaftserlebnissen, aus denen Kameradschaft und Zusammengehörigkeit erwuchsen. So wurden Formen des »bündischen« Lebens übernommen, Nikotin und Alkohol lehnte man strikt ab. Harro Schulze identifizierte sich bereits früh mit den politischen Zielen des Ordens und gehörte zu den jungdeutschen Aktivisten in Duisburg.[20]

Helga Schulze erinnert sich, daß ihr Bruder bereits als 15jähriger »sehr für Deutschland« und »rechts« eingestellt gewesen sei. Auch wenn sein frühzeitig ausgeprägtes politisches Interesse recht ungewöhnlich war, lag die nationalistische Stimmung des Heranwachsenden im Trend. Zahlreiche nationalistische Parteien, Verbände und Organisationen mit einer Vielzahl von Zeitungen und Zeitschriften erreichten damals ein großes Publikum. Nietzsches deutschtümelnd antibürgerliche Ressentiments erlebten eine Renaissance. An der »Umwertung der Werte« hatten sich auf ihn berufende Epigonen wie Oswald Spengler, Arthur Moeller van den Bruck und andere jungkonservative Ideologen mit ihren gegen die parlamentarische Demokratie gerichteten Ideen erheblichen Anteil. Sie wollten das »Versailler System« sprengen und Deutschlands Großmachtstellung wieder herstellen. Bei der Suche nach Orientierungen fand Harro Schulze bei den »konservativen Revolutionären« zahlreiche Anregungen.

An der Formung des »rechtsgerichteten« Weltbildes hatte neben dem familiären Umfeld und dem Jungdeutschen Orden auch das Gymnasium einen gewichtigen Anteil. Die höheren Schulen blieben in der Weimarer Republik weitgehend beherrscht von sozialem Dünkel und antidemokratischer Weltanschauung. Viele Gymnasiallehrer erzogen ihre Schüler in deutschnationalem und militaristischem Geist. Die Lehrer des Realgymnasiums in Duisburg erscheinen in den Erinnerungen ehemaliger Schüler als »unpolitisch«, doch seien sie »vaterländisch gesinnt« gewesen und hätten die Gymnasiasten »national auf Vordermann gebracht«. Einige ehemalige Reserveoffiziere fielen im Unterricht durch »straff militärisches Auftreten« auf.[21] Das Symbol der Weimarer Republik, die schwarz-rot-goldene Fahne, wurde von den Gymnasiasten überwiegend abgelehnt und sogar verächtlich gemacht. Schwarz-weiß-rot drückte zugleich Haltung und Protest aus.

Eine Ausnahmeerscheinung unter den Lehrern war Professor Dr. Wilhelm Boß, der Deutschlehrer, klein, rundlich, genannt »der Krumme«. Er war überzeugter Republikaner, erzog zu selbstkritischem Denken und zu kritischer Distanz gegenüber Lehrstoff und Lehrbüchern. Boß nahm eine führende Stellung im Kulturleben der Stadt ein. Er holte anerkannte Dichter und Schriftsteller, darunter Bertolt Brecht, Thomas Mann, Stefan Zweig, Alfred Döblin und Hermann Hesse nach Duisburg. Er bekleidete Ämter in der Deutschen Demokratischen Partei, war Mitglied der Deutschen Friedensgesellschaft und der Deutschen Liga für Menschenrechte und setzte sich leidenschaftlich für die Weimarer Republik ein. Harro behielt diesen außergewöhnlichen Pädagogen als seinen »nettesten Lehrer« und »einen der besten Leute in Duisburg« in Erinnerung. Der Einfluß von Wilhelm Boß wie auch die Ferienaufenthalte in Schweden und in England bewahrten den Heranwachsenden vor einem übersteigerten Nationalismus.

Ballachulich, Argyllshire Scotland 6. Aug. 26

Lieber Papa, Mama, Helga usw ...

Vielen Dank für Briefe (von Papa) und Zeitungen. Der Bericht über die Kölner Tagung[22] hat mich sehr interessiert. Sie scheint doch nicht größer gewesen zu sein als die Dortmunder[23] im Winter auch, also hauptsächlich Großballei[24] Westdeutschland. Der Bericht in der Rhein- und Ruhrzeitung stammt vom »Idioten« Fischer; Papa hat ja seine Bekanntschaft am Marinetag gemacht. Es sind verschiedene Unrichtigkeiten darin enthalten, zum Teil widersprechende Aussagen gegen die Jungdeutschen. Bei der Beschreibung von Rechberg wurde mir übel. Es wäre doch sehr zu wünschen, wenn der ausgeschaltet würde. Das kann doch nicht unmöglich sein, man müßte es versuchen! – Die Crichton-Familie ist – wie Ihr ja wißt – reichlich völkerbundsfreundlich-pazifistisch gesonnen, aber die »Vereinigten Staaten von Europa« lehnen sie ab. – In *welchen* Kreisen wird der Gedanke propagiert? – In *politischer* Hinsicht kann ich Euch vorläufig noch nicht allzu [viele] Eindrücke von England übermitteln. Von dem England der Staatsmänner merkte ich noch nichts. Auf den Bahnhofskiosken ist das Bild schlimmer noch als in Deutschland. Viel schlimmer. 90 % bunte Magazine à la Uhu, Magazin, Leben usw. Und der Rest sensationelle Photoblätter. Die Presse scheint mir hier noch viel mehr auf Sensation eingestellt als bei uns. Ich habe mit verschiedenen Leuten darüber geredet. Ich sagte, in Deutschland wäre die Times[25] am bekanntesten. – »Ach, die lesen ja nur ein paar hohe Politiker in London.« Viel zu konservativ (sagten Crichtons), viel zu schwer (sagte ein mr.?), viel zu diplomatisch usw. – Die Daily Mail[26] macht bessere Geschäfte, weil sie mehr sensationell eingestellt ist. Ich kann nur sagen: wenn man im Zuge sitzt, merkt man von dem »Weltmachtvolke« England nichts. Draußen vielleicht vor den Hauptgeschäftsgebäuden. Ich hatte mir – besonders unter Liverpool – mehr vorgestellt ... [...] Zeitung noch mal auf der Post umbestellen. Vorläufig vielen Dank. Freue mich jeden Tag darauf.

Harro

Ballachulish, Argyllshire, Scotland, [Mitte August 1926]

Lieber ... etc.

[...] Der Tag vergeht meist mit irgend einem schönen Spaziergang mit anschließendem Picknick. Ich habe jeden Tag mit Crichtons die schönsten Unterhaltungen über Kunst, Politik, allgemeine Fragen usw. Ich lerne dabei sehr schön Englisch; wenn es auch etwas langsamer geht als ich mir ursprünglich gedacht hatte. [...] Ich gewinne allmählich immer mehr den Eindruck, daß es den Engländern garnicht besonders rosig geht. Selbst die kleinen Zeitungen sind voll von Klagen über das ewige Drängen des Schuldners Amerika. Dann liegt als »drückende Gewitterwolke« über dem ganzen Volke der Kolonialbesitz, der immer mehr Schwierigkeiten macht. Die Stimmung im ganzen Volk – nicht Crichtons allein!!! – ist reichlich schlaff – pazifistisch. Den Arbeitern geht es zum Teil schlechter als unseren. Dazu kommen hohe Preise. Mehr als *ein* Engländer hat mir schon gesagt: Wir Engländer haben *alles* zu verlieren, Ihr Deutschen aber habt *alles* zu gewinnen. Die öffentliche Meinung ist zum größten Teil: Mit uns gehts bergab, mit Frankreich *und Deutschland* gehts bergauf. Meiner Ansicht nach ist es falsch, zu sagen: Selbst wenn England seine Kolonien verliert, ist seine Stellung eine gute, weil in den Kolonien dann Engländer wohnen. England wurde zu sehr internationalisiert, *verlor* seine ursprünglichen englischen Eigenschaften, mit denen es die Welt beherrschen konnte. Der Kolonialstreik ist im »Punch«[27] als schwarzes Gespenst dargestellt, das ist bezeichnend genug. Ein Ende des Streiks ist scheinbar nicht abzusehen. Mit diesem Kohlenstreik[28], der zuerst ungefährlicher schien, beschäftigt sich die englische Öffentlichkeit jetzt vielmehr als mit Kolonien und Weltmachtstellung, wenn sie auch nicht so viel darüber spricht. [...] Das Bezeichnende ist, daß der Brite sich gar nicht so sehr als Herr der Welt fühlt, als der er vielfach angesehen wird! Das ist meine Meinung. Es war für mich *nicht* ganz leicht, ein Bild zu erhalten, weil ich leicht einseitig Crichtons als typisch hätte ansehen können. Ich habe mich nach anderen Richtungen hin orientieren müssen – und bekam trotzdem dies alles andere als imperialistische Bild.

Harro.

25 Montpellier Crescent Wallasey Cheshire. 23. aug. 26

Lieber Papa, Mama, Tante Elle, Helga usw.

[...] Mamas Auffassungen über den Pazifismus teile ich nicht ganz. Wenn der »Friedensdusel«, wie er von der modernen Civilisation mit idealistisch sein wollendem Einschlag Überhand nimmt, nähern wir uns chinesischen Zuständen und dem Untergang des Abendlandes. Die Städtevergiftungen werden eher durch den Pazifismus *beschleunigt* als sonst was. In der Mitte ein Europa, das es hält mit der Plebejermoral: Tritt mich, aber laß mich leben (Siehe das Heft des »Meister«[29], das Papa mir zusandte) auf der einen Seite Rußland – auf der andern Amerika. Die Folge wäre, daß es uns in ein paar Jahrzehnten genau so ginge wie den Chinesen *heute*. Ich bin ja kein Engländer, aber es ist geradezu erschütternd zu sehen, wie ein Volk wie das englische sich nach einer Art »Schwedenstellung«[30] sehnt, d.h. die Verantwortung über hat. Es ist Unsinn zu behaupten, man könne von jetzt an überhaupt ohne jeden Streit auskommen, wenn aber die Anzahl desselben erheblich vermindert werden kann, so ist es deshalb, weil heute *kein* Mensch, kein Machthaber *leichtfertig* einen so furchtbaren Krieg vom Zaune brechen würde. Ein Einzelner noch viel weniger als ein ganzes Parlament, wo keiner die Verantwortung hat. Das Parlament hat man [in] England übrigens im allgemeinen auch gründlich satt, aber die Engländer sind ja – vielleicht mit Recht – immer etwas rückständig im Abschaffen. [...] Hat Papa den Artikel von Mahraun über das Ehrhardt-Programm[31] gelesen? Ich meinerseits kann nur unterschreiben, besonders da Mahraun die Persönlichkeit von Ehrhardt nur würdigt und seine Politik angreift. Mahrauns Worte wie »Ehrenhafte Gesinnung, persönliche Tapferkeit, bestes nationales Wollen« unterscheiden sich doch erheblich von denen eines Wikingführers, die »Jungdeutschen mit Knüppeln zurechtzustauchen«. Die Jungdeutsche Bewegung ist im Ausland doch scheinbar die einzige deutsche nationale, die ernst genommen wird, selbst der Glasgow Courir berichtete darüber. *Wie* sie berichten ist ja vorläufig ganz Nebensache; [...] Der Glasgow Courir spricht von einer neuen deutschen Bewegung, die sich von den Faschisten dadurch unterscheide, daß der oberste Führer das Vertrauen des Volkes haben müsse. Natürlich sehr kurz. – Ich habe während meiner Englandreise, ich möchte sagen: einen etwas größeren Überblick bekommen und habe diesen mit meinen ganzen jungdeutschen Anschauungen sehr gut vereinen können.

Euer Harro

Die England-Reise hatte den national gesinnten Bürgersohn zum Nachdenken angeregt. Aber nicht die aufgebrochenen Vorurteile über die Engländer, sondern den Besuch eines Friedhofs für deutsche Marinesoldaten nahm der Siebzehnjährige zum Anlaß für einen recht pathetischen Artikel.[32] Er äußert sich darin jedoch nicht, warum die unbekannten deutschen Soldaten an der schottischen Küste die Heimat zu schützen hatten und auf welche Weise sie starben.

Im Frühjahr 1927 erregten sich viele Duisburger über eine im Städtischen Tonhallengarten aufgestellte Skulptur von Wilhelm Lehmbruck. Der in Duisburg-Meiderich geborene Bildhauer hatte im März 1919, nach dem Besuch eines Berliner Militärhospitals, aus Erschütterung über den Krieg und dessen Folgen den Freitod gewählt. Seine Arbeiten, darunter die 1911 in Paris entstandene »Kniende« waren bereits 1913 in New York und 1914 in Paris mit großem Erfolg gezeigt worden. Lehmbruck schuf Akte und Torsi von schmalgliedrigem Wuchs, überlangen Proportionen und betonter Markierung einzelner Körperteile. Viele Museen und Sammlungen stellten seine Arbeiten aus. Duisburger Kunstfreunde erwarben 1927 einen Abguß der »Knienden« für ein Friedensdenkmal im Zentrum der Stadt. Die Figur war heftigen Angriffen ausgesetzt und wurde nach ihrer Beschädigung durch aufgebrachte Bürger schließlich entfernt. Die Duisburger Bilderstürmer waren Vorboten der nationalsozialistischen Kunstpolitik. Die »Kniende« wurde 1937 in der Ausstellung »Entartete Kunst« gezeigt, über 100 Werke Lehmbrucks aus öffentlichen Einrichtungen entfernt.

Harro Schulze schrieb einen Zeitungsbericht[33] über den weit über Duisburg hinaus bekannt gewordenen Skandal. Der Autor nimmt die Rolle eines Beobachters ein, sympathisiert nicht mit den eifernden Gegnern, solidarisiert sich auch nicht mit den Verteidigern des Kunstwerkes, sondern schreibt ein ironisches Sittenbild über eine kulturpolitische Posse aus der Provinz.

Gripsnås, 18. Erntings[34] 1927

Lieber Papa, liebe Mama,
[...] Die »Kniende« ist jetzt auch in die Schwedischen Zeitungen gedrungen – mit Bild –, als »Kunstwerk« nur in Anführungsstrichen genannt, wie ich es boshafterweise in meinem Jungdeutschen Artikel ja auch tat. [...] Neulich waren etwa 6 schwedische Leutnants mit Stig hier – mit ihren neuen grauen Felduniformen und viel Leder sehen sie alle tip-top aus, – prächtige Typen – und mit ihnen ein bayrischer Hauptmann mit roten Streifen (Reichswehrministerium), etwas reichlich bayrisch, aber entschieden ein guter und intelligenter Mensch, übrigens »von«. Er hatte in ganz Schweden bei den Offizieren der einzelnen Garnisonen militärtaktische Vorträge halten müssen und bei Manövern usw. Kritik üben und beraten. Der Sohn des Hauses, Stig, sprach hinterher voller Lob über ihn. – Er erzählte sehr interessant über Rußland, wo er gerade vorher in ähnlicher Eigenschaft[35], – allerdings in Zivil – gewesen war. Die Hauptsache, so sagte er, sei, daß man sich mit irgend einem Manne von der G. P. U.[36] (Tscheka vormals) gut stellte; sonst könne man eventuell stundenlang bei Paßkontrolle usw. warten, bekäme nicht so gute Zimmer auf den Hotels usw. Er meinte, die russische Armee wäre ganz gut, aber mehr für den Verteidigungskrieg im Lande selbst als zum Angriffskrieg geschaffen. Die Disziplin und Ausbildung sei trotz gewissen Materialmangels gut. – Typisch sei, sagte er, daß die

Leute den einbalsamierten Lenin wie einen Heiligen verehren, man müsse sich einmal ansehen, wie die Leute, auf dem roten Platz in Moskau, erst in die Kapelle der Iberischen Mutter Gottes und dann, ebenso fromm, gegenüber in das Leninmausoleum gingen. Im übrigen wäre alles ziemlich teuer, aber doch ganz civilisiert. Alles, was dem Staat gehörte, wäre, im Gegensatz zum Privateigentum, ordentlich und sauber, (Eisenbahn z.B.). Die Leute wären übrigens wie früher und auch noch für ein gutes Trinkgeld empfänglich. Der Allgemeineindruck des Landes sei nicht schlecht. – Nun kann Papa ja alles selbst nachprüfen.[37] [...] Im übrigen schlafe, esse, schwimme, lese (französisch englisch schwedisch deutsch) und tanze ich, das gibt es hier doch manchmal abends im Freien bei Mariefred – 3 Geigen u. 1 Ziehharmonika machen die Sache ganz idyllisch, das Wetter ist leidlich. Im »Jungdeutschen« knöpft man sich in der letzten Zeit Ullstein[38], Theodor »Wolffs = grube«[39] und Weltbühnen-Tucholski[40] recht gründlich vor.

Euer Harro

Gripsnås, den 28.8.1927

Lieber Papa,

[...] Ich lese eifrig englische und französische Bücher – ungefähr jeden Tag eins, meistens draußen sitzend. Gestern las ich im American Geographical Magazin The Russia of Today, mit vielen Bildern und sehr interessant. Von A. Winnig las ich eine deutsche Schrift »Befreiung«[41], die die Arbeiterfrage in einem ganz neuen Licht erscheinen läßt, sehr gut und interessant geschrieben. – Nimm Dich übrigens mit deutscher Reise-Buchlektüre in Rußland in Acht; wie der bayrische Hauptmann erzählte, kann man sonst leicht einige bei der Revision loswerden. Die Sacco-Vanzetti-Aufregung[42] in der ganzen Welt ist ja ein Wahnsinn; die amerikanische Regierung allerdings hat wohl auch selbst Schuld daran. [...] Von Helga bekam ich eine Karte, in der sie sich auch über die »knallende Küsserei« der Engländer wunderte.

Dein Harro!

Der Herbst 1927 stand im Zeichen des Reichspräsidenten Paul von Hindenburg. Das national gesinnte Deutschland beging mit einer Vielzahl von Veranstaltungen den 80. Geburtstag des greisen Feldmarschalls. Er begann am 21. September mit der Einweihung des Tannenberger Nationaldenkmals, des größten Erinnerungsdenkmals des Ersten Weltkrieges. Der Sieg über die zahlenmäßig überlegene russische Armee im ostpreußischen Tannenberg Ende August 1914 hatte den »Mythos Hindenburg« begründet. In dem Feldmarschall sah die bürgerlich nationale Jugend – und nicht nur sie – die Personifizierung von Nation und Vaterland. Der Primaner Harro Schulze huldigte Hindenburg im Steinbarth-Gymnasium in einer begeisterten Festrede.[43]

Harro Schulzes politisches Engagement wurde am Duisburger Steinbarth-Gymnasium als ungewöhnlich empfunden. Obwohl er in den höheren Klassen als Klassensprecher auftrat, behielten ihn seine Mitschüler als einen Außenseiter in Erinnerung. Bei einem Vergleich der Zeugnisse fällt auf, daß er mit dem Prädikat »gut« zu den Besten des Abiturientenjahrgangs 1928 gehörte. Von 32 hatten 5 mit Prädikat abgeschlossen, nur zwei eine besondere Bemerkung auf dem Zeugnis, darunter Harro Schulze. Ihm wurden Kenntnisse in der neueren Literatur bescheinigt und seine Gewandtheit im Ausdruck besonders hervorgehoben.

In den Duisburger Jahren hatte sich Harro Schulze zu einem jungen Mann entwickelt, der bereits eine gewisse Ausstrahlung besaß. Er konnte wirksam formulieren, öffentlich auftreten, sich gewandt ausdrücken. Auch nach seinem Schulabgang – er hielt die Ansprache zur Schulentlassung – hat man in Duisburg viel von ihm gesprochen und einiges von ihm erwartet. Die Eltern waren stolz auf ihren Ältesten. Sie beobachteten an ihrem Sohn den Wunsch, obenan zu sein, nicht als Schulstreber oder Klassenprimus, sondern als geistig Führender unter Altersgenossen. Außer gelegentlicher rebellischer Auflehnung gegen eine zu starke Disziplinierung im Elternhaus brach in der Familie Schulze kein Generationskonflikt auf.

Harro Schulze befand sich – auch auf seinen eigenen Wegen – durchaus in Übereinstimmung mit den bürgerlichen Wertvorstellungen und Traditionslinien der Familie.

Duisburg, 27. März 1928

Lieber Onkel Alfred [von Tirpitz]!
Für Dein schönes Geschenk anläßlich meines Abiturs danke ich Dir von ganzem Herzen. Ich hatte schon oft ein Konversationslexikon entbehrt, und ich habe mich ganz besonders über die handliche Ausgabe gefreut! Es tut mir leid, daß ich nicht selbst einmal bei Euch vorbeikommen kann, um den Dank mündlich zu überbringen. Nach den enthusiastischen Schilderungen des kleinen Hartmut von »der großen Stadt Berlin« bekommt man unwillkürlich Lust dazu. Vorläufig aber werde ich mit einer großen Menge meiner Schulkameraden nach Freiburg/Breisgau gehen. Papa ist ja auf seinen Fahrten nach St. Blasien oft genug durch die schöne Stadt gekommen und hat es mir daraufhin empfohlen zu besuchen; das

Vorlesungsverzeichnis scheint auch recht gut zu sein. Augenblicklich genieße ich die herrliche Ferienzeit noch sehr; in den Osterferien werde ich mit einigen Freunden eine längere Wanderung, den Rhein aufwärts Richtung Coblenz, unternehmen. Wir freuen uns schon alle sehr darauf; wenn man so lange Zeit in dieser schwarzgrauen Industriestadt gewesen ist, kann man sich kaum etwas schöneres vorstellen! (Vorige Pfingsten waren wir 2 Wochen lang zu Rad durch Eifel/Rhein-Moselgegend unterwegs.) Papa ist augenblicklich in Paris; d. h. nicht zur Erholung, sondern um dort die Demag würdig zu vertreten. Hier machen sich schon die ersten Sturmzeichen anläßlich der kommenden Wahl bemerkbar; hoffentlich wird die Propagandahetze nicht wieder zu arg! Um der »Dissonanz« der Wahlwochen wenigstens innerhalb der Jugend entgegenzuarbeiten, haben einige meiner Freunde und ich von der Jungdeutschen Jugendbewegung aus etwa 50 Bünden zu einer Aussprache in einer Schulaula eingeladen (alle Richtungen von der Bismarckjugend[44] zur Sozialistischen Arbeiterjugend[45], alle Sportvereine, Berufsverbände und konfessionellen Gruppen). Vielleicht ist es so möglich, auf diese Weise wenigstens in diesen Kreisen durch Betonung der einigenden Ideen die Einigkeit zu bewahren. Wir haben viele tausend Flugblätter drucken lassen, verteilt und angeklebt, und ich bin einmal gespannt, was daraus wird. Da ich das einleitende Referat[46] halten werde, habe ich natürlich besonders viel damit zu tun; aber das schadet ja nichts. – Wir freuen uns schon alle sehr auf Tante Margot's Besuch. Grüße Tante Marie bitte vielmals!

Dein dankbarer Harro Schulze

Der eifrige Jungbruder aus Duisburg strebte ein übergreifendes Zusammengehen der unterschiedlichen Jugendgruppen unter Führung der Ordensjugend an.[47] In der Öffentlichkeit trat Harro, den Geburtsnamen der Mutter übernehmend, jetzt unter dem Doppelnamen Schulze-Boysen auf und setzte sich am 1. April 1928 vor zweihundert jungen Leuten dafür ein zu prüfen, ob die einigenden Gedanken nicht stark genug seien, um die bestehenden Gegensätze überwinden zu können.

Schulze-Boysens Rede reflektierte das weit verbreitete Mißtrauen gegenüber den Parteien. Er klagte das »Recht der jungen Generation« gegen die »Weimarer Gerontokratie« ein. »Jugend« war zur Chiffre für den Zusammenbruch traditioneller Bindungen geworden. Die Gruppen der bündischen Jugend wie auch die sozialistische Jugendbewegung pflegten neue Lebensstile und Umgangsformen. Eine neue Subkultur entstand. Während einige den Leitbildern des aufkommenden »Amerikanismus« folgten, andere sich den sozialistischen Ideen der Arbeiterbewegung verbunden fühlten, lehnten die national gesinnten Jugendverbände die »undeutsche« Modernität ab. Sie pflegten eine heimatverbundene, oftmals völkische Identität und verstanden sich als Gegenpol zur rationalisierten, sinnentleerten und konsumorientierten Welt der industriellen Moderne.

Die von Harro Schulze im Frühjahr 1928 beschworene Einheit der Jugend im jungdeutschen Sinne ließ sich – selbst mit starken Worten – nicht herstellen. Die Gruppen der Arbeiterjugend waren weitgehend pazifistisch eingestellt und lehnten die deutschtümelnde Frontkämpferromantik und das militaristische Auftreten der Jungdeutschen ab.

Ein »Bombenleben« – Studium in Freiburg

Im April 1928 begann Harro Schulze-Boysen ein Studium der Rechts- und Staatswissenschaften an der Albert-Ludwig-Universität in Freiburg. Die Universität prägte die Stadt mit ihren 4000 Studenten. Zahlreiche Korporationen und schlagende Verbindungen warben um Mitgliedschaft bei den Neuangekommenen. Mehr als die Hälfte der Studenten gehörte solchen Verbindungen an. Dort verbrachten sie ihre Freizeit und schufen sich die notwendigen Beziehungen für die berufliche Karriere nach dem Studium. Harro Schulze-Boysen behielt die drei Semester in Freiburg als eine »herrliche Zeit« in Erinnerung, die er dank des monatlichen Wechsels seiner Eltern unbeschwert genießen konnte.

Freiburg, [April 1928]

Lieber Papa, liebe Mama – – – usw!
Für Eure lieben Briefe herzl. Dank. Ebenso für die zahlreichen Ratschläge, die zu beherzigen ich versuchen will. Mit »dem Ankauf des Hutes« konnte ich leider kaum noch warten. Mama und ich waren uns doch vorher schon darüber klar, daß die Sache notwendig sei. Daß ich schon »Geld brauche« (Ich denke, ich komme aus. Es ist doch nur zur Sicherheit!) liegt doch daran, daß ich die Immatrikulationsgebühr – Mk. 20,– schon bezahlen mußte. (und mir ein Sparkonto einrichten will). Wieviel hattet Ihr mir übrigens genau mitgegeben? 140,–? Die Summe ist mit etwas Geld, das ich noch hatte, durcheinander gekommen, sodaß ich nicht genau bescheid weiss. Mit den Stoffhandschuhen ist das nicht so schlimm. Man nimmt sie ja doch nur in die Hand! – auch als Corpsstudent. Der Mensatisch für 50 Pfg. ist sehr gut. Ob das Essen gut ist, glaube ich, trotz Mamas Meinung, doch etwas beurteilen zu können. Das Essen ist doch nicht aus minderwertigen Fleischen oder Fetten hergestellt, sondern, je

nachdem, liegen obenauf 1 oder 2 Stücke gutes Fleisch (Heute z. B. Casseler Rippspeer, vorzüglich; gestern Halberstädter Würstchen usw.) Nein, gut ist es schon dort (Man bekommt doch außerdem noch eine Suppe, und hat dreifache Auswahl fürs Hauptgericht, Milchreis mit Pflaumen und Aprikosen, Spinat, zwei Spiegeleier und Bratkartoffeln etc. – und jedesmal so viel, dass man es kaum aufessen kann.) So etwas ist nun nicht »couleurfähig«. Mama wird wieder nach tiefen Gründen suchen, um die Corps zu entschuldigen, – oder meinen, ich hätte meine Ansicht von irgend einem Verbindungsgegner. Ich glaube, ich kann die Sache doch schon etwas übersehen: Es liegt daran, weil in der Mensa von katholischen Schwestern das Essen ausgegeben wird. Die Hauptattraktion bei allen Verbindungen aber sind – die Kellnerinnen. Und weil es die nur in anderen Gaststätten gibt, erklärt man die Mensa für »nicht couleurfähig«. Gentlemanlike, wie sie sind, dürfen die Corpsstudenten nur ganz steif mit den »Damen, respective Mädchen der Gesellschaft« umgehen, dafür brauchen sie dann scheinbar auf der anderen Seite ein Ventil. Ich kann ja schlecht beurteilen, wie das bei den Hassoborussen ist, weil die noch nicht hier sind. Die feinste Verbindung hier ist nach Urteil aller Leute die »Repuaria« (Katholisch), wo Helmut Duvernell jetzt als Gast ist. Auch der Sohn des Reichskanzlers Cuno ist da jetzt Fuchs; es ist in der oben angedeuteten Beziehung jedoch absolut nicht anders als bei anderen Corps oder Burschenschaftern. Man ist hier ziemlich vielen Keilversuchen[48] ausgesetzt. Heute besuchte mich einer von der Burschenschaft Frankonia und holte mich zum Frühschoppen und Mittagessen ab. Da die Sache als Einladung billig ist, ging ich mit; aber es kommt natürlich garnicht in Frage. Die Leute sind mir einfach zu borniert. Alle anderen Einladungen von anderen Burschenschaften und Landsmannschaften etc. habe ich gleich immer abgesagt. Bei Prof. Sonntag habe ich Besuch gemacht. Er wohnt nicht gerade sehr vornehm. War übrigens nicht zu Hause. Bei Krafft bin ich noch nicht gewesen. Edgar Küpper behauptet, »unsere alten Damen kennten sich«. Wahrscheinlich von einem Hintz'schen Kaffeeklatsch. – Zum Feldberg hinaufzufahren hat, glaube ich, für mich keinen Zweck mehr. Der Schnee liegt nur noch ca 5–6 cm, und für Anfänger soll das wegen der Schiebruchgefahr nicht gut sein. Im übrigen wird es ja ohnedies bald aufhören. Unten ist herrliches Wetter, Baumblüte und alles grün. Ich mache jeden Tag einen kleinen Spaziergang in die Berge. Es ist herrlich. Mama stellt sich das so einfach vor mit dem »Na, versuche es erst mal im Corps«.

1.) brauchte ich dann mindestens einen Wechsel von 250. Zum gewöhnlichen Leben kommt nämlich dann noch hinzu: Sehr viel teureres Essen als das ebenso gute in der Mensa, nicht etwa nur meine Ausgaben, sondern die Durchschnittsquote bei jeder Sauferei allabendlich. Das ist sehr ungerecht, denn da besaufen sich die anderen auf Kosten ihres Corpsbruders. Hinzu kommt Kinobesuch, Cafés, besonders viel Geld für Ausflüge und Fuchsreisen, wobei man nur in den seltensten Fällen in Hütten übernachtet, sondern meist in teuren Hotels.

2.) Thema: sogen. »Liebe« im Corps. Ich mag darüber nicht viel schreiben. Mama hat in dieser Hinsicht, glaube ich, gar keine Erfahrung, sonst würde nicht gerade sie als Mutter mir immer so furchtbar zuraten. Für mich liegt die Sache so: Sollte ich zu den Hassoborussen gehen, so stehe ich vom ersten Tag an, in bestimmten Dingen in Opposition zum Korps. Das ist für mich ein fait accompli. Ob ich eintrete, – diese Frage hängt für mich davon ab, ob ich, nach dem, was ich sehe, mir zutrauen werde, in diesem Kampf mit den Leuten fertig zu werden. C'est ca! Ihr würdet sicher nicht anders denken, wenn Ihr die schrecklichen Typen hier alle säht. Typen zum Kotzen: Fett-verschwommen, schleimig/weichbierverquollen, zerfetzt, dumm-kinnlos, bebrillt, (Manchmal auch nicht), grenzenlos borniert und eng, – hochnäsig, steif. Man muss sich da doch in Acht nehmen, dass man die Zahl dieser Idioten nicht unnötig vermehrt. – Nun bin ich wirklich mal gespannt auf die Hassoborussen, – ob sie wenigstens äusserlich anders sind, oder ob wenigstens mit Einigen wenigen etwas anzufangen ist. Das, was Trotha[49] gesagt hat, mag richtig sein. Er stellt die Notwendigkeit geistiger Schulung in den Vordergrund. Die will ich ja auch gerade. Dazu ist doch auf der Universität Gelegenheit. Geistig kann mir das Korps bestimmt nichts bieten. Seelisch mag es Leuten wie dem jungen Traenkle guttun. Aber ich glaube, da hapert's bei mir nicht. (Der Starke ist am mächtigsten allein)[50] In punkto Erziehung mag vieles gut sein, aber ebenso vieles ist gänzlich veraltet und verrückt. Das feierliche Bummeln von den Leuten, der steife Frühschoppen, das ewige Mützenabnehmen und die Hochnäsigkeit des kleinsten Fuchses, das alles wirkt doch auf einen halbwegs intelligenten Menschen nur lächerlich. Das ist die Tendenz bei allen Korps und Burschenschaften etc. Weil ich das erkannt habe, werde ich nicht darnach sehen, welche Verbindung als die vornehmste gilt (das taxiert man allgemein nach der Kleidung ein. Und die ist eine Geldfrage!), sondern wo ich am meisten Gleichgesinnte gegen »das herrschende System« innerhalb der Corps natürlich treffe. Möglich, dass dies bei den Hassoborussen der Fall ist; dann ist die Sache ja in Ordnung. Qui vivra-verra[51]! Und damit Schluss dieses leidigen Themas.

Ich habe mir Knäckebrod gekauft, was es hier gibt, und geniesse diese schwedische Reminiszenz sehr. Der Lesesaal in der Universität ist sehr gross und inhaltsreich. Volkstum[52], Deutschenspiegel, Meister (Den ihr mir trotzdem ruhig nachschicken könnt), Europäische Revue[53], Grüne Blätter[54], und hunderte von anderen Zeitschriften ... alles ist da.

[...] Mama wäre ich sehr dankbar, wenn sie den Wäschesack bald schickte, nebst dem jungdeutschen Ordenskoppel, weiß, Hemd und Kragen, sowie Knickerbocker-Stutzen. [...] Papa in Gala-Uniform hat auf meine Wirtsleute sichtlich Eindruck gemacht. (!!!!!) Der Wäschesack ist übrigens doch ein Problem. Das junge Ehepaar, bei dem ich wohne, hat kein Dienstmädchen. Wer bringt mir den Wäschesack zur Post???! Packettragen ist nicht couleurfähig. Auto teuer. Gepräckträger noch teurer. Was tun? (sprach Zeuss, – ich auch) Lösungen sind bis spätestens 1. Mai an den Absender einzuschicken. [...]

Gruß und Kuß an Bubi. Empfehlungen an Helen [Crichton]. Grüße an Helga. u. s. w. Euer – Euch für herrliche Freiheit sehr dankbarer Harro [...]

Freiburg, [April/Mai 1928]

Liebe »Eltern«,
Ich habe zwar von Euch noch keine Antwort auf meinen letzten Brief bekommen, will Euch aber doch über den Gang des Geschehens weiter berichten. Ich habe einen Besuch bei Prof. Sonntag gemacht. Ein ganz freundlicher mordsgarstig-stachelhaariger alter Junggeselle, der gegen meine Argumente auch nicht eine These vorbringen konnte. Ich werde mich nun wahrscheinlich bei der »Albingia«[55] genannt das »Schwarze Corps« anmelden. Da behält man wenigstens seine Freiheit. Es sind sehr nette Leute dabei, einer war sogar auf der Elmau[56] gewesen, war aber sonst ganz vernünftig und nett! (!!!!!!!) Einmal in der Woche (freitags) ist »Kneipabend«, einmal Spiel- und Vortragsabend. Erst werden von den Einzelnen Vorträge über alle möglichen Themen gehalten; anschließend Diskussion. Nachher kann man Schach, Bridge oder sonstwas spielen. Außerdem ist jeden Tag Fechten von 11–12 oder 12–1 (das kann man sich aussuchen, je nachdem wie das Kolleg liegt!) und morgens von 7–½8 Freiübungen, die ich indes nicht immer mitzumachen brauche, weil ich oft von 7–8 Kolleg habe (Staatslehre, Prof. van Calcer!) – Weekends sind zuweilen Wanderungen in den Schwarzwald. – Mittagessen kann man im Haus. – Alles übrige ist freiwillig! Inzwischen liefen mir auch noch massenweise andere Leute die Bude ein: Corps

Palatia Straßburg z. B. (zu Deutsch: Pfälzer), die so halb und halb zum weißen Ring gehören und im Cartell stehen mit den Bonner Pfälzern und Heidelberger Saxoborussen. Bruder von dem Hilger war da auch aktiv. Sonst sehr viel Adel, auch aus der Industrie viele Leute. Aber ich hatte den Hessenpreußen ja zu gründlich die Meinung gesagt, als daß ich noch in ein S. C.-Corps eintreten könnte. Die Pfälzer haben indeß die Hoffnung noch nicht aufgegeben und der sehr nette 1. Chargierte sitzt mir fortwährend auf dem Hals und lädt mich ein. Heute Mittag will ich mir mal eine Mensur bei ihnen ansehen. Dann ist da noch eine »Zaringia«, deren sämtliche Chargierte mir schon 3 mal Besuch gemacht [haben]. Ich war aber nie zu Hause und habe ihnen nun einfach geschrieben, ich wäre schon aktiv. Von Burschenschaften und Landsmannschaften garnicht zu reden. Eine Einladung zur »Rhenania« habe ich abgelehnt. Es ist mir ganz lieb, daß ich so umworben werde, da kann ich höhere Ansprüche stellen! Ein anderer könnte es sich garnicht erlauben, so lange mit dem Aktivwerden zu warten. Das Rätsel mit dem Wäschesack hat übrigens eine überraschende Lösung gefunden: Es kommt täglich 2 x der Postwagen hier vorbei.
Wissensdurstig, wie ich bin, höre ich sehr viele Vorlesungen: [...] da ich noch nicht weiß, ob ich Kapp: Zeitungswesen und Levy: Römische Rechtsgeschichte weiter belege (Kapp ist ein wenig alt und langsam-langweilig). Ich weiß fast alles, was er über modernes Zeitungswesen hervorbringt, und Levy kann ich später noch hören, zusammen mit römischen Recht, sind es im ganzen ca. 25 Std. pro Woche! – Das ist an sich weit über Durchschnitt, aber viele Vorlesungen sind ja nicht rein wissenschaftlich, sondern mehr unterhaltend (Graphologie, Psychiatrie und Vorführung *lebendiger* Versuchsobjekte, – Moderner Roman (sehr interessant!!) – Politisches Kolloquium usw!) [...]

Also: Herzl. Gruß Euer Harro!

[...] Sonnabend + Sonntags Parole: Raus!

Freiburg, [Mai 1928]

Liebe »Eltern«!
Herzl. Dank für Eure lieben Briefe! Ich bin nun vor wenigen Tagen Albinge geworden. [...] Ich lerne nun eifrig fechten, es kostet allerdings etwa 20,– Mk monatlich, aber schliesslich kostet ja jeder Sport etwas. Das Universitätsgeld macht 150,– Mk rund. Vielleicht ja etwas mehr, aber das will ich schon bezahlen. Das recht gute Essen auf dem Haus kostet 1.05 Mk. Das ist im Vergleich zu anderen Verbindungen recht billig. [...] Ich habe dicke Aussicht, zu Ende dieses

Semesters in die Asta, das ist Allgemeiner Studentenausschuss, zu kommen. Es ist das eine Art Universitäts-»Parlament« mit nicht 500, sondern nur ca 20 Sitzen. Einer davon wird seit langem von der Albingia bekleidet. [...] Über die Stellung zur Gesellschaft lässt sich lange quasseln. Es kommt auf alle Fälle an, was man unter Gesellschaft versteht. Soll nicht die Gesellschaft aus den Besten der Nation bestehen? Heute ist das nicht der Fall, aber alles fängt an, zu schreien, wenn man das mal offen sagt. Der Unterschied zwischen Gesellschaft und Besitzlosen ist grundfalsch gezogen. Es muss heissen: Hier Aristokratie – hier Masse! Dann ist Aristokratie = Gesellschaft. Solange sich die bürgerliche Gesellschaft wie eine Hammelherde benimmt, kann sie sich nicht wundern, wenn sie angegriffen wird. Insbesondere die Duisburger Gesellschaft. Was Onkel Ferdinand damit zu tun hat, verstehe ich nicht recht. Er hat sich aus sozialen Gerechtigkeitsgründen auf die Seite der Armen gestellt, und die blöden Leute haben ihn und sein Tun wieder in die falsche Front eingegliedert. Unbegrenzt denkfaul: Aber mit grosser Überhebung: Wir sind die Gesellschaft. C'est ca.

Euer Harro [...]

Freiburg, [Juni 1928]

Lieber Papa, liebe Mama!
[...] Das Fechten geht ganz gut. Hoffentlich komme ich in den Ferien nicht allzusehr aus der Uebung, damit ich gleich am Anfang des nächsten Semesters auf Mensur stehn kann. Den »Vormarsch«[57] habe ich mit Interesse gelesen. Ernst Jünger war nur bis März Mitherausgeber, ist es jetzt nicht mehr. Nationalsozialist ist er nicht. Er ist ein sehr eigenwilliger Kopf, der in politischer Hinsicht nicht recht weiß, was er will. In vielem ähnelt er den Jungdeutschen; aber ist zu stürmisch und zu hitzig, um zu besonnener Politik fähig zu sein. Ehrhardt erstrebt neuerdings scheinbar den Staat der »Arbeiter und Soldaten«. Das hätten wir aber schließlich schon 1918 haben können, ebenso wie den ersehnten Tod des Bürgertums. Papa sagte seinerzeit einmal, daß in der sogenannten nationalen Bewegung im Grunde doch alles dasselbe wolle. Hier ist das Bild des Kampfes gegen das Bürgertum und seine Gesellschaftsordnung, selbst unter Zusammengehen mit dem Kommunismus ganz scharf herausgetreten. In derselben Front befand sich bekanntlich der Reichsbürgerrat mit genau den entgegengesetzten Zielen. Ebenso der Orden, der bekanntlich nicht das Volk nach Gesellschaftsschichten getrennt herrschen sehen will, sondern für eine Aristokratie kämpft.
Diese Unterschiede hatte vielleicht Mahraun, als Papa seinerzeit in

Köln mit ihm verhandelte wegen Ehrhardt, nur gefühlsmäßig begriffen, aber es war schon etwas richtiges dran an seiner Einstellung. Immerhin habe ich die Zeitschriften mit Interesse gelesen. Es ist Temperament und Schwung darin, und das erfreut einen heutzutage allemal. Dass sie die Jungdeutschen wiederholt anpflaumen, sei ihnen verziehen: Hier: Wikinger Landsknecht[58] dort: Ordensritter, der graue Frontsoldat als Ideal des Kämpfers. Die Unterschiede gehen tiefer, als dass man sie mit einigen Erörterungen aus der Welt schaffen könnte. [...] Im übrigen geniesse ich die schöne, die Herrliche Zeit. Student sein, wenn die Veilchen blühen das erste Lied die Lerche singt der Maiensonne junges Glühen triebweckend in die Erde dringt, Student sein in der Liebe Morgen – Und so geht es weiter: Student sein, wenn die Hiebe fallen ... Student sein, wenn dein einzig Sorgen, ob fest und tapfer du wirst stehn an Deines Lebens Wagemorgen – Herr! Lass die Zeiten nie vergehn.

Unser schönes Leib und Magenlied.

Euer Harro.

Freiburg, [Juni 1928]

Lieber Papa, liebe Mama!

Herzlichen Dank für Wäschesack und Briefe!! Zu Mamas Brief Folgendes in Correktur: [...] Simson, von übrigens (Wenn schon nach Name usw., denn schon!) Er ist nicht viel mehr Jude als ich. Jedenfalls merkt man ihm keine Spur davon an. Er ist ein sehr feiner Kerl. Mit dem Ausdruck Berliner Grosschnauze würde ich an Mamas Stelle doch etwas vorsichtiger sein. Sie kennt ihn doch garnicht. Er ist ein ganz besonders netter Mensch. [...] Bei den Albingen sind u. a. eine ganze Menge von Diplomaten. (Fürst Münster war Lunaburgia Heidelberg, mit der wir im engsten Freundschaftsverhältnis im Miltenberger Ring stehen.) Ich kenne nicht die Gesinnung dieses Mannes. Aber schliesslich kommt es ja bei Carriereverbindungen garnicht darauf an. [...] Redet um Gottes willen nicht über das, was ich Euch hier schreibe. Nach dem, was Mama da schon über meine Stellung zu den Hessenpreußen herumgebracht hat, habe ich mit ziemlicher Sicherheit eine Säbelcharge oder Pistolencharge zu erwarten (Also mit jedem der drei Chargen) [...] Im übrigen: Sprecht bitte nicht mehr darüber. Sonst kann ich Mama ja garnichts mehr schreiben. Was ich hier als Student tue, geht keinen was an. Sonst nichts neues. In wahnsinniger Eile: Ich muss ins Theater: Toller: Hinkemann.[59]

Herzl. Gruss und Kuss

Euer Harro

Gripsnås, 13. 8. 28

Lieber Papa und liebe Mama!
Endlich komme ich dazu, Euch einen Brief zu schreiben. Herzlichen Dank für Eure Karten. [...]

Für die Artikel der DAZ zum Fall Lambach[60], vielen Dank. Man *hat* die Angelegenheit auch in schwedischen Zeitungen ausführlich behandelt, betrachtet die Sache m. E. ganz richtig als Aufeinanderprallen sozialreaktionärer (Hugenberg!) und fortschrittlicher (Lambach-) Richtung. Wie ich über den »Strom der deutsch-nationalen Kräfte in der Jugend«, den man, nach Holweg, nun richtig leiten soll, denke, wißt Ihr ja: Ich zweifle sehr an seinem Vorhandensein.

Gestern kamen 78 deutsche Wandervögel[61] aus Aachen, Düsseldorf und Münster durch diese Gegend. Ich traf sie abends, als sie mit Lautenspiel + Gesang in die Stadt einzogen. Eine Gruppe von 10 Mann nahm ich mit nach Gripsnås, wo sie noch ungestört ein Bad nahmen + anschließend von Frau Hasselrot ein königliches Abendbrot gestiftet bekamen. Bis Mitternacht saßen wir zusammen noch auf der Terrasse beim Mondschein und sangen Löns-Lieder und alte Volks- + Landsknechtsweisen. Es mag ihnen zumute gewesen sein wie dem Taugenichts Eichendorffs in Italien. Sie lösten hier (nicht nur auf Gripsnås, sondern auch in der Stadt bei der ganzen Bevölkerung) einen Sturm der Begeisterung aus. Ich habe noch nie eine so schöne Werbung für das Deutschtum erlebt. Ein sehr deutschfreundlicher Herr, der Bengt griechischen Unterricht gibt, sah sie auch und erzählte, er käme gerade aus Stockholm, da hätte er eine deutsche Reisegesellschaft gesehen, die trotz ihres schlampigen Aussehens + spießigen Auftretens an jeder Straßenecke »Deutschland, Deutschland über alles« gesungen hätten. Es wäre doch gut, daß die Jungen durch ihr schneidiges und taktvolles Auftreten das wieder gutmachten. [...] heute führte ich die Gruppe durch Gripsholm; heute mittag marschierten sie weiter, nach Dalekarlin herauf. Ich war richtig stolz auf sie. Es waren meist 18–20jährige, aber auch 11, 12, 13 usw. Mit den älteren unterhielt ich mich sehr anregend. Sie waren zwar schwarz-weiß-rot, nicht nur am Wimpel, sondern bis auf die Knochen – aber: nun ich wollte, Papa hätte ihre »Ausführungen« über die Parteien gehört. »Nicht mehr zu verwenden«. [...]
Herzliche Grüße von allen an alle

Euer Harro.

Marie-Luise Schulze war Vorsitzende des Frauenbundes der deutschen Kolonialgesellschaft Duisburg. Die Kolonialgesellschaft setzte sich vor 1914 für eine Neuverteilung der Kolonien zugunsten Deutschlands ein.

Nachdem die Deutschen mit den Versailler Friedensverträgen alle Kolonien verloren hatte, strebte die Gesellschaft eine Wiedererlangung der Kolonien an und nahm sich in den zwanziger Jahren der Förderung und Erhaltung des »überseeischen Deutschtums« an. Der Frauenbund sammelte Geld, damit junge Frauen als Haustöchter in die ehemals deutschen Kolonien nach Afrika reisen konnten. Sie sollten durch Heirat mit deutschen Siedlern der »Bewahrung des Deutschtums« dienen. Man finanzierte Stipendien für deutsche Kinder in Süd-West-Afrika und versandte Bücher und Weihnachtspakete. Marie-Luise Schulze organisierte die jährlichen Benefiz-Veranstaltungen. Ihr Sohn war mit ihrem Engagement in dieser Sache nicht einverstanden.

Freiburg, 3. XI. 28

Liebes Mama'chen,
Herzlichen Dank für Deinen Brief, nun ist es also doch nichts mit dem Fest[62] geworden. Das tut mir aufrichtig leid, obwohl ich ja immer ein Gegner der Sache war.

Wie konntet Ihr denn die ganzen Leute alle wieder abbestellen, sie waren doch alle schon eingeladen.

Ich verstehe übrigens nicht, warum Du nicht diesmal die günstige Gelegenheit am Schopf gepackt hast, den Vorsitz niederzulegen. Du weißt, daß ich aus sozialer Einstellung heraus immer gegen das Fest war, aber die erheuchelte soziale Einstellung der Damen finde ich ekelhaft.

Kauf nur etwas Lebensmittel ein. Es ist wahrscheinlich, daß es auf die Dauer knapp und teuer wird. Hoffentlich kommt es nicht zu Unruhen. Der Industrie hilft keiner mehr, obwohl sie in diesem Kampf vielleicht garnicht anders handeln kann als sie es tut.

Cuntz – Vater Krupp'scher Direktor – und ich, wir debattieren andauernd über diese Fälle.

Gestern abend hatten wir eine sehr lustige Kneipe. Im Laufe des Abends wurden irrsinnig komische Gedichte ins Gästebuch eingetragen, – von mir natürlich auch.

Donnerstag haben wir einen Ausflug gemacht, morgen gehts wieder los in den Schwarzwald.

[...] Sonntag abend kommt August Abel, jungdeutscher Außenpolitiker, nach Freiburg. Wir machen große Propaganda, auch auf dem Lande. Es ist sehr interessant und lehrreich, auf dem Lande mit den Bauern hier zu reden. Alles sehr sachliche und ruhige Leute, mit denen zu reden eine Freude ist. [...]

Herzl. Grüsse

Euer Harro. [...]

Freiburg, [November 1928]

Liebe Mama, liebe Helga, liebes Büble, – lieber Papa!
[...] Meine erste Mensur fällt wohl Ende November. Wie's ausgeht ist mir ziemlich gleichgültig. Die Hauptsache ist ja, daß man »fest und unerschütterlich« steht. Der Rest ist Glückssache. Gestern abend war die erste sehr gemütliche Kneipe. Wir sind alle – beinahe –! – Abstinenten; trotzdem war es urfidel. Bei solchen Gelegenheiten ist das »Auf dem Hauswohnen« von besonderem Nutzen.

[...] Vorgestern war ich mit den andern im Kino: Die Heilige und ihr Narr! Mit happy End ... Das Mädel war ganz hübsch; Harro geradezu unsympathisch. Besser war ein anderer Film: Der Orientexpress; wenn der nach Duisburg kommt, seht ihn Euch an.

[...] Aufwiedersehn, Ihr Lieben. Cuntz + Ant.-Feill lassen Helga grüßen. Sie sollte die Käthe Kollwitz zu schicken nicht vergessen.

Euer Harro [...]

Freiburg, [Anfang Dezember 1928]

Liebe Mama,
heute abend sitzen wir alle aus dem Haus zusammen; die meisten spielen Bridge, Skat und Schach und trinken dazu Glühwein, den der alte Gessler ganz vorzüglich bereitet.
Sonnabend morgen, früh um 4 Uhr, fuhren wir alle von hier los in die Nähe von Titisee, die meisten zu ihrer ersten Skifahrt. Um es gleich zu sagen, die beiden Tage waren für mich ein großes Erlebnis. Ich merke es jetzt schon: Ich werde noch ein passionierter Skiläufer werden [...] Wenn ich wirklich mit 150 Mk. bis zum 23. (!) auskommen sollte, habe ich mir (mit dem sonst üblichen Wechsel von 250,– ohne Nachhausefahrt-Kosten) den Skianzug schon bei weitem selbst erspart. Du mußt mir schon soviel Vertrauen schenken, daß ich so sehr spare, wie ich nur kann. Sag' mal, wenn Du kleine gute Plätz'chen, Keks usw. backen solltest (noch vor Weihnachten) schicke doch bitte bis zum 13. (hier eintreffend!) ein kleines Päckchen her. Am 14. haben wir hier nämlich ein großes Nikolaustanzfest, und da haben wir uns verpflichtet, jeder nach Hause zu schreiben. Aber wenn's zu teuer wird oder Du keine Zeit hast, zu backen, laß es ruhig. Wenn ja, – so ist nicht Quantität, sondern gute Qualität maßgebend.

Am 12. Dez. (Mittwoch) fahren wir nun alle nach Heidelberg und fechten dort mit den Ruperten (Der Großherzog von Baden war u. a. bei denen aktiv). Das meiste wird wohl die Verbindung bezahlen und zum Essen werden wir wohl von den Heidelbergern eingeladen werden. Ich freue mich sehr auf diese große Fechtexpedition. Am 14. sind wir wieder hier und tanzen. Am Tage darauf geht's in den Schwarzwald usw. usw. Ein »Bombenleben«! – Herzliche Grüße an Bub' und Helga

Dein Harro. [...]

Freiburg, 4. Februar 1929

Liebe Mama,
recht herzlichen Dank für Deinen lieben, ausführlichen Brief und das Geld. Das Fest muß ja grandios gewesen sein; schad, daß ich nicht dabei war. Wie war denn der Reingewinn? Alwin hat mir auch begeistert davon geschrieben.

Unser Faschingsfest war sehr nett, auch nach Aussage zweier Alter Damen, die dabei waren. Hoffentlich sind die Photoaufnahmen was geworden. Aber die Damen bezahlen lassen, – das geht nicht, jedenfalls nicht bei einer guten Corporation. So haben wir zwar jeder ca. Mk. 20,– stiften müssen, aber Freiburg sprach auch davon, weniger vom luxoriösen Aufwand, als vielmehr von der Liebe und Sorgfalt, mit der wir das ganze Fest vorbereitet hatten, ein Wandgemälde von ungefähr 20 qm Umfang, das ich gemalt hatte, war wirklich beinahe so echt, dass man sich am liebsten über die gemalte Reeling gebeugt hätte, um den in der Ferne daherfahrenden Dampfer besser besichtigen zu können. Wir hatten vom Norddeutschen Lloyd Rettungsringe, Strandkörbe, Fahnen, Wimpel und Ähnliches in Mengen geliefert bekommen. Vorgestern abend war ich auf dem großen Faschingsfest des »Boston-Clubs«, sehr vornehme Sache das, eingeführt durch die Tochter eines hiesigen Universitätsprofessors, mit der ich mich nachher auch noch sehr gut amüsiert habe. Mit einer anderen Dame bin ich am nächsten Tag zusammen geritten in der neuen Reitbahn, wo ich neuerdings auch springe. Mittags war ich zum Essen eingeladen bei von Pfuhlsteins, wo es ein herrliches Huhn zu essen gab, ebenso guten Wein, Cocktails, Sherry und Mocca; nachmittags bin ich wieder mit der Professorentochter spazieren gegangen; sie ist sehr nett, aber schon zu alt für mich. Samstag gehe ich auf den »Figaro-Ball« im Zähringerhof, wo ich ein hübsches Mädchen hinbestellt habe, das ich neulich auf dem Feldberg traf. Sie bezahlt selbst und das ist sehr angenehm, ich selbst komme als Student überall billig herein, sonst könnte ich es natürlich garnicht machen. Meist trinke ich auch auf Kosten anderer Leute. Während des Faschings geht das sehr gut. Man geht einfach auf einen älteren Herrn zu und sagt ihm, er solle einem armen Studenten mal ein Glas Sekt etc. stiften. Das klappt immer. Montag ist ebenfalls im Zähringerhof Rosenmontagsball, Dienstag Schluß im Hotel »Römischer Kaiser«, vielleicht kriege ich allerdings inzwischen auch noch eine Privateinladung. [...]

Neulich habe ich wieder eine Staatsrechtarbeit geschrieben und »befriedigend« bekommen, jetzt muß ich noch eine Klassen-(Clausur)-arbeit schreiben, dann bin ich fertig und bekomme einen Examensschein. Staatsrecht ist der schwerste von allen; eigentlich ist es ja komisch, daß ich gerade mit dem anfange, aber meine Interessen laufen eben in dieser Richtung.

[...] Dein Harro.

Elmau, 10. III. 29

Lieber Papa,
nachdem Du nun wieder erreichbar bist und wir Deine Anschrift wissen, erkenne ich, daß es höchste Zeit, Dir mal wieder zu schreiben.

In Freiburg machte ich vor etwa 10 Tagen Semesterschluß. Nachdem ich in Heidelberg einen Hieb durchs Ohr bekommen hatte, focht ich die beiden nächsten Male mit wachsendem Erfolge. Bei meiner 3. Mensur stach ich meinen an sich überlegenen Gegner mit 4 Schmissen ab. Als Nr. 4 gab es noch 1 Tag vor Semesterschluß unerwartet eine P. P.[63]-Suite contra Marcomanno Albertia (Freiberg), bei der ich, nachdem ich einige flache und zwei scharfe Hiebe abbekommen hatte, das Gescheiteste tat, was zu machen war: Ich fiel um, stumm und steif wie ein Balken, zwei Minuten lang. Also Abfuhr. Da es sich ja hier um keine verabredete Mensur, sondern um eine Satisfaktionsangelegenheit von Verbindung gegen Verbindung handelte, bekam ich, als 6. Aktiver bei uns, den 6. Fechter Albingiae!!, der sehr viel besser als ich war, weil wir 14, die Marcomannen aber 40 Aktive haben. Die Ohnmacht war vorauszusehen, denn ich hatte noch wenige Tage zuvor mit einer recht üblen Grippe im Krankenhaus gelegen (während der Faschingszeit!) Anschließend wurde ich vom Burschenkonvent zum 1. Chargierten fürs kommende Semester gewählt. Ein sehr angenehmer Posten. Man hat sehr viel zu sagen, – und wenig zu tun. Die ganze Schreiberei nach außen muß der xx erledigen, die Geldsachen der xxx.

Aus meinem Staatsrechtsschein wurde leider nichts. Ich machte die beiden ersten Arbeiten gut. Nun fehlte nur noch eine, um den »Schein« zu ergattern. Vier Themen werden im ganzen gegeben. Die beiden letzten fielen leider in die Zeit meiner Grippe, sodaß nicht daran zu denken war für mich (mit 39,6 Fieber) Pech.

Kurz vor der P. P.-Suite waren wir alle zusammen in Strassburg.

Der Eindruck, den die Stadt, besonders das Münster, auf mich machte, gehört zu den stärksten meines Lebens. Wir hatten einen A. H. bei uns, gebürtiger Strassburger, der nach 10 Jahren zum 1. Male – unerlaubt eigentlich! – seine alte Heimatstadt betrat. Es war ergreifend zu sehen, wie ihn die alte Logenschliesserin im Theater, die Reinemachefrau und der alte Hauswart in der Schule, die Geschäftsleute usw. wiedererkannten und erzählten. Bis auf das Militär und die dazu gehörigen Frauenzimmer aus Paris machte alles einen herrlich deutschen Eindruck.[64] Im ganzen waren wir zwei Tage im Elsaß. Auch Kolmar haben wir besichtigt, ebenso Hochkönigsburg.

[...] Nun bin ich hier in der Elmau; und es gefällt mir gut. Auch hier konnte ich meine Skikünste zeigen; ich [habe] schöne Ausflüge gemacht und war erstaunt, wie gut ich alle Hänge auch bei schwierigem Schnee bewältigte. Gestern habe ich meine ersten Sprünge von der Schanze gemacht. Indess, es wird Schluß + Frühling! Auch das Tanzen macht viel Spass. Es sind viele nette + frische Mädels hier, mit denen zu tanzen eine wahre Freude ist. Dabei interessante Leute; wenn man es darauf anlegte, könnte man sich hier viele gute Beziehungen verschaffen: Minister, Gesandte, Kogeordnete, Industrielle usw. usw. Daneben natürlich auch einige übergeschnappte Existenzen. [...]

Politisches: Zeitungsausschnitte habe ich hier nicht; deshalb so einiges: Der Parlamentarismus ist in einer derartigen Krise, dass selbst die Aussenpolitik (Tribut-Konferenz und Stresemanns Minderheitenrede[65]) dahinter zurücktritt. Die Krise wird – das ist von Bedeutung – allgemein anerkannt. Wirth spricht vom »überlebten Parteiwesen«, Koch redet (es war vor einer Woche überall als Zeitungsüberschrift zu lesen) vom »Parteiismus«, Lammers (Zentrum) ist aus dem Reichstag ausgeschieden, ebenso etliche andere.

Mahraun hat eine »Volksnationale Aktion« ins Leben gerufen. Nach Pressemeldungen (ich habe den »Jungdeutschen« *nicht* hier) haben Leute wie Luther und Hellpach Mahraun ihre Mitwirkung angeboten, die Mahraun natürlich annahm. Zur Volksnationalen Aktion ist ebenfalls, wie ich heute in der DAZ in einem langen Artikel auf der 1. Seite lese, die neugegründete Front 1929 gestossen, der Rochus Freiherr von Rheinbaben und eine Reihe namhafter jüngerer Politiker aus dem liberalen Lager angehören[66]: Die DAZ spricht von den *»werdenden neuen Gruppierungen der deutschen Politik«* und berichtet dann über einen Briefwechsel Rheinbaben – Mahraun und über den erfolgten Zusammenschluß der Front 1929 und der Volksnationalen Aktion.

Als Nahziel proklamiert der jungdeutsche Orden: Reform des Wahlrechts. Verkleinerung der Wahlkreise, Aufstellung von Einzelkandidaten unter Beibehaltung der Listenwahl nur soweit, als es nötig ist, alle Stimmen zu erfassen.

b.) Entlastung des politischen Parlaments durch den Umbau des Reichswirtschaftsrates und die Stärkung seiner Befugnisse.

c.) Stabilisierung der Regierung durch die Beschränkung des Einflusses der Partei auf die Minister.

d.) Verwaltungsreform und Neugliederung des Reiches zur Herabminderung der heute unerträglich gewordenen Lasten. [...]

Die DAZ unterstützt heute im Leitartikel die jungdeutschen Forderungen. Der Orden hat den Kampf gegen Hugenberg offiziell abgeblasen, da die Öffentlichkeit nun hinreichend unterrichtet sei. – Alles das schien mir wichtig genug, es Dir mitzuteilen. Außenpolitische Angelegenheiten wirst Du auch dort lesen können. In wenigen Tagen fahren Mama + ich nach Duisburg zurück. Unterwegs besuche ich noch Onkel Alfred.

Herzlichst Dein Harro.

Die Wahlniederlage der DNVP im Mai 1928 und die Krisenerscheinungen in den anderen bürgerlichen Parteien veranlaßten Arthur Mahraun, die Bildung einer »Neuen Front«[67] zu propagieren, einer überparteilichen Sammlungsbewegung, die sich auf den Reichspräsidenten Hindenburg stützen und die enttäuschten Anhänger der bürgerlichen Mitte auffangen sollte. Ende Januar 1929 beschloß die Führung des Jungdeutschen Ordens, sich in die politischen Auseinandersetzungen einzuschalten und eine »Volksnationale Aktion« zu bilden. Ihr Ziel war es, über parteipolitische Gegensätze hinweg Kräfte für eine »große nationale Erneuerungsfront« zu gewinnen und die Republik in einen »organischen Volksstaat mit einer starken Regierungsgewalt« umzuwandeln. Dafür benötigte Mahraun Bündnispartner. Er wollte nicht nur unzufriedene Politiker aus der bürgerlichen Mitte, sondern auch christliche Gewerkschafter und Vertreter des linksliberalen Lagers aus der Demokratischen Partei und dem »Reichsbanner«, einer von Sozialdemokraten und Demokraten getragenen Wehrorganisation, einbeziehen. Politiker der DDP erhofften sich wiederum von einem Zusammengehen mit dem anhängerstarken »Jungdo« einen öffentlichkeitswirksamen Mobilisierungsschub. Mahraun schraubte das nationalistische Pathos zurück, vermied antisemitische Attitüden, und die Demokraten betonten ihre pazifistische Haltung weniger. Der einst so heftig geführte Flaggenstreit, ob schwarz-rot-gold oder schwarz-weiß-rot, war plötzlich zur Nebensache geworden. Beide Seiten setzten auf Wandel durch Annäherung.

Die neue Sammlungsbewegung stieß auch bei Vertretern der bündischen Jugend auf Interesse und Unterstützung. Harro Schulze-Boysen war von der Bewegungsdynamik seines Hochmeisters begeistert und machte den »Jungdo« mit eigenen Veranstaltungen unter den Studenten an der Universität bekannt.[68]

Freiburg, den 7. Juni 29

Liebe Mama, lieber Papa,
in meiner Arbeit will ich mal einen Augenblick verschnaufen und etwas von mir hören lassen. – Für die Zusendung von Kolleggeldern und dem halben Monatswechsel habe besten Dank. [...]

Zu gestern abend hatte mich die hiesige Studentengruppe der Pazifisten gebeten, bei ihnen ein Referat zu halten über die Stellung des jungd. Ordens. Thema: Pazifismus und Wehrproblem. In der Universität hingen grosse Plakate mit meinem Namen darauf. Das Koreferat sollte halten der Schriftleiter der pazifistischen Studentenzeitschrift.[69] Der Saal war angefüllt mit Studenten und Studentinnen. Erst redete ich eine halbe Stunde, in der ich sehr sachlich, aber sehr scharf und gründlich gegen Pazifismus und Kriegsdienstverweigerung zu Felde zog. Ich zeigte, dass auch heute noch ein Krieg im Bereich der Möglichkeiten liege und dass es infolgedessen verantwortungslos sei, dem Volke den Willen zu nehmen, sich zu wehren. Um die Gewähr zu haben, dass nur Kriege geführt werden würden, die im unbedingten Lebensinteresse des Volkes lägen, müsste man an den Neubau des Staates gehen. Dieser Volksstaat sei auch nötig, um den nötigen Opfergeist im Volke zu erwecken. Dann kam mein Gegner, dreiviertel Stunden. Er erntete einmal erheblich Beifall, nämlich als er mich einen ritterlichen und vornehmen Gegner nannte. Dann kamen Nationalsozialisten, Kommunisten, Sozialisten, Demokraten, Stahlhelmer etc. etc. Gegen elf war Schluß. Es kamen etliche Leute zu mir und sagten, ich hätte das Feld behauptet. Das kann man natürlich so klar nicht sagen, denn von den schon in irgendwelchen Gruppen gebundenen habe ich wohl keinen bekehrt. Aber die anderen, und das war wohl die Mehrzahl der Hörer, standen wohl am Schluß alle auf Seiten des Ordens. Man kam auch auf das Thema Deutschland/Polen zu sprechen und ich kündigte an, wir würden auch hierüber einen Ausspracheabend veranstalten. Ebenso einen Abend über die Volksnationale Aktion. Das ist natürlich schon ein wesentlicher Erfolg, denn da wird sicher dasselbe Publikum, ca. 140 Studenten, anwesend sein. Um 11 Uhr war Schluß. Ein anwesender Vorsitzender der V. D. ST.[70] kam auf mich zu und bat mich, ich möchte für den ASTA (Allgemeiner Studentenausschuß = Studentenvertretung. Auf 100 Studenten ein Vertreter) kandidieren. Ich habe das natürlich angenommen. Das ist zwar auch ein Parlament, aber der Wahlkreis ist ja klein genug. Die Wahlen sind Anfang Juli. [...]

Herzliche Grüße an Bübchen.

Euer Sohn Harro.

Freiburg, [Juni 1929]

Liebe Helga,
ich liege in einem fröhlichen Weinberg im »Kaiserstuhl«, Hände und Mund blaurot vom vielen Kirschenessen. Wir haben uns in 3 Abteilungen geteilt; meine 2 jüngsten Söhne, Stichert, Fritze und ich sind zusammen; dann Cuntz nebst seiner kleinen »Fuchsmajonnaise«, Wilcke und Stuhlmann, als 3. Gruppe dann: Carstens, Albers und Schwoerer. Ab und zu treffen wir uns, erschrecken uns gegenseitig und verlieren uns dann wieder. Die Bauern sitzen in der Kirche. Über dem ganzen tollen Unfug steht heiße Sonne. Wir sind alle satt und müde ...

Ja, womit soll ich meinen Bericht anfangen!? Dieses 3. Semester ist voller Ereignisse in jeder Hinsicht. Aber alles mit gutem Erfolg – im großen gesehen! – Freitag schlage ich meine 6. Partie. Vor einer Woche hatte ich meine 5., es ging alles gut bis zum Schluß. Ich bekam kaum was ab, mein Gegner auch nicht viel. Das nächste ist wieder mal eine P. P. – Auf Berlin freue ich mich schon sehr, aber ich muss dort vom 1. Tage an gründlich arbeiten. Aber abends können wir ja öfter was zusammen unternehmen. In diesem Semester war es hier mit dem edlen Jus[71] nicht so weit her. Bürgerliches Recht (Schuldverhältnisse) langweilt mich grauenhaft. Da kann nur der Repetitor helfen. [...]

Hochschulpolitisch habe ich zur Zeit viel zu tun. Vielleicht weisst Du, dass es auf Universitäten auch so etwas wie ein Parlament gibt. Es gibt hier 4 000 Studierende; dafür einen ASTA = Allg. Stud. ausschuß mit 25 Sitzen. Da werden verhandelt: Mensa, Lesesaal, Bibliothek, Ausländische Studentensachen, Vorträge, Verhandlungen mit den Ministerien, Politisches usw. Einen von diesen 25 Sitzen werde ich nun wohl bekommen und zwar als Vertreter der »nationalen Studentenschaft«. Nun habe ich zunächst die ganze Wahl vorzubereiten. 600 Mk. habe ich dafür zur Verfügung für Flugblätter, Wahlredner, usw. Ich habe den Kram absichtlich auf mich genommen. Denn nun ist es mir gelungen, als Redner den Freiherr von Rheinbaben aus Berlin zu bekommen, der im jungdeutschen Orden ist. (Zugleich Führer von »Front 1929«) Der wird nun hier vor

Tausenden von Studenten sprechen. Ich habe mich sehr gefreut, dass mir dieser Coup gelang. Ungefähr zur selben Zeit hatte ich einen groß angelegten Diskussionsabend von der Jungdeutschen Studentengemeinschaft über das Thema »Pazifismus« mit der pazifistischen Studentengruppe, bei der ich einen Vortrag hielt. Es waren ungefähr 100 Studenten da. 10 Ausspracheredner; ich hatte quasi gewonnen, denn die absolute Mehrheit war auf meiner Seite. Meine Verbindungsbrüder waren auch fast alle da, auch Wallach und von Hasselbach. Beide waren begeistert; ich war an dem Tag auch wirklich in Form und sprach wohl (rhetorisch) recht gut. Es waren auch eine ganze Menge von Studentinnen da. [...]

Mädchengeschichten habe ich für dieses Semester ganz aufgesteckt; es ging einfach nicht anders; sonst wäre ich mit meiner Zeit überhaupt nicht ausgekommen und hätte mich verzettelt. [...] Dein Harro.

Harro Schulze-Boysen nahm regen Anteil am Studentenleben und wurde in den neuen Gemeinschaften als Organisator und Führender anerkannt. Dabei verlor er seine politischen Ambitionen nicht aus den Augen und setzte seine Tätigkeit für den Jungdeutschen Orden im Jahre 1929 verstärkt fort. Er hatte keine Berührungsängste gegenüber anderen politischen Gruppierungen, vertrat seine Auffassungen und fand auch Respekt bei seinen Gegnern, blieb offen für neue Anregungen, die aber sein bisheriges konservativ-nationales Weltbild kaum in Frage stellten. Um die politische Zerrissenheit der Deutschen zu überwinden, gedachte er auch die Arbeiter für die »nationale Sache« zu gewinnen und sie in die »neue Front« einzubinden. Er wollte das traditionelle Rechts-links-Schema und damit die blockierende Polarisierung der Gesellschaft aufbrechen. Unbeirrt ging er davon aus, daß der Jungdeutsche Orden Impulsgeber oder Ausgangspunkt für ein mögliches Zusammengehen von außerparlamentarischen Gruppierungen quer durch das verzweigte politische Spektrum sein müßte. Doch der gewünschte Aufbruch, die Erneuerung des gesellschaftlichen Lebens, hatten für ihn keine konkreten Konturen. Der junge Mann aus bürgerlichem Hause befand sich in einem Spannungsverhältnis, das sich im Verlangen nach Kontinuität und dem stärker werdenden Wunsch nach entschiedener Veränderung der Gesellschaft ausdrückte.

In komprimierter Form versuchte der 20jährige seinen Standpunkt dem 80jährigen Alfred von Tirpitz zu verdeutlichen. Vielleicht hoffte er, diese legendäre Figur der nationalen Rechten für den Jungdeutschen Orden zu gewinnen oder zumindest Vorbehalte abzubauen und Verständnis bei ihm zu wecken. Wie würde der alte Herr darauf reagieren?

Duisburg, 12. VIII. 29

Lieber Onkel Alfred,
schon vor längerer Zeit hatte ich die Absicht, Dir einmal zu schreiben. Nun habe ich seit einigen Tagen Ferien und will die Gelegenheit ergreifen. Helga schrieb in diesen Tagen so begeistert von dem Aufenthalt bei Euch; ihr Brief rief in mir wieder den Plan wach, Dir zu schreiben, warum ich dem Jungdeutschen Orden angehöre und in ausserordentlich hohem Masse meine Kräfte für ihn einsetze.

Ich hoffe, daß meine Unbescheidenheit, die darin besteht, daß ich Deine Zeit durch das Lesen meiner jugendlichen Zeilen in Anspruch nehme, dadurch gemildert wird, dass ich diesen Schritt nicht für mich, sondern für die Sache tue; in festem Glauben darauf, dass diese Sache die deutsche Sache ist.

Über den heutigen Zustand brauche ich wohl kaum ein Wort zu verlieren. Nirgends wohl ist man sich über seine Unhaltbarkeit bewusster als im jungdeutschen Lager. Aus der Erkenntnis dieser Lage ergibt sich für einen jungen Menschen von heute auch die Notwendigkeit, sich für das Land einzusetzen, bewusst auf eine Besserung hinzuarbeiten. Ich nehme an, dass ich auch »Recht und Pflicht zur vaterländischen Arbeit«, soweit es meine Generation angeht, vor Dir nicht zu verfechten brauche.

Unser ganzes Volk befindet sich im Krankheitszustand. Da keine *Partei* wirklich bemüht ist, diesem Krankheitszustand abzuhelfen, kommt für einen jungen Menschen die Beschäftigung in einer Parteigruppe nicht in Frage. Die Kampforganisationen der jungen Generation sind die Bünde. (Stahlhelm[72], Wehrwolf[73], Oberland[74], Hitlerjugend[75], Jugendbewegung, Front 1929, Jungdeutscher Orden u. a.) Die Jungdeutschen halten sich nicht nur fern von den Parteien, sondern sie bekämpfen *alle* Parteien. Mahraun prägte das bewusst scheussliche Wort »Parteiismus«, das ich in den letzten Tagen nicht nur in Reden von Jungdeutschen hörte, sondern auch von Demokraten und Stahlhelmern, die den Begriff ohne Angabe des »Woher?« in ihren Sprachschatz übernommen hatten, ohne allerdings daraus die letzten Konsequenzen zu ziehen. Warum bekämpft der Jungd. Orden *alle* Parteien?

1.) Alle Parteien leben auf Kosten der Volksgesundheit.

Sie leben von Hetze und Demagogie. Jeder Wahlkampf reißt alte Narben neu auf. Die Nationalsozialisten sind kaum einen Deut besser in ihren Mitteln als die KPD-Leute!

2.) Die Parteien sind keine organische Volksvertretung mehr.

Die weltanschaulichen Linien sind kaum noch zu erkennen und werden in jedem »Kuhhandel« verraten. Die Parteien sind heute zum großen Teile wirtschaftliche Interessengruppen: Besitz gegen Nicht-Besitz. Dadurch, dass Wirtschaftsmächte im Besitze der Staatsmacht sind, wird jede Wirtschaftskrise zu einer Staatskrise. Jede Parteigründung ist zum großen Teil eine Geldfrage. (»Plutokratie«[76] …)

3.) Jüngere idealistische Kräfte sehen keine Möglichkeit in den Fraktionen sich durchzusetzen.

4.) Die Parteien sind die Träger des heutigen Systems, das wir als ungesund erkannt haben, da es nicht in der Lage ist, die guten Kräfte im Volke freizumachen.

Der Jungdeutsche Orden bekämpft also nicht nur die Linksparteien, sondern auch die Rechtsparteien. Ihm sind »Rechts« und »Links« überlebte und tote Begriffe, er will die *neue Front*. Er will eine Neubelebung und eine Reinigung des nationalen Gedankens. Folgendermassen: Das Bürgertum nimmt den Begriff »national« für sich in Anspruch und nennt national denjenigen, der die bürgerliche Gesellschaftsordnung der Zeit bejaht, und der die bürgerliche Herrschaft anerkennt. Derjenige, der in Opposition zur bestehenden Gesellschaft steht, wird als nicht-national geächtet und zum vaterlandslosen Gesellen abgestempelt. Der nationale Gedanke wird so das Reservat einer bestimmten Volksgruppe, ihm wird jede überparteiliche Kraft genommen, er wird auf eine Klasse festgelegt. –

In dem großen Gegensatz zwischen Bürgertum und Proletariat wird der nationale Gedanke als alleiniges Kennzeichen der bürgerlichen Volksgruppen gewertet; der Besitz nimmt das Recht für sich in Anspruch, allein national zu sein. Dies ist eine grundlegende Vergiftungserscheinung, die sich im heutigen Denken immer breiter macht.

Wie soll die Arbeiterschaft zur Nation kommen, wie soll die notwendige grosse politische Einheit hergestellt werden, in der die Nation die Arbeiterschaft in ihrer schicksalsgebundenen Form aufnimmt, wie kann die Arbeiterschaft die Nation selbst bejahen, wenn der Begriff »national« in den Händen einer Klasse liegt und als Erbpacht der besitzenden Klasse betrachtet wird?

Für uns ist: National der, der die Volksgemeinschaft bejaht, der bereit ist, alles für die Nation zu tun.

Also nicht mehr: Rechts gegen links! Schwarzweißrot[77] gegen schwarzrotgold! Besitz gegen Nichtbesitz! Bürgerlich gegen proletarisch! sondern: »Ich-Menschen« gegen »Wir-Menschen!« Individualismus gegen Gemeinschaftsgeist! Liberalismus gegen *neuen Nationalismus*! Amerikanische Übercivilisation gegen deutsche Kultur!

Liberalismus, Egoismus und Civilisationsgeist aber ist sicherlich nicht nur auf der Linken vorhanden, sondern in allen Lagern, leider auch unter Schwarzweißrot. Da diese Gesinnungsrichtungen angegriffen wurden, gingen sie zum Gegenangriff über. Von der »Weltbühne«[78] bis zur »Nachtausgabe«[79] des Hugenbergkonzerns[80].

Bei einer Bereinigung des »nationalen Gedankens« war es selbstverständlich, dass die Jungdeutsche Bewegung zuerst zusammenstoßen mußte mit Gruppen, die *bisher* dem nationalen Gedanken, zumindest dem Namen nach, nahegestanden hatten. Selbstverständlich war die Linke von einer solchen »Spaltung« im Rechtslager sehr erbaut. Insbesondere hatte sie ein großes Interesse daran, die Kräfte im Jungdeutschen Orden zu sich herüberzuziehen, indem sie durch geschickte Politik die Kluft zwischen den Rechtsparteien und dem Orden immer mehr vergrösserten. (Heute ist die Kluft kaum noch überbrückbar). Die geschickte Politik bestand in einem äusserst einfachen Manöver: Man lobte in Linkszeitungen den Orden und Mahraun zuweilen. Das genügte schon der ganzen oben charakterisierten Presse, um den Jungdeutschen die nationale Gesinnung abzusprechen, sie als Pazifisten usw. usw. hinzustellen. Vorurteilslose und unabhängige Blätter der Rechten, Leipziger Neueste Nachrichten[81], Wehrwolf[82], Türmer[83], Kölnische Zeitung[84] usw. »Das dritte Reich«[85] versuchten vergeblich, die Wahrheit über die jungdeutsche Sache zu verbreiten. Es besteht daher in weiten Kreisen der Öffentlichkeit, insbesondere soweit sie »nationale« Zeitungen liest, ein völlig falsches Bild über den Jungd. Orden und seine Führer. Man wirft uns vor:

Wir seien »Links abgerutscht«. Das entspricht nicht den Tatsachen. Der Jungdeutsche Orden wird auch von der Linkspresse immer wieder angegriffen, verleumdet, lächerlich oder verächtlich gemacht; zu Reaktionären und Arbeitermördern gestempelt. Wir stehen weder rechts noch links. Wir kämpfen für die ganze Nation!

Wir »wollten mit dem Reichsbanner ein Bündnis.« (neuerdings!) Auch dies entspricht nicht den Tatsachen. Niemals ist dem Orden auch nur derartiges eingefallen! Nur: Ebenso wie der Jungdeutsche Orden an die Rechtsparteien die Frage gestellt hat: »Wer von Euch ist wirklich national?«, genauso musste er auch diese Frage an die Leute auf der Linken stellen. Ebenso, wie sich auf der Rechten durch diese Frage Unruhe und Verwirrung ergeben hatte, genauso heute auf der Linken, besonders im Reichsbanner. Ebenso wie sich auf der Rechten nach anfänglicher Verwirrung Klärung der Fronten ergeben hatte, ebenso zur Zeit auf der Linken. Mahraun hat an das Reichsbanner[86] die Frage gestellt: Seid Ihr für oder gegen den Pazifismus? Die Folgen dieser Frage: Die Reichsbannerführer sind verzweifelt, weil sich an dieser Frage die Reichsbannerleute schon in kurzer Zeit scheiden werden. Einzelne Blätter der Rechten erzählen ihren Lesern, der »Jungdo« wolle ein Bündnis mit dem Reichsbanner. (!!!)

Wir hätten die alten »Farben Schwarz-weißrot« verraten.« Auch dies entspricht nicht den Tatsachen. Nach wie vor flattern an den Jungdeutschen Bannern die schwarzweißroten Wimpel; nach wie vor bekennen wir uns zu schwarzweißrot. Mahraun hat lediglich erklärt: »Der Flaggenkampf«[87] ist für unser Volk verderblich. Wäre er nicht da, so müsste er von unseren Feinden ins Leben gerufen werden, um ins Volk immer wieder Zwiespalt zu bringen und um die deutschen Menschen immer wieder von den wirkl. wichtigen Aufgaben der Zeit abzubringen. Infolgedessen werden wir Jungdeutschen den Flaggenhaß nicht zu schüren, sondern zu überbrücken versuchen.

Mahraun habe mit Foch[88] verhandelt.

Mahraun hat nie mit Foch gesprochen.

Die Jungdeutschen wollten unbedingt Verständigung mit Frankreich.

Im Gegenteil! Der Jungdeutsche Orden hat für eine eventuelle Annäherung immer viel schroffere Bedingungen gestellt als andere politischen Gruppen. Er hat allerdings seine Gedanken (zeitweilig) nicht immer in der geschicktesten Form propagiert.

Jungdeutsche Vertreter sprachen in Riesenversammlungen in Paris gegen das Versailler Diktat, das Anschlußverbot, den Korridor.[89] Diese drei großen Kundgebungen mitten im feindlichen Lager haben für das Deutschtum und die deutsche Ehre mehr ausgerichtet als hunderte von »vaterländischen Kundgebungen« im Inlande. In französischen Kreisen war vielfach der Eindruck entstanden, es gäbe in Deutschland keine Opposition mehr gegen die bedingungslose Verständigungspolitik Stresemanns[90]. Die Opposition haben wir ihnen wieder vor Augen geführt. In Polen ist der Jungdeutsche Orden seit mehreren Jahren die gefürchtetste politische Gruppe in Deutschland! Das Echo aller jungdeutschen Kundgebungen im Auslande ist stets außerordentlich groß.

»Der Orden kämpfe nur gegen die Rechte, nicht gegen die Linke!«

Es ist nicht abzustreiten, daß der Orden den Rechtsparteien geschadet hat. Es ist ferner richtig, daß der Orden Hugenberg geschadet hat, u. a. Er hat den Kampf nach dieser Richtung hin jedoch nur geführt in dem festen Glauben, damit dem deutschen Gedanken zu helfen, den nationalen Gedanken zu erneuern und reinzuhalten von allem Geschäftsmäßigen, parteimässigen. Im übrigen ist der Orden in seinem erbitterten Kampf gegen alles Undeutsche, gegen den Marxismus und Kommunismus nie erlahmt. Im »Kampf für die Befreiung der Femeleute[91]« steht er auch heute noch an erster Stelle. (Fridericus[92] Nr. 30, d. J.) Ebenso im Kampf für die Erstarkung unserer Wehrmacht, im Kampf gegen den Pazifismus, gegen Youngplan[93], Kriegsschuldlüge[94] usw. Dennoch schreiben Zeitungen der Rechten von »Young-Deutschen« und dem »pazifistischen Mahraun«.

Man verschweigt die unbestreitbaren *Erfolge* der jungdeutschen Bewegung.

Worin liegen diese Erfolge?

Der Jungd. Orden hat sich eine Kampftruppe geschaffen, wie es sie in einer derartigen Diszipliniertheit in Deutschland zur Zeit nicht wieder gibt. Beweis: Trotz aller Anfeindungen von rechts und links bewegt sich die Mitgliederzahl des Ordens auf aufsteigender Linie. Die organisierte jungdeutsche Bewegung hat in den letzten Monaten die Zahl des Stahlhelm überschritten. (Aber auf die Zahl kommt es ja nicht an!). Die ideenmässige Grundlage unserer Organisation ist das »Jungdeutsche Manifest«[95]. Andere Bünde kranken daran, dass sie eine solche ideelle Grundlage nicht haben. Es kam seinerzeit nicht darauf an, mit dem »Manifest« einen realen Verfassungsvorschlag zu machen, sondern (ebenso wie Marx im »Kommunistischen Manifest«) über die Grundfragen Klarheit zu geben. In weiten Kreisen herrscht heute schon die Ansicht, daß, – wenn in Deutschland eine Organisation einst dazu bestimmt sein sollte, das für Deutschland zu werden, was der Faschismus für Italien ist, – dass dies dann der Orden sein werde, da er die stärkste Geschlossenheit und Gemeinschaft darstelle. Die Hitlerbewegung hat zwar eine Reihe von Leuten, die alle Diktatoren sein wollen, aber sie hat nicht diese notwendige Geschlossenheit.

Der Jungd. Orden hat die »Volksnationale Aktion« ins Leben gerufen.

Die V. A. ist eine politische Bewegung von Leuten, die die Notwendigkeit einer neuen innerpolitischen Frontbildung erkannt haben. Kürzlich fand in Dortmund eine große Kundgebung der Volksnationalen Aktion statt. Bei dieser Kundgebung sprachen Vertreter aller Richtungen von Lambach *(deutschnational!)* bis Lemmer (Reichsbanner). Es sprachen ferner: Kapitän Hintzmann (DVP), Dudey *(deutschnational!)*, Koch-Weser *(demokratisch)*, Baudach *(deutschnational!)*, Schneider *(demokratisch)*, Baltrusch *(Zentrum)*, Freiherr von Rheinbaben *(Front 1929)* Lemmer sprach nicht als Reichsbannermann, sondern als Gewerkschafter![96] *(Für Wehrmacht und* Achtung vor den alten Reichsfarben *schwarzweißrot!)*

Ich sehe in der Tatsache, daß sich ehrliche Leute aus *allen* Parteien über die Parteischranken hinweg die Hände reichen zu Deutschlands Wiederaufbau, einen Erfolg.

Der Orden ist der einzige Verband, der bisher (einen) positiven Vorschlag gemacht hat, wie man den Staat erneuern könne.

Mit diesem Staatsvorschlag beschäftigen sich zur Zeit die anerkannten Staatsrechtler Deutschlands (Freyer, Smend u. a.). Im letzten Semester wurden an allen Universitäten im Reich Seminare abgehalten über den deutschen Staatsgedanken. Die Diskussion erfasst immer weitere Kreise. Natürlich ist nicht ein neuer Staat, sondern ein neues *Volk* das *x-x*, aber es ist sicher, daß das heutige System die Gesundung des Volkes erschwert und dass es daher notwendig ist, dem Volke eine bessere Staatsorganisation zu geben.

Aus allen diesen Gründen hat der Orden ganz besonders auch in Studentenkreisen ausserordentliche Sympathien. Mit dem »Völkischen Beobachter«[97] zusammen ist der »Jungdeutsche« das in akademischen Kreisen meist gelesene Blatt. Die Jungdeutsche Studentengruppe Freiburg, die ich im letzten Semester leitete, veranstaltete im Sommersemester drei Vortragsabende. Einen gegen den Pazifismus, einen für die Wiedergewinnung des deutschen Ostens, einen für den Jungdeutschen Orden; jedesmal vor hunderten von Studenten und Studentinnen. Die Aussprachen dauerten zum Teil bis nachts 1 Uhr. Aus alledem glaube ich, muß man doch zu der Überzeugung kommen, dass wir von den Links*parteien* noch ziemlich weit ab sind.

Ich bin jederzeit bereit, die hier gemachten Angaben dokumentarisch zu belegen.

Es würde mich sehr interessieren zu hören, worin *Du* die Hauptfehler der Jungdeutschen siehst.

Papa und ich sind zur Zeit ganz alleine zuhause. Hoffentlich bekommt Papa bald Urlaub, er ist ziemlich herunter und überarbeitet. Ich selbst gehe Anfang September auf die Segelyachtschule Neustadt[98] und freue mich schon sehr darauf. Im nächsten Semester gehe ich nach Berlin. Mit der Aktivitätszeit ist es vorbei.

Papa läßt Tante Marie und Dich herzlich grüßen.

Dein Harro.

Duisburg, 27. VIII. 29

Liebe Helga,
ich habe Deinen Brief gleich an Papa weitergesandt, natürlich (mit Papas Einverständnis) vorher gelesen, weil ich auch gern wissen möchte, was Du treibst.

Daß mein Brief an Onkel Alfred mich nicht gerade in das günstigste Licht setzen würde, wußte ich eigentlich vorher schon. Aber es kam mir ja schließlich nicht auf *mein* Ansehen an, sondern auf meine *Sache*.

Es tut mir leid, daß Du meinetwegen in so schwierige Situationen gekommen bist.

Ja, – darüber ob es gut ist, daß ein 20jähriger heute sich mit allen Kräften einsetzt für einen Wiederaufstieg unseres Volkes, – das ist eine Frage, über die man sich streiten kann. Im Kriege war es schon 17jährigen erlaubt, ihre Persönlichkeit und ihr Leben zur Verfügung zu stellen. Es ist ja klar, daß es Menschen mit viel größeren geistigen Qualitäten gibt und es ist klar, daß ein 20jähriger noch viel lernen muß. Aber geistig wage ich auch niemandem etwas zu bieten. Das wäre Anmaßung! *Geistige* Menschen haben wir auch genug in Deutschland.

Aber siehst Du: Die seelischen Kräfte und den Glauben, den man hat, kann man für die Sache hergeben, auch als 20jähriger. Wir werden den deutschen Arbeiter nicht wiedergewinnen durch wissenschaftliche Erörterungen, sondern nur mit der Macht des Herzens. Der Arbeiter sieht einem nicht auf den Mund, sondern in die Augen. Und da haben wir Zwanzigjährigen ein Plus ... Morgen abend werde ich in Wedau in einer Arbeiterversammlung sprechen. (Da sind die großen Eisenbahnwerkstätten usw.) Wenn ein deutschnationaler Professor oder General hinkäme, würden sie nicht kommen, und wenn er noch so schöne Thesen gegen den Klassenkampf aufstellte. Uns Jungen reichen sie viel eher die Hand, weil sie wissen: Die meinen es ehrlich. Das ist meine Entschuldigung für meine Tätigkeit. [...]

Papa ist garnicht mehr so gegen den Orden, nachdem ich ihm die letzten Bücher und Schriften zu lesen gab. Er tritt fast überall für den Orden ein. Von meinem Brief an Onkel Alfred wußte er allerdings nichts. Ich wollte absichtlich allein die Verantwortung haben.

Mahraun ist sicher kein Fanatiker; das weiß jeder, der ihn etwas näher kennt. Wenn alle Politiker heute ihren Kampf so ehrlich und sachlich kämpften wie er, wären wir schon viel weiter. Es ist sehr schade, daß Onkel Alfred seine Erkundigungen bei irgendeinem Münchener Offizier einholt. Daß er da sehr ungünstige Auskunft bekommt, ist gut möglich. Wenn ich über Onkel Alfreds Vorkriegspolitik etwas wissen möchte, gehe ich doch auch nicht zu Herrn Thimme (einem seiner Gegner), der sich natürlich auch als neutral ausgibt, es in Wirklichkeit aber nicht ist. Das wäre doch einseitig.

Na, – ich nehme die Sache nicht tragisch. Zeige diesen Brief aber bitte niemandem, am besten vernichtest Du ihn.

[...] In Berlin werde ich mich mit aller Macht auf die Examensarbeit stürzen. Tante Margots [von Tirpitz] Aufsatz über »Krisis im Studentenleben« war sehr gut und interessant. Die Krisis ist bei mir aber nicht vorhanden. *Ich weiss, was ich will.*

Die Persönlichkeit eines Menschen besteht aus seelischem und geistigem Wollen. Ich vernachlässige das Geistige in keiner Weise, aber das erste ist das Wertvollere, das man im geistigen Kampf auf keinen Fall untergehen lassen darf. Es muss beides da sein.

Was nützt es Dir, wenn Du alles Wissen der Welt gewönnest und nähmest doch Schaden an Deiner Seele ...!

Trockene Wissenschaftler haben wir heute genug. Auf Teilgebieten sind sie gross, aber zum Führer gehört mehr ...: Wissen und Wollen. Meine rastlose Arbeit im Orden entspringt dem zweiten Faktor. – Die Universität ist nicht nur eine hohe Schule, sondern auch eine Gefahr. Allzu leicht wird unter dem Schaffen des Gehirns der lebendige Schlag des Herzens schwächer.

Entschuldige das Wirrwarr und die Eile dieses Briefes. Ich habe so viel zu tun. Herzliche Grüsse an Tante Margot.

Dein Bruder Harro.

Hamburg, Anfang September 1929

Lieber Papa,

vielen Dank für Deine lieben Grüsse zu meinem Geburtstag, den ich vergnügt im D-Zuge verlebt habe. [...] am Samstag abend hörte ich in der Tonhalle Severing sprechen. Er machte einen vorzüglichen und besonnenen, sympathischen Eindruck. Nicht *ein* Wort von Sozialisierung, Klassenkampf, Bourgeoisie, Kapitalismus, Faschisten, Internationale. Sondern: Volksgemeinschaft, deutscher Volksstaat, deutsches Vaterland, »Deutschland, Deutschland über alles« usw. Man merkte ihm entschieden das Bestreben an, seine Sozis im nationalen Sinne zu erziehen. Von der Rede konnte man jedes Wort unterschreiben. Aber Severing ist ja schliesslich nicht gleich S. P. D.; da gibt es auch noch Leute wie Crispien und Breitscheid, die sicherlich nicht so sind.

Nun bin ich hier in Blankenese und geniesse meine Tage sehr. Es ist einfach märchenhaft; ein Haus ähnlich dem von Hasselrots, an den Ufern der Elbe; ein Riesenpark, Autos, Boote usw. Das überaus angenehme und wohltuende ist, dass dieser Reichtum so gar nicht protzig ist, sondern überaus fein und kultiviert. [...]

Von Onkel Alfred hörte ich noch nichts. Ich bin mal gespannt was er schreibt. Jetzt hinterher kann ich es Dir ja ruhig sagen: Ich habe Dir den Brief absichtlich nicht zur Begutachtung vorgelegt. Ich wollte die Verantwortung allein haben. Onkel Alfred braucht doch nicht zu wissen, dass Du dem Jungdeutschen Orden auch einige gute Seiten abgewinnen kannst. Was ich schrieb, habe ich mir genau überlegt; und ich weiss, Du hättest es auch alles unterschreiben können. Dass ich bei Onkel Alfred auf Widerstand stossen würde, war mir von vornherein klar. Wenn Helga schreibt, dass ihn mein Brief offenbar doch sehr beschäftigt (– trotz so mancher ärgerlicher Äußerungen –!) ist mir das schon viel wert! [...]

Den »Adler«[99] habe ich in Duisburg auch noch gelesen. Ich ziehe den Sombart aber doch vor. Dadurch, dass ich auch noch – ausser Severing! – einen Vortrag des jungdeutschen Redners Dr. Kuermann (Köln) über das Thema: »Das Kommunistische Manifest und das Heidelberger Programm« hörte, bin ich mit dem Studium des modernen Sozialismus nun schon ein klein wenig weiter. Aber je mehr man sich in die Sache hineinarbeitet, desto schwieriger wird es.

Entschuldige bitte meine furchtbare Schrift: Der Gartentisch wackelt etwas und beeinflußt meine »graphologische Tendenz« stark. Werte also die Schwankungen nicht zu sehr als Charakterschwäche

Deines Sohnes Harro.

[Alfred von Tirpitz]

Feldafing / Starnbergersee, 14. September 29

Mein lieber Harro,
Habe besten Dank für Deine freundlichen Zeilen vom 12. August. Deine Ausführungen über den Jungdeutschen Orden haben mich sehr interessiert. Ich kann vielen Deiner Bemerkungen über die heutigen Verhältnisse durchaus zustimmen, besonders auch solchen über den Parlamentarismus und »Parteiismus«. Selbstverständlich erkenne ich auch das Recht und die Pflicht der jungen Generation zur politischen Arbeit an und begrüsse es, wenn sie sich für nationale Ziele organisirt. Was den Orden angeht, so habe ich mit Interesse von seiner letzten Tagung in Dresden gelesen; ich kann manchen Punkten seiner »Proklamation« beipflichten, und Du darfst nicht annehmen, daß ich irgendwie gegen den Orden voreingenommen

bin. Wenn ich Bedenken gegen seine Tätigkeit habe, die auch durch Deinen Brief nicht beseitigt werden konnten, so beruht das auf verschiedenen Gründen, und gerade die Dresdener Tagung hat mich in diesen neu bestärkt. […] Ferner kann ich leider nicht leugnen, daß ich bei persönlicher Bekanntschaft mit Herrn Mahraun den Eindruck einer Persönlichkeit bekommen habe, die infolge einer etwas fanatischen Art und starken politischen Unklarheit nicht geeignet ist, auf einem politisch zweckmäßigen und Erfolg versprechenden Wege vorwärts zu führen. Die letzte Rede in Dresden[100] hat diesen Eindruck in vollem Umfange bestätigt. Ich kann in den vielen schönen und tönenden Worten nicht einen einzigen praktischen politischen Gedanken finden, keinen einzigen Fingerzeig, wie man denn aus den heutigen Verhältnissen herauskommen soll. Es ist sehr schön gesagt, daß man die Plutokratie zerstören wolle, aber wie soll das geschehen? Und wenn Herr Mahraun immer wieder sagt, daß er die Gegensätze im Volk überwinden, Brücken über alle trennenden Abgründe hinwegbauen will, so wünschen wir ja gewiß alle, das Volk wieder zu wirklicher Einheit und Gemeinschaft zu führen, aber wir wüßten nur gern, wie Herr Mahraun denn dieses Ziel erreichen will. Bisher führt nach meiner Auffassung seine Arbeit gerade zum Umgekehrten, nämlich zur Zersplitterung. Alle Versuche, die deutsch denkenden Menschen im Volke und gerade auch in der Jugend zu einem wirklichen Machtfaktor zu organisieren, scheitern ja gerade daran, daß der Orden sich immer abseits stellt und seine eigenen Wege gehen will. Es muß doch sehr zu denken geben, daß auch in Dresden wieder als Hauptredner der demokratische Minister Dietrich aufgetreten ist, ein Mann, der eine Regierung und eine Partei vertritt, die meines Erachtens am eifrigsten bemüht sind, die Plutokratie und den Parlamentarismus zu stärken und jede nationale Selbstbestimmung zu unterdrücken. Der »Jungdeutsche« seinerseits sieht seine Aufgabe mit in erster Linie darin, alles hervorzusuchen, was den anderen nationalen Organisationen schaden kann, und er wird von der linken Presse ununterbrochen als Kronzeuge zitirt. Es kommt aber noch etwas anderes hinzu: in der Politik darf man es sich nicht bequem machen und einfach ein paar ideale Forderungen aufstellen, die im Grunde jeder unterschreiben kann. Man darf nicht die Augen vor den bestehenden politischen Gegensätzen, vor den Fragen, um die politisch gerungen wird, verschließen, sondern man muß in den lebenswichtigen Dingen Farbe bekennen. Rechts und links, Besitz und nicht Besitz, Schwarz-Weiß-Rot und Schwarz-Rot-Gold usw … Diese Gegensätze beseitigt man nicht, indem man ihre Beseitigung proklamirt. Sie müssen praktisch überwunden werden! Wenn du sagst, national sei für dich jeder, der die Volksgemeinschaft bejaht, der bereit ist, alles für die Nation zu tun, so ist das ganz gewiß richtig. Aber der Grundsatz ändert nichts an der Notwendigkeit, um die richtigen politischen Wege zu kämpfen. Wer sich diesem Kampfe versagt, der dient in Wirklichkeit nicht dem Ziele, Deutschland wieder auf die Höhe zu führen. Mit Vorschlägen, »wie man den Staat erneuern könnte«, ist es allein nicht getan; übrigens ist es durchaus nicht richtig, daß nur der »Jungdeutsche Orden« solchen Vorschlag gemacht hätte. Bezeichnend ist, daß in einem Augenblicke, wie dem jetzigen, der in vieler Weise entscheidend ist für die deutsche Zukunft, der Orden nicht klar Farbe bekennt. Der Aktion gegen Kriegsschuldlüge und Youngplan, der sich sonst fast alle nationalen Organisationen angeschlossen haben, hat sich der Orden versagt. In der ganzen Programmrede des Herrn Mahraun wird der Youngplan ganz kurz gestreift, obwohl dauernd vom Kampf gegen die Weltplutokratie die Rede ist. Man kann nicht als politische Organisation wie sie der Jungdeutsche Orden ist, vor der Frage ausweichen, ob man die Stresemannsche Politik billigt oder nicht. Ich habe allerdings den bestimmten Eindruck, daß der Orden zwar die Billigung dieser Politik nicht auszusprechen wagt, in *Wirklichkeit aber für sie gewonnen ist*. Da scheiden sich nun allerdings die Wege: entweder man will praktisch gegen die plutokratische Versklavung Deutschlands kämpfen oder nicht; da helfen keine schönen Redensarten. Und wer etwa an sich gegen die Politik ist, die zum Haager Abkommen geführt hat, aber den Kampf nicht mitmachen will, weil man persönliche Abneigungen gegen den Führer oder Meinungsunterschiede geringeren Ranges in solchem Augenblicke nicht überwinden kann [...] Ich zweifle keinen Augenblick an der idealen deutschen Gesinnung zahlreicher Mitglieder des Ordens und an ihrem besten Willen, aber ich zweifle sehr ernsthaft an der Führung des Ordens, die ich vielmehr für unheilvoll halte. Aus demselben Grunde haben, wie ich weiß, gerade in letzter Zeit ernste deutsche Männer dem Orden, dem sie sich begeistert angeschlossen hatten, den Rücken gekehrt.

Zum Schluß habe ich das Bedürfnis als Dein alter Onkel noch einen Punkt zu berühren, der nicht den Jungdeutschen Orden, sondern Dich mehr persönlich betrifft. Ich habe in den letzten Jahren die Erfahrung gemacht, daß die Zeitumstände es häufig mit sich brachten, junge Herren früh in Stellungen zu bringen, in denen sie führend wurden und nicht unerhebliche Erfolge erzielten. Man setzte dann große Hoffnungen auf sie, die aber im weiteren Verlauf nicht in Erfüllung gingen. Diese Erscheinung trat in bürgerlichen Stellungen und auch bei jungen Parlamentariern auf. Der Grund war schließlich das Fehlen einer vollen geistigen Unterlage. Diese erfordert meines Ermessens nach der Schule und Universitätszeit die praktische und erfolgreiche Ausübung in irgendeinem Beruf. Die menschliche Aufnahmefähigkeit und Aufnahmelust endet in der Hauptsache mit Anfang der dreißiger Jahre des Lebens, weil dann das Bedürfnis nach persönlicher Leistung vorherrschend wird. Darin liegt ja auch der Grund, daß man die Universitätsjahre unmittelbar an die Jahre des Schulbesuches auf Grund alter Erfahrung anschließt. Es kommt also im Leben, wenn man später Hohes erreichen will, darauf an, daß man die zwanziger Lebensjahre zum Einsammeln in die Scheuern ausnützt. Jene jungen Herren, die zu früh in die Leistung gezwungen wurden, haben es später bitter bereut. Das gilt für alle Berufe. Nachholen wollen bleibt stets unzureichend, besonders wenn man nicht in Glücksgütern schwimmt und anfangen muß, für die eigene Existenz zu arbeiten. Diese Gedanken wirst du für dich selbst einmal in Erwägung ziehen und womöglich die ganze Frage mit deinem lieben Vater besprechen, den ich sehr hoch stelle und der ein Leben hoher Leistung hinter sich hat, das nur der Krieg leider in mindere Bahnen gelenkt hat. Ein alter Onkel von 80 Jahren, dessen Kopf aber vorläufig noch klar ist und der Wirklichkeitssinn besitzt, hat die obigen Zeilen geschrieben. Mit Antwort sollst du dich nicht aufhalten, denn meine Ansicht wirst Du nicht ändern.

gez. A. v. T.

Die Suche nach Auswegen aus der Krise (1929–1933)

Zwischen Studium und Jungdeutschem Orden

Eigentlich kannte Harro Schulze-Boysen die Großstadt, den Moloch Berlin, kaum. Die Orte seiner Kindheit waren der Hohenzollerndamm und die seit 1920 zu Berlin gehörenden Orte Schmargendorf, Grunewald und Wilmersdorf. Im Westen Berlins wohnten die Verwandten, die er meist nur kurz besucht hatte, wenn er auf der Durchreise nach Schweden war.

Harro Schulze-Boysen hatte in der Liesenstraße im Wedding ein preiswertes Zimmer gemietet, um dem wirklichen Leben in der Reichshauptstadt etwas näher zu sein. Der »rote« Wedding, ein Arbeiterbezirk im nördlichen Berlin, war mit seinen Mietskasernen, diesen unwirtlichen Behausungen in den trostlosen Hinterhöfen, ein sozialer Brennpunkt und eine Hochburg der KPD.

Die wirtschaftliche Situation begann sich im Herbst 1929 dramatisch zu verändern. Am Freitag, dem 25. Oktober, war die Börse in New York kollabiert. Innerhalb weniger Tage fielen die Börsenkurse um bis zu 90 Prozent. Der größtenteils mit amerikanischen Krediten finanzierte Aufschwung und die trügerische Stabilisierung in Deutschland fanden ein jähes Ende. Die Schlangen der Arbeitslosen vor den Zahlstellen wuchsen täglich.

Auch die politische Landschaft geriet in Bewegung. Das von den Deutschnationalen mit der NSDAP und dem Stahlhelm im Juli beantragte Volksbegehren gegen den Young-Plan hatte den schon immer brüchigen nationalen Konsens im bürgerlichen Lager zerstört. Mahraun sah jetzt eine Chance, die Unzufriedenen zu sammeln und den »Jungdo« zur gestaltenden »Kraft der Mitte« in einem breiteren Bündnis werden zu lassen. Diese »neue Front« war auch eine Kampfansage gegen die Deutschnationalen unter Hugenberg, den mit ihnen verbündeten Stahlhelm, wie auch gegen die immer aggressiver auftretenden Nationalsozialisten unter Hitler. Anfang November 1929 kündigte Arthur Mahraun die Gründung einer Volksnationalen Reichsvereinigung an, die Anhängern konservativer, nationalistischer, christlicher, aber auch demokratischer Parteien und Organisationen offenstand.

An der Berliner Universität schlug Schulze-Boysen ein rauheres politisches Klima entgegen, als er es aus Freiburg gewöhnt war. Der Einfluß des nationalsozialistischen Studentenbundes, der bei den letzten Wahlen bereits mit sechs Mandaten in den ASTA eingezogen war, war beträchtlich. Am 12. November trieben Nazi-Anhänger demokratische, sozialistische, kommunistische und jüdische Kommilitonen über die Korridore und zwangen sie zur Flucht durch die Fenster. Lärmend zogen sie über den Universitätshof und brüllten in die Hörsäle hinein: »Juden raus«. Die aufgehetzte Meute riß die Anschlagbretter der Studentenvereinigungen, deren politische Richtung ihnen nicht paßte, ab und warf sie aus den Fenstern. Die Zeitung des Jungdeutschen Ordens verurteilte dieses Spektakel und empfahl den Studenten, sich um den Jungdeutschen Orden zu sammeln, dessen politische Vergangenheit ehrenhaft sei, der nationale Würde zu wahren wisse, dessen Kampf gegen den »Parteiismus« und für eine neue nationale Bindung die junge Generation bejahe.[1] Kaum angekommen, bemühte sich Harro Schulze-Boysen mit dem Vorsitzenden der jungdeutschen Studentengemeinde Fritz Söhlmann, den Einfluß der Jungdeutschen an der Universität zu erhöhen. Außerdem kümmerte er sich um die Junggefolgschaft im Wedding und war für die Pressestelle des Ordens tätig.

Dennoch widmete sich Harro Schulze-Boysen, wie er den Eltern versprochen hatte, vor allem dem Studium. Die Aktivitätszeit in der »Albingia« war endgültig vorbei, auch wenn er ihr zahlendes Mitglied blieb. Er trat der im November gegründeten Internationalen Studentenvereinigung bei, einer Gemeinschaft deutscher und ausländischer Studierender. Beim »Internationalen Tee« kamen die Studenten mit interessanten Leuten ins Gespräch, so mit den Schriftstellern Thomas und Heinrich Mann, Frank Thieß[2], Arnolt Bronnen und anderen Intellektuellen. Die kosmopolitischen Intentionen der Vereinigung teilte Harro zwar nicht, aber er sah diese Abende vor allem als eine Bereicherung seiner Kontakte und als eine Möglichkeit an, ausländischen Studenten die deutsche Kultur der Gegenwart zu vermitteln.

Berlin mit seinen 55 Bühnen, den Varietés, Kabaretts, Museen, Verlagen, Zeitungen und Journalen, Hunderten Kinos, Tausenden Restaurants und Kneipen war auch kultureller Mittelpunkt Deutschlands. Die Möglichkeiten, sich zu vergnügen und das Leben zu genießen, schienen in ihrer buntschillernden Vielfalt schier unerschöpflich. Nur Zeit und Geld setzten hier Grenzen.

Berlin, 17. November 1929,

Freitag, den 15. 11.
Morgens drei Stunden Kolleg, dann Briefe geschrieben. In Eile Mittag gegessen, Smoking angezogen. Darauf Besprechung gehabt mit Leuten vom Deutschen Studentenverband[3], dem linksstehenden

Teil der Studentenschaft. Mit den Leuten sehr vorsichtig verhandelt, da wir ja zur Deutschen Studentenschaft[4] gehören, also dem entgegengesetzten Lager entstammen. Da wir von beiden Seiten sehr umworben werden, konnte ich ziemlich großspurig auftreten und die Leute sehr von oben herunter behandeln. Berlowitz[5], der Führer, macht übrigens einen sehr guten Eindruck, entschieden Persönlichkeit. Mit Söhlmann[6] zusammen setzte ich etliche Forderungen durch. Eine halbe Stunde blieb ich dort, dann musste ich zum Repetitor. Repetitor von 4–8 Uhr. Klausur geschrieben. Um 8 Uhr zum Bahnhof Zoo, dort mit einem Frl. K. getroffen, – mit ihr zum Universitätsball gegangen. Der Ball ist sehr ordentlich, mehrere sehr gute Tanzkapellen, einige sehr nette Vorführungen. Balalaika Iwanoff. Morgens 4 Uhr ins gegenüberliegende Künstlercafé gezogen. Ganz wüstes Lokal. »Studien« gemacht, 7 Uhr Zuhause.

Samstag, den 16. 11.
Bis 10 Uhr geschlafen. Dann schnell in die Universität. Dort Immatrikulation. Um 1 Uhr fertig, dann Erklärung betreffs Universitätsvorfällen in die Presse gegeben. 4 000 Stück werden gedruckt. Im Jungdeutschen steht ein Leitartikel über Polenvertrag, unterzeichnet »Politicus«. Ich schätze: Erich Kaufmann, den ich neulich dafür bearbeitete. Mittag gegessen in einem kleinen Restaurant am Kupfergraben, dann Nachhause gefahren und gearbeitet. Wochenabrechnung hergestellt, Schlafen gegangen um 9.

Sonntag, den 17. 11.
Geweckt durch kommunistischen Wahl-Sprechchor.[7] Brief an Albingia geschrieben. [...] Es wird kalt. Ich werde heizen lassen.
Herzl. Euer Harro.

Berlin, 24. November 1929

Sonntag, den 17.
Bei Onkel Werner fabelhaften Gänsebraten genossen. Nachmittags Spaziergang gemacht. Dann Tante Elle abgeholt und bei Onkel Werner noch Abendbrot gegessen.

Montag, den 18.
Vormittags Repetitor, dann Immatrikulation. Abends Vortrag im Reichswirtschaftsrat, Plenarsaal. Ministerialrat Dr. Falk (demokratisch) über »Akademiker und Staat«. Der Vortrag wimmelt von kurzsichtigen und falschen Bemerkungen. Anschliessend mit einem anderen Studenten zusammen, den man zur Rede gestellt wegen seiner Behauptungen. Sehr anregende Unterhaltung gepflegt im

Esplanade[8], bis Mitternacht. Anschliessend den Studenten noch für den Orden geworben.

Dienstag, d. 19.
Tagsüber gearbeitet, abends Tanzstunde. Die Tanzlehrerin ist sehr nett und gut. Im übrigen nichts Neues im Westen![9] [...]

Mittw., den 20. Busstag,
Keine Vorlesungen. Ubbo Struckmann[10] besucht, spazieren gegangen, ausgeruht.

Donnerstag, 20.
Vormittags Kollegs. Mittag gegessen mit Herrn Hoppe, dem Vorsitzenden der Allgemeinen Studentenschaft. Abends im Lehrervereinshaus am Alexanderplatz Diskussion von Elterleins mit einem Sozialisten. Wenig Anwesende, aber recht interessant, wenn auch nicht in allem geglückt.

Freitag, den 21.
Vorlesungen, nachmittags Klausur, Repetitor usw. Abends mit Herrn Karcher (Duisburg), der an der TH studiert, am Zoo getroffen. Abend gegessen im Tary Bary (Nürnberger Strasse), einem sehr dezenten russischen Lokal mit billigen Preisen und gutem Publikum. Fabelhafte Balalaikakapelle. Mit Karcher sehr anregend unterhalten. Später kam von Elterlein dazu, zufällig. Abends noch mit Karcher in einen »Tanzpalast« gezogen, um sowas auch mal gesehen zu haben.

Samstag, d. 22.
In der Universität H. Goering (Anno 1921 zuletzt gesehen Hohenzollerndamm 61, dann nach Stuttgart verzogen) entdeckt, mit Fischbeck und ihm ins Café gegangen. Der Mann ist 2. Semester, noch genauso frisch und nett wie damals. Alte Erinnerungen ausgetauscht. Goering interessierte sich lebhaft für den Jungdeutschen Orden und wollte eingeladen werden. Abends mit Ubbo Struckmann als Pressevertreter und auf Pressekarten zu einem Internationalen Tee[11], bei dem Franz Blei über André Gide anlässlich dessen 60. Geburtstages spricht. Sehr viele Ausländer, horngebrillte Juden, recht interessant. Erwin Kalser las aus Bathesba[12], sehr gut.

Sonntag, d. 23.
Morgens erst Bericht für den Jungdeutschen angefertigt. Auch einen Aufsatz gegen die Nationalsozialisten[13] geschrieben. Dann Telegramm aufgegeben an Helga. Mittagessen bei Grosspapa, Mittagsschlaf, Kaffee, Spaziergang. Grosspapa macht sehr frischen Eindruck.

Abends Louise Brooks in »Tagebuch«[14], auf einem 60 Pfg.-Platz. Dann noch Briefe geschrieben.

Montag, den 24.
Morgens ½7 aufgestanden, Repetitor. Zwei Arbeiten zurückbekommen, beide gut. Dann Vorlesungen belegt. Heiliger St. Bureaucratius!! Mittag gegessen in der Akademischen Bierhalle. Nachmittags gearbeitet. Ein Graf Fink von Finkenstein hat sich unter meine Bekannten eingereiht, will vom Stahlhelm zu uns übertreten. Diesem geschrieben. Polizeilich angemeldet. [...]
Herzlichst Euer Harro.

Harro Schulze-Boysen hatte Zugang zu den Interna des Jungdeutschen Ordens, dem er, je mehr die bürgerliche Mitte zerfiel, eine große Zukunft prophezeite. Er verfolgte die Sympathien und Aversionen, die dem Jungdeutschen Orden und vor allem ihrem Hochmeister Mahraun entgegenschlugen, die jähen Wendungen und konkurrierenden Neugründungen in der neuen Mitte. Am meisten störte den Zwanzigjährigen, daß er in diesem aufregenden Spiel nur einen Beobachterstatus innehatte. Er war einfach zu jung, noch konnte er nicht eingreifen in die in Bewegung geratene politische Szene.

1 Uhr NACHTS!
Mit Andacht zu lesen!!!!!!!
ACHTUNG: Wegen später Nachtzeit Telegrammstil!

Berlin, 13. 12. 29

Liebe Mama! Lieber Papa!
[...] Komme mit Helga zusammen ca. 21.–22. abends an in Duisburg. Mein Repetitor macht keine Ferien. Am 4. spätestens muss ich wieder zurück. Freue mich aber sehr auf Wiedersehen mit Euch. Für Papa viele nette Bilder von Segelei und auch sonst allerlei Interessantes aus Berlin. [...] Letzte Woche verdammt gearbeitet. Das Jus macht mir auf die Dauer aber doch Spass. Wie alles, wo man sich mal richtig hineinbegibt.

Gestern mit Elle, Emma, Werner[15] in Seltsames Zwischenspiel[16] gewesen. Tante Elle hatte Helga und mich eingeladen. Sehr interessante Sache: O'Neill kann was. Die Schauspieler auch. Das Stück typisch amerikanisch, aber erfreulich vorurteilslos. Haben's die gut! (Yankees meine ich.)

Hier regnet es scheusslich. Bitte für mich in Duisburg keine Einladungen annehmen, am besten garnicht erzählen, dass ich in Duisburg bin.

Für mich gedenke ich nur am 1. abends etwas zu unternehmen. Da will ich meine Jungdeutschen mal wieder besichtigen; sonst hab ich nichts vor in der Zeit. Endlich mal wieder Ruhe und Familie. Hätte nie gedacht, dass ich Leute, und Hetzen und Rennen usw. so über haben könnte. Also hoffentlich mal wieder anständiges Familienleben. Lange genug entbehrt.!!!

Samstag/Sonntag habe ich eine Tagung für die Jungdeutschen Studenten Norddeutschlands mitgemacht. Tagungsfolge: Gesamtthema: Der Selbstverwaltungsgedanke als Träger der kulturellen Erneuerung. [...] U.a. machen wir nach Weihnachten von der Studentengemeinschaft aus eine grosse akademische Debatte im Reichswirtschaftsreferat über Thema: Arbeitsdienstpflicht. Als Correferenten habe ich Erich Kaufmann vorgesehen. Hoffentlich tut er es. Ich glaube aber beinah. Er steht uns sehr nahe, neuerdings. Schade, dass Papa nicht mehr Jungdeutscher ist. Jetzt hätte er Chancen in der Politik. (Schade, dass ich nicht 10 Jahre älter bin). [...]

Zu Weihnachten nicht viel schenken! Aber in der Friedrichstraße liegt ein Oberhemd, oder zwei, aus – die gefallen mir sehr. Und ich brauche welche. Wenn ich mir die von Grosspapas Geld kaufen dürfte ... Schreibt mal darüber. Dann einen neuen Schlips, ein paar Socken. Evtl. das neue Buch von Mahraun[17], von Höhn[18], oder das neue Bilderwerk über den Orden[19]. Juristisches habe ich vorläufig ausreichend, finde ja auch das meiste im Seminar. So, das genügt wohl zur Auswahl. Aber stürzt Euch bitte nicht in Unkosten. Mein Glück hängt wirklich nicht davon ab, ob Ihr mir für 4 oder 40 Mk Sachen schenkt. Neues weißes Smokinghemd könnte ich übrigens auch brauchen. Habe überhaupt nur zwei. Hungern und frieren tu ich nicht. »Uns geht's gut. Wir verlieren nicht den Mut ...« Zum Besuche machen habe ich einfach keine Zeit. Fällt aus wegen Nebel. Aber höflich ist es ja nicht gerade. Na, – bis auf weiteres. Glückauf zu den 1000 Gesellschaften! –

Euer verlorener Sohn vom Wedding H. [...]

Harro Schulze-Boysen gab in Berlin 225 Mark im Monat aus. Die einzelnen Kostenpunkte listete er seinen Eltern akribisch auf. 1930 betrug das studentische Existenzminimum in Berlin 135 Mark, aber ein Drittel der Hochschüler verfügte nicht einmal über diese Summe. Viele mußten als Werkstudenten neben ihrem Studium arbeiten. Die wöchentlichen Monatslöhne der Facharbeiter betrugen bei sinkender Tendenz 50 Mark pro Woche. Jeder zweite Angestellte mußte mit einem Gehalt auskommen, das unter 150 Mark lag.

Schulze-Boysen schaute sich auch bei den kommunistischen Gegnern um, die der Jungdeutsche Orden erbittert bekämpfte. Unter Leitung des jungen Schauspielers Maxim Valentin hatte die rote Spielschar im Herbst 1929 eine Tournee durch die Sowjetunion unternommen und dort ihr Repertoire um neue sowjetische Lieder erweitert.

Berlin, [Ende Januar 1930]

Liebe Mama, lieber Papa,

[...] Sonntag abend war ich in einer kommunistischen Kundgebung. Unter anderem trat das »Rote Sprachrohr« auf, eine Art von Sprechchorgruppe, anscheinend junge Schauspieler, vielleicht 12 im ganzen. Die Leute trugen meist Uebersetzungen aus dem Sowjetrussischen vor: aber als schauspielerische und künstlerische Leistung war es fabelhaft. Ich habe selten ähnlich Rhythmisches und Kraftvolles erlebt wie z. B. das Sturmlied des Komsomol[20]. Diese Leute sind verdammt gefährlich und sicherlich mit allem »Nieder mit dem Marxismus!«-Geschrei nicht unterzukriegen. Ich hatte die ganze Zeit das Gefühl, dass diese Leute, wenn es ihnen ihre Führer befehlen, morgen gläubig und enthusiastisch auf die Barrikaden steigen könnten. Wer kann das heute noch?

[...] In der nächsten Woche werden voraussichtlich etliche Parteien gegründet werden: Volkskonservative Staatspartei, Volkspartei der Mitte, Republikanische Partei, u. a.[21] Bei der ersteren werden wohl Lambach und Treviranus Pate stehen. Die beiden wollen unbedingt ihre Mandate behalten und wollen durch die Parteigründung ihre Aufstellung in der Volksnationalen Reichsvereinigung erzwingen. Zwischen Keudell und Mahraun bestehen überhaupt keine Differenzen mehr. Ebenso ist es gelungen, Gleichens »Ring«[22] mit heranzuziehen. Auch Walter Claassen und Walter Bloem haben sich zur Mitarbeit bereiterklärt. Auch Schulze-Gaevernitz, der Papa grüssen lässt. – Die Alliance mit Rheinbaben ist wieder gelöst worden. Er veröffentlichte einen diesbezüglichen Artikel in seiner Zeitschrift, darauf sind seine sämtlichen Mitglieder zur Volksnationalen Aktion übergetreten. Wir haben hierdurch zum Teil sehr starke Gruppen in Süddeutschland dazubekommen, besonders in Baden. Die Zahl der täglichen Eingänge hat sich weiter erhöht auf ca. 1 500. – Dazu kommen nationale Bauerngruppen aus dem Reich, Volksrechtspartei[23], Sparerbünde[24], ganze Ortsgruppen der DNVP und der DVP. Um den Pietisten, die sonst etwa auf den Gedanken kommen könnten, eine Art evangelisches Zentrum aufzumachen, den Wind aus den ohnehin lammfrommen Segeln zu nehmen, wird die Volksnationale Reichsvereinigung am 28. wieder was von sich hören lassen, und damit gewissen Leuten wieder zuvorkommen.

Herrmann[25] laesst Papa vielmals grüssen. (Karte anbei) Er hatte gedacht, er sei noch im Orden und hatte ihn schon in den Akten stehen als Reichstagsspitzenkandidat für Düsseldorf Süd. Soweit wieder die Politik. Ich bitte, immer alles streng vertraulich zu behandeln. Für grössere Oeffentlichkeit sind alle diese Sachen nicht bestimmt. [...]

Recht herzliche Grüsse Euer Harro.

Mama soll nicht immer so aesthetische Briefe schreiben. Wenn das so weitergeht mit den Ermahnungen, werde ich mal eines Tages ostentativ in einen Wasch-, Kämm-, Rasier- und Zahnputzstreik eintreten müssen, damit sie mal sieht, wie es ist, wenn es wirklich ist...!!!!!!!!!!!!!!!!!!

Euer verlorener Sohn vom Wedding

[...] Berlin, 6. 3. 30.

Liebe Mama, lieber Papa,

[...] Beim Repetitor habe ich jetzt sehr viel zu tun: BGB, Handelsrecht, Verwaltungsrecht, Strafrecht. Täglich 6–8 Stunden. Dazu noch Seminar und Hausarbeiten. Aber da ich sonst ganz einsiedlerisch lebe, geht es recht gut. Vorgestern abend war ich bei Tante Elle. Wir haben sehr nett geklöhnt. Ich kann ja nun immer ganz schön schnell zu meinen Verwandten kommen. Tante Elle hat mal vor grösserem Kreise einen Prachtausspruch getan: Für Harro gibt es nur: Repetitor, Orden, Mädels und allernächste Verwandtschaft! Das »nur« ist eigentlich nicht berechtigt, denn das ist doch schon eine ganze Menge.

[...] Ich wohne hier bei dem Herausgeber der Wochenzeitung »Der Deutsche Vorwärts«[26], Herausgeber Herr Emil Unger-Winkelried, der Führer des Bundes nationaler Arbeiterführer ist, von den richtigen Gewerkschaften als »Gelber« bezeichnet. Auch noch einige andere »Führer« sind dabei. Nur an den Geführten fehlt es wohl. Ich muss auch sagen, dass ich für diese Art von Arbeiterbewegung kein Verständnis habe! Als Arbeiter würde ich jedenfalls einer Organisation, die eigentlich im Lager des Arbeitsvertragsgegners steht, nicht beitreten. Als ich es bei Grosspapa erzählte, sagte Grosspapa, er kenne diese Zeitung (begreiflicherweise) nicht. Darauf Fräulein Nagott. Tja, Herr Geheimrat, ich kenne sie aber! Herr Geheimrat sind eben nicht mit der Zeit mitgegangen! usw. Grosspapa liess die Ollsche aber ruhig schwätzen. Ich bin übrigens jede Woche einmal da. Meistens dann den ganzen Nachmittag. (Mittwochs).

Letzten Sonntag war ich in Potsdam und bin lange in den herrlichen Parks herumgewandert. Es war mir von früher her garnicht in

Erinnerung, dass es so schön ist. Ich war restlos begeistert von der ganzen Atmosphäre.

Heute Abend spricht Mahraun in grosser öffentlicher Versammlung am Platz der Republik (Kroll)[27]. Es wird wohl der Auftakt sein für den ersten grösseren Schlag. Die Absage Hellpachs an die Demokraten wird in der Presse damit in Zusammenhang gebracht. Lemmer hat die Führung der Jungdemokraten ja schon niedergelegt. Die Reichsgemeinschaft junger Volksparteiler[28] steht geschlossen hinter der VRV. In dieser Partei geht hinter den Kulissen mehr vor als man weiss. Die Zersetzung ist dort noch stärker als bei den Deutschnationalen. Die rein wirtschaftlich eingestellten Kräfte dringen immer mehr zur Wirtschaftspartei ein. Die Fühlung mit den Treviranusleuten ist in letzter Zeit wieder stärker geworden. Das mag daher kommen, dass der grösste Teil der Leute, auf die sie gerechnet hatten, zu uns gekommen ist.

Gestern bekam ich übrigens durch Zufall die Mitteilung, dass sich im ganzen nördlichen Teil der Provinz Schleswig-Holstein über 90 % der wahlberechtigten Bevölkerung bei der VRV eingetragen haben. In der Oeffentlichkeit wird natürlich vorläufig nichts davon bekannt. Die Sozialisten werden – wegen der Kommunisten – in nächster Zeit wieder einen Ruck nach links machen müssen. Ich sprach neulich mit einem führenden Mann, dessen Namen ich nicht nennen kann.[29] Er sah für die SPD ziemlich schwarz, was mich immerhin überraschte. Der junge Nachwuchs sei nur sehr dürftig. Die SPD sei jetzt gezwungen, Staatspolitik zu machen, das sei unpopulär. Die Diktaturgefahr wachse von Tag zu Tag. Das werde noch bedrohlicher werden nach dem Zusammenbruch der Sowjets. Die SPD habe sich zwar nie mit den Machthabern der UdSSR identifiziert, aber der Zusammenbruch dort würde einen Schlag auch gegen die SPD bedeuten. Die Partei sei nicht durch das lächerliche Antimarxistengeschrei Hugenbergs bedroht, sondern durch die Tatsache, dass die junge Generation des »Bürgertums« einen Teil der Marx'schen Gedanken übernommen habe, aber nicht belastet sei durch die bibelhafte Klassenkampfparole oder ähnliche, die die SPD ihrerseits wegen der alten Anhänger nicht aufgeben könne. Er wies in diesem Zusammenhang hin auf einen Artikel im letzten Heft des »Deutschen Volkstums« über die antibourgeoise Einstellung der jungen Generation im »Bürgertum«. Auch der Kampf gegen den Kapitalismus im »weitesten Sinne« werde dadurch ja national sanktioniert, dass er allmählich zum notwendigen nationalen Befreiungskampf werde, den nicht die Arbeiterklasse, sondern das Volk zu tragen hätte. Auf der anderen Seite neigten gerade die jungen Kräfte in der SPD stark zu uns herüber, und diese wertvollsten und fortgeschrittensten Elemente des Arbeiterstandes würden allmählich zu uns abschwenken, weil die SPD durch ihre Geschichte zu sehr an die Vergangenheit und ihre Parolen gebunden sei. Manches davon mag schon stimmen. [...] Papa kann mir vielleicht mal die Anschrift von Kapitän Ehrhardt geben. Ich würde gern mal hinfahren. Werde schon nicht Anstoss erregen. Einige Zeitungsartikel, die ich zurückerbitte, gehen mit der gleichen Post ab. Sämtliche angestrichenen Artikel sind von mir bekannten Berliner Studenten verfaßt. – Herzliche Grüsse, und Schluss für Heute!

Euer redivivus Berlinerus WWus H...

Als Harro Schulze-Boysen diese Zeilen schrieb, verstarb in Ebenhausen im Isartal der 81jährige Alfred von Tirpitz. In den Nachrufen der rechten Presse wurde sein überragender Anteil an der Entwicklung der deutschen Flotte im Wilhelminischen Deutschland hervorgehoben. Erich Edgar Schulze fuhr zur Beisetzung, aber sein Sohn konnte sich dazu nicht entschließen. Es waren wohl nicht nur finanzielle Gründe, die ihn der Trauerfeier fernbleiben ließen und auch nicht die ihn störenden Äußerlichkeiten. Alfred von Tirpitz, Ehrenvorsitzender der Deutschnationalen Partei, stand auch für eine Politik, die er nicht mehr teilte.

Berlin, vor dem 12. März 1930

Liebe Mama, lieber Papa!

Ich möchte nochmals meiner Hoffnung Ausdruck geben, dass Papa mich neulich auch richtig verstanden hat, als ich von Onkel Werner aus die kurze Karte schrieb, die Papa hoffentlich noch in München erreicht hat. Onkel Werner und ich waren uns eigentlich darüber einig, dass es noch anders im Falle einer Familienfeier im kleineren Kreise gewesen wäre. Bei einer solchen Bestattung aber tritt naturgemäß das Herzliche weit zurück hinter dem Schauspiel und den vielen Reden. Es ist das etwas grausam gesagt, aber ich glaube in der Tat, dass es so ist. Für Papa ist das vielleicht noch etwas anders als für mich. Er empfindet vielleicht, ja sogar sicher, mehr als ein Schauspiel. Einmal, weil er Onkel Alfred als Mensch wirklich kannte, was bei mir ja nicht der Fall war, – und zum zweiten, weil für ihn die vielen Uniformen, Orden, Salut, mehr sind als Aeusserlichkeiten. Aber für einen Zwanzigjährigen von heute kann der innere Zusammenhang mit allen diesen Dingen doch nicht so stark sein. Aus dieser rein gefühlsmässigen Betrachtung heraus bin ich dann erst in zweiter Linie zu rechnerischen Ueberlegungen gekommen. Ich habe sie in meiner Karte deshalb angeführt, weil ich tatsächlich vor der Alternative zuerst etwas erschrocken war. Es handelte sich doch hier schliesslich nicht nur um Wunsch, oder Nicht-Wunsch, dabei zu sein. –

Ich kam abends grade vom Repetitor, da las ich die Nachricht als Ueberschrift in den Abendzeitungen. Ich habe es sehr bedauert, Onkel Alfred nicht doch noch während seines letzten Aufenthaltes hier gesehen zu haben. Vorm Schlafen habe ich dann noch mal an die alte Kukucksuhr und die Fahrt ins Bergische Land und ins Muckertal gedacht. Die Linkszeitungen haben zum Teil übrigens noch recht boshaft geschrieben. Neben die Todesnachricht noch gleich Karikaturen: Tirpitz im Himmel trifft Petrus und erzählt ihm seine Lebensgeschichte. Plötzlich schlägt Petrus die Hände überm Kopf zusammen, weil er sieht, dass die Himmelsbalken sich biegen. [...] Hoffentlich gelingt es doch noch, Youngplan[30] und Polenabkommen[31] zu verhindern. Ich sehe allerdings auch black. [...]

Herzlichst

Euer H.

Berlin, [vor dem 15. März 1930]

Lieber Papa, liebe Mama,

[...] In den Ostertagen werden wir beim Repetitor wohl kaum mehr als 2 Tage Ferien haben. Wenn es mehr wird, komme ich natürlich gern. Sonst lohnt es sich wirklich nicht, da ich ja keine Ermässigung habe. Wenn Helga Euch geschrieben hat, es wäre für mich eine Strafe, nach Hause zu kommen, ist das ein Irrtum. Ich hatte lediglich erwähnt, dass Mama etwas geschrieben hatte: »Also ich erlaube diese fabelhafte Reise, aber im Sommer werdet Ihr dafür in Duisburg sitzen!«[32] Sonst habe ich ihr den Brief garnicht gezeigt. Natürlich ist sie glücklich, dass sie mit kann.

[...] Der Eifer, [mit dem] man von allen Seiten gegen die Volksnationalen[33] zu Felde zieht, ist recht lustig anzuschauen. Warum wird verschwiegen, dass die Weltbühne nun schon seit Wochen ihr meistes Gift gegen Mahraun und den abtrünnigen Demokraten Lemmer verspritzt.[34] Im besten Verein, mit den Deutschnationalen und den Nationalsozialisten? Warum wird verschwiegen, dass das Wort *Volks*national vom Orden zuerst 1919 angewandt wurde, zu einer Zeit, als die Deutsche Volkspartei, die deutschnationale Volkspartei, die Völkischen gegründet wurden und kein Mensch etwas von Volkspsychose sagte! Obwohl doch alle diese Parteien nicht aus dem Volke kamen? Warum macht man in den Hugenbergblättern nicht Front dagegen, dass sich eine »nationale« Partei Arbeiterpartei nennt! Eine viel weitergehende Konzession ans »Volk«!

Eine Konzession an die starke Klasse! Warum wird nicht gesagt, dass fast jeden Tag eine bisher deutschnationale Ortsgruppe zu den Volksnationalen oder zu den Volkskonservativen übergeht!? Warum wird verschwiegen, dass die ganze pazifistische Richtung (Lüth[35]) bei den Demokraten ausgetreten ist wegen »des Bündnisses Lemmers mit dem Militaristen Mahraun«? Warum wird verschwiegen, dass es bei den SPDlern wegen der Jungsozialisten[36], Hendrik de Man, Fritz Klatt usw. immer kritischer wird? Dass es bei der Volkspartei immer mehr bröckelt, dass auch hier fortwährend ganze Ortsgruppen zu uns übertreten, – dass sich ein ganz grosser Teil der Presse in der Provinz zu uns bekennt! Es schweigen nur die DAZ, das BT, die Voss[37], der Lokalanzeiger[38], der Tag[39], – wie oft hat man früher in ähnlich gelagerten Fällen immer wieder gesprochen von dem Arm in Arm gehen mit den Linken!!? Und zu tagespolitischen Fragen wird fortlaufend Stellung genommen! – Ob die neuen Kräfte schon sofort beim ersten Anlauf Erfolg haben werden, scheint auch mir nicht sicher. Es ist ja auch noch nie gesagt worden, dass bei der nächsten Wahl schon eingegriffen werden soll. Wir haben Zeit, – es wäre nur im Interesse des Reiches, wenn endlich einmal kurzer Prozess gemacht würde! Ein Teil der bekannteren Leute, die der VRV beigetreten sind, wird sich übrigens am 15. März melden.

Die »Tat«[40] ist übrigens nicht demokratisch, sondern recht eigenwüchsig. Ich las eine sehr gute Schrift von Rudolph Borchardt über: Aufgaben der Zeit in der Literatur. Sehr gut. Es kann nicht viel kosten. Papa sollte es lesen. […]

Nach dem Rücktritt des sozialdemokratischen Reichskanzlers Hermann Müller am 27. März 1930 wurde der Zentrumspolitiker Heinrich Brüning am 28. März 1930 vom Reichspräsidenten Paul von Hindenburg zum neuen Reichskanzler ernannt und beauftragt, eine Präsidialregierung zu bilden. Die parlamentarische Demokratie war damit faktisch aufgehoben, da die Weimarer Verfassung dem Reichspräsidenten nach Artikel 25 der Verfassung unter anderem erlaubte, die Reichsregierung zu ernennen oder zu entlassen. Brüning drohte in seiner Regierungserklärung vom 1. April damit, das Parlament durch den Reichspräsidenten auflösen zu lassen, wenn es sich in den dringenden Konsolidierungsfragen zur Haushaltssanierung nicht einigen könne.

Arthur Mahraun sah jetzt einen günstigen Zeitpunkt, sich für den Sprung in die parlamentarische Demokratie zu rüsten. An der Gründungsversammlung der Volksnationalen Reichsvereinigung Anfang April in Berlin nahm auch Harro Schulze-Boysen teil. Der Jungdeutsche Orden, der den

Kern der Reichsvereinigung stellte, war auf dem Wege, das außerparlamentarische Kampffeld zu verlassen und sich in die Niederungen der ungeliebten Parteiendemokratie zu begeben. Schulze-Boysen als Gegner des »Parteiismus« vollzog diesen Wandel hin zur politischen Mitte mit.

[...] Berlin, 31. III. 30

Liebe Mama, lieber Papa!
Für Geld und Papas Brief herzlichen Dank!

[...] Die Regierung wird wohl keine lange Dauer haben. Danach kommt wohl Artikel 48 Reichsverfassung[41]. Danach kommen wir. Im günstigen Falle. Oder aber es gibt sehr schnell Neuwahlen. Das wäre natürlich im Sinne der alten Parteien. Wir wären noch nicht fertig. Das wäre für uns eine Niederlage. Wahrscheinlich jedenfalls. Dryander kämpft übrigens einen aussichtslosen und verzweifelten Kampf in der DNVP. Sein Ausschluss wurde bereits zwei mal beantragt in den letzten 14 Tagen. Er wurde besonders stark angegriffen wegen eines Artikels in der Kreuzzeitung[42], die wiederum Graf Westarp nahesteht. Typisch für das heutige politische Denken ist die Art, wie man die »Volkskonservativen« betrachtet, besonders in den grossen Zeitungen: »Wenn man wüsste, dass die mit soviel Trara aufgezogene Volkskonservative Vereinigung[43] noch nicht die Hälfte von den Mitgliedern hat, wie wir sie täglich bekommen, – ein schallendes Gelächter wäre diesen Leuten und den Zeitungen gewiss«. Dieser Satz stammt nicht von mir, sondern von einem Studenten, einem jungen Herrn von H. aus Kiel, den ich bei Manna Müllenhoff neulich kennen lernte, welcher bei den Volkskonservativen arbeitet als Sekretär. Aber man fragt eben: »Wer steht dahinter?« und wenn's ein paar prominente Abgeordnete sind, bekreuzt man sich in Ehrfurcht. Wenn man nicht ein wenig Idealismus und seine Arbeit hätte, würde einem schlecht bei der Politik. Im Grunde ist alles ja so erbärmlich ... [...] Ostern habe ich in der Tat nur drei Tage Pause. Ich komme also nicht etwa deshalb nicht, weil ich irgendwelche »Pläne und Absichten« hätte, wie Papa schreibt. Sondern der Kosten wegen, für die Mama oder Papa ja auch herkommen könnten. [...] Ich werde voraussichtlich mit meinem Zelt ein paar Tage: Freitag, Sonnabend, Sonntag in den Spreewald gehen. Hoffentlich ist anständiges Wetter. Vielleicht nehme ich mir auch irgend einen Freund oder ein Mädel mit. Mal sehn.

Herzlichst stets Euer Harro

[…] Berlin, 11. 4. 30

Liebe Mama, lieber Papa,

[…] Die Gründungsversammlung der VRV war sehr gut. Die Organisation steht. Die Pressestimmen aus dem Lande sind recht günstig und ausführlich. Die Berliner Blätter bringen wieder recht wenig. Hugenberg und BT sowie Voss hauen in dieselbe Kerbe, aber sie werden uns auf die Dauer doch nicht mehr totschweigen können.

Hellpach hat sich ja nun öffentlich zum Orden bekannt. Bezeichnend, dass einige Blätter uns absichtlich mit den Volkskonservativen verwechseln. Insbesondere die Linken haben anscheinend ein grosses Interesse daran, in dem Rennen zwischen Treviranus und Mahraun den ersteren zu unterstützen. Eine bürgerliche Rechtspartei wäre ihnen natürlich viel angenehmer als eine starke Gruppe im volksgemeinschaftlichen Sinne, die sich nicht mehr mit dem Bemerken »Bürgerlich!« abtun liesse. Die Richtlinien der VRV halte ich für sehr gut. Typisch, dass viele nun nach dem ausführlichen »Programm« rufen. Diese Leute können eben nicht mehr verstehen, dass wir auf das Programm pfeifen, dass wir das Heilige Programm für einen massendemokratischen Unfug halten. Unabhängige Führerschaft, die im Volke verwurzelt ist und verantwortlich gemacht werden kann, ist uns viel wichtiger. Ich hoffe also, dass die Führer der VRV sich von niemandem drängen lassen, zu allen Einzelheiten in Zoll- und Justizreformfragen Stellung zu nehmen. Der grundlegende Staatsgedanke und der Führeraufbau ist das Wesentliche. Bemerkenswert weiter, dass die VRV noch nicht Partei ist. Erst müsse die Klärung in den anderen Lagern fertig sein. Diese Klärung ist aber immerhin viel stärker im Gange als man denkt.

Die Kundgebung am Sonntag in der Philharmonie[44] trug übrigens einen ausgesprochen schleswig-holsteinischen Einschlag, was mir Freude machte, weil ich ja nun mal ein halber Holsteiner bin.

Gestern Abend sah ich Piscator-Credé's Stück[45] im Wallnertheater[46] auf Pressekarte. Unverschämt finde ich die Art und Weise, wie am Schluss durch Händehochheben die Deklaration gefasst wurde, die doch den Gesetzentwurf beeinflussen soll. Es ist doch ein Unding, sozusagen coram publico einen Gesetzentwurf zu beraten, ohne auch die Befürworter des § 218 zu Worte kommen zu lassen. Das ist ein absolut unwahrhaftiger Geist von Volkssouveränität, zu dem man sich nicht bejahend stellen kann. Im übrigen ist das »Stück« natürlich recht gut, nicht im künstlerischen und dramatischen, sondern im politisch-demonstrativen Sinne. Piscator ist eben ein hervorragender Regisseur. Die Tendenz ist wohl zu bejahen. Warum

§218 immer noch beibehalten wird, obwohl sich alle Juristen und Aerzte mit etwas Menschenverstand dagegen ausgesprochen haben, ist mir unverständlich. Bei Menschen in schlechten wirtschaftlichen Verhältnissen sollte man doch in dieser Hinsicht freie Entscheidung zubilligen. Schief und falsch gesehen war natürlich vieles. Die Wasserleitung, die Mk. 14.– Wochenlohn für 10 Personen, der Umgangston der Aerzte untereinander. Verfasser des Stückes ein ehemaliger Korpsstudent. SIC! [...] Sonst nichts Neues. Viel §§§.

Herzl. Grüsse Euer H.

Dem Vater war das ungebrochene Engagement seines Sohnes für den Jungdeutschen Orden nicht ganz geheuer. Die Bemerkung auf der Karte an seine Schwägerin Elsa Boysen »Alles Heil kommt von Mahraun« zeigt auch seine ironische Distanz zu dem Wirken des ältesten Sohnes. Der nachfolgende Brief vermittelt etwas von dem aufbrechenden Generationskonflikt.

Berlin, 15. 4. 30.

Liebe Mama, lieber Papa,

[...] Papas Zitat auf seiner letzten Karte an Tante Elle, welche sie mir deswegen zeigte, stimmt nicht ganz. Es ist juristisch jedenfalls nicht einwandfrei, wenn Papa die Worte: Alles Heil kommt von Mahraun! in Anführungsstriche setzt. Ich habe nie weder etwas derartiges geschrieben noch gedacht. – Im übrigen ist es natürlich sehr leicht, kritische Randbemerkungen zur Zeitgeschichte zu machen, wenn man selber auf die Mitwirkung verzichtet und auf garkein politisches Pferd setzt, jedenfalls nicht auf eines, das am Rennen teilnimmt. Oder ist Papa immer noch von der völligen Harmlosigkeit Hugenbergs überzeugt? Gut, ich glaube an den *Orden*, aber an wen glaubte denn Papa? Wenn an niemanden mehr, dann heisst das: Praktische Resignation. Die kann man aber von einem jungen Menschen nicht erwarten. – Ueber den »staatsmännischen Impuls« lässt sich natürlich streiten. Vorläufig haben wir noch sechzig Jahre zu zahlen für den staatsmännischen Impuls derer, die vor uns Politik gemacht haben.

Mit etwas boshaften Randbemerkungen zu diesem Thema liessen sich unschwer noch einige Seiten füllen. Es lohnt sich aber nicht, und ich meine es garnicht so schlimm, ich wollte nur zum Ausdruck bringen, dass ich es nicht richtig finde, wenn man einen anderen vor unbeteiligten Dritten ganz unmotivierterweise ankreidet wegen der Flagge, unter der er segelt. Insbesondere, wenn man selber keine eigene vorgehisst hat. – [...]

Euer Harro.

Mit Spannung erwartete Harro Schulze-Boysen das Ergebnis der Landtagswahlen am 22. Juni in Sachsen. Er hatte den Wahlkampf der Volksnationalen Reichsvereinigung vor Ort mit unterstützt. 40000 Stimmen reichten jedoch gerade für zwei Mandate im Sächsischen Landtag. Die Deutsche Volkspartei hatte über 130 000 und die Deutschnationalen fast 100 000 Wähler verloren, die NSDAP 240 000 Stimmen hinzugewonnen. Die wirtschaftliche Krise in Deutschland betraf immer mehr Menschen. Die Erwerbslosigkeit war in Sachsen doppelt so hoch wie in anderen Teilen Deutschlands. Die kaufmännischen Angestellten machten den größten Teil jener Arbeitslosen aus, die von der Wohlfahrt leben mußten. Die Mittelschichten waren ebenfalls von der Krise schwer betroffen. Die Verschuldung der Landwirtschaft stieg, Handwerker und Gewerbetreibende verloren ihre Existenz, die Lebenslage der Beamten in den mittleren und unteren Gehaltsstufen verschlechterte sich, die Honorare der Ärzte, Rechtsanwälte und Freischaffenden fielen, Akademiker fanden keine Anstellung mehr. Die Propagandalosungen der Nazis wirkten wie Heilsversprechen.

Das magere Wahlergebnis der VRV in Sachsen hatte auch das Mahraunsche Sammlungsprojekt diskreditiert. Politiker aus der DNVP, die bereits in Fühlungnahme mit Mahraun gestanden hatten, orientierten sich neu. Einige von ihnen gründeten – sehr zum Verdruß von Schulze-Boysen –, nachdem am 18. Juli 1930 der Reichstag aufgelöst wurde, am 23. Juli eine neue bürgerliche Partei, die Konservative Volkspartei.

Berlin, 24. Juli 1930

Liebe immerjüngerwerdende Mama,
zu Deinem Geburtstag schicke ich Dir diesmal brieflich alles Gute. Einen besonderen Geburtstagskuss bekommst Du nachträglich in Timmendorferstrand. Ueberhaupt finde ich, sollten wir die Geburtstagsfeier um 14 Tage verschieben.

[...] Die von ihm [dem Vater] erwünschte neue konservative Partei ist ja nun glücklich da. Ihre Geschlossenheit und damit ihre Lebensfähigkeit bezweifle ich stark. Es sind ja alles wieder die alten Parlamentarier: Westarp – Treviranus – Lindeiner – Schiele. Unter den Ehrengästen, die in der Berliner Börsenzeitung[47] angeführt waren, fast nur Freiherren und Bankjuden bei der Gründungsversammlung. Ich bezweifle stark, ob es uns möglich sein wird, hier mitzumachen. Dazu ist das Programm denkwürdig nichtssagend. Das ist an sich kein Fehler. Nur bei uns war's einer. –

Im Wesentlichen habe ich den Eindruck, dass zur Zeit neue Parteien aus rein taktischen Gründen kreiert werden. Dadurch wird die vernünftige Entwicklung der Dinge gehemmt. Im Vordergrund redet man von Staatspolitik, hinter den Kulissen dirigieren die Banken, bzw. die Industrie. Deshalb, nur deshalb kommt auch nicht die Einigung zwischen den »Konservativen« und den Landbundleuten zustande, welche im Falle eines wirklichen Primats der Staatspolitik selbstverständlich wäre. Aber jeder muss eben die Interessen seiner eigenen Geldgeber vertreten, und dann ist es mit dem Staats- und Volkswohl doch nicht so weit her. Im Falle einer Revolution werden noch einige Geldschränke bei ihnen stehen, aber keine Leute mehr, die sie bewachen. Ich für meinen Teil halte eine katastrophale Zuspitzung der Zustände für nicht ausgeschlossen. Eine starke Staatsführung könnte noch helfen, aber die Herren Dr. Solmssen (Deutsche Bank), Freiherr von Landsberg, Fürst zu Stolberg-Rossla, von Waldow-Reitzenstein, Schacht, Graf Dohna-Brunau, Borsig, Generaldirektor Heubel, Graf Arnim-Muskau --- und wie die Neukonservativen alle heissen –, wer lässt sich für die noch totschiessen? Ich fürchte, diese Herren stehen dem Arbeiter so fern, dass ihnen der nächste Generalstreik über den Kopf wachsen wird. Oktober, November. Na, hoffentlich sehe ich zu trübe. Aber wenn Du Dich mal 1 Stunde vor ein Erwerbslosenamt hier stellen würdest, würdest Du auch pessimistisch werden ... […]

Auf baldiges Wiedersehen, liebes Mamachen.

Dein getreuer Sohn Harro.

Am 27. Juli vollzog die vom Jungdeutschen Orden getragene Volksnationale Reichsvereinigung mit der DDP ihren umstrittenen Zusammenschluß zur Deutschen Staatspartei. Es war eine merkwürdige Symbiose aus Frontkämpfern und Pazifisten, aus Gegnern und Anhängern der Weimarer Republik, aus Nationalisten und Kosmopoliten. Der Staatspartei schlossen sich christliche Gewerkschafter, jüngere Politiker aus der Volkspartei und auch Mitglieder der bündischen Jugend an.

Die NSDAP schien gespalten und geschwächt. Hitlers langjähriger Weggefährte Otto Strasser[48] hatte Anfang Juli mit seinen Getreuen die NSDAP verlassen und die »Kampfgemeinschaft Revolutionärer Nationalsozialisten« gebildet.

Harro Schulze-Boysens Enthusiasmus für die Deutsche Staatspartei hielt sich in Grenzen. Er verfolgte den nun in voller Schärfe entbrennenden Wahlkampf vom Timmendorfer Strand aus und kehrte erst Anfang September nach Berlin zurück. Dann griff er mit der von ihm geleiteten Junggefolgschaft aus dem Wedding in die letzte heiße Phase des Wahlkampfes ein. Doch nicht die »sachliche Politik im Geiste der jungen Generation«, wie sie die Staatspartei vertrat, konnte die Wähler überzeugen, sondern die hemmungslose nationalistische Propaganda und die soziale Demagogie der NSDAP. 6,4 Millionen Wählerinnen und Wähler kreuzten am 14. September die NSDAP auf ihrem Wahlschein an – ein erdrutschartiger Zugewinn von 5,6 Millionen Stimmen. Mit einer an Ausmaß, Organisationsgrad und Aggressivität bisher nicht gekannten Massenagitation und Propaganda war es gelungen, besonders Neuwähler, Nichtwähler und große Teile des »in Panik geratenen Mittelstandes« auch emotional anzusprechen.

Der Versuch, das liberal-bürgerliche Lager durch Einbeziehung von Politikern der DDP und der DVP, von außerparlamentarischen Kräften der Jugendbewegung, der christlichen Gewerkschaften und des Jungdeutschen Ordens eine staatsbejahende Sammlung der Mitte herbeizuführen, war gescheitert. Die Staatspartei erhielt fünf Mandate weniger als die DDP bei den Wahlen im Jahre 1928. Die Spannungen zwischen den Demokraten und den Jungdeutschen innerhalb der Staatspartei eskalierten nach dem unbefriedigenden Wahlergebnis. Eine gemeinsame parlamentarische Arbeit war aufgrund divergierender politischer Vorstellungen nicht möglich. Mitte Oktober zog sich die Volksnationale Reichsvereinigung aus der Deutschen Staatspartei zurück. Das Mahraunsche Sammlungsprojekt der neuen Mitte war gescheitert. Dennoch blieb Schulze-Boysens Haltung zum Jungdeutschen Orden zunächst ungebrochen.

Berlin, [Mitte September 1930]

Lieber Papa,
ich habe mich riesig gefreut, dass alles mit Dir wieder in Ordnung ist. [...] In der Juristerei komme ich z. Zt. recht gut voran. Ich habe das Gefühl, so allmählich auf die richtige und klare innere Linie zu kommen. Das war nicht immer so, da ich ja in den letzten Semestern zeitweilig zu stark mit mir selbst zu tun hatte. Dagegen kann man natürlich mit dem Willen wenig machen und ich will zufrieden sein, dass ich allmählich den Boden unter mir habe, um aufzubauen. Abends bin ich viel mit von Elterlein zusammen. Davon kann ich nur profitieren, da er ja 9 Jahre älter ist als ich. Ich kann wohl sagen, dass wir beiden zur Zeit einen sehr starken Einfluss im Orden haben. Ich gebe Dir vollkommen darin recht, dass zum Einsatz grosser Begeisterung im Augenblick nicht die Zeit geeignet ist. Ich schrieb ja schon neulich, dass ich die Dinge durchaus kritisch betrachte. Auf der anderen Seite ist es mir nicht zweifelhaft, wie die Dinge in Deutschland liegen, und wo ich als politisch empfindender Mensch anzupacken habe.

Allem Anschein nach entwickelt sich in der SPD eine starke Strömung, die im wesentlichen in der Richtung der alten USPD läuft.[49]

Die heutige BZ[50] brachte schon auf der 1. Seite dicke Meldungen darüber. Es ist heute schon sicher, dass es die NSDAP in den nächsten Monaten noch bis zu einer Stärke etwa 250 Mandaten entsprechend bringt. Am selben Tage, wo sie tatsächlich die Regierung übernehmen, tritt die gesamte Arbeiterschaft in den Generalstreik. Damit ist das »dritte Reich«[51] in kurzer Zeit erledigt. Oder aber, es kommt garnicht zur Machtergeifung, dann werden die Wählermassen schnell wieder zurückfluten. Ich schätze diesen Zeitpunkt auf etwa 1½ Jahre. Bis dahin wird der Orden sich in einer Form befinden, die ihm eine Stellung als Machtfaktor gewährleistet. Ich habe den Eindruck, dass Mahraun den Weg ganz klar vor sich sieht. Ich habe ihn in den letzten Tagen auch kennengelernt. Er ist ohne Zweifel ein Mann von Format. Ich sehe ihn selbstverständlich mit vielen Schwächen behaftet, bin aber der festen Meinung, dass er seine Rolle in der Politik noch spielen wird. Ein Misserfolg für den Orden liegt nicht vor. Nur ganz wenige Zeitungen sprechen hiervon. Im wesentlichen ist sich alles einig darüber, dass die Demokraten ganz schrecklich hereingefallen sind. Dass wir daran Schuld sind, verleiht uns ohne Zweifel eine weitgehende Popularität. Unsere Redner haben immer wieder betont, dass die Jungdeutschen die Staatspartei nur solange stützen würden, als sie etwas Frisches und Junges sein würde, als sie nicht wieder den Methoden des alten demokratischen Parteiismus verfiele. Bis zur Wahl hatten wir die Macht restlos in der Hand, nach der Wahl traten die alten demokratischen Parteischeiche auf den Plan und dachten, sie könnten jetzt über die »politischen Wandervögel« hinweg zur Tagesordnung übergehen. Sie sagten uns den Kampf an, als wir an den alten Demokraten scharfe Kritik übten. Wir hatten zwei Möglichkeiten: Entweder ein halbes Jahr darauf zu verwenden, den Gegner niederzukämpfen und alle uns missliebigen Elemente herauszuwerfen. Das wäre aber vertane Zeit gewesen. Bis dahin hätte uns die Asphaltpresse, die sich an uns hängte, doch in den Ruf einer bürgerlichen Linkspartei gebracht, bis dahin hätten die Nazis weiter an Boden gewonnen, bis dahin wären viele gute Kräfte des Ordens verbraucht worden. Wir wählten also die zweite Möglichkeit: Die Staatspartei zu sprengen, und zwar umgehend. Ich habe die 2. Möglichkeit stark befürwortet, denn das, was Mahraun im wesentlichen wollte, war schon in der kurzen Zeit gelungen: Die ehrlichen Kräfte der alten Demokraten 1848er Prägung stehen heute in unserem Lager! Ebenso die sehr sympathischen Sozialrepublikaner, im wesentlichen junge Leute. Die Demokraten sind also innerlich restlos ausgehöhlt, nach aussen hin blamiert und erledigt. Besonders in

Baden gehen die Leute in Scharen zu uns über. Man wird in der Oeffentlichkeit noch davon hören. Die VRV aber ist ohne Zweifel weitergekommen. Sie ist finanziell ungeschwächt, durch eine Riesenpresse ist der Orden systematisch bekanntgemacht worden, jeder Mensch kennt uns heute, wir haben in Braunschweig und Sachsen entscheidende Schlüsselstellungen inne. Die Zahl der Abgeordneten im Reichstag ist noch nicht klar. Jedenfalls übersteigt sie bei weitem die Zahl, die die VR erreicht hätte, wenn sie allein in den Wahlkampf gegangen wäre. Dabei geht unser Erfolg auf Kosten einer auch von uns bekämpften Partei. Augenblicklich sind unsere Abgeordneten stark umworben – gegenteilige Pressemeldungen berichten falsch! – von den Konservativen und den Christlich-Sozialen[52]. Wir werden jedoch wahrscheinlich alleine vorgehen, aus vielen Gründen. Die Tatsache aber zeigt, dass wir an Wert gewonnen haben. Quod erat demonstrandum[53] – [...]

Herzliche Grüsse Euch allen Lieben. [...] H.

Im Herbst 1930 debattierte das Parlament über eine erneute Konsolidierung des Haushalts. Aus Angst vor einer Inflation befürwortete es eine restriktive deflationäre Finanzpolitik. Neben einem umfangreichen Abbau von Leistungen für die Sozialversicherung und der Erhöhung der Steuern wurde unter anderem auch eine Senkung der Gehälter und Pensionen von Beamten diskutiert. Erich Edgar Schulze erhielt neben seinem Gehalt bei der Demag eine Offizierspension. Eine Kürzung oder Streichung dieser Pension hätte die Finanzierung des Studiums seiner Kinder erheblich erschwert.

Berlin, 1. 10. 1930

Lieber Papa,
zu Deinem 50. Geburtstag wünsche ich Dir alles Gute! Materiell kann man ja heutzutage niemandem viel wünschen und die Zeiten sind gewiß ungewiß. Aber das Glück, was man in seiner zweiten Lebenshälfte haben kann, ist doch gewiß im wesentlichen auch von anderen Faktoren bestimmt, zu denen ja auch Deine 3 Kinder gehören. Also weiter auf gute Freundschaft, lieber Papa! [...]

Zu den politischen Ereignissen bekam ich inzwischen einigermaßen die notwendige Distanz, die ja – nach Max Weber – so nötig ist. Zur Gesamtlage: Revolutionäre Situation verschärft. Entwicklung bedingt durch die fortschreitende Enteignung und Vergrößerung des Mißverhältnisses zwischen Besitz und Nichtbesitz. Die Nationalsozialisten fördern – bewußt oder unbewußt – die Entwicklung. Sie schlagen Bresche. Aber sie werden nicht die Führung behalten, denn es fehlt ihnen die Intelligenz. Auf den Erfolg waren sie garnicht vorbereitet. Zudem haben sie zu viele Diktatoren, von denen jeder dem anderen im Wege steht. Der Nachwuchs wird gehemmt + verbittert wegen der fortschreitenden Verbonzung innerhalb der Partei. Wer die Führung erhält, scheint vollkommen ungesichert. Die Marxisten werden sie auch nicht bekommen. Die SPD befindet sich auf dem Abstieg. Und die Kommunisten tragen zwar der antikapitalistischen, nicht aber der nationalen und religiösen Tendenz genügend Rechnung. So schnell können sie sich nicht umstellen, auch wenn sie wollten. Wer die Führung erhält, ist unsicher.

Zur Staatspartei: Der Kampf gegen die Asphaltdemokratie hat jetzt ganz offene Formen angenommen. Wer rausgeht, kann heute noch nicht gesagt werden. Die Masse im Lande steht hinter uns, insbesondere die ehrlichen 1848er. Und das wollten wir nur. Jetzt müssen die anderen wieder abgestoßen werden. [...] Augenblicklich ziehen wir fieberhaft Ortsgruppen auf und reissen die Macht an uns. Höpker-Aschoff, Stolper, Fischer und Reinhold werden wohl die ersten sein, die – das B[erliner] T[ageblatt] in der Hand, das Schiff verlassen. Hoffentlich! (Wir haben natürlich wenig zu verlieren und haben daher die Trümpfe in der Hand.) Das Schwergewicht müßte jetzt auf einen radikalen Kurs im Orden herauslaufen. Leider fehlt es zum Teil an Format. Ich stehe augenblicklich in scharfer Opposition zum Ordensamt, indem ich von unten her hunderte von Brüdern auf neue Parolen festlege. Es hängt m. E. alles davon ab, ob der Vorstoß gelingt. Viel mehr kann ich heute darüber nicht schreiben.

Zur Pensionskürzung. Ich sprach mit unseren Leuten darüber, die ihren Einfluß gegen das PKG[54] geltend gemacht haben. Man will es vorläufig wohl beiseite stellen. Es hängt natürlich voll von den Mehrheitsverhältnissen im Reichstag ab. –

In den letzten Tagen nahm ich an der 7. Soziologentagung teil. Onkel Ferdinand [Tönnies] läßt grüßen, ebenfalls H[eberle][55]. (Mama sollte ihm keine Kragen mitgeben!!) Es war sehr interessant. (Sombart, Dovivat, Alfred Weber, Stampfer, Grimme[56], Wissell, Becker, Hellpach, von Giese etc.) Natürlich viele linksstehende Politiker. Ich hatte viele interessante Gespräche. Hatte stark den Eindruck, daß die SPD heute schon zur konservativ reaktionären Partei geworden ist, + daß sich die Leute in ihrer Haut nicht mehr recht glücklich fühlen. Schücking läßt Papa grüßen. Ich traf ihn heute beim Mittagessen in der »Deutschen Gesellschaft«[57] Schadowstraße, wohin mich Onkel Ferdinand eingeladen hatte. –

Morgen früh ziehe ich in meine neue Wohnung. Meinen neuen Monatswechsel erhielt ich noch nicht! – Beim Repetitor geht es recht gut weiter. Ich habe das Gefühl, daß ich weiterkomme. Die Grundlagen sind fester als vor einem Jahr, wo ich mich nicht sehr wohl in meiner Haut fühlte. – [...]

Herzlichst Harro.

Auf dem Soziologiekongreß wurde auch über den NSDAP-Wahlerfolg debattiert. Harro Schulze-Boysen suchte in den nächsten Wochen in Hitlers »Mein Kampf« und in dem nationalsozialistischen Programm nach den Ursachen für die Anziehungskraft der Nazis. Er fand darin keine Argumente, die ihn hätten überzeugen können. Ein Konzept für eine wirkliche Erneuerung der Gesellschaft konnte er nicht entdecken. Die populistische Attraktivität der NSDAP stand im Gegensatz zu ihrem dürftigen intellektuellen Gehalt. Die heterogene NS-Bewegung barg jedoch in sich genügend Sprengstoff. Nicht nur die Jungdeutschen, auch die Kommunisten, Sozialdemokraten und andere gingen davon aus, daß diese radikale Bewegung eines Tages an ihren eigenen Widersprüchen auseinanderbrechen und die nationalsozialistische Woge zurückrollen würde.

Die Hauptgefahr sah Schulze-Boysen darin, daß ein weiteres Anwachsen der NS-Bewegung zu einer drastischen Polarisierung der Gesellschaft und schließlich zu einem Bürgerkrieg führen könnte. Mahraun warnte immer wieder davor, daß ein anschwellender Nationalsozialismus nur den Bolschewismus befördern werde. Auch für Schulze-Boysen waren nicht die Nazis, sondern die Kommunisten das Problem. Sein Respekt vor der Arbeiterbewegung als revolutionärer Gegenkraft bezog sich auf die Erfahrungen des Kapp-Putsches, als ein Generalstreik dem Putsch ein schnelles Ende bereitete. Harro Schulze-Boysen hoffte – auf die Kraft seiner Argumente vertrauend –, die »ehrlichen Kerle« in den Reihen der Nazibewegung für die jungdeutsche Sache gewinnen zu können. Deshalb ging er in ihre Versammlungen. Doch überzeugen konnte er sie nicht, auch wenn er sich ihnen in der Argumentation überlegen fühlte. Ein wirklicher Dialog war kaum möglich.

Berlin, 20. 10. 1930.

Liebe Mama, lieber Papa,
[...] Für die nächsten Tage habe ich lauter Einladungen zum Abendbrot in alle möglichen Grunewaldvillen. Ich sprach neulich in der Diskussion einer nationalsozialistischen Versammlung im Grunewald. Ich bekam ungefähr die Hälfte aller Anwesenden herum. Als ich fertig war, bekam ich lauter Visitenkarten und Einladungen. Die Nazis tobten vor Wut derart, dass mich vier Polizisten nach Hause bringen wollten. Ich schickte sie aber fort und trat unange-

fochten den Nachhauseweg an. Etwas Courage imponiert immer. – So bin ich heute abend in das Haus des bekannten Historikers Delbrück eingeladen. [...]

Herzlichen Gruss Euer H.

Berlin, 25. 10. 30.

Liebe Mama, lieber Papa!

Vielen Dank für das Paket und die schönen Sachen. [...]

Für Mama eines: Der Einsatz eines Menschen in das historische Geschehen der Zeit ist nicht nur vom Zweckmässigkeitsgesichtspunkt aus zu betrachten. Man wirft da sein Gewicht in die Waagschale, wo man es für nötig und richtig hält. Das ist sowohl vom Grossen, wie von mir aus gesehen logisch richtig. Im Grossen: Wenn ich auf Grund einer unvoreingenommenen und gewissenhaften Prüfung der Dinge zu der Ueberzeugung gekommen bin, dass Hitler Wegbereiter des Bürgerkrieges – und weiter: Damit eines bolschewistischen Endsieges – ist, so ergibt sich für mich daraus die notwendige Verpflichtung, dieser Gefahr entgegenzutreten. Einmal um des Reiches und der Zukunft meines Volkes wegen – und zum anderen deswegen, weil mir das Leben z. B. meines Bruders zu schade dafür ist, blutige Staffage einer Revolution zu sein. In dieser Frage gibt es kein Warten. Wenn die Maschinengewehre einer 2. Roten Armee erst wieder stehen, wird es zu spät sein. Eine nationalsozialistische Ordnung gibt es nicht, denn die Hälfte des Volkes steht nun einmal gegen die Nazis. Und ich habe allerdings den Eindruck, dass die Arbeiterklasse einen Bürgerkrieg, wenn er erst einmal kurzsichtig von gewissen Kreisen des Bürgertums entfesselt ist, besser zu führen imstande sein wird als die Leute auf der Rechten. Die weiteren Folgen wären wirtschaftliches Chaos, Hunger und Not. Und davor will ich auch Euch und mich selbst bewahren. Denn unter einer irgendwie gearteten Diktatur einer Parteiklique, sei es SPD, KPD oder Nazi, werde ich nicht arbeiten können. Denn ich sehe die geschichtliche Aufgabe meiner Generation in der Synthese der Werte, die in unserem Volk lebendig sind, nicht in der Herrschaft des geistig beschränkten Gummiknüppels. Die Nazis sind gerade auf kulturellem Gebiete absolute Reaktionäre. Im Wirtschaftlichen aber lassen sie sich von der Agitation treiben und haben weder Sachkenntnis noch Verantwortung. Weder Herr Adler noch Herr Meyer wird imstande sein, die im unabänderlichen nationalsozialistischen Programm vertretene Theorie von dem Zinswesen mir gegenüber irgendwie zu vertreten. Jeder normale stud. rer. pol. sieht doch den Blödsinn ihrer letzten Anträge im Reichstag betreffs Enteignung der Banken etc. Das ist eine so kindliche Auffassung vom Wesen des Zinses und des Kapitals, dass man nur den Kopf schütteln kann. Hut ab vor dem Wissen eines Karl Marx, vor der ökonomischen Schulung jeden kommunistischen Arbeiters. Darin ist doch wenigstens grosses System. Hier aber ist nichts als Quatsch. – Ich habe auch Hitlers »Kampf« gelesen. Danach müsste man ja eigentlich kuriert sein, denn in wenigen Büchern habe ich ein solches Sammelsurium von Plattheiten gefunden wie hier. Die ganze Rassentheorie ist Unsinn. Es gibt keine deutsche Rasse, nach Günther, der doch gewiss unverdächtig ist. Die Verquickung zwischen Rassenfrage und Staatsgedanke ist daher unleidlich. Papa würde übrigens im nationalsozialistischen Staat seine deutschen Staatsbürgerrechte verlieren und unter Ausländerrecht fallen.[58] (Nationalsozialistisches Programm S. 8) Fremdblütigkeit in der 3. Generation rückwärts reicht schon aus. Ich überlege noch, ob ich dann nach Frankreich, Ungarn oder Palästina auswandern soll. [...] Ich kann und mag nicht glauben, dass Papa diese meine Gründe nicht versteht. Mamas Theorie, dass die Zukunft »doch in ihrer« (der Nazis) Hand sein werde, ist keineswegs begründet. Soweit sind wir noch lange nicht ...

Die Einladungen waren übrigens nicht jüdischen Ursprungs. Bei Delbrücks habe ich mich gleich zu Onkel Alfred bekannt. Ich bin aber der Meinung, dass der alte, jetzt ja verstorbene, Delbrück, durch seinen konsequenten Kampf gegen die Kriegsschuldlüge vieles wieder gut gemacht hat. Die Menschen, die ich in seinem Hause fand, gefielen mir alle sehr gut. Prächtige Menschen, bei denen ich auch in Zukunft gerne verkehren werde. Uebrigens durchaus nicht protzige Verhältnisse – trotz Grunewaldvilla –. In dem Hause wohnen lauter Kinder und Enkel des alten Delbrück. Bei den anderen Menschen, bei denen ich eingeladen war, war es ähnlich. [...] Warum Mama immer gleich das übelste Gegenteil vermuten muss, ist mir durchaus nicht klar. Mama hat eben im Grunde überhaupt keine Grundsätze in der Politik. Das ist nicht schlimm, aber es verpflichtet zur Zurückhaltung. Mein Studium leidet nicht unter meiner sonstigen Betätigung. Aber über 8 Stunden täglicher juristischer Konzentration hinaus ist auf diesem Gebiet mehr nicht zu schaffen, und ob ich hinterher tanzen, fussballern oder politisieren gehe, hat ja eigentlich nichts *mehr* mit dem Studium zu tun.

Dass im Lager meiner politischen Gegner prächtige Menschen stehen, weiss ich. Deshalb gehe ich ja in ihre Versammlungen und sage ihnen: Wenn Eure »Führer« am Ende des Lateins sind, marschieren wir zusammen weiter in der grösseren Front, die durch alle Lager hindurch geht. Wenn man das klar, scharf, ruhig, ehrlich und sachlich sagt, hat im Grunde auch der Gegner Achtung. Es ist bestimmt kein Zufall, dass man mir noch nichts getan hat. Auch der Pöbel steht unter dem Einfluss eines festen Auges. Der überzeugte, ehrliche Nazi aber sagte jedesmal: Schade, dass der nicht Nazi ist. An den Jungdeutschen muss doch was dran sein. – Und weil das alles so ist, hat Papa ganz recht, wenn er mir keine Vorwürfe macht. Er weiss doch, dass man mit stichhaltigen Argumenten entgegentreten muss. Mit dem ganzen Schock von Duisburger Herren der NSDAP in Duisburg würde ich mich zu Weihnachten gern mal unterhalten. Das kannst Du ja mal arrangieren. [...]

Herzl. H.

Im Jungdeutschen Orden kam es im Herbst 1930 zu erheblichen Auseinandersetzungen über den weiteren Kurs. Während vor allem jüngere Mitglieder, so auch Schulze-Boysen, für einen radikaleren Kurs eintraten, wollte Mahraun der »politischen Modebewegung des Nationalsozialismus« keine Konzessionen machen, sich nicht auf die fanatischen Kampfmethoden der Nazis einlassen und nicht am Wettkampf der »Radikalismen« teilnehmen. Mahraun plädierte für Besonnenheit und eine »Politik der Tat« und befürwortete vor dem Hintergrund steigender Arbeitslosenzahlen ein verstärktes Engagement für den Arbeitsdienst. In diesem Punkt stimmte Harro Schulze-Boysen mit seinem Hochmeister überein. Er betrachtete den Arbeitsdienst als politische Aufgabe seiner Generation, um den Arbeitslosen eine Perspektive zu bieten. Schulze-Boysens Begeisterung für die gemeinschaftliche Arbeit und die praktizierten alternativen Lebensformen hatte auf sein persönliches Leben jedoch keinen nachhaltigen Einfluß.

[...] Berlin, 7. XII. 30.

Liebe Mama, Lieber Papa,
entschuldigt, wenn ich einige Zeit nichts von mir hören liess; ich hatte ein bißchen reichlich viel vor. In meiner kleinen Bude steht das Fenster, trotz der Kälte, offen, und die Adventsglocken brummen von weither über den Grunewald. Kurz, bei dieser Gelegenheit entdeckte ich mein Gemüt, legte das Gesetz beiseite und fühlte mich zu diesem Brief veranlasst. Die Gedankenkombination: »Weihnachten und Zuhause« war jedenfalls da! – [...]

Neulich veranstaltete ich eine grosse Versammlung: Ein Zwiegespräch zwischen dem revolutionären Nationalsozialisten Dr. Otto Strasser und dem Jungdeutschen von Elterlein. Es waren an die 300 Menschen da (Germaniasäle am Stettiner Bhf.), überfüllt. Elterlein war fabelhaft in Form. Es war hochinteressant, dauerte über drei Stunden. Der Erfolg war für uns: über 100 Neuanmeldungen. [...] Bruder Dr. Simeneit (Reichswehrministerium), den ich für meine Gefolgschaft neulich geworben habe, hat neulich einem Freund gegenüber geäussert, hier habe er endlich das gefunden, wonach er seit Jahren gesucht habe. Ich habe mich über diese Aeusserung sehr gefreut, denn 1. ist Simeneit ein sehr ernster Mann und 2. Psychologe von Beruf. Ein Werturteil – wohlgemerkt nicht über den Orden, sondern über meine Gefolgschaft Wedding, wirkt natürlich doppelt. Die Erwerbslosen meiner Gruppe siedle ich zur Zeit an. Die Sache geht schon durch die Zeitungen[59]. Es hört sich das an sich unwahrscheinlich an; es ist aber erstaunlich, was 20–30 Mann, wenn sie durch dick und dünn zusammenhalten, heute noch leisten können. In Frohnau (zwischen Berlin und Oranienburg) wurden Parzellen gekauft. Kaufbedingungen sehr günstig, und Mk. 2.– pro qm Bodenfläche. Wenn wir also eine Hypothek aufnehmen, können wir durch monatliche Zahlung jedes einzelnen (etwa 1–2 Mk monatlich pro Mann) in kurzer Zeit die Auflassung bewirken. Jeder einzelne ist Miteigentümer. Der Bruder Architekt entwarf den Bauplan eines Vierzimmerhauses. (Einstöckig, flaches Dach mit späterer Aufbaumöglichkeit, vorläufig Dachgarten). Auf dem Ackerland stand ein uralter verbrauchter Omnibus. Darin haben unsere Kerls nun wochenlang schon gewohnt. Die Gefolgschaft ist jeden Sonntag draussen und packt mit an. Die Erwerbslosen sind ständig da. (Da sie ja nichts ausgeben und zusammen wirtschaften, kommen sie mit Erwerbslosenfürsorge aus und verwalten sozusagen die ganze Geschichte.) Heute steht das Haus. Zwei schlafen schon darin. Es hat noch nicht einmal 1 000.– gekostet (!) Der Lehm wurde aus dem Boden genommen. Die Türen von dem einen Erwerbslosen (Tischler) selber gezimmert. Die Steine selber geklopft und in den Bau gefügt; alles vollkommen ohne fremde Hilfe. Es ist erstaunlich. Die Leute kommen von weither, um sich das anzusehen. Wenn das Haus fertig ist, ist es ohne weiteres seine 12 000, also das zwölffache, wert. Einer hatte schon im Sommer angefangen. Dessen Kartoffeln, usw. essen sie jetzt noch mit. Es geht hier natürlich nicht um ein Rittergut, sondern um eine planmässige und zielbewusste Gartenbauarbeit. Jeder soll eine Parzelle bewirtschaften, die ihm den Kampf ums Brot (bezw. Gemüse usw.) leichter macht. Ich habe mich garnicht absonderlich viel um die Sache gekümmert (ausser Sonntags). Es ist erstaunlich, was die Kerls leisten. Es sind alles ganz andere Menschen geworden. Leute, die während ihrer Erwerbslosigkeit früher müde und elend herumschlichen, schauen heute aus wie Donner und Doria. Unwägbar sind ja auch die ethischen Werte der ganzen Sache. Die Willenskonzentration einer Gemeinschaft auf ein Stück Erde schafft auch politische Werte. Meine Gefolgschaft Wedding hat sich im letzten Monat zahlenmässig fast verdoppelt. Es ist das im einzelnen alles garnicht so absonderlich. Aber die Gesamttendenz ist ungeheuer wichtig: Organische Lebensauffassung bricht sich Bahn! Das bedeutet: Intensivste Bearbeitung des nationalen Lebensraumes, Aufgabe der Weltwirtschaftshypothese des Spätkapitalismus, nationale Reaktivierung des Einzelnen, Verzicht auf Kino und Ballsaal, auf Stehkragen und Zylinderhut, Zug zum Lande (Damit: Erhaltung des Ostens). Kurz und gut, die Menschen wollen wieder vernünftig leben können. Die Folgen auf Gesellschaft und Staatsordnung liegen klar auf der Hand, hier ist Pionierarbeit. Aber andere werden folgen müssen: Arbeiter, Angestellte, Geistige. Denn wo sie heute stehen, können sie nicht mehr leben. Zu allem ist auch die Vorschulung von Wert und Nutzen. Der Kontakt zu diesen Dingen ist mir 100 mal so wichtig wie die Kohorte[60]. Es sind hier natürlich zwei Welten und zwei Zukunftsmöglichkeiten. Acker und Bank, Führertum und Diplomatie haben sich nie so recht miteinander vertragen. Aber Rückendeckung in Glaubenssachen kann ja nichts schaden. [...]

Gestern hörte ich bei der Internationalen Studenten Vereinigung Zuckmayer. Ich interviewte ihn in coram publico 1 Std. lang. Er wich aus, steht links, macht aber einen allgemein guten Eindruck. Für seine Ansichten kann er ja nichts. (Vorrecht der Literaten.)

Grosspapa geht's gut. Mir auch.

Herzl. Euer Harro.

Berlin, 10. 12. 30 [...]

Liebe Mama,
vielen Dank für Deine Karte. Zu den Weihnachtswünschen eine Auswahl: Ein oder zwei paar Socken. Ein oder zwei Schlipse (davon genügt ein gestrickter) Noch ein Oberhemd von der Sorte, die ich in Timmendorf zum Geburtstag bekam, ich schickte ein solches Hemd jetzt nach Hause; blau, mit festem Kragen und ebensolchem Schlips.) Ein Jahresabonnement auf die Zeitschrift »Die Tat«, Verlag Eugen Diederichs, Jena. Vierteljährlich Mk. 4.20. Bruno Nelissen Haken: »Der Fall Bundhund«, Verlag Eugen Diederichs Jena. Geheftet. [...]

Die grossen Nazi-Versammlungen machen ohne Zweifel auf jeden Beteiligten einen starken Eindruck auf Grund des leidenschaftlichen Rhythmus, der da herrscht. Argumente sind keine da, aber blinder Glaube. An einer Zeitwende zum Irrationalen ist das genug gefährlich und aufwühlend für alles Bürgerlich-Liberale, Rational-Betonte. In diesem Winter stehen sich staatserhaltend-demokratische Kräfte und staatsverneinend-diktaturbejahend-revolutionäre Kräfte ungefähr zu gleichen Teilen gegenüber. Die letzte grosse Probe für die Republik. Wenn Brüning gute Politik macht und die SPD nicht eine zu ungeschickte, wird Hitler trotz des zur Zeit vorhandenen Fanatismus scheitern. Denn Leidenschaft lässt sich nicht auf Eis legen. 50 % Möglichkeit auf der anderen Seite zugegeben: Diesen Winter oder nächstes Frühjahr noch Rechtsdiktatur. Die würde zwei bis drei Jahre dauern, im Grunde nichts ändern, – und danach würde es eine Revolution geben, wie Deutschland sie noch nicht erlebt hat. Kurz und gut: Die Nazis haben die Chance, niederzureissen, was morsch ist und danach eine Weile für harte Ordnung zu sorgen. Zur Gestaltung werden sie nicht fähig sein, sie werden also enttäuschen. Die einmal laufende revolutionäre Lawine wird in Kürze über sie hinwegrollen, zusammen mit sämtlichen dann vermutlich regierthabenden »Köpfen« der längst überfälligen Alldeutschen[61]. Dass wir inzwischen aussenpolitisch soviel verbokken und versäumen werden, so dass wir innerhalb von 5 bis 10 Jahren den nächsten Krieg haben werden, ist dann wohl unvermeidliche historische Notwendigkeit. Er wird nicht gerade angenehm sein; eine revolutionäre Armee im Sinne des Jungdeutschen Staates kann ihn aber »gewinnen«.

Ich sehe die Möglichkeiten der Nazis. Die geschichtliche Notwendigkeit des Jungdeutschen Volksstaates können sie nicht erschüttern. Damit auch nicht meine politische Lebensaufgabe. […]

Herzlich Euer Harro. […]

Auf dem Soziologiekongreß hatte Harro Schulze-Boysen auch den 13 Jahre älteren Rudolf Heberle kennengelernt, der als Privatdozent an der Christian-Albrechts-Universität in Kiel Soziologie lehrte. Der Sozialist Heberle, seit 1924 mit der ältesten Tochter von Ferdinand Tönnies verheiratet, beschäftigte sich mit der empirischen Forschung zur politischen Haltung der schleswig-holsteinischen Bevölkerung. Schulze-Boysen, an einem Meinungsaustausch interessiert, schickte ihm einige Veröffentlichungen des Jungdeutschen Ordens.

Berlin, 17. 1. 31

Lieber Rudolf,

[...] Die NSDAP-Gefahr halte ich heute für geistig bereits überwunden. Seitdem [Otto] Strasser abrückte, ist der Sozialismus in dieser Region tot. Da auch der Nationalismus – trotz allen gegenteiligen Traras – im wesentlichen *durchaus reaktionärer* Art ist und die führenden Persönlichkeiten nicht das nötige Format zu haben scheinen, dürfte der Spuk sich nur sehr kurz halten. Intelligente NSDAP-Studenten geben das heute schon offen zu: Wer im 20. Jahrhundert gegen das Gesetz des organischen Aufbaus sündigt, wird zertreten und ist reif fürs Museum.

Es ist anzunehmen, dass Hitler im Laufe dieses Frühjahrs noch an die Regierung kommt; mit Hugenberg und Seeckt zusammen. Der Stahlhelm wird auch mittun. Entweder bleibt diese Rechtsregierung »harmlos«, dann erledigt sie sich von selbst und verbürgerlicht.

Oder aber: Sie geht rigoros vor, verbietet und wird zur Diktatur, – dann dürfte sie beim folgenden Generalstreik und eventuell anschliessenden bewaffneten Auseinandersetzungen vor die Hunde gehen.

Die Frage bleibt nur, was danach kommt. Eine zweite republikanische »Revolution«, wie sie hier von der republikanischen Presse »vorbereitet« wird, muss neben dem wirtschaftlichen auch ein politisches Ziel haben: Reichsreform, Verfassungsänderung usw.

Lässt die deutsche sozialistisch-republikanische Bewegung auch dieses Mal den Ruf nach Verwirklichung des *Kollektiv-Gedankens* auch im Staatlichen außer Acht, so würde ich das für das grösste Unglück halten. Baut sie einen wirklichen *Volksstaat* auf, so werden nicht nur alle Jungdeutschen, sondern Hunderttausende junger Menschen, die heute zwischen den Lagern stehen, ihr zur Seite treten. Gegen Bolschewismus, gegen Faschismus. [...]

Dein Harro

Berlin, [Februar 1931]

Lieber Papa, liebe Mama,

[...] Ich ziehe wohl im März in eine richtige eigene Wohnung, die auch nur Mk. 40.–, mit Morgenfrau sogar, kostet. Elterlein hat seine Wohnung in drei Teile geteilt, Möbel stellt er. Jeder bekommt ein Schlafzimmer, – für alle zusammen ein Wohnzimmer, eine große Küche und ein Bad. Die Morgenfrau nehmen wir uns zusammen, die kann uns doch unsere Sachen waschen, die Zimmer machen und Sachen ausbessern. Da ja Küchenbenutzung, Plättbrett, Porzellan usw. zur Verfügung steht, wird das für mich billiger. Gegend:

Charlottenburger Schloss, also recht gut. Ich werde wohl im März umziehen, wenn nichts dazwischen kommt, was natürlich noch möglich ist. Im März bin ich also schon in meiner neuen Wohnung.

[...] Mit meiner Ueberanstrengung ist es nicht so schlimm. Ich arbeite zur Zeit viel, aber regelmässig und bin ganz wohl.

Neulich abends war ich in einer interessanten Anarchistengruppe in einem Café in der Koblanckstr. (Bülowplatz). Sie schimpften furchtbar auf die Bourgeois und meinten auch, ich sei ja besonders nett, aber wenn sie an die Macht kämen, würde ich auch enthauptet. Hinterher stellte sich heraus, dass ihre Väter jedenfalls selber Bourgeois waren, sie selber also alle etwas verunglückt-dekadente Sprösslinge. Ich habe mich weidlich lustig gemacht über das Literatenpack. Sie hatten eine Riesenversammlung gegen die Arbeitsdienstpflicht gemacht. Ich ging mit einigen Dutzend Leuten zuerst hin, sprach in der Diskussion und bewies ihnen in ihrer eigenen Dialektik, dass sie keine Ahnung hätten. Ich kriegte die Arbeiter sehr schnell herum. Die »gemeinsame geplante Aktion gegen die Arbeitsdienstpflicht« haben wir also glänzend gesprengt. Was der Zweck der Sache war.

Die Nazis haben hier ihren Höhepunkt überschritten. Es wird allgemein ganz deutlich. Selbst die eigenen Leute fangen an zu zweifeln. Sonst nichts Neues

Herzl. H.

Zunehmend interessierte sich Schulze-Boysen für die von Hans Zehrer redigierte Zeitschrift »Die Tat«. Sie wandte sich an die junge deutsche Intelligenz, die, von der Krise schwer getroffen, gegen die kapitalistischen Verhältnisse aufbegehrte. Ihr versuchte die »Tat« den Rang einer gestaltenden »dritten Kraft« zu verleihen. Die Formeln ihrer Ideologie waren autoritärer Staat, Planwirtschaft, Autarkie, Vereinigung von Nationalismus und Sozialismus mit einer antibolschewistischen Ausrichtung, auch wenn man ein begrenztes Zusammenwirken mit der Sowjetunion zur Stärkung der Position Deutschlands gegenüber den Westmächten für sinnvoll hielt. »Die Tat« fand mit diesem Konzept immer mehr Leser und wurde zu einem wichtigen Meinungsbildner in der Endphase der Weimarer Republik. Um die Zeitschrift entstanden »Die Tat«-Kreise, lose regional organisierte Leservereinigungen. Schulze-Boysen besuchte ihre Zusammenkünfte, schloß sich ihnen aber nicht an. Auch dort war er wieder nur Zuhörer. Doch er drängte in die Öffentlichkeit und gründete einen eigenen Diskussionskreis. Er wollte nicht nur Zuhörer sein, sondern die Themen bestimmen und die ihn interessierenden Redner einladen.

Harro Schulze-Boysen suchte nach neuen, nach eigenen Wirkungsfeldern, auch um eine ihm gemäße berufliche Perspektive zu finden. Die Juristerei entsprach immer weniger seinen Neigungen und seinem Drang nach politischer Gestaltung und Einflußnahme. Dennoch wollte und mußte er das Studium zu Ende bringen, weil er den Eltern gegenüber in der Pflicht stand. Den jungdeutschen Zielen blieb er weiterhin verbunden, wenn auch mit weniger Intensität und Anteilnahme.

Berlin, [Ende Februar 1931]

Absender: »Forum« Politische Arbeitsgruppe zu Berlin
Gez. Harro Schulze-Boysen, Bln.-Eichkamp, Lärchenstr. 6

Lieber Papa, liebe Mama,
entschuldigt, wenn ich heute in »rot« schreibe. Mein Farbband ist nicht ganz in Ordnung. Ich muss morgen ein neues kaufen. Vielen Dank für Geld und Brief. Ad PKG: Ich halte es für ausgeschlossen, dass unsere Abgeordneten gegen das PKG stimmen werden. [...] Ich muss dann eben auch mit wesentlich weniger auskommen. Die notwendigen Bücher, die ich bis zum Ende des Studiums noch brauche, habe ich mir noch alle jetzt angeschafft. Etwa 20 Stück im Werte von ca. 50.– Rmk in den beiden letzten Monaten.

(Gottlob. Das Farbband reagiert wieder einseitig rot!!!)

Ich habe mir eine Weile überlegt, ob ich mich nicht einem der neugegründeten »Tat«-Kreise anschliessen sollte. Ich habe es nun aber doch nicht getan. Ich glaube nicht, dass die Sache ausserhalb des Kritischen eine Zukunft hat. Die »Tat« darf sich nicht einseitig politisch abstempeln, sondern muss in allen Lagern indirekt wirken ... Da ich einen grossen Teil der dahinterstehenden jungen Intellektuellen kenne, – manche sind Studenten! – habe ich hier keine Illusionen. Derjenige, welcher ... ist Fried, ein ehemaliger Industrieller, der wirklich was los hat. Im übrigen ist die zahlenmässige Rechnung mit den Parteien, – ein Spiel, das in der »Tat« recht häufig und mit Eifer betrieben wird, recht einseitig insofern, als man den Kommunisten und Nazis zu viel Bedeutung zumisst im Vergleich zum Zentrum, das doch noch recht unerschüttert dasteht. Die Strasser-Leute[62] haben m. E. wesentlich mehr Zukunft als der ganze Hitlerismus. Sonnabend nachmittag unterhielt ich mich länger mit dem Reichskanzler Marx. Ein ziemlicher Trottel, aber ganz nett ...

Freitag abend spricht vorm Forum, eine Institution, die ich leite und vermittels derer ich mir meine politischen Beziehungen schaffe und die mir eventuell für den ärgsten Fall auch als finanzieller Rückhalt etwas geben könnte, – Dr. Ernst Nölting von der SPD. Ende des Monats spricht hier Edgar Jung (Herrschaft der Minderwertigen!), Erich Mühsam von den Anarchisten, Strasser von den revolutionären Nationalsozialisten, – dann Treviranus und Breitscheid. Die einzigen, zu denen ich bewusst keine Beziehungen suche, sind die Nazis und Hugenbergleute. Da muss Papa mich schon ergänzen.[63]

Fasching habe ich – für 2 Mark die Nacht – auch schon mitgemacht. Und zwar bei der expressionistischen »Sturm«-Künstlergesellschaft[64]. Es war sehr intim und so. Wein, Bier oder sonstwas trinke ich prinzipiell nirgends mehr. Es fällt nicht weiter auf. Ich habe mich jedenfalls sehr gut vergnügt und nette Mädels kennen gelernt. Ich hab's übrigens mit den kleinen Tänzerinnen …

Meinen bürgerlichrechtlichen »Schein« für Vorgeschrittene habe ich nun auch bei Titze gemacht. Ich brauche also nur noch einen im Handelsrecht. Den werde ich nächstes Semester fabrizieren. Nach dem 8. werde ich dann also wohl doch ins Examen steigen können. Hoffentlich sind nun nicht die neuen Examensprüfungsvorschriften, die in diesen Tagen herauskommen, ganz umstürzend. Im tiefsten Grunde kommt mir trotz allem die juristische Lernerei erschrecklich überflüssig für mich vor. Es kommt in der Politik eben doch auf ganz andere Dinge an. Na, ich werde die grosse Linie schon nicht verlieren. (Wobei ich mir über eine gutbürgerliche Existenz nicht die geringste Illusion mache. Die Werte des Lebens liegen für mich doch nun mal auf einer anderen Ebene.) […]

Bis Sonntag!

Herzlichst – Euer H.

Im Februar 1931 besuchte der französische Publizist und Schriftsteller André Germain Berlin. Er gehörte zu den legendären Persönlichkeiten des alten Europa und war in den Salons zwischen Madrid und London, zwischen Warschau und Paris bekannt. Eine Aura von Luxus umgab seine fragile Erscheinung. Die Zuneigung des kleinen, körperlich gebrechlichen Mannes galt Deutschland und den Deutschen. Sein Vater war der Begründer und Präsident der Crédit Lyonnais, einer der größten Banken Frankreichs. Trotz seiner Herkunft war er ein Gegner des Großkapitals.

[…] Berlin, 21.2.31

Liebe Mama, lieber Papa,
vielen Dank noch für die beiden Oberhemden. Ich habe mich sehr gefreut, denn ich konnte sie brauchen. Besonders das blaugraue ist recht gut.

In der Kohorte lernte ich Donnerstag den bekannten französischen Politiker und Schriftsteller André Germain kennen. Dieser hielt auf französisch einen Vortrag über: Les relations franco-allemandes. Sehr geistreich und feingeschliffen in der Form. Es freute mich übrigens, dass ich ihn wortwörtlich ohne Mühe verstehen konnte. André Germain ist Herausgeber der Revue Européenne. Es war bezeichnend und dankenswert, dass er die deutsche Ostfrage – Polen! – in den Mittelpunkt seiner Erörterungen stellte. Das Augenzukneifen hat ja bei Verständigungsreden garkeinen Zweck. Ich sprach in der Diskussion absichtlich ziemlich scharf. Ohne Opposition geht es ja nun mal nicht. Ich hoffe also, er hat den richtigen Eindruck bekommen. Hinterher lud er mich zu sich ins Hotel Esplanade für nächste Woche ein. Er wolle sich eingehender mit mir unterhalten. Na, mir kann es ja nichts schaden: Er ist ein sehr kluger und feiner Mensch. Ich lerne französisch. Und im übrigen: Beziehungen! – Beziehungen!

Ich sehe in keiner Weise bei mir die Gefahr, gesellschaftlicher Outsider zu werden. Das mag ein wenig überheblich klingen, aber ich schreibe Euch ganz offen meine Meinung darüber. Das ist ja schliesslich das einzige, was man tun kann auf einige 100 km Abstand von Zuhause. Ich glaube in mir selbst in diesen Wochen eine Entwicklung abgeschlossen zu haben, die in sich bedingt, dass ich heute ziemlich fest im Leben und auf beiden Beinen stehe. Um es vorwegzunehmen und um Missverständnisse zu vermeiden: Es handelt sich hier nicht um einen körperlichen oder seelischen Abschluss einer Etappe, sondern um einen geistigen Vorgang. Bevor man zu Leben und Arbeit startet, braucht man eine Position, von der aus man die Dinge sieht. Baut man ohne diese Grundlage auf, so rächt sich das früher oder später. Ich habe mich also um einen Standort bemüht, habe mich ehrlich damit herumgeschlagen und glaube heute so weit zu sein, dass ich einige Jahre sehr ruhig und sehr regelmässig werde arbeiten können. Sinn der vielen Worte: Ich bin in Ordnung. Nimmt man dieses Bekenntnis ernst, so heisst das, daß es mit 21 Jahren ziemlich früh ist. Aber das ist ja kein Schade.

Es ist bei mir klar, dass mir die lang erwünschte innere Festigkeit und Ruhe auch im Gesellschaftlichen neue Sicherheit verleiht, die zwar – oberflächlich gesehen, zuweilen vorher auch da war, aber des inneren Gleichklangs ermangelte. Wenn ich z. Zt. wenig Geselligkeit im »guten Bürgertum« mitmache, so ist das eine reine Geldfrage (und eine Zeitfrage). Was die Form des äusseren Auftretens anbelangt, glaube ich also Euren Ansprüchen in Zukunft genügen zu können. Ueber meine sonstige Stellung zum Bürgerlichen weiter hinten mehr!

Es ist für mich schwer, über meine Berufsaussichten zu schreiben. Wenn Mama wirklich ernsthaft glaubt, dass es bald nur noch »Nazis und Kommunisten« geben werde, wie sie im letzten Brief schreibt, sind ja doch alle Bemerkungen und Aussichten auf eine künftige politische Arbeit zwecklos. Objektiv ist höchstens zu bemerken, dass meine beruflichen Chancen unter den gegenteiligen Auspizien denkbar günstig sind. Unter diesem Gesichtspunkt betrachtet, ist es für mich ebenso wichtig, meine juristischen Studien bald zu einem Abschluss zu bringen (Referendar, Dr. jur.) wie meine Berliner Beziehungen aufrecht zu erhalten. Ich würde es daher für einen Fehler halten, Berlin für längere Zeit zu verlassen. Ich bin mir nun völlig darüber klar, dass das finanziell für Euch zuviel sein wird, wenn das PKG angenommen wird. Andererseits werdet Ihr es verstehen, dass ich mich nicht aus dem, was ich mir bisher zurechtgelegt und erarbeitet habe, durch Druck und Eile von aussen her, bringen lassen möchte. Ich habe keine Eile, – ich habe keinen Grund, plötzlich Galopp einzuschlagen. Und diese letztere Bemerkung kann ich mir nur daher erlauben – ohne gegen das angebrachte Gebot der Bescheidenheit zu verstossen, – weil ich in der Tat fest entschlossen bin, wenn es nötig sein sollte, den wirtschaftlichen Teil der Sache z. T. selber in die Hand zu nehmen. Ich möchte zu diesem Zweck nur wissen, auf wieviel Zuschuss ich von Euch rechnen kann, sagen wir noch für die nächsten zwei Jahre: Referendar, Dr., Hochschule für Politik. – Bis dahin wird sich sowohl die politische Situation wie mein politisches Wissen soweit entwickelt haben, dass ich losschlagen kann. Ich habe absichtlich zwei Jahre genannt, da ich ein ruhiges wissenschaftliches Studium auf dem Gebiete aussenpolitischer und wirtschaftlicher Fragen für unumgänglich halte. Ein Zuhausearbeiten käme natürlich in Frage in den vorm Examen liegenden Ferien, wo ich hier ja dann doch nichts unternehmen kann. (Vorausgesetzt, dass in Duisburg die nötigen Bücher vorhanden sind, was ich aber für den Fall annehme.) [...]

Bei der Affaire Duisburg-Meiderich[65] ist m. E. der Standpunkt der Gewerkschaften ebenso beachtlich wie der der Unternehmer. Es geht hier doch eben nicht mehr um sachlich und zweckmässig begründete Argumente, sondern um Prinzipien. Der Kampf zwischen Kapital und Arbeit verschärft sich eben zusehends. Dass sich der Kampf zwischen Kapitalismus und Sozialismus verheerend auf die Kommunen auswirken muss, ist ja klar. Jarres ist nur zu bedauern. Im übrigen hat er nicht ganz loyal gehandelt; immerhin entschuldigt ihn die Zwangslage. – Die »Tat« ist insofern m. E. im

Unrecht, als sie annimmt, dieses sei die letzte Krise des Kapitalismus. Diese Annahme ist – auch nach Karl Marx – ein Irrtum. Aber die Krisen folgen einander immer schneller, und die Folgen werden immer furchtbarer. Rette sich, wer kann. Der Wille, unabhängig von der Höhe des Gehalts, sich und seine Kultur zu bewahren, kann nur wurzeln in einer Position ausserhalb der sogenannten »bürgerlichen Gesellschaft«. Deshalb, weil die Maßstäbe, nach denen man hier misst, von denen eines kämpferischen, entschlossenen und weitgehend von den Wechselfällen des untergehenden Alten unabhängigen Menschen verschieden sind. Nur aus dieser Zwangslage ist meine Stellung zum Bürgerlichen schlechthin zu verstehen. Hass oder Weltfremdheit liegt mir daher vollkommen fern. Mit Kunos[66] schlechtem Benehmen hat das nicht das geringste zu tun. Ich bin ja gerade der Meinung, dass es die Aufgabe meiner Generation ist, alles, was an Eurer Zeit gut und echt war, mit in das kommende Neue hinüberzuretten. Wenn wir uns also – um uns selbst zu erhalten im Chaos – abseitsstellen, so entspricht das weitgehend einer konservativen Grundeinstellung. Diese allmählich bewusst gewordene konservative Haltung ist aber doch genau das Gegenteil von jener Flaxigkeit, die an garnichts gebunden ist.

Der Rede kurzer Sinn, – und das gilt für Mama! –: Ich habe bestimmt nichts gegen mahnende und ratschlagende mütterliche Briefe. Eine Wirkung können sie erst ausüben, wenn bei uns das Gefühl da ist, man habe nicht nur das mütterliche Herz, sondern auch die Ratio ein wenig zu Rate gezogen. Ich habe neulich auch Onkel Werner gebeten, sich einmal in die Lage eines heute 21-jährigen hineinzuversetzen. Um nur ein Beispiel zu nennen: Im Studium. Es ist doch heute einfach unmöglich, sich intensiv mit allen Fällen des Sachenrechts etc. zu beschäftigen, bevor man sich über das Wesen des Eigentums klar geworden ist. Das war früher gewiss kein Problem; heute aber ist das alles in Frage gestellt. Wollen wir ehrlich sein, so haben wir uns um die Grundlagen zu bemühen. (Soweit wir die Problematik empfinden, was nur bei der Intelligenz der Fall ist!) Es mag für den Einzelnen hinderlich sein, alle Dinge noch einmal an der Wurzel packen zu müssen. Aber man hat doch das Gefühl dafür, dass sich hier ein notwendiger historischer Vorgang abspielt. Es ist eben wohl notwendig, dass sich von Zeit zu Zeit alles erneuert, auch die grossen Fragen menschlichen Seins. Kurz und gut, es geht hier doch nicht um den Einzelnen, sondern um die geistige Wiedergeburt der Nation, der wir uns unterzuordnen haben. Will man also – nicht zuletzt sich selbst – organisch aufbauen, so hat man die verdammte Pflicht und Schuldigkeit, sich mit den

Dingen herumzuschlagen. Ein Ausweichen ist feige und rächt sich später ausserdem. Nur diesen Gesichtspunkten entspringt meine Bitte, mir beim Verfolg meines Studiums freie Hand zu lassen. Die »Universitas« hat ja doch schliesslich nicht nur den Sinn, dass man sich in den vorgeschriebenen Normen festrennt (zudem wird es nach amtlichen statistischen Berechnungen schon in zwei Jahren mindestens 40–60 000 erwerbslose Akademiker geben –), sondern dass man sich das notwendige Handwerkszeug fürs Leben und für den Beruf zusammenholt. Das Referendarexamen oder die Assessorwürde reichen für das, was ich vorhabe und zu erreichen erhoffe, bei weitem nicht aus (und helfen mir z. T. auch garnichts), – da muss man sich schon nach bestem Können und Gewissen die Dinge zurechtlegen und arbeiten. Die Gefahr des Faulenzens und des Vertroddelns ist bei mir ja schliesslich nicht gegeben. Ich bitte Euch also darum, hier bleiben zu dürfen. Es ist mir wichtig darum. – [...]

Herzl. Euer H.

Berlin, 21. 3. 31

Liebe Mama, lieber Papa,
es ist gegen ½1, also schon ein wenig spät in der Nacht. [...]

Die letzten Tage waren reich an Eindrücken: Ein Vortrag des französischen Politikers + Senators Henri de Jouvenel – Paris im Herrenhaus[67]. Er sprach kultiviert – und nichtssagend. Germain stellte mich ihm und seiner Gattin vor. Dort lernte ich auch Rechberg und Koerber kennen. In der Tat widerliche Burschen; ich werde Mahraun gegenüber mit meinem Urteil nicht zurückhalten. Dann war ich mit dem jugoslawischen Botschafter zu einem Lunch im Esplanade. Es waren sehr nette + interessante Leute da; insbesondere die Witwe des verstorbenen Gesandten in Belgrad + Vorgänger von von Hassell[68] – Frau Koester und ihr sehr sympathischer Sohn, mit dem ich mich angefreundet habe. Koester war Sozialist, – aber überall, wo man hinhört, sagt man, er sei einer unserer fähigsten Leute gewesen. [...]

Denkt Euch, in den nächsten Tagen werde ich Elisabeth Bergner besuchen. Ich fasste den Plan, sie vorm »Forum« Gedichte von Rilke vortragen zu lassen + durch Germains Vermittlung sagte sie zu. Jetzt muß ich das Nähere mit ihr regeln. Die Sache wird wohl Anfang Juli in der Philharmonie steigen. Die Sache macht sich. – Ernst Jünger, den bekannten Kriegsdichter, habe ich auch schon fürs nächste Semester gewonnen. –

Elterlein fuhr gestern nach Frankreich für zwei Monate. Ich überlege stark, ob ich nicht im August hinfahre; ich hätte gerade dann so gute Beziehungen ... Einen Monat macht der Repetitor ja Ferien. Andererseits bin ich jetzt geradezu versessen auf die Examensarbeit. Ich habe in letzter Zeit schon von verschiedenster Seite sehr günstige Berufsangebote bekommen. Ich habe daher ein Interesse daran, meine Berufsausbildung in nicht allzu ferner Zeit – also übers Jahr – zu beenden. Ich merke zwar täglich: Der geborene Jurist bin ich – gottlob – nicht gerade, aber ich werde es schon schaffen. Wenn sich mir nichts ausserordentlich Günstiges bietet, bin ich natürlich auch für einen Versuch auf dem Glatteis der Diplomatie zu haben. Ich denke jedoch, es wird sich etwas bieten.

Für den Zeitungsartikel[69] habe ich Honorar erhalten. Ich schreibe übrigens andauernd, ohne allzu viel Zeit darauf zu verwenden. Wenn ich das Geld nicht hätte, würde ich – bei meinen augenblicklichen Beziehungen + den sich daraus ergebenden Verpflichtungen garnicht auskommen. Morgen werde ich den Hauptmanager der »Tat« – Zehrer – treffen. Elterlein ist nun zum ständigen Mitarbeiter ernannt. –

Die deutsch-österreichische Zollunion[70] halte ich für ein bedeutsames Ereignis. (Vielleicht das grösste seit 1918.) [...]

Mir geht's gut.

Euer H.

Die NSDAP bot Anfang April 1931 das Schauspiel heftiger Machtkämpfe und Auflösungserscheinungen. Der Berliner SA-Führer Walter Stennes warf Hitler vor, er würde mit seinem Legalitätskurs – vor dem Reichsgericht hatte Hitler erklärt, nur mit legalen Mitteln an die Macht kommen zu wollen – den revolutionären Geist des Nationalsozialismus an die bürgerliche Reaktion verraten. Auf die Nachricht hin, Hitler wolle Stennes absetzen, sprachen sich am 1. April alle Unterführer der Berliner SA für Stennes und gegen Hitler aus. Schließlich gelang es, mit Hilfe der SS die revoltierende SA niederzuknüppeln. Stennes gründete Ende April die »Nationalsozialistische Kampfbewegung Deutschlands«, die jedoch ohne Einfluß blieb.

[...] Berlin, 1. IV. 31.

Liebe Mama, lieber Papa!
Vielen Dank für Eure lieben Briefe und Helgas Grüsse. Die Ostergabe in Gestalt von 70.– Rmk hat mein altes verrostetes Herz fast zu Tränen gerührt; [...]

Die Nazis sind im ganzen Reich nunmehr im Rückzug. Hier in Berlin ist offen ein gewaltiger Zwist zwischen den einzelnen

Unterführern ausgebrochen, bei den Betriebsrätewahlen im ganzen Reich haben sie kläglich abgenommen[71], Frick ist gestürzt[72], ihre Hetzversammlungen verboten[73], die Berliner Ausgabe des »Völkischen Beobachter« hat ab heute ihr Erscheinen eingestellt wegen Beziehermangels[74], – kurzum: Es war mal wieder nichts! Dass mit dem Ende der Hitlerpartei (als Bewegung) die Frage eines nationalen Sozialismus natürlich noch lange nicht gelöst ist, ist ebenso klar. In wirtschaftlichen Dingen werde ich mich erst später entscheiden können, wenn ich die nötigen Wissensgrundlagen habe.

[...] Und nun herzliche Ostergrüsse für Euch alle, Ihr lieben vier. Mir ist in den letzten Jahren das Osterfest immer lieber geworden. Es bedeutet mir – im geistigen Sinne – viel mehr noch als Weihnachten. Dazu muss man den Faust kennen.

Euer H

Der folgende Brief an Rudolf Heberle verdeutlicht nicht nur das Ringen Schulze-Boysens um eigene Positionen, sondern auch die Bewegung, die er im politischen Denken vollzog, und seine Fähigkeit, im Dialog die Argumente anderer aufzunehmen. Der manchmal belehrende Ton in den Briefen an die Eltern fehlt hier völlig. Es werden erste Differenzen zur Politik des Jungdeutschen Ordens sichtbar.

Berlin, 10.4.1931

Lieber Rudolf,
herzlichen Dank für Deinen ausführlichen Brief, dessen Inhalt mich ausserordentlich interessiert hat. Deine Kritik ist mir besonders wertvoll. Der Orden ist noch so in der lebendigen Entwicklung begriffen, dass eine sachliche Kritik nicht um jeden Preis nun den Jungdeutschen zur Verteidigung anreizen könnte. Es liegt also auch mir nichts daran, rigoros die Verteidigungsstellung zu beziehen und zu beweisen, wie 100 %ig richtig wir uns benommen hätten und benehmen würden. Der Anspruch auf Unfehlbarkeit ist ein Vorrecht älterer Gruppierungen.

Zunächst einiges zu den Grundlagen: Du schreibst ganz richtig: Am zukunftsreichsten ist daher die politische Bewegung, die am engsten anknüpft an die wirklichen Gegebenheiten. Parallel der Auflösung aller inneren Werte ging immer der Verfall eines Volkes. Historische Unterlagen zu dieser Feststellung liegen auf der Hand. Es ist nun müssig, darüber zu rechten, worauf der sichtbare Auflösungsprozess zurückzuführen sei: Liberalismus, Individualismus, Kapitalismus führten zur Zerstörung volklicher, familiärer und sonstiger Gemeinschaft. Am Ende des Weges steht »der Untergang des

Abendlandes«, wenn es nicht gelingt, eine Epoche neuen und organisch begründeten kollektiven Denkens und Empfindens zu erkämpfen. Ob es möglich ist, den Ablauf der Geschichte durch politische Willensbildung derartig massgebend zu beeinflussen, ist eine Glaubensfrage. Ich möchte diese Möglichkeit bejahen. Tue ich das, so begründet das weiterhin den Glauben, dass wir uns am Anfang eines starken und grossen Zeitalters (im engsten Sinne) mit dem Schwergewicht in Mitteleuropa befinden. Sehe ich nun eine Vergemeinschaftung als Grundlage neuen Lebens an, so ist es selbstverständlich, dass ich damit auch die Grundlagen des Sozialismus und weiterhin auch die ganze sozialistische Bewegung, wie sie sich den Augen des geschichtlichen Betrachters darstellt, bejahe. Der Orden als solcher hat vom 1. Tage seines Bestehens an Gewerkschaften und Arbeiterbewegung bejaht. Jeder Jungdeutsche Arbeiter muss gewerkschaftlich organisiert sein. Die Jungdeutschen Arbeiter verteilen sich ziemlich gleichmässig auf christliche und freie Gewerkschaften. Unter den beiden ersten Abgeordneten, die die Jungdeutschen in ein Parlament schickten (Sachsen), war ein meines Wissens freigewerkschaftlich organisierter Arbeiter namens Büttner. Dies nur als Andeutung eines Beweises, dass Theorie und Praxis hier durchaus Hand in Hand gehen. Es besteht also die, wenn auch noch nicht abgeschlossene, Tendenz innerhalb der Jungdeutschen Bewegung, die der gemeinschaftsbildenden Tendenz entsprechenden Konsequenzen auch auf wirtschaftlichem Gebiet zu ziehen. Hand in Hand mit der rationalen Arbeit, die darauf hinzielt, hier zu neuen Formen vorzustossen, geht die heute ja weit verbreitete und billige akapitalistische Einstellung. Als Sozialist kannst Du also sicher sein, dass die grundsätzliche Wandlung der ökonomischen Ordnung auch von jedem Jungdeutschen bejaht wird. Strittig ist nur, ob sich eher die Möglichkeit staatlicher oder wirtschaftlicher Neuordnung ergibt. Ich für meinen Teil halte es für bedenklich, den Einfluss des Staates auf die Wirtschaft erweitern und verstärken zu wollen, solange man des Staates selbst nicht sicher ist. Bevor man die Verstaatlichung weitertreibt, sollte man doch dafür sorgen, dass nicht Staat = Trust ist. Die Jungdeutsche Forderung: Staat = Volk liegt auf dieser Linie. Vielleicht wirst Du einwenden, dass man eine Verstaatlichung z. Zt. ja garnicht aktiv betreibe. Aber es lässt sich nicht leugnen, dass der Einfluss der sogenannten öffentlichen Hand stärker und stärker wird. In dieser »öffentlichen Hand« verkörpern sich eine Reihe von Mißständen des heutigen staatlichen Systems. Ich nannte schon den kapitalistischen Einfluss und füge hinzu den parteidemagogischen. Das führt dann zu einer haltlosen Vergeudung und kommunalen Misswirtschaft, die den Sozialismus in schlechten Kredit bringt.

Bei der Beurteilung der Jungdeutschen Staatsvorschläge unterlaufen Dir eine Reihe sachlicher Irrtümer, die bei dem mangelhaften Jungdeutschen Schrifttum verständlich sind.

a) Die auf der Beamtenschaft aufgebaute Verwaltung soll nicht abgeschafft und durch »Kurführertum« ersetzt werden. Die Überarbeit soll nur entlastet werden durch die Mitarbeit aktiver staatsbürgerlicher Kräfte. Dass diese staatsbürgerlichen Kräfte vorhanden sind, zeigt – auf politischem Gebiet – die Arbeit von hunderttausenden in politischen Verbänden (und diese Arbeit ist durchaus nicht immer nur von parteipolitischen Motiven diktiert) und auf kommunalem Gebiet z. B. das Bestehen zahlloser Bürgervereine usw. Dass eine völlige Unabhängigkeit der Beamtenschaft von der jeweils herrschenden Machtgruppe kaum möglich sein wird, – darin stimme ich mit Max Weber überein und gebe mich keinen allzugrossen Illusionen hin. Schlimmer als heute allerdings kann es kaum noch werden.

b) Parteiungen werden auch nach Jungdeutscher Auffassung immer bestehen. Wesentlich erscheint es mir trotzdem, die ganz überalterten innenpolitischen Fronten in Deutschland zu erschüttern und zu beseitigen. Die Art formaldemokratischer Parteibildung ist doch ganz unsinnig, wenn immer nur ganz wenige Menschen wissen, was die einzelnen Parteien eigentlich wollen, ein grosser Teil des Volkes aber blindlings überholten Traditionen und Ressentiments folgt. (Die Angst vor dem »Drachen Marxismus« sei nur als ein Dir geläufiges Beispiel hierhergestellt.) Treten also erst einmal die wirklichen politischen Meinungen und Strömungen zutage, so sind wir doch schon ein ganzes Stück weiter.

c) Du überschätzt den Einfluss der Jugendbewegungsideologien auf den Orden. Es ist doch so, dass in den meisten Fällen die Jugendbewegungsbünde mehr zum Eigenbrötler- und Persönlichkeitskult als zum »Mythos der Gemeinschaft«[75] und zur Unterordnung neigten. Aeusserlich gesehen: Hier das verschiedenfarbige Hemd mit Schillerkragen und Reformkleidung, – dort die graue Windjacke und der bewusste Dienst am Staat. Dabei soll nicht geleugnet werden, dass – historisch gesehen – auch manche Werte der Jugendbewegung in unseren Reihen weiterleben (und manche Unwerte); die Betonung des Bündischen bei der Darlegung der Staatsidee ist anders zu verstehen. Der »Bund«, das ist nicht der Wandervogel, sondern der Zusammenschluss politisch aktiver Menschen. [...]

Ich sehe die an sich nicht erwünschte Möglichkeit, dass der »Volksstaat« im bündischen Staat stecken bleibt. Es würden dann also z. B. in Russland die Sowjets, in Italien die Faschisten, in Deutschland die oberste Führung der »freiwilligen Staatsbürgerschaften« die Macht ausüben. Als die Sowjets an die Macht kamen, warfen sie aus den Räten alle Leute heraus, die nicht ihre politische Meinung teilten. Die Parteidiktatur wurde zum Programm. (In Italien von Anfang an.) Die Jungdeutsche Staatsidee aber baut sich auf der fundamentalen Erkenntnis, dass für Deutschland eine Parteidiktatur nicht in Frage kommt, dass vielmehr alle aktiven Kräfte aufbauen und zusammenarbeiten müssen ... Nur auf dieser Plattform ist der Anmarsch zum Volksstaat denkbar. Es ist dann Sache der Staatsführung, durch geeignete Mittel (Erziehung usw.) im Laufe der Zeit aus den freiwilligen Staatsbürgerschaften 100%ige Nachbarschaften zu formen. Ich gebe zu, dass die Großstadt hierfür heute keinen geeigneten Boden abgibt. Aber ich sagte ja schon, dass ich den Jungdeutschen Kampf verstehe als Kampf gegen die fortschreitende Dekadenz des Volkes. Auch die Großstadt ist heute eine solche Dekadenzerscheinung. Und ich sehe gerade eine wesentliche Aufgabe für die Zukunft darin, die kranke Großstadtmasse aufzulösen zugunsten gesünderer Gebilde. Da sich die Verkehrsmöglichkeiten auch hinsichtlich der Schnelligkeit zusehends verbessern, kann man heute schon jede Siedlungstätigkeit stützen. Die Jungdeutschen haben hieran natürlich verstärktes Interesse.

Zu der Frage »Gesellschaft oder Gemeinschaft«[76] kann ich wenig sagen, da es mir an der dazu notwendigen soziologischen Vorbildung fehlt. Volk auf der Grundlage des Raumes erscheint mir als etwas organisch ohne Zweckmomente gewachsenes, daher wohl als Gemeinschaft. Der bündische Uebergangsweg der freiwilligen Staatsbürgerschaft liegt also grundsätzlich auf einer anderen Ebene. Als politisches Mittel kann er auf die soziologische Konsequenz verzichten. Das ist ein wenig dumm ausgedrückt. Aber Du wirst verstehen, was ich meine.

Grundbedingungen der Gemeinschaft bzw. ihrer Wiederbewusstwerdung sind, wie Du richtig schreibst: Gleichartigkeit des Lebensstils, der sozialen Lage und der Lebensführung. Darüber hinaus gemeinsame Grundgesinnung (Mythos im Sinne Sorels: Gemeinschaft). Um diese Voraussetzungen kämpfen wir. Ich will schnell wieder einen Schritt aus der soziologischen Begriffswelt hinaustun. Das ist Glatteis für mich. Der Kampf des nächsten Jahrzehnts wird um die Frage einer zumindest weitgehenden Autarkie ausgefochten werden. Es scheint in der Tat so, als wolle sich die Sozialdemokratie in ihrer Entwicklungsschau der Entwicklung der Weltwirtschaft und damit auch der Entwicklung des internationalen Klassenkampfes anpassen. Für mich sind Sozialismus und nationaler Freiheitskampf untrennbare Begriffe. Das Finanzkapital der imperialistischen Siegermächte wird aller Voraussicht nach während der nächsten Jahrzehnte einem deutschen Sozialismus und einer deutschen Planwirtschaft nicht freiwillig zustimmen. Es wird das Deutsche Reich als koloniales Ausbeutungsobjekt nicht so leicht herausgegeben. Es wird weder einen starken deutschen Staat noch eine selbständige deutsche Wirtschaft wünschen oder dulden. Hat man daher den unbedingten Willen, in Deutschland einen neuen Status zu errichten, so muss man sich bewusst sein, dass dieser Wille nur durchzusetzen ist gegen den Willen der Wallstreet. Um von diesem Willen weitgehendst unabhängig zu werden, erscheint es mir notwendig, den wirtschaftlichen Lebensraum des deutschen Volkes mit allen Mitteln auszubauen und zu stärken. Dann braucht uns um eine wirtschaftliche Intervention nicht mehr bange zu sein. Eine militärische Intervention erscheint recht unwahrscheinlich. Man lässt sich heute nicht für »pünktliche Zahlung der Reparationen« ins Giftgas jagen. Was also an politischer Arbeit zur Verhinderung z. B. einer französischen Intervention geleistet werden kann, wird auch vom Orden mitgeleistet werden. Kommt sie dennoch, so wird sie – wie alle Interventionskriege gegen eine Revolutionsarmee – bei Valmy[77] enden.

Jeder überzeugte Marxist wird uns entgegnen, ein solcher Sozialismus sei nicht der rechte. Man müsse abwarten, bis die Entwicklung in allen kapitalistischen Staaten so weit gediehen sei, dass eine allgemeine grossartig organisierte internationale Bedarfswirtschaft möglich sei. Ich sehe in Bezug auf eine derartige Entwicklung in allen heute noch kapitalistischen Staaten für absehbare Zeit sehr schwarz; kurz und gut, ich glaube nicht daran. Die Folgerungen aus den hier angedeuteten Auffassungen liegen auf der Hand. Die ebenso dumme wie oberflächliche Hetze »Gegen den Marxismus« mache ich nicht mit, distanziere mich aber wesentlich insbesondere in den Fragen der Agrarpolitik, der Wehrpolitik, z. T. auch der Kulturpolitik. Ich bin mir klar darüber, dass unser politischer Weg in den nächsten Jahren kein leichter sein wird. Für um so notwendiger halte ich es, das deutsche Volk in eine Form zu bringen, in der es überhaupt erst wieder Politik machen kann. Engster Kontakt zwischen Führung und Volk, weiterhin die Möglichkeit intensivster Aufklärungsarbeit und politischer Schulung ist m. E. im heutigen System nicht gewährleistet. Erst hier werden die Forderungen des Jungdeutschen Manifests ganz verständlich. Die Gefahr der Entartung, die auch Du sehr richtig aufzeigst, liegt für alle Staatsformen vor. Wesentlich ist immer der geistige Zustand eines Volkes; erst er entscheidet, ob aus dem Jungdeutschen Manifest überhaupt etwas, und wenn ja, ein Boss-System oder ein Volksstaat oder eine Rätediktatur erwächst. Wenn das nicht so wäre, wäre der Kampf und die Arbeit der Jungdeutschen unnötig. (Mahraun: »Wir sind die Korporäle des Volksstaates ...«) Wir sind uns also auch darin einig, dass die NSDAP zwar recht schnell vergehen wird, dass aber Gedanke und Bewegung eines nationalen Sozialismus uns noch längere Zeit beschäftigen werden. [unvollständig]

[...] Berlin, 18.4.31.

Liebe Mama,
[...] Neulich abend besuchte ich Elisabeth Lüders[78], meine entfernte Tante. Ich war zu einer politischen Besprechung in ihrem Hause geladen. Eine kalte, kluge, kritische und eitle Frau. Parteipolitisch zur Zeit wohl auch nicht firm, etwas zur SPD tendierend. Ich selber hatte den Auftrag, in ihrem Haus Fühlung mit einigen jungen Leuten zu nehmen und war daher inkognito, d. h. ohne Abzeichen[79] da. Sie schimpfte fürchterlich auf die Jungdeutschen (die ja schuld daran sind, dass sie ihr Mandat nicht wiederbekam), – trotzdem habe ich mein Ziel voll und ganz erreicht. Die Situation war für mich natürlich sehr lustig. – [...]

Zu Haeftens[80] habe ich wieder Beziehungen angeknüpft. Möglich, dass man sie mal wegen ihrer verwandtschaftlichen Beziehungen zu Curtius und Diplomatie brauchen kann ... Mit Mahraun hatte ich, bevor er nach Duisburg fuhr, ein langes Gespräch. In Wirtschaftsfragen sind da starke Differenzen zwischen uns. Ich halte die Siedlungsidee und die Landnehmerbewegung[81] zwar auch für sehr gut, mache den Kampf gegen den Sozialismus aber nicht mit. Auch die Teilnahme am Stahlhelmvolksbegehren[82] halte ich für verfehlt. Hugenberg ist doch um nichts besser als Severing. Das ganze dient doch nur dazu, um das Volk wieder zu verhetzen ...
In Bezug auf die wirtschaftspolitischen Fragen, soweit sie grundlegender Natur sind – und nur darum geht es hier –, kommt es nun darauf an, ob das Gefüge des Ordens hart genug und die Selbstverwaltung rein genug ist, dass die rechte Idee sich durchringt. Es ist ein schlimmes Manko für eine Bewegung, wenn sie eine mangelhafte Dialektik hat.

Hier wird es langsam Frühling. Gottlob.

Herzliche Grüsse Euch lieben und viel Glück im neuen Hause!

Euer H.

Berlin, [Mitte Juli 1931]

Liebe Mama,
herzlichen Dank für Deinen lieben Brief! Deine Sorgen sind mir nicht recht verständlich. Warum lässt Du Dir immer von Leuten etwas vorreden, die mich garnicht kennen! Wenn Dir in Elmau jemand erzählt hat, wer die 2 Staatsexamina hätte, dem stände die Welt offen, – dann ist dieser Jemand total irrsinnig und wahrscheinlich deswegen im Sanatorium. Derlei Aeusserungen sind geradezu verbrecherisch in einer Zeit, wo es weit über 40 000 erwerbslose Akademiker gibt, und in Anbetracht der Tatsache, dass es schon in kurzer Zeit doppelt so viele sein werden. Darunter sind auch eine Unmenge Assessoren, die z. T. im besten Falle gerade gut genug für Schreiberdienste sind. Und was hat das alles mit der offenen Welt zu tun? »Der junge Mann wird in der Politik nur etwas erreichen können, wenn er das Assessorexamen hat!« – diese Art rein mechanistischer Lebensbetrachtung nennt sich nun christlich. Da kommt nun eine neue Generation heran, die sich durch alle materiellen und gesellschaftlichen Verlockungen (soweit vorhanden) nicht davon abbringen lässt, festzustellen, dass eine wirklich sinnvolle und dem Wesen eines jeden Menschen angepasste Lebensführung das Primäre und auch für die Gesamtheit das Beste ist. Was weiss denn das erlauchte MdR a. D. davon, wie ich mein Leben mir einzurichten habe? Es war meine verdammte Pflicht und Schuldigkeit, mich mit gewissen seelischen und körperlichen Eigenarten meiner selbst auseinanderzusetzen und sie gefälligst zu überwinden. Wenn mich all das einige Jahre meines Lebens gekostet haben sollte, so ist das eben Schicksal gewesen, und als solches bejahe ich es. Ich habe Euch ganz offen vor zwei und nochmals vor einem Jahre geschrieben, dass ich es viel lieber sehen würde, als Werkstudent etwas unabhängiger von Euch zu sein. Dann habe ich Euch vor einem halben Jahr ebenso offen geschrieben, dass ich glaubte, in mir selbst soweit die Voraussetzungen und die Grundlagen geschaffen zu haben, dass ich mich voll und ganz meinem Studium hingeben könne; und das habe ich auch getan. Wenn ich gelegentlich mal einen Vortrag oder eine Zeitungskritik übernommen habe, ändert das nicht das geringste daran. Das fiel zeitlich garnicht ins Gewicht. Man könnte mir genausogut ankreiden, dass ich jeden Morgen 10 Minuten Freiübungen mache, um gelenkig zu bleiben. Ueber eine gewisse Stundenzahl hinaus kann ich sowieso nicht konzentriert juristisch arbeiten. Zum Tatsächlichen ist einfach zu bemerken, dass ich hier in Berlin keinen Menschen kenne, der schon im 7. Semester seine Arbeit zum Examen hat. Die hier allgemein übliche Durchschnittszeit liegt

vielmehr zwischen dem 8. und dem 9. Semester. Dass ich im übrigen meine beiden Examen mit »gut« mache, das habe ich mir, wie ich Dir das neulich schon sagte, selbst noch nie vorgestellt. Dazu würde eine derart innige Verbundenheit mit dem heutigen Recht gehören, wie ich sie eben nicht habe. Worüber ich mich auch freue, denn die besondere juristische Eignung ist bestimmt keine menschliche Empfehlung, und eine politische erst recht nicht (Curtius). Während sich Dein Sohn also bemüht, aus sich selbst einen einigermassen vernünftigen Menschen zu machen, soll sich Dein Zentrumsabgeordneter darum kümmern, dass man seinem Pfaffen nicht auch in Deutschland die Dächer überm Kopf anzündet. Ueber die Aussichten seiner Partei und der mit ihr verwandten politischen Kräfte wollen wir dann lieber nicht streiten! Du kannst ihm aber gern bestellen, die päpstliche Ehe-Encyclica[83] läse man hierzulande in weitesten Kreisen als Witzblatt. In Sportpalastversammlungen der »Gottlosen« wird die Originalausgabe der Encyclica (im Germanin-Verlag) als bestes Abschreckungs- und Werbemittel verkauft!! –

Dies als Antwort. Mama sollte sich in der Tat etwas weniger beeinflussen lassen. Ich bin weiss Gott kein Mensch, der die Prinzipientreue zu verherrlichen geneigt ist, aber man muss doch irgendwie eine Richtung haben, von der her man die Dinge sieht. Wo sollte ich wohl hinkommen, wenn ich lauter Ratschlägen folgte, die mal von einem Deutschnationalen, mal von einem Nazi, heute von einem Zentrumsmann, morgen wohl von einem Anarchisten, stammen?! Darüber, was ich will, bin ich mir wirklich selbst im Klaren. Ob meine Kräfte ausreichen, wird man ja sehn. Aber in Bezug auf die Ausmaße eigenen geistigen und physischen Könnens nutzen einem die besten Ratschläge nichts.

Dass Du es in Elmau so gut hast, freut mich von Herzen für Dich. Hoffentlich hilft die Kur nun auch! Mir geht's gut. Nichts Neues sonst!

Herzliche Grüsse, Dein H.

Berlin, [Mitte Juli 1931]

Liebe Mama, lieber Papa,

[...] Anliegend und spasseshalber mein 1. Artikel in einer kommunistischen (!!) Zeitschrift. Es handelt sich um einen privaten Brief. Die Veröffentlichung ist ohne mein Wissen erfolgt. Na, es ist ja nicht weiter tragisch.

Neulich besuchte ich eine geschlossene Vorführung des Films »Im Westen nichts Neues«[84]. Der Film ist ungeheuer ergreifend und echt. Ich habe nichts würdeloses oder deutschfeindliches darin erblicken können. Die ganze Hetze dagegen, auch von unseren Leuten zum Teil, ist mir höchst unverständlich. Der ganze Film ist ein einziges erhabenes Denkmal für unsere Feldgrauen. Auch die Offiziere, die darin vorkommen, benehmen sich durchaus sympathisch. Von Hetze keine Spur.

Vorigen Montag wurde ich von 30 Nazis überfallen. Nach 2 Min. Prügelei kam aber die Polizei hinzu, und es ist mir nichts weiter passiert. [...]

Nächstes Weekend fahre ich nach Dessau per Auto. Ich bin dort zu einem Vortrag vor Sozialistischen Studenten aufgefordert. Ich werde das aus vielen Gründen ruhig tun. Es kommt in diesem Lager in Kürze zum grossen Krach. Es gibt dann zu tun für uns.

Mit meinem Studium bin ich dieses Semester gut voran gekommen. Den schwersten Teil, das Privatrecht, habe ich nun wohl einigermassen. Der Rest wird mir verhältnismässig leicht fallen.

Euer H.

Anfang Juli 1931 kam es auf dem Gelände der Universität erneut zu Übergriffen von Nazi-Anhängern auf linke und andere Studenten. Das Brett der Vereinigung jüdischer Studenten wurde abgerissen, antisemitische Lieder gesungen, jeder »jüdisch aussehende« Student beschimpft und geschlagen. Auf Drängen sozialdemokratischer und jungdeutscher Studenten wurde die Polizei geholt und die Universität für zwei Tage geschlossen.[85] Als Reaktion auf den Überfall veranstaltete die jungdeutsche Studentengemeinschaft eine Versammlung zum Thema »Orden und Sozialismus«. Die Nationalsozialisten – Goebbels war persönlich eingeladen – kamen nicht. Schulze-Boysen betonte, der politische Tageskampf müsse sich in erster Linie gegen Faschismus und Reaktion richten.[86]

Auf Einladung von André Germain reiste Schulze-Boysen Ende Juli 1931 für einige Wochen nach Frankreich. Er lebte dort dank Germains Großzügigkeit »auf großem Fuße« und gewann durch viele Kontakte neue Eindrücke und Einsichten. Die Mutter war indes mehr über die André Germain nachgesagten homosexuellen Neigungen beunruhigt.

[...] Paris, 31.7.31

Liebe Mama, lieber Papa,
eben erhielt ich Papas Brief, herzlichen Dank. Ihr könnt mir ruhig auch noch den nächsten Brief hierhersenden, er wird mir dann nachgeschickt nach der Bretagne. Wir bleiben hier noch etwas länger als geplant, weil sich mit dem Auto Germains Schwierigkeiten ergeben haben. Er hatte es in Spanien mit, dort wurde es beschlag-

nahmt + er hofft es nun jeden Tag herauszubekommen. Ich bedaure das garnicht: Je länger Paris, desto besser. Ich lerne hier eine Unmenge interessanter Leute kennen. Jeden Nachmittag sind wir zum Tee im »Ritz« oder so. Gestern waren wir zum Abendbrot bei einem sehr interessanten und klugen jungen Deputierten (Mr. Bergery). Auch heute werde ich noch welche kennen lernen. (Pierre Cot, Maimet) Vorgestern waren wir zum Tee bei einem Diplomaten (Marquis de S.), der sehr interessant über Briand erzählte, den er ablehnte. Er spiele doppeltes Spiel. Er verspreche den Franzosen alles, und den Deutschen ebenfalls. Alle sind sich einig in einer furchtbaren Angst vor einem Sowjet Deutschland. Die Bankenkrise[87] scheint bereits überzugreifen. Die nationale Souveränität scheint mir nachgerade unter dem kapitalistischen System weitgehend eine Fiktion zu sein. Die Engländer scheinen doch auch schon etwas in der Tinte bezüglich der Kredite zu sitzen. Die französische Rechtspresse schreit übrigens Zeter und Mordio über Mac Donalds Besuch in Berlin. Das ist ihnen natürlich unangenehm. Kurz: Die Angst vor einem nochmaligen Krieg ist z. Zt. wenigstens geradezu Mode. Um ihn zu verhindern – davon bin ich überzeugt – wird man allerhand tun. a.) entweder: weiter rüsten b.) oder: um jeden Preis eine Allianz mit uns suchen. Der pflaumenweichen Politik Briands scheinen ... by and by alle Felle fortzuschwimmen. Unter diesem Gesichtspunkt kann es natürlich garnicht schaden, wenn es in Deutschland starke probolschewistische Strömungen (KPD, Strasser) gibt. Das erhöht nur unsere Chancen. Hitler nimmt man hier anscheinend nicht ernst. –

Ich kaufte mir eine anregende Zeitschrift (ähnlich unserer »Tat«), die »Plans«[88] heißt. Sehr frisch und lebendig, allerdings ganz »europäisch«, aber vom französischen Standpunkt ist das ja auch sehr vernünftig. –

Hôtel Royal Condé ist sehr elegant + nett. Wir essen immer ausserhalb, fast nie unter 60 frcs pro Person. Im Hotel habe ich ein feines Zimmer mit warmem Bad. Er[89] ist vollkommen harmlos; ein feiner und kultivierter Mensch, der unter seinem schwächlichen Körper leidet. Er ist nicht ohne Mut und Energie in Wirklichkeit. Die Sache ist einfach die, daß er immer jemanden als Begleiter braucht. [...]

Das Leben ist für mich ganz seltsam. Ich lebe wirklich in einer Atmosphäre, die man die erste Europas nennen kann. Eine Unmenge wichtiger und guter Beziehungen nach allen Seiten. Wenn ich an unsere deutschen Verhältnisse denke, – nein das darf man garnicht. Ich wäre versucht zu sagen: »Hier, ich verzichte heute mal auf mein

Frühstück im Hôtel, denn davon kann ich ja eine Woche in Berlin leben« – Aber das geht ja nicht. Ich muß eben diesen Abschnitt meines abenteuerlichen Lebens völlig von dem übrigen lostrennen, was die materielle Seite anbetrifft.

[...] Herzl. Grüße Euch allen Euer Harro.

Trébeurden C-du-N., 18. 8. 31.

Lieber Papa, liebe Mama,
vielen Dank für Brief. Von hier nichts bemerkenswertes Neues. Die Erforschung der Bretagne geht ihrem Ende entgegen. Wir fahren hier bald ab. (Post kann aber noch hergeschickt werden.) Ich bleibe übrigens wohl noch bis Mitte September. 14 Tage gebe ich halt noch drauf. Die Gelegenheit ist zu günstig. Nächstens: Brest, Nantes, Poitier und dann die Gegend. Germain kommt im Winter nach Deutschland. Ich habe ihn für Weihnachten eingeladen. Einzige Zeit, wo er kann. Es ist nicht gefährlich, da er ein angenehmer Gast sein wird. Hoffentlich ist Papa zu der Zeit nicht gerade in Amerika. Das wäre sehr schade. Ich würde dann mit Germain nach Duisburg und nachher auch wieder zurückfahren. Der Gedanke, daß Germain im Winter in Berlin ist, ist mir sehr angenehm. Auch deswegen, weil ich dann wieder eine Reihe interessanter Menschen durch ihn kennen lernen werde. Papas Ansicht, daß es sehr bedeutungsvoll ist, ob wirklich einflussreiche französische Politiker gewillt sind, den Boden der Heiligkeit »der Verträge«[90] zu verlassen, ist auch die meine. Ich glaube aber, daß die Aufgabe des guten Staatsmannes darin besteht, einen solchen Zustand zu schaffen, wenn er wünschenswert erscheint. Die französischen Politiker sind ja doch keine autonomen Gestalten im luftleeren Raum, sondern durchaus abhängig von den Stimmungen des Volkes. Das ist ein demokratisches + liberales Übel. Und dieses Übel haben wir uns zunutze zu machen. Das französische Volk lebt ja doch in einer derartigen Angst vor Krieg, Katastrophen etc. Da müßte man den Leuten hier noch ganz anders die Hölle heiß machen; es fehlt nur an einer großzügigen, tatkräftigen und geschickten Propaganda. Das ist nicht nur eine Geldfrage, sondern eine Frage des politischen Willens überhaupt. Daß auf England – Italien keineswegs Verlass ist, zeigt sich stündlich. Beide Mächte sind heute bereits weitgehend abhängig von Frankreich, zu einem Kriege gegen Frankreich aber nicht entschlossen oder auch nur geneigt. Es bliebe nur Russland. Dafür hätte ich Verständnis. Otto Strassers Argumente[91] sind in diesem Zusammenhang vollkommen einleuchtend. Dann muß man sich konsequent nach dieser Richtung hin entscheiden. Andere Möglich-

keiten gibt es aber m. E. nicht. Hier glaubt übrigens kein Mensch ernsthaft, daß die Reparationszahlung auch kommen mag. Mehr als auf den Nullpunkt kann man ja in der Praxis nun einmal nicht kommen. –

Hier ist alles satt und unproblematisch, bürgerlich – und feige. Natürlich ist alles Gerede von der »Vernegerung Frankreichs« Quatsch. Es gibt hier viel mehr schöne und gesunde Kinder als bei uns; was auch in Anbetracht der oceanischen Lage kein Wunder ist. Und trotzdem: Frankreich ist drauf + dran, auf den Lorbeeren vieler Jahrhunderte einzuschlafen. Der gutbürgerliche + bequeme »europäische Gedanke« (unter Ablehnung der »Nation«!) ist unter der jeunesse dorée[92] viel verbreiteter als man bei uns denkt. Mit all dem haben wir zu rechnen. And we have to make the best of it. – Wenn ich wiederkomme, werde ich Euch ein Buch zu lesen geben: Pierre Viénot: »Incertitudes allemandes«[93]. – Sehr klug, sehr gut, vieles wird einem klar. Wenn ich Zeit hätte, würde ich es übersetzen. Es sagt alles, was zu sagen ist. – [...]

Und ich merke, ich wachse. Ich lerne viel. Und vieles werde ich von vorne anfangen müssen.

Euer Harro

Frankreich, [Ende August 1931]

Lieber Papa,

Dein Brief ist mir hierher gut nachgesandt worden. Deine Befürchtungen, ich liesse mich im weitesten Masse von den Franzosen nebst der holden Weiblichkeit einwickeln, gehen etwas über den Punkt der Tatsachen hinaus. Ich weiss sehr wohl zu unterscheiden zwischen dem Charme eines Landes und seinen Frauen einerseits und den politischen Gegebenheiten andererseits. Die politischen Entscheidungen fallen nur deshalb so schwer, weil ich seit Monaten schon von Tag zu Tag mehr, und vollends in diesen Wochen, zu der Überzeugung gekommen bin, daß es für Deutschland in der Tat nur 2 Möglichkeiten gibt:

1.) Ruhige und reformistische Entwicklung in Deutschland. Aussenpolitisch engste Anlehnung an Frankreich.

2.) Sozialistische Revolution. Marxistische Doktrin als nationales Befreiungsmittel des Reiches. Förderung der geistigen Zersetzung der kapitalistischen Staaten des Westens. Ermöglichung auch erfolgreicher kriegerischer Auseinandersetzungen mit unseren Gläubigerstaaten durch Schaffung klassenkämpferischer und national zersetzender Minderheiten in den Feindstaaten, insbesondere Frankreich.

Eine 3. Möglichkeit gibt es nicht für uns. Beide angeführten Möglichkeiten setzen eine ganz zielklare und bewußte Aussenpolitik voraus. An ihr haben wir es aber leider restlos fehlen lassen. Wir haben weder das eine noch das andere getan. Und das herrschende Regime (Hitler eingeschlossen) kann ja auch nichts tun im angeführten Sinne. Man hat nicht die radikale französische Linke gefördert, (was sowohl in Fall 1 wie in Fall 2 notwendig gewesen wäre). Man hat die alte verkalkte Diplomatie im Amt gelassen mit z. T. denkbar ungeeigneten Leuten. Man denke nur an die oberflächlich bourgeoise und dazu noch restlos homosexuelle Botschaft in Paris. Man hat nicht den notwendigen Einfluss auf die korrumpierte französische Presse genommen. Man hat eine sehr unkluge Kreditpolitik getrieben usw. usw. Als vollends unfähig hat sich die deutsche Rechte in ihrer Haltung gegenüber Frankreich gezeigt. Wenn man derart vom Wert der bürgerlichen Gesellschaftsordnung überzeugt ist wie unsere »Rechten«, dann müßte man unter allen Umständen ein Bündnis mit Frankreich suchen, nicht aber ständig von der »Vernegerung« und der sinkenden »Geburtenziffer« dieses Landes faseln. Also entweder: Man hängt an einem gesellschaftlichen Zustand, der ohne Geld und Kredite nicht denkbar ist, dann müsste man in stilvoller Weise versuchen, die Freundschaft und das Wohlwollen des einzigen wirklich noch wirtschaftlich gesunden Staates, der uns helfen könnte, das ist Frankreichs, suchen. Oder aber: Wir tragen unser Schicksal als das ausgebeutete und arme Volk Europas in Größe und Würde und stellen uns als sozialistischer Staat an die Spitze der Ausgebeuteten, d. h. Proletarier und Kolonialvölker der ganzen Erde, und besiegen dadurch schliesslich doch unsere alten Feinde, trotz 1918. Durch eine einigermaßen geschickte Propaganda (»nieder mit dem imperialistischen Kriege!«) könnte man innerhalb kurzer Zeit mindestens die Hälfte der gesamten französischen Armee neutralisieren; damit wäre der französische Generalstab in seiner Aktionsfähigkeit lahmgelegt. Nichts davon hat man getan. Man hat kümmerlich versucht, ebenso gutbürgerlich oder sogar protzig aufzutreten wie die anderen Staaten, anstatt auch auf den internationalen Parketts einen eigenen Stil herauszustellen. So sieht es doch in Wirklichkeit aus. Die weitgreifende Art und Weise, auf die ich Frankreich kennen lernte, kann diese Gedanken nur immer mehr bestärken. »Eingewickelt« hat mich bis heute hier noch niemand. C'est ca.

Sieburg[94] besitze ich (auf französisch.) Es ist recht gut, wenn auch oft recht oberflächlich. Treitschke[95], Bismarck[96], Kantorowicz[97] habe ich gelesen. Den Kantorowicz würde ich gern besitzen. (2. 9.)[98]

Ich habe mich nicht zu wenig mit Geschichte beschäftigt, sondern eher zu viel. Als Lehrmeisterin für die Politik erkenne ich sie nicht an. Die heutigen Gegebenheiten sind das einzige Mass. Alle Zukunft ist bei uns; so oder so, – das Reich wird das Herz eines neuen Europa werden.

Euer Harro.

St. Cast, Celtic Bretagne, 3. 9. 31

Lieber Papa,
heute auch Dein Brief. Dank. Das Augustheft der »Tat« kenne ich nicht. Kannst Du es mir schicken? Oder besser, – hebe es mir auf! Ich sehe natürlich die Schwächen der Friedschen Theorie[99], glaube aber, daß grundsätzlich alles richtig ist. Erwerbslose gibt es in einer planvollen Bedarfswirtschaft nie. Die Arbeitslosigkeit ist ein elendes Kind des kapitalistischen Systems. Im selben Augenblick, wo man an die Stelle von anständigeren gepumpten Kapitalien das Kommando des sozialistischen Staates setzt, kann es zwar einen allgemeinen niedrigeren Lebensstandard, nie aber Erwerbslosigkeit geben. Diese Dinge müssten wir mal durchsprechen, wenn ich in Duisburg bin. Ohne alle Scheuklappen.

Die von mir gekennzeichnete Antikriegspropaganda in Frankreich sollte nicht als Ziel haben, die französische Regierung freundlich zu stimmen. Die hängt von ganz anderen Faktoren ab. Aber sie kann sinnvoll und m. E. durchaus erfolgreich sein, wenn sie die militärische Lahmlegung der französischen Armee zum Ziel hat. Du glaubst doch wohl selbst nicht im Ernst, daß alle 40 Millionen Franzosen den Willen haben, Deutschland vollends »niederzuzwingen«! – Frieden wollen die Leute, und sonst garnichts. Wenn auch nur 1/10 der Soldaten sich in Frankreich weigern, gegen uns zu marschieren, ist eine erfolgreiche Mobilmachung ausgeschlossen. 2. Punkt, den wir zu besprechen haben. Sehr wichtig, da sich hier nationalistisches und marxistisches Gedankengut vereinen. Ich bin selbst erstaunt darüber.

[...] André bezahlt mir wohl auch noch die Reise nach Berlin über Duisburg wieder zurück. Geschenke macht mir bitte nicht, nur Geld. Ich brauche eine Reihe sehr wichtiger Sachen in Berlin. Juristische Bücher, Kleidung, einen Vervielfältigungsapparat, Schreibmaschinenreparatur und anderes. [...]

Euer Harro.

Diese zum Teil wirr anmutenden politischen Kombinationen Schulze-Boysens sind eher Ausdruck noch unklaren Suchens als der Entwurf für eine Neugestaltung der deutsch-französischen Beziehungen. Hier wird der Einfluß Otto Strassers deutlich, zu dessen programmatischen Zielen der »unermüdliche fanatische Kampf« für die Überwindung der Versailler Friedensverträge zählte. Schulze-Boysen lehnte Stresemanns Politik der Verständigung mit Frankreich ab, weil damit der Versailler Vertrag und die Folgeverträge nicht aufgehoben, sondern zementiert worden seien.

Im Sommer 1931 hatte sich die Wirtschaftskrise in einem Maße verschärft, daß die Massenarbeitslosigkeit zum Massenelend wurde und das Sozialsystem der Weimarer Republik weitgehend zusammengebrochen war. Die Krise trieb das Land in immer größere wirtschaftliche und politische Turbulenzen.

Die »nationale Opposition« hielt am 11. Oktober 1931 ein Großtreffen in Bad Harzburg ab. An diesem Treffen beteiligten sich NSDAP, DNVP, Stahlhelm, Reichslandbund, der Alldeutsche Verband und wichtige Persönlichkeiten der rechtskonservativen Szene, wie der ehemalige Reichsbankpräsident Schacht und General von Seeckt. Hitler nutzte die Chance, sich in Bad Harzburg als Partner einer breiten Rechtsfront zu präsentieren. All dies stellte eine massive Provokation der Regierung Brüning dar. Ein weiterer Faktor für die unsichere politische Situation im Spätherbst 1931 war das Auslaufen der Amtszeit des 84jährigen Hindenburgs im Frühjahr 1932 und der allgemeine Zweifel an seiner Bereitschaft, sich erneut den Strapazen einer Wahl zu stellen.

Jedoch bewegte nicht nur die sich verändernde politische Situation in Deutschland den jungen Harro Schulze-Boysen. Es wuchsen auch die familiären Spannungen. Die Beziehungen zu den Eltern gestalteten sich zunehmend schwierig. Sie tolerierten seinen eigenständigen Weg, aber es fiel ihnen schwer, seine Lebensweise, die Freunde und auch seine neue, so andere Sicht zu akzeptieren.

Berlin, 1. X. 31.

Lieber Papa,
zu Deinem Geburtstag sende ich Dir meinen Gruß und wünsche Dir alles Gute.

Es wird zweifellos in den nächsten Jahren angesichts der überaus schnellen geschichtlichen Entwicklung noch öfter politische und sonstige Meinungsverschiedenheiten und hitzige Debatten geben. Es ist aber mein grösster Wunsch, daß das menschliche Verhältnis zwischen uns so bleibt, wie es bisher immer war.

Wenn ich bei meinem letzten Aufenthalt in Berlin bei unserer politischen Unterhaltung nicht die rechte Form gewahrt habe, so bitte ich das zu entschuldigen.

Wenn ich weiterhin gesagt habe, Deine Argumente in der Diskussion über die strategischen Möglichkeiten im Falle eines Linksaufstandes seien nicht überzeugend und denen Elterleins unterlegen gewesen, so bitte ich aus diesem Sonderfall nicht ein allgemeines geistiges Misstrauensvotum zu machen, das ich nie auch nur beabsichtige.

Was meinen Freund von Elterlein anbelangt, so werdet Ihr billigerweise nicht verlangen können, daß ich ihn auf Eure mir unbegründet erscheinenden auffallend schroffen Urteile fallen lasse. In Euren sämtlichen Briefen sind Werturteile und Behauptungen über ihn aufgestellt, die mir nach einer nur mehrstündigen Bekanntschaft, während deren er sich nicht persönlich, sondern sachlich ereifert haben mag, Euch sonst aber nichts getan hat, schlechthin unsachlich erscheinen. Weiteres darüber zu sagen, ist zwecklos.

Es wäre allenfalls noch festzustellen, daß Ihr sowohl meine »Abhängigkeit« von ihm restlos falsch seht, als auch mir grundlos unterstellt, ich wolle ihn mit Eurem Geld ernähren.

Zum Schluß noch die Geldfrage: Ich habe mich nie gegen Kürzung meines Wechsels gewehrt (und fühle mich in der Tat weitgehend unabhängig von derlei Dingen), sondern nur gegen falsche Rechenexempel von Mama, auf denen sich ungerechtfertigte Vorwürfe und unbegründete Forderungen aufbauten. [...]

Ich bin jetzt in meiner Wohnung, die sehr nett ist. Bald mehr –
Dein Harro.

Harros weltanschauliche Positionen waren im Jahre 1931 merklich in Bewegung geraten. Er distanzierte sich von den ihm zunehmend eng und unflexibel erscheinenden Anschauungen des Jungdeutschen Ordens. Die Gespräche in Frankreich hatten ihn für neue Ansichten weiter geöffnet, auch für sozialistische Auffassungen. Er suchte nach radikaleren Lösungen, um aus der Krise, den sozialen und nationalen Bedrükkungen herauszukommen.

Vor dem Hintergrund der großen Depression interessierte sich Schulze-Boysen zunehmend für die Entwicklung in der Sowjetunion. Die dortige politische Situation war in seinen Augen von jugendlicher Aktivität geprägt, die sich in den Stoßbrigaden des Fünfjahrplans, in der Kunst, in Filmen, Liedern und Büchern manifestierte. Bei aller Kritik an politischen Fehlentwicklungen und den bürokratischen Strukturen interessierte sich Harro Schulze-Boysen immer mehr für die Entwicklung in dem großen Vielvölkerstaat. Im Gegensatz zum krisengeschüttelten Westen befand sich dieses Land, trotz aller Probleme, im Aufbruch.

Berlin, 10. 11. 31

[…] lieber papa,
ich danke Dir sehr für Deinen brief. Du kannst heute nur einen antwortbrief mit kleinen buchstaben kriegen, weil ich ein wenig in eile bin und es so viel schneller geht. Du brauchst also nicht zu denken, ich hätte zu meinen sonstigen verschrobenen ideen den stefan-george-fimmel[100] oder sonstwas bekommen.

grosspapa fand ich heute sehr frisch. er zeigte mir Deine karte; von dem hindenburg-brüning-projekt[101] wusste ich noch garnichts.

gegen eine in welcher höhe und wie auch immer geartete geldverteilung von deiner seite an deine kinder habe ich garnichts (um missverständnisse auszuschliessen); ich war nur dagegen, dass ich von helgas gnade abhängen sollte. nach ende dieses semesters werde ich dich finanziell nicht mehr belasten, ob das heisst, dass ich nach duisburg komme, weiss ich noch nicht. die sache ist so: wenn ich sehe, dass ich durch geringe anstrengung mir noch für artikel monatlich 50,– mk dazuverdienen kann und ich weiterhin von Dir monatl. ca. 50.– bekäme, die ich ja in duisburg auch brauchen würde, – dann würde ich ruhig in berlin bleiben und damit auch auskommen. ich würde das nicht um einer laune willen tun, sondern in der ueberzeugung, dass es für mich in jedem falle besser sein würde, mich nicht für längere zeit völlig unsichtbar zu machen, nachdem ich mir hier ein netz von überaus günstigen beziehungen und arbeitsmöglichkeiten für später aufgebaut habe. zwei artikel monatlich würden mich in meiner arbeit nicht aufhalten. […]

gestern abend ein interessanter vortrag mit diskussion in der »kohorte«. thema: fünfjahresplan. es sprach prof. wittfogel (kpd) einleitend. dann minister gethein[102], der das verkehrswesen der udssr einer schweren kritik unterzog. als vertreter der kapitalistischen (un-) ordnung ein sehr sympathischer, eleganter jüngerer mann namens fassel (oder se). mit sehr viel geschick, leidenschaft und viel material versuchte er wittfogel zu widerlegen. andererseits dann wieder sehr interessant ein emigrant, prinz wittgenstein, in der üblichen art und ein mann (auch russe) von der parteiopposition, der als bolschewist gegen stalin sprach. das entscheidende sagte ein sehr sympathischer junger dr. klaus mehnert von der gesellschaft zum studium osteuropas[103]. technische schwierigkeiten und unvollkommenheiten könnten überwunden werden. für unser schicksal sei doch entscheidend der ungeheure elan, der überall in der jüngeren generation dort herrsche, und den auch er als konservativer anerkennen müsse. mehnert kam gerade aus der union. ich habe ihn für nächste woche einen abend eingeladen, weil mich seine eindrücke interessierten.

am sonnabend ist referendarball. onkel werner hat rührenderweise helga und mich eingeladen. da mein smoking wieder da ist (und helgas wegen) konnte ich schlecht absagen, obwohl mir solche dinge nachgerade ein greuel sind. weniger um meiner schlechten ressentiments gegen die dort in erscheinung tretende soziologische schicht willen, als der zeitverschwendung wegen. sonnabend-abend!
[...]
grüsse bitte mama. man hat ihr einige äusserungen dargebracht. es wäre m. e. angebracht gewesen, ob der erhobene vorwurf a) ich läse mamas briefe nicht b) und 2., läse sie meinen freunden zum gaudi vor faktisch überhaupt möglich ist (ganz oder auch nur teilweise!). ob ich briefe, die ich bekomme, lese, ist meine sache. ich glaube in diesem falle dazu (zum nicht-lesen) berechtigt gewesen zu sein, da ich mir weitere unsachliche bemerkungen gegen meinen freund verbeten hatte, und dann doch wieder kam, er frässe fünf mal so viel wie ich[104], usw ... es bestand zu derartigen ausfällen nicht der geringste anlass. zu punkt zwo bitte ich, ehrlich nachzuprüfen, wer über wen redet (schwere sorgen, schlechter einfluss etc.). dass mir dann zuweilen nichts anderes übrig bleibt, als die sache humoristisch zu nehmen, soweit sie sich nicht verheimlichen lässt, erscheint mir nur logisch. eine mutter, die hintenrum gegen leute, die ihr nichts getan haben, intrigiert, mag ich nach aussen hin nicht haben; da stelle ich sie dann schon lieber als das besorgte und etwas komische mütterchen hin. dass ich mamas briefe verbrenne, ist m. e. wegen des inhalts, der sich im wesentlichen eben gegen jemanden richtet, mit dem ich zusammenwohne, ebenfalls klar. kurz und gut: wenn mama diese dinge, die sie sich selbst zuzuschreiben hat, dazu benutzt, um mir randbemerkenderweise im letzten brief zu erklären, sie schriebe mir überhaupt nicht mehr, so kann ich ihr halt auf einige hundert kilometer distanz nur freundlich auf die schulter klopfen. die zeiten sind sowieso nicht rosig, und mir tuts leid. – aber mama ist ja nie jemand gewesen, der es verstand, sich das leben ein wenig gemütlich zu machen. schade! schluss für heute. macht euch *bitte* keine sorgen um mich. das risiko der glücksbilanz meines lebens trage ich gerne. ihr habt das eure ja auch allein tragen müssen, und wer von unserer familie (ausser bub, an dessen success[105] ich nicht zu zweifeln wage) der grösste lebenskünstler ist, wird man ja sehn!
von herzen
Dein Harro.

Eingreifen in die Zeitläufte
Die »Gegner«

Schulze-Boysen verfügte inzwischen über eine Vielzahl von Kontakten. Er diskutierte in einem Kreis, zu dem der Nervenarzt und Schriftsteller Alfred Döblin jeden Donnerstag abend in seine Wohnung einlud. Bertolt Brecht notierte Schulze-Boysen für den Themenkomplex Nationalismus, Staat und Nation, als er die Herausgabe einer »Zeitschrift zur Klärung der faschistischen Argumente und Gegenargumente« plante.

Der 22jährige Schulze-Boysen hatte den Wunsch, in die schärfer werdenden politischen Auseinandersetzungen endlich einzugreifen, und wollte nicht länger warten, bis er alle Examen absolviert hatte. Das Jurastudium interessierte ihn immer weniger. Er ließ sich Ende November 1931 vom Studium beurlauben. Was er suchte, konnte er in den Hörsälen nicht mehr finden. Der Vater meinte, für eine politische Tätigkeit sei es zu früh, aber er ließ ihn gewähren. Der Sohn mußte eigene Erfahrungen machen, ihn davon abzubringen wäre falsch und vergeblich gewesen.

Die Aktivisten von »Plans«, die er im Sommer in Frankreich kennengelernt hatte, kamen im November 1931 auf Schulze-Boysen zu und machten ihn mit Franz Jung bekannt, der die Zeitschrift »gegner« herausgab. Der studierte Volkswirt, Romancier, Publizist und expressionistische Stückeschreiber hatte bereits vor 1918 an Pfemferts »Aktion« und Waldens »Sturm« und an dem ersten »gegner« mitgearbeitet, war 1920 Mitbegründer der KAPD, einer kommunistischen Oppositionspartei, und hatte 1921 ein Schiff gekapert, um nach Sowjetrußland zu gelangen und am Weltkongreß der Kommunistischen Internationale teilzunehmen. Er blieb in der Sowjetunion und leitete einige Jahre eine Zündholzfabrik, verfaßte nach seiner Rückkehr expressionistische Theaterstücke und gab Wirtschaftskorrespondenzen heraus. Jung hatte die Gabe, fast ausweglose Situationen zu überstehen, stand oft vor leeren Kassen und schaffte es dennoch immer wieder, Geld für neue Projekte aufzutreiben. Der Mitte 1931 von Jung neu herausgegebene »gegner« war eng mit »Plans« verbunden und wurde von französischen Sponsoren mitfinanziert.

»Plans« war das publizistische Organ einer kleinen Gruppe, die sich »L'Ordre Nouveau« nannte. Neben dem russischen Emigranten Alexandre Marc[106], der in Deutschland studiert hatte, gehörten diesem Kreis junge Männer jüdischer, katholischer, orthodoxer und atheistischer Herkunft an, ein loser Zusammenschluß von Menschen unterschiedlicher Auffassungen. In der Krisen- und Umbruchsituation verfolgten die jungen Franzosen einen neuen modernitätskritischen Ansatz. Sie orientierten sich nicht an Marx, sondern fühlten sich dem Föderalismusgedanken des utopischen Sozialisten Proudhon verbunden. Der von Alexandre Marc vertretene »Personalismus« ging davon aus, daß die Menschen und ihr Verhältnis zu ihrer Kultur und ihrer Nation genauso wie das Verhältnis verschiedener Kulturen durch ihre Beziehungen zueinander bestimmt sind. Mehr als das theoretische Konstrukt interessierte Schulze-Boysen jedoch der bewegungsdynamische Ansatz. War doch das vorrangige Ziel des nonkonformistisch-revolutionären Flügels von »L'Ordre Nouveau« um Alexandre Marc die Bildung einer einheitlichen Front der europäischen Jugend, einer »Internationale der Jugend gegen den liberalen, kapitalistischen und nationalistischen Geist«. Hier war Schulze-Boysens Platz. Die Franzosen führten ihn als ihren »Kontaktmann für Ost-Deutschland«.

Berlin, den 26. 11. 31

[...] lieber papa,
[...] die politische lage ist auch hier noch weiter ungeklärt. bis zur voss und theo wolff (inclusive!) stellt sich alles auf hitler ein. da hat das bürgertum also seine letzte chance. an der spitze dieser riesensache steht ein komischer kleinbürger. hitler als künftiger reichspräsident wird sicher sehr komisch sein, aber eben doch nur eine jämmerliche epoche deutscher geschichte! vorläufig, d. h. für die nächsten monate, wird ja allerdings wohl brüning noch etwas mitzureden haben. ich selbst habe schon lange die ansicht vertreten, dass die hitlerepisode unumgänglich sei. das heutige system ist in der tat zu jämmerlich, um eine revolution dagegen zu machen. die familienansichten der sowjets[107] teile ich auch nicht (von der kp deutschlands sind diese dinge übrigens nie so propagiert worden; dazu sind die leute viel zu intelligent) es wird nichts so heiss gegessen, wie es gekocht wird! –, im übrigen aber liegen bei den nazis diese dinge theoretisch ebenso schlimm wie bei den bolschewisten.

ich las vor einigen tagen ein buch von darré: neuadel aus blut und boden. der verfasser ist einer der führer der nsdap. Da wird also angeordnet, die frauen in drei kategorien von staats wegen zu teilen: a) heiratstüchtige – diese werden von staatswegen mit einem rassisch ebenso »hochwertigen« mann zusammengeführt und müssen möglichst viele kinder produzieren. b) noch heiratsfähige, aber frauen werden sterilisiert. – der gattung c) wird heirat überhaupt verboten. das dürfte ja nun wohl mindestens so sehr im gegensatz zur christlichen ehe stehen wie die experimente der ussr. – in wirklichkeit laufen alle diese dinge, wie sie müssen, ohne rücksicht auf die doktrinen rechts und links. ich bin durchaus nicht der meinung, man solle herzens- und blutmässige bindungen an die familie leugnen;

meine sätze im letzten brief bezogen sich nicht auf die frage, ob es gut und recht sei, wenn kinder und eltern sich umeinander kümmern, sondern ob die tatsache, dass euer gesellschaftliches denken und erleben naturnotwendig andersgeartet ist als meines – zu irgendwelchen kümmernissen und sorgen anlass gibt. es ist doch allmählich ein offenes geheimnis, dass alle diese dinge sich in jeder einigermassen lebendigen familie heute ereignen. innerhalb unserer generation (und aller nächsten) wird innerhalb mehrerer menschenalter von wohlgeordneter bürgerlicher existenz nicht mehr gesprochen werden; sie bedeutet für uns auch keinen wert mehr. und ich wehre mich nur dagegen, wenn sich andere über diese tatsachen sorgen machen. das sind ja doch keine ressentiments, sondern soziale tatsachen, die heute nur noch zum teil kümmerlich verdeckt werden durch das, was war. all das ist heute bereits so stark und bedeutsam als tatsache, dass man es nicht mehr abändern oder töten kann durch draufpropfen einer parteikliquendiktatur, wie man es jetzt als letzte weisheit plant.

gegen den 5. dezember fahre ich evtl. für ein wochenende zu einer besprechung per flugzeug nach paris[108] (ich habe seit einiger zeit für derartige fahrten freikarten von der lufthansa zur verfügung) sollte ich zu viel zu tun haben, tue ich es aber erst anfang januar. [...]

dein Harro.

Schulze-Boysen tendierte in seinen politischen Ansichten zunehmend nach links. Marxistische Termini mischten sich mit Begriffen und Wertvorstellungen, die ihm vertraut waren. Er bediente sich aus dem Steinbruch der vielfältigen Ideologieangebote. Dieses Herangehen befähigte ihn, so erinnert sich Arnold Bauer, ein Freund aus dieser Zeit, Brücken zu bauen, und die »irregeleiteten Fanatiker des Nationalsozialismus, wenn sie ehrliche Kerls waren, mit der Linken ins Gespräch zu bringen«.

Berlin, [Mitte Januar 1932]

liebe mama, lieber papa,
ich erhielt eben, als ich mich an die schreibmaschine setzte, eure lieben briefe. vielen dank. [...] PLANS und GEGNER[109] sind natürlich linksstehende blaetter; ich glaube es mit meiner ueberzeugung vereinbaren zu koennen, in ihnen zu schreiben und mich in grenzen fuer sie einzusetzen. ich glaube, ganz abgesehen vom grundsaetzlichen, dass unsere regierung, soweit sie ueberhaupt noch chancen hat, von jeder radikalen opposition profitieren kann. ich finde es uebrigens ganz nett, dass die KPD-Monatsschrift Roter Aufbau[110] PLANS als »den intelligentesten und gefaehrlichsten der europaei-

schen bourgeoise« bezeichnet, waehrend ihr glaubt, »die deutsche revolution koennte den franzosen passen« – beide feststellungen entsprechen nicht den tatsachen. den gedanken, dass eine deutsche revolution in jedem fall eine aussenpolitische niederlage bedeute, hat schon frueher spengler, moeller van den bruck usw. zurueckgewiesen. in wirklichkeit, und das zeigt ein blick in die franzoesische rechts- und mittelpresse, hat frankreich nichts mehr zu fuerchten als den deutschen sozialismus antiliberaler praegung. es gibt ja auch gar keine andere moeglichkeit der vernichtung aller privaten schuldtitel, die uns so schwer belasten und jeden aufstieg der deutschen volkswirtschaft verhindern.

mama scheint sich wesentlichen illusionen hinzugeben ueber die zeit nach meinem examen. saemtliche unterstuetzungsgelder fallen nach der letzten notverordnung fort.[111] es tritt also keine erleichterung ein ... ich weiss nicht, wieso helgas weiteres studium davon abhaengen soll, ob ich als stud. jur. oder als referendar arbeite. ich finde grade, dass es in jedem fall sehr wuenschenswert ist, wenn ich geld dazu verdiene, wie ich das augenblicklich tue, um schon fuer die naechsten monate zurueckzulegen. das ist sowohl sinnvoll, wenn es keine revolution, sondern konjunkturneubelebung gibt, wie ebenso, wenn der buergerliche staat zusammenkracht, und seine rechtsbegriffe mit ihm ...

vorgestern war ich mit helga im theater. ich hatte sie auf meine freikarte eingeladen. es gab ein ziemlich verruecktes stueck, mahagonny[112], musik allerdings recht gut. [...]

schoen und gut alle diese politischen auseinandersetzungen. ich finde nur, dass die diskussion solange unfruchtbar ist und sein muss, solange von eurer seite auch nicht die leisesten beweise angefuehrt werden zur behauptung, es werde innerhalb der kapitalistischen ordnung in absehbarer zeit besser werden.

bei den zahlen in lippe[113], letzten sonntag, haben die nazis nur noch 30 %, die kommunisten ueber 100 % an stimmen gewonnen. in berlin sind die erfolge noch wesentlich groesser. es handelt sich fast durchweg um intelligenz.

zur PLANS-tagung nach frankreich[114] werden uebrigens saemtliche gruppen und parteien von den nazis bis zu den kommunisten ihre vertreter schicken, ebenso ungarn, flamenbewegung, faschisten, und ussr-komsomol.

mir gehts gut, herzlichen gruss H.

Berlin, [Ende Januar 1932]

Lieber Papa, liebe Mama,
vielen Dank für Eure Briefe. Seid nicht böse, wenn ich diese Wochen nicht viel schreibe. Es kommt mir darauf an, jetzt meine Minimalexistenz aufzubauen. Jetzt, heute, ist es wieder mal 2 Uhr nachts; und so ist es jeden Tag. Da müsst Ihr verstehen, wenn's mit dem Briefschreiben mal nicht so klappt. Mit Germain wohne ich nicht zusammen. Ich habe, als er und Arnims[115] einige Tage von Berlin fort waren, dort die Wohnung solange gehütet und dafür dort Mittagessen gekriegt. Das war mir deshalb lieb, weil ich von Elterlein wegziehen wollte, und ich es so gleich tun konnte. Ich wohne jetzt Halensee, Paulsbornerstr. 72 A bei Tamarowski (Brabant 3730), ein sehr nettes Zimmer, zum selben Preis wie das alte; bei einer russischen Familie (um russisch zu lernen) – sehr modernes Zimmer, Neubau, elegant. Das Russischlernen ist in jedem Fall wichtig. Ich denke übrigens, daß im Sommer aus der Reise was werden wird.[116]

1.) Papas Vorwurf: Angenommen. Meine Antwort an Grimm[117] war nicht bescheiden genug. Ich war damals, als ich den Aufsatz in Duisburg schrieb, zornig über diese ganze Art. Es ist daher reichlich von oben herab geworden. Die Überschrift: »Hier spricht die junge Generation«[118] ist übrigens ständige Rubrik + gehörte nicht als anmaßendes Thema dazu. Ich werde mich das nächste mal gern um mehr Bescheidenheit bemühen.

Mamas Brief: Ich habe mal wieder richtig gelacht. Liebe kleine gute Mama, so ein Sammelsurium von Christus bis zum Nietzscheübermenschen! Der Gandhi ist natürlich nicht für die Bolschewisten. Das kommt daher, weil er, der fromme Mann, ständig Kompromisse mit den Engländern schliesst + ihnen nichts tut, wogegen die proletarisch-revolutionäre Bewegung Indiens + Chinas[119] den »christlichen« Ausbeutern auf die Dauer gefährlich werden wird. Im übrigen versteh mich recht. Ich bin nicht gegen den Idealismus. Schöne Haltung – sehr schön. Aber sieh Dir mal die Sache auf Distanz an. Zum Beispiel jetzt in China.[120] Es stehen ganz nackte kapitalistische Interessen auf der Tagesordnung. Aber dort (wie bei uns) faselt alles von Nation, Vaterland, Idealen usw. Die Frauen machen Liebesgaben, Mütter opfern ihre Söhne fürs Vaterland, Bombengeschwader über Shanghai und Nanking, Städte in Flammen, U-Boote laufen aus ... wie bei uns. Japan handelt im Auftrage der internationalen Hochfinanz, insbesondere Frankreichs und Englands. U. S. A. wehrt sich, weil es natürlich ebenfalls China als Markt haben will. Im Hintergrunde aber steht die große Drohung gegen die Sowjetunion. »Der Deutsche«[121], das Blatt von Brüning, schreibt gestern: »Hier kann ein neuer russisch-japanischer Krieg entstehen. Er wird vielleicht Rußland aufgezwungen werden, obwohl es keine große Lust hat, ihn zu führen. Russland könnte in diesem Kampf auf keine europäische Unterstützung, Japan auf unser aller Sympathie rechnen.« – Das ist Christentum von heute. Schneider Creuzot (die größte französische Waffenfabrik, hat in den letzten 3 Monaten 40 000 neue Arbeiter eingestellt!) Die arbeitenden Schichten aller Länder aber erben bestimmt nichts bei der ganzen Sache, die Löhne bleiben dieselben. Und nun der Heroismus: Gewiß, er ist da: das Heldentum der Unwissenden für den Sieg des Profits und der Habgier. Aber was hat das im Grunde miteinander zu tun? Ich bin für das erste, aber gegen das zweite. Ist man aber heute gegen das Zweite (den Kapitalismus + alle Vernebelung), so wird man Materialist gescholten, obwohl das – und das sollte eigentlich jeder gebildete Mensch wissen! – nicht heisst: »Immer nur ans Fressen denken!«, sondern, »*OHNE* einen gesunden Körper gibt es keinen gesunden Geist«. Diese neugefundene (germanische ebenso wie altrömische) Freude am Leben, am Körper, am Vitalen –

Das ist der Sozialismus.

Das ist: Nietzsche, Prinzhorn, Klages, Fuhrmann[122].

Das ist: Kirchenkrise.

Das ist: Abkehr von der mechanistischen Zivilisation des liberalen Kapitalismus.

Das ist: »Ungestörte Bude« –

Das ist: Leben und Arterfüllung (des Einzelnen wie des völkischen Organismus) als Lebensrichtmaß unermüdliche Arbeit am Ganzen. Volle Anstrengung aller großen Erfindungen, – anständiges Leben aller Menschen, – Licht, Sonne und Freizeit: und damit auch *Seele.*

Sich für diese Ziele immer und unermüdlich einzusetzen: *Das* ist Idealismus. Sein ganzes Leben für diese Dinge zu opfern: Das ist *Idee.* Sich für eine schlechte Sache totschiessen zu lassen: Millionen von Menschen, – um hinterher noch elender zu leben als vorher – das ist tragisch, aber es ist verrückt. Vielleicht gibt es in Europa keinen Krieg mehr. Wenn nicht, dann deswegen, weil alle Angst haben vor der »bolschewistischen« Revolution. Wenn aber doch, dann wird man dafür zu sorgen haben, dass aus dem Geschäft der »Grossen« ihr gründlicher Untergang wird. Und das heisst dann Klassenkampf. Der Kampf von 99% des Deutschen Volkes um seine innere und äußere Freiheit. Gestern stand es so:

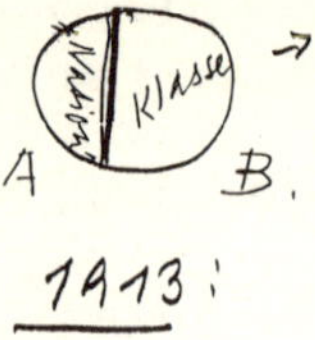

Dies ist das Deutsche Volk, gespalten in 2 Hälften. Es ist keine Nation, + hat daher keine Möglichkeit, dem Versailler System etwas entgegenzusetzen. B erklärt: »Wir wollen auch dorthin, wo A sind. Wir wollen unsern Kindern zu essen geben, Schiller kennenlernen, Vaterland empfinden und Sonne sehen. Wenn die As uns das nicht gestatten, kämpfen wir gegen sie (Klassenkampf!)« – –
Inzwischen hat sich das Bild *so* verändert:

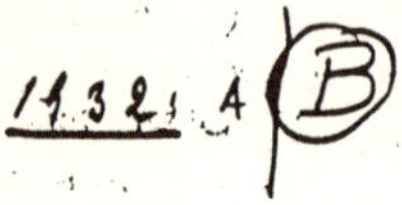

»B« ist das riesig angewachsene Proletariat. Wer wirklich die Nation will, der muß sagen: »B, erobere Dir den Staat, werde Nation. Das ist das heutige Stadium. Es ist nur deshalb leider ein wenig vernebelt, weil es das Kapital verstanden hat, mit den Worten ihrer Gegner noch die Massen zu fangen: ›National‹sozialismus, »Freiheit und Brot!« usw.

Ein von »Plans« einberufenes und von Schulze-Boysen vorbereitetes Treffen der »revolutionären Jugend Europas« vereinte Anfang Februar 1932 in Frankfurt am Main circa einhundert Teilnehmer – Frauen waren nicht vertreten – aus Frankreich, Deutschland, der Schweiz, Italien und Belgien. Als erster legte Harro Schulze-Boysen die Position der deutschen Seite dar. Er faßte die politischen Ziele des deutschen Volkes, trotz aller Uneinigkeit der Parteien, in drei Punkten zusammen:

1. Die Abschaffung des kapitalistischen Systems.
2. Die Liquidierung des »Diktats« von Versailles.
3. Die Notwendigkeit einer eigenständigen Rolle der Deutschen bei der Entwicklung ihres Landes ohne ausländische Einmischung.

Philipp Lamour ging in seiner Antwort von der öffentlichen Meinung Frankreichs aus, die seit 1919 nach Sicherheit und Reparationen verlange. Das heiße aber nicht, daß sich die Franzosen für immer und ewig an den Versailler Vertrag klammerten. Eine Gemeinsamkeit der Ansichten, so Lamour, könne unter folgenden Bedingungen erreicht werden:

1. Nicht Revision, sondern Beseitigung der Verträge durch die Schaffung einer neuen europäischen Ordnung.
2. Die Liquidierung des kapitalistischen Systems und Errichtung eines ökonomischen Systems, das auf einem Generalplan und einer Wirtschaft auf kollektiven Grundlagen beruhe.

Da ergaben sich durchaus Berührungspunkte, die aber in der anschließenden Diskussion insbesondere von deutscher Seite zerredet wurden. Die Aussprache bot ein »Tohuwabohu« von Meinungen, Wünschen und Standpunkten. Einige Deutsche verließen die Konferenz vorzeitig. Sie wollten über »preußischen Geist« und »nationale Haltung« diskutieren, Fragestellungen, die den Franzosen völlig fremd waren.

Berlin, [Ende Februar 1932]

lieber papa,
vielen dank für deinen lieben brief. der bericht[123] in den Deutschen Führerbriefen ist auf meine Veranlassung von Dr. Mariaux (Verfasser des eben in der Hanseatischen Verlagsanstalt erschienenen Buches »Der Schutthaufen« geschrieben worden und hat mir vor Veröffentlichung vorgelegen! Der Bericht weist ganz einfach auf die Notwendigkeit hin, auf deutscher Seite den PLANS-Leuten etwas Gleichwertiges gegenüberzustellen. Die deutschen »Vertreter« sind ganz richtig gekennzeichnet als unklare Leute aus der Jugendbewegung – es kommt eben jetzt darauf an, mit den »Führerbriefen« in der Hand hier herumzulaufen und den Leuten zu sagen: »Seht Ihr, die sagen auch: Da muss was getan werden!« Es sind übrigens viele Berichte in der Presse erschienen. Z. B. Der Ring brachte einen längeren Artikel.[124] Auch in der »Literarischen Welt« stand allerhand über meinen Arbeitskreis und mich.[125]

Ich würde Euch sehr bitten, die 60.– Rmk doch allmonatlich zu zahlen. Es ist mir aus vielen Gründen lieb, wenn ich immer ein festes Minimum habe, um am Monatsanfang die wichtigsten Sachen zu zahlen. Man kommt sonst so in die Enge, und ich finde, man soll die Leute, von denen man Geld haben will, nie merken lassen, dass man darauf angewiesen ist. Ich muss zudem vorerst ja auch einen Teil meiner Spesenbeträge ausgeben für Honorare (d. h. das muss ich nicht, aber ich halte es für richtig). Es bleiben mir also etwa Mk. 150, die ich aber auch immer gleich am Monatsersten abheben kann ...

Deine Ansprache ist sehr fein. Vielen Dank für Zusendung. An einer Stelle verstehe ich Dich allerdings nicht ganz. Du wendest Dich da an diejenigen, die »in der Scheidung der Nation, im Begriff der nationalen Ehre etwas Überholtes sehen und die der Volksgemeinschaft nicht das Recht zubilligen, über das Leben des Einzelnen zu verfügen«. Nation heisst soviel wie Staatsvolk. Nun ist es doch so, dass in demselben Augenblick, wo bei einem Volk sich der organische Begriff »Volk« mit dem des Staatsvolks nicht mehr deckt, ein berechtigter Gegensatz entstehen muss. Die Südtiroler sind italienischer »Nationalität«, sie gehören in jedem Fall zur »Nation« der Italiener, nicht aber zur Einheit »Italienisches Volk«. Ich finde es nun vollkommen richtig, daß, wenn ein Volk, wie das deutsche, eine so riesenhafte Divergenz sieht zwischen seiner wirklichen (biologischen) Einheit und der ungerechten Verteilung des eigenen Volkes in anderen Nationen (Frankreich, Dänemark, Tschechei, Polen, Rumänien, USSR usw.), innerhalb derer die fremden Staatsführer jeweils ihre »nationale Ehre« darin sehen, das ihnen fremde deutsche Volkstum zu unterdrücken, – dass ein solches Land wie Deutschland sich an die Spitze einer Bewegung stellt, die eine Auflösung des Grenzbegriffs in sich trägt. Eine solche Bewegung würde tatsächlich etwas für das *Volk* tun, während diejenigen, die meist von NATION reden, nicht viel weiterkommen mit ihren alten Methoden. Wo aber stehen die Menschen, die »der Volksgemeinschaft nicht das Recht zubilligen, über das Leben des einzelnen zu verfügen?«

a.) *Eine Volksgemeinschaft existiert heute nicht.*

b.) falls wirklich eine Volksgemeinschaft existieren würde, würde es keinen Menschen geben (heute jedenfalls keinen jungen Menschen), der sich nicht für sie einsetzen würde.

c.) Die Volksgemeinschaft *ist aber das Ziel* aller Deutschen. Nur die Wege zu diesem Ziel sind verschieden.

Es geht ja heute leider garnicht mehr um das VOLK, sondern jeweils um die REGIERUNG … Kommt Hitler morgen ans Ruder, schickt Erwerbslose als Lohndrücker zwangsmässig in die Fabriken und marschiert gegen USSR, so sabotieren 50 % des Volkes ihn, nicht, weil sie gegen den Willen der Volksgemeinschaft wären, oder weil sie nicht bereit wären, sich dem Ganzen unterzuordnen, sondern weil die Regierung und das heutige System nicht die Volksgemeinschaft verkörpern, sondern den Klassenstaat, vielleicht die Klassendiktatur. Der *Kapitalismus hat* doch die *Volkseinheit überall zerstört*. Ich würde gern Deine Gegenansicht hören.

Die Frage nach der Verfuegungsgewalt der Volksgemeinschaft ueber den einzelnen wird doch erst dann akut, wenn sich die Volkseinheit irgendwo verkoerpert! ist das nicht der Fall, so ist die Fragestellung verfehlt, denn es fehlt dann einfach die Beurteilungsmoeglichkeit der ideellen Einsatzfaehigkeit jedes einzelnen. erst ein Fuehrer, der die innere Kraft und die sichtbare Autoritaet besitzt, von jedem einzelnen Strenge, Armut und Entbehrung zu verlangen und das letzte Stueck Brot mit dem Nachbarn zu teilen, erst der haette die Moeglichkeit, diesen einen Freund des Volkes zu nennen, jenen einen Eigenbroetler und eigensuechtigen Menschen werden auch hier erst die Wertmesser der Pflicht und der Ehrfurcht sichtbar.

Die Autarkie-These habe ich nie für eine annehmbare Endlösung gehalten. Ich halte sie für ein wahrscheinlich notwendiges Durchgangsstadium der sozialistischen Revolution; und ich bin der Meinung, dass man sich innerlich und äusserlich für diese Periode wappnen sollte. Ich werde in den nächsten Gegnerheften näher hierauf eingehen.

Von Herzen Harro.

[...] Berlin, 25. Februar 1932

liebe mama,
vielen dank für deinen brief. ich hatte in der tat deinen vorletzten nicht erhalten. wäschepaket angekommen. herzlichen dank. inhaltlich: wir haben wohl aneinander vorbeigeredet. 1.) ich stelle nochmals fest, dass ich kein kommunist bin. die kommunistische partei ist eine ausdrucksform der sozialistischen weltbewegung. die bolschewistische partei, zum beispiel die typisch russische, für deutschland daher nicht nachahmbar. wäre ich wirklich kommunist, wie du immer sagst, so würde ich auch keinen augenblick zögern, in die KPD einzutreten. meine überzeugung wäre mir immer wesentlicher als das, was die leute dazu sagen. meine politische richtung als absoluten zufall hinstellen zu wollen, halte ich für ziemlich kindlich. ich glaube im gegenteil, dass alles sehr zwangsläufig biologisch und psychologisch begründet ist. mein letzter briefinhalt – eine kurze und primitive lehrstunde über sozialismus – war nicht für papa geschrieben, der natürlich über diese dinge orientiert ist, sondern für dich bestimmt. was die bildung anbetrifft, so bin ich der meinung, dass man unterschiede ruhig feststellen kann, ohne damit beleidigend zu wirken. aber du kannst ja mal selber nachprüfen, inwieweit du, die doch oft von materialismus und idealismus spricht, schon Marx KAPITAL oder Hegels Werke gelesen hast. was ich schrieb, ist natürlich auch für mich längst »altes zeug«. um so schlimmer, dass man 1932 immer noch darüber sprechen muss.

den fuhrmannartikel[126] billige ich auch nicht. er ist ganz weltfremd. An der gesamten letzten Nummer hatte ich nicht mitgearbeitet. Jedenfalls wird der GEGNER sowas nicht wieder bringen. ich zeichne ab 1. III. als verantwortlicher Chefredakteur. das wird deshalb um so nötiger, als sich beim PLANSkongress ein wesentlicher mangel in der deutschen delegation gezeigt hatte. es waren fast lauter jugendbewegte leute da, die nicht viel sachkenntnis hatten. um in zukunft also besser dazustehen, ist ein wuchtiger aufbau einer entsprechenden deutschen organisation dringend notwendig. dazu soll der GEGNER dienen. In den rechtsparteien und in der bankrotten kapitalistischen wirtschaft sehe ich leider z. Zt. keine führer, denen man sich, wie du meinst, anschliessen könnte. im übrigen sind natürlich meine persönlichen beziehungen zu rechtskreisen nie abgebrochen, und ich höre mir auch im wirtschaftlich-akademischen schulungskreis des dr. düssel und in der kohorte (kastl) die betreffenden leute an. den nazis gebe ich nach wie vor keine chancen. ich glaube, dass ihre existenz erst als aktivum in unserer diskussion (gegen mich) gewertet werden kann, wenn sie wirklich an der regierung sind. einseitigkeit, die du mir vorwirfst, ist nach meinung aller derer – gleich in welchem lager sie stehen – aller derer, die mich kennen, eine glatte fiktion. es gibt sicher kaum jemand mit grösserem verständnis für alles, wie mich.

der mietpreis ist der gleiche. warum auch nicht? anständig wohnen ist die hauptsache. an jedem monatsersten bezahle ich meine diversen monatskarten usw. und die miete, und der rest ist dann meine sache. (als redakteur mit täglich zwei stunden redaktionsarbeit bekomme ich zunächst mal 200 mk, kontraktlich). von germain bin ich nicht im geringsten abhängig. ich weiss nicht, was ihr euch da vormacht. wenn ich nicht mein studium gelegentlich beenden wollte, könnte ich noch wesentlich mehr verdienen.

die »Tat« macht jetzt (vertraulich bitte) wahrscheinlich eine tageszeitung[127] auf, und man hat mir schon jetzt den posten des aussenpolitikers mit hohem gehalt angeboten. ein anderes angebot bekam ich vorgestern, als berichterstatter zum allindischen kongress nach dehli zu gehen. mit all dem hat germain nichts zutun. ich weiss wirklich nicht, warum Ihr meine ganze existenz so bohèmehaft seht. ich verkehre wirklich nicht nur unter snobs und bolschewisten. neulich war ich bei einem grossen Empfang auf der sowjetbotschaft[128] (wo ich aber auch sprach mit general hammerstein, der doch kein bolschewik ist), heute nachmittag war ich zu einem tee bei der prinzessin bentheim, morgen esse ich zu mittag mit dem englischen botschafter, mittwoch oder donnerstag habe ich die beiden hiesigen russischen militärattachés zum tee bei mir, morgen frühstücke ich bei einer frau secker von mallinckroth[129], einer kölner dame, die sich für PLANS interessiert. ich habe selbst bei grösster auswahl und konzentration immer viel leute vor, aber dass das alles so unmögliche existenzen seien, das ist doch glatte einbildung. was sollen solche vorwürfe, wie der, mit meinem aufenthaltsort hätte ich euch belogen. […]

wegen der russlandreise hat sich noch nichts entschieden. in jedem falle wäre sie mir natürlich wichtiger als alle examina der welt. bei meinen wirtsleuten lerne ich ganz by and by russisch. […] über mamas kardinalfrage: »findest du freude am andern geschlechte?« habe ich mich herzlich gefreut. sowas sieht denn doch schon stark nach einer art sexualfragebogen à la magnus hirschfeld aus ... im ernst: so gehts doch nicht! ich bin sehr vergnügt, glücklich und gesund (grade im fasching per pressekarte) und wenn es dir je im leben so gut gegangen ist wie mir, [unvollständig]

Ab 5. März 1932 erschien der »gegner« zum ersten Mal unter der Schriftleitung von Harro Schulze-Boysen. Der 22jährige verfügte damit über ein eigenes Organ, in dem er seine Ideen propagieren konnte. Der neue »gegner« wandte sich an jenen »unsichtbaren Bund von heute schon Tausenden«, die »vielleicht noch verteilt in allen Lagern stehen, die aber wissen, daß der Tag nahe ist, an dem sie zusammenkommen müssen«. Alles befand sich für Schulze-Boysen im Fluß: »Wir haben kein Programm. Wir kennen keine steinernen Wahrheiten. Das einzige, was uns heilig ist, ist das Leben, – das einzige, was uns werthaft erscheint, die Bewegung.«[130] Schulze-Boysen gedachte, den Begriff »Gegner«, der mit unüberwindlicher Feindschaft gleichgesetzt wurde, dialektisch aufzuheben. Die parteipolitischen Schlachten sollten in der Zeitschrift nicht erneut entfacht werden. Am 5. April 1932 erhielt der »gegner« den neuen programmatischen Untertitel »Zeitschrift für neue Einheit«. Es kamen oppositionelle Kommunisten, Aktivisten aus der bündischen Jugend, Männer aus national gesinnten Zirkeln sowie solche aus Kreisen, die der NSDAP kritisch oder ablehnend gegenüberstanden, zu Wort.

Unter dem Einfluß des neuen Chefredakteurs wandelte der »gegner« Gesicht, Profil und Inhalt. Die Zeitschrift wurde aktueller, vielseitiger und politischer. Herbert Blank[131] und Richard Schapke[132] von Strassers »Schwarzer Front«, Boris Goldenberg[133] von den oppositionellen Kommunisten, der 1925 aus der KPD ausgeschlossene Theoretiker Karl Korsch[134], Franz Jung[135] und Ernst Fuhrmann[136] setzten sich mit dem aufkommenden Faschismus auseinander. Leo Trotzki[137] kritisierte die Stalinbürokratie, Goldenberg[138] und Artur Goldstein[139] griffen die Politik von SPD und KPD an.

Die KPD war für Schulze-Boysen die einzige wirkliche Protestpartei. Ihr galten seine Sympathie und Kritik. Nach der Niederlage Thälmanns bei den Präsidentenwahlen im März 1932 forderte er von der KPD eine radikale Änderung der eingeübten Methoden[140] und immer wieder die Abkehr von der ausschließlichen Fixierung auf das proletarische Milieu.[141] Nicht das Warten auf eine proletarische Mehrheit, sondern nur eine wirkliche revolutionäre Minderheit könne wirksame Veränderungen bringen. Er warf den Kommunisten vor, sich noch immer an die alten überholten Klassenkampfparolen zu klammern.[142] Das Verhältnis zu den Kommunisten war auch für die französischen Freunde von »L'Ordre Nouveau«, zu denen es weiterhin lebhafte Kontakte gab, ein wichtiges Thema.

Berlin, 21. 5. 32

Lieber Persil[143],

Dank für Deinen Brief. Es hat sich nichts weiter ereignet. Die Tage, während derer Ph[ilipp] L[amour] hier war, waren recht fruchtbringend. Wir sind praktisch und theoretisch weitergekommen. Ich glaube allerdings, dass die geistigen Lösungen, um die wir kämpfen müssen, nicht so einfach zu finden sind, wie es die Marxisten glauben. Die Marxisten machen schliesslich schon seit 100 Jahren hierzulande »Revolution«, – ohne viel Erfolg. Die Spannungen, die zwischen uns und den Marxisten bestehen, scheinen mir in letzter Zeit etwas ins Primitive gezogen, jedenfalls, soweit es sich um Erörterungen zwischen Ph. L., Kuckenburg einerseits und mir andererseits handelte. Wenn PLANS sich mit dem Marxismus auf französische Weise abfindet, ist das kein Kunststück. Damit ist uns aber nicht geholfen. Ebenso neigen die deutschen Marxisten dazu, sich auf die geistige Ebene (Denkweise) Frankreichs zu begeben. Damit ist aber das Problem, das auch Sieburg anschneidet, *nicht* gelöst. Deutschfranzösische Verständigung bezw. revolutionäres Bündnis muss vor sich gehen unter Beteiligung der typischen Kräfte jedes Landes. Nur dann ist die Sache solide.

Nun, – das nur nebenbei. Ich wollte damit nur darauf hinweisen, dass noch mancherlei begreifliche Missverständnisse herrschen, die z. T. sogar Verfahren darstellen. Im Grossen und Ganzen aber habe ich volles Vertrauen für die Zukunft.

Dabei ist sehr viel zu arbeiten und zu tun, sodass zum Schreiben nicht viel Zeit bleibt.

Der Gegner geht gut voran. Kritik ist natürlich noch weitgehend angebracht. In Paris muss man allerdings lernen, darauf zu achten, dass ganz bestimmte Kräfte am Werk sind, die uns auseinander bringen wollen.

Uns erzählt man hier sehr viel Schlechtes über PLANS. Wir glauben es nicht. Wir müssen aber von unseren Französischen Kameraden verlangen, dass sie ebenso sich über alle Verleumdungen erheben. Ich habe das auch immer wieder L. und K. gesagt.

Herzl. Gruss, in alter Freundschaft.

Harro.

Berlin, 23. 5. 32.

Liebe Mama,

jetzt kommt wieder so ein Brief von Dir, den man eigentlich nur so beantworten könnte, dass man die nächstfolgenden nicht mehr liest ... Ich habe niemals gesagt, dass ich ein Lenin sei oder werden wollte, sondern Dich mit dem Namen Lenins nur daran erinnert, dass man grade Menschen, die aus dem Durchschnitt herausfallen, nicht damit »erledigen« kann, dass man ihnen so kleinliche Vorhaltungen macht, wie Ihr es tut. Ich bin auch immerhin »gründlich genug in die Probleme eingedrungen«, um zu wissen, dass Friedrich der Große oder Napoleon überhaupt nicht denkbar waren ohne den scheusslichsten, verblichensten und kautabakbeschmiertesten Rock... Was den grossen Leuten in dieser Hinsicht recht ist, sollte doch auch den Kleineren wie mir billig sein...

Scherz beiseite! Deinen Wäschesack bekommst Du bald mal. Warum redest Du bloss immer von meinem Idealismus. Ich habe Dir hundertmal gesagt, dass ich keine Ideale hätte. Und jeder 2. Aufsatz im »Gegner« steht gegen den Idealismus! Grade, weil ich an eine Besserung der Dinge aus dem »Idealismus der Generaldirektoren« heraus nicht glaube, ist es falsch, wenn Du Dich darauf berufst. Der sozialistische Kampfwille baut sich eben, wie Du eigentlich wissen solltest, *nicht* auf dem Idealismus auf, sondern auf der klaren und realen Erkenntnis des Ablaufs der Dinge. Diese Notwendigkeiten haben selbstverständlich auch etwas mit den Ideen der Menschen zu tun, aber die fallen eben auch nicht vom Himmel...

Ich überschätze mein Wissen gewiss nicht. Ich muss noch ungeheuer viel lernen, und ich lerne täglich dazu. Aber über den Begriff »oberflächliche Schlagworte« lässt sich eben streiten. Wenn Du sie so oberflächlich findest, zeigt das eben nur, dass Du sie noch nicht durchdacht hast. Die völlig fehlerhafte Anwendung von den Worten Idealismus, Materialismus, Proletariat usw. zeigt das deutlich. Schade! Nein, hinter mir steht noch keine Volksbewegung. Wenn auch allerdings mehr als hinter den anderen Leuten, die so alt sind wie ich. Aber kommt es darauf an? – Du schreibst mir: »Wie willst Du je Volksführer werden, wenn Du so eigene Wege gehst und der »Gegner« so ausgefallene Themata anschlägt?« Also

1.) Schlagworte oder eigene Wege? Was nun eigentlich?

2.) Jawohl, – eigene Wege! Die Volksinstinkte aufzuputschen mit Schlagworten, – das ist kein Kunststück. Revolutionen aber werden immer nur von wenigen begonnen. Hat das »Kapital« von Marx ein einziger Prolet verstanden oder auch nur versucht zu lesen? Erst in der allerletzten Zeit.

Deine Argumente *sind* keine Argumente, liebe Mama. Und wir wären schon viel weiter, wenn Du das einsähest!

Turel verstehst Du nicht, und deshalb schimpfst Du. Liesse ich heute Kant oder Einstein im »Gegner« unter Pseudonym schreiben, so würdest Du auch nichts verstehen und überlegen lächeln. Wenn das nicht die Tragödie der Gesamtbourgeoisie, die nicht mehr imstande ist, die geistigen Werte der Zeit zu fassen, wäre, so könnte man lachen. So aber ist das alles traurig und niederschlagend!

Die ganze – auch Papas Fragestellung – mit dem Genie ist falsch. Genies fallen nicht vom Himmel. Kluge Leute, die Rückgrat und Energie und noch sonst einiges haben, kommen durch. Die nennt man dann, wenn sie allen Widerständen zum Trotz arriviert sind: Genies. Hört aber einer auf die ewigen Spiesser, lässt sich irre machen und entweder auf das Durchschnittsniveau herabziehen oder (aus Verzweiflung und Defaitismus) in die impotente Bohème, so nennt man ihn im Falle A einen begabten Herrn, – im Falle B: Ein verbummeltes Genie … oder ein verkanntes!

Genie: Nein. Aber jeder hat irgendwo einmal die Stimme Gottes in sich. Und er kann dieses arrogante Wort ersetzen durch Gewissen, Müssen oder Wollen; es bleibt sich gleich. Nur darf er sich durch die vielen vernünftigen Leute nicht aus der Fassung bringen lassen. Es ist beinahe eine Spielregel der Welt, dass alle gescheiten Leute zunächst von ihren klugen Mitmenschen verhöhnt und ausgelacht wurden. Sollten sich Galilei, Gutenberg, Zeppelin und wie sie alle heissen, durch die vielzuvielen Herrmann Cuntze irre machen lassen? Wenn Du wüsstest, mit welcher Grandezza man bereit sein kann, die Chance, alles zu wagen, einzutauschen gegen das Risiko, nichts zu werden!

Es ist alles nicht so schlimm. Nur dass Du gegen das, was Du Dein eigen Blut so pathetisch, aber nicht ganz unrichtig nennst, so missverstehst und bekämpfst, – das ist schade.

Schluss für heute.

Viele Grüsse H

Schulze-Boysen hatte vielfältige Kontakte zu Außenseitern, Rebellen, den aus den Parteien Ausgestoßenen und Grenzgängern. Mit dem nationalbolschewistischen Eigenbrötler Ernst Niekisch[144], Herausgeber der nationalrevolutionären Zeitschrift »Widerstand«, war Schulze-Boysen freundschaftlich verbunden. Er diskutierte in Otto Strassers »Schwarzer Front«, in der Sozialistischen Studentenschaft, wußte im Republikanischen Rednerverein zu überzeugen, traf den Juden Boris Goldenberg, der mit Trotzki im Exil in Verbindung stand und 1929 die KPD wegen ihrer dogmatischen Politik verlassen hatte, sprach in Versammlungen der Nazis. Er stritt mit dem kommunistischen Theoretiker Hermann Duncker über einen möglichen Brückenschlag von Kommunismus und Nation in einer Versammlung bei dem Nationalrevolutionär Karl Otto Paetel[145].

Duncker war ein kluger Kopf, aber den Widerspruch zwischen den Idealen und der dogmatischen Praxis der Kommunisten konnte er nicht lösen. Seiner Aufforderung, sich der KPD anzuschließen, um dort für die soziale und nationale Befreiung Deutschlands zu kämpfen, wollten Schulze-Boysen und die meisten seiner Freunde nicht folgen. Eine Mitgliedschaft in einer fremdbestimmten Massenpartei – die Entscheidungen fielen bei der Kommunistischen Internationale in Moskau – kam für sie nicht in Frage.

Ende Mai 1932 fahndete die Polizei nach Franz Jung wegen angeblicher Verstrickung in ein Devisenvergehen. Sie durchsuchten auch die Redaktionsräume des »gegner«. Harro Schulze-Boysen stand vor versiegelten Räumen und gesperrten Konten. Einen Teil der Redaktionsarbeiten erledigte er anfangs im Lasso-Verlag in der Kreuzberger Ritterstraße bei Eberhard Köbel, dem Führer einer autonomen Jungenschaft. Am 1. 11. 1929 hatte Köbel sich mit seinen Getreuen von der Deutschen Freischar gelöst und die »Deutsche Jungenschaft vom 1. 11.« (»d. j. 1. 11.«) gegründet. Mit ihren Liedern, den Zelten, die den Kohten der finnischen Lappen nachempfunden waren, und besonders der von Köbel speziell entworfenen Kleidung erregte die von ihm geführte Jungenschaft Aufsehen. Tusk, wie Köbel auch genannt wurde, gab seit März 1932 »Pläne«, eine kleine der KPD nahestehende Zeitschrift heraus. Nach seinem spektakulären KPD-Eintritt am 20. April 1932, dem 44. Geburtstag Hitlers, war Köbel politischer Leiter der Straßenzelle Oranien-/Ritterstraße im Unterbezirk Süd-Ost der KPD geworden. Harro Schulze-Boysen wurde kurze Zeit Mitbewohner der »Rotgrauen Garnison«, einer Wohngemeinschaft von Köbel und Getreuen der »d. j. 1. 11.«, in der Ritterstraße und nahm an den stürmischen Sing- und Diskussionsabenden teil. Eine Zusammenarbeit mit Köbel zur Herausgabe des »gegner« scheiterte wegen fehlender Geldmittel und inhaltlicher Meinungsverschiedenheiten.

Schulze-Boysen führte die Zeitschrift allein weiter und wurde mit 22 Jahren ihr Herausgeber. Er fand in dem elitären Jugendführer des »Grauen Corps« Fred Schmid einen Financier für den »gegner«, dessen Titel nunmehr kleingeschrieben wurde. Der 1924 in Basel habilitierte und 1928 zum Extraordinarius für spezielle physikalische Chemie berufene Professor war im Jahre 1932 nach Berlin gekommen. Ihm ging als Besitzer eines Privatflugzeuges der Ruf sagenhaften Reichtums voraus. Der in den Annalen der Jugendbewegung umstrittene Führer des »Grauen Corps« war von äußerst ästhetischer Erscheinung, immer elegant und modisch gekleidet. Der Schritt in die politische Wirklichkeit war für den Homosexuellen Fred Schmid zugleich ein Schritt aus der Jugendbewegung heraus. Ab Juli 1932 erschien in jeder Ausgabe wenigstens ein Beitrag aus seiner Feder. Das gehörte wahrscheinlich zu den Bedingungen der gewährten finanziellen Unterstützung. Der weltgewandte Fred Schmid fand in dem zehn Jahre jüngeren Harro Schulze-Boysen einen Partner, der die Zeitschrift nahezu selbständig führte. Politisch stand Schmid dem »Tat«-Kreis nahe. Mehr als bisher kam ein »jugendbewegter Ton« im »gegner« auf. Trotzdem wurde aus dem »gegner« keine bündische Zeitschrift und aus dem »gegner«-Kreis kein neuer Bund.

Berlin, 20. juni 32.

liebe mama, lieber papa,
vielen dank für wäschesack und geld. bekomme ich noch den kleinen schlüssel für den wäschesack? die transaktion des »gegner«! in meinen verlag ist sehr gut geglückt. ich bin jetzt also ganz unabhängig. die verschiedensten leute laufen sich nach dem »gegner« die beine aus dem leibe. ich würde aber gerne unabhängig bleiben und will nun erst mal versuchen, vorsichtig lavierend das schiff weiter vorwärts zu steuern.

von mamas seereise wusste ich noch gar nichts. das ist ja herrlich für sie. was macht der rest der familie? ich selbst habe sehr viel arbeit und sonst garnichts. nächstes weekend will ich frank thiess im steinhuder moor besuchen. wir fahren zu mehreren im wagen hin. [...]

mein zimmer habe ich mir jetzt, da ich ja immer darin sitze, etwas netter herrichten lassen. mit couch, heller tapete und so weiter. »gegner« wird jetzt in allen stadtteilen noch von sonderverkäufern vertrieben, von der letzten nummer musste ich 3 000 stück nachdrucken lassen.

herzliche grüsse euch lieben.

gruss h.

eben eure briefe erhalten. monat juli noch etwas ungewiss. ich brauche an sich: miete und telefon ca. 45.–, essen 50.–, stadtbahnkarte 5.–, s. s. 100.–. ich hoffe aber, bis zum 1. 7. wieder in den besitz von etwas geld zu kommen, also wieder mit mk. 60.– auszukommen.

[Randbemerkung des Vaters: Ich hoffe das auch, halte es aber für wenig wahrscheinlich.]

der dekoverlag[146] ist in der tat nach meinem ausscheiden in die brüche gegangen. die geschichten da sind mehr komisch als schlimm. dass jung sich der devisenfahndungsstelle nicht gestellt hat, finde ich ganz richtig. er hat nämlich nichts ausgefressen, und die behördlichen stellen gehen völlig blind und unsinnig vor.

[Randbemerkung des Vaters: Wenn er nichts ausgefressen hat, braucht er auch nicht auszureißen.]

abgesehen von der tatsache, dass sich kein vernünftiger mensch in den ganzen devisenverordnungen noch auskennt, kommt es in der praxis ständig zu fehlverhaftungen. die ganze sache hat ja nun in den letzten tagen schon dadurch eine andere wendung bekommen, dass zunächst einmal gegen den mann *(dr. landau)*, der anzeige erstattet hatte, haftbefehl erging wegen erpressung. derselbe ist nun ins ausland geflohen. übrig bleiben von dem ganzen rummel wird wohl nur das eine, dass ein gewisser dr. schönherr, bevollmächtigter einer potsdamer bank, welcher 400 000 mk zu seiner disposition hatte, diese nicht eben ordnungsgemäß verwendet hat.

[Randbemerkung des Vaters: Lauter feine Cavaliere]

und wenn er gefragt wurde, was mit dieser summe eigentlich geschehe, dann hat er seinen vorgesetzten stellen geantwortet, er finanziere damit die geschäfte der bauhütte, des dekoverlags usw. in wirklichkeit hat der dekoverlag nur ganz minimale kredite von ihm erhalten, und die grossen summen gingen ganz woanders hin. er hat also den dekoverlag nur benutzt, um ihn vorzuschieben. aber das fällt ja nicht auf jung und den dekoverlag zurück. es wirkt sich nur aus, indem in zukunft keine kredite mehr gegeben werden, und der dekoverlag zumachen kann. sowas hatte ich schon lange geahnt (d. h. dass der laden nicht ewig so weitergehen kann!)

[Randbemerkung des Vaters: Ich auch!]

und deshalb hatte ich mich ja auch schon am 1. 6. selbständig gemacht. der »gegner« hat also mit der ganzen sache nichts zu tun. er ist meines wissens auch nur in einer einzigen zeitung erwähnt worden, weil jung da früher als herausgeber zeichnete. faktisch ist papa genau der zweite mensch, der mich darauf anspricht, dabei sehe ich doch täglich viele hundert leute.

[Randbemerkung des Vaters: Ja, der Papa hat eben auch seine Quellen!]

ich glaube immer noch, mich eines leidlichen rufes zu erfreuen … ich hoffe, euch bald mal wieder zu besuchen.

herzlich euer H.

Begleitet wurden die laufenden »gegner«-Ausgaben von monatlichen Ausspracheabenden. In der Mehrzahl aber kamen junge Leute, die Fragen stellten und Antworten hören wollten, an denen sie ihre eigenen Zweifel prüfen konnten.

Zu den ständigen Mitarbeitern der »gegner«-Redaktion und zu den Diskutanten gehörte auch der Schweizer »Querwelteindenker« Adrien Turel. Für den aus der jüdischen Jugendbewegung kommenden Robert Jungk war Turel der geistige Hauptanziehungspunkt der »gegner«-

Abende, ein universeller Geist, der sich vom Denken in Einzeldisziplinen wegbewegt hatte. Er sah alles in übergreifenden Zusammenhängen und besaß enorm viel Phantasie. Seit seiner Geburt halbseitig gelähmt, praktizierte er in Berlin als Psychoanalytiker. Turel war ein Universaldenker, ein Generalist, der »querweltein« in vielen Disziplinen (Literatur, Sozialphysik, Psychoanalyse, Geschichte, Biologie) dachte und unkonventionelle Denkanstöße gab. Seine jungen Freunde verstanden die merkwürdigen Theoriegebäude Turels oft nicht, aber sie empfanden den Umgang mit ihm als Bereicherung.

Berlin, Ende Juni/Anfang Juli 1932

lieber papa,

[...] du bist nun ganz allein mit hartmut in duisburg. ihr beiden versteht euch sicher gut. ich habe eigentlich die zeit, wo wir beiden mal zusammen allein in duisburg waren, in besonders netter und anheimelnder erinnerung. es war eigentlich »familiärer« als sonst. hast du die absicht, diesen sommer noch irgendwo hinzureisen? meine pläne wären an sich diese: 15. juli – 1. august zelt an der ostsee. 1. august bis 5. august gegnerredaktion in berlin. 5. august bis 15. august wanderung in westdeutschland, über duisburg, dort etwa 1 woche mitte august. ich würde dabei etwa 2 mk pro tag brauchen. das meiste würde ich wohl per auto oder motorrad machen können. ich kenne mehrere leute, die mich mitnehmen können. ich könnte ein bißchen frische luft und ruhe gut brauchen. ich hatte in letzter zeit sehr viel zu tun. dafür kommt aber auch alles gut vorwärts. der »gegner« wird immer bekannter. die »Literarische Welt«[147] hat soeben einen längeren aufsatz über uns gebracht. Die »auslese«[148] hat einen artikel von uns abgedruckt, und überall im land entstehen gegnergruppen.[149] die gelder, die ich zunächst noch weiter für verlag und »gegner« brauche, kriege ich erst mal von meiner gegnerorganisation.[150] es ist eben nur die sache, dass, bis die sache sich selbst trägt, nichts für mich selbst dabei abfällt, sondern erst später. ich schätze, in einem halben jahr. dafür bin ich jetzt aber völlig unabhängig und kann in der zeitschrift schreiben, was ich will. augenblicklich verhandle ich noch, ob ich den »gegner« in irgendeinen gutgehenden verlag gebe (es interessieren sich viele für das projekt), oder ob wir eine eigene gmbh aufmachen sollen.

die 100 mk habe ich gut brauchen können. ich war im vormonat sehr knapp gewesen und hatte am ende des monats eine ganze reihe rechnungen, die ich nun zum großen teil bezahlt habe. [...] auf baldiges wiedersehen und gruss an hartmutbruder

Dein Harro

der nächste Gegnerabend findet statt am donnerstag den 7. juli 1932, 20 uhr im café adler am dönhoffplatz. thema: Volk oder Gesellschaft? zutritt nur für eingeladene.

Harro Schulze Boysen bleibtreu 2289

[Erich Edgar Schulze]

Duisburg, 5.7.1932

Lieber Harro!

Das war nett von Dir, daß Du mal über Dein Ergehen hast hören lassen, ein *bischen* ausführlicher und, wie soll ich sagen, 2–3°C wärmer, menschlicher, freundlicher als sonst in letzter Zeit, und ein *klein* wenig über den Rahmen der nötigsten Sachlichkeit hinaus. Solche sentiments sind wahrscheinlich garnicht modern, aber ich bin nun mal so. Und wenn man sich von Deinem Schalten und Walten gar kein Bild machen kann, dann kommt es mir manchmal vor, als würdest Du mir immer fremder und fremder. Das macht mich oft traurig. [...]

Und wenn es nicht geheim ist, erzähle noch mal kurz, wer die »Gegner-Organisation« ist, die Dich oder vielmehr Deine Zeitschrift finanziert. [unvollständig]

Berlin, den 26. VIII. 32

Lieber Papa, liebe Mama,

vielen Dank für Brief und Geld. Die Akademische Arbeitstagung[151], über die »Die Neue Zürcher Zeitung«[152] berichtet, war von mir veranstaltet, zusammen mit einem Mann namens Hoffmann. Die Leitung lag im »Gegner«-Büro, es ist aber schon eine Weile her und es wundert mich, dass das Blatt erst jetzt darüber berichtet. Die Tagung war übrigens wirklich interessant.

Die Hose: Ja, für das Arbeitslager[153] geht sie natürlich noch; aber dafür ist sie ja nun eigentlich wieder zu schön. Im übrigen ist es die Jacke, die nicht sitzt und sich schlecht abändern lässt. Na, erst mal muss alles noch so gehen ...

Ich halte die augenblickliche Regierung[154] auch nicht für so schlecht. Das entscheidende Organ für Volk und Jugend hat sie aber bisher nicht. Staatsmann und Volksmann allein tun's nicht mehr. Die Führer des Reiches müssen beides verkörpern, um Boden unter die Füsse zu bekommen. Vielleicht kommen den Leuten noch die guten Einfälle. [...]

Ich war gestern wieder lange auf dem Arbeitsministerium. Der Pressechef Dr. Schwab[155] ist mir sehr wohl gesonnen. Ich bekomme stets alle Nachrichten aus erster Quelle. Ab September werde ich regelmässig unter Mitwirkung der zuständigen Stellen eine Arbeitsdienstkorrespondenz[156], insbesondere für die ausländischen Blätter, einrichten.

September werde ich die »Gegner« von Berlin ins Arbeitslager nach Mecklenburg schicken, Arbeitsdienst und Siedlungshilfe.

Der »Gegner« macht sich wirklich famos, ohne Uebertreiben.

Herzliche Grüsse, Euer Harro.

Berlin, [Mitte August 1932]

Lb. mama, lb. papa;
ich sitze bei der üblichen Berliner Wärme im Freien im Café T. am Zoo und korrigiere grade meinen neusten »Gegner«, den ich Euch auch heute zusende. Ich hoffe, daß er von Mal zu Mal besser wird. – Ist Hartmut schon zurück? Wo steckt Helga wohl? Ich bekomme heute Besuch von Pariser Freunden[157], die auf einer Autoreise sind. Mein Arbeitsgebiet dehnt sich immer mehr aus, und ich brauche immer mehr Mitarbeiter. Ich arbeite jetzt aktiv mit an einer »Arbeitsbeschaffungskorrespondenz, Deutscher Pressedienst« und bearbeite das ganze Gebiet Arbeitsdienst, was ich nach wie vor für entscheidend wichtig halte. Dann organisiere ich weiterhin einen Artikel-Dienst für die Auslandspresse, insbesondere für USA. Dazu noch der »Gegner«, der viel Arbeit macht, – und Arbeitslager und politische Organisation. Aber das Entscheidende ist ja nicht das Übermaß an Arbeit, sondern, dass einem alles Freude macht. Einen ganzen Teil meiner Besprechungen, die die Arbeit ja notwendig mit sich bringt, habe ich ins Lunawellenbad (Dach-Sonnengarten!) verlegt. Das ist nah an meiner Wohnung + kostet für Studenten nicht viel!) – Wie ist es mit Mamas Berlinreise. Sie soll nur zu meiner Geburtstagsfeier herkommen. Ich lade dann nette Leute dazu ein. Aber rechtzeitig anmelden!!!

Im »Fall Jung« ist es so gekommen, wie ich es voraus sagte. Das Strafverfahren gegen ihn wurde eingestellt. Auch die anderen Leute sind vorerst wieder auf freiem Fuss, und ich glaube nicht, daß noch Wesentliches aus der ganzen Sache herauskommt. […] Was Ihr beiden wohl so allein anstellt?

Herzliche Grüsse Euer Harro.

Deutschland befand sich auf dem Tiefpunkt der Krise. Der Sturz in den Abgrund war überall spürbar. Depressionen, politische Blockierungen, Hoffnungs- und Zukunftslosigkeit begleiteten die sich ständig verschlechternde Lage. Die Krise stellte nicht nur eine noch nie dagewesene Konjunkturverwerfung dar. Viele Menschen hatten das Gefühl, als stünden Vergangenheit, Gegenwart und Zukunft gleichermaßen zur Disposition.

Schulze-Boysen sah diese ausweglose Situation auch als Chance an, einen neuen Politikansatz zu verwirklichen. Ideologisch nicht festgelegt focht er zwischen den immer bedrohlicher werdenden Fronten für ein neues Miteinander. »Gegner von heute – Kampfgenossen von morgen« war der Titel einer kleinen Streitschrift, die er im Herbst 1932 veröffentlicht hatte. Darin finden sich Gedanken von Marx, Nietzsche, Niekisch, Ernst Jünger, Mahraun, Spengler, Otto Strasser und anderen wieder. Die Schrift zeugt, wenn auch manches unscharf, verschwommen und eklektisch anmutet, von der Fähigkeit, den Rhythmus einer Zeitenwende in weiterführende Gedanken und in einprägsame Worte zu setzen.

Berlin, 27. September 1932

boy/se.

Mein lieber Papa,

vielen Dank für Deine Karten. Hoffentlich hast Du Dich recht gut erholt. Ich kann mir kaum vorstellen, wo Du nun eigentlich gewesen bist. Ich habe inzwischen nichts Aufregendes erlebt, hoffe aber, dass Mama Dir die Briefe nachgesandt hat. Ich arbeite wirklich wie ein Pferd, aber ich denke, es kommt auch etwas dabei heraus. Ich bin gespannt, ob Dir der nächste »Gegner« nun besser zusagen wird. Augenblicklich schreibe ich grade an einem kleinen Buch THESEN ZUR ZEIT[158], im Auftrage eines Berliner Verlages (Hoffmann). Letzte Woche war ich in einem Arbeitslager in Saarow (Mark), südöstlich von Berlin, 2 Std. mit Auto. Alles wirklich feine Kerls. Die ganze Bewegung ist aber mal wieder in Gefahr, von der Bürokratie verschluckt zu werden. Auch stellungslose ehemalige Offiziere machen da reichlich Postenjägerei, anstatt diese Bewegung, die nun wirklich kraftvoll und ursprünglich aus der Jugend kommt, der Jugend zu lassen. Nach aussen hin redet die Regierung andauernd von Privatinitiative und organischem Wachstum und gegen Staatsbevormundung. Aber das gilt scheinbar nur für die kapitalistische, nicht für die sozialistische Privatinitiative … […]

Herzlichen Gruss, lieber Papa.

Dein Harro.

Harro Schulze-Boysen fand die »Gegner« im »Gespräch, in Versammlungen, vor der Stempelstelle … kämpferische Menschen aus *allen* Lagern. Diese Menschen waren derselben Wesensart. Es wurde der Versuch gemacht, über alle alten Gegensätze hinwegzukommen.«[159]

Schulze-Boysen verfocht ein der gesellschaftlichen Praxis entgegengesetztes Politikmodell. Von einem autonomen Politikansatz ausgehend gedachte er, die polarisierenden Frontstellungen zugunsten eines produktiven Miteinanders, einer »neuen Einheit« zu überwinden. »Gegner in allen Lagern vereinigt Euch«[160] war Schulze-Boysens aktuelle Adaption aus dem »Kommunistischen Manifest«. Er wollte kämpferische junge Menschen aus allen Parteien und Schichten gewinnen, und es gelang ihm, mit Verständnis, Toleranz und ohne Zwang zu einer festen Vereinigung Verständigungsbrücken zu bauen. Der Zweifel war ihm wichtiger als die Zustimmung zu einer Doktrin. Er war zum Dialog mit Angehörigen aller politischen Lager bereit. Robert Jungk erlebte bei den Zusammenkünften zum ersten Mal, daß ohne die »üblichen Routinephrasen« unterschiedliche politische Meinungen diskutiert werden konnten.

In dem lockeren »gegner«-Kreis, in dem nur wenige Frauen Aufnahme fanden, wurde Schulze-Boysen als Mann akzeptiert, von dem eine große Ausstrahlung, auch ein gewisses homoerotisches Fluidum ausging. Er vermittelte in den Begegnungen »ein starkes Gefühl der Freundschaft, einer ganz persönlichen Freundschaft, obwohl wir uns nie persönlich so nahe gekommen sind«, erinnerte sich Robert Jungk.[161] Schulze-Boysen erschien seinen Freunden als eine Synthese eigener Art: ein Mann von links, der äußerlich das germanische Rassenideal der Rechten verkörperte.

Schulze-Boysen wurde führender Kopf und Mittelpunkt des »gegner«-Kreises. Er liebte den Widerspruch, übertrieb, um gehört zu werden, und verstand, in entscheidenden Situationen den Ausgleich herbeizuführen. Unerbittlich verfocht er in Diskussionen seinen Standpunkt. Zugleich konnte er im persönlichen Umgang nachgiebig und charmant sein, zeigte keinerlei Bestrebungen, im Vordergrund zu stehen und seinen Willen durchzusetzen.

Die »Gegner« waren Akteure inmitten gesellschaftlicher Krisenprozesse. Sie suchten nach Alternativen, nach politischen und sozialen Auswegen. Es entwickelten sich Keimformen einer neuen kollektiven, sozialen und kulturellen Praxis, die in den wenigen Monaten bis zur Machtübernahme Hitlers jedoch nicht zur Blüte gebracht werden konnten. Der angestrebte Gemeinschaftstyp eines »Ordens«, der »größte Einheit und Straffheit in Haltung und Substanz, Mannigfaltigkeit im Geistigen«[162] verkörpern sollte, eine Keimzelle der Zukunft, bestand mehr in den Vorstellungen von Schulze-Boysen als in der »Gegner«-Realität. Aber es war der Versuch, aus dem unpolitischen Gemeinschaftstyp bündischen Lebens herauszukommen, sich in die gesellschaftliche Wirklichkeit zu begeben und zugleich das Erlebnis der Gemeinschaft zu bewahren. Der »gegner«-Kreis war keine fest gefügte, sondern eine nach außen hin offene und sich mit anderen vernetzende Gruppe. Es blieb aber bei losen Querverbindungen, es gelang nicht, eine politisch gestaltende Kraft in der Endphase der Weimarer Republik zu werden.

Berlin, 1. Oktober 1932

Lieber Papa,
vielen Dank für Deine Karte. [...] Den Monatsbeitrag für Monat September habe ich heute erhalten; besten Dank; ich kann wirklich jeden Pfennig brauchen. Je mehr ich essen kann und je besser ich mich pflege, desto mehr kann ich ja auch leisten! Mein hypnotisch wirkendes Bild, das Mama solches Grauen eingeflösst hat, kommt nicht auf den Gegner. Dafür habe ich ein anderes »schreckliches« draufgesetzt. Ich schicke Dir morgen die neueste Nummer zu; sie ist ein grosser Erfolg. Ich rechne mit 100 neuen Beziehern auf die Nummer hin. Auflage beträgt jetzt 5 000.

Soweit die Antwort auf Deinen Brief und das Geschäftliche.

Nun zum 3. Oktober[163]: Alles Gute für Dich, mein lieber Papa! Ich hoffe und glaube fest, dass, – je mehr ich auf meine eigenen Beine komme –, auch das Verhältnis zwischen uns wieder frei sein wird von allen dummen Aergernissen und Betrüblichkeiten, die ich Dir verursacht habe. Du sollst wissen, dass sich hinter der Fassade einer Dir oft vielleicht roh und gefühllos scheinenden Sachlichkeit immer alles das verbirgt, was keine politische oder sonst eine Differenz aus der Welt schaffen kann. Ich schicke Dir zwei Bücher mit derselben Post und hoffe, dass Du Freude daran haben wirst. Das eine lehne ich inhaltlich ab. Es ist vom Chefredakteur der DAZ geschrieben.[164] Aber doch wohl ganz interessant! – Das andere ist Valeriu Marcu's »Scharnhorst«[165], den man allgemein sehr lobt. Für dieses Buch schreibe mir doch bitte (falls Du Zeit hast) einige Zeilen der Kritik für den »Gegner«.

Bestelle doch bitte Mama, dass ich über Helgas Pläne nichts weiss und dass sie mit ihr selber darüber korrespondieren möchte. (Ich bin ja schliesslich keine Zentralstelle zur Umgehung direkter Auseinandersetzungen zwischen grollenden Frauen!!!) Ich freue mich auf Mamas Berliner Besuch. Leider ist mein Freund Fred Schmid, den ich ihr gerne mal vorgestellt hätte, um diese Zeit nicht in Berlin. Aber es gibt auch noch andere Leute, die sie kennen lernen kann.

Herzlichen Gruss.

Dein Harro.

Im November 1932 lernte Harro Schulze-Boysen auf einer Party Regine Schütt kennen. Er trug einen dunkelblauen Pullover und eine graue Flanellhose, erinnert sich die spätere Textil-Designerin. Für Regine war es Liebe auf den ersten Blick. Sie konnte mit Harro reden wie mit niemand anderem. Er faßte das in Worte, was sie bewegte. Sie hatten eine kurze Liebesbeziehung, aber das wichtigste für Regine waren die Gespräche mit Harro, wenn sie ihn abends im Büro des »gegner« besuchte. Es störte sie nicht, daß Harro sie nie zu seinen Freunden und den Diskussionsrunden mitnahm. Harro war ihr wohl nicht wirklich nahe. Er dachte nicht daran, sich an eine Frau zu binden, da er seine Bestimmung darin sah, als Revolutionär zu wirken.[166]

Berlin, 29.11.32

Liebe Mama, lieber Papa,
als ich von meiner Reise[167] wiederkehrte, fand ich naturgemäss viel Arbeit vor. [...] Gestern machte ich eine sehr anregende Russlandtagung in Brieselang/Mk.[168] mit. Es handelte sich um ein Treffen deutscher und sowjetrussischer Jugend. Es waren nicht viele ausgewählte Teilnehmer da; allerdings waren fast ¼ der Teilnehmer »Gegner«. Unter ihnen auch Dr. Claus Mehnert, der die Sache sehr geschickt und lebendig leitete.

Das Blockhaus[169] beziehen wir am 1.XII. Durch die Vermietung verdiene ich sogar noch was, was wiederum für die Bürofinanzierung abfällt. Unser Büro ist direkt an der Potsdamerstraße, nahe Potsdamer Platz: Schellingstr. 1, zwei Zimmer. Meine Blockhausanschrift: Pichelswerder. Blockhaus 3/4. [...]

Dem »Gegner« geht's gut. Die neue Nummer kommt einige Tage verspätet. Sie beschäftigt sich im wesentlichen mit Jüngers neuem Buch »DER ARBEITER«. Die »Gegner«-Schriften sind erschienen. Ich lasse sie Euch morgen zusenden.

Hoffentlich ist Mama von ihrer Grippe wieder kuriert. Ich wusste nichts davon. Helga besuchte ich an ihrem Geburtstag. Ich fand sie eigentlich munter und frisch. Ueber mein Privatleben ist in diesen Tagen wenig zu berichten. Ich vertröste mich bis auf Duisburg. Im Blockhaus wird es übrigens auch sehr nett werden. Ich habe mir die nettesten Leute ausgesucht.

Herzliche Grüsse für heute, auch an Hartmutbruder
Euer H.

Am 30. Januar 1933 ernannte Reichspräsident von Hindenburg Hitler zum Reichskanzler. Nach dem »Polizeierlaß« vom 2. Februar, der alle Demonstrationen und Versammlungen der KPD verbot, folgte am 4. Februar die »Verordnung zum Schutze des deutschen Volkes«, die eine scharfe Pressezensur zur Folge hatte und Versammlungen unter Genehmigungspflicht stellte.

Am 16. Februar hatte der »gegner« zu einer Diskussionsveranstaltung über Ernst Jüngers Buch »Der Arbeiter« eingeladen. Zu den Teilnehmern gehörten überwiegend Studenten und Intellektuelle, unter ihnen waren

Kommunisten, Sozialisten, Jungdeutsche und sozialrevolutionäre Nationalisten, Vertreter anderer Gruppen und auch die »gegner«-Autoren Jorg Lampe, Adrien Turel und Fred Schmid. Harro Schulze-Boysen trat für »eine lebendige Einheitsfront der Arbeit gegen das Kapital« ein. Das Heer der Erwerbslosen müsse aufgeklärt werden. Unverständnis löste seine Forderung bei den Kommunisten aus, eine Front von jüngeren Leuten zu schaffen, die nicht hinter dem Marxismus zurückbleiben dürfte, sondern über ihn hinauswachsen müsse. Ein Kommunist bezeichnete den »gegner«-Kreis als Debattierklub, der noch diskutiere, wenn die Arbeiterschaft bereits marschiere. Der Nationalbolschewist Karl Otto Paetel betonte, daß die »gegner« andere Wege als die KPD zur Erreichung ihrer Ziele verfolgten, sie würden nicht nicht mit, sondern neben der KPD marschieren. Harro Schulze-Boysen erklärte, daß die internationale Politik und die Liebe zur Nation unbedingt zusammengehörten, und schloß die Versammlung mit dem Bekenntnis, daß der »gegner«-Kreis seine ganzen Bemühungen auf die Herstellung einer sozialistischen Einheitsfront richten werde.[170]

Direkte Angriffe gegen die neuen Machthaber wurden vermieden. Man beachtete die Zeichen der veränderten politischen Landschaft und die anwesenden Polizeibeamten. Am 15. Februar war bereits Otto Strassers »Schwarze Front« verboten worden.

Berlin, [17. Februar 1933]

lieber papa, liebe mama,
vielen dank für Eure lieben Briefe und die zusendung von rm. 20.–. mamas warnung kann ich recht gut verstehen. ich bin aber so fest davon überzeugt, dass die politischen dinge noch keineswegs zum stillstand gekommen sind, sondern sich noch fortlaufend in der ganzen welt revolutionär weiterentwickeln werden, dass es mir geradezu dumm erscheinen würde, gerade jetzt die zeitschrift aufzugeben. voraussichtlich werden wir aus dem verlag in den nächsten wochen schon eine GMBH machen. ich denke, dass fred schmid fest für unsere ganze gegnerarbeit gewonnen ist. das ist natürlich ein grosser erfolg und eine art geschäftlicher garantie. wir haben schon jetzt einen vertrag geschlossen. er ist jetzt mitinhaber des verlags. in dem augenblick, wo verlag und zeitschrift sich tragen (fred schmid rechnet damit, dass dies bald der fall sein wird!), bekomme ich erst mal monatlich das geld, was seit anfang 1932 durch meine arbeit hereingesteckt worden ist, in form von mindestens rm 100.– monatlich wieder ausgezahlt (also rückwirkend). das geld, was Ihr mir mal gegeben habt, ist also damit als eine art hypothek auf dem »gegner« angelegt. da fred schmid kein schlechter geschäfts-

mann ist, ist diese art von kapitalsanlage vielleicht garnicht so dumm.

auf die frage, wann der »gegner« genug abwirft, um mich ganz zu erhalten, kann ich einfach nicht antworten. ich kann nur immer sagen, dass – falls es euch nicht mehr möglich ist, etwas zuzusteuern, es auch so gehen muss. ich müsste dann eben noch mehr als jetzt arbeiten. bekannt genug bin ich ja nun, sodass meine artikel ziemlich leicht angenommen werden. wenn ich »rechts« eingestellt wäre, wär ich längst ein reicher mann. [...]

gestern abend war eine grosse gegnerversammlung mit fast 200 menschen. die aussprache hatte ein hohes niveau, und es ging alles ruhig und vornehm vor sich. die hohe polizei hatte garnichts zu tun, obwohl sie – mehrere mann stark – stark aufpasste. [...]

ihr seid übrigens nicht die einzigen eltern, die kummer mit ihrem sohn haben. fast täglich zeigen mir »gegner«-leute briefe ihrer eltern, die an eindringlichkeit und besorgtheit oder auch empörung nichts zu wünschen übrig lassen. es ist eben ein tragischer konflikt in unserer zeit, nicht nur bei uns. auf dem gestrigen »gegner«-abend waren zwei söhne des kapitän hans paasche, der eine, jüngere, ausgesprochen sympathisch. ich verstand mich sehr gut mit ihm. [...]

das schicksal der plans-bewegung ist nicht so kläglich, wie es nach dem internen nachrichtenblatt, das neulich nach duisburg kam, den anschein hat. die grosse revue hat sich in der noch grösseren revue »esprit«[171] fortgesetzt, und diese beziehungen sind uns sehr nützlich. ich lasse euch eine nummer von »esprit« zugehen, mit einem grösseren artikel für die gegner und einem artikel von mir.[172] noch wichtiger wäre mir im augenblick der ausbau internationaler beziehungen nach polen hin – in absehbarer zeit wird das jedenfalls wichtig werden –, aber heute ist es noch sehr schwer. ich habe aber den eindruck, dass die russen dort für den nächsten krieg gute vorarbeiten leisten.

meinen austritt aus dem orden habe ich – wegen seiner einigermassen klaren haltung gegenüber der faschistischen regierung[173] – noch verschoben. ich teile euch das mit, damit nach meiner letzten mitteilung keine falschen gerüchte aufkommen. ich selbst ziehe am 1. aus dem blockhaus aus und überlasse es anderen »gegnern«. ich lasse mich, unter beteiligung an der miete, in dem einen büroraum[174] nieder. das ist für mich wesentlich praktischer bei der vielen, unerwartet vielen arbeit, die ich zu verrichten habe. das blockhaus ist im übrigen zu verlockend für persönliche überfälle politischer art, die sich generaliter wohl in den nächsten wochen häufen werden.[175]

mamas brief hat mir innerlich wohl getan wegen all der mütterlichen liebe, die darin zum ausdruck kam. aber meinen lebensweg steuere ich selbst. mit »pathologie« hat das nichts zu tun.

euer H.

Berlin, 4. März 1933

Liebe Eltern,

eben einen Tag und eine Nacht im Gefängnis gewesen. Ohne Angaben irgend eines Grundes mit 55 Leuten in einem dunklen überheizten Keller zusammengepfercht.[176] Ueble Schikanen. Eben wieder freigelassen. Ich habe in diesen Stunden herrliche Menschen kennengelernt.

Darum: Nun erst recht!

Herzlichen Gruss Harro.

Nach dem Reichstagsbrand am 27. Februar verhalf Harro Schulze-Boysen Freunden zur Flucht ins Ausland. In den Artikeln des »gegner« ist eine unabhängige und verhalten kritische Position gegenüber der »nationalen Revolution« zu erkennen.[177] Statt – wie viele andere – sich gleichschalten zu lassen oder der NSDAP beizutreten, setzte der Herausgeber auf den antikapitalistischen Flügel in der Nazi-Bewegung. Er wandte sich im März an das »Braune Haus« in München, um dort seine Vorstellungen mit der HJ-Führung zu diskutieren. Claire und Franz Jung versuchten ihn vergeblich zu überzeugen, daß es mit den Faschisten keine Gemeinsamkeiten geben könne.[178] Über den Verlauf der Gespräche in München ist nichts bekannt.

Der 23jährige suchte inmitten der raschen Veränderungen immer noch nach einem dritten Weg, für den er Aktivisten zu sammeln gedachte. Er hing der Illusion an, mit entschlossenen jungen Männern den Nationalsozialismus von innen durchdringen und der gesellschaftlichen Umwälzung noch eine wirkliche revolutionäre Perspektive geben zu können. Damit unternahm Schulze-Boysen auch den Versuch, den vermeintlich sozialistischen Anspruch der nationalsozialistischen Bewegung in den Vordergrund zu rücken. Der Zusammenstoß mit dem NS-Regime war unausweichlich.

Es wurde zunehmend schwieriger, sich in öffentlichen Räumen zu treffen. Nach einer von der Polizei aufgelösten Diskussion im Café Adler, wurden die Zusammenkünfte in private Zimmer verlegt. Elsa Nuß aus dem »Republikanischen Rednerverein« erinnerte sich, daß unter den zwanzig Teilnehmern auch der Bildhauer Kurt Schumacher und seine Frau Elisabeth waren. Turel referierte über die Widerstandsbewegungen der verschiedenen Völker in unterschiedlichen Epochen. Anschließend sprach Schulze-Boysen, sehr gesammelt und ernst, sicher und sachlich, von der Notwendigkeit, eine Widerstandsbewegung in Deutschland zu organisieren. Er verwies auf die Notwendigkeit der Aufgabe persönlichen Lebens und bedingungsloser Opferbereitschaft. Dann forderte er alle älteren Teilnehmer auf, den weiteren Zusammenkünften, die ein illegales politisches Gepräge tragen würden, fernzubleiben.

Beunruhigt durch die eskalierende Gewalt der SA gegen Andersdenkende wollte Erich Edgar Schulze seinen Sohn aus der Berliner Gefahrenzone herausnehmen und hatte ihm vorgeschlagen, einen einjährigen Fliegerlehrgang an der Deutschen Verkehrsfliegerschule in Warnemünde an der Ostsee zu absolvieren. Harro Schulze-Boysen zögerte, er wollte den »gegner« nicht aufgeben. Andererseits sah er in der Fliegerausbildung auch einen möglichen Neubeginn in schwierigen, unsicheren Zeiten.

Berlin, [Ende März/Anfang April 1933]

Liebe Mama,
vielen Dank für deinen lieben Brief. Aber es ist einfach nicht angängig, dass Du so schreibst. Jeder Kontrollbeamte, der bei der Zensur den Brief liest, muss ja nach seiner Lektüre den Eindruck bekommen, als sei ich fanatischer Kommunist oder sowas. Davon kann doch gar keine Rede sein. Ich habe mir die geistige Einigung der jungen Generation und eine Art Ordens- oder Elitebildung zum Ziel gesetzt. Wenn ich wegen dieser Ziele ins Gefängnis komme, bin ich durchaus einverstanden, denn dann bin ich im Recht. Aber wenn Du schreibst: »Solltest Du wirklich immer noch ... und unsere Ermahnungen ausser Acht lassen und ... Du bist sicher schon verboten und so ...« – Da kann man ja überhaupt nur auf den Gedanken kommen, dass ich eine marxistische Geheimzentrale sei. Und das ist doch wirklich nicht der Fall. Wenn der Korpsstudent X noch solche lächerlichen Tiraden von sich geben kann, wie er es offensichtlich tut, dann ist die Revolution eben entschieden noch nicht am Ziel, wie Du meinst. [...] Eine noch etwas ausgebaute nationalsozialistische Regierung wird auch das bürgerliche Recht in Deutschland ausser Kraft setzen. Dann will ich gern weiterstudieren. Bis dahin aber lebe ich für die Revolution, inclusive aller Gefahren und sonstigen Konsequenzen.

Dass Papa so positiv zur Regierung steht, ist sehr gut. Schade, dass er nicht Parteimitglied ist, sonst könnte er noch grosse Karriere machen ... Was mich angeht, so verhalte ich mich loyal zur Regierung. Bei den kommenden grossen wirtschaftlichen Entscheidungen muss man weiter sehn.

Für das schöne Paket habe ich Euch gedankt; der Brief ist wohl verloren gegangen. Also nochmals. Das Hemd konnte ich gut brauchen, und auch die Eßsachen ... Es war sehr lieb von Euch, an mich zu denken. [...]

Euer H.

P. S.: Die Fliegersache geht mir offen gestanden sehr nahe. Die Ausbildung dauert 1 Jahr und alles ist kostenlos. Beginn Anfang Mai. Ich kann die Zeitschrift nicht im Stich lassen. Ich könnte aber, wenn Ihr mir für die nächsten Monate weiter ca. 150 Mk (nicht für mich) zur Verfügung stellen würdet, einen Redakteur halten und selber inzwischen fliegen lernen. Sowas wäre doch immerhin noch solider als siedeln! Jeder Flieger ist doch auch »gesellschaftlich« allright. – Schreibt mir doch, was Ihr dazu meint. Es ist natürlich nur der Schatten einer Idee vorläufig. Jedenfalls würde ich es nur machen, wenn die »gegner« dabei nicht draufgehen.

Harro

Berlin, [Mitte April 1933]

[...] mein lieber papa,
vielen dank für deinen brief. ich will mich gleich morgen mal zu der fliegerstelle auf den weg machen und nähere auskünfte einholen. meine bemerkung bezüglich »der partei« sollte nicht darauf hinzielen, Dich nun zum eintritt zu bewegen; er sollte nur zum ausdruck bringen, dass ich nichts dabei finden würde. [...]

ich habe den eindruck, dass sich die revolution immer weiter radikalisiert. hoffentlich wachsen die staatsmänner in ihrem format ebenso schnell wie die aufgaben, die sie zu bewältigen haben werden. mir scheint, dass man ein volk ernähren kann mit fast jedem wirtschaftssystem, aber man muss es auch geistig beherrschen. ob die SA ihren sozialismus beherrscht, muss erst abgewartet werden.

ich denke, Ihr habt inzwischen die neuen »gegner« erhalten. wir werden zwar scharf beobachtet, aber so gefährdet, wie Mama meint, sind wir nicht. das kann natürlich von einem tag auf den andern kommen, denn die untergeordneten instanzen sind furchtbar nervös und wittern überall böses. insbesondere sind es unsere zusammenkünfte, die etwas misstrauen erregen. nun, vielleicht kann man über den sinn der abende noch klarheit verbreiten. mein freund, dr. Mariaux, ist sendeleiter des berliner rundfunks geworden. das ist nicht ungünstig. die Revue d'Allemagne[179] brachte einen ca. 20 seiten langen aufsatz über die »gegner«, den ich euch mit der bitte um rücksendung übersende. fred schmid hat ein erstaunlich gutes buch über friedrich den grossen[180] geschrieben.

in liebe euer verlorener sohn Harro

Durch die Veranstaltung des »gegner«-Kreises Mitte Februar 1933 war die politische Polizei auf Schulze-Boysen aufmerksam geworden. Die in den Mitteilungen des Landeskriminalamtes veröffentlichte Einschätzung, daß es sich bei dem »gegner«-Kreis um eine »radikal kommunistische Vereinigung« handele, führte dazu, daß ein SS-Sturm Ende April die »gegner«-Redaktion besetzte und alle Anwesenden verhaftete. Die SS-Leute prügelten die jungen Leute die Treppen hinunter in den bereitstehenden Mannschaftswagen. Die meisten wurden wieder freigelassen. Adrien Turel, Harro Schulze-Boysen und sein Mitarbeiter Henry Erlanger kamen in ein wildes Konzentrationslager der SA, das in einem Kegelkeller eingerichtet worden war. Der Schweizer Turel kam frei, aber Schulze-Boysen und Erlanger mußten dreimal eine Gasse peitschenschlagender SA-Leute durchlaufen. Der Jude Henry Erlanger überlebte diese Tortur nicht. Harro Schulze-Boysen verblüffte seine Peiniger, indem er darauf bestand, noch eine vierte »Ehrenrunde« laufen zu wollen. Ein SA-Mann bemerkte anerkennend: »Der gehört eigentlich zu uns.« Natürlich ging es Schulze-Boysen nicht um Anerkennung, sondern um die Wahrung seiner Selbstachtung. Er galt jedoch nun als Mitwisser eines Mordes. Als die SA-Leute noch berieten, wie sie das Problem lösen könnten, erschien plötzlich Marie-Luise Schulze, von einer Polizei-Eskorte begleitet, und befreite ihren Sohn aus der lebensbedrohlichen Situation.

Regine Schütt hatte zwei Tage zuvor, als sie von der Verhaftung erfuhr, die Eltern in Duisburg alarmiert. Die Mutter setzte sich in den nächsten Zug und suchte sofort den von den Nazis eingesetzten Berliner Polizeipräsidenten, den früheren Admiral von Levetzow, einen alten Marinekameraden ihres Mannes, auf. Er versprach zu helfen, wenn Frau Schulze herausfände, wo ihr Sohn sei. Regine Schütt lief zwei Nächte die SA-Sturm-Lokale ab und fragte nach Schulze-Boysen, bis ihr ein SA-Mann den Aufenthaltsort nannte.

Marie-Luise Schulze war entsetzt, als sie ihren Sohn sah: leichenblaß, das Gesicht mit Schrammen bedeckt, der Rücken voller Striemen, die Haare mit einer Gartenschere abgehackt. Harro empfand die Folter als eine Auseinandersetzung unter Männern, aber den Tod Erlangers konnte er den SA-Leuten nicht verzeihen. Marie-Luise Schulze erstattete bei der Polizei Anzeige wegen Mordes an Henry Erlanger. Am nächsten Tag wurde Schulze-Boysen erneut wegen der Angelegenheit »Erlanger« verhaftet und ins Polizeipräsidium gebracht. Es gelang der Mutter jedoch noch einmal, ihn dort herauszuholen.

Eines hatte Schulze-Boysen in dem Folterkeller erkannt: Gegen diese Gewalt kam er mit einigen entschlossenen Freunden nicht mehr an. Eine Niederschlagung der Nazis war nur in einem Bürgerkrieg möglich, aber dafür fehlten die Bataillone. Recht und Gesetz galten nicht mehr. Die Deutschen schauten zu, anerkannten die Nazis als die Stärkeren, die jetzt das Sagen hatten. Es gab keine politische Kraft, die einen wirksamen Protest hätte organisieren können. Man mußte andere Formen finden.

Seinen Freunden riet er, bevor er Berlin verließ, um in Warnemünde mit dem Fliegerlehrgang zu beginnen, sich in Nazideutschland umzusehen, vielleicht in die Reichswehr oder in den Reichsarbeitsdienst einzutreten, auch Mitglied der NSDAP zu werden, warum nicht. Das Leben ging weiter, sie mußten ja keine überzeugten Mitstreiter der Nazis werden, aber sie sollten wissen, was dort passiert. Das propagierte Tausendjährige Reich hatte für die jungen Leute nur einen vorübergehenden Charakter. Sie lästerten über das martialische Machtgehabe der Herrscher. Nein, das konnte nicht ewig währen, so glaubten sie.

Couragiert versuchte Schulze-Boysen, auch unter den Bedingungen der beginnenden Naziherrschaft handlungsfähig zu bleiben. Für ihn befanden sich die Ereignisse weiterhin im Fluß. Ihr Ausgang stand noch nicht fest. Sein Optimismus, auf den Gang der Dinge noch Einfluß nehmen zu können, entstand aus der Hoffnung, daß sich die Revolution – auch durch sein eigenes Zutun – immer weiter radikalisieren könnte. Dabei unterschätzte er die Stärke und Brutalität der braunen Kolonnen und ihrer Förderer unter den Eliten, und er überschätzte die »ehrlichen« Nationalsozialisten und seine eigenen Einflußmöglichkeiten. Er war nicht bereit überzulaufen, sich neuen Herren und Doktrinen anzupassen und sich dem Normensystem des Dritten Reiches zu unterwerfen. Seine Gegner hatten sich als einflußreicher und brutaler erwiesen, als er sich das vorgestellt hatte. Er mußte die Niederlage der von ihm heftig kritisierten Weimarer Republik in einem Folterkeller der SA am eigenen Leib erfahren. Gleichzeitig hatten auch unter dem neuen Regime die Beziehungen seines Vaters Bestand, die ihm nun das Leben gerettet hatten.

Harro Schulze-Boysen hatte sich bereits vor seiner Verhaftung entschlossen, die Verkehrsfliegerschule in Warnemünde zu absolvieren. Daß die Gestapo ihm nach der Durchsuchung und Versiegelung der Redaktionsräume des »gegner« nahelegte, Berlin zu verlassen, machte ihm die Entscheidung nur leichter. Es reizte ihn, Flieger zu werden. Die Zukunft lag in der Luft. Dort würden eines Tages die entscheidenden Schlachten stattfinden, vielleicht auch die künftige militärische Auseinandersetzung mit den Nazis. Er hoffte, auch die Teilnehmer des Fliegerkurses für die Opposition gegen die Nazis zu gewinnen.

Zwischen Depression und Selbstbehauptung (1933–1939)

Verkehrsfliegerschule Warnemünde

Nach einem kurzen Erholungsaufenthalt mit der Mutter auf der Ostseeinsel Laboe und einem Besuch in Kiel meldete sich Harro Schulze-Boysen Mitte Mai 1933 an der Deutschen Verkehrsfliegerschule in Warnemünde, einer verdeckt arbeitenden paramilitärischen Ausbildungsbasis von »Seebeobachtern«. Der Aufbau einer Luftwaffe in Deutschland war mit den Versailler Verträgen verboten worden. Die Teilnehmer erlernten das Fliegen und die Aufklärung militärischer Objekte auf der Ostsee.

Die Eltern kümmerten sich in Berlin um die Abwicklung des »gegner«-Verlages und bezahlten die ausstehenden Rechnungen.

In Warnemünde begann für Harro Schulze-Boysen das eigentliche Leben in Nazi-Deutschland. Der Hitler-Gegner, der sich bis in den März 1933 mit großer Lust in die aktuellen Debatten eingemischt, den Widerspruch herausgefordert hatte, mußte nun scheinbar in Übereinstimmung mit der vorherrschenden Meinung agieren. Er durfte nicht auffallen, wußte er doch, daß er beobachtet wurde. In seinen Briefen – von einer Postkontrolle hatte er immer auszugehen – konnte er nur das schreiben, was ihn und andere nicht belastete und die Eltern nicht beunruhigte. So blieben die ihn wirklich bewegenden Fragen weitgehend ausgespart. Er lernte zu schweigen, seine Gedanken nach innen zu richten, wo er früher Flagge gezeigt hätte. Auf aktuelle politische Entwicklungen ging Schulze-Boysen kaum ein, obwohl die Gestapo Freunde inhaftiert hatte und in den Zeitungen über Verhaftungen, über Konzentrationslager und Gefängnisse berichtet wurde. Nichts erfährt der Leser seiner Briefe über die Emigranten, obwohl Schulze-Boysen mehreren Freunden geholfen hatte, das Land zu verlassen. Der alltägliche Rassismus, der sich steigernde Antisemitismus ist ein Thema, das nur manchmal anklingt.

So geben die Briefe nur einen reduzierten Ausschnitt seines Denkens und Fühlens in dieser Zeit wieder. Anspielungen ersetzen den Diskurs. Schulze-Boysen bedient sich manchmal der »Sklavensprache«, setzt sie gelegentlich als ironisches Stilmittel ein. Manchmal scheint es, als ob er sich in temporärer Übereinstimmung mit dem NS-Regime befinde.

Statt einzugreifen, mußte der politische Aktivist lernen, sich immer wieder zurückzunehmen. Die Briefe spiegeln dies weniger in seinen Bekenntnissen als in seinen Stimmungen wieder, die von Ohnmacht und

Resignation, aber auch von trotziger Selbstbehauptung und der nie versiegenden Hoffnung auf die Zeit »danach« beherrscht waren. Die kritische Distanz zum Naziregime bleibt spürbar.

Die innen- und außenpolitische Situation war mit vielen Unwägbarkeiten verbunden. Schulze-Boysen hatte erhebliche Zweifel, daß die Nazis zu einer langfristigen Gestaltung der Gesellschaft fähig wären. Es war nicht klar, wie lange die Nazi-Diktatur andauern würde, ob sie nicht in absehbarer Zeit an dem Widerspruch zwischen der antikapitalistischen Basis und der prokapitalistischen sozialen Funktion des NS-Staates auseinanderbrechen würde.

Schulze-Boysen hatte sich bereits vor 1933 mit der Ideologie der Nazis auseinandergesetzt und ließ sich auch nach 1933 nicht gleichschalten, obschon er in Warnemünde im Gleichschritt mitmarschieren und die Lieder der Nazis singen mußte. Offen war, in welcher Form er seine Ablehnung des NS-Regimes äußern würde. Als bekennender Nazi-Gegner hatte er keine Chance. Er mußte andere Möglichkeiten finden, sich zu artikulieren, mitschwimmen im Strom der Zeit, ohne sich vereinnahmen zu lassen, Freunde sammeln und bereit sein, wenn die Zeiten sich änderten. Zunächst jedoch mußte er sich nach dem Abbruch seiner bisherigen Lebenslinien über seine Situation klar werden und nach einer menschenwürdigen Existenz unter den neuen Bedingungen suchen.

Warnemünde, 26. V. 33

Lieber Papa, liebe Mama,
hoffentlich ist Mama nun wieder wohlbehalten in Duisburg eingetroffen. In Berlin wird es wohl noch schwierig geworden sein. Ich kann nur nochmals sagen, daß ich es nicht für richtig halte, wenn wir nun auch noch hier, in finanzieller Hinsicht, nachgeben. –

Hier entwickelt sich alles sehr gut weiter. Ich bin bis auf weiteres zum »Gruppenführer« und Vertrauensmann (also von allen mit mir zur gleichen Zeit gekommenen dreißig Leuten) ernannt worden. Diese schnelle Beförderung ist mir beinah etwas peinlich. Es ist doch immerhin ein exponierter Posten und ein oder zwei SA-Leute waren zuerst nicht ganz zufrieden. Die anderen halten sehr zu mir. Morgen werden wir wieder den ganzen Vormittag fliegen; Wasserflugzeuge, ganz schwere Kähne.

Überhaupt scheint man gerade mit unserer Gruppe allerhand vorzuhaben. Man plant, uns im Laufe von 2 Jahren bis zum »C. 2.-Schein«, einem Führerschein allerhöchsten Kalibers zu bringen.

Na, solange man mich in Ruhe lässt, mache ich mit. Man hat hier ja wirklich ein Götterleben. [...]

H.

Warnemünde, 31. V. 33

Lieber Papa, liebe Mama,
[...] Gestern abend war »an Land« großer Zapfenstreich. Die »Schleswig-Holstein« liegt vor Warnemünde vor Anker. Heute war Skagerak-Feldgottesdienst, die Stimmung war festlich-begeistert. Wir werden hier immer wieder ernst daran erinnert, daß »nur der Krieg uns weiterbringen könne und es einen anderen Ausweg nicht gebe.« Das deckt sich ganz gut mit meinen Anschauungen. Der nächste Krieg wird uns ein erhebliches Stück weiterbringen. Es wird viele Besiegte geben. [...]

Harros damalige Freundin Regine Schütt besuchte ihn an den Wochenenden in Warnemünde. Sie erzählte von Vorladungen bei der Gestapo. Die Beamten wollten mehr über den »gegner«-Kreis wissen und versuchten, sie zu der Aussage zu bewegen, daß Henry Erlanger sich mit Selbstmordgedanken getragen habe und sich nach seiner Entlassung selbst umgebracht hätte. Sie versicherte jedoch, daß sie Erlanger nicht gekannt und im »gegner«-Kreis nicht aktiv gewesen sei. Außerdem brachte Regine Nachrichten und Briefe der Berliner Freunde, die sich in kleiner Runde weiterhin trafen. Harro Schulze-Boysen war dieser Kontakt sehr wichtig. Auf diese Weise gelangte auch folgender Brief an Adrien Turel.

Warnemünde, 6. 6. 33

Lieber Adrien,
es hat mich aufrichtig gefreut zu hören, daß Deine philosophische Arbeit weiter blüht und wächst. Du weisst ja, wieviel ich davon für die Zukunft noch erwarte. Im Augenblick ist der Zeitpunkt vielleicht noch nicht da, aber so große Sachen haben ja Zeit. Am meisten Zukunft prophezeie ich entschieden für den ganzen Komplex: Recht des Menschen auf Selbstverwandlung. Darüber solltest Du mehr und noch ergiebiger schreiben. Ich erinnere an die eine Arbeit, wo Du auch Nietzsche zitiertest.

Wenn Du mir mal was zuschickst, will ich gern zusehen, daß ich es in der Presse unterbringe. Du erinnerst wohl, daß ich im Aprilheft Weber-Krohse[1] sehr positiv besprach. Es entspann sich dann eine nette Korrespondenz. Der betreffende ist jetzt Chefredakteur der größten ostpreußischen NSDAP-Zeitung. Da ist also was zu machen. Auch in mehreren anderen Fällen übrigens. Mir liegt deshalb viel daran, immer in Verbindung mit Dir zu bleiben. Ich bin überzeugt, daß man da was machen könnte. –

Hier hat sich alles recht günstig angelassen. Ich lerne sehr viel und verliere keinen Augenblick meine Lebensziele aus den Augen. Dem Zeitgeschehen in seiner Gesamtheit stehe ich durchaus positiv gegenüber.

[...] B[arth von Wehrenalp] hat, wie Du ja stets prophezeitest, auch völlig versagt. Gut: Jedzek, Bömcke, Dissel, und verschiedene andere. Grüße sie alle vielmals. Sie sollen ruhig mal schreiben. Du auch. Wir haben ja nichts zu verbergen. Herzlichen Gruß

Dein Harro.

Warnemünde, 25. 7. 33

Liebe Mama,
zu Deinem Geburtstag viele liebe Grüße von mir. Hoffentlich ist dieses Jahr noch etwas friedlich, damit Du mal in den Kümmernissen über Deinen Ältesten etwas pausieren kannst.

Deinen + Papas lieben Brief habe ich eben bekommen. Für Papa wird der Tod des alten Löwen[2] von Flandern einen schmerzlichen Abschied von einem lieben Menschen bedeuten. Papas Aufsatz in der DAZ las ich eben.

Bei uns in der großen Messe hängt ein fast lebensgroßes Gemälde von Onkel Alfred, das bei weitem den größten Raum der Wand einnimmt. Das fiel mir gerade hierbei ein. [...]

Mein Haupthaar, das edle, ist schon längst wieder unauffällig; kurz soll es hier ja sowieso sein. Überhaupt wird hier alles immer militärischer. Nächstens kriegen wir grau-blaue Uniform [...] Hat Euch eigentlich der Verleger Hoffmann als Gegenleistung für Eure horrenden Zahlungen noch die Restauflage (ca. 1500) meiner Schrift[3] ausgehändigt? In Berlin ist starke Nachfrage danach.

Hier ist furchtbar starke Konkurrenz. Augenblicklich scheiden gerade 50 % aus unserer Gruppe aus. Es werden andauernd welche abgelöst, d. h. nach Hause geschickt. Ein großer Teil der Ausbildung besteht natürlich auch im »Wehrsport«. Politik wird eigentlich überhaupt nicht erörtert. Das Geistige wird allgemein stark gemieden. – [...]

Der Wechsel von Berlin nach Warnemünde war für Schulze-Boysen auch ein Sturz ins Geistlose. Es gab keine politischen Diskussionen, kaum einen intellektuellen Austausch. Unter den Teilnehmern entdeckte der Nazi-Gegner keine Gleichgesinnten. Der militärische Drill war nervtötend, hier gab es keine Gemeinschaft, dafür aber viel Heuchelei. Zweifel und Widerspruch konnte er nicht mehr äußern; denn eine eigene Meinung ließ ihn bereits suspekt erscheinen. Er fand in Warnemünde Kameraden, aber keine Freunde, mit denen er über die für ihn wirklich wichtigen Fragen reden konnte. Er konnte sich nicht wehren. Alles erschien ihm hoffnungslos. Schulze-Boysen trug sich im Sommer 1933 mit Selbstmordgedanken, weil er das Gefühl hatte, den geistlosen Stress in der Zwangsgemeinschaft nicht ertragen zu können.

Warnemünde, 5. 8. 33

Lieber Papa,
[...] Von hier gibt es nichts neues zu vermelden. »*Über*durchschnittliche Leistungen« liegen von mir m. E. *nicht* vor. Man erkennt Eifer, Intelligenz, und noch einiges, an. Aber ich sitze eben hier doch – von meinem Standpunkt aus gesehen, – wie im Gefängnis, weit ab von allen Dingen, die mich in Wirklichkeit innerlich angehen, und meine Nerven reagieren von Tag zu Tag fauler. Ich bin selbst gespannt, wie lange sich das noch mit dem Willen meistern läßt. Da hilft auf die Dauer alle gute Verpflegung nichts. Im Grunde bin ich aber doch ein ehrlicher und anständiger Mensch, und das Heucheln übersteigt mal meine Kräfte.

Na, Du weißt, daß ich mein Bestes tun werde. [...]
Herzlichen Gruß, in Liebe
Dein H.

Warnemünde, 18. 8. 33

Lieber Papa,
vielen Dank für Deine Karte. [...] In Berlin war ich inzwischen schon wieder (beobachtet und gesteuert!)[4] [...]

Der hiesige Chef, Herr Becker[5] (ehemaliger Seeoffizier, Kapitänleutnant?), rief mich vor einigen Tagen zu sich und fragte, »ob er ein Exemplar meiner früheren Zeitschrift bekommen könnte.« Ich gab ihm die letzten 2 Nummern, die ich noch hier hatte. Woher er davon weiß, davon habe ich keine Ahnung. Ich bin gespannt, was dabei nun wieder herauskommen wird! Gemacht hab ich hier ja nichts mehr; also mehr als schlechter behandeln kann er mich m. E. wohl nicht. [...] Viele Grüße für heute + mehr durch Mama.
Dein H.

Warnemünde, 30. 8. 1933

Liebe Mama,
[...] Meine Vermutungen wurden noch prompt bestätigt. Einer unserer Lehrer, v[on] R[itgen], der mir politisch nahesteht, rief mich in sein Zimmer und fragte, »ob ich wüßte, *wer* mich denunziert hätte (wegen meiner Vergangenheit.)« – Also doch! – Und abends kam ich etwas mehr mit Harms ins Gespräch und er sagte mir unaufge-

fordert, es würde unentwegt gegen mich gehetzt. Du siehst also, ich leide nicht an Einbildung. Aber beunruhige Dich nicht weiter. Man darf sich eben nur nicht *ärgern*, wenn man als Staatsbürger 2. Klasse behandelt wird. Tatsächlich minderwertiger wird man dadurch ja doch nicht. Und je länger ich hier bin, desto mehr sympathische Leute finde ich ja auch, die mir helfen. Man muss sich natürlich wahnsinnig in Acht nehmen und mißtrauisch sein bis dorthinaus. Wir haben es fein weit gebracht, weiss Gott. Natürlich hoffe + erwarte ich sehr, dass die Partei hier bald gründlich Abhilfe schaffen + die verschlammte Atmosphäre säubern wird. Dann wird es wohl auch hier in Warnemünde besser. So wie es jetzt ist, ist es wirklich scheusslich. – [...]

Sonst ist von hier nichts neues zu melden. Das Wetter ist immer noch schön und warm. Schade, dass Du schon abreisen mußtest, aber es war doch nett, daß ich Dich wenigstens ein paar Tage hier hatte. – Gestern ist einer von unsrer engsten Gruppe aus *150* m abgestürzt. Gottlob überm Wasser. Die Maschine war *völlig* zertrümmert, aber der Mann – wie durch ein Wunder – am Leben. Er liegt mit Gehirnerschütterung u. einigen zerbrochenen Gliedern im Krankenhaus. – Er* hatte nicht genügend aufgepaßt + war in der Kurve abgerutscht + ins Trudeln gekommen. – Es werden von Tag zu Tag weniger Maschinen, neue kommen nicht. Und die Ausbildung wird immer schwieriger.

Viele Grüsse, in Liebe
Dein H.

* übrigens einer von meinen »speziellen Freunden«!

Warnemünde, 3. Sept. 1933

Mein lieber Papa,
mit Deinem Brief und dem Paket, das schon angekommen ist, aber mir noch nicht ausgehändigt werden konnte, weil unser DVS-Postbüro am Sonnabend schon geschlossen war, hast Du mir grosse Freude gemacht. Der Wein wird sicher grosses Hallo hier erwecken. Und das Geld kann ich wirklich mal gut zu einem netten Wochenende brauchen.

Ja, die letzten Monate sind schon schwer gewesen, aber ich will sie garnicht in meinem Leben missen. Allen Gewalten zum Trotz sich erhalten, – das macht auch stark. Und ich glaube, es kommen Zeiten, wo man garnicht stark genug sein kann, in jeder Hinsicht.

Es sind sicher nur die mittelmäßigen Menschen, die die innere Leere und Traurigkeit garnicht kennen. Jedenfalls habe ich das Gefühl, daß das gut' Teil Niedergeschlagenheit und Einsamkeit ebenso durcherlebt werden mußten wie große und starke Tage meines Lebens.

Meine »speziellen Freunde« hatten mir hier manche Kränkung zugedacht, und zuerst war ich oft ratlos, wie ich das alles überstehen sollte. Aber je kräftiger ich mich allmählich körperlich wieder fühle und je mehr wertvolle Kameraden ich hier finde, die auch zu mir halten, desto weniger bange ist mir um die Zukunft, so sehr ich auch besorgt bin um das Allgemeine.

Ich bin jeden Tag neu erschrocken, mit welcher Selbstanmassung und Leichtfertigkeit man die schwierigsten Fragen der Zeit anfaßt. Ich sehe Massengünstlinge, unzufriedene Prätorianergarden, ratlose Bürger, gläubige Jugend, aber keinen einzigen großen, klaren staatsmännischen Geist. Das größte, riesigste Feuerwerk der Welt am 2.[6], das war symbolisch. Mit dem Argument, man müsse dem »Volk« ein Spektakel geben, ist es nicht getan. Das Volk ist garnicht so dumm, und, wo ich auch hinhöre, vom Arbeiter bis zum SA-Mann, *sehr* kritisch. Und die Kleinbürger sind noch gläubig und bedenkenlos. Sollte man nicht grade heute offene, freimütige Kritik wünschen und zulassen. Dass man das nicht tut, stimmt verdächtig. – Die Reden jetzt auf dem Parteitag waren zum Teil gewiß ausgezeichnet und hätten nicht besser verfasst sein können. Aber die Partei als bestimmender Machtfaktor kommt eben nicht (als Ganzes gesehen) über das Wesen des ersten, inneren Kreises hinaus, und der ist menschlich und geistig eben durchaus eng, um nicht zu sagen: borniert gewesen. –

Morgen früh gehen wir mit unserem Boot »Seeflieger« in See, um seemännische Kenntnisse aufzufrischen. Ich freue mich schon sehr darauf. – Neuerdings scheint es so, als ob von Berlin aus Anweisung käme, unsere ganze Gruppe als *Beobachter* auszubilden. Wenn das so wird, hätten verschiedene Leute, die mich isolieren wollten, ihr Ziel nicht erreicht, und ich hätte Anlaß, mich zu freuen, – und auf den nächsten Dreh zu warten, den man nun erfinden wird.

Für heute Schluss, lb. Papa. Ich muß noch viel für morgen vorbereiten. –

Dein Harro.

Harro Schulze-Boysen begann, sich auf die von ihm abgelehnte neue Wirklichkeit einzulassen, ohne sich ihr anzupassen, und überwand die depressive Phase. Mit seinen Aktivitäten fand er bei den Flugschülern und Vorgesetzten Anerkennung.

Es wurde ihm klar, daß dieses System längere Zeit bestehen würde. Er versuchte auch, bestimmte Maßnahmen positiv zu deuten, um sich im NS-Staat bewegen zu können. Er mußte nach außen so leben, als ob er sich im Einverständnis mit seiner Zeit befand. Harro Schulze-Boysen versuchte vorsichtig, das neue Terrain zu sondieren, stellte sich auf das NS-Regime ein und entwickelte erste Schritte der Selbstbehauptung, ohne sich von seinen bisherigen Anschauungen zu lösen und seine antifaschistischen Visionen aufzugeben. Er las Autoren, auf die sich die Herrschenden beriefen und verhielt sich gegenüber dem NS-Staat loyal. Dabei bestärkte ihn die Erfahrung, daß er selbst dann akzeptiert wurde, wenn er sich als Nichtnazi zu erkennen gab.

Warnemünde, 15. 9. 33

Lieber Papa,
[...] Vielen Dank für Deinen lieben Brief. Becker war nicht Kapitänleutnant, sondern allenfalls Oberleutnant zur See, er kennt Dich nicht. Ich werde mich hier so lange wie möglich durchbeissen. Man lernt ja jeden Tag was Neues dazu; die Zeit ist also nie verloren.

Was Du über den neuen Staat schreibst, ist ganz richtig. Um es offen zu sagen, ein Endurteil kann ich auch noch nicht fällen. Ich habe nur das zwar unbestimmbare, aber sichere Gefühl, dass wir – à la longue – einer europäischen Katastrophe von Riesenausmassen entgegengehn. Wenn es zu einem neuen Krieg kommt, sind natürlich *alle* daran schuld. Das *Gesicht* unseres Volkes selbst ist mir natürlich viel lieber und vewandter als das aus der Weimarer Zeit. Auf die Dauer wird man wohl – trotz allem – sein Volk auch in diesem Staat bejahen und verfluchen, so »make the best of it«.

Alles in allem wird es mir persönlich eben nur unsinnig schwer, inmitten einer – geistig gesehen – fremden Umwelt mit einem *anderen Bewußtsein* als die anderen zu leben. Und das wird wohl nie anders werden mit mir, und die Konsequenzen dieser Tatsache muss ich eben ruhig auf mich nehmen. –

Während ich auf See war, war Christiansen[7] hier; er ist ein hohes Tier, und meines Wissens nach Göring unser 1. Vorgesetzter (Inspekteur der deutschen Fliegerschulen, Ministerialrat). Ich bedaure, ihm Deine Grüße nicht habe ausrichten zu können.

Schluss für heute, lieber Papa. Ich bin müde + will in die Falle. Alles Liebe + gute Erholung von
Deinem Harro.

Warnemünde, 21.9.1933

Meine liebe Mama,
durch Deinen Brief erfahre ich, dass Papa Dir meinen Brief an ihn noch nicht nachsandte. [...]

Nachdem durch den neusten Erlass aus Berlin 90% aller Leute Beobachter werden, ist es ja durchaus nichts Isoliertes mehr. Ich werde schon die von Anfang an in Aussicht genommene Zeit hier abdienen und dann mal weiter sehen. Lernen tut man ja hier genug. Jedenfalls brauchst Du Dir weiter keine Sorgen um mich zu machen. SA-Mann und Pg.[8] bin ich übrigens schon lange.[9] Du brauchst aber niemandem was davon zu sagen; wenn man Flieger ist, wird man ja sozusagen automatisch Pg. und SA. [...]

Für heute Schluß + viele liebe und herzliche Grüße.

Immer Dein Harro.

Warnemünde, 4. X. 33

Liebe Eltern,
vielen Dank für die Geldüberweisung. Um ehrlich zu sein, ich hatte das Geld garnicht mal so dringend nötig. Aber es ist so angenehm, auch mal etwas mehr als das Notwendigste zu haben. Man kann sich dann mal eine Zeitung und ein Buch kaufen, im Kameradenkreis »einen auslegen«, mal in Rostock tanzen gehn etc. Also vielen Dank dafür! [...]

Ich schrieb Euch wohl, dass mich neulich Frau Secker hier mal besuchte, um mein Urteil einzuholen über ein Buch, das sie grade verfasst hat (»Lumb fordert heraus«[10] [...]). Ich fand die Sache recht gut und gab ihr verschiedene Empfehlungen an Berliner Bekannte mit. Das hat nun alles sehr gut geklappt. Meine Verbindungen waren noch viel besser als ich dachte; und das Buch kommt ganz gross heraus. Ich komme übrigens auch drin vor, natürlich unter einem anderen Namen[11], denn es handelt sich ja um eine Novelle.

– Gestern abend hatten wir einen grossen Kameradschaftsabend mit Bier. Die Gruppen waren von Herrn Becker herausgefordert worden zu einem Gesangswettstreit, bei dem wir uns dann mit einem von mir verfassten »Beobachterlied« einen Preis holten. Dann machten wir noch eine extra Sache: Die letzte Völkerbunds-Sitzung in Genf. Die Delegierten halten noch grosse Reden (natürlich hauptsächlich über die Zustände in Warnemünde). Am Schluss gibt es grosse Aufregung und Einlieferung aller Delegierten in das staatliche Irrenhaus zu Genf. Das war natürlich ein grosses Drama. Es gab viel Gaudi und Riesenbeifall. Heute morgen rief uns Becker noch zu sich (»Den Völkerbund«) und erteilte uns seine ganz besondere

Anerkennung für unsere »qualitativ hochwertige Leistung unter Leitung von S.-B.« Wir bekommen ein Extra-Gänsebratenessen mit Rotspon im gemütlichen Lehrerzimmer, »damit Sie bis zur Weihnachtskneipe auf neue gute Einfälle kommen ...!« Nun herrscht bei uns natürlich gehobenste Stimmung!

Jetzt ist weekend. Alle anderen liegen nun, nach dem Mittagessen, auf den Kojen und pennen. Ich will's auch tun. Also Schluß für heute. Schickt mir bald das Wäschepaket!

Viele liebe Grüße
Euer Harro.

Warnemünde, 9. 10. 33

Liebe Helga,
entschuldige, wenn ich noch nicht für Deinen ausführlichen Brief geantwortet und gedankt habe. Gut, daß Du mir wegen Mama schriebst. Ich wußte ja nicht, daß sie sich so viel Sorgen meinetwegen macht. Du wirst ja aus meinen letzten Briefen ersehen haben, daß mir in jeder Hinsicht daran liegt, Beruhigung zu stiften. Es ist auch in der Tat garkein Anlass, sich um mich zu bangen. Noch in keiner Situation der letzten Jahre hatte ich das Gefühl, dass mir etwas »Schlimmes« oder Schreckliches zustossen könnte. Wer seinen Glauben und sein Richtmass in sich trägt, den können selbst die Idiotien dieser Zeit nur wenig anfechten. Für die Eltern ist ja nur deshalb alles so schlimm, weil sie in dieser chaotischen Zeit ganz ohne ein letztes Absolutum drinstehen. Für sie sind alle Kämpfe Abenteuer, Leiden und Opfer sinnlos. Nachdem ich selbst den ersten Zorn und die Verbitterung über alles das, was ich sah (und ja auch voraussah) überwunden hatte, habe ich zu schweigen gelernt. Je mehr man seine Gedanken nach innen richtet, desto wacher und aufnahmefähiger wird man für alle Regungen unseres Volkes und der Zeit. Und darauf kommt es ja heute und künftighin an: den rechten Zeitpunkt menschlichen Einsatzes zu wählen und sich nicht vorher besoffen machen zu lassen in dem allgemeinen Meer von Byzantinismus, Heuchelei und Mittelmaß. Es ist ja heute üblich geworden, den leeren Hut auf der Stange zu grüßen und sich zur selben Zeit als Wilhelm Tell zu gebärden. »Es wäre ein schlechter Witz der Weltgeschichte, wenn so viel Scheinheiligkeit auf die Dauer siegreich durchs Brandenburger Tor einzöge.« Das Fliegen ist eine saubere und anständige Sache. Und oben in der Luft ist es zu Zeiten sicher noch am besten. Ich werde die Sache sicher noch ein Weilchen betreiben. Dann muss man mal weiter sehen. Man kann ja allerhand machen, nur seine Unabhängigkeit darf man nicht aufgeben!

Seitdem man mir alles, was ich an Erinnerungen aus meinem bisherigen Leben besass, wegnahm[12], sind mir die Güter dieser Erde sowieso noch wurstiger geworden als sie es schon vorher waren. Am besten immer so leben, dass man jede Minute die Zelte abbrechen kann, mit einem kleinen Handkoffer! Wenn man Land oder Vieh hätte, wäre das Thema: »Einstellung zum Besitz« sicherlich nicht so schnell erledigt. Aber in Kampfzeiten wie heute kann man nicht, wie in konservativen Epochen, aus dem Boden, sondern nur aus der eigenen Substanz leben. Du hast damals übrigens, wie ich mich erinnere, die spießbürgerlichen Klagelieder Onkel Werners über den »bösen Machthunger« bereitwilligst mitgesungen, ohne mich zu verstehen. Vielleicht liest Du, um den Irrtum zu korrigieren, einmal Nietzsches »Willen zur Macht«. Aber wirklich! Der Freiheitswille, der liebe Gott und der »Wille zur Macht« sind eins. Und wer da von »Egoismus« redet, hat keinen Dunst, wenn er es im verächtlichen Sinne meint. Wer nicht die Courage hat, zu seinem »Ego« zu stehen und alle Mysterien des Lebens in *sich* zu entwickeln, der muss schon ein belangloser Tropf sein.

Na, ja. – Viele Grüße. Das Bild ist sehr nett und wurde hier gebührend bewundert.

Dein Harro.

Warnemünde, 10. Okt. 33

Mein lieber Turel,
ich hoffe, dass Du die letzten Monate von anderer Seite über mein Ergehen gehört hast. Heute habe ich eine grosse Bitte an Dich. Ich soll hier demnächst ein Referat über das neue Spengler-Buch[13] halten, vor etwa 150 Leuten, also wichtig. Du hast das Buch sicher auch gelesen. Kannst Du mir in ein paar Sätzen Deine wesentlichsten Kritikpunkte über das Buch aufschreiben? Hier sind viele Menschen aufnahmebereit für neue Gedanken. Ich muss doch sagen, daß der Nationalsozialismus den Weg frei zu machen scheint für eine allgemeine Neubelebung, und ich bin sehr froh darüber; denn das haben wir doch immer gewollt. [...]

Obwohl ich einen gewissen außenpolitischen Pessimismus noch nicht überwinden konnte, habe ich noch im Grunde dieselbe positiv-Kepler'sche[14] Stellung zu den Dingen, wie wir sie von Anfang an bezogen. Ich sehe auch für unsere Gedanken große Möglichkeiten. Es ist alles ins Rollen gekommen, und die wesentlichen Fragen sind garnicht mehr abzustoppen. Wir werden noch viel zusammenarbeiten können.

Immer Dein Harro

Warnemünde 12. 10. 33

Liebe Mama, lieber Papa,
[...] Goebbels' Verbot des Wessel-Films[15] hat mich aufrichtig gefreut. Endlich mal einer, der den Konjunkturrittern eins auf die Finger gibt. Der Verfasser, H. H. Ewers, hatte früher *so* schweinige Bücher geschrieben!

– Das Pressegesetz[16] ist ja leider ein übler Wust von Verschwommenheiten. Aber sonst gefällt mir an den neuen Maßnahmen vieles sehr. Hoffentlich wird noch alles gut. Wir müssen hier jetzt alle Vorträge halten. Ausser einer Kritik zu Spengler, die ich mit Hollmann zusammen mache, habe ich noch einen Extraauftrag bekommen. Vortrag über »Staat und Kirche«. Ich will zusehen, es möglichst fachlich zu machen.

Herzl. Gruß H.

Warnemünde, 18. X. 33.

Liebe Mama, lieber Papa,
vielen Dank für die Karte. [...]

Ich lese gerade Alfred Rosenbergs »Mythos des XX. Jahrhunderts«. Es ist ein sehr beachtenswertes Buch und deckt sich oft mit meinen Anschauungen. Auch habe ich mir ein sehr interessantes Buch von Fülop-Miller über »Macht + Geheimnis der Jesuiten«[17] besorgt. Jetzt hat man ja mehr Zeit, mal was zu lesen, als im Sommer. [...]

Viele Grüße für Hartmut und an Euch Lieben.

Euer H.

Warnemünde, 31. X. 33

Liebe Eltern,
vielen Dank für Eure lieben Briefe. [...] Vor aufregenden Debatten braucht Ihr keine Angst zu haben. Unser Leben ist ja so verschieden gewesen und wird es auch weiter sein, – dass auch unsere Ansichten sich nie decken werden. Dieser Tatbestand kann durch Diskussionen doch nicht aus der Welt geschafft werden. Wozu sollten wir uns also das Leben sauer machen? – [...]

Mama soll sich bei ihren verschiedenen Arbeiten nicht übernehmen. Die soziale Fürsorge ist natürlich etwas sehr wichtiges, aber Hartmutbruder und Papa sind wichtiger. Warum wollt Ihr Hartmut nicht in die Hitlerjugend lassen. Der herrschenden Psychose wird er in jedem Fall verfallen, ob nun innerhalb oder ausserhalb der HJ. Aber die Hauptsache ist doch, dass er in seiner Generation mitmarschiert. Aus deren Schicksal kann er ja doch nicht heraus. Da er mein Bruder ist, wird er mit 20 Jahren ja sowieso auf eigene Gedanken kommen. Aber wenn er sportlich und technisch mehr auf der Höhe ist wie ich, dann kann das bestimmt nichts schaden, und das kriegt er grade im Zusammensein mit den anderen. Auf die Blässe ist sicher nicht viel zu geben. Eine reine Anlage, die bei mir ja auch immer war. Wir neigen wohl an Schwäche der Gefässnerven und Tendenz zur Blutleere im Gehirn oder so ähnlich. Aber grade wegen dieser Anlage müssen wir Willensleistung und Training nicht vermeiden, sondern sie im Gegenteil zur Kompensation unserer Schwäche nützen. [...]

Den Film »Hitlerjunge Quex«[18] haben wir hier gesehen und allgemein abgelehnt, trotz seiner schauspielerischen Leistung und der guten Melodie.

Viele liebe Grüße
Euer Harro.

Innen- und außenpolitische Themen berührte Schulze-Boysen in seinen Briefen kaum, auch nicht den am 21. September vor dem Reichsgericht in Leipzig begonnenen »Reichstagsbrand-Prozeß«, der im Rundfunk übertragen wurde und von dem die Zeitungen ausführlich berichteten. Der Prozeß sollte nachweisen, daß der Reichstag von Kommunisten angezündet worden war und der Brand Teil der kommunistischen Umsturzbemühungen gewesen sei. Der bulgarische Kommunist Georgi Dimitroff verteidigte sich, aber auch seine kommunistische Überzeugung und machte mutig das Tribunal zur Tribüne. Als Göring am 4. November 1933 als Zeuge auftrat, gelang es Dimitroff, die Widersprüche in Görings Aussagen aufzudecken und ihn mit seinen Fragen in die Enge zu treiben. Der Sieger dieser Auseinandersetzung, trotz der Wutausbrüche und Morddrohungen Görings, war Dimitroff. Am 23. Dezember 1933 wurden Dimitroff und drei weitere Angeklagte freigesprochen, der Holländer Marinus van der Lubbe wurde zum Tode verurteilt.

Warnemünde, 10. XI. 33

Liebe Eltern,
vielen Dank für Brief und Wäschepaket. [...]

Mein spezieller Freund v. M. ist nach Stettin versetzt worden, nicht ohne vorher noch aus meinem Schrank eine von mir verfasste Broschüre[19] entwendet zu haben. Als ich sie wieder haben wollte, hatte er sie nicht mehr und bot mir ganz verlegen ein anderes Buch als Geschenk an. Köstliche Einfalt. Die Schrift vertrete ich heute noch genau so wie damals, als sie herauskam. Und wenn alle heute meist gleichgeschalteten Persönlichkeiten in Presse und Politik *vor* der Machtergreifung den Nationalsozialismus ebenso sachlich beurteilt hätten wie ich, dann könnten sie sich noch was darauf einbilden.

Für den Wahltag[20] habe ich im Auftrag von Herrn Becker 2 grosse Plakate entworfen. Die sind nun in riesengrosser Ausführung (10 × 5 mtr.) gemalt worden und hängen an der Hauswand vom Stabsgebäude und Becker's Privatwohnung. An sich halte ich ja nicht viel davon, ein Volk zu befragen, ob es Friede und Gleichberechtigung wolle. – Das *wollen* natürlich alle; und deswegen werden auch alle vernünftigen Leute mit »Ja« stimmen. – Die Aussenpolitik wird aber nicht von demokratischen Massenabstimmungen dirigiert, sondern von diplomatischen, wirtschaftlichen, international in Erscheinung tretenden Perspektiven her. Das wichtigste, was ein Volk aussenpolitisch leisten kann, ist die Verbindung seiner Kraft (Gewalt!) mit seinem Geist. Mit dieser Kraft-Geist-Einheit schlägt der moderne Feldherr Psychologos seine Schlachten. – Immerhin mag es sein, dass auch unsere Abstimmung mit ihrem gewiss siegreichen Ergebnis taktische Vorteile für unsere außenpolitische Führung mit sich bringt. Wenn man sie nicht überschätzt, ist ja alles in Ordnung. [...] Unsere Beköstigungssätze sind neuerdings stark gekürzt. Wir kriegen jetzt dieselbe Verpflegung wie die Reichswehrsoldaten. 2. Frühstück oder Kaffee müssen wir selbst bezahlen. In meiner Freizeit abends lese ich zur Zeit die Bibel, kritisch natürlich; es ist recht interessant, zu sehen, auf was für Sätzen unsere sogenannte christliche Kultur beruht.

Sonst nicht viel neues. Alles Liebe

Euer Harro.

Harro Schulze-Boysen trennte sich im Spätherbst 1933 von Regine Schütt. Bei einem Besuch in Berlin erklärte er ihr unvermittelt, daß er die Beziehung mit ihr für beendet ansehe. Sie wollte ein Kind von ihm, aber er war strikt dagegen. Als »Revolutionär« könne er, so seine Argumentation, keine dauerhaften Bindungen eingehen. Regine Schütt hatte das Gefühl, daß der Mann, den sie liebte, sie plötzlich loswerden wollte, und war von dieser Gefühlskälte sehr verletzt. Sie sah Schulze-Boysen nach dieser Trennung nicht wieder.[21]

Warnemünde, [Mitte November 1933]

Lieber Adrien,

seitdem ich Berlin verliess, habe ich Dir garnicht geschrieben. Von Zeit zu Zeit hörte ich von Deinem Ergehen durch das »Räubermädchen«[22]. Indessen klappt das nicht mehr. Sie lässt es sich nicht länger gefallen, dass ich so gar nicht im Stande bin, ihr irgendwelche Gefühle entgegenzubringen. (Obwohl ich durchaus anerkenne, dass sie ein tüchtiger Kerl ist!) Kurz und gut, da ich nicht die Absicht habe, Dich in dieser (relativ) grossen Welt ganz zu verlieren, sollst Du ein Lebenszeichen haben. Ich bin überzeugt, dass gerade Du verstanden hast, wenn ich mich so völlig auf mich selbst zurückgezogen habe während der letzten Monate. Du musst wissen, dass dieses Warnemünde primär und vor allen Dingen eine »Verpuppung« bedeutet, um in der Sprache der Insekten zu reden. Genetische Zone par Excellence. Da hält man eben das Maul. Zuerst war ich noch ziemlich wütend über all die Berliner Ereignisse. Ich habe mich aber beherrscht und dann immer mehr eingesehen, dass ich mich eben zu früh in den Strudel der Politik gestürzt habe. Dafür habe ich dann eine Niederlage einstecken müssen. – Dann habe ich weiter gesehen, dass ich an dieser Niederlage stärker geworden und gewachsen bin. Ich habe alle Ressentiments über Bord geworfen und mich immer mehr dazu durchgekämpft, den neuen Zustand auch innerlich ganz zu bejahen. *Ohne* eine Selbstverwandlung hätte ich mich zum alten Eisen legen können. Aber ich sage Dir, ich habe es geschafft. Gesundheitlich und auch sonst bin ich ganz auf der Höhe.

Soweit über mein Ergehen. Nun zu Dir. Du darfst auf gar keinen Fall der Annahme unterliegen, dass Deine geistige Arbeit im neuen Deutschland schief angesehen werden würde. Sie ist wichtiger denn je. Ich habe hier mit Leuten, die wirklich *Urteil* haben und nicht einfach in alles, was sie nicht verstehen, mit dem Stiefelabsatz reintreten, über Deine Gedanken gesprochen. Grade Deine Arbeit über den Gedanken der Genetokratie[23] stellt meiner Meinung nach die beste bisherige Fundamentierung des N. S.-Staates dar. Du kannst ganz ruhig sein: wir werden die »Genetokratie« unter allen Umständen durchpauken! Du darfst unter gar keinen Umständen annehmen, ich hätte Dir am 4. Mai 33[24] für immer Lebewohl gesagt. Wenn irgend ein Idiot Dich ärgern oder kribbelig machen will, lass' Dich nicht aus der Ruhe bringen. Deine letzten Arbeiten waren die entscheidend besten und klarsten, die Du bisher verfasst hast.

Dabei hast Du bei mir noch ein ganz besonderes Plus, weil Du damals in einer der verzwicktesten Stunden Dich nicht unter Berufung auf Dein »Schweizertum« wie gewisse andere Leute[25] dünnegemacht hast, sondern Dich zu Deutschland bekannt hast. Wenn das auch andere Leute nicht zur Kenntnis genommen haben; ich habe es getan. An so was erinnere ich mich auch durch alle Mannigfaltigkeitsbewegungsperioden hindurch. Es wird Dich nicht verwundern, wenn ich Dir ganz offen berichte, daß ich als Flieger durchaus nichts Überragendes geleistet habe. Ich habe mich recht und schlecht so verhalten, daß ich hier bleiben konnte und auch noch ein weiteres Halbjahr, wie vorgesehen war, hier bleiben kann. Genetokratisch gesprochen: Die dynamische Niederlage, die ich in Berlin erlitt, konnte nicht durch eine dynamische Überstürzung im Sinne heldenmütig-schneidiger Pilotenleistungen repariert werden, sondern nur durch innere Sammlung, Ausruhen, Besinnen, Bewusstwerden. Allmählich wächst mein Aktivitätswille natürlich wieder an. Meinen Leistungstod habe ich bestimmt noch nicht weg. –

Frau Seckers Buch ist eben erschienen. Ich finde es sehr nett, obwohl es natürlich mehr ästhetische als grundsätzliche Bedeutung hat. Sollte es ein Erfolg werden, ist vielleicht durch sie bei ihrem Verlag[26] was zu machen.

Grüß Jungs vielmals. Herzliche Grüße

Immer Dein H.

Warnemünde, 17. XI. 33

Liebe Eltern,

mal wieder ein Wochenende, das ich geruhsam auf der Bude verbringe. Zum »Mittagsschläfchen« gab ich mich der geruhsamen Lektüre von Frau Seckers Buch (»Lumb fordert heraus«, Runge Verlag) hin. Ich glaube, es wird ein Erfolg werden. Es ist nirgends Konjunktur und ganz fraulich empfunden; dabei sehr zeitgemäss. Das Buch kam heute mit einer sehr netten Widmung an. Ich werde es Helga zum Geburtstag schicken. Dann könnt Ihr es später auch mal lesen. [...]

Mir gehts gut. Im Morsen bin ich nach wie vor an der Spitze. Ich würde jetzt auch gern wieder mehr fliegen. Aber damit wird es wohl erst nach Weihnachten wieder etwas. [...]

André Germain hat – wie ich heute in der DAZ-Beilage lese – einen großen Vortrag in Paris über das neue Deutschland gehalten und große Reklame für das 3. Reich und Hitler gemacht. Auch andere meiner französischen Bekannten haben in fabelhafter Weise *für* Deutschland Stimmung gemacht. So wirkt sich nun meine Arbeit aus. Und Ihr, meine eigenen Eltern, hieltet es für möglich, daß es anders wäre, nur weil bestimmte Leute Euch das vorerzählten ... Mit meinen Berliner Bekannten habe ich leider so gut wie gar keine Fühlung mehr. Ich habe mich aber grade in den letzten Wochen wieder mit Turels Schriften beschäftigt, und bin mehr denn je davon überzeugt, dass seine Thesen von überragender Bedeutung, grade auch für das neue Reich sind. Sonst ist da ja nur noch Czettritz,

Jedzek und Bistram. Wenn ich mal nach Berlin komme, möchte ich die drei besuchen. Auf Fred Schmid lege ich gar keinen Wert. Nicht etwa obwohl, sondern grade weil er damals gezahlt hat. (Aus Angst, anstatt zu dem zu stehen, was er einige Wochen vorher geschrieben hatte.) [...] In schwierigen Zeiten erkennt man seine Freunde. Sonst, rien de nouveau[27].

Viele liebe Grüße

Euer Harro.

In dem Maße, wie Schulze-Boysen in Warnemünde Anerkennung fand, stellten sich seine Selbstsicherheit und Angriffslust wieder ein. In trotziger Selbstbehauptung entwickelte er eine Argumentation, die seine Tätigkeit vor 1933 in Übereinstimmung mit der neuen Zeit brachte. Angriff war schließlich die beste Verteidigung.

Das Regime stabilisierte sich. Im November 1933 war die Zahl der Arbeitslosen um 2,2 Millionen auf 3,7 Millionen gesunken. Die NS-Führung stellte den Abbau der Arbeitslosigkeit als ihren Erfolg dar. Viele Deutsche, selbst Hitler-Gegner, zeigten sich beeindruckt von dem Aufschwung, der sich mit dem Namen Hitler verband und seine Autorität anwachsen ließ. Auch der Austritt aus dem Völkerbund wurde von vielen goutiert, weil Hitler sich damit aus einer Institution verabschiedete, die immer wieder die Einhaltung der Versailler Friedensverträge gefordert hatte.

Warnemünde, 24. XI. 33

Liebe Eltern,
vielen Dank für das Wäschepaket und Eure beiden Briefe. [...] Ob meine Post hier allgemein oder meine speziell hier unter Kontrolle steht, kann ich nicht sagen. Ich habe ja nichts weiter zu verbergen, habe mir infolgedessen auch keine Gedanken darüber gemacht. Die Vorstellung, ich dürfe nicht an meine Freunde schreiben, ist m. E. abwegig. Es besteht auch nicht der geringste Grund, weswegen ich es nicht tun sollte. Das hat ja überhaupt nichts mit der Politik zu tun. Ausserdem hat ja niemand was ausgefressen. Dass meine Freunde und ich früher mal die Absicht hatten, das was Hitler heute tut, *selber zu tun*, ist doch schließlich kein Verbrechen! Auf *alles*, was ich getan habe, um die deutsche Revolution vorzubereiten, bin ich heute noch stolz. Und ich kann auch heute noch verantworten, was ich gewollt und getan habe. Wenn irgendeine untergeordnete Instanz Interesse daran haben sollte, den Fall »Schulze-Boysen und Co« noch mal auszugraben und vor ein ordentliches Gericht zu bringen, – bitte, meine Herren! *Ich* habe nichts zu fürchten! Es wurmt mich heute noch, dass eigentlich die einzigen, die von meinem bösen

Tun überzeugt waren, meine eigenen Eltern waren. Aber für Euch wäre ein *Horst Wessel* oder ein anderer *als Sohn* auch shocking gewesen; auch die »Gesellschaftsschicht«, in der er sich bewegte. Aber heute ist das ja ein überholtes Thema. – [...]

Genug für heute. Alles Liebe
Euer Harro. [...]

Warnemünde, 6. XII. 33

Liebe Eltern,
in Berlin war es sehr nett. Mein ursprüngliches Vorhaben, bei der »Gestapa«[28] vorzusprechen, habe ich nach Rücksprache bei einem meiner Freunde, der auch dort arbeitet, aufgegeben zugunsten eines schriftlichen Antrags, den ich eben absandte. Heute mittag war endlich auch die Sache fällig, derentwegen man kürzlich bei Euch in Duisburg anfragte. Ich sollte nun über einige andere Leute, die ich aus Berlin kenne, einige Zeugenaussagen machen. Der betreffende Kommissar war sehr nett und gewissenhaft. In Berlin besuchte ich meinen Freund Turel, der grade ein neues Buch herausgebracht hat. Ich wohnte sehr nett bei Jedzek, der eine feine kleine Wohnung hat. Sonntag abend war ich im Staatstheater in der »Braut von Messina«[29], die mein Freund Hadank inszeniert hat, mit Jedzek zusammen. [...]

In Berlin ist alles viel weniger verändert wie ich dachte. Hier in der Provinz ist alles erfreulicher. In Berlin geht so manches drunter und drüber. Regine Schütt, das brave Räubermädchen, ist auch wieder belästigt worden von dem gentleman Zietlow[30]. Als Dank für seine Heldentaten ernannte man ihn übrigens zum Chefredakteur des »Märkischen Tageblatts«. Ich war auch auf der Büchermesse und erstand einige interessante, lesenswerte Sachen. – Schmid habe ich nicht gesehen. Er ist der einzige meiner früheren Mitarbeiter, dessen ich mich schäme, denn er hat feige seine früheren Ansichten verleugnet, um sich zu »retten«. Sein Buch »Der Erzkönig« bekam letzten Sonntag eine glänzende, überschwenglich geschriebene bemerkenswert lange Besprechung in der DAZ. – Ihm, dem Freund des Herrn von Papen, wird wohl niemand was tun, obwohl allerhand gegen ihn zu sagen wäre. – Recht herzl. Grüsse. [...]

H.

Warnemünde, 3. 1. 34

Liebe Eltern,
hier in Berlin komme ich nicht recht zum Schreiben. Es ist rasend viel zu erledigen. [...] Ich habe mir eine Schreibmaschine gekauft; muss jetzt jeden Monat Rm 10.– auf Abzahlung hinschicken. Ich

brauche die Maschine aber so dringend, dass ich die Sache mit gutem Gewissen mache. [...]

Elles Handschriftendeuterin war interessant. Ich lernte sie kennen. Sehr interessant auch die Schriften von Hitler, Göring usw., die mir *alles* bestätigten, was ich schon seit Monaten denke. Selten hat Deutschland solche Männer gehabt. Wir können stolz sein.

– Es waren so nette Tage bei Euch. Das Band, was mich mehr als je mit Euch verbindet, soll nicht wieder reissen. In Liebe

Euer Harro. [...]

Schulze-Boysen wollte sich die Möglichkeit offen halten, als Journalist arbeiten zu können. Die Presse war Teil der Propaganda und Instrument der nationalsozialistischen Staatsführung zur Beeinflussung der öffentlichen Meinung. Journalisten waren durch obligatorische Mitgliedschaft im Reichsverband der deutschen Presse zur Anpassung gezwungen.

Die Anträge Schulze-Boysens an die Reichspressekammer sind nicht erhalten, wurden aber offensichtlich abgelehnt.

Warnemünde, 8. 1. 34

Liebe Mama,
vielen Dank für Deinen lieben Brief [...] In meiner Schriftleitersache[31] muss ich voraussichtlich noch diesen Monat nach Berlin und Schwerin. Da ich im Moment nicht so viel Geld mehr übrig habe, wäre ich dankbar, wenn Ihr mir noch – wenn irgend möglich – 20 bis 30 Mk bis 25. schicken würdet. Ich bekomme hier erst am 31. wieder Geld. Ueber Turels Buch bin ich doch anderer Meinung als Du. [...] Dass ich allgemein beeindruckbar sei, ist unrichtig. Ich habe die Tendenz, mich immer wieder irgendwelchen »Kontra-Punkten« beizugesellen und mit ihnen ein Stück Weges zusammenzugehen. Es liegt im Wesen jedes Faust, sich zuzeiten einen Mephisto heranzuholen. In der Versuchung werden wir stark, im Kampf gegen »das andere« schlechthin. Das ist natürlich ein ganz männliches Prinzip, ein nur männlicher Drang; und deshalb lehnst Du ihn ab und glaubst, Dein Sohn sei in Gefahr, immer wieder von anderen bösen Leuten überfremdet und beeindruckt zu werden. In Wirklichkeit siehst Du da, von jeher schon, etwas für mich Notwendiges völlig falsch. Charakteristisch für mich ist ein gewisser Fanatismus im Aufbau von Dingen, die mich angehen; das kann zu gelegentlicher bewusster Rücksichtslosigkeit verführen. Ebenso wie ich mich in kleinen Dingen leicht ausbeuten lasse, so beute ich andere Leute aus, wenn sich die Gelegenheit ergibt: Wieviel Nutzen habe ich von Hasselrots, Germain, Fred Schmid, Turel gehabt.

Und wie wenig Gegenzahlung habe ich im Grunde Germain und Schmid geleistet: Nichts wesentliches! Ich habe solche Leute beobachtet, ihnen einiges abgelauscht, mir Anregungen vermittelt und Kenntnisse, Einblicke verschafft. Ich habe sie auch, aus Selbsterhaltung, immer so lange einigermassen gedeckt, wie ich sie brauchte, – aber keiner von vielen hat es vermocht, mich von meiner Art und meinen Lebenszielen auch nur einen Schritt abzulenken.

Du siehst, auch in der Beurteilung der Turel-Lektüre, viel zu sehr den einzelnen Fall, der ja im Grunde ganz nebensächlich ist. Es geht ja auch garnicht um die Rettung von Individuen, wie Du meinst, sondern darum, in unserer Zeit Klarheit um jeden Preis zu schaffen. Das hat nichts damit zu tun, ob »es angenehm« ist. [...] Genausowenig kannst *Du* ein absolutes und objektives Urteil abgeben, auch auf Grund Deiner Erfahrungen nicht, denn ich bin eben nicht Du; man muss jeden Menschen selber laufen lassen. Mit uns ist jetzt so viel besser als früher, weil ich jetzt eben ganz und gar selber laufe. Weil ihr gar keine Gefahr mehr für mich seid, kein Hindernis mehr. In früheren Debatten zuhause wurde ich zuweilen ausfallend und heftig, weil ich meine Lebensart von Euch bedroht wusste. Jetzt bin ich auf Grund menschlicher Erlebnisse so weit, dass ich genau weiss, niemand mehr kann mich hindern. Ausserdem habe ich ja auch eigene Erfahrungen gemacht und gelernt.

Nun lasst auch Helga laufen; dann werdet Ihr auch mehr Freude von ihr haben.

Grundsätzlich falsch ist auch das bei Dir immer wiederkehrende »als mein Sohn« und »als Papas Sohn« könntest Du das und das tun. Ich bin nicht »Dein Sohn«, sondern eben meiner Eltern Sohn, d. h. nicht = der Mutter, nicht = dem Vater, sondern eine neue Kombination, eine grundsätzlich neue menschliche Einheit A + B ... = C; in Wahrheit sogar noch komplizierter. [...] Alles Liebe von

Deinem *Harro*.

Warnemünde, 29. I. 34

Liebe Eltern,

[...] Meine Berliner Reise hatte nicht den von Euch vermuteten Zweck, dort grosse Entscheidungen zu erringen. Ich musste mir nur sozusagen einen Patenonkel, eine Empfehlung holen für meinen Aufnahmeantrag zum Schriftleiterverband. Ich habe mich dieserhalb an meinen Freund Dr. Nonnenbruch vom VB gewandt; er [hat] mir seine Empfehlung gegeben. Und nun läuft das Gesuch. Die Entscheidung wird wohl noch einige Zeit auf sich warten lassen.

[...] Auf der Rückreise gestern abend traf ich zufällig im Zug den

Sohn des von Mama erwähnten Prof. Haushofer, einen sehr ordentlichen und sympatischen Mann, den ich von meiner früheren Berliner Arbeit her kannte. Wir unterhielten uns sehr angeregt im Speisewagen und er lud mich zu einer Flasche Wein ein. Er ist ziemlich wichtig jetzt, und es freute mich, die Beziehung zu ihm erneuern zu können. [...]

Ueber meine jetzige Tätigkeit hier kann ich Euch aus naheliegenden Gründen nichts weiter schreiben. Es macht viel Freude, weil man wirklich das Gefühl hat, seine Zeit gut und lehrreich auszufüllen.

Wir fliegen fast jeden Tag stundenlang. Hanns Miebach, von unserer Gruppe, ist leider vor einigen Tagen tödlich abgestürzt. Ihr werdet davon gelesen haben. Er bekam ein sehr feierliches Begräbnis. Mehrere andere sind auch von oben gekommen, konnten aber wieder herausgefischt werden.

In meiner Freizeit lese ich grade Kierkegaard und Clausewitz, beides finde ich wesentlich. [...]

Recht herzliche Grüsse für Euch Lieben.

Immer *Euer* H.

Warnemünde, 3. 2. 34

Lieber Papa,
vielen Dank für Deinen lieben Brief. Hoffentlich bist [Du] nun wieder in Schuss.

[...] Den Clausewitz (»Vom Kriege«) las ich mit wachsendem Interesse, natürlich ohne zu sehr auf technische Einzelheiten einzugehen, die ja durch den Lauf der Zeit praktisch überholt sind. Im 8. Buch (»Kriegsplan«) sind viele Gedanken enthalten, die uns heute auch noch angehen.

Der Grundsatz »nur diejenigen Kräfte aufzuwenden und sich im Kriege dasjenige Ziel zu stellen, welches zur Erreichung seines politischen Zwecks eben hinreicht«, kurz: das Verhältnis zwischen Kriegsintensität und Kriegsziel, und alles, was damit zusammenhängt, ist heute so unendlich problematisch geworden ... »Der Krieg kann niemals von seinem Wesen, der Politik, getrennt werden. Sonst entsteht ein sinnloses Ding ... Das Unterordnen des politischen Gesichtspunktes unter den militärischen wäre widersinnig, denn die Politik hat den Krieg erzeugt. *Sie ist die Intelligenz*, der Krieg aber bloss das Instrument!« Mir scheint, dass grade die Deutschen dazu neigen, das zu vergessen. Immer mal wieder »Im Felde unbesiegt« ... Immer wieder triumphiert die militärische über die politische Erziehung. Dabei haben wir die letztere so verdammt nötig. – [...]

Alle diese Fragen gehen mir – aus naheliegenden Gründen – sehr im Kopfe herum. In Bezug auf meine Zukunft werde ich keine leichtfertige Entscheidung treffen und alles wohl erwägen. Aber schliesslich steht für mich *über* allem anderen doch der Instinkt für die Gesinnung. Die gesellschaftliche Position ist für heute und morgen sowieso eine relative Sache.

[...] Recht herzliche Grüsse.

Immer *Dein* H.

Warnemünde, 17. 2. 34

Ihr Lieben,
[...] Es wird Mama interessieren, dass der Theologie-Professor, dessen Kolleg wir zusammen im Mai 33 besuchten, jetzt einer der Hauptmänner in der deutsch-religiösen Bewegung ist. Wahrscheinlich ist *er* noch der intelligenteste ...

Ich las vor kurzem von ihm die »Thesen zur neuen Reformation« in Hauers Zeitschrift »Deutscher Glaube«[32]. Das deckte sich ungefähr mit meinen Ansichten, deren Niederschlag in einer Arbeit mir im vorigen Frühjahr »fortkam«[33] und die klar wiederzuformulieren mir nicht mehr gelang. Nun sagen es darum andere, und es ist plötzlich garnicht mehr anstössig.

Die österreichischen Ereignisse[34] verfolge ich voller Anteilnahme. Ich schrieb schon vorhin darüber an jemanden: »Nur wer übersieht, wie sehr Horst Wessel dem Nationalsozialismus genutzt hat, kann ermessen, wie gross der Sieg der Arbeiter von Wien in diesen Tagen war.« Alle diese Opfer, obwohl von vornherein die Aussichtslosigkeit des Unternehmens feststand, – die Geschichte kann sie nicht mehr auslöschen!

Ich schicke Euch ein paar ausgezogene Gedanken von Nietzsche mit. Es ist sozusagen ein Stück aus meiner »Materialsammlung«, die ich eifrig betreibe, um die Zeit zu nutzen. Schickt mir die 3 Seiten bei Gelegenheit wieder.

Sonst: Gesunden Dienst und nichts neues.

Immer Euer H.

Warnemünde, 22. 2. 34.

Meine liebe Mama,
vielen Dank für Deinen lieben Brief. Ueber meine beruflichen Pläne kann ich naturgemäss von hier aus keine Einzelheiten von mir geben. Ich kann Dir nur ganz grundsätzlich schreiben, dass ich nicht die Absicht habe, mich beruflich irgendwo hinzustellen, wo jemand anders ebenso gut oder noch besser stehen könnte. Dieses wäre der Fall im Offiziersberuf. Ich betrachte mich zunächst mal ganz stur

als Schriftleiter. Wenn der neue Staat meine Fähigkeiten auf diesem Gebiet nicht verwertet und sinngemäss akzeptiert, so ist das ein grösseres Pech für *ihn* als für *mich.* Denn im letzteren Fall würde ich mich genötigt sehen, mich zunächst mal auf eine längere Weltreise zu begeben. Niemand kann mir zumuten, als Arbeitsloser Euch auf der Pelle zu sitzen oder irgend eine Arbeit zu verrichten, bei der man allmählich verblödet, weil man keine Werte aus seiner Substanz heraus dabei schaffen kann. Gehe ich dagegen für 1–2 Jahre z. B. nach Südamerika, so lerne ich allerhand dabei und sehe was von der Welt. Die Entscheidung darüber, ob ich das eine oder das andere tue, will ich aber getrost dem Staat zuschieben, der *an sich* ein Interesse daran hat, dass ich im Lande bleibe und eine gesunde Familie begründen kann. *Umsonst* hat er mich doch schliesslich nicht mit solchen Kosten ausgebildet … Also lass Dir über diese Frage keine grauen Haare wachsen. Ich tu's auch nicht.

Du schreibst: »Frauenfrage und Kirchenfrage« harren noch der endgültigen Lösung!« – Endgültige Lösungen … davon redet man heute gern und viel. Aber die gibt es garnicht.

Herr Mandel ist noch einige Grade gescheiter als Bergmann. Letzterer ist im Grunde ein Abschreiber, ein Mann voller Ehrgeiz und Geltungsbedürfnis, aber ohne eigene Gedanken. Ich lese gerade die von ihm verfassten und eben erschienenen 25 Thesen der Deutschreligion.[35] Solange die Deutschen nicht etwas schwereres Geschütz auffahren als die Gedanken und das Bewusstsein dieser Herren, dient das alles nur der Wiederbelebung des christlichen Gedankens. Da sind die Dominikaner und Jesuiten doch ganz andere Leute …!

Ich schickte, in Hartmuts Brief eingelegt, Auszüge aus Lagarde[36] und der jetzt vielbesprochenen *URA LINDA* Chronik[37]. Durch diese Sammlungsarbeit mache ich mir in der Freizeit noch etwas zu schaffen. Kannst Du mir im nächsten Wäschepaket »Goethes Gespräche mit Eckermann« zuschicken? Ich wollte es schon lange einmal durcharbeiten. Natürlich schicke ich das Buch nach »Gebrauch« zurück. – Die Durchschläge erbitte ich übrigens gelegentlich zusammen zurück.

Ausser der rein aufnehmenden Arbeit arbeite ich noch, mit Turel zusammen, an einer dramatischen Sache »Der unbekannte Kardinal«, in der ich die religiöse und kirchliche Frage zu verdichten suche. Ich weiss aber noch nicht, ob es etwas wird. Zunächst stecke ich noch in den Vorarbeiten.

Kommandeur ist hier jetzt Korvetten Kapitän Coeler; er ist durchaus geachtet und geschätzt. Aber natürlich haben wir jüngeren nicht den persönlichen Kontakt zu ihm, wie das bei Becker der Fall war. Mit Letzterem habe ich absichtlich über meine persönlichen Ansichten *nicht* gesprochen. Eine Empfehlung von ihm wäre vielleicht garkeine gewesen. Woher weisst Du?? Ueberlass das ruhig mir. Heute muss jeder nach eigenem Fingerspitzengefühl urteilen.

Alles *gute* auch für Papa.

Dein Sohn H.

Das Interesse Schulze-Boysens an der »Deutschreligion« hatte einen besonderen Grund. Freunde in Berlin bereiteten ein neues Zeitschriftenprojekt vor. Erich Röth hatte bis zu ihrem Verbot die überbündische Zeitschrift »Die Kommenden« im Thüringischen Flarchheim herausgegeben, in der Schulze-Boysen noch am 5. März 1933 einen Artikel über die »Gegner« veröffentlicht hatte.[38] Röth, Anfang der zwanziger Jahre Mitglied der NSDAP, betätigte sich inzwischen in der »Deutschen Glaubensbewegung« und wollte, nach Eisenach verzogen, wieder als Verleger arbeiten.

Im Juni 1933 hatten sich verschiedene nicht- oder antichristliche Gruppierungen unter dem Tübinger Professor für indische Philologie Wilhelm Hauer zur »Deutschen Glaubensbewegung« zusammengeschlossen. Die Führung dieser Glaubensbewegung propagierte als Alternative zu den Kirchen eine vermeintliche Religion der germanischen Urzeit. Ihr Ziel war es, aus dem »religiösen Erbgut« des deutschen Volkes eine »freie germanische Gläubigkeit« zu entwickeln und damit die Kirchen zu bekämpfen. Die SS förderte eine Zeitlang diese Bestrebungen. In manchen Gruppen wirkten auch Mitglieder freireligiöser Gemeinden, die früher der SPD oder KPD nahestanden und versuchten, dort in der NS-Zeit zu überwintern.

Röth war nach Eisenach verzogen und begann in seinem Eisenach Verlag im März 1934 die neue Zeitschrift »Wille zum Reich« mit dem Untertitel »Aus dem Geist der deutschen Jugend« herauszugeben. Für Eingeweihte war der Vermerk auf dem nunmehr 9. Jahrgang der Hinweis, daß es sich hierbei um eine getarnte Fortsetzung der »Kommenden« handelte.

Röth stellte seine Zeitschrift unter das Dach der Glaubensbewegung. Autoren aus nationalrevolutionären Zirkeln der Jugendbewegung, aber auch aus dem »gegner« und Freunde Schulze-Boysens bewegten sich mit ihren Artikeln vorsichtig in dem neuen Umfeld. Der eigentliche, aber ungenannte, Herausgeber war bis zu seiner Emigration im Januar 1935 der mit Hauer, Röth und Schulze-Boysen befreundete Karl Otto Paetel. Paetel war seit den zwanziger Jahren, als sie im Bund der Köngerer, einer bündischen Gruppe, zusammengearbeitet hatten, mit Hauer freundschaftlich verbunden. Er suchte nach einer Möglichkeit, die NS-Bewegung mit ihren eigenen Themen zu unterlaufen. Bei Paetel trafen Nazi-Gegner aus bündischen Gruppen, aber auch aus kommunistischen und sozialistischen Zirkeln zu Diskussionsabenden zusammen.

Warnemünde, 12. 3. 34

Lieber Papa,
[...] Uebers weekend war ich nach Berlin. [...] Um 11 Uhr traf ich auf Verabredung am Zoo meinen alten Freund von Bistram. Mit ihm hatte ich eine durchaus fruchtbare Unterhaltung. Klaus Mehnert, mit dem er wie ich gut befreundet ist, geht übrigens als Berichterstatter nach Moskau und gibt hier seine Stelle als Schriftleiter der Zeitschrift OSTEUROPA und als Mitarbeiter von Hoetzsch auf. Und auch sonst gab es manche für mich interessante Personalneuigkeit. [...]

Am nettesten war es Sonnabend abend. Ich hatte gehört, dass eine Jungengruppe der HJ[39], die fast ganz aus alten Freunden von mir besteht, in einem Riesensaal in Zehlendorf Theater (»18. Oktober«[40]) spielen würde. Es waren recht hohe Tiere da, und es wurde ein grosser Erfolg. Nächstens sollen sie vor Hitler in einem grossen Berliner Theater ihr Stück wiederholen. Das ist auch für mich nicht schlecht, denn alle die Jungens denken nicht daran, den »gegner« zu verleugnen und ihre Leistung macht uns Ehre, der Geist des ganzen, das Spiel selbst, die Tendenz. Zudem war ich froh zu sehn, dass unter den hunderten von Prachtjungens kaum einer war, der mich nicht kannte, und so oft wie an diesem Abend habe ich meinen Vornamen lange nicht gehört. Es hat mich einfach recht gefreut, zu spüren, dass die Wellen, die »mein Sender« vor einem Jahr ausstrahlte, noch nicht im Raum verebbt sind. Schliesslich sind das ja die Menschen, mit denen ich später zu tun und zu schaffen haben werde, und nicht die anderen. [...] Viele innige Grüsse und gute Besserung. Grüsse für Mama u. Hartmut.

Harro

Warnemünde, 22. 3. 34

Liebe Eltern,
vielen Dank für Eure beiden Briefe. [...]
Wenn ich hier fortkomme, möchte ich zunächst mal versuchen, in die Pressestelle (Ueberwachung der Auslandspresse, Luftpropaganda usw) des Reichsluftfahrtministeriums zu kommen. Bei meinem Eifer, meinen journalistischen Erfahrungen, Sprachkenntnissen usw. ist da vielleicht was zu machen. Ich kann mir eigentlich nicht denken, dass man uns nach so langer Ausbildung einfach wieder ins Blaue

entlässt. Wenn Ihr Beziehungen zum Luftfahrtministerium habt, seht mal zu, sie auszubauen. Man kann nie wissen, ob man sie nicht mal braucht. An sich gibt es natürlich auch noch andere Wege. Aber wenn ich beim Staat arbeite, kann ich eher auch in der sonstigen Presse meine Meinung vertreten als Winkeljournalist.

Schluss für heute. Herzliche Grüsse Euch Lieben.

Euer H.

Als ich gestern abend die umstehenden Zeilen schrieb, dachte ich nicht, dass die Entscheidung *so* schnell kommen würde. Heute, 23. nachmittags, nach Dienstschluss, wird uns vom Kommandant mitgeteilt, dass unsere Beobachterausbildung mit dem 1. IV. beendet sei. Gründe: Totaler Maschinenmangel, ferner aus Gründen aussenpolitischer Natur, nicht-genügende Bewegungsfreiheit für die vorgesehene Endausbildung.

Unsere Ueberführung in den Luftsportverband (der der SA usw. gleichgestellt ist) ist anscheinend sichergestellt; hoffentlich mit entsprechender Rangeingliederung.

Um die nächsten Monate zu überbrücken, werde ich zunächst mal morgen früh einen schriftlichen Antrag ans Luftfahrtministerium richten. Vielleicht lässt sich in der Pressestelle da was machen. Ich habe bereits mit meinem Vorgesetzten gesprochen eben; er wird mein Anliegen befürworten. Also erst mal muss ich diese Entscheidung abwarten, bevor ich weitere Schritte unternehme. [...]

Am Dienstag oder Mittwoch fahre ich nach Berlin.

Die Andern sind zum grossen Teil wegen der plötzlichen Aenderung einigermassen niedergeschlagen. Aber ich werde mich schon irgendwie weiter durchschlagen.

Recht herzliche Grüsse. Immer

Euer H. [...]

Warnemünde, 24. 3. 1934

Lieber Papa, liebe Mama,
der Gedanke, hier nun schon so bald fortzukommen, berührt uns alle eigenartig. Es ist fast wieder wie nach dem Abitur. Hier haben wir garnicht für uns zu sorgen brauchen, unser Tageslauf lag klar vor uns, alles vollzog sich in Bindung und Disziplin. Und nun geht es wieder hinaus in die eigene Verantwortung.

Heute vormittag war ich noch bei Becker und sprach mit ihm ganz offen über alles. Er war sehr nett und schrieb mir eine sehr vorteilhafte und mich ehrende Empfehlung für den Schriftleiterverband.

Meinen Plan, in Berlin eine Bewerbung zu versuchen, hielt er für durchaus gangbar und empfahl mich auch dort. Natürlich darf man sich trotzdem keine grosse Hoffnung machen. Aber Sorgen mache ich mir auch nicht.

Vater von Cappeln hat sich mit Christiansen in Verbindung gesetzt (er kennt ihn wohl), um etwas zu erreichen. Aber wenn überhaupt was zu machen ist im RLMin[41], dann schaffe ich es wohl auch so. [...]

Euer Harro.

P. S. Becker schrieb für mich wörtlich: »ein vielseitig talentierter, sehr begabter junger Mann, echt nationalsozialistischer Gesinnung, von dessen Tätigkeit ich mir noch für Deutschland das Beste verspreche ... Ich habe ihn kennen und schätzen gelernt.«

(Entre nous[42]!)

H.

Eine schwierige Karriere: Das Reichsluftfahrtministerium

Schulze-Boysen fand eine Anstellung in der Abteilung »Fremde Luftmächte« im Reichsluftfahrtministerium, das von Hermann Göring geleitet wurde. Offiziell galt das RLM als eine zivile Behörde, da Deutschland nach den Versailler Bestimmungen keine militärische Luftfahrt betreiben durfte. In der Abteilung »Fremde Luftmächte« wurde die ausländische Fachliteratur und Presse zur Luftrüstung gesichtet und Nachrichten der militärischen Luftrüstung in taktischer, organisatorischer, ausbildungsmäßiger und technischer Hinsicht ausgewertet. Als Adjutant des Chefs des Seeflugnachrichtenwesens Karl Bartz[43] war Schulze-Boysen für das Studium ausländischer Zeitschriften, für Vorträge, Lichtbildersammlungen und die journalistische Verwertung verantwortlich.

Unklar ist, wie es Schulze-Boysen gelang, im Luftfahrtministerium unterzukommen. Neben den Empfehlungen aus Warnemünde förderte sicherlich Schulze-Boysens familiärer Hintergrund die Bereitschaft, den jungen Mann zu übernehmen. Seeflieger aus dem Ersten Weltkrieg, Marinekameraden des Vaters, hatten inzwischen einflußreiche Positionen im Luftfahrtministerium. Außerdem erlebte Harros Großonkel Alfred von Tirpitz unter den neuen Machthabern eine Renaissance.

Unter dem Dach des Luftfahrtministeriums war Schulze-Boysen auch vor Nachstellungen der Gestapo geschützt. Der »zweite Mann« im Dritten Reich, Luftfahrtminister Göring, war zugleich Ministerpräsident von Preußen und die Gestapo ihm in dieser Zeit direkt unterstellt.

Warnemünde, Ostern 1934

Liebe Eltern,
meine Anstellung im RL-Ministerium ist gemachte Sache. Ich werde Adjutant des Chefs der Leitung des Seeflugnachrichtenwesens (Pressestelle). Haupttätigkeit ist die Ueberprüfung und Verwertung der militärpolitischer Nachrichten. Ich arbeite direkt zusammen mit Fliegerkapitän Bartz und von Bülow, wirklich sehr interessante Arbeit (Studium ausländischer Zeitschriften, Vorträge, Lichtbildersammlungen, journalistische Verwertung und damit auch Möglichkeit von Nebenverdienst in der Presse usw.) Natürlich muss ich mich erst einarbeiten und bekomme zuerst noch leichtere Sachen. Monatsanfangsgehalt ist jedenfalls so, dass ich gut allein damit auskomme. Ich hätte finanziell wesentlich bessere Sachen finden können; aber ich halte das im Augenblick *nicht* für die Hauptsache, sondern meine persönliche Sicherheit, – und die Chance, unerhört viel zu lernen, ohne in den Vordergrund oder in die Oeffentlichkeit treten zu müssen. Ich mache das also vielleicht zwei/drei Jahre. Meine Zeit kommt, wenn ich 35 bis 40 bin. Ich habe mir vorgenommen, mich bis dahin in einigen Jahresplänen (die ja heute Mode sind) innerlich, und was Können und Wissen anbelangt, weiterzubringen. Auch gute Freunde müssen aufgespürt werden. Dazu immer wieder Sprachkenntnisse … Alle diese Möglichkeiten habe ich hier nun.

Ich habe grosses Glück gehabt […]

Einen sehr lieben Ostergruss von *Euerm* H.

Meine endgültige Zusage habe ich mir bis nach Ostern vorbehalten, weil verschiedene Einzelheiten noch geklärt werden müssen (die zuständigen Leute sind zum Teil jetzt über Ostern fort!)

Evtl. will ich auch noch zu Mejer vom Nachrichtendienst, um mal zu hören, was die einem anbieten. Ich habe da nämlich auch noch eine Empfehlung durch meinen Warnemünder Vorgesetzten von Ritger, dessen Bruder, neben Mejer, da Chef ist. Aber jedenfalls werde ich wohl in Berlin bleiben.

Recht herzl. Gruss H.

Die Eltern verfolgten mit großem Interesse die Bewerbung ihres Sohnes. Sie waren besorgt, ob er sich wieder mit seinen alten Freunden treffen oder erneut ins Visier des NS-Machtapparates geraten könnte. Sie hatten ihm geraten, sehr vorsichtig in Berlin zu agieren. Der Sohn beruhigte die Eltern.

Warnemünde, 4. 4. 34

Liebe Eltern,

aus Eurem Fernanruf entnehme ich, daß Ihr der Meinung seid, die ganze Regelung meiner Berufsfrage ginge von heute auf morgen vor sich. Da unterschätzt Ihr den Bürokratismus in so einem Riesenministerium. Das geht durch 100 Hände, bis die offizielle Einstellung mit allen Schikanen auch formell erfolgt. Fliegerkapitän Bartz gibt sich gradezu rührende Mühe, das Verfahren zu beschleunigen, aber er kann schliesslich auch nicht den ganzen Apparat umdrehen. Kennt Papa den Kapitän Geisler, der die Personalabteilung unter sich hat?

Eure Mahnung, gesundheitlich vorsichtig zu sein, leuchtet mir ein. Ich halte mich sehr zurück. Etwas gefährlich ist es natürlich immer noch. [...] Herzliche Grüsse

Euer H.

Berlin, 12. 4. 1934

Liebe Eltern,

meine neue Tätigkeit ist ausserordentlich anregend und interessant. Es gibt unerhört viel Arbeit, und an das viele Stubenhocken muss ich mich nach Warnemünde erst gewöhnen. Aber die Leute gerade in dieser Abteilung sind *sehr* anständig und nett. Und das ist ja schliesslich neben dem Sachlichen auch äusserst wichtig. Es ist auch ein Crewkamerad von Papa, *Goltz*, dabei. Er lässt vielmals grüssen. Bartz und Bülow haben sich gradezu rührend für mich eingesetzt, das Gehalt betreffend. Es scheint sich nun auch diese Frage befriedigend zu lösen. Die Frage, ob ich Beamter werden wolle, lehnte ich ab; ich will lieber zuerst Angestellter bleiben, und mich dann, falls mir die Tätigkeit sehr zusagen sollte, aktivieren lassen und als Offizier die Sache weitermachen. Aber Pläne kann man ja heute garnicht schmieden ...

Ich sagte Papa schon, dass ich Eure Geburts- und Trauurkunde brauche. Aus ihnen soll auch Eure Konfession hervorgehen. Hat Mama Trauschein der Grosseltern Boysen?[44] [...]

Recht liebe und herzliche Grüsse.

Euer Harro

Berlin, 1. 5. 1934

Liebe Helga

eben höre ich hier bei Onkel Werner, dass Du Dein Examen so famos gemacht hast. Herzlichen Glückwunsch dazu! Den Eltern gönne ich die Freude auch von Herzen ... dass sie wenigstens auf *eines* ihrer Kinder examensstolz sein können. Worin Du hauptsächlich geprüft wurdest, werde ich ja wohl noch erfahren. Das interessiert mich natürlich lebhaft.

Ich selber bin mal wieder für eine Weile hier. Im Augenblick lässt sich nichts Vernünftigeres finden. In meiner jetzigen Tätigkeit brauche ich wenigstens nichts gegen meine Ueberzeugung zu tun und kann meine sprachlichen und technischen Kenntnisse erweitern. Die Leute, mit denen ich zu tun habe, sind nett und anständig, wie's scheint.

Heute ist der 1. Mai[45]. Ich konnte mich gottlob im buchstäblichsten Sinne des Wortes aus dem *Staube* machen. Auf dem Tempelhofer Feld sass, lag und stand eine unübersehbare Menschenmasse, furchtbar in viehmarktähnlichen Verschlagen zusammengepfercht. Die Frauen schwitzten, zogen sich die Schuhe aus und sassen in Strümpfen in der Gegend herum, – die Männer assen Würstchen und tranken Bier, soviel sie erwischen konnten. Die Sonne brannte unbarmherzig heiss. Viel gesungen wurde nicht, nur immer mal wieder die *»Lore«* ... Um zehn war ich angetreten, um 1 Uhr gelang es mir dann, durch eine Zaunlücke zu entkommen. Die Rede von Hitler war eben, um 4 Uhr: Schlagsahne ... Nicht *ein* neuer Gedanke »Fuufzehn Jahre«[46], davon kommt er nicht los. Na, es ist ja schliesslich auch Wurst ... Tatsachen sind stärker als alle Reden. Und da er sich so verzweifelt gegen die bösen Nörgler ausgesprochen hat, will ich deren Zahl nicht noch unnötig vermehren. [...]

Was mögen Deine Pläne für die Zukunft sein? Wenn Du nach Hause kommst, sei nur recht milde. Stunk hat ja keinen Zweck. Wirklich, mich überkommt immer mehr das grosse Mitleid mit all diesen Menschlein, die in diesem mürben, kranken Europa sich gegenseitig herumärgern, – alle unsere häuslichen und privaten Schwierigkeiten auch lassen sich letztlich durchaus soziologisch begreifen und auflösen. Es kann ja keiner was für sich oder die Gestalt des Nebenmannes, und es ist gradezu hässlich roh und sadistisch, die lieben Nächsten durch gutes Zureden oder Schimpfen noch ändern zu wollen ... Vielleicht hast Du es inzwischen selber schon gemerkt. [...]

Recht herzlichen Gruss *Dein* H.

Elsa Nuß, die Harro Schulze-Boysen im März 1933 das letzte Mal nach einer Veranstaltung des »Republikanischen Rednervereins« gesehen hatte, traf ihn im Frühjahr 1934 zufällig Unter den Linden. Er erschien ihr im Gegensatz zu früher ungepflegt, war unruhig, nervös, zerstreut und sehr zwiespältig in seiner Meinung. Er glaubte einerseits an eine bedeutende und erfolgreiche Rolle der Widerstandsbewegung in Deutschland. Zum anderen spürte sie bei Schulze-Boysen eine tiefe Resignation angesichts der Unmöglichkeit, das deutsche Volk gegen die Nazidiktatur aufzurütteln.

Berlin, 15. 5. 34

Liebe Eltern,
es gibt zwar nicht viel mitzuteilen; aber ich will Euch doch wenigstens einen Gruss schicken. Die Tage eilen sehr schnell an mir vorbei. Wenn ich abends aus dem Ministerium komme, bin ich meist ziemlich müde; d. h. allmählich gewöhne ich mich wieder an die Zimmerarbeit. Ausser meinen freien Abendstunden hat das Leben ja wenig Inhalt für mich. Unternehmen kann ich ja abends auch nicht viel, denn solange ich mein Gehalt nicht richtig ausgezahlt bekomme, reicht dazu einfach mein Budget nicht aus. [...] Das mit dem Geld ist eine ziemliche Unverschämtheit meiner augenblicklichen »Arbeitgeber«; das ist ja nicht etwa bei mir nur so, sondern ganz allgemein ... Man wird eingestellt ... und muss nach allgemeinem Urteil »froh sein, wenn man bis Weihnachten seinen Vertrag hat!« Bis dahin kriegt man monatlich immer nur eine begrenzte Vorschusszahlung von 120.– M, und davon kann man nicht leben und nicht sterben. Ich bin ja nicht der einzige, der schimpft ... es ist doch unglaublich unsozial, einen den ganzen Tag schuften zu lassen, alle Abmachungen aber im bürokratischen Apparat zu vertrödeln. Wenn nicht bald was geschieht, werde ich den Leuten grob. Die anderen riskieren das ja nicht, aber mir ist es ziemlich gleichgültig, ob ich im Arbeitslager, in der Fremdenlegion oder im Ministerium arbeite ... wenn ich nichts dafür bezahlt kriege. Es ist ja schliesslich doch alles nur auf Abruf!

Von Onkel Werner hatte ich im Vormonat *50.–* gepumpt; seid doch so gut und legt sie für mich aus, bis ich mein Gehalt nachgezahlt erhalte (irgendwann müssen sie es ja schliesslich tun!) Ich habe ihn ja mehrfach angepumpt; aber das andere hat er wohl schon mit Euch verrechnet. (Für Anzug, Oberhemden usw) Ich hatte eigentlich nicht vorgehabt, euer Angebot, zunächst 30 M zuzuschustern, anzunehmen; muss es nun aber notgedrungen doch für das erste Vierteljahr machen. Es liegt nicht an mir. [...]

Ich glaube ganz und gar nicht an die kommende prosperity. Aber ich sehe die Grösse – die einzige! – der Zeit darin, daß jedes Einzelleben zum Wagnis wird. [...]

In Liebe
Euer Harro.

Da sich die wirtschaftliche Lage im Frühjahr 1934 in Deutschland verschlechterte, wuchs die Unzufriedenheit in der Bevölkerung und in Teilen der NS-Bewegung. Der SA-Stabschef Ernst Röhm griff diese Stimmung auf, drängte auf eine Fortsetzung der inneren Umgestaltung und sprach immer wieder von der Notwendigkeit einer »zweiten Revolution«, in der die SA eine gewichtige Rolle spielen sollte. Röhm wandte sich gegen die »Verbonzung« des Staates und forderte die Schaffung eines Milizheeres, dessen Kern die SA stellen sollte. Die Generalität der Reichswehr sah ihre Existenz durch Röhms Pläne gefährdet, denn Hitler setzte auf die Reichswehr als Hauptbestandteil einer schlagkräftigen Armee für seine Weltherrschaftspläne. So kam es im Juni 1934 zu einem Bündnis des Diktators mit der Reichswehrführung gegen die SA-Führung.

Nach einer von Erich Edgar Jung verfaßten und Mitte Juni vom Vizekanzler Franz von Papen gehaltenen verdeckt regimekritischen Rede vor Marburger Studenten, die einen großen Widerhall in Deutschland fand, entschloß sich Hitler Mitte Juni, den Konflikt mit Gewalt zu lösen. In Berlin brodelte die Gerüchteküche. Hitler schickte die SA-Führung in den »Urlaub«. Vom 30. Juni bis zum 2. Juli 1934 wurden auf seinen Befehl fünfundachtzig tatsächliche und vermeintliche Beteiligte dieses Machtkampfes von der SS ermordet.

Berlin, 13. VI. 34.

Lieber Papa,
[...] Am Freitag bin ich verabredet mit dem Mitarbeiter von Ribbentrop's, Dr. Kirchhoff. Man interessiert sich plötzlich sehr für meine ausländischen Beziehungen, hauptsächlich für Ordre Nouveau. Man hat es wohl sehr nötig. – Vor der HJ-Berlin West hielt ich ein außen- und wehrpolitisches Referat, dessen Echo ich als Erfolg für mich buchen kann. – [...]

Mein russischer Unterricht macht gute Fortschritte. Die Lehrerin, eine emigrierte Dame Engelmann, macht ihre Sache sehr lebendig und nett. –

Politisch gibt es nur Gerüchte und wenig Konkretes. Vielleicht Rückkehr nach Genf[47]; 300 000 Mann Reichswehr, Abbau der SA (Röhm in Urlaub) ...? An der Londoner Börse kam gestern abend schon die Mark ins Rutschen; aus ökonomischen Gründen natürlich, – Devisenmangel, Spekulation, Mißernte!

Mama und ich waren einen Sonntag bei Deinem Freund E[hrhardt]. Er ist wirklich ein Prachtexemplar. [...]

Herzliche Grüße Euch allen

Euer Harro.

Berlin, [Ende Juni 1934]

Mein lieber Papa,
bevor ich zum weekend rausgehe, schicke ich Dir noch einen Gruss; [...]

Die politische Atmosphäre hier in Berlin ist zur Zeit wie mit Elektrizität geladen. Die Meldungen der hier überall erhältlichen und gekauften Auslandsblätter tun natürlich auch das ihre.

Ich fuhr vorhin mit einem Polizeioffizier in dessen Auto zum Zoo mit (er wollte eigentlich zu Bartz, und weil es grade Dienstschluss war, nahm er mich mit); er erzählte, anlässlich irgendeiner Autofahrt Hitlers (bei der Beerdigung von Görings Frau) habe auf Hitler und Himmler ein Attentat stattgefunden. Die anwesende SS habe sofort in Richtung des Schützen wiedergeschossen, den Täter habe man aber nicht mehr finden können. Der Hauptkampf geht wohl los zwischen dem autoritären Lager Hindenburg, Papen, Reichswehr, Hitler (?) ... und dem radikalen Flügel, der mehr in der Partei und den Massen verankert ist. Die Entscheidung muss m. E. schon bald fallen; alles spitzt sich immer mehr zu. Auch wirtschaftlich müssen ja irgendwelche Entscheidungen getroffen werden. Die Note der Engländer war ziemlich scharf gehalten. [...]

Einen herzlichen Gruss. H.

Um sich vor Verfolgungen zu schützen, umgab sich Schulze-Boysen bewußt mit einem Kreis politisch unverfänglicher Freunde.

In dieser Zeit lernte er auch die 20jährige Libertas Haas-Heye, eine außergewöhnlich lebendige und attraktive junge Frau, kennen. Libs, so nannten sie ihre Freunde, gewann mit ihrer natürlichen Ausstrahlung leicht die Sympathien ihrer Mitmenschen. Ihr Vater Otto Haas-Heye war Professor für Modegestaltung in Berlin und Zürich, ihre Mutter die Tochter des Fürsten Philipp zu Eulenburg-Hertefeld, eines Jugendfreundes von Kaiser Wilhelm II. Die Eltern hatten sich 1921 scheiden lassen. Aufgewachsen auf dem Gut ihres Großvaters Philipp im 50 Kilometer nördlich von Berlin gelegenen Liebenberg, hatte Libertas 1932 auf einer Mädcheninternatsschule in Zürich ihr Abitur abgelegt. Bei ihren Besuchen in Liebenberg traf sie auf eine dem Nationalsozialismus gegenüber sehr aufgeschlossene Atmosphäre. Ihr Onkel, der Fürst zu Eulenburg-Hertefeld, hatte im Januar 1931 Hitler aufgesucht und sich daraufhin der NS-Bewegung angeschlossen. Er versuchte, auch weitere Großgrundbesitzer für diesen Schritt zu gewinnen. Libertas, eine begeisterte Pfadfinderin, blieb davon nicht unberührt und trat am 1. März 1933 in die NSDAP ein. Im Frühjahr 1933 erhielt sie eine Anstellung als Pressereferentin bei der amerikanischen Filmgesellschaft Metro-Goldwyn-Mayer in Berlin.

Libertas war von Harro Schulze-Boysen, seiner überzeugenden Art zu reden und andere Menschen mit Argumenten zu gewinnen, begeistert und verliebte sich in den geistreichen jungen Mann.

Harro Schulze-Boysen »opferte« dieser Beziehung seine Ungebundenheit, die ihm bisher immer so wichtig war. Der großen Liebe war er bisher nicht begegnet. Er hatte sie wohl auch nicht gesucht.

In einem Brief stellte er den Eltern, die nach der Mordorgie der Nazis sehr beunruhigt waren, seine neuen Berliner Bekannten, die so ganz anders waren als seine früheren Kampfgenossen, vor.

Berlin, 19.7.34

Liebe Eltern,
vielen Dank für eure lieben Briefe und die Sachen im Paket. Ich wollte Euch schon längst wieder schreiben, aber tagsüber im Ministerium hatte ich zuviel zu tun, und abends bin ich fast jeden Tag segeln gegangen und meistens habe ich dann die Nacht im Boot verbracht. Es waren herrliche Abende und Nächte und Sonnenaufgänge auf Havel und Wannsee ... Die Leute sind alle neu-beschafft.

1.) Ist da das Mädchen *Libertas*, mit Nachnamen Haas-Heye, sie ist 20 Jahre alt, und sieht sehr gut aus, arbeitet selbständig bei Metro-Goldwyn-Mayer (Film!) in der Pressestelle. Sie ist *sehr* nett und kann nichts dafür, dass sie die Enkelin vom alten Eulenburg ist. Die *ihm* zugesagten Eigenschaften hat *sie* jedenfalls nicht.

2.) ist da Richard *von Raffay*, der Eigner des Segelbootes (das praktisch eben allen gehört ...), ein Hamburger, wie er sein muss, ruhig und immer lustig. Er hat eine nette Wohnung, von der er mir ab 1. wahrscheinlich ein Zimmer vermietet.

3.) sind *zwei jüngere Leute* mit einem prachtvollen Auto (Mercedes Compressor) aufgetaucht; der eine ist ein Sohn von Krupp von Bohlen und der andere heisst von Waldhausen. Beide sind sehr repräsentativ, gehören aber nicht zum »engeren« Kreis; dazu haben sie zu viel Geld ...

4.) Gibt es einen Mann namens *Wanja*, der unerhört schön russische Lieder singt und ein echter Russe ist. Zu Wochenendunternehmungen aller Art ist er wie geschaffen.

5.) ist eine Medizinstudentin da, die eine ganz seltene Mischung von Klugheit, Feinheit und Schönheit ist. Sie ist mit einem Mann, der nicht in Berlin ist, verlobt, macht aber alle Feste mit, unter Wahrung der gebührenden Distanz.

6.) Dann ist der Schriftsteller Henser da, mit einer Engländerin namens Marion. Ausser diesen sind noch viele andere da; aber dies sind die meistgesehenen.

Ich *muss* mich ja mit völlig harmlosen, guten Leuten umgeben; diese sind als Umgang sehr geeignet. Man muss ja auch alle Sorten von Menschen mal kennen lernen ... –

Neulich war ich mit einem englischen konservativen Abgeordneten zusammen namens Wilson. Deutschland hatte sein Hauptinteresse als mögliches Aufmarschgebiet gegen Russland. Er hat in letzter Zeit allerhand über Deutschland geschrieben, und das ist dann übersetzt auch in deutschen Blättern erschienen. [...]

Bartz ist weiterhin riesig nett, und auch die anderen Leute. Ich soll nächstens Vortrag beim Amtschef halten (Oberstleutnant Wever), über meine Tätigkeit. – Bülow ist auf Urlaub.

Politisch nichts neues. Ich freu mich auf Genf; das ist mal was neues. (für mich!)

Recht liebe Grüsse!

Euer Harro.

Berlin, 7. 8. 34

Liebe Eltern,

Vielen Dank für Eure lieben Briefe. [...] Die monatlichen Zuschüsse werden ab 1. Sept. ausbleiben können. Mit den 160.– kann man natürlich leben; aber eben auch nur das. Ich hatte sonst vor, ein Musikinstrument spielen zu lernen, und *jeden* Abend Sprachunterricht zu nehmen, – das wird nun nicht gehen. Bartz will sich noch für Verbesserung einsetzen. Das augenblickliche Leben ist ja für mich absolut sinnlos, wenn man nicht mindestens abends noch etwas vernünftiges schafft.

Neulich, bei irgendeiner Unterhaltung, sprachen andere Leute über ihre Eltern. Es wurde dabei wieder einmal ganz klar und tief bewusst, wie unendlich viel *ich* an *Euch* Lieben gehabt habe und habe ... Man hat es immer als Selbstverständlichkeit geschluckt ... und in diesen barbarischen Zeiten hat man sich so mit Gott und Welt herumgeschlagen, dass man es garnicht merkte ... Euch kann man es ja nicht entgelten, – es ist von der Natur so eingerichtet, dass man die Schuld nur nach vorn, in die Zukunft hinein, an die eigenen Kinder, wieder abtragen kann. Ich werd schon zusehen, dass unsere Kette bei mir auch nicht abreisst.

In meiner jetzigen Wohnung fühle ich mich grenzenlos wohl. Die Menschen sind auch prächtig. [...]

Euer Harro.

Die Deutsche Gesellschaft für Völkerbundfragen hatte beim RLM angefragt, ob Harro Schulze-Boysen an der Mitte August 1934 vom Weltverband für Völkerbundfragen veranstalteten »Sommerschule« in Genf teilnehmen könne. Das Ministerium für Wissenschaft, Erziehung und Volksbildung übernahm die Kosten für die zehn deutschen Teilnehmer. Unter ihnen war auch eine Reihe von SS-Leuten. Das Propagandaministerium gab der Gruppe »Aufklärungsschriften« mit, um den »deutschfeindlichen Anwürfen« entgegenzuwirken. Die jungen Deutschen hatten keinen leichten Stand bei den Veranstaltungen. Immer wieder wurde über die Zustände im nationalsozialistischen »Dritten Reich« diskutiert. Im Bericht über die Reise hieß es, daß ein größeres Verständnis für das neue Deutschland geweckt, Mißverständnisse und Irrtümer, aber auch Vorurteile ausgeräumt werden konnten.

Dieser Erfolg deutete zugleich den Zwiespalt an, in dem sich der Hitlergegner Schulze-Boysen befand. Die deutschen Teilnehmer wurden benutzt, um dem nationalsozialistischen Deutschland zu besserem Ansehen zu verhelfen. Vielleicht war dies der Grund, daß Harro Schulze-Boysen die Einladung zu einer weiteren Völkerbundveranstaltung, die Ende September 1934 stattfinden sollte, ablehnte.

Berlin, 3. 9. 34.

Liebe Eltern,
vielen Dank für Eure lieben Briefe, Photos, Buch und Himbeergeist. Ich habe mich über alles von Herzen gefreut. [...]

Bezüglich meiner Genfreise legte ich Bülow einen Bericht vor, der ihn sehr gut fand und mich damit zum *Staatssekretär* schickte, dem ich Vortrag hielt. [...] Morgen abend habe ich Teilnehmer der Genfer Fahrt bei mir; es erscheint mir wichtig, diese Beziehung zur SS zu halten. Bartz ist z. Zt. auf Urlaub; ich bin also mal wieder allein.

Recht herzlich immer
Euer H.

Berlin, 9. IX. 34.

Liebe Eltern,
[...] Gestern aß ich mit Onkel Wolf [von Tirpitz] zu mittag; er bewirtete mich grossartig in seinem IG-Farben Gebäude unter den Linden. Denkt Euch, die IG haben aus Genf einen Bericht bekommen, in dem gemeldet wird, unser Auftreten dort sei ein großer Erfolg gewesen und man sollte doch öfter solche jungen Leute heraus schicken. Wenn die wüssten ... [...]

Für Dich muss es ein seltsames und – metaphysisch gesehen – schönes Gefühl sein, nun wieder das blaue Tuch[48] zu tragen und etwa da zu stehen, wo Du vor 25 Jahren standest. Du hast es »Imponderabilien« genannt, und diese Erklärung hat mich zuerst nicht recht befriedigt. Aber bei näherem Nachdenken und Nachfühlen versteh' ich doch, was Du meinst. Hochfeld[49] kann Dir ja doch immer nur ein schmutziger Ersatz gewesen sein für die See, der Du Dich in Deiner Jugend verschriebst. Man kann sich ja nicht Lebensaufgaben und Lebenskreise »am laufenden Band« schaffen; vermutlich ist es für unsere Art Menschen besser und richtiger, den Kreis sich schließen zu lassen, (auch wenn der Logos im engeren Sinne ein Fragezeichen dahinter macht!), und sich in den widerspruchsvollen Lebensstrom einzuschalten, oder, um bei Deinem Fall zu bleiben (bildlich): noch einmal in See zu gehen, als, einem fragwürdigen Zweck entsprechend, sich dem Einsatz zu verweigern.

Daß wir beiden, Vater und Sohn, nicht die gleichen Schlachten schlagen, ist am Ende wohl nur ein Zeichen guter Rasse. Jeder muss dem Ruf seiner Zeit und seiner Götter gehorchen. Aber, siehst Du, ich komme langsam dahinter: Alles Vergängliche ist nur ein Gleichnis: Auf dieser Ebene mit Dir vereint, sind meine Gedanken am 3. X. bei Dir.

Dein H.

Berlin, 1. X. 34

Mein lieber Papa,
zu Deinem Geburtstag wünsche ich Dir von Herzen alles Gute, vor allem Gesundheit, Gesundheit und nochmals Gesundheit. Alles andere kommt ja erst in zweiter Linie.

Unsere letzte Begegnung ist mir in der liebsten Erinnerung aus dem letzten Jahr geblieben: ... Wie Vater und Sohn sich auf den schmalen Stufen der Drahtseilbahn entgegenliefen ... [...]

Bartz sprach neulich mit mir über mein »Fortkommen«. Sie wollten mich nächstes Jahr zum Reserveoffizier machen (noch ein Halbjahr aktiven Dienst) und später zum ... Regierungsrat! Ausgerechnet mich! Aber den Oberleutnant d. R. will ich ruhig mitnehmen. Das heisst, wenn es aussenpolitisch überhaupt zu dieser Möglichkeit sobald kommt. Ich selbst habe garnicht den Ehrgeiz, länger als die vereinbarten 2½ Jahre bei der augenblicklichen Sache zu bleiben. Man wird ja sehn ... [...]

Politisch nicht viel neues. Persönlich: All right. Helga meinte zwar »Immer noch etwas Boheme«, aber das stimmt einfach nicht.

Viele Grüsse an Mama, und alles Liebe.

Dein Harro.

Libertas Haas-Heye meldete sich für ein halbes Jahr zum freiwilligen Arbeitsdienst nach Glindow bei Potsdam. Sie wollte dem »wirklichen Leben« näher sein und über ihre Erlebnisse ein Buch schreiben.

Berlin, 3. 2. 35

Liebe Mama, lieber Papa,
Vielen Dank für Brief und Geld. Nachmittags war ich bei Libs[50] in Potsdam. Ihr geht es gut und sie lernt allerhand und kommt gut mit allen aus. Es ist natürlich ein hartes Leben, aber das tut ihr ganz gut, und ich freu‹ mich, daß sie die Probe so gut besteht. Da wir uns einmal die Woche sehen, haben wir uns natürlich allerhand zu erzählen.

Onkel Wolf lud mich vor einigen Tagen netterweise mit Haack – Genf zum Mittagessen ins I. G.-Gebäude, Unter den Linden, ein. Ich habe alles mit Haack besprochen. Wenn der Zeitpunkt günstig ist (das ist er im Augenblick natürlich noch nicht!) wird er mir bestimmt helfen. H. erzählte übrigens sehr interessant. Er selbst hat seinen Wohnsitz in Zukunft in Bern, wo er als Presseattaché an der Gesandtschaft tätig sein wird. Dabei behält er aber auch seine *Genfer* Berichterstattertätigkeit ... [...] Euch selbst alles Liebe von
Eurem Harro.

P. S. Die Gedichte von F. G. Jünger (»Der Mohn«) sind verboten. Es wurde ja auch Zeit.

Berlin, [Februar 1935]

liebe mama,
vielen dank für brief. [...] dein gedanke, mit bülow über meine zukunft zu reden, ist im höchsten grade kateridee!!! du hast wahrscheinlich im augenblick gedacht, du schriebst an hartmut und wolltest mit seinem lehrer sprechen ... erinnere dich doch bitte daran, dass du deinen ältesten sohn am 2. IX. 1909 zu Kiel geboren hast, er demnach heute also 25½ jahre alt ist und mit seinem chef selbst über seine zukunft sprechen kann, wenn er das für nötig hält.

zum schluss möchte ich gern noch wissen, *wer »alles«* immer erzählt, ich sehe schlecht aus. es geht mir ausgezeichnet und ich bitte zur kenntnis zu nehmen, dass ich als einziger mensch der ganzen abtlg. seit meinem dienstantritt anfang april 1934 noch nicht einen einzigen tag im ministerium wegen krankheit o. ä. versäumte!

im übrigen nichts neues. herzlichen gruss an papa.
in liebe dein sohn.
H.

Berlin, 3.5.35.

Liebe Mama, lieber Papa,

[...] Am 1.Mai war ich ziemlich früh wieder fertig und fuhr mittags noch ein wenig zu Libs raus, obwohl es nicht grade schönes Wetter war, sondern kalt und schneiend. Draussen haben wir sehr lustig getanzt...

Meine Gehaltssache ist leider nur teilweise durchgegangen. Bülow hatte für mich *drei* Gehaltsgruppen mehr beantragt, – man hielt es in der Personalabteilung aber für nötig, *grundsätzliche* Erwägungen vorzuschieben und mich zunächst nur *eine* Gehaltsgruppe höher zu setzen, mit der Massgabe, gegen Ende des Sommers einen neuen Vorstoss zu unternehmen. Man soll sich eben alles erbetteln, und immer mal wieder von Zeit zu Zeit einen kleinen Bissen kriegen. Die Leistung scheint *grundsätzlich* keine Rolle zu spielen. Sozialismus, ... wie ihn manche Leute verstehen.

Ich möchte Euch bitten, mir das Monatsgeld für *Garderobezwecke* noch weiter zur Verfügung zu stellen. [...]

Alles Liebe.

Euer H.

Wahrscheinlich setzte die Mitarbeit von Harro Schulze-Boysen an der Zeitschrift »Wille zum Reich« – vielleicht auch ohne Wissen von Erich Röth – schon früher ein. Der Aufsatz »Nationalsozialismus und europäische Neuordnung«[51] von Mitte Juni 1934 trägt die Handschrift von Schulze-Boysen. Auch die mit E. R. [Erich Röth] gezeichneten Leitartikel[52] lassen auf Schulze-Boysen als Verfasser schließen.

Nach Paetels Emigration wurde er im Frühjahr 1935 der ungenannte, während Günther Mann[53] als offizieller Herausgeber und Walter Küchenmeister als Redakteur der Zeitschrift fungierten. Schulze-Boysen und Küchenmeister hatten keine Zulassung der Reichspressekammer und konnten deshalb nicht offiziell journalistisch arbeiten.

Der 1897 geborene Küchenmeister, von Beruf Eisendreher, hatte sich als Matrose aktiv an der Novemberrevolution 1918 beteiligt. Nach 1920 gehörte er zu den Aktivisten der KPD in Ahlen/Westfalen und arbeitete bis zu seinem Parteiausschluß im Jahre 1926 als Redakteur an verschiedenen kommunistischen Zeitungen in Westfalen und im Ruhrgebiet. Danach lebte er als Anzeigenverkäufer und freier Schriftsteller. Seit 1929 litt er an einer Lungentuberkulose, die nie ganz ausgeheilt werden konnte.

Küchenmeister beschäftigte sich mit dem historischen und dialektischen Materialismus Marx' und Lenins und den Schriften Moeller van den Brucks, verkehrte in nationalrevolutionären Kreisen und publizierte in deren Zeitschriften. Nach 1933 kam Küchenmeister in das Konzentrationslager Sonnenburg und wurde Anfang 1934 wieder entlassen.

Außerdem arbeitete Ilse Secker in der Berliner Redaktion mit. Sie unterstützte auch finanziell das Projekt. Harro Schulze-Boysen entwickelte mit der Herausgabe dieser Zeitschrift eine Doppelstrategie. Einerseits begann er auszuloten, welche Möglichkeiten einer »positiven« Einflußnahme auf die gegebenen Verhältnissen bestanden. Zum anderen gedachte er mit einer kulturpolitischen Zeitschrift Freunde und andere Interessenten zu erreichen, die in der »inneren Emigration« lebten, darunter auch die Leser der im Dezember 1934 verbotenen Zeitschrift »Widerstand«, die Ernst Niekisch herausgegeben hatte. Mit ihm stand Schulze-Boysen auch weiterhin in Verbindung.

Schulze-Boysen probierte mit der »Halbmonatsschrift für Politik und Kultur«, wie der »Wille zum Reich« jetzt im Untertitel hieß, eine legale, in vorsichtigem Maße auch unabhängige journalistische Arbeit. Gleichzeitig versuchte er, einen Kreis früherer Freunde zusammenzuhalten. Unter Pseudonym bediente er in seinen Beiträgen den offiziellen nationalsozialistischen Sprachgebrauch und ließ sich die Mitarbeit vom Reichsluftfahrtministerium genehmigen. Viele Informationen aus dem täglichen Pressestudium im Luftfahrtministerium flossen jetzt in die Zeitschrift.

Berlin, 16.5.35

Liebe Eltern,
vielen Dank für Eure Briefe. Von hier ist nicht viel zu vermelden. [...] Mein Russlandaufsatz in der Luftwehr[54] ist noch in unzähligen Zeitungen abgedruckt worden, mehr oder weniger gekürzt. Z.B. in der BZ[55] und im VB[56].

Die gelegentliche schriftstellerische Arbeit bekommt mir ganz gut. Ich käme sonst ganz aus der Uebung! Onkel Werner hatte einige Bedenken gegen meine Mitarbeit an der auch Euch kürzlich übersandten Zeitschrift[57]. M.E. grundlos, – gerade durch mein Hinzutreten hat die Zeitschrift eine durchaus positive Tendenz bekommen. Ich schreibe ja eigentlich auch nur über aussenpolitische Fragen.

Kommenden Dienstag bin ich zu einem Vortrag der deutsch-japanischen Gesellschaft geladen. Morgen abend gehe ich mit Bekannten und Helga zu einem kulturpolitischen Vortrag von Jedzek vor der Berliner Studentenschaft. Sonnabend-Sonntag kommt Libertas mal wieder nach Berlin.

Meinen Wäschesack schicke ich gleichzeitig ab.
Herzliche Grüsse
In Liebe *Euer* H.

Berlin, 25. V. 35

Liebe Eltern,
[...] Hoffentlich kommt Papa bald mal nach Berlin; seine Anführungen zu der Zeitschrift sind auf fruchtbaren Boden gefallen. Die rein positive Linie wird in Zukunft noch eindeutiger betont werden. (Obwohl bisher niemand gesagt hatte, die Zeitschrift sei nicht gut linientreu. Die ostdeutsche Presse-Korrespondenz, parteiamtliche NSDAP, hatte sogar ungekürzt die 2 Polenaufsätze[58] abgedruckt. Der Verfasser erwartet noch das Honorar!

[...] Neuerdings habe ich wöchentlich 1x die amüsante Aufgabe, in der Reichsfilmprüfstelle die neuen Fliegerfilme und die Wochenschauen auf brauchbare Bilder für unser Archiv hin zu besichtigen. [...]

Auf *Hartmut* freue ich mich sehr!
Alle Liebe
Euer Harro.

Im Juni 1935 mußte Karl Otto Paetel Prag verlassen und begab sich mit falschen Papieren nach Berlin, um von dort nach Dänemark zu gelangen. Er traf sich mit Harro Schulze-Boysen, der, nach seinem Befinden befragt, äußerte: »Ich lerne und warte. Ich werde dasein, wenn es soweit ist.« Mit Geld und neuen Papieren versorgt, gelangte Paetel nach Kopenhagen. Paetels Bericht[59] über seinen illegalen Besuch in Berlin vermittelt den Eindruck, daß der »treue Harro« im Jahre 1935 Verbindungen zu Widerstandszirkeln hatte, ohne daß er sich ihnen anschloß.

Für den August 1935 plante Harro Schulze-Boysen mit Libertas Haas-Heye und Klaus Jedzek eine als privat deklarierte Reise zum Besuch einer Vortragsreihe über Völkerbundfragen in Genf. Das Auswärtige Amt übernahm die Reisekosten.

Berlin, 6.7.35

Liebe Eltern,
obwohl sich seit Papas Berliner Besuch hier nicht viel Neues zugetragen hat, will ich doch einen Sonntagsgruss schicken, damit der alte Brauch keinen Schaden leide ...

Im Amt ist zur Zeit wenig Arbeit; ich lese ziemlich viel, arbeite für mich, übersetze, usw., denn Bartz ist ja in Warnemünde zur Erholung.

Gestern abend war ich bei meinen Freunden Jedzeks zu Gast; es sind Menschen, mit denen ich immer gern zusammen bin. Die übrigen Tage der Woche habe ich abends meist russisch gemacht. Montag war ich zusammen mit meinen SS-Freunden, um mit ihnen für

Genf schon vorzuarbeiten. Wenn alles klappt, werde ich vom AA[60] und vom Kultusministerium für das französische Referat vom RLM[61] angefordert. Da ich bereit bin, es mir auf meinen Urlaub anrechnen zu lassen, dürfte die Genehmigung wohl erteilt werden. Natürlich geht die Sache niemanden etwas an; es erübrigt sich also, dass Mama in Duisburg darüber spricht.

Mama wird an meinem Kolonialaufsatz[62] dafür hoffentlich um so ungeteiltere Freude gehabt haben: Endlich mal eine Zeitung, die den Mut hat, die Rede ihres Obersten Kolonialführers Epp zu bringen! Unsere Zukunft liegt auf dem Aequator, – das ist sicher!

Gleich bricht das weekend an; ich fahre ›raus nach Glindow, um mit Libertas zusammen zu sein; am 18. des Monats hat sie dann den Arbeitsdienst überstanden. [...]

Alles Liebe, und einen Gruss für Hartmut!

Euer H.

Berlin, 16. 7. 35

Liebe Eltern,
vielen Dank für Eure lieben Briefe. [...] Die Genfer Reise ist – nach menschlichem Ermessen! – beschlossene Sache. Ich wurde von Excellenz Schnee persönlich vom Ministerium angefordert, und dieser Antrag ist grade auf dem Weg zum Staatssekretär. [...]

Die Zeitschrift, die das letzte Mal Eure Billigung fand, wird nun mit Gottes Hilfe in dieser Linie und auf diesem Niveau bleiben. Die nächste Nummer wird nicht schlechter sein als die letzte, denke ich.

Libertas kommt übermorgen aus ihrem Lager. Um ihr die Berufsarbeit zu ersparen, werde ich sie Uebersetzungen machen lassen. Ich kann sie ja leicht einarbeiten. Frau Secker macht ihre Sache auch tadellos. Ich selbst werfe mich sowieso immer mehr auf russisch. Ich mache es ja nun – nebenbei sozusagen – seit ca. 1 Jahr, und der Erfolg ist durchaus befriedigend. Ich lese schon jeden einigermassen passablen Text.

Hier waren gestern grössere antisemitische Ausschreitungen. Ihr werdet darüber ja in der Zeitung gelesen haben. Dieselben Leute, die gestern bei den Krawallen mitmachten, stehen z. T. heute (diesmal in Uniform) Posten, um eine Wiederholung der Krawalle zu verhindern. Da kann das Vaterland ja ruhig sein. [...] In einem Japanaufsatz[63] des nächsten WzR[64] lege ich dar, wie ein Volk (in diesem Fall die Japaner) leicht in Gefahr gerät, über den grossen Erfolgen an der kolonialimperialistischen Peripherie das Lebenszentrum, die engere Heimat, zu vernachlässigen. [...]

H.

Im Sommer 1935 kam es zu einer ersten Begegnung mit dem acht Jahre älteren und zweifach promovierten Juristen und Ökonomen Arvid Harnack. Rudolf Heberle, seit einem gemeinsamen Studienaufenthalt in den USA mit Harnack befreundet, vermittelte das Gespräch. Harnack hatte gerade im Reichswirtschaftsministerium eine Tätigkeit aufgenommen und stand mit Vertretern der sowjetischen Botschaft in Verbindung. Es sei sehr interessant gewesen, sich mit Schulze-Boysen zu unterhalten, aber für ihn zu gefährlich, weiter mit ihm zu verkehren, versicherte Harnack seinem Freund Heberle, als der ihn nach seinem Eindruck befragte.

Berlin, 26. 7. 1935

Meine gute, liebe, junge Mama,
Tausend liebe Grüsse zu Deinem Geburtstag. [...]

Die ganze Judenaktion ist wohl gedacht als »Methode« für evtl. kommende Wirtschaftsschwierigkeiten. Dass der prächtige Pg. Streicher seinen guten Posten in Nürnberg aufgibt, glaube ich nicht. – Häufiger + häufiger werden Zeitungsüberschriften werden wie etwa: »Juden rächen sich am völkischen Deutschland« usw. Nachher rächen sie sich *sehr*, + dann weiss das deutsche Volk wenigstens, warum es ihm schlechter geht! Es hat alles schon seinen Sinn! –

Vom Ministerium erhielt ich Genehmigung, in WzR zu schreiben. Dieser Fall ist also amtlich und ordnungsgemäß geklärt. Es bestehen keine Bedenken gegen dieses Blatt. Der bisher eingeschlagene Weg dürfte also trotz Deiner Kritik der richtige gewesen sein. – Man kann im übrigen nicht immer so schreiben, wie man möchte. Die grün angestrichenen Aufsätze kennzeichneten im allgemeinen die Artikel eines mir *sehr* gut bekannten und nahestehenden Herrn. (Das Mutteraug' hat ihn *nicht* erkannt.)

Onkel Ferdinand [von Toennies] hat zu seinem 80. Geburtstag ja einige ganz ehrenvolle Gedenkzeilen erhalten. Das freute mich für ihn.

Libs ist zur Zeit in Liebenberg, kommt jetzt für einige Tage nach Berlin und geht dann mit einer Freundin noch 10 Tage an die Nordsee, ich selbst habe bis Genf *sehr* zu arbeiten, sodaß ich ihr das vorschlug. Nach Genf kommt sie vielleicht durch Duisburg. [...]

Alles, alles Liebe
Dein H.

An der ablehnenden Haltung Schulze-Boysens gegenüber dem Antisemitismus der Nazis hatte sich nichts geändert. Er war über die Auslassungen seiner Mutter sehr verärgert, die darauf hindeuteten, daß sie die rassistische Argumentation der NS-Propaganda übernommen hatte.

Berlin, 27.7.35

Liebe Mama,
Dank für Deinen Brief. Heute zu Deinem Geburtstag bin ich mit vielen guten Gedanken bei Dir.
[...] Solange Du solche Äußerungen von Dir gibst wie die neulich zu den (Röntgen-)Aufnahmen, die ich Dir schickte, kannst Du Dich nicht wundern, daß ich die Auseinandersetzung mit Dir für hoffnungslos halte. Und schließlich geht es ja um die Sache und nicht um meine Person allein. (Tatsächlich hattest Du übrigens mit dem Hinweis: »Rundschädel« noch nicht einmal recht, aber Deine grundsätzliche Einstellung zu dem ganzen Problem zeigt mir, inwieweit Du schon zum Objekt bestimmter sehr billiger Anschauungen geworden bist. Bei Hartmut wäre das weniger verwunderlich; der ist solchen Theorien gegenüber ja zunächst noch hilflos, besonders wenn er in einem Milieu aufwächst, das ihm auf diesem Gebiet keine klaren Vorstellungen vermittelt).

Du wirst sagen: Das sind doch Kleinigkeiten, aber leider handelt es sich um symptomatische Kleinigkeiten, und ich könnte mehr Beispiele anführen! Kurz und gut, wenn Du also Vertrauen in meinen gesundheitlichen Angelegenheiten forderst, so müsstest Du zunächst einmal eine tiefergehende Revision Deiner ganzen Einstellung vornehmen. Du willst, daß ich mich auf Dich verlassen kann; aber auf Unklarheiten *kann* ich mich nicht verlassen. Es soll Dich nicht verletzen, wenn ich Dir das schreibe, ich habe es ja schon öfter gesagt, das weiss ich. Aber es ist die einzige Antwort, die ich Dir geben kann.

Libs Vater trafen wir *nicht*. Er hat eine gute Stellung in London.

[...] Alles Liebe –

Dein H.

Anfang August fuhren Harro Schulze-Boysen, Libertas Haas-Heye und Klaus Jedzek mit dem Auto nach Genf. Sie fuhren durch das Wallis, die Rhône entlang und standen in Muzot vor dem Turm Rilkes und später schweigend vor seinem Grab an der Bergkirche in Raron. In Zürich trafen sie Freunde, redeten mit ihnen offen und freimütig, überlegten, ob sie vielleicht bleiben sollten. Für Schulze-Boysen war jedoch Deutschland der Ort seines Wirkens, eine Emigration kam für ihn nicht in Frage. Die Spannungen innerhalb der NS-Führung nahmen zu, und ihr Ausgang war offen.

Auch diesmal hinterließen die jungen Deutschen bei den Diskussionen in Genf beim Völkerbund einen »vorzüglichen Eindruck«. Immer wieder stellte man ihnen Fragen über die Situation in Deutschland, aber

Harro Schulze-Boysen konnte nicht ehrlich antworten. Er wußte nicht, wie weit die Aufsicht der Gestapo reichte.

Harro Schulze-Boysen informierte seine französischen Freunde von »L'Ordre Nouveau« über die Reise in die Schweiz. Alexandre Marc hatte zuvor sehr zurückhaltend auf die Vorschläge aus Berlin reagiert, um die Zeitschrift »Wille zum Reich« einen Freundeskreis für »Ordre Nouveau« aufzubauen und mit eigenen Beiträgen an der Zeitschrift mitzuarbeiten. Nach der Einführung der allgemeinen Wehrpflicht in Deutschland im März 1935 hatte sich eine zunehmend antideutsche Stimmung in Frankreich verbreitet. Marc hatte den Mathematiker Claude Chevalley, der zu den Anhängern des »Ordre Nouveau« gehörte, gebeten, mit Schulze-Boysen weiterhin in Verbindung zu bleiben.

Da es zu keinem Zusammentreffen kam, wandte sich Schulze-Boysen in einem in französisch geschriebenen Brief an Chevalley. Der Brief verdeutlicht, daß Schulze-Boysen den faschistischen Staat eindeutig ablehnte. Mit Achtung spricht er von den Kommunisten. Von den 300000 Mitgliedern der KPD waren 1933/34 über 60000 verhaftet worden, 2000 starben in den Gefängnissen, Konzentrationslagern und in anderen Folterstätten. Zugleich vermittelte er seinen französischen Freunden die Gewißheit, daß er der alte geblieben war und daß sie weiter auf ihn bauen könnten.

Genf, 24. August 35

Mein lieber Chevalley,
ich habe mich über Ihren Brief sehr gefreut und danke Ihnen vielmals. Ihr Brief trug einen Trauerstreifen, das hat mich beunruhigt. Ich hoffe, es war keiner Ihrer nächsten Verwandten.

Ja, Sie haben recht, zur Zeit ist es nicht einfach, unsere Verbindungen aufrechtzuerhalten. Die von unseren alten Herren in Politik und Diplomatie – sowohl in Frankreich als auch bei uns – verursachten Spannungen bleiben nicht ohne Auswirkung auf die Möglichkeiten der Korrespondenz mit dem Ausland. Als ich einen meiner letzten Briefe an Sie verfaßte, in dem ich u. a. eine journalistische Zusammenarbeit vorschlug, standen wir kurz vor der Erklärung zu einer erneuten Mobilmachung seitens unserer Regierung. Seitdem hat sich die Situation nur verschlechtert.

Um so besser, daß ich mich zur Zeit in Genf aufhalte und in einem Café am See sitzen kann, ohne von den Spitzeln der Gestapo beobachtet zu werden.

Ich habe Ihnen mehrmals die Zeitschrift »Wille zum Reich« zukommen lassen. Teilen Sie mir doch bitte mit, ob Sie die Exemplare tatsächlich erhalten haben. Ich hatte sie an die rue Général Miox adressiert. Diese Zeitschrift muß natürlich sehr »brav« und zur Hälfte »gleichgeschaltet« sein, aber sie stellt ein wichtiges Bindeglied dar, um den Kontakt zwischen unseren Freunden aufrechtzuerhalten und ist daher besser als gar nichts. Die Namen der Autoren sind nicht authentisch.

Die Situation in Deutschland ist äußerst schwierig. Die wirtschaftliche und soziale Krise hat sich ohne Zweifel verschärft. Das ist für jedermann ersichtlich.

Die Spannungen zwischen den verschiedenen Regierungsflügeln sind enorm und drohen jeden Tag zu explodieren. Zunächst ist da der ständige (Guerilla-) Krieg zwischen Darré, Himmler und Rosenberg auf der einen Seite und Schacht (Dieser sucht schon die Verantwortlichen für ein eventuelles Scheitern seiner Wirtschaftspolitik. Ein zweiter 30. Juni?[65]) sowie der Reichswehr auf der anderen. Jeder hat vor dem anderen Angst ... Ich nehme an, daß Ihnen all diese Geschichten auch bekannt sind.

Was jedoch für uns junge Leute von größerer Bedeutung ist, ist die Tatsache, daß die Jugend wieder beginnt, sich für neue Ideen zu interessieren. Der Skeptizismus wächst und mit ihm der Wunsch nach Klarheit und Scharfsinn. Die Leute beginnen zu erkennen, was tatsächlich geschieht. Man glaubt nicht mehr an die alten Phrasen. Es gelingt zwar noch nicht, sich zu organisieren, aber es finden kleinere Zusammenkünfte im vertrauten Kreis statt; es ergeben sich wieder Kontakte zu aktiveren Leuten. Für die Gestapo wird die Arbeit Tag für Tag schwieriger, denn offenkundig nimmt die freie Kritik ständig zu. Die Gegner des Regimes sitzen (mittlerweile) in den Ministerien, Parteien, in der Geheimpolizei, überall.

Diese Entwicklung innerhalb der Jugend geht in eine Richtung, deren Ziel noch nicht eindeutig erkennbar ist. Viel von dem pubertierenden Revoluzzertum ist verschwunden. Die politische Atmosphäre ist heutzutage ernsthafter denn je. Die Gefahr, in die sich jeder politisch Aktive begibt, garantiert ein gewisses Niveau. Der Geist der Jugendbewegung, der die Bewegung in der Zeit vor Hitlers Machtergreifung so entscheidend prägte, ist tot. Heutzutage will man Exaktheit, Programme, klare und eindeutige Lehren. Eine große Chance für die Zukunft also.

Die große Politik ist natürlich noch nicht vom Geist der Jugend beeinflußt. Unsere Regierung erhält starke Unterstützung vom anglo-amerikanischen Kapital (Royal Dutch, englische Kanonenhändler etc.) – da sieht man, wer in unserem Land die eigentlichen Fäden in der Hand hat. Gegen diese Kräfte kommt man so schnell nicht an.

Das Interesse für O[rdre] N[ouveau] ist nach wie vor ziemlich groß, selbst in den offiziellen Kreisen der Deutschen Studentenschaft. Ich werde oft in dieser Sache befragt. Ihr einzigstes Ziel ist jedoch, Nazipropaganda zu betreiben, das erschwert es, sich ihrer zu bedienen. Für Sie und Ihre Landsleute wäre es zudem keine besonders angenehme Situation, vermute ich. (Ich habe in dieser Angelegenheit übrigens noch keine Nachricht von Marc erhalten.)

Gibt es denn Ihre Zeitschrift noch? Wenn ja, so schicken Sie sie mir doch bitte hin und wieder (Hohenzollerndamm 194).

Ein Artikel aus der Feder einer Ihrer Leute über die Erfahrungen mit Ihrem Arbeitsdienst würde uns sehr interessieren. Wir würden derartige Sachen sehr gerne veröffentlichen.

Ihre Entscheidung bezüglich der mehr oder minder faschistisch ausgerichteten Verbindungen ist sehr sympathisch. Keine Form des Faschismus kann zum Fortschritt der menschlichen Entwicklung beitragen, es sei denn im dialektischen Sinne. Die Herrschaft der kapitalistischen Gesellschaft muß unbedingt gebrochen werden. Das ist die erste Grundbedingung für jegliches geistige Leben und jede Art von neuartigem »Personalismus«, der in Deutschland übrigens mehr und mehr Anhänger gewinnt. Auch ich stehe dieser Anschauung heute näher als noch vor zwei Jahren.

Während der zwei Tage, die ich noch in Genf bleibe, wird es mir nicht möglich sein, bei Rougemont in Neufchâtel vorbeizuschauen. Turel werde ich in Zürich sehen.

Der Vortrag von Thierry-Manlu in Berlin ist auf unser vollstes Interesse gestoßen. Leider ist er kein guter Redner und sein Vortrag ist, so glaube ich, im Vorfeld stark zensiert worden.

Bei uns hat man ein wenig den Eindruck, als spiele Laval zur Zeit die Rolle eines Brüning. Glauben Sie, daß Sie einer rechten oder linken Diktatur entgehenkönnen? Bei uns liefert die faschistische Diktatur den Marxisten weiterhin tagtäglich neue Argumente. Sie sind die Märtyrer, das stellt einen großen und unvorhergesehenen Vorteil für sie dar. Ihre Reihen haben zweifelsohne an Qualität gewonnen. Das ist ein neuer Fakt, dessen Konsequenzen noch nicht abzusehen sind. Bei Ihnen sieht es sicherlich anders aus, Ihre linken Parteien scheinen nicht weniger korrupt als die rechten.

Für heute Adieu! Schreiben Sie mir hin und wieder einmal!

Entschuldigen Sie bitte die Schrift und den schlechten Stil. Die »technischen« Bedingungen zum Schreiben sind ziemlich ungünstig. Alles Gute für Sie, Ihre Frau und Ihre Freunde.

»Gustave«

Während Schulze-Boysen den Kontakt zu seinen französischen Freunden aufrechterhalten wollte, hielt er sich von André Germain fern, weil er dessen nazifreundliche Avancen nicht teilte und verhindern wollte, daß Germain ihn in seine neuen, der SS nahestehenden Freundeskreise einführte.

Berlin, 15. – 19. 10. 35

Liebe Mama,

[...] Meine Reserveoffiziers-Ausbildung ist noch nicht möglich, weil derartige Kurse bei der Luftwaffe bisher *nur* für ehemalige Offiziere, nicht aber für Jüngere stattgefunden haben. Überall bekommt man unbestimmte Antworten; und das geht nicht nur mir so. Ich sehe mir das noch eine Weile an. Eventuell kann Papa mir ja auch noch über Zander[66] Kiel helfen. Wenn es aber bis Frühjahr 1936 nicht wird, fange ich was andres an; denn ich kann ja nicht ewig als schlecht bezahlter Angestellter hier sitzen bleiben. [...] Das Auto kostet mich ca 30 RM im Monat. Dafür spare ich ja auch viel Fahrgeld und anderweitiges. Man kann mit Wagen ja viel mehr erledigen als [als] Fussgänger. Die Summe kommt indirekt fast ganz wieder herein. Libs zahlt die andere Hälfte.

[...] Gestern abend traf ich unerwartet in einer kleinen Gesellschaft ... André Germain. Er ist jetzt sozusagen Renommierfranzose des Aussenpolitischen Amtes und schreibt dauernd im VB und im Schwarzen Korps[67] (SS). Ich verhalte mich recht reserviert und liess ihn hauptsächlich reden. Libs war auch dabei. Er lud mich für nächste Woche ein; ich werde aber absagen. Eine vernünftige Unterhaltung würde es aus gegebenen Gründen ja doch nicht ...!

»Ich Claudius, Caesar und Gott!« ist hier auch sehr aktuell. Dass die Menschen sich seitdem wenig gewandelt hätten, ist ein wenig kühn von Dir behauptet. Wir sind eben nur mal wieder im alten Rom, mit dem es zuende geht ... Von unserer Schweizreise sind noch sehr nette Photos da. Ich schicke sie bei Gelegenheit. [...]

Libs hilft bei Uebersetzungen und bei der Zeitschrift und verdient damit genug. Nächste Woche feiert ihre Schwester Hochzeit in Liebenberg; da muss sie vorher natürlich hin und helfen. Ihr Bruder hat eben durch sie eine interessante Stellung bei United Press[68], einer grossen Internationalen Nachrichtenagentur, bekommen. Finanziell ist es vorläufig allerdings auch nicht rosig.

A Propos Finanzen. Die Zuschüsse können aufhören. Ich hatte nun aber doch für Oktober, November mit der Summe gerechnet, würde daher vorschlagen, sie mir – natürlich nur, wenn möglich! – zu überweisen. Auch Dezember, mit Geschenken usw., wäre es noch angenehm. Danach kann es dann aufhören.

Vergiss nicht, dass der Wagen *kein* Luxus, sondern kräfte- und zeitsparender Gebrauchsgegenstand ist; ich stehe durchaus nicht so, dass ich grosse Sprünge machen könnte und schufte tatsächlich redlich für mein täglich Brot. Also nicht denken, ich sei nun ein Krösus und merkte *nicht* jede Mark ...! Einfacher als ich kann man kaum leben. Und wenn ich sage: »Ab 1935 kein Zuschuss mehr«, so heisst das eben: *Noch* mehr arbeiten! Ich sehe aber die Notwendigkeit vollkommen ein. [...]

Nach der Nürnberger Gesetzgebung[69] ist der koloniale Gedanke übrigens in Deutschland sowieso absurd. Darüber hinaus aber ist, selbst wenn wir durch irgendeinen Kuhhandel mit England noch mal so was wie eine Kolonie erben, die Blütezeit des Kolonialismus vorbei, und es ist eine reichlich verspätete »Bewegung«, für die Du Deine Zeit und Deinen Namen hergibst. Ich kanns nicht ändern, ich schäme mich dabei für Dich ein wenig. Aber es liegt wohl am »Milljöh«! Offenbar wirft die Sache doch etwas für Deinen Ehrgeiz und Deine gesellschaftliche Stellung ab; und ich will schon froh sein, wenn wir wenigstens die Weihnachtstage über in diesem Jahr nichts davon merken. Das richtest Du so ein, ja? [...] Mit Russisch und Jiu Jitsu geht es schön voran. Ich hoffe, beides noch mal zu brauchen. Man kann ja garnicht genug können in schwierigen Zeiten. [...]

Alles Liebe und Gruss an Hartmutbruder!

Dein H.

Schulze-Boysens Mutter betätigte sich weiterhin im Frauenbund der Kolonialgesellschaft, die sich jetzt für die Rückgabe ehemaliger deutscher Kolonien und sogar für die Schaffung eines mittelafrikanischen deutschen Kolonialreiches einsetzte. Für Schulze-Boysen war dies ein völlig abstruses Unternehmen. Die Mutter betrachtete dieses Engagement sowie ihre Mitgliedschaft in der NSDAP als Schutzschild für ihren Sohn. Überall witterte sie Gefahren, auch mögliche jüdische Vorfahren von Libertas hielt Marie-Luise Schulze für eine Gefährdung der Karriere ihres Sohnes, der seinerseits befürchtete, daß seine Mutter zunehmend in den Sog der nazistischen Ideologie geriet.

Berlin, 6.11.35.

Liebste Mama,

Vielen Dank für Brief und Paket. Mich »persönlich« von der Qualität Libertas Urgrossmutter zu überzeugen, ist mir leider nicht möglich, denn zu diesem Zweck müßte ich sie ausgraben; ausserdem haben sie sicher die Würmer zerfressen. Sie hat in Frankreich gelebt, und deshalb haben wir, um ihre Personalien zu bekommen, nach Frankreich geschrieben. Und denke Dir, in dem französischen Amtszimmer, in dem alle Urkunden aufbewahrt lagen, hat es schrecklich gebrannt. Dieselbe Antwort hat ein Frl. von Recznizek bekommen, die mit besagter Urgrossmutter genauso verwandt ist wie Libertas, und die es brauchte, weil sie selbst im Propaganda-Ministerium, neuerdings bei Ribbentrop, und ihr Bruder im Stabe der S. S. tätig ist. Ich meine, mehr kann man wegen der Urgrossmutter nicht tun, und alle amtlichen Stellen haben das auch gemeint. Frau von Gosslers Redereien sind ganz dumm und unzutreffend. Keine der Töchter des alten Phili hat einen Juden geheiratet. Eben nur Libertas Mutter einen Bürgerlichen. Da hat sich der Adel aufgeregt + geschwätzt. Einen Juden hat mal eine *ostpreussische* Eulenburg geheiratet und der »Stürmer« brachte daher auf der 1. Seite einen »dicken« Artikel: »Die Schmach im Hause Eulenburg«. Die Gossler'sche sollte nicht alles durcheinanderwerfen.

Dein Brief war ja rührend besorgt, aber doch reichlich pathetisch, liebe Mama. Inwieweit *ich* »fest dem schleswig-holsteinischen Boden verwurzelt sein« soll, ist provinzielle Blu-Bo (Blut+Boden)-Mystik[70], hat aber mit den Tatsachen nichts mehr zu tun. Ich bin ein ganz und gar *beweglicher* Menschentyp, der im Zweifelsfalle genau so gut wie hier auch 2000 km weiter östlich selig wird ... Auf alle Fälle kann ich Libs gut brauchen; die Tugend der Mütterlichkeit kann ja noch kommen. Vorläufig und hoffentlich recht lange noch habe ich ja *Euch*, und damit ist mein Bedarf gedeckt auf diesem Gebiet. In Libertas aber habe ich eine Frau, die mir nicht wie ein »Klotz« am Bein hängt, sondern durch dick und dünn mitmacht. Das ist mir die Hauptsache.

In Punkto Finanzen, der mir völlig gleichgültig ist, kannst Du beruhigt sein. Im übrigen ist der gesunde Mensch selbst die beste Kapitalsanlage, –: Aussteuer der Natur!

Alles Liebe
Dein H.

Über dieses Thema wurde auch Weihnachten 1935 gestritten, als Harro zum ersten Mal Libertas in das Haus der Eltern mitbrachte. In ihrem Gepäck befand sich eine Ziehharmonika. Am Heiligabend spielte sie auf, nicht nur weihnachtliche Weisen, auch Volkslieder, Küchenlieder und Pfadfinderlieder. Der jüngere Bruder Hartmut war begeistert. Die Begegnung verlief sehr harmonisch.

Doch die Vorstellungen von Mutter und Sohn über ein partnerschaftliches Zusammenleben gingen weit auseinander. Harro entwickelte ihr gegenüber seine »frauenpolitischen« Ansichten und hoffte damit, der Einmischung, die er aufgrund des Temperaments seiner Mutter befürchtete, eine Grenze zu setzen.

Libertas besuchte im Januar 1936 Freunde in England, und Harro absolvierte eine dreimonatige militärische Grundausbildung an der 3. Luftnachrichten-Lehrkompanie in Halle.

Halle/Saale, 12. 1. 36.

Liebe Eltern,
nach der 1. Woche benutze ich das 1. Wochen*ende*, Euch einen Gruß zu schicken. [...] Die Sache hier ist ausgezeichnet. [...] Ausser Exerzieren ist viel Sport, techn. Unterricht, und last not least: Stubendienst, Schuhputzen, ständiges Umziehen, Spinde-Aufklaren, Fegen, Staubwischen, Kaffeeholen; bis abends um 21 h, wo alles in der Falle liegt, kommt man kaum zur Besinnung. Und das ist wohl auch der Zweck der Sache; die Zeit geht so schnell herum. [...]

Mama schrieb (wohl auch an Libs) etwas bedrückt von ihrem letzten Zusammentreffen mit mir in Berlin. Liebe Mama, Du machst Dir Gedanken, ob Du mir vielleicht zum Abschied in Berlin ein Festessen hättest vorsetzen sollen. Daran habe ich überhaupt nicht gedacht. *So* materiell bin ich ja nun doch nicht! (Hier vielleicht schon eher, aber darüber später!) Ich war einfach von der irrsinnigen Hetze der letzten Tage in Berlin einigermassen kaputt; und da mußtest Du mich ausgerechnet ärgern mit Deinen vielleicht gut gemeinten Wünschen (z. B. Libs' Bild nur aus der Wohnung zu holen, um es bei den Onkels + Tanten herumzuzeigen usw ...) Liebe Mama, Du musst verstehen: Deine Sympathie für Libertas ist sehr nett und erfreulich und Deine Komplimente für mich sind sehr ehrenvoll. Solange Du aber nicht erfasst hast, daß Libertas *nie* eine Verbürgerlichung Deines Ältesten, sondern immer nur eine Potenzierung *seines* Wesens und ganz und gar *ein Stück seiner Welt* bedeutet (mit allem Drum + Dran!), – solange werde ich eben einen bitteren Beigeschmack beim Wahrnehmen Deines liebevollen Eifers und Deines etwas naiven Stolzes nicht los.

Schliesslich ist es ja auch nur Dein eigenes Interesse, wenn Du uns Beide, – deren Anliegen in diesem Leben Du nur sehr teilweise gutheisst! – *nicht* so in den Vordergrund rückst bei den Leuten *Deines* Aktionsradius! Also nichts für ungut. – Wenn Du das berücksichtigst, wirst Du vor vermeidbaren Enttäuschungen bewahrt bleiben, und dann können wir sehr gut alle zusammen auskommen! Dies letztere bestimmt, Libs war sehr angetan von meinem Elternhaus und hat Euch beide sehr lieb gewonnen. Soweit ist also alles in Ordnung. –

Und nun zum materiellen Teil. Briefe und *Pakete* von Zuhause sind hier sehr erwünscht. [...]

Euer Harro.

Halle/Saale, 26. 1. 36

Guten Sonntag, Ihr Lieben, –
und Dank für Mamas Brief und das Paket; nun habe ich ja erstmal genug. Die Speisekammer ist gefüllt mit guten Sachen. Gestern sandte ich Euch die Zeitschrift. Sendet beide Hefte doch bitte gleich nach Durchsicht weiter an Libs, die darauf wartet. Die von mir schon seit November durchgeführte einheitliche Gestaltung der Zeitschrift hat sich bisher vollauf bewährt; die Sache rollt nun auch ohne mich weiter. [...] Falls Libs mal Zeit hat, habe ich nichts dagegen, wenn sie mal nach Duisburg kommt, um die edle Kochkunst zu erlernen. Aber das könnte sie in Liebenberg auch, und da ist sie dann nicht so weit weg von mir. Der »Haushalt« an sich ist gar kein Problem; schließlich kennen wir uns ja nicht erst seit gestern, und bisher war es auch keines ... Wenn Libs den Tag benutzt, um mir bei der Arbeit zu helfen, so ist das bis auf weiteres noch lange weit sinnvoller und einträglicher, als wenn sie sich in die Küche setzt, auf den Markt geht oder Staub wischt. Die allgemeine, mitteleuropäische »Strafversetzung« der Frau in die Küche will ich bei *uns* nicht einführen. Und zwar nicht, weil ich auf diesem Gebiet irgendwelche revolutionären Ideale oder Rosinen im Kopf hätte, sondern ausschliesslich deshalb, weil eine Ehe zwischen Libs + mir, die *nicht* auf der gemeinsamen Lebensarbeit aufgebaut wäre, auf Sand gebaut wäre: nämlich auf der Verfalls-Situation der Frau in der bürgerlichen Gesellschaft überhaupt, auf mystischen Liebenberger Reminiszenzen, auf dem abenteuerlichen Künstlervater, auf der heute nur noch sachlich vorhandenen Spannung zwischen Euch und mir und Gottweiss, worauf sonst noch. In alle solche Bestandteile lösen sich auch Gestalten der Liebe auf, wenn man nicht energisch in die Zukunft hineingeht und sich den eigenen, einheitlichen bestimmten Lebensraum im Sinne einer schützend umgebenden Totalität schafft.

Sollte ich mal Zeit haben, werde ich meine grundsätzlichen Anschauungen zu diesem Thema gern mal zu Papier bringen und Euch schicken. [...] Für heute Schluss,

In Liebe
Euer H.

Halle/Saale, 28. 2. 36

Liebe Eltern,
schnell aus dem Dienstbetrieb der Woche einen Gruss. Gestern abend hatten wir (es dauerte bis ½2 Uhr nachts –) einen Kameradschaftsabend mit dem Kompanie-Chef, zu dem ich mehrere sehr gelungene Vorführungen organisierte (»Napoleons Gefangenschaft, 90 Tage auf Elba«, eine Parodie – Napoleon wird natürlich nach Halle'schem Kasernenhofmaß behandelt; ferner eine Reinmachefrau, die berichtet, was sie hier durch die Fenster sah; – der Ulk war gross und die stimmungsvolle Veranstaltung endete mit einem nächtlichen stark im Zeichen der Alkoholwirkung stehenden Spassexerzieren unter Vorantritt zweier Ziehharmonikas. Heute morgen ging es wie immer um ¼ vor 5, also nach 3 Stunden Schlaf wieder raus, vormittags 5 Stunden Schiessen. Trotz allem ist es noch ganz ordentlich geworden ...

Mit Libs u. meinem Besuch zum 22. III. wird es wohl nichts werden. Ich muss am 21. dienstlich nach Berlin. Ausserdem und vor allem sind die finanziellen Schwierigkeiten zu gross. [...]

Alles Liebe
Euer H.

Halle/Saale, 3. 3. 36

Liebe Mama, lieber Papa,
vielen Dank für Papas lieben Brief. Ich habe jetzt schon bessre Aufnahmen, die Ihr bekommt.

Dummerweise überfiel mich Sonnabend abend eine Art Nierenkolik, jedenfalls irrsinnige Nierenschmerzen, die mich fast bewusstlos machten. Meine Kameraden brachten mich daher ins »Revier« und es kam auch gleich noch ein Arzt angebraust. Man erwog, mich ins Krankenhaus zu bringen, liess mich dann aber doch im Sanitätsrevier, wo ich die Nacht überlebte. Am nächsten Morgen war das ärgste vorbei. [...] Meine Kameraden sorgen [sich] in einfach rührender Weise um mich. Das ist die einzig wesentliche Erfahrung, die ich diesen »Unfalltagen« entnehme. [...] Ich schreibe Euch von dem Vorfall erst heute, weil sich so etwas 4 Tage später meist besser anhört als auf »frischer Tat«.

Dank für den Zeitungsausschnitt, die Überwachung der Zeitschriften betreffend. Die Sache ist für mich nicht mehr so akut, weil ich – nachdem meine Berliner Mitarbeiter die von mir gewünschte Verbindung *nicht* aufgenommen haben, – nunmehr andere Presse-Beziehungen angeknüpft habe, die mir sowohl erfolgs- und wirkungsmässig, wie auch finanziell günstiger zu sein scheinen. Die bisherige Zeitschrift wird damit uninteressant, wenn nicht noch grundlegend neues dazwischen kommt.

In Liebe

Euer H.

Halle/Saale, 9. 3. 36

Liebe Eltern,

ordnungshalber die Anschriftenveränderung: Elisabeth-Krankenhaus, Halle/Saale, am Frankeplatz. Ich habe die Einweisung ins Krankenhaus selbst beantragt, damit ich nach Möglichkeit schneller kuriert werde. Außerdem hatte ich heute früh etwas Eiweiß. Hier bekomme ich wenigstens salzfreie Kost und auch sonst sachkundige Behandlung. An sich fühle ich mich ganz wohl und brauche nichts weiter. [...]

Während wir bei unserem Lehrgang ganz in »besseren Kreisen« entre nous waren, habe ich im Krankenrevier und hier mal wieder Gelegenheit, mich in der weiteren Volksgemeinschaft umzusehen und manche nette Unterhaltung zu führen. Das ist wenigstens ein klarer Ersatz für den Ärger, daß ich nun zu guter Letzt mir auch noch was weggeholt habe.

Ich habe hier als Lektüre Papas »England« von William Ralph Inge (Tanchnitz-Edition), das ich mit Interesse lese. Ausserdem mache ich eine Übersetzung von Dostojewskis »Großinquisitor« aus dem russischen. Fürs RLM mache ich einen Auszug aus der »Revue de l'Armée de l'Air)«: la machine á finir la guerre[71] und schließlich pauke ich noch das »Gewehr 98« auswendig.

Mit etwa der gleichen Post oder jedenfalls in den nächsten Tagen die letzte Nr. von WzR, [...] Die Zeitschrift läuft an sich weiter, läuft jetzt aber auch ohne mein Zutun allein; ich reserviere mir das Blatt nur für gelegentliche Veröffentlichungen.

Hitlers Rede[72] wurde bei uns mit Interesse angehört. Ich glaube nicht, daß was wesentliches passiert. Die Andern werden einfach ihre Einkreisungspolitik weitermachen. Gespannt bin ich ja, ob wir nach Genf zurückgehen.[73] Ich könnte mir das noch nicht ganz vorstellen.

Schluss für heute.

In Liebe

Euer H.

Ende März 1936 erreichte Schulze-Boysen, der in Halle zum Gefreiten der Reserve befördert worden war, die Information, daß die Zeitschrift »Wille zum Reich« in der bisherigen Form nicht weitergeführt werden könne. Er rief Erich Röth nach Halle und bedeutete ihm, daß er nunmehr seine Mitarbeit einstellen müsse. Die bisherigen Berliner Mitarbeiter zogen sich zurück. Es ist unklar, ob die Gestapo sich inzwischen eingeschaltet hatte. Das Ende des Engagements für die Zeitschrift fiel jedoch mit dem am 21. März 1936 verfügten Verbot aller bündischen Aktivitäten und der Herstellung bündischer Literatur sowie ihrer Beschlagnahmung zusammen.

Damit fand der Versuch Schulze-Boysens, unter den Bedingungen des NS-Regimes als Journalist zu arbeiten, ein jähes Ende. Gleichzeitig wurde ihm klar, daß es zu seiner Arbeit im Reichsluftfahrtministerium keine sinnvolle Alternative gab.

Nachdem Libertas und Harro in eine gemeinsame Wohnung gezogen waren, drängten die Eltern auf Legalisierung dieser »wilden Ehe«. Zur Bestellung des Aufgebotes mußte jedoch auch der Doppelname Schulze-Boysen standesamtlich legalisiert werden.

Halle/Saale, 30. 3. 36

Liebe Eltern,
vielen Dank für Eure Briefe und die Schilderung von Hartmuts Konfirmationstag. [...] Wir heiraten wohl *Mitte Juli* in Liebenberg; ich bitte aber, noch *nicht* darüber zu sprechen. Überhaupt geht mein Leben und Einzelheiten daraus die meisten Menschen Eures Lebensbezirkes so gut wie *nichts* an. [...] In Liebenberg, wo ich alles dies Sonntag mit Libs besprach, wurde ich wieder *sehr* herzlich und nett aufgenommen. Ostern werden wir wohl auch dort verleben und uns ganz formlos als Verlobte vorstellen. [...]

Hier habe ich in der letzten Woche noch einen luftpolitischen Vortrag halten müssen, der mir gut gelang. [...]

2. 4. abends.
Heute war ich zum 1. Mal im neuen Ministerium[74], in meinem neuen Zimmer (endlich allein!) und wurde allgemein sehr herzlich begrüsst. [...] Ich habe jetzt endlich meinen Antrag auf Legalisierung meines Namens gestellt. Die Sache läuft jetzt; ich brauche aber baldigst einen Schein von Euch Beiden, (ob beglaubigt, schreibe ich noch) in dem Ihr Euch einverstanden erklärt. Ich habe die Angelegenheit *jetzt* angepackt, damit Libs gleich von Anfang an den gleichen legalen Namen trägt. [...]

In Liebe
Euer Harro.

Berlin, [April 1936]

Liebe Mama,
schnell die letzte Viertelstunde heute im Dienst noch ausnutzen, um Euch mal wieder einen Gruß zu schicken. [...] Nächsten Freitag liest unsere Bekannte Lilly Ackermann, die die bekannteste Schauspielschule in Berlin hat, neue Gedichte von Hans Schwarz. Da nehmen wir Helga mit.

Unserem »Spengler«, dessen großer Namensvetter ja inzwischen vor lauter Ärger totgegangen ist, geht es gut.[75] Abends um 6, oder zum Wochenende, fahren wir schnell raus ins Grüne, bezw. zum Bootsstand in Pichelsdorf, – und dann gehts raus!

Nächstes Jahr wird es wohl Krieg geben; jedenfalls glaubt man das hier ziemlich allgemein. Vielleicht dauert der Friede aber auch noch bis 1938. Eure Villa an der Monning[76] ist wohl ziemlich geschützt; Ihr könnt sie ja als Arche Noah ausbauen. [...]

Recht liebe Grüße, auch von Libertas,

Euer H.

Berlin, 24. 5. 36.

Liebste Mama,
herzlichen Dank für das Wäschepaket. Das grosse S-B- im »Linnen« ist ja prächtig geworden. Aber mach Dir nicht *zu* viel Arbeit damit. Dass Du schon vor Pfingsten kommst, ist für uns insofern schade, als wir gerade Freitag nachmittag losfahren, an die See. Libs und ich hatten in den letzten Wochen genug zu arbeiten, sodass uns ein kleiner 3-Tage-Urlaub dringend not tut. Mitnehmen können wir dich leider nicht, denn aus Finanzgründen machen wir's im Zelt und auch sonst sehr auf die billige Tour. Das Benzin teilen wir uns mit Schumachers, guten Freunden von uns, die mitfahren. Montag nacht sind wir wieder zurück; wir können uns also Dienstag abend sehn. Wir rufen Dich im Lauf des Dienstag an, zwecks Verabredung. [...]

Herzlichen Gruss an den treuen Papa, der hoffentlich auch bald mal wieder nach Berlin kommt. (Na, spätestens im Juli!)

Euer H.

Berlin, 9. 7. 1936

Liebe Eltern,
von Papa ist zwar immer noch keine Nachricht da, aber wir hoffen immer noch, ihn auch auf der Durchreise hier zu sehen.

Die standesamtlichen Sachen habe ich letzten Sonntag in Falkenthal bei Liebenberg erledigt. [...]

Libertas bekommt fast alle Möbel, die wir noch brauchen, aus Liebenberg. 12 Mahagoniystühle, 2 alte, hohe Stühle, Tisch, Kommode usw. [...] Für unsere Reise haben wir Schweden in Aussicht genommen. Ich schrieb an Frau Hasselrot, ob wir dort hinkommen können. Libs hat ja außerdem auch noch Verwandte. Die Reise Berlin-Stockholm-Göteborg (oder Visby) – und zurück über Malmö kostet alles in allem pro Person nur 60 RM. Ich habe dazu noch Sprachstudienzuschuß in einiger Höhe beantragt. Unwahrscheinlich, daß es durchgeht, aber wenn, – dann könnten wir natürlich unabhängiger (mit Devisen) reisen.

Die Anzeigen hat Mama wohl erhalten. Nach Möglichkeit erst am 23. versenden! Die Meisten geht es ja vorher nichts an!

Im RLM werden es die Leute ja auch erst am 27. erfahren. [...]

Alles Liebe.

Euer H.

Berlin, 10. 7. 36

Harro Schulze-Boysen würde sich freuen, seine Eltern bei seiner Hochzeit zu sehen!

ja, natürlich, Ihr seid wirklich von ganzem Herzen eingeladen. Am besten seid Ihr am 24. abends in Berlin, denn wenn Ihr erst am 25. morgens kommt, seid Ihr wohl nicht recht ausgeschlafen. Am 25. nachmittags fahrt Ihr hinaus nach Liebenberg; abends sind wir dann im engsten Kreise zusammen: Abendbrot, den von Papa schon immer gewünschten »Tropfen aus dem Keller von Liebenberg«, bei schönem Wetter draußen, auf den Terrassen, mit Lampions. Vielleicht zieh ich mir sogar einen Smoking an, denn ich habe gehört, daß Mama sich schon ein Extrakleid zugelegt hat. Da kann ich natürlich nicht in Knickerbockers kommen! Die Zimmer für Euch sind schon ausgesucht. Wir bewohnen einen ganzen Flur. Hartmut und Helga bekommen Einzelzimmer, also alles sehr prächtig! Am Sonntag vormittag standesamtliche und kirchliche Trauung. Eintreffen von einigen weiteren Gästen der nächsten Verwandtschaft. (Endgesamtzahl: 18) »Jesu geh voran!« hab ich vom Programm streichen lassen, dafür habe ich »Ein feste Burg« vorgeschlagen, die Hartmut also auswendig lernen muß, denn einer muß ja schließlich singen. Der Pfarrer wird sich kurz fassen; er ist im Bilde.[77] Anschließend großes Mittagessen. Libs und ich fahren dann weg. Ihr könnt den Nachmittag noch mit Tee und Spaziergängen verbringen. Abends gegen 18.30 h Rückkehr nach Berlin. Hoffentlich ist Euch alles recht so. [...]

Eure Hilfen in Bezug auf »Linnen«, Möbel usw. verspüren wir mit großer Dankbarkeit. Soviel rührende Mühe hatten wir garnicht erwartet. Die Bücher und Steppdecken haben noch Zeit bis 1. Oktober; in der alten Wohnung haben wir zu wenig Raum, und in die neue kann man vorher nichts schicken.

Das Service Rosenthal »Chippendale« ist 73-teilig hier eingetroffen. Es ist sehr ordentlich; es fehlten Tassen. Diese hat uns nun Libertas' Großmutter in Sonder-Nachanfertigung bestellt. Auf diesem Gebiet hätten wir also alles zusammen. [...]

Alles Liebe, auch von Libertas.

Euer H.

Die Eheleute Schulze-Boysen verabschiedeten sich nach dem Mittagessen von der Hochzeitsgesellschaft und setzten sich abends in den Zug, der sie nach Stockholm brachte. Harro Schulze-Boysen hatte die Reise vom 26. Juli bis 9. August im RLM als Sprachstudienreise beantragt. Nach der Rückkehr legte er seinen Vorgesetzten einen vertraulichen Bericht seiner Eindrücke vor.[78]

Berlin, 13. 8. 36

Lieber Papa,
Libertas und ich sind inmitten des olympischen Rummels[79] sicher wieder hier gelandet. In Schweden hatten wir es wie im Paradies. Reisten von »Schloß zu Schloß«, wurden überall sehr herzlich empfangen und bewirtet. Näheres später! Wir haben oft an Euch gedacht. Es war alles so schön und harmonisch am 26. – Hebe bitte diese Karte für Hartmut auf. Ich weiß seine Adresse nicht. Berichtest Du noch aus USSR?[80]

Dein Harro.

Am 17. Juli begann mit einem Militärputsch nationalistischer Generäle der Kampf gegen die republikanische Volksfront-Regierung in Spanien. Seit dem 26. Juli gewährte Deutschland den Putschisten auf deren dringende Bitte hin umfangreiche materielle und personelle Hilfe, die durch das Luftfahrtministerium koordiniert wurde. Anfang August traf die erste Lieferung von zwanzig Transportflugzeugen und sechs Jägern mit dem dazugehörigen Personal in Spanien ein. Diese »Freiwilligenverbände« ermöglichten es den Deutschen, neues Kriegsgerät unter militärischen Einsatzbedingungen auszuprobieren und Rohstoffe für die Rüstungsindustrie zu erhalten. Zur Verteidigung der spanischen Republik kamen Tausende von Freiwilligen aus über fünfzig Ländern, darunter dreitausend aus Deutschland.

Harro Schulze-Boysen erhielt über den Verlauf der Ereignisse in Spanien aus der ausländischen Presse, den internen Lageberichten und

Unterhaltungen im Reichsluftfahrtministerium genaueste Informationen. Er gab Evan James, einem englischen Freund von Libertas, der während der Olympischen Spiele bei ihnen wohnte, die Namen deutscher Flieger, die bereits in Spanien gefallen waren, und bat ihn, diese Namen in der britischen Presse zu veröffentlichen oder sogar im Rundfunk bekanntzugeben, damit die deutsche Öffentlichkeit auf diesem Wege davon Kenntnis erhielte. James hielt das jedoch für zu gefährlich.

Berlin, 21. 8. 36

Meine liebe Mama,
weitere Urkunden für Libertas brauchen wir *nicht* mehr beizubringen. Du mußt also nicht befürchten, daß es noch Scherereien geben könnte. Ich habe grade *heute* hier im RLM beim Personalamt den Ariernachweis für Libertas bis zu den Urgroßeltern einschließlich geführt (An sich brauchte ich nur bis zu den Großeltern; aber doppelt genäht hält besser!). Soweit dies! – Libertas und mir geht es gut. Ich habe aber wahnsinnig zu tun. Wir hatten für eine Woche einen jungen Engländer bei uns und dadurch 50.– Einnahme. Im übrigen kommen wir aber im Augenblick weniger zum Übersetzen, weil ich viel Artikel schreiben muß. Die Aufsätze werden zwar auch bezahlt, aber – wie meist – erst später. Wenn Ihr mir daher was zum 2. 9. schenken wollt, so tut es bitte in der Form, daß Ihr mir den Betrag in Bar gebt. Dann habe ich am meisten davon, und L. und ich sind Euch am dankbarsten.

Für den Umzug brauchen wir noch einiges, ferner evtl. für den Gasbadeofen, für Gardinen usw. […]

Euer H.

Liebenberg, 6. 9. 36

Lieber Papa,
es muss schon mal so ein schöner und geruhsamer Sonntag in Liebenberg kommen, um mir Zeit und Muße zu geben zum Schreiben. Ich bin zum 1. Male seit dem 26. 7. wieder hier draußen; seit dem ist das Haus mir noch vertrauter geworden. Es wäre schön, wenn Du auch mal etwas länger her könntest, um alles richtig zu genießen. Berlin ist voller Unruhe und Arbeit. Die einen sprechen da von Präventiv-, die andern vom Verteidigungskrieg; – aber vom Krieg spricht jeder. Und vielleicht dauert es doch nicht mehr bis 1940, wie ich eigentlich immer annehme.

Was heute in Spanien geschieht, kann morgen schon auf Frankreich übergreifen, und auch dort wird es dann so sein, daß die besitzenden Schichten, die Kirche und die Generäle mit Hilfe der Eingeborenentruppen versuchen, die in revolutionäre Bewegung geratenen Arbeitermassen wieder zur alten Ordnung zu rufen.

Wie diese Versuche auch immer ausgehen werden, – schon ihr Vorhandensein deutet doch nur allzu klar die tiefe Krise an, durch die Europa hindurchgeht: das Zeitalter der Klassenkriege hat unwiderruflich begonnen. Die spanischen Grausamkeiten und Schrecken auf beiden Seiten geben ja einen kleinen Vorgeschmack vor dem Kommenden.

Wenn man liest, daß englische Oxfordstudenten mit Jagdeinsitzern auf Seiten der Roten Madrid vor Junkers- und Savoia-Bombern schützen, daß deutsche Tanks vor Irun, das außer von asturischen Bergleuten nicht zuletzt auch von französischen Arbeitern verteidigt wurde, den Ausschlag geben, – wenn man hört, daß im katholischen Irland sich 40 000 Freiwillige für Mola und Franco, in Österreich sich tausende von roten Arbeitern heimlich für die »frente popular«[81] meldeten, – wenn man das alles im Atem der Zeit miterlebt, so hat man schon fast die Vision eines bevorstehenden 30-jährigen Krieges vor Augen. Mittelalterliche Kulturschätze, ganze Städte usw. gehen in Flammen auf und die modernsten technischen Mittel dienen nur dazu, in immer raffinierterer Weise zu töten und zu vernichten. Interessant, zu beobachten, wie Presse und Rundfunk das geistige Chaos noch vergrössern. Schon die reine Tatsachenfeststellung ist nur wenigen bevorzugten Einzelnen möglich.

Libertas und ich schätzen sich glücklich, in dieser Zeit vollkommen sorgenlos dahinzuleben und das Leben zu genießen.

Zu unserem Wagen und dem in letzter Zeit wieder viel benutzten Segelboot kam nun der große 4-Röhren-Radio-Super dazu, mit dem wir in die Welt hinaushorchen. Am 1. Oktober haben wir dann auch unsere Wohnung, die uns (bis zum 1. Bombenangriff) sicher gut gefallen wird.

Wir sind Euch von ganzem Herzen dankbar für all die Hilfe, die Ihr uns gebt. Dank auch für die Geldanweisungen zum 2. IX., die wir gut brauchen konnten. Auch Libertas ist Euch so zugetan und dankbar, ich bedaure nur, daß durch Mamas kritische und aggressive Briefe Libertas allmählich dazu gebracht wird, ebenso wie ich im Augenblick des Erscheinens von Mamas Stimme oder Schrift sofort instinktiv und dem Selbsterhaltungstrieb folgend zur Gegenoffensive überzugehen. Friedlich wäre es doch für alle Teile bekömmlicher! Ich weiss natürlich, daß das meiste, was Mama sagt oder schreibt, von der Liebe und Sorge um uns diktiert ist; trotzdem wäre – erfahrungsgemäß – die strikte Innehaltung des Nichteinmischungsprinzips besser, meine ich. Auch über Libertas' Vater (ich meine, seine

Charaktereigenschaften!) mag Mama ja objektiv recht haben, aber wer in Gottes Namen hatte Mama denn aufgefordert, 4 Seiten lang Werturteile und Vergleiche (mit Mama selbst usw.) an Libertas zu schreiben?! Stelle sich Mama doch mal vor, jemand aus Libertas' Verwandtschaft würde plötzlich mit der Lupe in der Hand über Mama herfallen! Es würde mir garnichts Neues sagen, denn ich kenne Mama ja nun schließlich auch schon 27 Jahre lang, aber ich würde mir doch energisch eine derartige Abschätzung von aussen her verbitten! Nun, die Episode ist hoffentlich nun abgeschlossen. [...] Sowohl Heberles wie Atkinsons sahen wir kurz. Es sind sehr nette Menschen. Thomas Atkinson ist auch recht sympathisch. Schade, daß man sie nicht öfter sieht. Wir haben ja viele gemeinsame Interessen!

[...] Hoffentlich sehen wir Euch Lieben bald mal wieder in Berlin. Libertas benutzt meine Schreibestunde zum Reiten; lässt Euch 1000x grüßen.

Euer Harro.

Berlin, 12. 9. 36

Lieber Papa, liebe Mama,
herzlichen Dank für Eure Briefe. Wir haben uns über alles sehr gefreut. [...]

Papas Brief haben Libs und ich aufmerksam studiert. Über Spanien habe ich täglich genaueste Berichte, die sich nur teilweise mit dem decken, was die Demag-Vertreter vor 14 Tagen meldeten. Sowohl in Moskau, wie in Madrid werden vielmehr die trotzkistisch-anarchistischen Elemente an die Wand gedrückt bezw. -gestellt.[82] Die Entsendung des sehr gewieften Sowjetbotschafters Rosenberg nach Madrid ist nicht zu unterschätzen.

USSR betreffend würde uns interessieren, wieviel Rubel man zur Zeit für eine RM im Austausch in Moskau erhält. Wenn die Beziehungen zu den Sowjets nicht so gespannt wären, würde ich auch mal rüberfahren, um mir den Laden anzusehen. [...] Es sind aber wohl zur Zeit keine Chancen, daß man es genehmigt erhält. [...] Zum Wochenende segeln wir mit Freunden. Im Film sahen wir Der Letzte Alarm, einen erstaunlich guten Amerikanischen Film. Ihr müsst ihn Euch ansehen, wenn er nach Duisburg kommen sollte, was unwahrscheinlich ist. Im übrigen gehen wir abends wenig aus. Meist erst 1–2 Stunden mit dem Wagen ins Freie, entweder zum Waldlauf oder ins Boot. Und anschließend Lesen (gemeinsam), Radio, Libs' Übersetzungen durchsehen usw.

C'est tout! In Liebe
Euer H.

Berlin, 1. 10. 36

Mein lieber, guter Papa,
mit der Schreibmaschine auf den Knien sitze ich hier inmitten eines horrenden Umzugstohuwabohus, um Dir einen Geburtstagsgruss zu entbieten. Ich habe ja nun inzwischen auch schon meine 27 Jahre weg und bin damit gerade eben weise genug, um zu erkennen, was ich in diesen 27 Jahren an Dir, meinem Vater, gehabt habe und habe, und im Sinne dieses tiefen und dankbaren Erkennens soll auch mein heutiger Gruss ein besonders guter sein ...

Den Umzug haben wir billig gemacht. Ich besorgte einen »jungen Mann« und Libs einen zweiten, und Johnny und ich machten vier ... und dann gings los mit einem Handwagen (hoch aufgetürmt) und mit unserem »Spengler«... treppauf, treppab. Am Abend (ich hatte mir freigenommen gestern) fühlte man seine Knochen. [...]

Die Liebenberger Möbel kommen Sonnabend frei Haus. Wenn alles fertig ist, müsstet Ihr eigentlich kommen und einweihen helfen ... [...]

Viel Liebes Euch Allen.

Euer Harro.

Berlin, 26. 10. 36

Einen Gruss Euch Lieben!
[...] Gestern war ich in Dessau zu einer Besichtigung der Junkerswerke, im Rahmen einer Tagung der Lilienthalgesellschaft für Luftfahrtforschung. Sehr eindrucksvoll. Nur die Werkspolizei schien allen Teilnehmern, die ich sprach, etwas übertrieben stark. Auf 5 Arbeiter etwa 1 Bewaffneter und Aufpasser! – Wir wurden sehr prächtig bewirtet. [...]

In Spanien zieht sich die Sache scheinbar hin; die Russen werden wohl jetzt auch anfangen, zu liefern, nachdem die »Richtung« innerhalb der roten Front einigermaßen geklärt ist (d. h. im Sinne des Sowjetsystems). Vielleicht gelingt es aber Franco doch, noch vorher Madrid zu erobern. Inzwischen setzen sich die Italiener auf Mallorca fest, und den unentschlossenen Engländern wird das nicht angenehm sein.

[...] Wenn ich unseren großen Radio sehe, tut es mir immer leid, daß Ihr nur das kleine Gerät habt; jetzt im Winter ist ein großes Empfangsgerät doch sehr amüsant, nutzbringend und technisch vorteilhaft. Wir bekommen tatsächlich die ganze Welt vollkommen störungsfrei. [...]

In Liebe

Euer H.

Seine Vorgesetzten schätzten Schulze-Boysens Leistungen, aber die Personalabteilung blockierte eine höhere Gehaltseinstufung. Da er keinen akademischen Abschluß nachweisen konnte, wurde er auch nicht befördert. Um Offizier werden zu können, hätte er Reserveübungen ableisten müssen. Die Personalabteilung war jedoch dagegen. Der intelligente junge Mann galt als politisch nicht zuverlässig. Ende September 1936 hatte Göring beim Chef der Personalabteilung, Generaloberst Stumpff, nachfragen lassen, was gegen Schulze-Boysen vorläge. Auf dessen Einlassung, Schulze-Boysens politische Aktivitäten in der Weimarer »System-Zeit« würden keine Gewähr für eine positive Haltung zum nationalsozialistischen Staat bieten, entgegnete Göring, man solle »die alten Kamellen lassen« und Schulze-Boysen auf einen Fliegerlehrgang schicken.

Libertas Schulze-Boysen hatte den Reichsmarschall zuvor in Liebenberg angesprochen. Göring, ein passionierter Jäger, war zur Brunftzeit Gast beim Fürsten zu Eulenburg-Hertefeld, denn Liebenberg gehörte zu den Jagdgebieten mit dem besten Damwild. Die charmante Nichte des Fürsten erzählte Göring von ihrem Mann, der seit zweieinhalb Jahren in seinem Ministerium arbeite, aber kein Fortkommen sehe, weil die Personalabteilung alle Anträge der Vorgesetzten, die ihren Mann sehr schätzten, abgelehnt habe. Libertas' gewinnende Art veranlaßte den zweiten Mann im Dritten Reich, sich für die Karriere eines Regimegegners einzusetzen.

Unabhängig davon bat Harro Schulze-Boysen den Vater, bei seinem früheren Marinekameraden, Generalleutnant Zander, der als Chef des Luftkreises VI in Kiel für die Seefliegerei zuständig war, vorstellig zu werden. Anfang November wurde er überraschend für vier Wochen auf einen Seefliegerstützpunkt nach List auf Sylt kommandiert und Ende November zum Unteroffizier der Reserve befördert.

List/Sylt, 12.11.36

Liebe Eltern

ich bin hier nach 12-std. Fahrt am Dienstag abend gut angekommen. Ich meldete mich beim Wachthabenden in der Kaserne, wurde aber ins Offiziersheim verwiesen. Etwas nicht-schlechtes ahnend tapste ich munter durch den Dünensand und erhielt dann in der Messe zunächst ein Abendbrot, das sich von dem aus Halle gewohnten weitgehend und vorteilhaft unterschied, – später bekam ich dann ein Doppelzimmer für mich allein angewiesen, wo sich vor meinem Fenster (in einem Abstand von 15 m) die weite graue Nordsee auftut.

Am nächsten Tag, gestern, ließ ich mich dann »einkleiden« und meldete mich beim Staffelkapitän, den ich schon aus Warnemünde kannte. Mit ihm besprach ich, was ich hier während der 4 Wochen tun soll. Jedenfalls wird es sehr ruhig und gesund werden, denke ich.

Mit Fliegen wird es, des Nebels wegen, wohl nicht viel werden, aber zugesagt wurde es mir prinzipiell auch.

Im übrigen kümmert man sich kaum um mich, und ich kann tun und lassen, was ich will.

In einer Woche wird mich Libs für ein paar Tage besuchen. Ich habe gerade für sie Quartier besorgt. List liegt, obwohl hier viel gebaut wird, sehr abgelegen. Von Westerland nach hier führt keine Straße, nur eine komische kleine Schmalspurbahn Modell 1870/71. Dreck gibt's hier, im Gegensatz zu Halle, überhaupt nicht. Nichts wie Dünen, soweit man sieht. Es ist regnerisch, aber noch nicht sehr kalt.

Den hier kommandierenden Oberstleutnant Kessler kenne ich gut aus dem RLM. Gestern abend war in der Messe ein nüchterner und etwas langweiliger Bierabend mit Vortrag über Stratosphäre. Als K. mich sah, rief er erstaunt aus: »Sie hier!!? Und in *was* für einer Verkleidung!« Er wußte noch von garnichts. Meine Kommandierung hierher ist über alle Instanzen hinweg erfolgt. Papas Vermittlung gebührt also grosses Lob.

Im übrigen sind hier meist ganz junge Offiziere, d. h. Leutnants, auch von der Marine.

Bartz ist noch in Bad Ems und wird wohl einen Schrecken kriegen, wenn er hört, daß ich nicht in Berlin bin. [...]

Alles Liebe Euch guten!

Euer Harro.

List/Sylt, 21. 11. 36

Lieber Papa, liebe Mama,

[...] Libs kam am Mittwoch hier an; es war »Bußtag«, und ich hatte frei. [...] Das Wetter ist prächtig, warm und sonnig, als wäre es Frühling. Wir laufen am Strand entlang und durch die Dünen, ja, wir laufen nicht nur, sondern liegen im Trainingsanzug im Sand, so warm ist es hier noch. Es ist wirklich eine ganz einzigartige Erholung für uns beide.

Bußtag nachmittags besuchten wir in Kampen Hans Zehrer[83] (früherer Herausgeber der »Tat«) und seine nette Frau. Sie haben ein reizendes kleines Arbeitshäuschen am Watt. Ich war schon mal da, bevor Libertas herkam. [...]

Inzwischen bin ich ein paar Mal geflogen, habe viel Flugtechnik gehört und im übrigen meinen Körper gepflegt.

Alles Liebe Euch allen.

Euer H. [...]

List/Sylt, 27. 11. 36

Mein lieber Papa,

[...] Gestern abend hielt ich den etwa 120 Unteroffizieren der 3 Kompanien einen 1½ std. Vortrag über »Britische Luftstrategie«, der allem Anschein nach ein Erfolg war; ich soll jetzt auch noch mal vor den Offizieren sprechen. – Am Sonntag, den 6. bin ich wieder in Bln.; ich hole Libertas in Bremen ab, weil ich ihre dortigen Verwandten schon lange kennen lernen wollte.

Die Eroberung Madrids, die – in den Berliner Zeitungen – schon im Vormonat etwas verfrüht gemeldet wurde, ist – was hier allgemein mit einer gewissen Verwunderung auffällt – immer noch nicht beendet. Die Endentscheidung über Spanien wird wohl erst das nächste Jahr bringen. Das deutsch-japanische Abkommen[84] ist ja ein genialer Schachzug Hitler-Ribbentrops, der wohl noch mehr einen Schlag ins englische Kontor, als ins russische bedeutet. Hier wird viel über Aussenpolitik gesprochen.

Ausserdem komme ich auch mal wieder endlich zum Lesen »schöner« Literatur: Rachmanowa: »Ehen im Roten Sturm«, eine katholisch-antibolschewistische Schilderung, Sehte »Im Banne der grauen Eminenz«, Jean Giono: »Das Lied der Welt«, letzteres das beste. –

Gruss an Euch alle

Dein H.

Vom Freundes- zum Widerstandskreis

In der großen Wohnung in der Waitzstraße, unweit vom Kurfürstendamm, in die Harro und Libertas Schulze-Boysen im Oktober 1936 eingezogen waren, führte das Ehepaar ein bescheidenes, aber offenes Haus. Sie vermieteten ständig zwei Zimmer an Verwandte und durch Freunde vermittelte Gäste.

Der Schriftsteller Ernst von Salomon erlebte dort eine verspätete »Bohème echt Berliner Art«. Alle vierzehn Tage trafen sich ab Februar 1937 donnerstags etwa zwanzig Frauen und Männer im geräumigen Atelier.

Man veranstaltete Lesungen, es wurde gesungen und getanzt. Libertas spielte auf dem Akkordeon Pfadfinder- und Landsknechtlieder, manchmal auch Songs von Brecht und Weill, und sang gemeinsam mit Werner Dissel russische Lieder.

Gisella von Pöllnitz, eine entfernte Cousine von Libertas, wohnte in dieser Zeit zur Untermiete bei Schulze-Boysens und half bei der Gestaltung der Abende. Auch Elisabeth und Kurt Schumacher, die im Jahre 1934 geheiratet hatten, waren dort anzutreffen. Kurt, ein Mann voll kauzigen Humors, hatte 1935 ein Bildhauerstudium abgeschlossen und sich

Marie-Luise und Erich Edgar Schulze, 1939

Undatiertes Kinderporträt

Harro Schulze-Boysen, 1932

Regine Schütt, 1932

Hochzeit mit Libertas Haas-Heye, 1936

Harro und Libertas Schulze-Boysen, Sommer 1940

Harro Schulze-Boysen, Elisabeth und Kurt Schumacher, auf dem Darß 1938

v. l. n. r. Marta Husemann, Günther Weisenborn, Harro Schulze-Boysen, Pfingsten 1938

v. l. n. r. Harro und Libertas Schulze-Boysen, Kurt Schumacher beim Segeln, um 1939

v. l. n. r. Tora zu Eulenburg, Libertas und Harro Schulze-Boysen beim Musizieren, Liebenberg 1940/41

*v. l. n. r. Kurt Schumacher, Claus Küchenmeister, Elfriede Paul,
Harro Schulze-Boysen, Pfingsten 1940*

Ingeborg Engelsing und Harro Schulze-Boysen, 1939/40

Harro Schulze-Boysen, um 1940

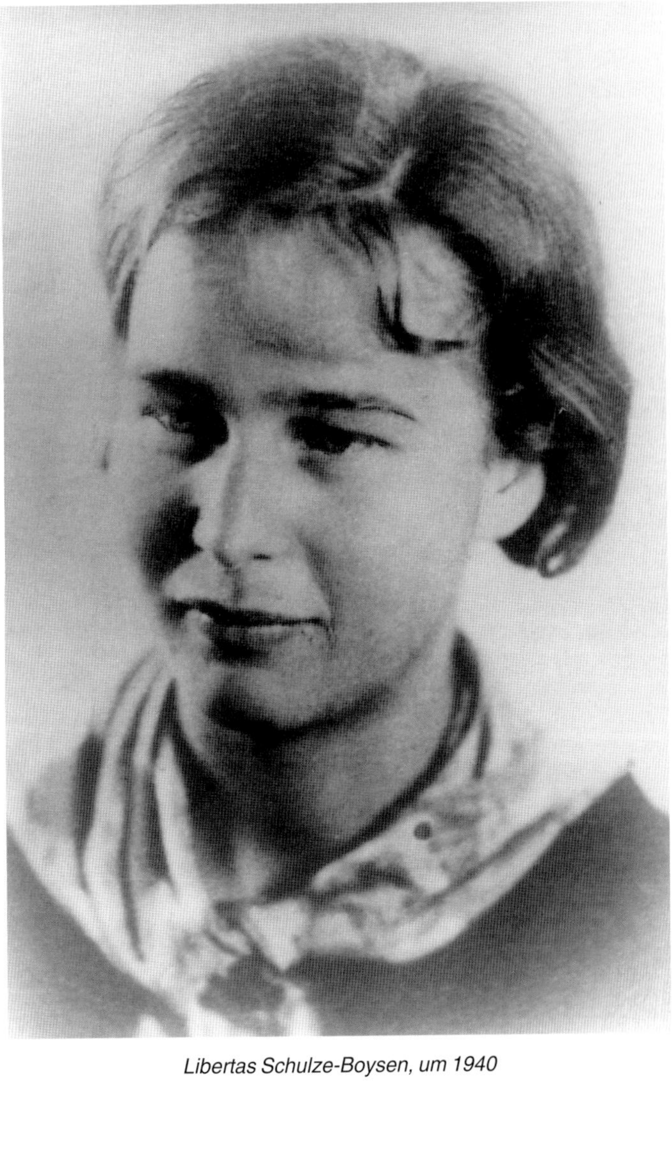

Libertas Schulze-Boysen, um 1940

Harro Schulze-Boysen im Reichsluftfahrtsministerium, 1939/40

ein Atelier in Berlin-Tempelhof ausgebaut. Elisabeth arbeitete als Grafikerin und Fotografin.

Die Tänzerin und Bildhauerin Oda Schottmüller, die Kurt Schumacher noch von der Staatlichen Kunstakademie in Berlin kannte, konnte man ebenfalls gelegentlich antreffen. Von 1931 zu 1932 wirkte sie in der »Gruppe junger Tänzerinnen« an der Berliner Volksbühne. Danach fertigte sie Schmuck und Kleinplastiken, mit denen sie sich an kleinen Ausstellungen beteiligte. Gleichzeitig begann sie, eigene Tanzprogramme zu erarbeiten und schuf eindrucksvolle Choreographien und Masken für ihre Ausdruckstänze.

Auch Ernst Scholz, der in diesen Jahren als Architekt tätig war und einer kleinen illegalen Gruppe der KPD angehörte, nahm an diesen Runden teil. Er kannte Schulze-Boysen schon seit 1932/33. Kurze Zeit später verließ er Deutschland und schloß sich den Interbrigaden in Spanien an.

Bei diesen Abenden handelte es sich nicht um konspirative Veranstaltungen. Es war mehr ein Suchen, wie man in diesen Zeiten einen persönlichen Zusammenhalt wahren könnte, ein freundlicher, geselliger Kontakt. Man lud Freunde ein, empfohlene Leute, um in Tuchfühlung zu kommen und sich kennenzulernen.

Herbert Dahl, der Harro Schulze-Boysen aus der »gegner«-Zeit kannte, äußerte seinem Freund gegenüber die Besorgnis, daß der Kreis bereits zu groß, unübersichtlich und deshalb zu gefährlich sei. Schulze-Boysen war jedoch der Meinung, daß diese Zusammenkünfte einen normalen gesellschaftlichen Umgang darstellten und sie deshalb keiner beanstanden könne. Dies war ein Irrtum. Ein Teilnehmer dieser Abende war Karl Graf von Meran[85]. Der informelle Mitarbeiter des SD denunzierte Schulze-Boysen, den er seit Monaten beobachtet hatte, als einen »geschickt getarnten Kommunisten«. Es ist nicht klar, ob der an das SD-Hauptamt übermittelte Bericht Beobachtungen auslöste, aber Ende 1937 hörten die Zusammenkünfte auf.

Berlin, 24. 2. 37.

Liebe Eltern,
vielen Dank für Mamas Brief. Ich habe in diesen Wochen tatsächlich so viel zu arbeiten, daß nicht mehr viel Zeit, Kraft und Ruhe zum Schreiben bleibt. [...]

Alle 14 Tage hatten wir nette Picknick-Abende bei uns. Da es allen so gut gefällt, werden wir es auch weiter tun. Es ist eine famose Art, alle Freunde von Zeit zu Zeit zu sehen und alle Verpflichtungen auf vernünftige Weise zu erledigen. Meist sind etwa 25–30 Menschen da, die sich ja bei uns sozusagen fast verkrümeln. Wir haben ja genug Platz. Wir geben nur Tee. Die andern bringen Keks, Wein usw.

mit. Zuerst wird 1–1½ Stunden etwas Gutes gelesen, danach ist Musik und Tanz bis 12. Punkt 12 schmeißen wir alle raus.

Am ersten Abend lasen Dissel und Jedzek aus Ernst Jünger; am zweiten ich aus Ernst Fuhrmann; am dritten hatten wir Platon, und so geht es nun weiter: Klages, Sorel, Macchiavelli usw. Für einen der nächsten Abende will Albrecht Haushofer (Geopolitik) bei uns ein neues Drama (Sulla[86], Tragödie des Zynikers) lesen. Helga kann Euch von den Abenden und den Menschen erzählen.

[...] Alles Liebe,
Euer H.

Aus der Vielzahl von Begegnungen und Kontakten kristallisierte sich ein engerer Freundes- und Diskussionskreis um Harro und Libertas Schulze-Boysen heraus. Zu diesem Kreis gehörte neben Elisabeth und Kurt Schumacher, Walter Küchenmeister, Gisella von Pöllnitz und Oda Schottmüller auch die Ärztin Elfriede Paul. Aus der freideutschen Jugend kommend, hatte sie sich 1921 in Hamburg der KPD angeschlossen. Sie leitete Mitte der zwanziger Jahre ein Kinderheim und begann 1929 als Werkstudentin ihr Medizinstudium. In dieser Zeit hatte sie Kurt Schumacher und später auch dessen Frau Elisabeth kennengelernt. Von 1933 bis 1939 war sie als Ärztin für den Bund deutscher Mädel, einer NS-Jugendorganisation, tätig und wurde Mitglied des NS-Ärztebundes. Die kleine energische Frau ließ sich 1936 als praktische Ärztin in Wilmersdorf nieder und hatte bald eine gutgehende Praxis. Elisabeth Schumacher empfahl die Ärztin ihren Freunden. Auf diese Weise lernte Elfriede Paul auch Walter Küchenmeister, einen der Wortführer des Kreises, kennen. Der schriftstellernde Autodidakt Küchenmeister, der mit seiner Frau und drei Söhnen unter sehr bescheidenen Verhältnissen im proletarischen Berliner Osten lebte, trennte sich im März 1937 von seiner Frau und zog zu Elfriede Paul.

Private Vertrautheit, freundschaftliche Verbundenheit und politische Verständigung gingen in dem Freundeskreis zusammen. Unter den Bedingungen einer gleichgeschalteten Öffentlichkeit wurde der ins überschaubar Private zurückgenommene Meinungsaustausch zur entscheidenden Kommunikation. Ausländische Sender wurden abgehört und Zeitungen und Zeitschriften gelesen, die Schulze-Boysen aus dem Luftfahrtministerium mitbrachte. Die Freunde schätzten sein offenes und freimütiges Urteil.

In einer von Vertrauen geprägten Atmosphäre konnten auch Spannungen und persönliche Krisen ausgetragen werden, die den Zusammenhalt des Kreises nicht in Frage stellten. Auf den Festen herrschte eine ausgelassene Fröhlichkeit. Sie waren Ausdruck eines ungebrochenen

Lebenswillens und zugleich eine identitätsbewahrende Form der Selbstbehauptung in einer feindlichen Umwelt.

Kurt Schumacher und Walter Küchenmeister hatten Verbindungen zu Gruppen oder Einzelpersonen des kommunistischen Widerstands. Man sammelte Geld für Familien, deren Angehörige aus politischen Gründen inhaftiert waren. Zur Sicherung dieser Tätigkeit vereinbarten die Beteiligten auf Schumachers Anregung hin konspirative Regeln. Schulze-Boysen erhielt den Decknamen »Hans«, der eine Zeit lang in Briefen oder gegenüber Gesinnungsgenossen benutzt wurde, die ihn nicht persönlich kannten. Im April 1937 war Harro Schulze-Boysen zu einer Übung nach List kommandiert worden, die er dann als Offiziersanwärter beendete.

List/Sylt, 6. Mai 1937

Meine liebe kleine Mama,
vielen Dank für Deinen Brief. Lieb von Dir, daß Du Kinder trotz aller schlechter Erfahrungen so nett findest. Aber daß Kinder an sich etwas Prächtiges sind, habe ich garnicht bezweifelt; ich bezweifle ja nur, daß die *Zeit* die geeignete. Der Vergleich mit den Dachziegeln ist da eben *nicht* stichhaltig; denn wenn einem ein Stein auf den Schädel fällt, dann ist das eben Schicksal und Pech, was es zu *allen* Zeiten gibt. Aber ein kleiner dreißigjähriger Krieg à la Spanien, wie er z. Zt. für Europa in Aussicht steht, hat nichts mehr mit einem zufälligen Dachziegel zu tun. Wir beiden, Libs und ich, werden auf unsere Bewegungsfreiheit nicht so schnell verzichten; wenn wir mal *nach* dem Kampf eine Weile Ruhe brauchen (das meinte ich mit »nicht mehr weiter können«), dann ist immer noch genug Zeit in Deinem Sinne. Du kannst ja ruhig Deine eigenen Ansichten zu diesem Fall haben; aber – die Frage zu beurteilen, ob eine schwangere Frau für einen Mann noch sinnliche Reize hat, – das musst Du schon einem Manne überlassen. Ich möchte mal wissen, von welchen Herren Du das gehört hast. Natürlich kann auch der Mann einer langsam emporkeimenden Mutterfreude teilhaftig werden, kann »zart und liebevoll« zu seiner Frau sein … Aber soll man nicht erst mal das Wunder des eigenen Jungseins und das Wunder einer jungen Frau ausschöpfen, bevor man das Wunder Kind auf die Tagesordnung setzt?!

Na ja, wir werden einander nicht überzeugen. Vor einigen Tagen unterhielt ich mich grade mit Zehrer in einer langen Abendunterhaltung darüber, daß das Bewusstsein, d. h. auch die Ideen, immer nur zu einem ganz bestimmten Menschen, seinem Körper und seinem Schicksal gehört, sozusagen als eine Art »Anpassungsfunktion« des Menschen an die Umwelt, und daß es infolgedessen ganz unsinnig ist, über derlei Dinge zu debattieren. […]

Interessant, was Du von Deiner Frauentätigkeit schreibst. Ich hoffe, daß Du Dich an der Verschickung des betr. Propagandamaterials ins Ausland *nicht* beteiligst: das macht zuviel Arbeit. Nebenbei bemerkt gehört das auch zur *Aufrüstung* im Sinne des totalen Krieges, Abteilung Propaganda. [...]

Eben kam Dein Himmelfahrtsgruss in Form von 20 RM. Ich bin ganz gerührt. Hier werde ich den Betrag garnicht brauchen, denn es geht mir hier doch glänzend; Luft, Essen, Schlafdauer ... alles besser als in Berlin. Hoffentlich hast Du Dir das Geld nicht irgendwie abgeknapst. Also ich nehme es nach Berlin mit, und dann werden L. und ich dafür ein besonders schönes Wochenende zusammen »feiern« und dabei an Dich denken.

Ich bin braungebrannt, rotbäckig und »vergnügt«. Menschen, die mir »näher stehen«, habe ich zwar nicht (ausser Zehrers in Kampen); aber es sind alles muntere, hübsche Jungens, mit denen ich mich gut stehe. Nur zum *restlosen* Frohsein bin ich allzusehr Till Eulenspiegel (froh bergauf, traurig bergab); [...]

Berlin, 7.6.37

Meine liebe Mama,
Sonnabend ist ein schlechter Tag zum Kommen, weil wir sicher übers Wochenende fort sind. [...] Du kannst gern eine Woche bei uns bleiben. Du kannst bei uns Frühstück und Abendbrot mit haben (Abendbrot, sofern wir selber da sind!); Mittagessen zu kochen ist bei uns nicht ökonomisch.

»Im Haushalt helfen« ist ganz und gar nicht nötig. Libertas macht das alles mit unserer Frau Müller sehr schön. Das einzige, um was ich Dich bitten möchte, ist (sehr zeitgemäß) Nicht-Einmischung! Ich schreibe Dir das ausdrücklich, weil Du so sehr gern kritisierst, ich aber eine Kritik an einem häuslichen Zustand, wie ich ihn für ausgezeichnet halte, nicht möchte. Das heißt, wenn Du kritisierst, meinetwegen mir gegenüber. Libs würdest Du nur in einen Konflikt zwischen Deinen Wünschen und meinen Wünschen bringen, und das möchte ich vermieden wissen. Ich lasse mir von ihren Verwandten im übrigen auch nicht hereinreden.

Also, wie gesagt, das ist das einzige, um was ich Dich bitten möchte. Im übrigen sollst Du Dich recht wohl bei uns fühlen und kannst den ganzen Tag machen, was Du willst. Libertas hat ja auch zu tun. Abends können wir hoffentlich öfter mal was zusammen unternehmen. (Theater, Segeln, Kino, mit dem Wagen herausfahren usw.)

Auf frohes Wiedersehen.

Dein Harro.

Im Juli 1937 war Harro Schulze-Boysen zu einer erneuten Vierwochen-Übung in die Fliegerersatzabteilung nach Schleswig eingezogen worden. Zum Abschluß wurde er zum Feldwebel der Reserve befördert.

Schleswig, 22. 7. 37.

Liebe Mama,
schönen Dank für Deinen Brief. Von Holstein kriege ich allerdings nicht so viel zu sehen, wie Du denkst, denn hier wird ziemlich strammer Dienst gemacht, sodaß ich höchstens mal Sonntags rauskommen werde. Im übrigen geht es mir gut, sowohl innerlich, wie äußerlich.

Wegen des neuen Wagens brauchst Du Dir keine Sorgen zu machen; wir konnten den alten ja sehr günstig abgeben, und wir haben uns alles sehr genau überlegt. Libs trägt mindestens so sehr zur Abzahlung bei wie ich, und das Geld für die Betten war in Bln. schon bei unserer Abreise bereitgestellt. – Unsere Berliner Wohnung ist von Anfang an gegen Feuer und Diebstahl versichert. Daß wir »reichlich sorglos« leben, wie Du so schön schreibst, will ich allerdings trotzdem absolut nicht in Abrede stellen. Wir sind gesund und schaffenskräftig und bis auf weiteres ohne »Ingo« oder »Silvana« (einen kitschigeren Mädchennamen konnten sich die Guten in Mailand wohl nicht ausdenken!), – und leben im Bereiche unseres »Besitzes« so, daß die Gegenstände *uns* dienen, nicht wir ihnen. Dagegen bedaure ich es sehr, daß Du »trotz äusserster Sparsamkeit« wieder »viel mehr für Helgas Möbel bezahlen« musst und Du Dir daher selber garnichts leisten kannst. Schön ist es, daß Du endlich aus dem Kolonialverein ausscheidest, Abende wie die in Boss' Haus geben Dir innerlich sicher mehr als die ganze Vereinsmeierei!

Von Kiel ist nicht viel zu berichten. [...] letzten Sonntag wollten alle Kinder von Onkel Ferdinand in Kiel zusammenkommen; Rudolf fährt nach USA. Die Kinder, sowohl die von Fränzi, wie die von Carola, waren *sehr* erfreulich und gut geraten. Daß Rudolf H[eberle] seine etwas unzeitgemässen Gedanken und seine Grundgesinnung auf religiösem-weltanschaulichem Gebiet vor seinem eigenen Sohn (dem Ältesten) verbergen und verstellen muss, ist allerdings ein tragisches Zeichen der Zeit. [...] Bei Zehrers hat es Libs sehr *gut*. Sie ist ein sehr gern gesehener Gast da und wird richtig verwöhnt, »Revanchieren« braucht sie sich wohl erst mal garnicht! [...]

Alles Liebe
Dein Sohn H.

Schleswig, 25. 7. 1937

Liebste Mama,
alles Liebe und Gute zu Deinem Geburtstag! Ich bin nun dieses Wochenende endlich mal ein wenig in die Stadt gekommen und stehe ganz unter dem Eindruck des alten Schleswig. Das versetzt mich recht in die Stimmung, an Dich zu denken! Libs und ich sind uns ganz einig in der Liebe zu dieser Landschaft, dem Städtchen und den Menschen. Wenn ruhigere Zeiten wären, könnte man wirklich daran denken, sich hier oben irgendwo »niederzulassen« und ein gesundes, ruhiges Schriftsteller- und Familiendasein zu führen. Schade, daß man in eine Zeit hineingeboren ist, die es nicht so freundlich mit einem meint und einen dazu zwingt, aus Unsicherheit und Unruhe eine »Tugend« zu machen und sie zu bejahen (verneinen kann man Zeit und Schicksal ja nicht, ohne gegen den Selbsterhaltungstrieb zu verstoßen!) [...]

Kommende Woche habe ich sehr viel zu tun (Wache, Vortrag usw); ich habe eine Korporalschaft bekommen.

Noch mal alles Liebe!
Dein Sohn H.

Berlin, 18. 8. 37

Ihr Lieben! –
in Schleswig wurde ich leider erst am Freitag abend fertig, sodaß noch die Möglichkeit bestand, Freitag zur Ankunft von Papa in Cuxhaven zu sein.[87] Ich machte noch – durchaus mit Erfolg! – eine Prüfung (Zugexerzieren, Zugführerunterricht usw.) und wurde dann Feldwebel. [...] Hier gab's dann allerhand Arbeit nachzuholen. Bartz war inzwischen aus Frankreich zurückgekommen. Er hat für mich eine über 3 Seiten lange Beurteilung zu Zwecken der Reserveoffizierauswahl geschrieben, die wirklich für mich *sehr* ehrend ist. Es kann ja nie was schaden, wenn's schwarz auf weiß in den Akten steht, daß man nicht nur ordentlich und ehrlich, sondern auch sonst noch einiges ist. Bülow hat die Sache dann auch noch unterschrieben ... Nach den neuen Bestimmungen muss ich ja wohl noch eine Übung machen vorm Leutnant (im ganzen sind jetzt 4 vorgeschrieben, außer der Grundausbildung); vielleicht im Januar wieder in List. Wenn ich dann Leutnant d. R. bin, will ich mal weitersehen; vielleicht mache ich doch noch meinen »Dr.« (Die Abteilung würde mich für die Vormittagsstunden beurlauben).

[...] Der Krieg in Spanien ist noch nicht zuende, in China[88] ist ein neuer Krieg losgegangen; Ihr werdet zugeben müssen, daß eine solche Entwicklung meinen Erwartungen entspricht. Mehr will ich darüber heute nicht sagen. Gerne hätten wir von Papa bei Gelegenheit einen kleinen Bericht über seine grundsätzlichen Eindrücke. *Wirklich* schade, in jeder Hinsicht, daß nichts aus unserem Treffen in Cuxhaven wurde …

Nächstes Weekend sind wir in Liebenberg. Das Wetter ist noch sommerlich. Libs ist braun wie eine Indianerin.

Alles Liebe

Euer H.

Berlin, 11. 9. 37

Ihr Lieben,
eigentlich sollte dieser Brief schon heute mittag weg, damit Ihr noch Post zum Sonntag habt, aber ich komme erst heute abd. zum Schreiben … Dank für Papas Gruss aus London.

Es ist fast Herbst hier geworden, aber trotz Wind und Kälte wird noch gesegelt und rausgefahren.

Ich hoffe, recht bald von Euch meine früheren Universitätspapiere zu bekommen (die *hat* doch wohl Papa), denn meine Studienfortsetzung steht ziemlich fest, und vermutlich werde ich mich im Oktober wieder an der Universität Berlin immatrikulieren lassen, um dann 4 Semester im Seminar von Prof. von Niedermayer zu arbeiten. Erst ein halbes Jahr Mitarbeit im Seminar ganz allgemein, dann würde ich die Doktorarbeit bekommen und daran 3 Semester zu arbeiten haben. Niedermayer ist eine Kapazität, und es gilt als grosse Ehre, bei ihm zu promovieren; man lernt ungeheuer viel bei ihm, aber hat eben auch eine ganze Weile zu arbeiten. Unter 4 Semestern macht er es nie. Bülow hat mir übrigens für N., den er kennt, einen grossartigen Empfehlungsbrief geschrieben, in dem er u. a. auch sagt, dass die Arbeit im Seminar auch Wert für die Abtlg. haben könnte, und mir die Abtlg. daher auch die nötige Freizeit zur Verfügung stellen wird. – Meine bisherigen Studien werden mir *voll* angerechnet, denn N. nimmt niemand ohne abgeschlossene Hochschulbildung in seinen Arbeitskreis auf. Ich denke: Als Hauptfach für schriftlich und mündlich: Wehrwissenschaften. Zweites Hauptfach (nur mündlich): Staatsrecht. Nebenfach: Nordische Sprachen. Doktorarbeit vielleicht »Einfluss der Luftwaffen auf den Ostseeraum«.

Nun habe ich zwar nicht den Eindruck, dass wir in 2 Jahren noch im schönen Frieden leben werden, aber ich glaube doch, dass man – um überhaupt arbeiten zu können – so vorgehen muss, als ob alles o. k. wäre … Was man lernt, ist ja ausserdem nie verloren.

Dass Ihr mir noch finanziell bei meinem Vorhaben helfen wollt, ist rührend von Euch. Es ist aber noch garnicht sicher, ob die Dr.-

Arbeit bei mir gedruckt wird (wegen evtl. Verwertung ministeriell-nichtöffentlichen Materials!), dagegen werden sich im Laufe des Studiums etwa pro Semester 130.– RM Unkosten ergeben (evtl. auch weniger), die mich insofern etwas beunruhigen, als ich zur gleichen Zeit mit meinem Nebenverdienst etwas gehandicapt bin. Wenn Ihr mir da *im Bedarfsfall* etwas vorschießen würdet, wäre ich dankbar. Ich würde ja später Gehaltserhöhung in beträchtlichen Ausmaße bekommen und könnte die Beträge dann zurückzahlen. Soweit das Finanzielle, und noch mal Dank.

Es ist sonst im Augenblick nichts besonderes zu vermelden. Libs entwickelt von Tag zu Tag erstaunlichere Kochkünste: jeden Abend ein kleines Souper! Gelegentlich gehen wir aber auch auswärts, um die Ecke in der Kantstrasse, echt chinesisch essen, mit viel Reis, Bambus, scharfen Sossen und merkwürdigen Fischen, und sitzen da inmitten der gelben Männer, die lebhaft diskutieren und Flugblätter untereinander verteilen. Im Grunde sind sie Studenten wie wir auch waren; ich finde, man gewöhnt sich schnell an sie. Im Gegensatz zu den Japsen mag ich die Chinesen ausgesprochen gerne. Meine Chinesisch-Kenntnisse sind allerdings nicht sehr weit gediehen, trotz Lehrbuch und Selbststudium. Es soll auch mehr eine Liebhaberei für gelegentliche Freistunden bleiben.

Von Helga bekamen wir eine Karte. Es scheint ja alles gut zu gehen … Wir freuen uns mit ihr für ihr Glück.[89] Nett, dass Mama bald mal alles in Augenschein nehmen kann.

Schluss für heute. Alles Liebe, auch von Libertas,

Euer H.

Berlin, 15. 9. 37

Lieber Papa,
vielen Dank für Deinen Brief. […]

Zu Deinen Fragen: Natürlich die Italiener … Die jetzige Kontrolle bringt meines Erachtens eine kriegsmässige Probezusammenarbeit von engl. und franz. Flotte im Mittelmeer, Mitbenutzung französischer Häfen durch England. Evtl. kommt später auch noch USSR hinzu. Jetzt kriegt Valencia natürlich Materialnachschub wesentlich ungehinderter als vorher. Vielleicht wird Pyrenäengrenze auch noch aufgemacht. Mal sehen, wie sich die Italiener in den Club der Mächte wieder reinmogeln …! Italiens Russenfeindschaft hängt natürlich in 1. Linie nicht mit der Weltanschauung zusammen, sondern mit dem vergeblichen Liebeswerben Italiens um die Türkei (die man im östlichen Mittelmeer gegen England braucht). Statt dessen die Montreuxabkommen[90] im Vorjahr, die in Italien verbit-

tert haben. Natürlich denken die Sowjets garnicht daran, die Türken abschwimmen zu lassen, denn über die Türkei kann Russland noch mal für England nützlich werden im östlichen Mittelmeer. Ebenso wie im Fernen Osten spielt USSR hier ganz bewusst die Rolle des »Degen Englands« und neutralisiert hierdurch wenigstens teilweise den anti-sowjetischen Einfluss der Londoner Bankkreise und Presselords. Die Wirtschaftslage Italiens ist übrigens in den letzten Wochen nicht eben rosiger geworden; wenn der Spanienkrieg noch lange dauert (es sieht sehr danach aus) werden die italienischen Lieferungen vielleicht spärlicher werden müssen. Im Fernen Osten liegen die Dinge wohl analog, – wie die Dinge ja überhaupt ziemlich überall »analog« liegen, weil es sich nicht so sehr um nationale, als um soziale Erscheinungen handelt. [...]
Nächstes Weekend sind wir bei Freunden (von Arnim) in Mecklenburg auf einem kleinem Schloss eingeladen. Übernächstes Wochenende fahren wir nach Hamburg. (Alles unter der Voraussetzung, dass wir durch die Luftschutzmaßnahmen nicht daran behindert werden; es finden ja Übungen statt!) [...]

H.

Im Herbst 1937 wurde Harro Schulze-Boysen zur Gestapo bestellt. Es kam zu einer Gegenüberstellung mit Werner Dissel, einem Freund aus dem »gegner«-Kreis, der wegen »bündischer Umtriebe und kommunistischer Zersetzung« in der Wehrmacht verhaftet worden war. Es gelang Schulze-Boysen, eine Zigarettenschachtel an Werner Dissel zu übergeben. Unter dem Silberpapier befand sich der in letterähnlichen Buchstaben aufgedruckte Hinweis »Extra Fontana Terra Incognita«[91]. Auf diese Weise konnte er Dissel signalisieren, daß die Gestapo nichts von dessen Verbindungen außerhalb Neuruppins, der Geburtsstadt Fontanes, wußte. Dissel hatte Harro Schulze-Boysen, ohne von ihm darum gebeten oder beauftragt worden zu sein, verschiedentlich darüber informiert, daß die in den in Neuruppin stationierten Panzerregimentern 5 und 6 für einen Einsatz in Spanien vorbereitet würden.

Berlin, 21. 9. 37

Lieber Papa,
vielen Dank für Deinen Brief. Ich war heute vormittag bei Niedermayer, der mich mit sehr freundlichen Worten in sein Seminar, dem nur wenige »Auserwählte« angehören, aufgenommen hat. Technisch (formal) sieht er keine Schwierigkeiten. Die Papiere von früher muss ich mir, wenn sie weggekommen sind, noch mal zulegen. Man kann sich wohl gegen Entrichtung einer Gebühr Abschriften anfer-

tigen lassen. Jedenfalls lasse ich mich Anfang November wieder immatrikulieren. Ich hoffe immer noch, um die Sozial- und Versicherungsgebühren an der Universität herumzukommen, denn die gleichen Sachen werden mir doch auch schon vom Gehalt abgezogen. Wenn Du mir in diesen 2 Jahren noch mal unter Arme greifen willst, erleichtert mir das die Sache sehr. Über die Rückzahlung reden wir noch mal mündlich; zunächst mal danke ich Dir von Herzen dafür.

Meine Bemerkung über die sozialen Einflüsse, und zwar bestimmenden Einflüsse, auf die Politik der Neuesten Zeit stützt sich auf die Erwägung, daß ein Verstehen der Vorgänge ohne Beobachtung dieser Einflüsse von Tag zu Tag unmöglicher wird. Besonders deutlich wird das aus einer Analyse z. B. der Aufsätze der engl. und franz. Rechtspresse zu den spanischen und fernöstlichen Vorgängen, oder der Politik der Londoner City (Angriffe auf den Franc, Stützung der Franco-Valuta usw.) einerseits und der aktiven Politik z. B. Sowjetrußlands auf geopolitisch ihm nicht zugeordneten Abschnitten wie z. B. Spanien andererseits. Um noch diesen Andeutungen einiges hinzuzufügen: Die Regierungsformen und politischen Methoden Japans, Italiens und Deutschlands sind m. E. nur zu verstehen als historischer Widerspruch zu einer ausgesprochenen (sozialen) Klassenbewegung. Der nächste Krieg wird zum »Ausweg«, weil man einen anderen Ausweg verneint. Natürlich wären auch ganz andere politische Wege denkbar als die zur Zeit beschrittenen, – aber nur für Regierungen, die das Interesse anderer sozialer Gruppen repräsentieren, d. h. auch andere, von unserm 3. Reich stark bekämpfte Ideologien verfechten …

Es wird hier in Bln. auch eigentlich kaum noch in Frage gestellt, daß der nächste Krieg (Weltkrieg) ein »Spanien im Weltmaßstab« sein wird. Das Zeitalter der »vertikalen« Fronten ist vermutlich vorbei in Europa (In Erdteilen mit noch nicht entwickelter sozialer Schichtung liegen die Dinge anders, weil hier ganze Völker »soziale Schichten« darstellen, z. B. China[92] (wobei vorher oder zu Beginn des Kampfes die nicht dazugehörigen »Parasiten« abgestoßen werden oder an Unfähigkeit zugrunde gehen!). Das vornehme Zögern z. B. der Engländer, sich dieser neuen und gewiß nicht erfreulichen Fronteneinteilung anzuschließen, wird in erster Linie durch den Umstand bestimmt, daß hier noch eine Volksgemeinschaft insofern herrscht, als der allgemeine Konsumstandard ziemlich hoch ist und daher vorläufig noch die Bereitschaft zu einer bewussten Auseinandersetzung oder auch einer gewaltsamen Unterbindung derselben nicht besteht. Die Regierung muss daher noch mit 2 Anschauungen im Volke rechnen und kann auch nur die Duplizität der Anschauungen nach außen hin zum Ausdruck bringen. In Frankreich liegt manches noch ähnlich. Aber hinter den zögernden und noch etwas unsicheren Maßnahmen der Regierungen, unter denen ja auch der Führer zu leiden hat, (weil vorerst noch nicht ganz klar wird, was die Leute wollen) gibt es nicht etwa einen »Dritten Standpunkt Europas« oder so was Ähnliches, sondern ganz schlicht und einfach 2 Lager, die soziologisch unschwer zu definieren wären. Diese meine Auffassung könnte ich täglich belegen.

Unter den Linden hat man sich fertig gemacht für den Duce-Besuch: 4-spaltig die ganzen Linden herunter griechische Säulen mit Adler drauf, alles aus Holz. Das *muss* dem stolzen Römer ja imponieren!

[...] Gute Erholung wünscht Dir auch Libertas.

Dein H.

Am 27. September besuchten Libertas und Harro Schulze-Boysen in Hamburg den Reeder Hans Siemers. Er erzählte ihnen, daß drei Tage später eines seiner Schiffe, der Kohlefrachter »Ilona«, in Richtung Schwarzes Meer auslaufen würde. Libertas meinte, solch eine Fahrt würde sie interessieren. Ihr Mann bestärkte sie, und so trat sie die Reise an, die sie von Hamburg durch die Biskaya, das Mittelmeer nach Konstanza und zurück führte. Sie notierte ihre Eindrücke in einem Tagebuch, das sie später veröffentlichen wollte.

Nach Libertas' Abfahrt überfiel Harro Schulze-Boysen eine Nierenkolik. Dieses Leiden sollte in den nächsten Jahren noch häufig wiederkehren. Ob es neben organischen auch psychosomatische Ursachen hatte, ist nicht belegbar. Klar ist jedoch, daß Schulze-Boysen in der NS-Zeit gegen seine innere Natur leben mußte und die Konflikte mit dem Regime nicht austragen konnte. Es ist möglich, daß sich diese Frustration auch auf seinen Gesundheitszustand auswirkte.

Die Mutter war über den Zustand ihres Sohnes äußerst besorgt und empörte sich darüber, daß Libertas ihren Mann in dieser Situation allein ließ.

Die Ehepartner verwirklichten ihre Vorstellungen von einem ungebundenen Zusammenleben. Sie bewahrten sich in ihrem offenen Miteinander ein Stück jener Freiheit, die sie in ihrem sonstigen Leben vermißten. Ein Hausfrauendasein konnte und wollte Libertas nicht führen. Noch lange wechselte der Wäschesack von Berlin nach Duisburg.

Libertas teilte zunehmend die kritische Distanz ihres Mannes zum Nationalsozialismus. Im Sommer 1936 war sie mit der Begründung aus der NSDAP ausgetreten, daß sie als Ehefrau den Anforderungen der Parteiarbeit nicht mehr gerecht werden könne. Immer wieder verteidigte

Harro Schulze-Boysen diese offene und damit so andere Ehe vor der sich mit unwillkommenen Ratschlägen einmischenden Mutter.

Libertas wollte begehrt und geliebt werden, und zwar nicht nur von ihrem Mann. Doch ihre Ehe stellte sie mit ihren außerehelichen Eskapaden nie in Frage. Manchmal hatte sie ein schlechtes Gewissen. Harro machte ihr dennoch keine Vorwürfe, keine Szenen. Vielleicht war sie darüber enttäuscht.

Auf der langen Schiffsreise hatte Libertas auch Zeit, über ihre Ehe nachzudenken: »Was das Treubleiben betrifft, Jungchen, hast Du nichts mehr zu fürchten«, heißt es in einem Brief. »Die Sehnsucht ist groß, wird immer größer, aber ich mach mir nichts vor. Ich darf nicht weich werden. Du wirst es ja auch nicht – wo kämen wir da auch hin.« So wurde diese lange Fahrt schließlich eine Reise zu ihrem Mann: »Herzjunge, Katerlein, meine Liebe zu Dir wird immer klarer u. stärker und ist schon bald so wie sie sein soll: Allumfassend u. zuversichtlich, vertrauend.«[93]

Berlin, 6. Okt. 37.

Mein lieber Papa,
vielen Dank für Deinen Brief. Dein gutes Angebot, finanziell zu helfen, brauche ich nicht in Anspruch zu nehmen, denn aus dem Freundeskreis hier in Berlin bekam ich alles, was ich brauchte: eine sehr gute und sorgfältige Ärztin, unsere Freundin Elfriede Paul, – eine Krankenschwester (Gisella von Poellnitz), die gleich herzog und mich versorgt.

Arzneien bezahlt die Kasse. Gottlob ist die Sache durchaus auf dem Besserungswege. Das Fieber geht runter, die roten Blutkörperchen im Urin sind ganz weg, Eiweiss war nie, die Nierenschmerzen »klingen langsam ab«. Bis Ende der Woche kann ich wohl also aus dem Bett wieder raus. Daß Du herkommst, halte ich für unnötig. Dank! –

Diesmal möchte ich die Sache nun aber richtig auskurieren. Die Ärztin will mich auf Kosten der Kasse für 4 Wochen nach Wildungen schicken. Ich wollte erst nicht recht, denn unbedingt erforderlich ist es natürlich nicht, aber da Bartz sich auch sehr rührend verhält und ich an sich ruhig mal ein wenig Urlaub brauchen kann, tue ich es vielleicht doch. Ich kann mir ja was zu arbeiten mitnehmen. Ich komme dann vielleicht über Mülheim.

Libs zurückzuholen bestand gar keine Möglichkeit; sie legt ja erst etwa am 15. in Bona (Nordafrika) an, und wie sollte sie von da zurückkommen! Ausserdem bin ich da ja voraussichtlich nicht mehr krank. Es ist ganz gut so; schon wegen der Finanzen. – Zum Seminar von Niedermayer komme ich hoffentlich auch am 15. XI. noch zurecht. Nicht wahr, Du schreibst mir *gleich* aus Mülheim, ob Du noch alte Testate, Exmatrikel oder sowas gefunden hast!? […]

Alles Liebe
Dein Harro.

Berlin, 13. 10. 37

Liebe Mama,
über Deine Handlungsweise bin ich – gelinde gesagt – einigermaßen erstaunt. In der heutigen Zeit ist zwar das Außerachtlassen der elementarsten menschlichen Nichteinmischungsprinzipien zur allgemeinen Gewohnheit geworden, aber es gibt auch Leute, die sich das nicht ohne weiteres bieten lassen. Dazu gehöre ich.

Schon über Deine erste Karte aus Italien musste ich mich wundern. Wie Carlo[94] und Helga ihre Ehe aufbauen, ist mir vollkommen gleichgültig und ich lasse jeden auf seine Fasson zur glücklichen Ehe kommen. Du schreibst: »Carlo würde *nie* seine Erlaubnis geben«; Herrgott nochmal, *ich* bin ja auch nicht Carlo, und Libs ist nicht Helga. Es handelt sich ganz einfach darum, daß *ich* gewollt habe, daß Libs fortfuhr, gerade weil ich wünsche, daß meine Frau sich daran gewöhnt, auch im Getrenntsein von mir als eigene Persönlichkeit zu bestehen. Wenn sie früher gesagt hatte, »sie könne nicht einen Tag ohne mich leben«, so war das eben ein Maß von Unselbständigkeit, das auf die Dauer nicht tragbar war, jedenfalls nicht im Rahmen *des* Lebens und der Lebensziele, die uns angemessen sind. Libertas ist mein stärkster Lebenskamerad und Bundesgenosse; gerade wenn es das Schicksal einmal wollen sollte, daß es uns mit Gewalt trennt (und dagegen gibt es für unsereinen keine Versicherung!), gerade dann muss sie nicht nur »einen Tag ohne mich leben können«, sondern auch – davon hängt alles ab – unter Umständen hundertprozentig arbeiten und funktionieren können. Zu *Dir*, liebe Mama, werde ich sie allerdings nicht in die (Haushaltungs-) Lehre schicken, – nun weniger denn je! Sicher wird für sie der Umgang mit den 28 Seeleuten an Bord der »Ilona« bildender sein.

Es ist wirklich schwer, Dir gegenüber freundlich zu bleiben. Was weisst Du eigentlich von den feinen, unendlich feinen Gesetzen, nach denen sich eine glückliche Ehe aufbauen kann? Ich bin auch heute noch, nach dreijähriger Ehe, *Mann* genug, immer wieder das Bedürfnis zu haben, die *Frau* mir zu erkämpfen und die *Liebe* gegen Widerstände durchzusetzen. Und da ich kein sexueller Freibeuter bin und meine eigene Frau nun mal unendlich lieb habe, werde ich das Abenteuer und die Hindernisse nicht aus meiner Ehe heraus verlegen, sondern in meine Ehe hinein. An der Sehnsucht zueinander, an der Entfernung, an der Trennung wird unsere Ehe nicht zerbrechen oder splittern, sondern das kann dem Strom nur neues Wasser zuführen, das kann nur beitragen, die Gefahr der Alltäglichkeit, die jede Ehe bedroht, zu besiegen ... Aber was schreibe ich Dir davon: Unter den Windeln in Mailand wirst Du Dich besser und simpler zurechtfinden als in unserem Leben. Das einzige, um was ich Dich seit Jahren bitte, ist: Dich nicht einzumischen und Deine kritischen Bedürfnisse nicht gerade bei uns abzuladen. Aber Du setzt Dich hin, kaum aus Italien nach Hause gekommen, und schreibst einen Brief nach Liebenberg, auf den hin ich Dich nur hundertprozentig desavouieren kann. Es ist schon eine maßlose Taktlosigkeit, gerade an dieser Stelle einen nur schlechtverhüllten Beschwerdebrief anzubringen. Wenn sich tatsächlich nach dem übermorgen anzufertigenden Röntgenbild herausstellen sollte, daß ich nach Wildungen gehe, wenn die ganze Sache also überhaupt eine Bedeutung hat, – was hat das mit Libs' Fahrt zu tun? Ich wäre dann heilsfroh, daß ich die Zeit ihres Nicht-Daseins so sinnvoll ausnutzen könnte. Ebenso wie ich, wenn ich kranke Zähne hätte, meine Zähne nach Möglichkeit immer behandeln lassen würde an Abenden, die ich aus irgendwelchen Gründen sowieso nicht mit Libertas verbringen kann.

Die paar Tage, die ich hier im Bett verbracht habe, habe ich keinerlei Mangel gelitten, – und nur weil ich *das* wusste, konnte ich auch die Verantwortung dafür übernehmen, zu Libertas zu sagen: »Fahr Du!« und zu Libertas' Mutter sagen: »Sie kann ruhig fahren; ich übernehme die Verantwortung!« Du aber schreibst, zu einem Zeitpunkt, wo ich längst schon wieder auf den Beinen bin und voll arbeite, einen von keinerlei Sachkenntnis getrübten Brief ausgerechnet an jemanden, der derartigen Dingen gegenüber notorisch hilflos ist. Du hättest Zeit genug gehabt, Dich zunächst einmal mit mir in Verbindung zu setzen. Jetzt habe ich Mühe, den Porzellanladen, den Du zerschmissen hast, wieder zusammenzustücken.

Es ist bedauerlich, daß Du mich durch Deine aggressive und durch keinerlei Selbstkritik gehemmte Art immer wieder zwingst, meine (wie Du sagen würdest) »natürlichen« Sohnesgefühle in den Hintergrund zu stellen und Dir die schärfsten Vorhaltungen zu machen.

Dein Harro.

Berlin, 16. 10. 37

Lieber Papa, liebe Mama,
also es ist doch wohl ganz gut gewesen, daß ich mich habe röntgen lassen. Es sind eine ganze Menge (Dutzende) von Nierensteinen fest-

gestellt worden. Die Niere selbst ist vollkommen heil und arbeitet vollkommen intakt, aber die Steine sind da, und zwar sicher seit vielen Jahren. Ich werde nun doch für 4–6 Wochen nach Wildungen gehen, einmal um die akute Reizung ganz zu beheben und dann, um nach Möglichkeit wenigstens einen Teil der Steine loszuwerden. Es ist ja gut, daß ich jetzt weiss, was mich immer so ermüdbar gemacht hat. Die Diagnose ist übrigens m. W. ganz eindeutig (auf Grund der Röntgenaufnahme); aber ich werde noch mal mit der Aerztin sprechen, ob Konsultation eines Spez.-Arztes von Wert sein könnte.

Die Leute im RLM, vor allem Bartz, benehmen sich sehr anständig. Jeder gönnt mir meinen »verdienten Urlaub«, und man wird mir regelmässig auch Zeitschriften zum Bearbeiten zusenden, was mir sehr lieb ist, denn ein Müßiggänger bin ich ja nun mal nicht.

Später werde ich wohl ziemlich viel Diät halten müssen, aber ich habe ja (instinktiv) bisher auch vegetarische Kost und weitgehende Abstinenz bevorzugt, und die Koliken sind ja immer nur nach militärischen Uebungen gekommen, wenn ich zum Kaffee- und Alkoholkonsum quasi gezwungen war.

Wegen der Studienfortführung muss ich Montag mal mit dem Assistenten von Niedermayer sprechen. Ich kann natürlich bis Ende November kaum Kollegs hören, und es fragt sich nun, ob N. sich darauf einlässt, mir das Semester anzurechnen ohne regelmässigen Besuch seiner Vorlesungen von Anfang an. Allzu viel Mehrarbeit will ich natürlich in dem augenblicklichen Stadium nicht leisten. Erst kommt die Gesundheit und dann erst der »Dr.«.

Morgen fahre ich nach Liebenberg raus, um Libertas' Mutter zu sehen. Zehrer ist in Berlin zur Zeit; den werde ich mit rausnehmen, und wir werden einen schönen Herbstspaziergang machen.

[…] Ich denke, daß ich Mitte bis Ende nächster Woche hier wegkomme. Solange gehe ich täglich für ca 2 Stunden ins RLM, um die laufenden Sachen zu erledigen. Im übrigen bin ich munter, übersetze zu Hause, lese und schreibe und nähre mich sorgfältig.

Viele liebe Grüße:

Euer H.

Ende 1937 traf Harro Schulze-Boysen den Schriftsteller Günther Weisenborn wieder. Der 1902 geborene Weisenborn war bereits 1928 mit seinem Antikriegsstück »U-Boot S 4« bekannt geworden. Schulze-Boysen hatte Weisenborn 1932 bei einer Veranstaltung des Republikanischen Studentenbundes kennengelernt. Der Schauspieler Ernst Busch las aus Weisenborns Studenten-Buch »Barbaren«, das am 10. Mai 1933 auf dem

Scheiterhaufen der Bücherverbrennung landete. Nach äußerer Not und Flucht ins Privatleben schrieb Weisenborn 1934 den Roman »Das Mädchen von Fanö«. Ein großer Erfolg wurde das unter dem Pseudonym Christian Munk für die Schauspielerin Agnes Straub geschriebene Schauspiel »Die Neuberin«. Weitere Romane und Kurzgeschichten folgten. Während eines Amerika-Aufenthaltes arbeitete er 1937 einige Wochen als Reporter in New York. Er konnte sich jedoch nicht entschließen, dort zu bleiben.

Bald gehörte Weisenborn, ein glänzender Erzähler spannender Geschichten, Abenteurer und Schwarm vieler Frauen, zu dem Kreis engster Freunde: »Nachdem mich H[arro] wochenlang geprüft und ich meine Zustimmung gegeben hatte, mir das einmal anzusehen, lud er mich eines Abends in seine Wohnung ein. Hier saß ein kleiner dunkelhaariger Mann mit Brille, eines jener jungen intelligenten Arbeitergesichter aus dem Ruhrgebiet, der Walter genannt wurde, und Kurt, ein junges helles Künstlergesicht mit kurzen, blonden Haaren und einem gewissen Fanatismus in den Augen. Es war der erste Treff, das erste illegale Zusammensein. Wir sprachen über allgemeine Dinge, dann kamen wir auf das Regime zu sprechen. Es war 1937. ›Wenn Sie dagegen sind, müßten Sie eigentlich nichts dagegen tun?‹ fragte der, der Kurt hieß. H. blickte mich gespannt an, als sei ich sein Sohn in der Schulprüfung. Nun sprachen wir darüber, ob es Sinn habe, etwas dagegen zu tun. Es sei doch fast aussichtslos. Das Risiko sei unmenschlich. Aber wenn viele, wenn Hunderttausende etwas tun, sieht es dann nicht ganz anders aus? Hier saßen vier junge Männer an einem Tisch, auf dem Teetassen standen, und am Ende gaben sie sich alle die Hand. Als ich ging, duzten wir uns. Sie waren Männer, die Mut hatten und mir Mut machten.«[95]

Liebenberg, 27. Dez. 37

Liebe Eltern,
über Euren Anruf am Weihnachtsabend habe ich mich so sehr gefreut, mehr noch, als wie ich es in den beiden kurzen Augenblikken, als uns der Draht verband, hätte zum Ausdruck bringen können. Als ich wieder in die Halle kam, war Libertas gerade mit ihrem Lied fertig, als sie hörte, daß Ihr angerufen hättet, war sie ganz traurig, daß ich sie nicht herangeholt hatte. Aber sie sang so hübsch, zusammen mit ihrer Mutter am Flügel, und alle hörten zu, daß ich sie nicht unterbrechen wollte.

Die Weihnachtstage haben wir hier gesund bei viel Essen, Trinken und Schlafen verlebt. [...] Nachmittags gab es dann eine kleine Feier in der Liebenberger Kirche, ohne Pastor, unter der Obhut des Schulmeisters. Der hatte sonst immer, d.h. in den anderen Jahren, die guten alten Weihnachtslieder mit der Dorfjugend einstudiert. Zur allgemeinen Enttäuschung fiel das diesmal aus, es gab sonnenwend- und führerbetonte Propagandasprüche, aber kein Weihnachtslied. Das heißt, am Ende wurde es der in solchen Dingen nicht unenergischen Tante Marie, die ja als Herrin von Liebenberg anschließend die Bescherung vorzunehmen hatte, zu dumm, und mit lauter Stimme ordnete sie die »Stille Nacht« an, in die dann auch alles einfiel. Die Anordnungen des Kultus- oder Propagandaministeriums[96] – oder (weiß ich es?) der Reichsjugendführung sind also in diesem Fall durch die wahren Machtverhältnisse im großagrarischen Bereich gründlich ausbalanciert worden ...

Ja, und dann gab es eine reichliche »Jause« (Tee), wie man hier sagt; anschließend machte man sich schön und um ½7 gab es Bescherung. Ich war mit tausend Gedanken bei Euch. [...]

Hier ist alles in eine dicke weiße Schneedecke gehüllt. Wir fuhren über stark vereiste Straßen mit dem Wagen her. Morgen sind wir wieder in Berlin; zum Dienst.

In meiner Abteilung im RLM stehen große Änderungen bevor. Bülow wird General (er hat sich aktivieren lassen) und kommt im Herbst nach Rom als Luftattaché (entre nous); er verlässt die Abteilung schon in den ersten Januartagen. Die Abteilung soll ein reichlich junger aktiver Major des Generalstabes bekommen, ein süddeutscher Blutorden-Träger[97], dem kein sehr guter Ruf vorausgeht. Ich sehe da ziemliche Schwierigkeiten vor uns. Unsere alten Z-Offiziere sind sowieso schon empfindlich, und Bülow hat – wenn er sich auch nicht sehr für die Abteilung einsetzte – doch oft einen vermittelnden und ausgleichenden Einfluß geltend machen können. Wenn der Nachfolger nicht sehr viel Geschick und Takt hat, wird die Abteilung bald auseinanderfallen.

Ich selbst werde mir in Ruhe die neue Aera besehen. Sowohl Bülow, wie Bartz (der sich mit Verabschiedungsgedanken trägt) erklärten mir schon feierlich, daß sie jetzt natürlich garkeinen Einfluß mehr auf meine Zukunft und mein Fortkommen hätten, die neuen Organisationspläne seien auch ihnen selbst überraschend gekommen, sie hätten mein hohes Können und meinen Eifer ja immer zu schätzen gewusst, aber ... und was derlei Redensarten mehr sind. Zu beider größten Verblüffung blieb ich sehr ruhig und ungerührt; ich hatte ja keine Erwartungen und bin infolgedessen schlechterdings auch nicht zu enttäuschen. Aber ich bin doch heilsfroh, »mein Sach' auf mich gestellt« zu haben, keinen Kinderwagen zu Hause stehen zu haben und in allen Entschlüssen frei und unbehindert zu sein. Im übrigen glaube ich an und für sich nicht, daß ich die Treppe herunterfallen werde, soweit es das *Wesentliche* anbetrifft. Ihr wißt ja gut, daß mir jeder bürgerliche Ehrgeiz abgeht und daß es mir nur auf die Sache, auf *eine* Sache ankommt, der ich dienen werde, solange ich lebe. Libertas und ich sind uns in dieser Hinsicht vollkommen einig.

Vorläufig heisst es ruhig abwarten.

Das Seminar bei Niedermayer werde ich bis Ostern nur als Gasthörer belegen. Eine Entscheidung über den Studiengang ist angesichts der jetzigen Lage im RLM und der völligen Unklarheit betr. Promotionsbestimmungen für Wehrwissenschaftler völlig unmöglich. –

Es schneit ohne Unterlass. Libertas ist draußen zu einem kleinen »Run«. Wir haben jeden Tag 2 Stunden gearbeitet und dabei in diesen wenigen Weihnachtstagen 140.– verdient, die wir dringend brauchten. Ich war ausserdem glücklich, mal wieder gemütlich etwas lesen zu können, u. a. eine tief-erschütternde neue Sache von Romain Rolland (Via Sacra). Ich möchte sie Euch zu lesen geben, aber in Deutschland bekommt man das Buch nicht. Wenn ich kann, schicke ich das Buch hin, müßte dann aber auf Rücksendung innerhalb 3 Tagen bestehen. Vielleicht könnte wenigstens Mama es dann lesen.

1000 Grüße

Euer H.

Berlin, 29. 12. 37

Ihr lieben guten Grosseltern[98],

bei unserer Ankunft hier gestern abend fanden wir hier viele Briefe und Pakete vor, die uns herzlich erfreut haben. Tausend Dank für alles, Libertas war ganz aus dem Häuschen vor Freude über die hübschen Tischdeckchen; die Freßsachen werden wir uns auch gut schmecken lassen. Hartmuts Bild ist sehr geeignet für meine Sammlung. [...]

Ueber Berlin braucht Ihr Euch bestimmt keine Sorgen zu machen. Das wird sich ja alles historisch entwickeln. Ich nehme alles mehr als ruhig. Daß ich »meine Sache auf *nichts* gestellt hätte«, habe ich hoffentlich nicht geschrieben (Papa zitiert das Wort). Jedenfalls habe ich gemeint und (richtig zitiert): »auf *mich* gestellt«, das ich allenfalls (ja, sicher) zu einem *»uns«* verändert haben möchte. Jedenfalls habe ich genug Selbstbewusstsein und Beweglichkeit, um mir klar zu machen, daß ich eine so schlecht bezahlte Stellung wie die jetzige allemal wieder bekomme. Also ruhig Blut auch bei Euch bitte. Das Jahr 1938 findet mich gut auf dem Posten.

In Liebenberg hatte ich Gelegenheit, Dr. Knauer (einen *sehr* bekannten Arzt, an den ich mich schon bei meiner Rückkehr aus Wildungen wenden wollte, der aber an sich keine neuen Patienten mehr annimmt) zu konsultieren. Er hat mich lange und gründlich untersucht, um doch in grossen Zügen zum gleichen Ergebnis zu kommen wie der Wildunger Arzt (»Es liegt weiter oben«). Die Steine hält Knauer für so *sekundär*, daß er gegen sie garnicht viel tun will. Wenn die Ursachen beseitigt sind, so meint er, werden die Steine sofort verschwinden; die »Nieren sind garnicht schuld«. Er hat mir verschiedenes für Milz, Zirbeldrüse und Bauchspeicheldrüse verschrieben, meinte allerdings gleich, es sei für einen Arzt sehr schwer, da etwas zu tun. Der ganze Körper ist »verhärtet« (dieser Begriff stellt etwa die Basis auch für Arterienverkalkung usw. dar), er müsste durch eine Geburt (keine Angst, eine männliche, also eine Leistung, ein Werk) aufgelockert werden und das Blut wieder neu in Fluss kommen … (Und das sind gerade die Dinge, die ich mir hier dauernd verbieten muss) Wie gesagt, alles das äusserte der Arzt von sich aus. Er machte übrigens persönlich einen sehr guten Eindruck, und ich habe volles Vertrauen zu der Richtigkeit seiner Diagnose. »Ach, wenn doch bei Ihrem Mann ein Organ krank wäre«, sagte er danach zu Libertas, »das wäre für mich viel einfacher!« Immerhin, man muss den Versuch machen, den Dingen jedenfalls auch von der materiell-biologischen Seite her auf den Leib zu rücken, solange ich auf der anderen Seite zur Waffenruhe verurteilt bin.

Nun, alle diese Dinge werden *zusammen* ihre Lösung finden, und ich bin – einigen Degenerationssymptomen, die mir anhangen, zum Trotz – doch mit einem hinreichend starken Selbsterhaltungstrieb ausgestattet, um mich nicht einfach zusammenschiessen zu lassen, weder im Bereich meines Berufes, noch auf dem meiner Gesundheit und Lebenskraft.

Alles Liebe und Gute Euch, Großvater, Großmutter (hört sich so dumm an. »Grosse Mutter« sagt Rolland einmal in einem tiefen Sinn in dem neulich erwähnten Buch!) und Onkel …

Alles Liebe für 1938.

Euer H.

Mitte Januar 1938 übernahm der Nationalsozialist Joseph (Beppo) Schmid die Abteilung »Fremde Luftmächte«, die jetzt dem Chef des Luftwaffenführungsstabes Hans Jeschonnek unterstand und neu strukturiert wurde. Die Abteilung »Fremde Luftmächte« hatte im Reichsluftfahrtministerium keinen guten Ruf. Sie galt lange Zeit als »Mädchen für alles« und wurde häufig für Aufgaben eingesetzt, die nichts mit der Beurteilung der Feindlage zu tun hatten. Die Mitarbeiter konnten die Stärke der ausländischen Luftrüstung nur aus Veröffentlichungen entnehmen, da direkte nachrichtendienstliche Erkundigungen der Abwehrabteilung der Wehrmacht oblagen.

Für Harro Schulze-Boysen war wieder alles offen. Der bisherige Abteilungsleiter Hilmer Freiherr von Bülow war ihm gewogen gewesen. Ob er dieses Einvernehmen mit Schmid erreichen würde, war unklar. Schulze-Boysen, der mit seiner Gehaltseinstufung schon seit längerem unzufrieden war, ging erst einmal in die Offensive. Er hatte nichts zu verlieren.

Berlin, 24. I. 38

Liebe Eltern,
da ich Sonnabend nicht mehr dazu kam, meinen üblichen Sonntagsbrief an Euch zu schreiben, will ich doch wenigstens noch kurz heute von mir hören lassen.

Aus meiner dienstlichen Tätigkeit noch nicht viel neues. Der Weg zum Dr. jur. ist gepflastert mit Schwierigkeiten, besonders jetzt, wo in der Abteilung wesentlich mehr gearbeitet wird als vorher. Eine Konzentration auf ein Spez.-Gebiet, wie ich sie eigentlich beabsichtigte, ist nach dem, was ich zuletzt hörte, offenbar doch nicht möglich, sondern man würde gleichzeitig noch in 3 anderen juristischen Fächern geprüft, darunter auch BGB. Ich will nun, bevor ich soviel Arbeit und Schwierigkeiten auch anderer Art in Kauf nehme, zuvor noch mal versuchen, was das Personalamt zu der ganzen Sache sagt. Welche Chancen ich jetzt habe und welche nach dem Examen ... [...]

Gestern, Sonntag, nachm. mit Libs' Vater, der übrigens morgen fährt, bei einem Onkel von Libertas, Kapitänleutnant Haas, und dessen Bruder, ebenfalls früherem Marinemann. Beides sehr vernünftige Leute, wie mir schien. Wir kannten sie bisher garnicht und machten die Bekanntschaft erst durch L's Vater. Herrmann Haas lebt heute als »a. D.«, spielte bis vor kurzer Zeit noch eine Rolle in der Marine-SA, ist aber im Grunde ein Kaisertreuer Mann, der nur in seiner Marine lebt. Als ich reinkam, hiess es gleich: »Ganz der Vater!« Er kannte Papa von der Preußen und aus Flandern. Der Bruder Walter ist jetzt bei der IG (Agfa) und bedeutete für Libs insofern gute Beziehung, als er ihr vermutlich Besuch der Agfa-Photoschule ermöglichen kann. (Man muss da Beziehungen haben) Dann war noch da die holsteinische Mutter eines Mädchens, das mit Mama zusammen konfirmiert wurde. Wir unterhielten uns sehr angeregt.

Libertas bringt erfolgreich ihre ersten Artikelserien mit Bildern unter. Sie bekam ziemlich viele Angebote, nicht nur Zeitungen, sondern auch Verlage und Film.

Helgas Baby haben wir mit Interesse besichtigt. Wir finden das Baby durchaus ansehnlich, die Schönheit vorerst weniger ausgesprochen, sind aber durchaus guten Glaubens betr. der Zukunftsmöglichkeiten.

Gesundheitlich geht es mir viel besser. Die Rettich- und Selleriesäfte, die ich trinke, ferner ein Meerrettich-Suktrit und eine Milzsalbe helfen anscheinend gut.

Hoffentlich geht es Mama nun besser. Für Papa wären die Sellerie- und Rettichsäfte sicher auch gut; ich trinke sie morgens u. abends auf nüchternen Magen, lauwarm. Man bekommt sowas im Reformhaus. Er sollte es mal 14 Tage versuchen.

Alles Liebe. Gruß an Hartmutbruder.

Euer H.

Hitler versuchte die Generalität auf die Vorbereitung eines Blitzkrieges einzuschwören. Als der zögerliche Kriegsminister und Oberbefehlshaber der Wehrmacht Werner von Blomberg Mitte Januar 1938 eine angebliche Prostituierte heiratete, zeigte sich Hitler »schockiert«, obwohl er um die genauen Zusammenhänge wußte. Er drang jetzt darauf, sich von Blomberg zu trennen. Auch zu dem Oberbefehlshaber des Heeres, Werner Freiherr von Fritsch, hatte Hitler wegen angeblicher »homosexueller Verfehlungen« kein Vertrauen mehr. Fritsch sollte deshalb auf keinen Fall Nachfolger von Blomberg werden.

Nach der Entlassung Blombergs wegen »unstandesgemäßer Ehe« und dem erzwungenen Rücktritt von Fritsch übernahm Hitler Anfang Februar 1937 den Oberbefehl über die Wehrmacht. Das Kriegsministerium wurde aufgelöst. An seine Stelle trat das Oberkommando der Wehrmacht.

Göring, der, auf den Posten des Kriegsministers hoffend, sich an der Intrige beteiligt hatte, wurde mit dem klangvollen Titel des Generalfeldmarschalls abgefunden.

Berlin, 27. 1. 38/28. 1. 38

Liebe Eltern,
Dank für Eure guten Briefe. Ich will Euch kurz Bericht erstatten über den jetzigen Stand meiner beruflichen Dinge.

Ihr wisst, daß ich Bartz 1934 bei meiner Anstellung sagte, ich würde zunächst mal bestimmt 4 Jahre bestimmt im RLM bleiben. Da nun diese 4 Jahre bald um sind und ich zudem dauernd sehr gute Angebote von anderen Seiten habe, hielt ich es für richtig, die Gelegenheit der Umorganisation der 5. Abteilung zu benutzen, um eine Reihe schwebender Fragen einer Klärung entgegenzuführen.

Da ich aus bestimmten Gründen weder auf eine Beförderung zum Offizier, noch auf eine Beamtenstellung als Regierungsrat besonderen Wert lege, sondern ausschließlich auf eine verbesserte Besoldung, habe ich nun vorgestern hier klipp und klar erklärt, daß ich hier binnen Kürze ausscheiden würde, wenn ich nicht binnen absehbarer Zeit mindestens 400.– RM ausgezahlt erhielte. Dieses Ultimatum hat einigermaßen gewirkt, und im Augenblick ist alles bemüht, in diesem Sinne eine Änderung zu erreichen. Ob das gelingen wird, vermag ich im Augenblick noch nicht zu sagen. So stark die Bemühungen vonseiten meiner Abteilung sind (vgl. auch das anliegende Schreiben[99] von Bartz an den betreffenden Mann im Personalreferat; bitte zu den Akten!), mich gegen alle bürokratischen Widerstände durchzubringen, habe ich doch auf diesem Gebiet keinen allzu großen Glauben. Trotzdem setze ich den Bemühungen nichts in den Weg; es könnte sein, daß eine für mich zunächst noch befriedigende Kompromißlösung dabei abfällt, die es mir gestattet, noch 1–2 Jahre in meiner jetzigen Dienststelle zu bleiben, was ich dazu benutzen würde, vielleicht doch noch den Dr. iur. zu machen. Die Möglichkeiten auf letzterem Gebiet sind im Gegensatz zu den Auslassungen von Bartz im anliegenden Schreiben doch noch nicht ganz verschüttet. Ich hatte Bartz nur deswegen veranlasst, einmal wegen der Ernennung zum Regierungsrat anzufragen, weil mir das den Dr. iur. erspart hätte. Ich glaube aber nicht, daß ohne Parteibuch auch nur die geringste Möglichkeit besteht.

Es gibt also im Augenblick eigentlich nur 2 praktische Möglichkeiten: Entweder ich gehe hier im Laufe des Jahres weg – oder aber ich bleibe zunächst als besser besoldeter Angestellter hier, mache im Sommer meine Reserve Offizier-Übung (dies übrigens wohl auf alle Fälle noch; auch wenn ich dann im Herbst weggehen sollte –) und evtl. im Laufe des Jahres 1939 meine Doktorarbeit, Ihr werdet es vielleicht verwunderlich finden, daß ich durchaus bereit bin, das RLM zu liquidieren, denn an sich bin ich ja ganz gern hier, – aber ich sehe nicht ein, warum ich mir eine so unangemessene Besoldung gefallen lassen soll. Das habe ich nicht nötig. Mein Auftreten hat, soviel ich erkennen kann, auch durchaus richtig gewirkt. –

Der Chinakrieg wird sich meines Ermessens in die Länge ziehen, was für Japan unvorteilhaft ist. In den chinesischen Nordprovinzen entwickelt sich ein regelrechter Partisanenkrieg unter Führung der 8. (roten) chinesischen Armee. Gleichzeitig wurde durch die UdSSR die Äußere Mongolei in Kriegsbereitschaft versetzt, was die

Japaner zur Beiseitestellung starker Streitkräfte für diese Front zwingt, also zu einer Zersplitterung auf ihrer Seite führen wird. Als Gegenleistung (Russland gegenüber) wird England vermutlich gewisse Garantien gegen Italien auf der Pyrenäenhalbinsel geben. Vieles deutet jedenfalls auf solche Tendenzen hin. [...]

In letzter Zeit sah ich öfter Günther Weisenborn, den Verfasser verschiedener nicht schlechter Bücher. Mama allerdings, die ihn ja 1932 im Winter mit Garzke zusammen erlebte (ich sprach auch an dem betr. Studentenabend über sein Buch[100]), mochte ihn nicht. Nun ist er jedenfalls oft bei uns und Libs findet ihn auch nett. Oder mehr als »nett«. Er kann sehr viel, und wir können einiges von ihm lernen. Libs braucht ja einen Lehrmeister auf dem Gebiet des Schreibens.

Mein restlicher Urlaub geht dieses Jahr vermutlich (wegen der Umorganisation) flöten. Nichts zu machen. Ich hatte ja auch Wildungen, kann also zufrieden sein. Eine Woche Skilauf mit Libs wäre sonst natürlich sehr fein gewesen. [...]

Vom bevorstehenden 30. Januar wird viel gesprochen. Ob es einen neuen RK-Minister gibt? Wer dem 60-Jährigen wohl die 25jährige mit der ... Vergangenheit ins Bett gelegt hat!? Ich wollte es erst garnicht glauben. Wenn sich nun die früheren »Kolleginnen« zum Tee ansagen würden?! Sowas von sexueller Hörigkeit von dem Alten! Na, man wird ja mehr von der Katastrophe hören.

An sich interessieren mich solche Sachen nicht, und Moralist bin ich auch nicht. Aber hier wird die Angelegenheit ja nun doch symptomatisch für die Krise ganz bestimmter soziologischer Gestalten ...

So Schluss für heute. ich habe nur immer satzweise schreiben können, inmitten der Arbeit. Der Brief ist daher etwas sporadisch geworden. Aber ich wollte nicht wieder mit meinem Sonntagsbrief zeitlich in Bedrängnis kommen, wie voriges Mal.

Euch Lieben tausend Grüße! Gruss auch an Hartmutbruder.

Euer H.

Berlin, 7. II. 38

Liebe Eltern,

aus den Zeitungen werdet Ihr erfahren haben, daß sich hier inzwischen allerhand getan hat. Die Partei hat endlich zugegriffen und die Wehrmacht und Diplomatie von allen unzuverlässigen, teilweise reaktionären Elementen gesäubert, und dieser Prozeß wird wohl auch noch weitergehen. Eine Reihe von Generälen hatte die Verheiratung Blombergs zum Anlaß genommen, um gegen diesen einen wohlfundierten Vorstoß zu unternehmen, der den bisherigen RK-Minister unmöglich machte. Es trat dann eine gewisse Krise wegen der Neubesetzung ein. Reichenau und Göring sind offenbar beide abgelehnt worden, Reichenau durch die anderen Generäle, Göring entweder auch durch diese, oder aber durch Himmler, wie man hier vielfach meint. Jedenfalls gab es dann nur noch eine Möglichkeit, die Krise schnell zu beenden, und das war die, daß Hitler selbst den Laden übernahm. Das geschah dann ja auch.

Die innerpolitischen Vorgänge scheinen mir jedoch nur Ausdruck der aussenpolitischen zu sein. Die Dinge in Spanien und in China sind so weit gediehen, daß die »Anti-Komintern« nicht länger zusehen kann; es muss etwas geschehen. In Spanien müssen wir unsere Aktivität verschärfen, und im Osten müssen wir eindeutiger für Tokio Stellung nehmen, was am besten dadurch geschieht. daß wir uns hier »rühren«. Das könnte dann evtl. verhindern, daß USSR sich in Fernost einmischt. Ribbentrop ist ja immer schon der konsequenteste Anhänger und Verfechter der n. s. Achsenpolitik gewesen. Die Engländer werden wohl jetzt langsam merken, daß mit Deutschland nicht zu spaßen ist. Hassell, Papen und Neurath haben wohl endgültig ausgespielt. Nach Wien werden wir wohl keinen neuen Gesandten mehr schicken[101], nach Rom soll Pg. Franck, nach London Stohrer, soviel man hier hört.

Fritsch büsst seine reaktionäre Haltung nun endlich mit dem wohlverdienten unfreiwilligen »Hausarrest«; er hatte sich wohl u. a. auch zu sehr für Niemöller eingesetzt. Die Wehrmacht wird wohl in Zukunft viel stärker als bisher dem Parteigeist unterworfen werden …

Im großen und ganzen sind die genannten Vorgänge wohl sehr zu begrüssen, denn sie schaffen endlich klare Verhältnisse, sowohl innen- wie auch außenpolitisch. […]

Schönen Gruss Euch Lieben –

Euer H.

Gisella von Pöllnitz warf Anfang Februar 1938 einen von Schulze-Boysen verfaßten Bericht über ein geplantes Kommandounternehmen der deutschen Abwehr im spanischen Bürgerkrieg in den Briefkasten der sowjetischen Handelsvertretung. Der Brief sollte an die sowjetische Botschaft in Paris weitergeleitet werden. Dabei wurde sie beobachtet und von der Gestapo im Berliner Büro von United Press verhaftet. Eine große Unruhe ergriff die Freunde. Sie planten bereits, sich in Köln zu treffen und nach Holland zu fliehen. Dort arbeitete Johannes Haas-Heye, der Bruder von Libertas, bei United Press. Eine Haussuchung der Gestapo bei Schulze-Boysens ergab jedoch keine Anhaltspunkte. Die Gestapo sah dennoch Schulze-Boysen als Sicherheitsrisiko an und forderte das RLM auf, ihn nicht weiter im Generalstab des Luftfahrtministeriums zu beschäftigen. Der Generalstab verbat sich solcherart Einmischung in seine inneren Angelegenheiten und beließ Schulze-Boysen nach einer Verwarnung in seiner bisherigen Tätigkeit. In seinem Brief an die Eltern erwähnte Schulze-Boysen nichts von der gerade erst vorübergegangenen Gefahr, wohl um sie nicht unnötig zu beunruhigen.

Berlin, 25. II. 38.

Liebe Eltern,
zum Wochenende einen schönen Gruss. Da ich den ganzen Sonnabend frei habe, wäre ich mit Libs fast mal bei Euch »vorbeigekommen«, da einer unserer Freunde sowieso mit dem Wagen nach Köln fährt. Aber ich habe letzte Woche soviel Arbeit und sonstige Anstrengungen gehabt, daß die Fahrt doch wohl nur zur Strapaze ausarten würde. Hoffentlich sehen wir Papa hier, der 1. III. ist ja zum »Tag der Luftwaffe« erklärt worden, da haben wir den Nachmittag frei. Wir werden uns jedenfalls melden.

Es tat mir leid, daß Mama bei ihrem letzten Aufenthalt hier so überarbeitet war. Ich selber war vielleicht auch etwas überreizt, und vielleicht nicht ganz grundlos. So ist denn der letzte Abend bei Tante Elle nicht so harmonisch verlaufen, wie ich es gehofft hatte. Natürlich gibt es sachlich für uns, d. h. für Mama und mich, nicht viel Verbindendes. Aber Mama irrt sich, wenn sie meint, daß bei uns nur rohe Herzlosigkeit am Werk sei. Wenn es wirklich so wäre, wie sie denkt, nämlich daß wir nur an ein billiges Abendessen oder Ähnliches denken, wären wir ja fürchterliche Materialisten. In Wirklichkeit – das würde sich beweisen lassen – sind uns doch solche kleinen materiellen Vorteile ganz egal. Man soll vorhandene geistige Verschiedenheiten nicht auf diese Ebene verschieben, finde ich. Es ist ganz einfach so, daß ich Mamas Aktivität als im Widerspruch zu meinen Lebensinteressen stehend [empfinde], – das ist alles, und daraus ergibt sich zwangsläufig eine gewisse Entfremdung. Trotzdem wäre es ganz und gar nicht richtig, diese Entfremdung als »endgültigen Bruch«, wie Mama sagte, zu bezeichnen. Für mich kann es heute und je nie einen Bruch mit Euch als den Eltern geben. Ich habe Euch unumstößlich lieb, und darüber gibt es nichts zu rechten. Auch davon, daß Libertas nur an sich dächte, kann keine Rede sein. Sie ist und bleibt Euch sehr herzlich zugetan. Natürlich erhitze ich mich zuweilen bei den immer wiederkehrenden Versuchen, Euch um ein wenig mehr Verständnis für unsere Art anzugehen, aber diese mitunter vielleicht schroff sich äußernden Versuche sind ja doch nichts anderes als der Ausdruck des Willens zur Gemeinsamkeit mit Euch. Alles das darf nicht falsch verstanden werden. Unser Leben ist kurz; wir können uns eigentlich den Luxus nicht leisten, einander mißzuverstehen und verschiedenen Tritt zu haben. Ein Auseinanderleben und alle Not, die sich damit verbindet, kann nur vermieden werden, wenn wir zumindest mit dem Herzen ganz nah beieinander sind. Von uns aus fehlt es nicht daran. [...]

Am 12. März 1938 marschierten deutsche Truppen in Österreich ein. Hitler proklamierte, von einer Woge der Begeisterung empfangen, den Anschluß Österreichs an das deutsche Reich. Mit dem Anschluß testete Hitler auch die Reaktion der Westmächte, die mit ihrer »entrüsteten Nachgiebigkeit« den Diktator darin bestärkten, internationale Abkommen auch weiterhin zu mißachten.

Bei einem Zusammentreffen zu Ostern in Elfriede Pauls Wohnung entstand im Beisein von Libertas und Harro Schulze-Boysen, Elisabeth und Kurt Schumacher die Idee, ein Flugblatt zu entwerfen, das sich mit dem Spanischen Bürgerkrieg auseinandersetzte. Das nicht erhalten gebliebene Flugblatt wurde per Post an circa 100 Adressaten versandt.

Berlin, [21.5.1938]

liebe eltern,
sicher seid ihr jetzt wieder beide in mülheim. man kann also wieder schreiben. ich hatte euch eigentlich schon länger zuhause vermutet, bis heute morgen papas letzter gruss aus wien kam und mich eines besseren belehrte.

meine hörnumer übung habe ich gut hinter mich gebracht. meine ernennung zum leutnant d. res. werde ich wohl auch bekommen, d.h. meistens dauert sowas mehrere monate, also in diesem fall wohl bis zum herbst. es war ganz lehrreich gewesen, ich kam grade in die manöver rein und hatte ziemlich viel mit marine, vor allem u-booten, zu tun.

ich komme hier in berlin nun gerade in die zuspitzung der tschechischen lage[102] hinein. dieses weekend sitze ich wieder zu hause; es regnet gottlob.

auf meiner rückfahrt besuchte ich kurz in husum tante Lisbeth, die mir in rührender weise nachtlager, abendbrot und frühstück gab. ich fand sie in unveränderter frische. Von 1.–10.6. will sie sich noch mal mit heberles treffen, in grevesmühlen. diese fahren danach, für immer wohl, nach USA. eigentlich erschütternd, wie so eine ganze familie weggeht, und doch alles tüchtige und nordische menschen! [...]

Libs hat tüchtig zu tun. Es geht alles erfolgreich voran. [...] sonst nichts neues. Libs lässt tausendmal grüssen. Uns beiden geht's in jeder hinsicht gut zur zeit. hoffentlich kommt mal eine weile kein ärger dazwischen.

alles liebe.

Euer Harro.

Libertas Schulze-Boysen fühlte sich von Günther Weisenborn sehr angezogen. Sie wollte ebenfalls schriftstellerisch arbeiten und erhoffte sich von ihm Rat und Anregung. Im Laufe ihrer Zusammenarbeit entwickelte sich zwischen Günther Weisenborn und Libertas eine Liebesbeziehung. Weisenborns Freundschaft mit Harro Schulze-Boysen wurde dadurch jedoch keinen Abbruch getan.

Berlin, 22. V. [1938]

liebe mama,
tausend gerührten dank für dein kleines Päckchen und den lieben langen brief. wir bekamen beides gerade zum sonntagmorgen und freuten uns sehr. [...]

über uns brauchst du dir keine sorgen weiter zu machen. zur zeit habe ich in der tat nur etwa 300 MK gehalt. aber in wirklichkeit haben wir durch nebenverdienst fast doppelt so viel, jedenfalls keinen Monat unter 450.– was diese dinge anbelangt, möchte ich mit keinem »botschaftsattaché« tauschen, da kannst du ganz ruhig sein. es wäre der letzte beruf, den ich mir heute aussuchen würde. wenn ich tun könnte, was ich wollte, würde ich mich schriftstellernderweise irgendwo in einer schönen gegend mit libs niederlassen, würde bücher schreiben, photographieren und viel reisen und – wenn die zeiten ruhiger wären – bald mal ein paar kinder haben. leider gestatten die zeitläufte mir ein derartiges idyll nicht, man wird also weiter als wolf unter wölfen heulen müssen, und es hat das ja auch seine reize, solange man nicht zu sehr in die drecklinie kommt. die abhängige, konventionelle und (infolgedessen) anstrengende tätigkeit eines diplomaten 2. klasse gönne ich neidlos anderen. ich habe nicht den geringsten wunsch, verantwortung für irgend etwas zu übernehmen oder an einer firma ernsthaft mitzuwirken, in der sich meine auffassungen vom geschäftsleben nicht durchsetzen können.

pfingsten wollen wir mit dem wagen an die ostsee, mit freunden. es wird ein nettes zeltleben geben. hoffentlich wird das wetter wieder wärmer. libs schreibt 1) an einer novellenhaften auswertung ihrer schiffsfahrt, 2) mit günter weisenborn zusammen an einem drama[103] (von ihm und einigen anderen freunden lernt sie hauptsächl. die technische und handwerkliche seite z. b. für anfertigung von film manuskripten, kurzgeschichten usw ...) 3) hat sie bis jetzt an einem filmtreatment mitgearbeitet, auch hauptsächl. zum lernen; [...]

1000 liebe Grüße Harro

Pfingsten zelteten Schulze-Boysens, Schumachers, Elfriede Paul, Walter Küchenmeister, seine Söhne Rainer, Anselm und Claus sowie Günther Weisenborn auf dem Darß in der Nähe von Ahrenshoop. Günther Weisenborn brachte die grazile blonde Marta Wolter mit. Sie hatte früher in einer kommunistischen Agitpropgruppe mitgewirkt und war in dem Film »Kuhle Wampe« an der Seite von Ernst Busch und in Gorkis »Mutter« als Laienschauspielerin aufgetreten. 1936 mit ihrem Mann Walter Husemann und dessen Vater verhaftet, war sie einige Monate im Frauenkonzentrationslager Moringen inhaftiert. Nach einem Besuch von Himmler wurde sie freigelassen, weil der oberste SS-Führer befand, sie sehe so »arisch« aus.

»Wenn alle um den großen schweren Fahrentopf herumsaßen, hungrig wartend, wann aus dem Inhalt der zwei Büchsen Corned beef ein schmackhaftes Gericht würde«, erinnerte sich später Elfriede Paul, »dann begann Günther Weisenborn leise vom ›toten Indianer‹ zu fabulieren: ›Seht ihr, da schwimmt er. Guckt genau hin, ein Auge und noch ein Auge ...‹ Und schon war er in seinem Element, erzählte seine Prärie-geschichten, eine nach der anderen. Günther war ein wunderbarer Erzähler und verstand es, seine Abenteuer, die er als Postreiter in Südamerika erlebt hatte, auszumalen ... Wir, noch fast allein am Strand, badeten nackt. Damals war es noch nicht Brauch. Von uns allen genossen es besonders Libs und Marta, unsere beiden Schönen. Sie wetteiferten stets, wer nach den drei oder vier Tagen gebräunter nach Hause fahre. Stundenlang lagen sie abseits, an Diskussionen weniger interessiert, und zeigten ihre Brüste der Sonne.«[104]

Im Kreis dieser Menschen, der zwanglosen, warmherzigen Atmosphäre hatte Harro Schulze-Boysen das Gefühl, wirklich leben zu können.

Berlin, 4. 6. 38

Ihr Lieben,
einen schönen Pfingstgruss von uns Beiden an Euch Lieben alle! Wir fahren mit drei Wagen, sechs Zelten und allerlei sonstigen Annehmlichkeiten an die Ostsee (Darss) und hoffen nun (es ist Sonnabend Vormittag jetzt), daß das Wetter so bleibt, wie es heute morgen ausnahmsweise ist: warm, sonnig, trocken.

Allerdings haben wir auch schon verregnete Fahrten gemacht, die trotzdem alles »in sich« hatten und zu den besten Erinnerungen gehören! [...]

Was Papa über die Lage in der Politik schreibt ist schon richtig; die Engländer haben mal wieder nicht das geringste Verständnis für unsere sudetendeutschen Wünsche[105] gezeigt, sowie sie merkten, dass diese ihre sonstigen Kreise stören könnten. (Allerdings fordert die »Times« ja neuerdings Abstimmung im Sudetengebiet ...) Konfliktmöglichkeiten scheinen mir zunächst mal bis September aus dem Wege geräumt. Natürlich bleibt immer Spanien, und über die Tschechei ist das letzte Wort ja auch noch nicht gesprochen.

Libs' Geld war für ein Film-Treatment, aus diesem T. muss jedoch nun erst ein Drehbuch, und aus dem Drehbuch ein Film gemacht werden; es liegt also noch nichts Gedrucktes vor. Das Robert-Koch-Drama[106], das sie mit Weisenborn zusammen schrieb, wird vermutlich im Staatstheater Hamburg uraufgeführt. Ich betone bei der ganzen Sache die handwerkliche Seite. Tiefergehende Werte können sich m. E. erst auf der Grundlage der technischen Beherrschung der Arbeitsmethoden ergeben.

[...]

Da heute an sich schon Feiertag ist und ich nur noch da bin, da von jeder Gruppe Einer anwesend sein muss (dafür habe ich Dienstag frei!), muss ich gleich noch eine »Sonderaufgabe« erledigen: Glückwunschtelegramme für den Minister aus dem Ausland übersetzen. Sehr ehrenvoll, finde ich.

Schluss also, und noch mal alles Liebe.

Euer H.

Berlin, 11.6.38

Liebe Eltern,
unsere Pfingstfahrt ist sehr schön verlaufen. Der *Darss* ist ein unerwartet schönes Stück Erde: Herrlicher Strand, bei Wind mit einer Brandung beinah wie an der Nordsee, und dazu ein Wald, wie man ihn selten findet (Naturschutzgebiet!). Wir hatten die ganze Zeit über, von einem zweistündigen nächtl. Gewitter abgesehen!, – herrlichstes warmes Sommerwetter. Einschliessl. Benzin, Unterkunft (Zelt und Autos) und Beköstigung, also alles in allem: pro Person RM 10.– für 4 Tage. Dabei haben wir gelebt wie die Fürsten und sind alle sehr braun, gesund und erholt wiedergekommen. Einen Bildbericht bekommt Ihr im nächsten Brief. Da Libs jetzt bei Agfa alles selber macht (Entwickeln, Kopieren, Vergrößern) und sie das ganze Filmmaterial umsonst bekommt, konnten wir sozusagen hem-

mungslos knipsen und haben an die hundert Bilder gemacht. Es war wirklich eine schöne Sache mit den Freunden …

Von Berlin gibt es nichts Erfreuliches zu erzählen. Aufregung und Ärger hat man sich ja weitgehend abgewöhnt; man ist langsam stur geworden. Aber an sich ist es ja kein Lebenszustand, dass man seine besten Jahre ohne wesentlichen Arbeits- und Schaffensinhalt verbringt. […]

Von uns sonst nichts neues.

Alles Liebe

Euer H.

In den Wochen nach Pfingsten fand in der Abteilung »Fremde Luftmächte« wöchentlich ein lufttechnisches »Planspiel« für die angestrebte Besetzung der Tschechoslowakei statt. Bis Mitte August waren die Vorarbeiten abgeschlossen. Ende August wurde eine Gefechtsstabsübung des RLM in Wildpark-Werder bei Potsdam durchgeführt. Die Vorbereitungen hierfür traf ebenfalls die Abteilung »Fremde Luftmächte«.

Berlin, [Ende August 1938]

Sonnabend mittag.

Liebe Eltern,
nun hoffe ich doch noch am 1. abds. für 1 Woche wenigstens wegzukommen. Wahrscheinlich werde ich mit dem Wagen runterfahren nach Starnberg und dann wollen wir gemächlich ein wenig unten in Oesterreich rumgondeln.

Es war nicht einfach, diese paar Tage rauszuschlagen, aber ich bin ziemlich sicher, dass man im weiteren Verlauf des Herbstes seine Kräfte und Nerven noch brauchen wird. Warum also nicht noch ein wenig ausspannen vorher!

Die Ariernachweisangelegenheit ist erfolgreich erledigt: Dank für die Unterstützung. Ich habe jetzt sowohl für Libs, wie für mich alles lückenlos. Wenn Ihr mal was braucht, wendet Euch also an mich.

Libertas geht es viel besser, und sie hat sich gut erholt. Am 10. oder so werden wir gemeinsam in Berlin wieder loslegen.

Letztes Wochenende war ich mit Freunden in Liebenberg draussen. Es erwies sich als günstig, daß ich so gut angeschrieben bei den »Leuten« dort bin. Wir kauften viel Gemüse, Obst usw. ein. In der Stadt gibt es dergleichen überhaupt nicht mehr.

[…] Zur Horty-Parade[107] hatte ich Ehrenkarten auf der großen Tribüne. So konnte ich dieses »weltgeschichtliche Ereignis« aus nächster Nähe miterleben. Die Flieger fielen wegen des nebligen Wetters aus (was im Kriegsfall ja auch passieren könnte!). Eindrucksvoll neue Panzer und schwere Artillerie ... Direkt gegenüber hatte ich die Militär-Attachés. Vielleicht das Interessanteste von allem, da mal rüberzusehen ...

Im übrigen hier in Berlin eine nervöse Atmosphäre ... Bin froh, dass ich noch etwas rauskomme.

Alles Liebe,

Euer H.

Berlin, 30. VIII. 38

Liebe Eltern,

Dank für Eure Geburtstagssendungen. Es ist sehr lieb von Euch, daß Ihr mich so reichlich bedenkt ... Ich kann alles sehr gut brauchen, genauer besehen will ich die Sachen allerdings erst am 2. [...] Mama soll keine kritischen Randbemerkungen über unsere tüchtige kleine Ärztin[108] machen. Sie hat unser volles Vertrauen bisher in jeder Hinsicht gerechtfertigt. Wenn Libs jetzt wieder gesund und munter ist, so ist das ihr zu verdanken. Von irgendwelchen Fehlprognosen kann garkeine Rede sein. Ich bin froh, dass Libs mir für die kommende Zeit als starker und kräftiger Kamerad unbelastet von irg.-welchen körperlichen Krisen zur Seite stehen kann. Von irgendeiner falschen Behandlung kann garkeine Rede sein, und damit entfallen auch alle von Mama geäusserten Schlußfolgerungen.

Ja, es ist bitter, daß man sich nicht näher ist und sich öfter aussprechen kann. Aber als falsch empfinde ich Mamas These, daß z. B. das Enkelkind oder unsere Nähe oder sonst irgend etwas ein »Quell ständiger Freude« sein würde. Es hat keinen Zweck, Träume zu idealisieren. All das wäre als »Quell ständigen Zanks und dauernder Reibereien« viel wahrscheinlicher, soweit ich mit meiner nun 29 Jahre währenden Welterfahrung zu beurteilen wage ...

Wir alle sind Menschen mit eigenem Kopf, und Du, Mama, bist dazu noch besonders kritisch und intolerant. Die Entfernung hat nun wenigstens das Gute, daß sich einer vom andern unbeeinflusst von den Reibereien des Alltags ein gültiges Bild machen kann, das viel Schönes in sich hat und in der Nähe nicht so geschützt wäre.

Wir wollen alle froh und dankbar sein, wenn wir Weihnachten einträchtig und froh alle beisammen sein können in Mülheim. Ich will es unbedingt versuchen, diesmal wieder bei Euch zu sein.

In tiefer Liebe,

Euer Harro.

Der britische Premierminister Chamberlain unterzeichnete am 29. September das Münchener Abkommen. Es bestimmte, daß die überwiegend von Deutschen bewohnten Sudetengebiete der Tschechoslowakei an das Deutsche Reich abgetreten werden mußten. Am 1. Oktober marschierten deutsche Truppen in das Sudetengebiet ein. Chamberlain wurde in England als Friedensstifter gefeiert.

Schulze-Boysen machte die englische Beschwichtigungspolitik gegenüber Hitlers Weltherrschaftsambitionen mitverantwortlich für den heraufziehenden Krieg. In die allgemeine Friedenseuphorie nach dem Münchener Abkommen im Herbst 1938 konnte er nicht einstimmen. Er fühlte sich durch die Appeasement-Politik, die englische Umschreibung einer Verhandlungsführung, mit der Hitler durch Nachgabe und Zugeständnisse an einen Frieden gebunden werden sollte, in seinen antiwestlichen Vorbehalten bestätigt. Die antikommunistischen Vorurteile der politischen, wirtschaftlichen und militärischen Eliten in den westlichen Demokratien deckten sich für Schulze-Boysen mit Hitlers Zielen. Sie waren auf den gemeinsamen Feind im Osten fixiert.

In den Oktobertagen des Jahres 1938 entwarfen Walter Küchenmeister und Harro Schulze-Boysen ein Flugblatt, in dem sie die Angliederung des Sudetenlandes als einen weiteren Schritt auf dem Wege zu einem neuen Krieg charakterisierten. Das Flugblatt mit dem Titel »Der Stoßtrupp« wurde fotokopiert und in 40 bis 50 Exemplaren verbreitet. Elisabeth und Kurt Schumacher, Elfriede Paul und Walter Küchenmeister waren an dem Vertrieb des Flugblatts, das nicht erhalten ist, beteiligt.

Nach seiner Entlassung aus dem Konzentrationslager stieß Ende September Walter Husemann zu dem Kreis. Der gelernte Werkzeugmacher hatte vor 1933 als Volontär und Redakteur mehrerer kommunistischer Zeitungen gearbeitet. Bis zu seiner Verhaftung im Jahre 1936 war er illegal für die KPD tätig. Er kam zunächst in das KZ Sachsenhausen und später nach Buchenwald. Elfriede Paul erinnerte sich: »Kahlgeschoren kreuzte er plötzlich auf. Allen war die Gefahr gegenwärtig, in der wir als illegal Arbeitende stets schwebten. Wir waren uns auch des Fehlers bewußt, den ein so ehrlicher Genosse wie Walter Husemann beging, als er trotz Polizeiaufsicht zu uns kam. Trotzdem waren wir froh über die Verbindung mit ihm. Seine Schilderungen über die bestialischen Methoden der SS gegenüber den Häftlingen im KZ Buchenwald waren wirksames Material in unserer Arbeit.«[109]

Berlin, 1. X. 38

Mein lieber Papa,
zu Deinem Geburtstag schicken wir Dir von ganzem Herzen unsere Grüsse. [...]

Der Friede ist ja nun, wie ich das Mittwoch abend, als die erste Nachricht kam, gleich ziemlich eindeutig empfand, wirklich vorerst »ausgebrochen«. Davon, ob er nun in Europa dauerhaft ausbricht, wie es sich wohl Herr Chamberlain denkt, hängt es jetzt ab, wie die Nachwelt diese Tage beurteilen wird. Wenn die Europäer jetzt endlich vernünftig werden sollten, wäre gewiss niemand da, der sich nicht freuen wollte. Wenn wir aber in 1–2 Jahren aufs neue vorm Krieg stehen sollten, dann wird es zehn mal so viel Opfer geben, wie wenn es jetzt geknallt hätte ... und dann wird das Urteil der Geschichte hart werden. Hoffen wir das Beste ...

Ich persönlich bin froh, in jeder Hinsicht bei der ganzen Sache so viel gelernt zu haben. Man hat wirklich mal in den materiellen und psychologischen »Mechanismus« der Weltpolitik hineingeschaut und konnte dabei die eigenen Ansichten einer sachlichen Überprüfung unterziehen. Definitiv kann man natürlich erst urteilen, wenn man in etwa einem halben Jahre oder so sieht, wie sich alles auswirkt.

Libertas kam erst Mittwoch nachts, spät, nach hause. Ich war ja vom Dienst direkt zu Dir ins Hotel gekommen und hatte infolgedessen ihre Karte nicht mehr erhalten, auf der sie schrieb, dass es später werden würde. Wir sehen uns ja nun hoffentlich alle zu Weihnachten.

Am 3. bin ich mit vielen Gedanken inniger Liebe bei Dir.

Dein Harro.

Berlin, 4. X. 38

Liebe Mama, lieber Papa,
Dank für Eure Grüsse. Als Geburtstagsgruss für Papa sandte ich gestern noch eine neue Ausgabe La Rochefoucauld nach Mülheim; hoffentlich gefällt das Büchlein Papa.

Für Mamas Ausführungen konnte ich leider nur sehr teilweises Verständnis aufbringen. Ich unterschreibe durchaus den Satz von der unbedingteren politischen Kritiklosigkeit der sogen. »kleinen Leute«. Sie haben heute nicht die Möglichkeit, ausländische Sender zu hören + fremde Zeitungen zu lesen; infolge ihrer häufig gegebenen Einfältigkeit erliegen sie eher der bewusstseinseinengenden staatlichen Propaganda als die Gebildeten. Da sie nicht wissen, was los ist, sind sie natürlich länger »ruhig« und »zufrieden« und »gläubig«, allerdings auch nur so lange, bis sie merken, was sich in Wirklichkeit tut. Ich bin allerdings nicht der Meinung, daß man diesen Zustand loben soll. Jedenfalls ist die Behauptung, daß die »Geistig-Armen die besseren Staatsbürger« seien, recht kühn. Denn es handelt sich hier ja garnicht um Staatsbürger-, sondern um Untertanengeist. Natürlich spielt noch etwas Weiteres mit, nämlich der Umstand, daß gewisse Klassen kaum noch etwas zu verlieren haben in einem Krieg, daraus ergibt sich natürlich eine gewisse Gleichgültigkeit, die zu idealisieren jedoch kein Grund besteht. Dem Petersen'schen Satz von den grossen Männern in der Provinz möchte ich das Goethe Wort »Es bildet ein Talent sich in der Stille, sich ein Charakter in dem Strom der Welt«[110] entgegenstellen. Natürlich ist es viel schwerer, in der grossen Stadt zu leben. Die Rechnung ist hier nicht billig, – man ist ganz anderen Beanspruchungen ausgesetzt; es drängen sich Tatsachen und Wahrheiten auf, von denen die Provinz nichts weiss. Aber das Leben ist eben in Wirklichkeit nur lebenswert und gross *mit* diesen Wahrheiten und *mit* der Kenntnis der Tatsachen, und die Stärkeren werden vor diesen Dingen auch nicht davonlaufen und in die »Provinz« flüchten, jedenfalls nicht auf die Dauer und nicht grundsätzlich.

Wenn Mama schreibt: Mein Optimismus hat gesiegt!, so finde ich, sollte es besser heissen: »Mit meinem Optimismus wurde die 1. Schlacht des Krieges scheinbar gewonnen!« Vom Frieden sind bisher nur die *Worte* zu vernehmen, wie so oft schon: »Selig sind«, die sich da größere Fahnen nähen ... Die n. s. Milchmädchenrechnung mit Malta, Gibraltar, HongKong und Singapore kann all denen, die den wirklichen Zustand der Japaner und Italiener, die so gefährlich sein sollen, kennen, nur komisch vorkommen. Ganz so einfach liegen die Dinge nun doch nicht! Der erste Lord der britischen Admiralität ist zurückgetreten, er stand auf dem Standpunkt (und er hatte den größten Nachrichtendienst des Erdballs zur Verfügung), daß ein Krieg mit einem Sieg für Groß-Britannien enden würde. Aber die Politiker dürften ihm eine Rechnung vorgelegt haben, die etwa *so* aussah: Bis zum nächsten Frühjahr wird die Entscheidung fallen.

Entweder: Friede in Europa unter maßgeblicher Vorherrschaft Englands.

Oder: Krieg u. s. w.

So etwa dürfte die Rechnung in den Augen der Feinde des Dritten Reiches, der Juden, Freimaurer, Jesuiten und Bolschewisten aussehen. Diese Rechnung hat solange Aussichten, als sich ganz Europa im Zustand der alleräußersten Kriegsbereitschaft befindet und alle wesentlichen polit. Probleme *ungelöst* sind. Daß Sudetendeutschland *kein* Hauptproblem war, haben ja unzweideutig alle Beteiligten zugegeben.

(Hitler: »Benesch oder ich!« (symbolisch);
Chamberlain: »Gewaltpolitik oder internationales Recht!« usw.)

Ja, wie wird das alles weitergehen? Das alles wird sich sehr schnell abzeichnen. Wenn es nun wirklich Friede geben sollte, steht, um auf mein Privatleben zu kommen, mein Entschluss fest. Spätestens zu Weihnachten stelle ich das RLM vor die Entscheidung: »Entscheidende berufliche Besserstellung oder Kündigung«. Die Vorbedingungen für dieses »Ultimatum« sind nunmehr gegeben. Zusammen mit Libs würde ich als freier Schriftsteller mindestens so viel verdienen wie jetzt, und dafür würde ich ein Leben in völliger Unabhängigkeit führen können. Entsprechend haben wir auch einen Wohnungswechsel (weiter draussen) ins Auge gefasst. (1. April) Für den Fall »Krieg« bleibe ich zunächst noch in meiner Stellung und warte das weitere ab.

Ihr seht, man kann auch in aufgeregten Zeiten ein planvolles Leben führen. Libertas und ich sehen voller Zuversicht in unser weiteres Leben, was auch kommen möge. Wir sind ganz und gar keine Pessimisten, aber: »Optimismus ist Feigheit«. (Spengler)

Diesen langen Brief, da ich heute im Bett blieb. Ich hatte mir bei Nachtwache im RLM eine Erkältung der Nieren zugezogen und blieb daher heute vorbeugenderweise im Bett, mit Heizkissen.

Alles Liebe, auch an Hartmut, dem ich gute Besserung wünsche.
Euer H.

Die Gestapo bereitete sich auf den Kriegsfall vor. Am 7. Juli 1938 hatte Heydrich an alle Stapoleitstellen die Erstellung einer A-Kartei für potentielle Staatsfeinde verfügt. Die »Gruppe 1 (= A1)« umfaßte diejenigen, die schon bei der Einleitung der getarnten Vorausmaßnahmen, und die »Gruppe 2 (= A2)« jene, die mit der öffentlichen Anordnung der allgemeinen Mobilmachung festgenommen werden mußten. »Gruppe 3 (= A3)« umfaßte die Personen, die zwar die Sicherheit des Reiches nicht unmittelbar gefährdeten, die aber in Zeiten schwerer Belastungsproben und der durch sie verursachten innenpolitischen Spannungen als politisch so gefährlich angesehen werden müßten, daß ihre Festnahme oder ihre Überwachung ins Auge gefaßt werden müsse.[111]

Der SD überarbeitete daraufhin die personenbezogenen Karteien. In einer Anweisung des SD vom 25. 10. 1938 sind Personen benannt, die im »Notfall zu beobachten sind«: darunter ehemalige Aktivisten der bündischen Jugend, frühere Bezieher des »gegner« und auch Harro Schulze-Boysen, als ehemaliger Herausgeber des »gegner«.

Harro Schulze-Boysen blieb im Visier des Sicherheitsdienstes, konnte aber dennoch seine Tätigkeit im RLM fortführen.

Berlin, 11. X. 38

Liebe Mama,
zu Deinem Brief will ich nur ganz kurz folgendermaßen Stellung nehmen.

1. Es ist nicht gut, daß Du Dir abwechselnd über Deine Kinder Sorgen machst. Diese Sorgen sind ganz unbegründet und entspringen höchstens einer inneren Unruhe oder Unzufriedenheit in Deiner eigenen Person. Um *uns* braucht sich kein Mensch Sorgen zu machen.

Daß es in der guten alten Zeit viel schöner war, wird immer mal wieder gesagt. Es ist eine unnütze Redensart.

2. Zwischen dem Kiel von 1912 und dem Berlin von 1938 irgendwelche Vergleiche anzustellen, ist nicht angängig.

Erstens waren damalige eventuelle militärische Erörterungen eingebaut und eingebettet in die Sicherheit des noch florierenden bürgerlichen Zeitalters.

Zweitens wusste niemand, wie der mögliche Zukunftskrieg aussehen würde. Und drittens war der Krieg damals ein Problem am Rande.

Heute dagegen leben wir im Zeitalter des Totalen Kriegs. Die politische Existenz der Völker ist nach herrschender Meinung jedenfalls bei uns zulande vollkommen in das Zeichen des Kriegs gestellt, auch bereits im Frieden. Unser ganzes Dasein ist damit in den Schatten des totalen Krieges oder zum mindesten der totalen Mobilmachung gestellt. Die private Existenz ist angegriffen, und entweder opfert man sie – oder man verteidigt sie.

Leute, die in Unklarheiten leben oder in irgend einer Mystik, bleiben natürlich ungestört (meist), sie brauchen weder zu opfern, noch zu verteidigen. Die echte geistige Existenz aber muss sich der Zeit und ihren Erscheinungen stellen. Und sie tut das nicht, weil ihr das Spass machte, oder weil sie das Leiden liebt oder aus sonst irgend einem freien Entschluss heraus, sondern weil sie muss. *Das* nenne ich Selbsterhaltungstrieb!

Es ist also ein billiger Ratschlag an einen denkenden Menschen, er solle seine Gedanken möglichst ausschalten. »Meide den Kummer und meide den Schmerz …« den alten Song hat Papa neulich schon als billiges Rezept gekennzeichnet …

3. Es ist unzutreffend, wenn Du schreibst, meine politischen

Prognosen seien bisher nicht »in Erfüllung gegangen«. Ich habe als erster in unserer Familienrunde die bürgerlich-nationalistische Bewegung kommen sehen. (1920)

Ich habe die Revolution prophezeit (1930), als Ihr sie noch für eine Utopie hieltet.

Ich habe den Nationalsozialismus in seinem ganzen Wesen und in seinen Auswirkungen von Anfang an genauer erkannt als irgendwer.

Ich habe im Jahre 1936 erklärt, der Spanienkrieg werde lange dauern. Auch Papa glaubte, in ein paar Wochen werde Franco gesiegt haben. Wieder behielt ich recht.

Ich habe zu Beginn dieses Jahres (Februar) die Möglichkeit eines Krieges um die CSSR vorausgesagt [...]

Ich sage jetzt für 1940/41 spätestens, vermutlich aber schon kommendes Frühjahr, den Weltkrieg mit anschliessendem Klassenkrieg in Europa voraus. Und ich behaupte fest, dass Österreich und die Tschechoslowakei die beiden ersten »Schlachten« des neuen Krieges gewesen sind. Die nächsten Schlachten werden vielleicht schon in der Schwarzmeergegend oder bei Litauen stattfinden. Die Schlacht in Spanien endet mit einem Rückzug auf beiden Seiten. Vielleicht Monarchie mit Volksfrontregierung, oder so. Die Schlacht in China ist noch in vollem Gange, gehört natürlich auch dazu.

Es wäre einfach grotesk, wollte man die Zusammenhänge leugnen oder darauf verzichten, alles *nur* im Zusammenhang zu sehen.

Wir Deutschen haben im Weltkrieg 4 Jahre lang geflaggt und den Krieg verloren, trotz aller scheinbar gewonnener Schlachten.

Alles hast Du miterlebt, trotzdem wirfst Du Dich in einen Optimismus hinein, den ich als lächerlich empfinde – und der Dir als Frau vielleicht noch anstehen mag, zu dem ich aber nicht das Recht habe. Das heisst, in *meinem* Sinne bin ich ja auch optimistisch, aber dieser Optimismus besteht eben nicht in dem Traum vom Glück, – sondern in der Bejahung des kämpferischen Lebens. Soll es uns verzehren, – es ist doch schön gewesen, sag ich. Also mein Optimismus ist ein subjektiver, und er ist einfach deshalb berechtigt, weil er mich erhält. Und so mag auch Dein Optimismus für Dich berechtigt sein, weil Dir die Vision vom Frieden vielleicht zum Wohlergehn not tut. Aber dann gibt es noch die *Tatsachen*, – und denen soll man ins Auge sehen und nichts an ihnen deuteln.

Ich fahre vermutlich nächste Woche für 14 Tage nach Ragusa[112] mit Libs. Meine »Nierenschmerzen« haben geholfen. Kostenzuschuss vom RLM bekomme ich auch.

Alles Liebe Euch Dreien. Unentwegt

Euer H.

Ende Oktober fuhren Libertas und Harro Schulze-Boysen mit ihrem Wagen über die Schweiz und Italien nach Dubrovnik an die jugoslawische Adria. Auf der Rückfahrt trafen sie in Zürich mit Ignazio Silone zusammen, einem italienischen Mussolini-Gegner, der in der Schweiz im Exil lebte und in Opposition zur Kommunistischen Partei Italiens und der Kommunistischen Internationale stand.

Als Libertas und Harro Schulze-Boysen am Abend des 9. November wieder in Berlin eintrafen, erlebten sie die Reichspogromnacht. Geschäfte wurden zerstört und Wohnungen verwüstet, über 25 000 Männer und Jugendliche in Konzentrationslager verschleppt. Erlasse und Verordnungen verfügten in den Tagen bis zum 18. November die Ausschaltung der Juden aus dem Wirtschaftsleben, die Schließung aller jüdischen Geschäfts- und Handwerksbetriebe, das Verbot des Besuchs von Theatern, Konzerten und Kinos und viele weitere Maßnahmen, die das bürgerliche Leben und die Rechte der jüdischen Bevölkerung einschränken und ihre Existenzgrundlage zerstören sollten.

Schulze-Boysens waren entsetzt. Libertas schrieb am 21. November an ihre Schwiegereltern von »dem Schatten, der in diesen Tagen ja auf uns allen liegt und der keine sorglose Fröhlichkeit mehr aufkommen lässt … Heut ist wieder Alltag. Ein Steinhagel fremden Kummers prasselt auf uns ein und ein Gutteil der Erholung ist unter ihm begraben worden.«[113]

Berlin, 11. 11. 38

Liebe Eltern,
gerade sind wir zurückgekommen, und nun sollt Ihr auch gleich einen Bericht haben. Unterwegs haben wir aus Devisengründen unseren Postkartenversand weitgehend eingeschränkt … […] Am 3. mittags weiter mit Dampfer nach Split-Venedig. Ankunft in Venedig am 4. mittags. Ein offenbar begütertes deutsches Ehepaar lud uns zu einer Gondelfahrt ein, die wir dankbar annahmen, da wir zunächst knapp mit Lire waren. Dann holten wir unseren Wagen ab, der inzwischen schön geputzt worden war und fuhren nach Mailand. Helgas Wohnung machte sowohl in technischer Hinsicht wie auch in Bezug auf die Gesamt-Atmosphäre einen sehr guten Eindruck auf uns. […]

Am 6. nachmittags fuhren wir über den Gotthard, abends waren wir in Zürich. Am 7. sahen wir Freunde in Zürich, gingen ins Kino (teilweise recht interessant!). Am 8. überschritten wir wieder die Reichsgrenze, überwanden siegreich alle Zollschwierigkeiten, fuhren am schönen Bodensee entlang über Ulm nach Nürnberg. Am 9. mittags auf der Reichsautobahn Nürnberg – Berlin. Abends 19.00 Berlin, wo wir gerade noch zurechtkamen, um die Strassen zu befahren, bevor Millionen Fensterscheiben-Scherben die Reifen gefährdeten.

[...] Bevor ich Berlin verliess, habe ich in Berlin übrigens die Erklärung abgegeben, dass ich zum 1. Januar meinen Dienst im RLM quittieren würde, wenn nicht eine erhebliche finanzielle Besserstellung für mich erfolgte. Es hat sich daraufhin einiges getan. Vermutlich werde ich nun als Vollreferent anerkannt, ich bekomme einen 38 Jahre alten Dr. Stoff als Hilfsreferent zugeteilt und ungefähr doppeltes (etwa plus 70 %) Gehalt. Auch entsprechend mehr Urlaub. Wenn man innerhalb der bürgerlichen Gesellschaft nicht ein bischen Erpresserpraxis übt, steht man doch immer nur im Hemde da ... –

Die drei Wochen Ruhe haben mir auch insofern gut getan, als wir ohne Zweifel an einem politischen Wendepunkt stehen und man mal wieder in aller Ruhe »Standort« aufnehmen musste. Hier in Berlin kann man das immer nur schlecht, weil der Eindrücke zu viele sind. Durch meine berufliche Tätigkeit war ich in den letzten Monaten doch verleitet worden, die Dinge trotz grundsätzlicher richtiger politischer Einstellung allzu sehr im militärischen Licht zu sehen. Obwohl gerade ich mir seit Jahr und Tag darüber klar war und bin, dass es mit den Künsten der »nationalen Politik« zuende ist, dass die alten Spielregeln nicht mehr gelten, dass es nur noch eine Weltfront im sozialen Sinn gibt, bin ich noch mal »mitgegangen« innerlich. Ich habe zwar wiederholt z. B. Bartz gegenüber gesagt: »Vielleicht ist doch alles nur Don-Quichotterie«!, – aber nachher habe ich den Krieg doch für möglich gehalten. Nun, – ich werde diesen Fehler zum letzten Male gemacht haben. Das westeuropäische Bürgertum lässt eben unseren Führer nicht im Stich, seine Interessen sind die ihren, und seine Feinde sind die ihren, und was ich früher Papa gegenüber manchmal noch zögernd formulierte, das weiss nicht nur ich, sondern nun Millionen schon mit Bestimmtheit, – Zwischen der »Times« und dem VB ist nur ein Grad – aber kein Wesensunterschied. Die Drohung eines Klassenkrieges liegt bereits so schwer über Europa, dass alle Spielregeln der »nationalen Politik« zerbrechen. Das französische Bürgertum muss es zulassen, dass Frankreich zur Macht zweiten Ranges wird. Die Engländer müssen Ohrfeige auf Ohrfeige einstecken. Die europäische Kultur stinkt schon auf dem Müllhaufen ... Das wichtigste ist, dass die Roten nicht drankommen!!! Inmitten des allgemeinen Verfalls und der tollsten Unordnung und Korrumption haben die Gangster gute Tage. Und unserem herrlichen Führer gelang es, Deutschland in einem Jahr kollossal zu vergrössern.

Ob das Dritte Reich den Anderen nun die Gesetze der politischen Methodik aufzwingt? Ob es bald nur noch Diktaturen in Europa geben wird? Vielleicht, ich wünsche es mir beinah, aber der Konkurrenzkampf zwischen den Mächten wird immer furchtbarer werden. Der Raum wird immer enger. Grosse Märkte ausserhalb Europas gehen verloren. Die Rüstungen schlucken immer grössere Energien. Die Arbeiterorganisationen, die ihre Sozialpolitik für wichtiger hielten als die Rüstungen, ihre Löhne für wichtiger als die Kanonen, werden nun selbst in die Krise mithineingerissen. Dadurch, daß sie ihre eigenen Staats- und insbesondere »Wirtschafts«-Strukturen bekämpfen, besorgen sie natürlich, ob sie wollen oder nicht, die Geschäfte z. B. der faschistischen Mächte. Sie sägen sich also selbst den Ast ab, auf dem sie sitzen ... Alles kommt in den Schmelztiegel hinein. Es ist schon ein tolles Schauspiel, dem beizuwohnen wir da die Ehre und das zweifelhafte Vergnügen haben. Das Ende der bürgerlichen Gesellschaft gestaltet sich schauriger, als es die wildesten Marxisten hätten vorausahnen können. Ausverkauf auf der ganzen Linie.

Nur gut, dass inmitten des allgemeinen Chaos das Dritte Reich ruhig und sicher seinen Weg geht und der Führer das Banner germanischer Kultur hochzuhalten versteht! Wohl dem, der das alles gläubig miterleben kann!

Genug für heute! Libs lässt vielmals grüssen! [...] Alles Liebe,
Euer H.

Am 14. März 1939 marschierten deutsche Truppen in Prag ein, und am 15. März verkündete Hitler die Errichtung des Protektorates Böhmen und Mähren. Die Slowakei proklamierte am 14. März ihre Eigenständigkeit und schloß mit Deutschland einen Schutzvertrag.

Mit dem Einmarsch in die Tschechoslowakei hatte Hitler das im Herbst 1938 unterzeichnete Münchener Abkommen gebrochen, ohne daß Frankreich und England den Tschechen in ihrer Not zu Hilfe gekommen waren. Die Westmächte mußten die Eroberung Prags hinnehmen, denn sie hatten bereits mit dem Münchener Abkommen die Tschechoslowakei entwaffnet und Hitler preisgegeben.

Berlin, 25. 3. 39

Liebe Eltern,
Eure finanzielle Hilfe bringt uns ohne Schwierigkeiten in die neue Wohnung. Ich hoffe wirklich, daß Ihr da nicht zu großzügig seid und Euch selber womöglich Entbehrungen auferlegt, die uns nicht recht wären. Ich bin Euch wirklich sehr dankbar. Umso mehr, als

ich nun vorgestern durch Bartz den Bescheid erhielt, daß eine Gehaltsverbesserung offenbar erst ab 1. April in Frage kommt, und auch das erst mit rückwirkender Zahlung im Mai etwa. Die Herren vom Personalamt erklären nämlich jetzt, jawohl, sie stünden zu ihren Zusicherungen, aber technisch sei es nicht anders möglich, als daß ich zunächst jetzt von Gruppe 5 nach Gruppe 4 komme, und dann ein Halbjahr später, von Gruppe 4 nach Gruppe 3 (Der grosse Sprung ist von 4 nach 3!). Also hoffentlich wird's zum Oktober mehr ... Wenn ich nicht immer, gerade auch im Hinblick auf Euch (vor allem Hartmut), schädliche Konsequenzen fürchten müsste, würde ich ja Besseres wissen, als mir alles gefallen zu lassen. –

Die neue Wohnung hat 3½ Zimmer und kostet 135.– RM; 1½ Zimmer vermieten wir für 45.– und 18.– [...] Die neue Wohnung hat auch einen grossen atelierartigen Raum, aber eben Zentralheizung, mehr Sonne, Lift, Parkett, Warmwasserbad usw.

Gestern hatten wir Besuch von unseren Hamburger Freunden Hans und Barbara Schroeder aus Blankenese. Abends sahen wir im Staatlichen Schauspielhaus am Gendarmenmarkt Billingers »Am hohen Meer«; *sehr* gut gespielt. Vor einiger Zeit sahen wir (Freikarten durch Jedzek, der da Dramaturg ist) Hebbels »Maria Magdalena«. Das Stück erschüttert auch heute noch durch die Aufrichtigkeit, mit der die sozialen Probleme *damals* aufgegriffen wurden. Es war aber nach der Tagesarbeit anstrengend zu sehen. Billinger war leichter und erholsamer.

Die neulich von Mama erwähnten Filme »Tanz auf dem Vulkan« und »Schritt vom Wege« sahen wir auch. Den ersteren fanden wir aber im Gegensatz zu Mama ausgesprochen schlecht. Die Eitelkeit, mit der Herr Gründgens sich da herausstellt, und die Oberflächlichkeit, mit der das Thema behandelt wird, halten kritischen Anforderungen nicht stand. Besser ist der Effi Briest-Film, der sauber und gut gemacht ist und in dem es schöne Aufnahmen gibt. Einen sehr hübschen französischen Film »Les beaux Jours« (Sonnentage) hatten wir jetzt hier, – eine wirklich gute, avantgardistische Sache. Aber das bekommt Ihr wohl in Duisburg nicht zu sehen.

Was wir Ostern machen, wissen wir noch nicht. Falls schon möglich, evtl. mit Freunden im Wagen nach Prag. Aber wahrscheinlich geht es Ostern noch nicht.

Die Engländer scheinen langsam zu merken, was in Europa gespielt wird. Selbst Mr. Chamberlain scheint langsam zu begreifen, daß es für John Bull ernst wird. Ob es nicht schon zu spät ist? Mit Interesse beobachte ich die Entwicklung für Ungarn und im Zusammenhang damit die deutschitalienischen Beziehungen ...

Spanien scheint langsam zu Ende zu kommen, und das Ergebnis scheint einem Kompromiß sehr nah zu kommen. Heute ist Frühlingswetter. Daher raus jetzt!!!

Alles Liebe Euch Dreien. Die Butter geniesse ich sehr, um das noch zu erwähnen ...

Euer Harro.

Elfriede Paul hatte für den lungenkranken Walter Küchenmeister eine Hochgebirgskur in Leysin in der französischen Schweiz erwirkt und wollte ihn Ostern 1939 mit dem Auto in die Schweiz bringen. Als Harro Schulze-Boysen hörte, daß Elfriede Paul anläßlich dieser Reise Weisenborns Freund Wolfgang Langhoff in Zürich Grüße überbringen sollte, bat er die Ärztin zu prüfen, ob sie einen ständigen Kontakt zu den in der Schweiz lebenden deutschen Kommunisten herstellen könnte. Sie traf sich Ostern in Zürich auf Vermittlung Langhoffs mit Fritz Sperling und Bruno Goldhammer von der Abschnittsleitung Süd der KPD.

Die Schweizer KPD-Auslandsleitung hatte Bedenken gegen eine Zusammenarbeit mit den Intellektuellen, die keinen Kontakt zum kommunistischen Untergrund in Berlin hatten. Mißtrauen bestand auch gegenüber Walter Küchenmeister, der 1926 aus der KPD ausgeschlossen worden war. Die Schweizer Auslandsleitung erkundigte sich in Stockholm und in Moskau nach den Berliner Antifaschisten, erhielt jedoch keine Antwort.

Zum 20. April, Hitlers 50. Geburtstag, wurde Harro Schulze-Boysen zum Leutnant der Reserve befördert. Der Vater erhielt am 19. April von Karl Bartz, dem Gruppenleiter, einen Glückwunsch zur Beförderung seines Sohnes. Im Mai 1939 wurde innerhalb der 5. Abteilung eine Gruppe Pressewesen gebildet, in der Schulze-Boysen für die Sichtung des »Auslands-Schrifttums« zuständig war.

Seit Anfang 1939 waren die Vorbereitungen für einen deutschen Angriff auf Polen im Gange. Daran war auch der Generalstab der Luftwaffe beteiligt.

Berlin, 1.5.1939

Lieber Papa,
im Schatten der bedeutsamen *Dinge* gibt es über die Personen wenig zu erzählen. Ich habe sehr viel zu tun, und Libs wird daher nächste Woche für 2 Wochen etwa Berlin den Rücken drehen, um an ihrem Buch zu arbeiten. Ich selber habe, um meine Uniform bestellen zu können, einen größeren Uebersetzungsauftrag von einem Verlag angenommen. Uniform und Zubehör kosten etwa 600.– Rm und man bekommt diesen Betrag auch rückerstattet, leider aber erst, wenn

man die bezahlte Rechnung vorlegt. Da die Sache einigermaßen eilt, muss ich mich etwas bemühen.

Unser Boot haben wir klar gemacht und eingesegelt. Die Frühlingsbrisen sind nicht die schlechtesten, aber die Sonne kam noch nicht richtig raus.

Kommst Du nicht wieder mal nach Berlin? Und wann kehrt Mama zurück? Ich erhielt 2 Karten von ihr, in denen sie sich beglückt zum Leutnant d. Res. äußert. Der Abtl.-Chef kam übrigens am 19. persönlich zu mir, um die Beförderung mitzuteilen, und Bartz hatte gleich eine Flasche Schampus dazu beschafft, die wir in grosser Eile leerten, während über Berlin die Flugzeuge grade zur Parade übten. Es war also durchaus standesgemäss ... Die Gehaltserhöhung beläuft sich, wie ich hoffe, auf rd. 500.– Jedenfalls bekomme ich jetzt Gehalt eines jungen Regierungsrates. Der Segen kommt allerdings erst am 15. 5. über mich, rückwirkend bis 1. 4. Hoffentlich kommen nicht noch unerwartete Abzüge.

So wär's wirklich ganz nett und mit dem Nebenverdienst ständen wir ganz schön da und sind wohl – rebus sic stantibus[114] – aus dem Schneider heraus. Mit Recht sagt Libs: »eigentlich zu schön, um wahr zu sein!« Eine solche Existenz kann doch nur ein Traum sein, denkt man, – und man wartet, was nun passieren wird. Na, uns kann nichts so leicht aus dem Gleichgewicht bringen ...

Einen guten 1. Mai-Gruß für Euch 2

Euer H.

Wochenlang hatte Harro Schulze-Boysen im Frühjahr 1939 an einem Luftrüstungsvergleich Deutschlands mit Frankreich und England mitgearbeitet. Die Autoren der Studie kamen zu dem Schluß, daß Frankreich und Großbritannien Ende 1939/Anfang 1940 den technologischen Vorsprung Deutschlands in der Luftrüstung einholen, die Flugzeugproduktion erheblich steigern und Deutschland überflügeln könnten. Diese Einschätzung deckte sich mit der Auffassung Schulze-Boysens, die er bereits 1938 in einem Aufsatz angedeutet hatte.[115] Göring schrie den Chef des Generalstabes der Luftwaffe Hans Jeschonnek und Schulze-Boysens Abteilungschef Oberst Joseph Schmid an, daß er sich solch eine defätistische Lagebeurteilung verbitte, und ordnete die Vernichtung des Schriftstücks an. Der lang gediente Nationalsozialist Schmid hatte die Lektion verstanden. Er formulierte schließlich die verordneten Erwartungen und bezeichnete die Luftrüstungskapazität der Westmächte als zu gering, um den von Deutschland erzielten Rüstungsvorsprung aufzuholen.

Pfingsten 1939 fuhren Libertas und Harro Schulze-Boysen mit Schumachers und Günther Weisenborn nicht an die Ostsee, sondern nach

Liebenberg an die Lanke. Elfriede Paul kam nach einem Besuch bei der lungenkranken Gisella von Pöllnitz in der nahegelegenen Lungenheilstätte in Sommerfeld ebenfalls nach Liebenberg. Auf einer mitgebrachten Schreibmaschine wurde ein Gemeinschaftsbrief an Walter Küchenmeister in der Schweiz verfaßt. Aus den von Harro Schulze-Boysen mitgebrachten ausländischen Zeitungen und Zeitschriften wurde ein Informationsmaterial erstellt, das dann von Elisabeth Schumacher fotomechanisch verkleinert und an Gesinnungsgenossen weitergegeben wurde.

Berlin, [Juni 1939]

Liebe Mama,
schönen Dank für Deinen langen Brief. Es hat mich gefreut, daß er in versöhnlichem Ton gehalten war. Ich habe es sehr bedauert, daß es nach den schönen Tagen, die wir zusammen hatten, noch Mißstimmungen gab. Dafür, daß wir am letzten Abend noch weggingen, bin ich allein – und nicht Libs, die von garnichts wusste – verantwortlich. Ich will Dir auch offen den Hauptgrund sagen, den Du in Deiner Aufzählung der »Ereignisse« vergessen hast. Ungefähr der 1. Satz, den Du an Libs richtetest, bestand darin, daß Du ihr vorhieltest, sie hätte meinen Mantel nicht gewaschen. So nett ich es von Dir fand, daß Du es ohne Aufforderung tatest, so überflüssig fand ich diese Spitze, die Du in einem Ton anbrachtest, wie ich ihn in der ganzen Welt nur an Dir und (in anderen Zusammenhängen, aber in ähnlicher peinlicher und naiver Aufdringlichkeit) an Deiner lieben Schwester kenne. Ich habe nun einmal für derartige Einmischungen nichts übrig, und ich habe das Dir gegenüber auch schon, solange ich denken kann, zum Ausdruck gebracht. Du musst Dich dann nicht wundern, wenn ich mich – statt mich wie früher mit Dir zu zanken – einfach zurückziehe, und zwar, seit ich verheiratet bin, unter Mitnahme meiner Frau. Ich weiss ja auch, warum ich nicht will, daß Libs nach Duisburg kommt. Du wirst Dich dessen entsinnen, daß ich das schon am Sonntag sagte, als wir in bester Stimmung waren. Es handelt sich hier also nicht um launisches oder unbeherrschtes Betragen meinerseits, sondern um ruhige und grundsätzliche Erwägungen, die langjährigen Erfahrungen mit Dir, liebe Mama, entsprossen sind.

Seit Pfingsten, wo wir vier herrlich erholsame Tage an der Liebenberger Lanke verlebten, ist hier herrliches Wetter. Ich bin braungebrannt und erholt, trotz der vielen Arbeit, die jeden Andern längst umgeschmissen hätte. Libs kocht ausgezeichnet für mich. Im Spreewald wars auch sehr schön mit Engelsings[116]. (Bildbericht folgt). Morgen gehts an den Teupitzer See hinaus.

Hartmut meine Glückwünsche zur erfolgreichen Musterung in Kiel.[117] Einen schönen Sonntagsgruss,

Dein H. [...]

Berlin, [Anfang Juli 1939]

Ihr lieben Drei!
schönen Dank für Karte und Brief. Von hier gibt's nichts nennenswert Neues. Tagsüber viel Arbeit, abends meist noch 1–2 Std. Segeln. Auf meine Juli-Übung freue ich mich schon sehr. Ich hoffe, eine gute Erholung zu haben. Libs geht solange in ein kleines Bauernhaus nach Nidden (Kurische Nehrung); um ihr Büchlein fertig zu schreiben. Sie nützt dazu den Freiflug aus, da wir ihn vermutlich dieses Jahr anderweitig doch nicht mehr brauchen.

Ja, England bekommt jetzt die Quittung für die Politik Chamberlains, und ich kann nur sagen: Ich gönn' es ihnen! Natürlich wäre das Ende der Konzessionen in Ostasien[118] für alle Europäer ein Schlag, und man soll bloß nicht so tun, als erlebe man jetzt einen großen deutschen Sieg. Der Zusammenbruch des britischen Imperialismus wird das Ende der Vorherrschaft der weißen Rasse überhaupt mit sich bringen und damit zwangsläufig auch den Zusammenbruch der ganzen europäischen Lebensordnung oder vielmehr dem, was davon noch übrig ist. Das wird also uns alle treffen. Aber, wie dem auch sein mag, es freut einen doch immer, wenn Dummheit, Beschränktheit und Charakterlosigkeit bestraft wird, und wenn man heute sieht, wie die hochedlen Lords wahre Bittprozessionen nach Moskau veranstalten[119], wie sie dauernd in Angst schweben, daß Spanien nun der Achse beitritt, wie sie vor den Japanern eine Stellung nach der anderen räumen müssen, ganz abgesehen davon, wie sie demnächst ihre Garantien in Mitteleuropa werden einlösen müssen ... dann gönnt man ihnen ihre schlaflosen Nächte. Die Spanier hatten ja auch keine bessere Nachtruhe, als man in London Nichteinmischung[120] spielte. Na, ich bin gespannt, wie es alles ausgeht. Schluss für heute.

Einen Sonntagsgruß Euch 3 Lieben,

Euer H.

Harro absolvierte im Juli eine weitere Reserveausbildung auf dem Seefliegerhorst Norderney. Libertas nutzte einen Freiflug nach Königsberg und mietete ein kleines Bauernhaus in Nidden an der Kurischen Nehrung. Dort wurde sie für kurze Zeit unter Spionageverdacht in Haft genommen. Doch die Verdachtsmomente erschienen nicht stichhaltig, so daß von der Königsberger Staatspolizeileitstelle ihre Haftentlassung verfügt wurde.

Inzwischen liefen die Vorbereitungen für den »Fall Weiß«, den militärischen Einmarsch in Polen, auf Hochtouren. Der Krieg sollte Ende August/Anfang September beginnen. In dem Brief an den Vater benutzte Schulze-Boysen für den Krieg die Chiffre »Hochzeit«.

Berlin, 4. 8. 39

Mein lieber Papa,
schönen Dank für Deinen ausführlichen Brief von der vorigen Woche und Dein letztes Schreiben, das ich heute bekam.

[...] Schade, daß Du erst am 16. reisen kannst, aber ich würde es auf alle Fälle tun. Ich glaube nicht, daß die Hochzeit vorm 27. stattfindet, vielleicht noch später. Jedenfalls kommst Du immer noch zurecht. Ich selbst bleibe vorerst in Berlin. Daß ich im September auf Urlaub wegkomme, halte ich für so gut wie ausgeschlossen.

Morgen zum Weekend fahren wir raus nach Rangsdorf.

Ja, die Weltlage ist ziemlich gespannt, und ich sehe nicht ganz, wie es ohne Krieg gehen soll, wenn nicht einer noch nachgibt. Aber der Führer wird bestimmt nicht darauf verzichten, die ehemals deutschen Teile Polens heim ins Reich zu holen, und andererseits ist es ungewiß, ob Chamberlain über Danzig hinaus noch weitere Konzessionen machen kann, selbst wenn er möchte. Wenn die Polen sich wirklich auf die Hinterbeine stellen, dürfte es Chamberlain schwer fallen, sie im Stich zu lassen. Na, jedenfalls ist es beruhigend zu wissen, daß diesmal niemand in den Krieg hinein-»schliddert« wie 1914. Selbst die konservativsten und friedliebenden Leute müssen die Auseinandersetzung nun doch endlich wollen, weil jeder einsieht, daß der bestehende Zustand Europas in seiner Selbstvergiftung unhaltbar ist. Daß die Briten so lange zögerten, macht ihrem Scharfblick immerhin einige Ehre, sie wissen wohl, daß der englische Imperialismus zur Schlachtbank geht. Jedenfalls wird Europa »am Tage danach« ganz anders aussehen als heute.

Das Eingreifen Roosevelts im Fernen Osten[121] war zweifellos ein geschickter Schlag gegen die Japaner und ein klug ausgedachtes Manöver unter Berücksichtigung der amerikan. Isolationisten, die nun plötzlich nichts mehr sagen konnten. Die Engländer werden ihre Positionen im Fernen Osten wohl zumindest zeitweilig räumen müssen. Das haben sie auch schon länger vorgesehen. Sowjetrusslands Mitwirkung auf Seiten der »Demokratien« ist wohl nun allen in Deutschland verbreiteten Latrinen zum Trotz ziemlich sicher. Allerdings glaube ich nicht, dass die Sowjets sich allzu sehr exponieren werden zu Anfang. [...]

Dir u. Hartmutbruder alles Gute. Dein H.

[...] Auch der sagenhafte Kopfsprung wird Hartmut nicht die leisesten Schwierigkeiten machen. Nein, nein, es sind schon ganz andere Dinge, die weh tun. Auch die Ungerechtigkeiten und Härten, wenn einmal als System erkannt, sind leicht zu ertragen für einen einigermaßen selbstsicheren Menschen. Was die Dinge tragisch macht, das ist das Auseinanderklaffen von Schwerthand und Hirn, ein Aufgespaltensein für jeden einigermassen redlichen Menschen, das das Dasein jeder Prostituierten weit in den »Schatten« stellt. Papas Argumente treffen jedoch nur teilweise ins Schwarze. Hartmuts Jugendzeit ist eben doch nicht vergleichbar mit seiner eigenen, die Zeiten haben sich gewandelt, und was gestern noch ausfüllender geistiger Inhalt und unangekratzter Glaube war, ist es heute schon nicht mehr. Natürlich befindet sich auch mancher andere Beruf in der Krise, aber andere Berufe bieten doch zu innerer Fortbewegung und zur Vorbereitung des morgigen Tages ganz andere Möglichkeiten. Nein, Mama, dem Tode nah zu sein, ist für einen Mann von Rasse nicht schwer; aber – wenn es um Tod und Leben geht, auf der falschen Seite zu stehen, das kann übermenschlich schwer sein, und die Aussicht kann eine ganze Existenz verdunkeln. Um so etwas muss es doch heute einem Offizier der westlichen Demokratien zumute sein, der für die Interessen des internationalen Judentums ins Feld ziehen soll. Wahrhaftig, inmitten der allgemeinen Krise des Soldatenberufes bildet eigentlich nur das Dritte Reich eine Ausnahme! [...]

Alles Liebe!
Euer H. 5.8.

Mitte August half Schulze-Boysen dem aus dem Aschendorfer Moor in Niedersachsen entflohenen KZ-Häftling Rudolf Bergtel, in die Schweiz zu gelangen. Kurt Schumacher nahm den Flüchtling in seinem Atelier in Tempelhof auf. Bergtels Steckbrief hing bereits auf allen Bahnhöfen. Sein weiteres Bleiben wäre zu gefährlich geworden.

Vor seiner Abfahrt bat ihn Schulze-Boysen, Informationen in die Schweiz mitzunehmen und sie der KPD-Auslandsleitung zu übergeben. Bergtel lernte die Angaben über die aktuelle deutsche Flugzeug- und Panzerproduktion und eine deutsche U-Boot-Basis, die auf den Kanarischen Inseln errichtet werden sollte, auswendig.

Schulze-Boysen brachte ihn in Fliegeruniform zum Anhalter Bahnhof und setzte ihn in den Zug nach Österreich. Schumacher saß in einem anderen Abteil. Als passionierter Bergsteiger kannte er sich in den Bergen an der österreichisch-schweizerischen Grenze in Bregenz gut aus und wies Bergtel den Weg in die Schweiz.

Bergtel meldete sich in einer Züricher Buchhandlung. Die Informationen von Schulze-Boysen notierte er und übergab sie Vertretern der KPD-Leitung, die das Material jedoch nicht an die Sowjetunion weiterleiteten.

Berlin, [Ende August 1939]

Liebste Mama,
Dank für Deinen lieben Brief. Um das Unangenehme gleich vorwegzunehmen, Deinen und Papas Standpunkt zur Frage der Hochzeit teile ich in keiner Weise. Natürlich weiss niemand von uns etwas genaueres, aber fast alle Anzeichen sprechen nicht dagegen, sondern dafür, daß diese »Mésalliance« zustandekommt. Ich übersehe diese Intimitäten ja hier in Bln. besser als irgendwer sonst, und ich kann nur nachdrücklichst davor warnen, allzu blind zu glauben, es bleibe alles in der Schwebe. Daß die Hochzeit unter Beteiligung so vieler Anderer (wenn überhaupt) stattfinden wird, glauben übrigens nur wir, das Brautpaar selber ist strikte der Meinung, daß ein sich nicht allzu sehr ausdehnendes kleines Familienfest stattfinden wird. Ich bin ja auch der Meinung, dass man die Familie aus der Hamburger Gegend[122] nicht wird abhalten können, zu kommen, – und dann ist der Skandal da (wenn nicht auch sonst schon!). Aber wie gesagt, die meisten Beteiligten übersehen das garnicht. Nun, wir werden ja bald Klarheit haben. Ich schreibe Dir das alles nur, damit Du nicht eines Tages aus allen Wolken fällst, wenn es so weit ist. Auch musst Du ja wahrscheinlich etwas zurücklegen für die Hochzeit. Wir hier wollen jedenfalls trotz aller Unsicherheiten in dieser Sache nicht ganz mit leeren Händen dastehen.

[...] Im Ministerium viel, sehr viel zu tun, wie das natürlich ist. Ein bischen Erholung hätte mir gut getan, aber es muss nun eben auch ohne gehn.

Die schönen Sachen in dem Paket zum 2.9. haben mir viel Freude gemacht. Noch mal tausend Dank für die liebevolle Auswahl. Schade, dass Ihr immer nur die deutschen Filme in Duisburg habt. Wir hatten hier jetzt »Abus de Confiance« (frz.), – glänzend. Den Ungarnfilm Hortobagy, herrliche Fotos. Auch manche guten Amerikaner.

So, alles Liebe zum Sonntag. Wie ist Papas Adresse?
Euer H.

Kurz nach dem am 23. August 1939 unterzeichneten deutsch-sowjetischen Nichtangriffspakt bat Kurt Schumacher seinen Freund Harro, an einem Abend zu der Buchhändlerin Lotte Schleif zu kommen. In ihrer

Wilmersdorfer Wohnung wartete Heinrich Scheel, der an der Berliner Universität Geschichte studierte und einem Freundes- und Widerstandskreis junger Kommunisten um Hans Coppi angehörte. Schulze-Boysen, in Zivil, wurde als »Hans« vorgestellt. Scheel kam sofort zur Sache: Viele Hitler-Gegner seien enttäuscht oder zumindest sehr irritiert, daß Stalin plötzlich mit Nazi-Deutschland einen Freundschaftsvertrag abgeschlossen habe. Diese seltsame Metamorphose sei selbst unter Kommunisten äußerst umstritten. Viele aktive Gegner witterten in diesem Pakt einen Verrat, der um so schwerer zu wiegen scheine, als die Sowjetunion der einzige Staat sei, der bis dahin eine konsequent feindliche Haltung gegenüber Hitler gezeigt habe. Auch die Gruppe, der Scheel angehöre, sei durch diesen Schock wie gelähmt.

Schulze-Boysen verteidigte den Nichtangriffspakt. Auf den Einwand, daß es erst jetzt für Hitler möglich sei, einen Krieg zu führen, erwiderte »Hans«, dieser Pakt sei für Rußland notwendig gewesen, um den Krieg gegen den Westen statt gegen den Osten zu lenken. Damit hätten die Westmächte zu lange gespielt. Die Sowjetunion wollte sich gerade nach ihren Erfahrungen mit dem Franco faktisch unterstützenden Verhalten der Westmächte gegenüber Spanien und ihrer Preisgabe der Tschechoslowakei durch das Münchener Abkommen in keine militärische Auseinandersetzung mit Hitlerdeutschland einlassen. Ihr militärisches Potential sei auch nicht ausreichend, um die Hauptlast des Krieges zu tragen. Nein, ein Bündnis sei der Pakt nicht, und ideologische Grundpositionen seien von keiner der vertragsschließenden Seiten preisgegeben worden. Der Pakt sei ein Noch-Nicht-Angriffspakt, der vor allem für Stalin Zeitgewinn bedeute.[123]

Der Bildhauer Fritz Cremer schlug Ende August 1939 seinem Freund Walter Husemann vor, ein Flugblatt mit einer Zeichnung anzufertigen, die Stalin zeigte, der auf seiner Hand einen winzigen Hitler hielt. Husemann gefiel die Idee, er riet aber davon ab: »Wir dürfen unseren Mann im Luftfahrtministerium nicht gefährden!« Gemeint war Schulze-Boysen, dessen Name nicht genannt wurde und den Cremer nicht kannte.

Berlin, 30. 8. 1939

Mein lieber Papa,
es ist wirklich schwierig, in diesen aufgeregten Zeiten etwas Wissenswertes aus dem kleinen Privatleben zu schreiben (und andere, z. B. berufliche Dinge entfallen ja bei mir), aber Du sollst doch wenigstens mal wieder einen Gruss haben, den ich immer wieder vertagte, in der Annahme, Du wärst vielleicht schon wieder in Mülheim. Nun ersehe ich aus Deiner Karte, daß Du im Urlaub geblieben bist, und das ist gewiss auch das Beste, denn die Züge sind unerfreu-

lich voll – und alle Hochzeitstermine können, wie man sieht, verschoben werden. Ja, uns geht es gut, und wir sehen sehr vertrauensvoll in die Zukunft. Ich glaube nicht, daß sie jemand anders als uns gehört. Natürlich habe ich sehr viel zu tun. Habe gerade 32 Stunden Dienst hinter mir, zum Beispiel. Da müsst Ihr auch entschuldigen, daß ich Tante Emmas Geburtstag vergass, der doch wohl inzwischen war.

Zur polit. Lage gibt es wohl kaum etwas, was Du nicht selbst denken und kombinieren könntest. »Wait and see«.

Alles Liebe –

Dein Harro. […]

Am späten Nachmittag des 30. August fuhr Harro Schulze-Boysen zum Wannsee. Dort lag sein Segelboot. Auf dem Bootssteg traf er Günther Weisenborn. Sie segelten bei kräftigem Wind gegen den Abendhimmel. »In der nächsten Nacht geht es also los gegen Polen«, berichtete Schulze-Boysen seinem Freund. »Bisher konnte Hitler manövrieren. Jetzt werden seine Entschlüsse immer mehr eingeengt. Jetzt wird wirklich Weltgeschichte gemacht, nur macht er sie nicht allein. Wir werden uns alle daran ein wenig beteiligen, die ganze Welt um uns und wir. Es wird der größte Krieg der Weltgeschichte, aber Hitler wird ihn nicht überleben.«[124]

Der Krieg
Hoffnung und Katastrophe
(1939 – 1942)

In den frühen Morgenstunden des 1. September 1939 überschritten deutsche Truppen die polnische Grenze. Für Schulze-Boysen gab es keinen Zweifel, daß der Feldzug gegen Polen in einen Weltkrieg münden und die politische Landschaft des alten Europa gründlich verändern werde. Dieser Krieg, der alles an Zerstörung übertreffen sollte, was die Menschheit bisher erlebt hatte, bedeutete in seinen Überlegungen Katastrophe und Hoffnung auf eine baldige Überwindung der Nazi-Herrschaft zugleich. Das nationalsozialistische Deutschland, so glaubte Schulze-Boysen, würde an diesem Krieg zerbrechen, und danach mußte es einen grundlegenden gesellschaftlichen Neuanfang geben. Das war die Chance. Auf dieses Ziel arbeitete er hin. Zunächst jedoch mußte er weiterhin im Reichsluftfahrtministerium jeden Tag französische, belgische, englische, amerikanische, skandinavische, russische Zeitungen und Zeitschriften analysieren und die täglichen Presseübersichten zusammenstellen.

Der 2. September 1939 war der 30. Geburtstag von Harro Schulze-Boysen. Die Feier fand in der Wohnung von Herbert Engelsing, dem Herstellungsleiter der Tobis-Filmgesellschaft, der am gleichen Tag Geburtstag hatte, statt. Am Abend versammelte sich bei Engelsings eine große Gesellschaft: Hugo Buschmann und seine Frau Margit, die ebenfalls im Haus wohnten, und eine Reihe von Schauspielern, darunter Grethe Weiser, Heidemarie Hatheyer und Irene von Meyendorff. Trotz des Kriegsausbruchs floß der Wein, und die Gesellschaft war sehr ausgelassen.

Mit dem letzten Benzin im Tank fuhren Herbert Engelsing und Libertas Schulze-Boysen in die Altenburger Allee in Westend und holten Libertas' Schifferklavier. Diesmal spielte sie nicht ihr geliebtes Lied von der »Krummen Lanke«, sondern die »Marseillaise«, »It's a long way to Tipperary«, und Harro brachte der Gesellschaft die polnische Nationalhymne »Noch ist Polen nicht verloren« bei. Ingeborg Engelsing patrouillierte um das Haus, um sicherzugehen, daß die Nachbarn den lautstarken Gesang nicht hören konnten.

Ein kleiner Kreis blieb bis zum Morgen. Harro war jetzt sehr ernst. Er entwarf ein düsteres Bild des Krieges: Polen sei ein Kinderspiel für die deutsche Kriegsmaschine, auch Frankreich stelle kein militärisches Problem dar, denn es habe keinen Kampfgeist. Hitler werde versuchen, England zu erobern, hier sei der Erfolg aber fraglich. Die europäischen Westmächte würden nicht in der Lage sein, Deutschland niederzuwerfen. Rußland werde später in den Kampf verwickelt. Einen Sieg könnten nur die Vereinigten Staaten erreichen. Doch werde es lange dauern, bis die Westmächte zum Gegenschlag ausholten. Hitlers Diktatur werde immer wahnwitziger werden, und keiner könne sich aus dem Hexenkessel befreien.[1]

Hugo Buschmann, der Harro Schulze-Boysen an diesem Abend zum ersten Mal begegnete, erinnerte sich fast zehn Jahre später: »Dieser schlanke Fliegeroffizier mit den scharf geschnittenen Gesichtszügen, blauen Augen voller Leben und Energie machte eine eigenartige Figur in dieser Gesellschaft im Grunewald. Dort waren Schriftsteller, Schauspieler, Maler, Filmproduzenten, Ärzte, Rechtsanwälte und hübsche Frauen. Würde das tausendjährige Reich nur bis 1939 oder bis 1940 dauern? Das war die beherrschende Frage. Nur der Luftwaffenoffizier, dessen Kinn vor Haß zitterte, wenn von den Nazis gesprochen wurde, machte Einwände: Er wolle den Optimismus nicht zerstören. Gewiß, der Kleinbürger Hitler stehe vor einer unvermeidlichen Katastrophe, aber so einfach sei die Sache nicht. Es war Schulze-Boysen. Dann begann er wieder zu tanzen und zwar sehr gut. Die Frauen bewunderten ihn. Schließlich hatte er genug von all dem Spektakel.

Er zog mich in eine Ecke und auf eine meiner Bemerkungen eingehend bemerkte er: ›Diese Bourgeois wissen nicht, wie das hier enden wird. Es ist nicht nur das Ende von Hitler, sondern auch ihr eigenes. Dieser Krieg kann nur durch die Ausrufung des Sozialismus beendet werden ... Es ist Hitler, der die Verantwortung für den Ausbruch des Krieges trägt, angeblich, um einen Gegenschlag zu führen, obwohl die Polen nie etwas getan haben, um das zu rechtfertigen. Und es ist Stalin, der den Gewinn davon hat. Bei einer solchen Gelegenheit, die sich vielleicht kein zweites Mal bieten würde, konnte die Sowjetunion nicht länger warten, den Marsch gegen Westen zu dirigieren. Polen wird untergehen, aber das ist nur ein Zwischenspiel. [...] Dieser verrückte Hitler glaubt, daß er nach Polen England schlucken kann. Er stellt sich vor, daß er die Möglichkeit hat, gemäß seinem Plan in ›Mein Kampf‹ seine Aggression dann gegen den Osten zu wenden. Nein, die Engländer müssen standhalten. Eines Tages wird es ein Kräftegleichgewicht geben. Dann wird die bürgerliche Ordnung in ganz Europa erschüttert sein, weil die bürgerlichen Kräfte sich bis zur Erschöpfung bekämpft haben werden. Sehen Sie jetzt die Lektion, die Stalin den Westmächten erteilt, die bis zum Ende die Möglichkeit behalten wollten, Hitler gegen den Bolschewismus zu nutzen und die darauf gesetzt haben?‹

Ich blieb skeptisch. Ich hatte in London nach dem Schlag gegen Prag

Spruchbänder in den Straßen gesehen ›Wir tun gut daran, vorbereitet zu sein‹. Ich erinnerte mich des industriellen Potentials der USA, die sich früher oder später an die Seite der Westmächte stellen würden. Ich sagte, daß in England die jungen Leute mitten im Winter mit nackten Beinen herumliefen. Das sei kein degeneriertes Volk. ›Aber wer redet davon? Die Deutschen wiederholen es seit 1914, weil sie gesehen haben, wie die Engländer ihre Leute geschont haben. Goebbels will dieses Thema wieder aufnehmen. Aber schon seit Jahrzehnten fällt das englische Empire in Trümmer. Übrigens hat Hitler eines Tages eine Erleuchtung gehabt, als er schrieb, daß, wenn das britische Empire nicht existieren würde, man es erfinden müßte. Nein, sie sind nicht degeneriert. Sie haben sich mit dem Teufel eingelassen, der ihnen jetzt die Rechnung präsentiert.‹

Er gab diesen Wortschwall mit viel Erregung von sich. ›Glauben Sie nicht, daß ich Kommunist bin‹, fuhr er fort. [...] ›Derjenige, der meine Sympathien hat, ist mein Freund, der andere mein Feind. Die Engländer haben meine Sympathien nicht. Diese Lords haben sich von der Reichskanzlei demütigen lassen, ebenso auf dem Obersalzberg. Indessen waren die Konzentrationslager überall bekannt. Aber was man die seriöse Presse nennt, hat darüber in dem Moment Stillschweigen bewahrt, als man sich fragte, ob es vielleicht ein Mittel gäbe, sich mit Hitler zu arrangieren. Ist das etwa falsch?‹

Gegen Morgen sagte Harro, daß er niemals die Gelegenheit gehabt hätte, Literatur über die russische Revolution und die Revolutionäre zu studieren. In der Bibliothek des RLM gäbe es wohl einige neuere Schriften von Stalin, aber er wüßte so gut wie nichts von Lenin. Ich sagte ihm, ich könnte ihm helfen. 1933 und später hatte ein Teil meiner marxistischen Bibliothek die circa zwölf Haussuchungen überlebt. Die komplette Lenin-Ausgabe aus Moskau war fast vollständig geblieben, Trotzki völlig. Dazu kamen die alten Schriften von Stalin und einiges andere. In diesem Augenblick glänzten Harros Augen so, wie ich es vorher niemals gesehen hatte, obwohl sie ständig ein Bedürfnis nach Aktivität ausdrückten. Er riß mich aus meinem Sessel: Wir stiegen in den Keller, aber diesmal in einen geheimen Winkel. Mit uns war nur seine Frau Libertas. Als Harro diese Schätze sah, umarmte er mich und wühlte fieberhaft das heraus, was er mitnehmen wollte. Aber ich war nicht einverstanden. Auf dem Titelblatt stand noch mein Name. ›Das macht nichts.‹ sagte er, um mich zu beruhigen. ›Ich bin Berichterstatter über russische Fragen. Ich kann Ihnen zeigen, daß ich russische Werke mit dem Stempel des Ministeriums habe. Ich erhalte regelmäßig die Prawda und die Iswestija und ich muß sie lesen. Also es passiert mir nichts, und selbst wenn mir was passieren sollte, meine Abteilung verlangt ein eingehendes Studium dieser

Literatur. Außerdem, wir sind doch Verbündete von Sowjetrußland. Das hätten wir doch fast vergessen!‹ Da war nichts zu machen, er nahm eine Anzahl von Büchern mit. Die Party war nun für ihn zu Ende. Er beschleunigte seinen Weggang. Die Gesellschaft löste sich nach und nach auf. Harro war im ersten Wagen. Er hatte keine Zeit zu verlieren, er hatte den ganzen Lenin.«[2]

Berlin, 11.9.39

Liebe Eltern,
vielen Dank für Eure lieben Briefe, die Zusendungen und die versuchten Ferngespräche. Um mich braucht Ihr Euch nicht die leiseste Sorge zu machen; es geht mir ausgezeichnet in jeder Hinsicht. Auch vor späteren Lagen habe ich keine Angst; ich werde mich schon durchschlagen. Mein Brief wollte ganz und gar nicht melancholisch verstanden sein, sondern einfach als angemessene Äußerung zu einem immerhin ernsten Zeitereignis. Daß die Franzosen und Engländer nicht zum Spaß den Krieg erklärt haben[3], konnten ja eigentlich nur politische Ignoranten bezweifeln. Die famose Rede des Generalfeldmarschalls[4] gestern hat da ja wohl Klarheit gebracht – der Krieg wird lange dauern.

Mama scheint anzunehmen, daß Hartmut auf alle Fälle – auch wenn er z. B. Medizin studiert hätte – an die Front gekommen wäre. Das scheint mir nicht ganz richtig zu sein. Der Hundertsatz für die Leute im Hinterland ist gerade im jetzigen Krieg riesig gross, und notwendigerweise so. Darüber hinaus aber wird die Infanterie prozentual weniger Verluste haben als die Flieger – oder die Ubootsbesatzungen. Die Seestützpunkte sind natürlich auch Bombenziele bevorzugter Art (siehe Wilhelmshaven neulich![5]). Na, die Hauptsache, – er ist davon überzeugt, daß er an die richtige Stelle kommt, und die erforderliche Portion Glück wünsch ich ihm mit auf den Weg. Ich seh uns schon zusammen 1940 irgendwo an der Nordseeküste hocken, und er wird mich sicher bald schon im Rang überflügeln …

Von Helga heute einen langen Brief, auch wieder gespickt mit großen Hoffnungen auf eine »Lokalisierung des 2. Weltkriegs«. Ich möchte mal wissen, was da zu hoffen ist. Soll unser Erdteil etwa auch weiterhin kläglicher Spielball der Launen einiger jüdischer und freimaurerischer Gangster aus der City sein? Ich ziehe die Entscheidung vor. Spengler, den ich sonst nicht sehr hoch schätze, hat mal von dem »Optimismus als Feigheit« gesprochen; allzu Viele hatten sich in den letzten Jahren auch hierzulande in diesen Optimismus hineingeflüchtet.

Nein, dieser Krieg muss geführt werden. Er wird das alte Europa mit samt seiner bisherigen »Zivilisation« unter sich begraben, und danach wird, wenn die Luft sich verzogen hat, die Atmosphäre reiner sein. Unser eigenes Leben scheint mir dabei nicht so wichtig zu sein. Veritas necesse est. Vivere non est necessere.[6] Im übrigen, so schlage ich vor, wollen wir allen zeigen, daß wir wohlgeratene Menschen sind: wir wollen für unseren Lebensraum kämpfen und einen Lebenswillen entwickeln, so sehr es unsere Energie und Intelligenz nur zulässt. Und schliesslich und endlich muss man natürlich Vertrauen zum Führer haben!

Ich laufe in Uniform rum und spare dadurch mein Zivil. Unsere neuerstandenen Fahrräder leisten uns sehr gute Dienste. Sonntag waren wir sogar draussen in frischer Luft.

Papas Beispiel (»ruhig liegen zu bleiben«) folge ich natürlich. Ich muss doch am Telefon bleiben, um jederzeit für meine Dienststelle erreichbar zu sein. Wenn die Flak schiesst, kann man immer noch sehen. Siemensstadt liegt etwa 600 m von uns entfernt, also, wenn »sie« wirklich kommen, lohnt es sich schon, die fünf Treppen runterzulaufen, aber meist ist es ja blinder Alarm. Ihr im Ruhrgebiet werdet Euch ja langsam an allerhand gewöhnen müssen.

Alles Liebe und Gute für Euch 3 Lieben.

Euer H.

Berlin, 16. 9. 1939

Ihr Lieben,
einen guten, von Herzen kommenden Sonntagsgruß für Euch! Wir hörten, daß zahlreiche Großstädte Westdeutschlands evakuiert werden: Hoffentlich könnt Ihr in Eurem Häuschen an der Monning bleiben! Ich habe viel zu tun, aber das ist mir gerade recht, und Libs sorgt großartig für mich.

Gisela von Poellnitz starb vorgestern abend in der Schweiz, an den Folgen usw.[7] Wir sind alle sehr traurig: Sie war ein Prachtkerl. Sie kämpfte schon lange mit dem Tod. Nun hat sie durch Schmerzen und Betäubung hindurch vielleicht noch das Grollen der in Europa entfesselten Kanonen vernommen und gewusst, was das bedeutet...

Wir sitzen abends viel zu Haus und lesen. Über Berlin kreuzen sich die Scheinwerfer. Das Leben der großen Stadt ist ganz verwandelt, – fast unwirklich. Nach dem Fall Warschaus wird wohl der nächste Akt des Krieges beginnen.

Alles Liebe

Euer H.

Am Abend des 16. September detonierte vor einem der Eingänge des RLM ein Sprengsatz. Dadurch wurden zahlreiche Fenster des Ministeriums an der Front zur Leipziger Straße, des Kaufhauses Wertheim und anderer Geschäftshäuser zertrümmert, ein Passant erlitt Verletzungen. Ein weiteres Bombenattentat erfolgte an diesem Tage auf das Polizeipräsidium. Die Hintergründe wurden nicht aufgeklärt.

Die NS-Führung stellte sich auf den Kriegsfall ein. Ende September 1939 wurden die Spitzen der Gestapo, der Kriminalpolizei und des SD-Hauptamtes zum Reichssicherheitshauptamt organisatorisch zusammengefaßt und in der Prinz-Albrecht-Straße, die das Reichsluftfahrtministerium rückseitig begrenzte, konzentriert. Alle Staatspolizeistellen wurden angewiesen, staatsfeindliche und staatsgefährdende Umtriebe mit allen zu Gebote stehenden Mitteln zu bekämpfen und niederzuhalten. Eine Rundfunkverordnung stellte das Abhören ausländischer Sender unter Freiheitsstrafe. Auf die Weiterverbreitung abgehörter »Feindnachrichten« stand nun die Todesstrafe.

Berlin, 20. 9. 39

Liebe Eltern,
einen lieben, treuen Gruss für Euch! Dank für Papas Brief. Ich war froh, zu hören, daß es Euch gut geht und daß Ihr vorerst vor allzu vielen Fliegeralarmen verschont seid.

Bei den Betrachtungen über die derzeit. *Lage* scheinen mir manche Leute dem Umstand nicht genügend Rechnung zu tragen, daß wir jetzt den Sovjetstaat als Nachbarn haben.[8] Eine gemeinsame Grenze, wenn man will: eine gemeinsame Front, wollten die Engländer den Sovjets bei den Generalstabsbesprechungen nicht geben. Die Russen fragten: Wie sollen wir dann eingreifen? Sie halfen sich dann selbst, indem sie sich an uns wandten. Es führt zu weit, die Gedanken hier weiter auszuführen. Es ist jedenfalls ein interessantes Schachspiel, das da auf dem Schachbrett Europas zur Zeit gespielt wird, und man muss sich wohl hüten, die Schlagkraft der einzelnen Figuren falsch einzuschätzen. Den Illusionisten, die von den Engländern und Franzosen als »Friedensengeln« träumten, geht ja nun hoffentlich bald ein Licht auf. Der Führer hat ja eindeutig und klar Allen, die es wissen wollen, gesagt, daß wir auch sieben Jahre Krieg machen müssen, wenn es nicht anders geht. Na, *so* lange wird's wohl nicht dauern; da geht den Burschen vorher der Schnaps aus. [...]

Euer H.

Berlin, 27. 9. 39

Ihr Lieben,
Dank für Eure Briefe. Ich freue mich, daß es Euch gut geht und Ihr nicht allzu viel nächtlichen Besuch von meinen frz. und engl. Kollegen habt. Das heisst: Aufklärer kommen wohl auch bei Euch rüber, aber vorläufig noch keine Bomben.

Mit der neuen Waffe wird der Führer wohl unsere neuen Kampfflugzeuge[9] und die noch zu bauenden Uboote gemeint haben. Man darf aber über allen militärischen Betrachtungen nicht die Tatsache übersehen, daß die Hauptwaffe der Briten die Blockade gegen uns ist.[10] Auch Helga scheint das zu übersehen, denn sie schreibt mir neulich, sie und Carlo seien überzeugt, daß England und Frankreich es garnicht so böse mit uns meinten, denn warum sonst hätten sie noch keine Großoffensive eingeleitet. So einfach liegt es denn nun doch nicht. Wenn jemand Interesse daran haben kann, schnelle Offensiven zu beginnen, dann sind wir es. Die Waffe der Anderen ist ja gerade die Zeit, die uns mürbe machen soll. Eilig haben wir es.

Über meine weitere Verwendung im Kriegsverlauf weiss ich noch nichts. Vorerst habe ich hier noch reichlich zu tun. Ich mache täglich – nach ausländischen Presseunterlagen – eine Art Luftwaffen-Nachrichtenblatt, das grösste Beachtung findet und das eigentlich nur ich machen kann zunächst. Auf jeden Fall braucht Ihr Euch um mich nicht eine Minute lang Sorgen machen. Übrigens musste ich erfahren, daß von meiner Staffel nun schon drei Besatzungen in Holland und Schweden interniert sind. Sie hatten plötzlich Motorstörungen und mussten dann leider in Nähe neutralen Gebiets herunter. Es sind alles gute Bekannte von mir, mit denen ich noch jüngst zusammen war. Nun müssen sie den Rest des Krieges in neutralen Kasernen abwarten …

Zu Weihnachten nach Hause zu kommen, dürfte nicht möglich werden. Ich bin doch richtig in den Dienst eingespannt und muß auch stündlich verfügbar sein, Offizier vom Dienst machen usw. Aber wir freuen uns, wenn Ihr herkommt. […]

Alles Liebe,
Euer Sohn H.

Berlin, 2. 10. 39

Mein lieber Papa,
morgen ist Dein Geburtstag und ich schicke Dir dazu meine treuesten Gedanken. Je rauher der Ton in der Umwelt wird, desto herzlicher wollen wir Alle uns lieb haben. (Haben wir alle uns lieb, meine ich.)

Aus Euren Briefen spricht teilweise Erstaunen über die Entwicklung der Dinge. Für mich kommen die Dinge nicht so sehr überraschend. Hier in der Reichshauptstadt gibt es nach wie vor auch noch dänische und schwedische Zeitungen zu kaufen, sodaß man sich zusammen mit den deutschen Pressemeldungen und Nachrichten ein ziemlich klares Bild machen kann.

Eine schlimme Illusion ist es natürlich, wenn immer wieder irgendwelche politischen Ignoranten mit einem irgendwie gearteten Verständnis der Herren in Paris und London für den Verständigungswillen des Führers rechnen. Der alte Hetzer Churchill gleicht einer Bulldogge, die nicht so schnell loslässt, was sie einmal hat. Frankreich trottet hinter der Londoner City her und denkt vorerst auch nicht an Separatfrieden. Moskau ist natürlich bisher der grosse Gewinner und man kann von Stalin eigentlich nicht sagen, daß er die theoretische Linie des Sowjetregimes irgendwie verbogen habe. Für ihn ist dieser 2. Weltkrieg ein »imperialistischer Krieg«, der die Völker der UdSSR nichts angeht. Er nimmt sich, was die Gunst der Lage ihm in den Schoss wirft. Wo die Rote Armee einrückt, werden sogleich überall die Großgrundbesitzer enteignet, die Offiziere verjagt, Sowjets eingerichtet. Klugerweise beschränken sich die Russen auf rein russische Gebiete[11], sodaß es selbst den Engländern und Franzosen schwer fallen dürfte, ihnen das erlegte Wild wieder abzujagen. Im übrigen haben die Sowjets natürlich keinen Grund, mit Deutschland Krieg zu machen. Ribbentrop macht das ja genial: er gibt den Sowjets alles, was sie haben möchten und was sie für die Zukunft brauchen: Die gemeinsame Grenze mit dem 3. Reich, die Beseitigung der unsympathischen polnischen Machthaber, die strategischen Ostseestützpunkte, die Freundschaft der Balkanstaaten, die Beseitigung der Antikomintern und eine sehr gesteigerte internationale Geltung. Wenn wir nun wirklich im Osten oder Südosten nicht weitergreifen (eigentlich müssten wir ja noch das rumänische Oel haben!!), dann glaube ich wirklich, dass Russland neutral bleiben wird. Merkwürdigerweise sehen die westeuropäischen Politiker nicht ein, daß die ganze Entwicklung für sie sehr nachteilig ist. Sie tun in London so, als seien sie die besten Freunde der Russen. In Paris ist man mehr bestrebt, den Spaniern und Italienern vorzumachen, wie christlich-antibolschewistisch man geworden sei! Na, die werden auch noch merken, was die Zeichen der Zeit verkünden! Wenn es jetzt nicht Frieden gibt, werden sie die deutsche Faust zu spüren bekommen! Ihr müsst Euch dann natürlich auch mit Eurem Luftschutz befassen, zur Sicherheit nur, denn an sich ist unsere Luftwaffe ja stark genug, jeden Feind von unseren Grenzen fernzuhalten, wenn er sich nicht gerade ganz raffinierter Mittel bedient, um über deutsches Land zu fliegen.[12] [...]

Von uns nur Gutes. Wir sind gesund und frisch und fürchten die Zukunft nicht. Der Führer wird alles zum besten wenden.

Alles Liebe für Euch Drei!

Euer H.

Berlin, 21. 10. 39

Ihr Lieben,

Für Kartengruss, Geld und Zeitg.-Ausschnitte herzlichen Dank.

[...] Das Geld können wir sehr gut brauchen, da mir mein Gehalt gehörig zusammengestrichen ist. Ich hoffe nur, daß es Euch nicht zu sehr fehlt.

Daß Ihr neulich abends anrieft, war uns eine grosse Freude. [...]

Hier herrscht grosses Rätselraten, auf welche Weise der Krieg nun weitergeführt werden soll.[13] Vielleicht lässt man die Dinge bis zum Frühjahr einfach »schmoren« und wartet ab, wer zuerst weich wird. Zwischendurch erzählt man hier vielfach immer noch, daß die Kompromißmöglichkeiten noch nicht erschöpft seien und der Friede vielleicht doch noch ausbreche. Aber da ist wohl der Wunsch Vater des Gedankens ...

Die großen europäischen Fragen müssen ja gelöst werden, und mit einer Verkleisterung der Gegensätze ist dem geschichtlichen Fortschritt wohl kaum gedient.

Heute morgen traf ich in der U-Bahn Papas alten Kameraden Goltz, der hier auch in der Nähe wohnt. Er lässt vielmals grüssen. Es interessierte ihn, daß gerade 2 deutsche Flieger, die über der Nordsee abschmierten, im Schlauchboot an der englischen Küste angetrieben wurden.

Die Gummischlauchboote befinden sich oben in der Tragfläche. Bei einem Druck auf einen Knopf springt die Hülle raus (wie der Teufel aus dem Kasten) und wird im gleichen Augenblick prall und schwimmt. Ganz sinnvoll. Na, und nun hat's im Ernstfall funktioniert, was uns freute.

Neulich hatten wir hier in Berlin den ersten nächtlichen Auftritt. Es wurde wüst geschossen, und von unserem Fenster aus hatten wir ein großartiges »Schlachtenfeuerwerk mit Scheinwerferbeigabe«. Es dauerte ca. zwei Stunden, von ½10 – ½12 Uhr. Gegen 11 Uhr startete ein Nachtjäger. Am Abend drauf stand in der Zeitung, man habe aus Versehen den Nachtjäger abgeschossen.

Unter »Imperialismus«, das ist mir klar, können Papa und ich nicht dasselbe verstehen. Für mich ist diese Idee nicht an einen Mann oder an den Einfall einer herrschenden Gruppe gebunden, sondern an ganz bestimmte materielle Gegebenheiten. Ebenso wie meiner Ansicht nach der »Sozialismus« nichts mit dem Kölner Dom oder dem alten Fritz zu tun hat, sondern an die inneren Widersprüche des Industriezeitalters gebunden ist, so hat m. E. auch der »Imperialismus« nichts mit Eroberungsgeist, Herrschsucht, Machthunger oder Strategie zu tun, sondern ist an klar definierbare ökonomische Voraussetzungen geknüpft. Aber es wird schwer sein, die Diskussion über die Begriffe brieflich zu erledigen. Man kann später mal mündlich drüber sprechen.

Das Wetter hier ist scheusslich, und ich bin froh, daß Ihr mir noch zum Geburtstag warmes Unterzeug stiftetet. Jetzt kann ich es gut brauchen. Morgen wollen wir mit Freunden raus und spazierenlaufen in der Bernauer Gegend.

Alles Liebe zum Sonntag,
Euer H.

Ihr könnt mir jetzt auch *Feldpost* schreiben:
Ltnt. Schulze-Boysen Generalstab der Luftwaffe, 5. Abtlg.
Berlin W. 8

P. S.
Die Ausschnitte schicke ich Dir teilweise heute, teilweise im nächsten Brief wieder zurück. Nochmals vielen Dank. Ich habe alles mit Interesse gelesen.

Ich weiss nicht, wer Heinrich Scholz ist, finde aber seine Goethe-Aphorismen von den drei Sachen am besten. Walter Bauer ist mir kein Unbekannter. Ein Mann mit grosser dichterischer Begabung, den man immer mit Gewinn liest. Don Quichotte[14] ist so lebendig, so »aktuell« wie nur je. Aber wie kann man über diesen aktuellen Mann, diesen »erhabenen Blinden«, der die Erfindung der ... Bücher für Wahrheit hält, der Ritter sein will und heroisch gegen Windmühlen anreitet, – wie kann man heute über diesen Mann anderes nicht sagen am Ende als »seine Narrheit sei die Weisheit des Tapferen und Kühnen«? Mitleid hin, Mitleid her, aber seine Narrheit ist Narrheit – und keine Weisheit. Und das musste heute gesagt werden. Und ein Dichter, der es nicht sagt, verrät die Wahrheit.

Berlin, 28. 10. 39

Liebe Mama, lb. Papa, lieber Hartmutbruder,
es war nett, durch Mama mal wieder von Euch zu hören.

Wegen des Hauses würde ich mir an Eurer Stelle vorläufig noch keine Sorgen machen. Noch ist die grosse, vielerorts erwartete Offensive ja nicht im Gange, und wenn sie in Gang kommt, wird sie sich ja nicht gerade durch Duisburg hindurch abspielen (ich meine kampfmäßig). Das Haus liegt ja so abseits, daß wohl auch Fliegergefahr kaum besteht. –

Papa wird es interessieren, daß Major Hohl von unserer Abteilung bei Kriegsausbruch in USA war, dann quer durch die USSR wieder nach Hause kam und bei seiner langen Reise durch Russland mit 2 Direktoren der DEMAG zusammen war. Hohl hatte übrigens sehr positive Eindrücke aus dem Land der Bolschewisten, und ich gebe auf sein Urteil was.

Eigenartig berührt es mich immer, daß ich nun zum 2. mal in meinem Leben den Song »Denn wir fahren«[15] höre. Ich erinnere mich noch gut, wie ich 1917 zum ersten Mal mit Papa (in Braunlage) das Lied allerdings nach einer anderen Melodie, der von Jöde, sang, und heute noch muss ich immer dabei an Mamas »weisse Hand« denken, die mir damals als Sinnbild der weißen Hände aller Marinefrauen, deren Männer »gegen Engelland« fahren, erschien. Die neue Melodie ist übrigens auch recht gut, muss ich sagen. Na, den Engländern wird es diesmal erheblich an den Kragen gehen. Chamberlain ist tatsächlich an diesem Krieg weitgehend schuld. Papa wollte das zwar, als ich es anläßlich München so sagte, nicht glauben, aber heute ist es ja doch erwiesen, wie sehr er sich geirrt hat, als er annahm, der Friede sei für unsere Zeit gerettet worden. Die tieferen Kriegsursachen liegen natürlich nicht in dem fehlerhaften Verhalten dieses oder jenes Staatsmannes begründet (wenn Idioten an der Spitze der Staaten stehen, ist es ja auch kein Zufall!), sondern an der verkommenen Struktur unserer ganzen Gesellschaftsordnung, die reif zum Abbruch ist.

Mit dem Don Quichotte habe ich neulich dem Walter Bauer übrigens doch unrecht getan. Diese Figur ist so aktuell, daß man immer wieder in Gesprächen darauf kommt. Neulich also traf ich jemanden, der mir eine für mich neuartige Deutung des Don Q. gab: Der Mann, der aller Aussichtslosigkeit zum Trotz, gegen eine Welt des Mittelmäßigen kämpft. Aber ist diese Deutung nicht doch allzu subjektiv? Wird nicht der Mann, der gegen Windmühlen anläuft, immer sich selbst für den heroischen und den »Feind« für den minderwertigen Teil halten? Und hat Cervantes nicht doch die ganze Sache ironisch gemeint? Ich habe, um die Frage mal zu prüfen, beschlossen, mir den Cervantes in Reklamausgabe zu kaufen. Oder wollt Ihr mir damit ein Weihnachtsgeschenk machen? So lange hätt's noch Zeit! Ein anderes Buch, das ich gern hätte, ist: Ernst von Salomon, »Die Geächteten«.[16]

Unsere Bemühungen, Bettdecken-Bezugsscheine zu bekommen, sind leider gescheitert. Sonst aber bin ich nicht schlecht dran, da ich Uniform-Beihilfe monatlich bekomme.

Tausend Grüsse Euch Lieben 3!

Euer H.

Das fehlgeschlagene Attentat des Arbeiters Georg Elser auf Hitler am 8. November 1939 im Münchener Bürgerbräukeller erwähnte Harro Schulze-Boysen nicht. Am 22. November wurden die am 9. November aus dem holländischen Venlo nach Deutschland verschleppten britischen Geheimdienstoffiziere Best und Stevens der Öffentlichkeit als angebliche Drahtzieher des Komplotts vorgestellt.

Berlin, [November 1939]

Freitag/Sonnabend

Liebe Eltern,

Dank für Eure lieben Briefe. Wir sind dankbar für alle Lebenszeichen von Euch.

Ich hatte vor einigen Tagen mal wieder einen Nierensteinabgang und blieb gestern und heute daher im Bett, um mich von Libs wieder zurecht pflegen zu lassen. Es wäre nicht unbedingt nötig gewesen, daß ich heute noch zuhause blieb, aber ich konnte ein bißchen Muße sowieso brauchen und meine 2 Mitarbeiter sind jetzt hinreichend eingearbeitet, um auch mal ohne mich fertigzuwerden. [...]

Sachlich sind Hartmuts Kollegen gewiss im Recht. Aber *wie* sie vorgehen! Ich lese es ja in der Sprache Hasselrots, sehe die Fotos der zu Protokoll gehörten Seeleute, die Aussagen, die Details sind moralisch erschreckend: Mord aus Ehrgeiz und Schnoddrigkeit ... Nachträgliche Lügen und Fälschungen usw.[17] Die Engländer bedienen sich der gleichen Methode, aber es ist mir kein Fall bekannt geworden, in dem sie z. B. ein in Bellest fahrendes *neutrales* Fahrzeug ohne weiteres torpediert hätten. Die Opfer sprechen gegen uns, und die Folgen werden nicht ausbleiben.

Die Russen beurteile ich noch anders als Papa. Man darf doch nicht *Macht*politik = *Imperialismus* setzen! Der letztere baut sich m. E. auf bestimmten ökonomischen Voraussetzungen auf, die in der USSR garnicht gegeben sind. In Polen haben sich die Sowjets sehr klug auf einen rein-nichtpolnischen Teil beschränkt, und im Baltikum geht es um strategische Punkte. Ich glaube nicht, daß man den Finnen ihre Unabhängigkeit *nehmen* wird.[18] Es handelt sich wohl vor allem um einige Kronstadt[19] vorgelegene kleine Inseln, die in der Hand

Rußlands keine Bedrohung Finnlands, wohl aber, wenn in der Hand eines kleinen Staates befindlich, eine Drohung für die zweitgrößte Stadt der Russen[20] darstellt, – dann nämlich, wenn sich eine andere Großmacht plötzlich diese Stützpunkte nehmen würde. Das Vorgehen in Lettland + Estland[21] scheint natürlich dem Fall Slowakei[22] oder Albanien[23] *ähnlich*. Immerhin ist festzustellen, daß *hier* nirgends ein König oder Präsident gestürzt würde oder eine staatliche Einrichtung tangiert würde. Unter »Imperialismus« würde ich immer die Tendenz zu *Absatzmärkten, Rohstoff*räumen und Kapitalanlagegebieten verstehen. Die Sicherung strategischer Stützpunkte während eines Krieges kann unter diesen Begriff m. E. nicht fallen. Ich schreibe das nur, weil Papa schreibt, man sei jetzt wohl auch in der USSR davon abgekommen, mit Ideologien Politik zu machen. Dieser Ansicht, die hier auch viele teilen, kann ich vorerst nicht beipflichten. Die Dinge liegen vielmehr beängstigend nahe der alten theoretischen Linie. Die Westmächte haben das schon zur Kenntnis nehmen müssen und hierzulande werden sich viele Illusionisten auch noch wundern. Vom sowjetischen Standpunkt aus ist dieser Krieg ganz einfach die Fortsetzung des vorigen Weltkriegs, mit dem sie schon 1917 nichts zu tun haben wollten und jetzt wieder nichts zu tun haben wollen. Aber sie erwarten von diesem Krieg den Zusammenbruch zahlreicher »bürgerlicher« Staatssysteme und dementsprechend verhalten sie sich an dem Hebelarm, an dem sie sitzen. Es wundert mich immer wieder, daß diese einfache Rechnung so selten durchschaut und erkannt wird. Aber was soll *ich* mir Sorgen machen?! Der Führer wird alles lenken, und wir werden ja sehen! […]

Alles Liebe Euch Dreien
Euer H.

Student in Uniform
Die auslandswissenschaftliche Fakultät

Im Januar 1940 eröffnete sich für Harro Schulze-Boysen eine neue Möglichkeit, das 1932 abgebrochene Studium zu Ende zu führen. Das Diplom war auch Voraussetzung für eine Beförderung zum Regierungsrat im Luftfahrtministerium.

Die frühere Hochschule für Politik fusionierte mit der Auslandshochschule und dem Orientalischen Seminar der Berliner Universität zur Auslandswissenschaftlichen Fakultät. An dieser Fakultät der Berliner Universität sollte eine zentrale wissenschaftliche Institution für die NS-Außenpolitik entstehen. Zum Dekan wurde der Leiter der Abteilung VII im Reichssicherheitshauptamt Professor Dr. Franz Alfred Six[24] berufen. Damit war eine enge Verzahnung mit der SS-Führung gesichert. Der fleißige NS-Aktivist Six, wie Schulze-Boysen 1909 geboren, hatte sich bereits 1936 mit einem zeitungswissenschaftlichen Thema habilitiert. Er war im Hochschuldienst wie auch in der »Gegnerforschung« des SD-Hauptamtes tätig gewesen. Das von Six gleichzeitig geleitete Auslandswissenschaftliche Institut fungierte als Kontaktstelle zum Reichssicherheitshauptamt und vermittelte auch Studenten für einen späteren Einsatz in dieser Institution.

Berlin, 20. 1. 1940

Ihr Lieben,
stichwortartig nur schnell einen Gruss, der Euch hoffentlich noch zum Sonntag erreicht.

Ich habe rasend zu tun. Zu hause ist es wegen Kohlenmangel nicht sehr gemütlich. Das ist hier aber auch bei anderen so, vor allem wegen der großen Kälte. Wir haben es wenigstens nicht ganz kalt. Es muss eben gespart werden. Wir ziehen uns dick an und sind bisher frisch und gesund. Hoffentlich ist bei Euch alles o. K. [...]

Seit neulich bin ich übrigens auch wieder Student. Ich habe mich, da Voraussetzungen jetzt wegen Neuanschaffung auslandswissenschaftlicher Fakultät an der Universität jetzt sehr günstig, nun doch entschlossen, auf einen Abschluss meiner Studien loszugehen. Es hat mich immer gewurmt, daß ich Euch da was schuldig geblieben war. Wenn nichts dazwischen kommt, was man in so unruhigen Zeiten natürlich nicht wissen kann, habe ich Ende des Jahres den »Dr.« Kosten sind natürlich nicht unbeträchtlich. Unter Umständen muss ich Euch noch mal anpumpen. Die meisten Übungen und Kollegs höre ich während der Dienstzeit, ich gehe ja nur ¼ Std. 'rüber zur DHP[25].

Fächer: Außenpolitik (Wehrpolitik) – Aussenwirtschaft; Länderkunde Schweden und USSR. Sprachen: Englisch und Schwedisch. Meine 8 Semester werden mir nach der neuen Regelung angerechnet.

Sonst nicht viel neues. Lage unverändert ungünstig für England.

Tausend liebe Grüsse!

Euer H.

Berlin, 28. 1. 40

Liebe Eltern,
habe gerade einen Sonntagvormittag von 9–2 h Wache hinter mir, und bevor ich zum Mittagessen gehe, will ich Euch schnell noch einen Gruss schicken, der dann gleich in den Kasten kommt.

Ich habe mich sehr gefreut, daß Ihr Verständnis dafür aufbringt, daß ich mal wieder studiere. Man könnte natürlich sagen: »Es ist Blödsinn, sich in so unsicheren Zeiten ein solches Ziel wie ein akademischen Examen zu stecken!«, und man weiss natürlich nicht, was daraus wird. Andererseits kann man ohne eine gewisse »Philosophie des Als-Ob« (»als ob« [es] ruhig und friedlich und sicher wäre!) heute überhaupt keine Pläne mehr machen. Man soll sich also ruhig was vornehmen, sich ruhig anregen lassen. Ich bin mal wieder in einer richtigen Welle des Lernens drin, und das ist von Zeit zu Zeit fruchtbar und gut im Leben, – ganz gleich, ob äußerlicher Erfolg sich einstellt oder nicht.

So, da kommt eben meine Ablösung, und ich will Essen gehen. Libs wartet.

Alles Liebe.

Euer H.

Berlin, [Anfang Februar 1940]

Liebe Eltern,
das Schreiben wird jetzt öfter etwas unregelmäßig vonstatten gehen, und Ihr müsst nicht böse sein, wenn die gute alte Sitte des »Wochenendbriefs« etwas ins Wanken kommt. Meine Zeit ist tatsächlich ungeheuer ausgefüllt. [...]

Gesundheitlich geht es uns trotz manchen Frierens recht gut, und wir hoffen das Gleiche von Euch. Eine Osterreise für Papa halte ich für gut möglich, wenn es ja auch an der See noch recht kalt ist um diese Jahreszeit. Papa soll mir schreiben, ob ich ihm das Bartz'sche Buch über Seebrügge[26] hier besorgen soll. Ich denke, man bekommt es noch.

Bald mal wieder mehr.

In Liebe

Euer Harro.

Berlin, [Anfang Februar 1940]

Lieber Papa, lb. Mama,
Dank für Eure lieben Grüsse. Nachdem ich gestern ein gr. Referat hinter mich gebracht habe, habe ich jetzt wieder *etwas* mehr Zeit, obwohl natürlich dienstlich nach wie vor viel zu tun ist. [...]

Sehr lustig war für mich neulich die Entdeckung, daß der Dekan »meiner« neuen Fakultät bis zum April 1933 für mich den »gegner« in Mannheim organisierte. Danach ist er der SS beigetreten und hat dann eine schnelle Karriere gemacht. Er ist jetzt, wie ich, 30 Jahre, und das Kolleg bezw. die Übung bei ihm hat trotz stark ideologischen Gepräges doch den größten bildenden Wert von allen, da S[ix] historisch *weit* ausholt, um heutige Reichsansprüche zu begründen. Ich weile daher jetzt oft in der geistigen Nähe Hallers, (Epochen der deutschen Geschichte[27]), der auch häufig erwähnt wird. Bei den anderen Professoren geht es mir doch so, daß ich meist mindestens so viel weiss wie sie. Der Generalstab war schon eine große Schule für mich. [...]

Ob die heutige Jugend die Tiefe des Gemüts verloren hat? Schwer zu sagen, aber ich glaube nicht. Eher: die Muße verloren, dem Gemüt einen Ausdruck zu geben. Nicht das Gemüt, aber die Pflege, die Kultur des Gemüts ist verloren gegangen. Nach meinen Eindrücken an der Universität zu urteilen, nimmt die Barbarisierung übrigens, je jünger die Generation, und je weniger sie in der Atmosphäre der Vorkriegszeit – oder deren Abstrahlung – verankert ist, *zu*. Erst mit der Stabilisierung der materiellen Verhältnisse wird der ideelle Ausdruck auch im Gemütsleben wiederkommen. [...]

Schluss für heute.

Euer H.

(beim Abendbrot (Lutter & Wegener)[28], vorm Kolleg!)

Berlin, 11. 2. 40

Liebe Mama, lieber Papa,
heute am Sonntag habe ich, nachdem ich eben – gegen 15 Uhr – mit meiner Arbeit fertig bin, eher schon etwas Zeit, zu schreiben und Euch für Briefe und sonstige Zusendungen zu danken. Das Paket Nr. 1 ist gestern eingetroffen u. besonders das Kissen hat uns sehr erfreut.

In Mamas Briefen, ich muss es doch mal schreiben, damit es keine Unannehmlichkeiten gibt, fällt mir auf, daß Mama in nicht ganz vorschriftsmäßiger Weise oft auf Dinge eingeht, die in Briefen heute unerwähnt bleiben müssen: Als militärische Geheimnisse sind anzusehen: Wettermeldungen aller Art – alle Nachrichten über Tätigkeiten und Unterkunft der Truppen (MG-Ausbildung, Unterkünfte usw.) – und schliesslich auch auf Grund dortiger Beobachtungen angestellte Vermutungen »strategischer Natur«. Ich schreibe das, weil ich der Meinung bin, daß man garnicht vorsichtig genug sein kann in diesen Dingen. Libs habe ich auch schon manchen Brief mit der Schere in der Hand »zensieren« müssen. Daß das ... Dorf sowieso ein »wahres Heerlager« ist, geht niemand außerhalb des Ortes selbst etwas an ... außer die Zielabteilung des englischen Luftgeneralstabs, der dann seine Bomben nachher auf dieses Dorf fallen lässt. [...]

An der Universität fällt mir folgendes auf:

1. Schwedisch einmal die Woche 1 Stunde ist sehr nett. Obwohl ich die Sprache ja nie regelrecht gelernt habe, macht es mir nicht die leisesten Schwierigkeiten. Am Kolleg nimmt auch eine Tochter des deutschen Gesandten in Stockholm, Prinz Wied, teil. Die Verbindung ist uns wichtig, weil zwischen Carl Douglas und Wied eine ziemliche Spannung besteht (Wied meldete an Göring, Carl sei »besonders deutschfeindlich eingestellt« und dies sei umso mehr zu beanstanden, wenn man bedenke, daß Göring zur Hochzeit Carl-Ottora seinerzeit in Liebenberg ein großes Geschenk schickte ... Die Sache kam so weit, daß Onkel Büdi Ottoras Mann in einem Brief sozusagen das Haus verbieten musste (Auf Görings Anweisung ...) Wir wollen nun mal sehen, was wir mit der kleinen Wied machen können, um diese unerfreulichen Dinge evtl. zu beheben. Sie ist ein sehr verständiges Mädchen und kann vielleicht mal mit ihrem Alten Herrn reden. Ich sprach neulich mit ihr in diesem Sinne ...

2. Mein russisch geht gut vorwärts, und wenn ich mit dem ganzen Studium nicht mehr erreichen würde als die vollständige Beherrschung der russischen Sprache bis Jahresende, so wäre auch schon allerhand für mich gewonnen.

Die Seminararbeiten Landeskunde UdSSR sind recht erschwert durch die Tatsache, daß auch heute noch eine Schar fanatischer Balten und Emigranten auf der gesamten Russlandliteratur des Instituts hockt und somit eine Art – heute politisch garnicht mehr vertretbarer Monopolstellung einnimmt. Es will mir nicht in den Kopf, daß jedes andere Land der offenen und freien Forschung weitgehend zugänglich ist, daß aber in Punkto Russland immer noch kein rechter Wandel geschaffen ist. Natürlich sind die Professoren weitgehend gezwungen, Konzessionen an die ganze Weltlage zu machen und die Vorlesungen sehen heute ganz anders aus als im letzten Sommer ... Aber auch heute noch ist von wirklich wissenschaftlicher Erfassung der Dinge dieses Landes garkeine Rede. Alles wird gesehen unter dem Gesichtswinkel der Antikomintern und nicht vom Standpunkt der gesamtdeutschen Politik ... Nun, ich setze so hart dagegen, wie ich kann und habe die Professoren teilweise schon sehr in die Enge getrieben. Meine große Arbeit über die Entstehung der Roten Armee wird recht interessant.

4. Bei General von Metzsch geht es ziemlich gemütlich in den »wehrpolitischen Untersuchungen« zu. Im nächsten Semester werde ich mir irgend ein luftstrategisches, geopolitisches Thema nehmen. Dieses Semester beschränke ich mich auf einige kurze Referate, z. B. neulich über finnische Wehrmacht.

5. Der Dekan der neuen auslandswissenschaftlichen Fakultät ist *Six*, ein 30-jähriger SS-Standartenführer, früher Dr. phil. mit Geschichtsstudium.[29] Sehr stark ideologisch gefärbt. Reichsidee als Stichwort. Immerhin kann ich auch hier was lernen. Wichtige Hinweise auf deutsche Historiker, vor allem Ranke und Meinecke. Interessante Untersuchungen zwischen geopolitischer Basis und Ideenlehre der verschiedenen Großmächte, – ein Thema, was mich an sich reizt.

Der Gesamtbetrieb ist kameradschaftlich-militärischer als vor 33, aber geistig wesentlich enger. Der Bildungszustand der Jüngeren ist teilweise katastrophal.

Schluss für heute. In Liebe

Euer H.

Berlin, 21.3.1940

Liebe Mama, lb. Papa,

Dank für Eure Grüsse aus Kiel. Meine Gedanken waren viel bei Euch drei Lieben da oben. [...]

Theoretisch habe ich zur Zeit 12 Tage Urlaub, kann aber nicht weg. Ich benutze die Zeit, um für mein Studium schon fürs nächste Semester etwas vorzuarbeiten. Ganz befriedigt bin ich von dem 1. kurzen Trimester nicht. Entgegen den allgemeinen Erwartungen sind die Promotionsbestimmungen immer noch nicht heraus, und infolgedessen ist der Studienplan nicht ganz leicht aufzubauen. Immerhin hatte ich neulich Gelegenheit, im Anschluß an eine Übung noch abends ½ Std. neben dem Dekan im Niquet-Keller, (was aus Gründen der Nähe Stammlokal der Studenten der neuen Fakultät ist) zu sitzen und mich mit ihm zu unterhalten. Er (Six) ist Standartenführer SS und Abteilungs-Chef im Geheimen Staatspolizeiamt[30], und ich habe den Eindruck, daß er mir wohl will. Der Mann ist sehr energisch und ehrgeizig und hat den festen Willen, aus der neuen Fakultät was zu machen, ohne Rücksicht auf Verluste ... (Er geht sehr rigoros gegen die alten Hörer und Hörersitten der »Hochschule für Politik« vor, das Studium (jedenfalls derjenigen, die jetzt anfangen) ist streng eingeteilt und überwacht. Wer dort das Examen macht, wird direkt an eine höhere Staatsstelle (Ministerium, Diplomatie usw.) weitergegeben. Also ungefähr das, was ich mir früher mal unter einem politischen Studium vorstellte.) Da ich nun bei den meisten anderen Dozenten doch nicht mehr viel lernen kann, mit Ausnahme der russischen Abteilung, wo ich die Sprachkenntnisse laufend erweitere, möchte ich bei Six weiterarbeiten, obwohl bei ihm die höchsten Anforderungen gestellt werden. Hier nämlich handelt es sich praktisch um eine Erweiterung der historischen Kenntnisse, und die können ja nie etwas schaden, sondern erweitern und vertiefen das politische Verständnis an sich ... Für's nächste Semester liess ich mir eine Arbeit schon geben: Flottenrüstungen und Weltmachtstreben in der nach-Bismarck'schen Zeit. Also das Tirpitz-Thema, und ich wählte es sozusagen aus Gründen der »Familienehre«. Zur Zeit habe ich die Tirpitz-Bücher und eine mehr wehrwirtschaftliche Betrachtung über die Flottenrüstungen von Onkel Wolf[31] vor, ferner den Hallmann[32], der mir noch von seinem Besuch in Duisburg her in Erinnerung war als Mitarbeiter Kerns[33].

Fragen an Papa: Wen kann man von der englischen Gegenseite am gewinnbringendsten auswerten? Jellicoe? Churchill? Sonst wen? Wer hat innenpolitisch als Gegner das Beste und das Übelste geschrieben ...? Haller ist mir bekannt, auch zu Hitler »Mein Kampf« wird man heute Stellung nehmen können in einer Weise, die Tirpitz gerecht wird. Man sieht ja jetzt ein, daß es nicht die Flottenpolitik war, die England zum Krieg trieb. Für Anregungen in dieser Richtung bin ich dankbar. Die meiste Literatur kann ich mir hier beschaffen. Allenfalls käme Übersendung von broschürenartigen Veröffentlichungen in Frage, die nicht mehr leicht zu bekommen sind.

Wenn's fertig ist, bekommen Papa und Hartmut einen Durchschlag. Kopie meiner letzten größeren Arbeit an der Universität schicke ich Euch dieser Tage mal zu.[34]

Nach den letzten Äußerungen unserer Presse zu urteilen, wird es ja wohl nun bald ernsthaft losgehen. Ich bin nach wie vor überzeugt, daß die herrschende Schicht Englands ihrem wohlverdienten Schicksal diesmal nicht entgeht. Die Leute ernten jetzt das, was sie in den letzten Jahren gesät haben. Die europäische Vorherrschaft verlagert sich wieder in die Mitte des Erdteils, – »so oder so« ...

Solange wir die Rückendeckung im Osten haben, ist mir um den Kampf gegen die City nicht bange. Diese Ansicht habe ich immer verfochten, und ich bleibe auch heute noch dabei, obwohl das, was ich wollte, reichlich spät gemacht worden ist. Wie viel günstiger noch wäre unsere Lage, wenn wir Russland als wehrwirtschaftliches Hinterland schon hätten – und noch dazu ohne die ganzen psychologischen Belastungen der letzten Jahre, die die neue Freundschaft doch immer noch vielerorts als zweifelhaft (à la longue) erscheinen lassen.

Die Beendigung des Finnlandkriegs habe ich sehr begrüsst.[35] Die Finnen haben sich wacker geschlagen und noch einmal ihren Willen zu staatlicher Selbständigkeit unter Beweis gestellt. Die Russen haben ihre Forderung durchgesetzt und im Friedensschluss bewiesen, daß es ihnen wirklich nur um militärisch notwendige Sicherung Leningrads ankam. Die Finnen hatten das nicht glauben wollen und hierzulande auch manch Einer nicht. Aber die Dinge liegen ja jetzt klar. Hoffentlich nutzen die Russen nun ihre neue starke Stellung im Ostseeraum immer nur in einem Sinne aus, der sich mit den Interessen des deutschen Volkes deckt. Der ziemlich anglophil und kapitalistisch orientierte Haushofer schrieb in der letzten Nr. der »Geopolitik« bereits: »Auch Räuber der Steppe sind Räuber; nicht nur die Piraten der See und ihre Piratenreiche!« Bei so viel Mißtrauen muss man allerdings das Schlimmste befürchten ...!

Libs ist für 12 Tage auf Einladung ihrer Mutter nach München u. kommt hoffentlich auch noch etwas zum Skilaufen. Ich kann hier ja doch nicht weg und arbeite so viel, daß mir der Gedanke angenehm war, sie noch etwas Luft schnappen zu lassen. Ich schlafe zur Zeit aus, frühstücke gut, schlendere gemächlich ins Ministerium, ordne dort alles, esse um 12 Mittag und anschliessend gehe ich ins Seminar, wo es oft 22 oder 23 Uhr wird. Wie viel ist noch zu lernen und zu lesen!! Zehn mal so viel Zeit müsste man haben! Wie die Dinge auch laufen, es wird dieses Jahr für lange Zeit die letzte Chance für mich bieten, meine Bildung noch auf grundsätzlichen Gebiet zu erweitern ... [...]

Alles Liebe.

Euer H.

Berlin, 12. 4. 1940

Lieber Papa,

Du kannst Dir denken, daß es viel Arbeit gibt, daher schreibe ich nur kurz.

Die norwegische Unternehmung[36] ist eine schneidig riskante Sache. Schneidig in der blitzschnell-überraschenden Durchführung und der ungehemmten Anwendung aller zur Verfügung stehenden technischen Mittel unserer Zeit. Riskant, weil wir uns auf einen Kriegsschauplatz begeben, zwischen dem und uns Wasser liegt. Und auf dem Wasser sind die Engländer plus Franzosen uns ja überlegen, trotz unserer Luftwaffeneinwirkung. Ich erwarte eigentlich stündlich die Nachricht von einer englisch-französischen Truppenlandung irgendwo weit oben, noch nördlich Narvik[37], also etwa auf Tromsö[38], wo die Norweger eine Garnison und einen Land- und Seeflugplatz haben, sich halten und sich mit alliierten Streitkräften zusammentun könnten, um Narvik und eventuell auch Kiruna[39],

Gällivara[40] und Lulea[41] zu bedrohen, also das *Erz*. Na, da muss man abwarten, aber ein Nachschub nach da oben hin dürfte keine einfache Sache werden, denn nördlich Trondhejm[42] gibt es auf norwegischem Gebiet weder Weg, noch Steg, noch Bahn mehr ... Du kannst Dir denken, mit welchem Interesse ich die Dinge verfolge, gerade weil ich mich in Skandinavien etwas auskenne ...

Ob die Engländer es auf eine Art permanenter Skagerakschlacht[43] ankommen lassen ...? Beinah sieht es so aus. Jetzt wird sich erweisen, ob Seemacht im alten Verstand noch anwendbar und ausschlaggebend ist.

Meine Kollegs beginnen am Montag wieder. Für Überweisung der Rm 100.– wäre ich dankbar. (Sehr dankbar!) Libs' Schwester[44] erlebt ja allerhand mit. Oslo wurde ja verschiedentlich mit Bomben belegt. Heute abend kommt Libs' Mama nach Bln. und ich werde versuchen, sie zu beruhigen. Mit gutem Gewissen übrigens, denn ich glaube nicht, daß es größere zivile Verluste gegeben hat. Nur die Aufregung ... Und das kann uns allen ja täglich passieren jetzt.

Mit vielen lb. Gedanken für Mama und Dich.

Dein H. [...]

Am 9. April fielen deutsche Truppen in Dänemark und Norwegen ein. Dänemark kapitulierte sofort. Norwegen nahm den Kampf auf und versenkte deutsche Kriegsschiffe. Am 14. April landeten alliierte Truppen nicht in dem von Schulze-Boysen angenommenen Gebiet, sondern südlicher bei Harstas, Namsos und Ândalsnes. Bei Lillehammer erlitten die britischen Truppen am 21. April eine Niederlage. Am 3. Juni wurden die alliierten Verbände aus Narvik abgezogen, und am 10. Juni kapitulierte die norwegische Armeeführung.

Berlin, [Ende April 1940]

Lb. Papa,
neulich vergaß ich, Dich nach der Firma zu fragen, die in Lulea, Narvik oder sonstwo dort oben gebaut hat. Abgesehen von anderem mache ich auch an der Univ. gerade eine Arbeit über die Gegend dort oben, und die Sache würde jedenfalls hier sehr interessieren. Kennst Du sonst eine Stelle, die Angaben über die Verladekapazität von Lulea machen könnte? Man hat mir hier genannt ein Forschungsinstitut (in Essen?), das wahrscheinlich zum Verein Deutscher Eisenhüttenfachleute gehörig ist. Ist es Dir wohl möglich, *ohne größere Mühen* Anschrift dieses Instituts in Erfahrung zu bringen?

Du musst entschuldigen, daß ich neulich abend bei uns ein vielleicht nicht ganz gemütliches Thema anschnitt. Mir lag aber, da die

Freunde nun mal da waren, sehr viel daran, daß sie mal Deinen konservativ-nüchternen Standpunkt kennenlernten, als Gegensatz zu manchen eigenen Hoffnungen (die sich ja bekanntlich leicht zu Illusionen auswachsen). Je geringer man die Möglichkeiten im Osten einschätzt, desto dringlicher wird ja die Verpflichtung, *hier* an Ort und Stelle bis an die Grenze des Menschenmöglichen zu gehen. Ich glaube zwar, daß Du einige psychologische Faktoren zu unseren Gunsten, insbesondere die oppositionellen Strömungen in Frankreich und auch in England, *unter*schätzt und die kriegsabkürzende Wirkung des allgemeinen Rohstoffmangels *über*schätzt, aber es kann ja nie schaden, wenn man mal einen gut begründeten, skeptischen anderen Standpunkt hört als den eigenen. Jedenfalls haben unsere Bekannten (die alle 3 diesmal je – intellektuell + politisch gesehen – keine großen Leuchten waren) Dich und Deine Ansichten sehr genossen, und wir hoffen, daß es Dir nicht zu viel war + daß es Dir wieder besser geht. [...]

Alles Liebe auch für Mama.

Dein H.

Am 10. Mai begann die mehrfach verschobene Offensive im Westen. Der Angriff verlief, ähnlich dem Vormarsch von 1914, im nördlichen Belgien, den Niederlanden und durch Luxemburg. Der schnelle Vorstoß der deutschen Truppen zum Ärmelkanal trennte die Hauptmasse der französischen Armee von den nördlich um Dünkirchen stationierten Einheiten und dem britischen Expeditionsheer. Die um Dünkirchen eingekesselten englischen und französischen Verbände konnten am 4. Juni in einer Großaktion mit 860 Schiffen über den Kanal nach England zurückgeführt werden.

Am 5. Juni begann mit der »Schlacht um Frankreich« die zweite Phase des Westfeldzuges, der für die französischen Truppen innerhalb weniger Tage mit einer Katastrophe endete. Am 14. Juni marschierten deutsche Truppen in Paris ein, am 17. Juni ersuchte Marschall Pétain um einen Waffenstillstand, der am 22. Juni unterzeichnet wurde.

Berlin, 11. 5. 1940

Ihr Lieben,
Ihr könnt Euch denken und Ihr müsst es fühlen, mit wie vielen treuen und guten Gedanken ich seit dem gestrigen Tag bei Euch bin. Diese Gedanken werden Euch nun lange Zeit nicht mehr verlassen.

Der Krieg, der wirkliche, aus den Vorbereitungen heraustretende Krieg ist nun wohl wirklich da. Es ist nicht viel dazu zu sagen; was zu sagen war, schrieb ich schon vor einem halben Jahr, damals, als die Kriegserklärungen kamen. Es wäre schön, wenn wir alle am Schluss noch beisammen sind. Alles andere ist dann nicht so wichtig, ich meine: Geld oder Haus oder sonstwas …

Der Studienplan der Auslandswissenschaftlichen Fakultät ist jetzt herausgekommen und insofern für mich eine Enttäuschung, als vorm Januar 1941 niemand zum Diplom und vorm Sommer 1941 (½ Jahr später) niemand zur Promotion zugelassen wird. An und für sich brauche ich für jedes Semester ziemlich den gleichen Betrag (bezw. Trimester, also 3 mal im Jahr; jetzt bin ich im 2. Trimester 1940!). Das Diplom ist nicht sehr teuer, dazu brauche ich wohl keinen Zuschuss. Auf das Diplom (abgeschlossene Hochschulbildung) hin würde ich wohl schon Regierungsrat werden und brauche daraufhin keinen Zuschuss mehr zum Dr. Papa soll sich deswegen keine Sorgen machen. Wenn's bei Euch knapp wird, schaff' ich's auch allein, denk' ich.

Wenn Ihr könnt, teilt mir doch mal Hartmuts Anschrift mit. Wir wollen ihm mal schreiben.

Ob Papa noch zu seiner Italienreise kommt? Vielleicht nicht ganz zweckmässig jetzt, die Eisenbahn zu viel in Anspruch zu nehmen.

Einen »Pfingst«-Gruss,

Euer H.

Pfingsten fuhren Harro und Libertas per Rad mit Schumachers und Günther Weisenborn nach Liebenberg, wo sie an der Lanke, einem herrlich gelegenen See, zelteten. Engelsings besuchten sie dort: »Bei diesem Treffen werden Flugblätter formuliert und ihre Verteilung geplant. Doch wissen wir nur, daß alle diese jungen Leute, die sich um Harro scharen, gegen Hitler sind. Er wirkt gelöst und heiter im Kreise seiner Vertrauten. Libs hat wie so oft die Zieharmonika dabei, und es wird gemeinsam gesungen, geschwommen und gekocht.«[45]

Man diskutierte über die aktuellen politischen Entwicklungen. Schulze-Boysen brachte internes Informationsmaterial mit, darunter die nur für einen ausgewählten Personenkreis bestimmten Mitteilungen des Deutschen Nachrichtenbüros, worin auch ausländische Pressestimmen wiedergegeben wurden.

Berlin, 24. 5. 1940

Ihr Lieben,
zum Sonntag einen schönen Gruss. Dank für Papas Karte aus Milano und Mamas Brief. Über den Anruf habe ich mich auch sehr gefreut. Die Zeitung vermittelte einen Eindruck. Wo anders ist aber noch mehr los.

Was Papa wohl für Reiseeindrücke mitbringt?! Mamas Ansichten teile ich nur sehr zum Teil. Von besonderen »Erfindungen« ist garnicht die Rede, sondern davon, daß bisher ein antiquiertes Prinzip gegen ein jüngeres stand. Genau wie zu Napoleons Zeiten die Republik gegen den Zopf. Ein grosser Mann zwingt einem Erdteil seinen Willen, d. h. das neue Prinzip auf. Man sieht ja: Die Engländer werden jetzt auch »totalitär«, wenn auch reichlich spät.[46] Es wäre natürlich grotesk, wenn Old England siegen würde, mit seinen ganzen Duodezfürsten hinter sich: Dem Biesterfelder, der Juliana und dem sonstigen Ramsch. Für diese Leute ist im neuen Europa kein Platz mehr. Trotzdem wäre es falsch, nun zu schlussfolgern, dass damit das 3. Reich schon für 1000 Jahre gesichert sei. Noch sind ganze Erdteile nicht mit im Spiel, jedenfalls bisher nur als interessierte Zuschauer oder Nutzniesser. Der »Weltkrieg« steht ja erst im Anfang. (Dabei ist es grundsätzlich gleichgültig, ob noch mal eine Pause eingelegt wird, – etwa nach Besetzung Englands oder so ...)

Wie der Krieg auch endet: Die Lebensgrundlage für Old Europe verschmälert sich, liebe Mama. Denn wenn das Empire sich selbständig macht (Kanada, Australien, Amerika usw. bauen ja heute schon immer mehr Industrie auf ...), verliert Europa immer mehr an wirtschaftlicher Kraft. Gleichzeitig wird die UDSSR, auch USA, immer stärker. Daß der Firma Europa dann die Russen freiwillig beitreten sollten, halte ich für ganz unwahrscheinlich. Nicht in dieser Form ... Überhaupt macht Mama m. E. den Fehler, heute schon vom Sieg zu reden. Das sollte man an dem Tage tun, wenn wir der übrigen Welt wirklich unseren Willen diktiert *haben*! Die Schlachtenerfolge sind grossartig, bedeuten aber, soviel ich sehe, im Augenblick noch nicht das Kriegsende.

[...] Wenn Helgas Leute[47] mitmachen, wird ihnen vermutlich über den Balkan hinweg Russland Schwierigkeiten machen. Aber die Beppos überlegen sich's noch.[48] [...]

Alles Liebe Euch Beiden.

Euer Harro.

Berlin, 14. Juni 1940

Schönen Dank Euch, Ihr Lieben,
für Eure Briefe. Die Fragen hätte ich ähnlich wie Bartenbach beantwortet. Die Zerstörungen in den flandrischen Häfen sind ziemlich gross, auch in Zeebrügge. Heute ist ja nun auch Le Havre gefallen, sodaß wir alle wichtigen Kanalhäfen haben. Wenn man den Briten direkt auf den Pelz will, darf man wohl nicht viel Zeit verlieren, denn die USA-Hilfeleistung wird von Tag zu Tag stärker.

Mamas Gedanken »zur Verbesserung meiner Karriere« haben mich sehr belustigt. So gut derartige Vorschläge gemeint sind, fallen sie doch auf ganz unfruchtbaren Boden bei mir. »Meine Partei ist die Zukunft«, um mit dem alten Lagarde zu sprechen ... Außerdem ist der Krieg noch nicht zuende, sondern geht ja eben erst richtig los (ich meine, räumlich gesprochen, nicht zeitlich!). Ich würde es nie für schandhaft ansehen, meine Ansichten zu ändern. Tatsächlich lernen wir ja dauernd dazu. Aber seinen Charakter braucht man umso weniger zu beugen, als die Tatsachen und die Umwelt einem entgegen kommen. Ich bin da ganz ruhig und warte meine Zeit ab.

Zunächst einmal wird die Vorherrschaft des City-Kapitalismus über Europa zerstört. Das ist in meinen Augen ein unvermeidlicher und daher zu begrüßender Vorgang, dessen dauernde Auswirkung auch das Reich positiv wird genießen können. Aber wichtiger noch als der derzeitige rein destruktive Vorgang ist das Problem des Friedens, die Aufgabe des Neubaus danach. Ganz konkret gesprochen: Wichtiger als der Pariser Einzugsmarsch ist die weltpolitische Lage im Augenblick der Friedenskonferenz. Da möchte ich (nicht persönlich, aber dem Sinne nach) vertreten sein, stark vertreten sein, am stärksten vertreten sein. Denn wer da siegt, hat überhaupt gesiegt. Wer da gewinnt, hat überhaupt gewonnen! Wer da noch alle seine Trümpfe in der Hand hat, hat machtpolitisch gut und richtig ausgespielt. Muss ich noch mehr schreiben? Es kommt m. E. garnicht darauf an, sich irgendein Abzeichen ins Knopfloch zu stekken[49]. Es wird noch viel Metall eingesammelt werden. Man muss seine klare Linie im Kopf vorgezeichnet haben – und das ist alles.

Die Beppos sind nun auch dabei. Gut bekomm's, kann man da nur sagen. Damit springt der Krieg auf große neue Räume über. Irgend ein Kompromissfriede, ein fauler, ist wohl hinfort ausgeschlossen. Die Welt wird neu aufgeteilt, wenn auch nicht so, wie der kleine Moritz es sich vorstellt. Die Yankees machen praktisch ja auch schon mit. Ob sie London noch retten können?

Tolle Zeiten, wenn man ganz bewusst im Strom der Geschichte mitschwimmt ... Und daneben so viel Kummer und Leid in der Welt. Das kann nicht ohne grosse geistige und seelische Rückwirkungen bleiben, meine ich ...

Alles Liebe,
Euer H.

Der erfolgreiche Frankreichfeldzug verhalf Hitler zu großem Ansehen. Sein militärischer Triumph hatte eine Steigerung seiner Macht nach innen und außen zur Folge. Der Führermythos nahm neue, martialische Dimensionen an. Es verbreitete sich eine nationalistische Siegerstimmung, der sich selbst frühere Gegner des Nationalsozialismus nicht mehr entziehen wollten. SD-Berichte aus der zweiten Juni-Hälfte stellten im »deutschen Volk eine bisher noch nicht erreichte innere Geschlossenheit fest«.

Die vernichtende militärische Niederlage der französischen und englischen Truppen verstärkte Schulze-Boysens kritische Haltung gegenüber den westlichen Demokratien. Hitlers Siege, so glaubte er, zerstörten das alte Europa und das kapitalistische System. Danach mußte etwas Neues entstehen.

Hugo Buschmann erinnerte sich: »Diskussionen, Diskussionen. Wir kamen auch mit anderen Leuten zusammen, entweder bei uns oder bei ihm. Wir trafen geheimnisvolle Gestalten Sonntagmorgen, wenn wir im Grunewald spazieren gingen. Mußte man handeln? Harro erklärte, daß die deutsche Kriegsmaschinerie nicht geschwächt werden dürfe, weil dann ein Sieg der Westmächte möglich würde, bevor eine revolutionäre Situation herangereift sei. Ich war absolut nicht einverstanden. Ich hatte das Angebot einer Reise nach Moskau mit einer Industriellen-Kommission zum Kauf von Rohstoffen abgelehnt, weil ich nicht in ein Land fahren wollte, das mit Hitlerdeutschland verbündet war.

Harro machte sich lustig. Die russische Politik sei stimmig. Inzwischen war er ein überzeugter Leninist geworden. Es könne nicht die Frage sein, die russische Organisation auf Deutschland zu übertragen. Das stünde bei Lenin schwarz auf weiß. Wenn Rußland eines Tages in den Krieg eintrete und Hitlerdeutschland den Gnadenstoß gebe, dann werde die deutsche Revolution eine nationale Erhebung sein wie 1917 in Rußland, und der Rest von Europa werde folgen. Wir waren uns nicht einig.«[50]

Schulze-Boysen sah in dem Krieg nicht nur den Kampf zwischen Faschismus und Demokratie, sondern auch die Rivalität zwischen dem kapitalistischen Westen und dem sozialistischen Osten, erinnerte sich Arnold Bauer, der ihn aus der »gegner«-Zeit kannte und ihn im Herbst 1939 wiedertraf: »Nach seiner Ansicht waren viele uns nicht verständliche Ereignisse, wie die zaudernde Kriegsführung der Engländer, auf diese Rivalität zurückzuführen. Jedenfalls versprach er sich auf Grund einer weit vorausschauenden Kriegsführung Stalins eine soziale Erschütterung des Westens.«

In dieser Auffassung bestärkten den Luftwaffenoffizier auch die Diskussionen mit seinen kommunistischen Freunden. Harro Schulze-Boysen hatte über Elfriede Paul den früheren Redakteur der »Roten Fahne« Wilhelm Guddorf kennengelernt. Ein Mann mit einem riesigen Kopf und etwas verkrüppelten Fingern, der Typ eines Intellektuellen, der auch deshalb auffiel, weil er nicht viel Sorgfalt auf seine Kleidung verwandte. Guddorf war am 20. April, zu Hitlers 50. Geburtstag, aus dem Konzentrationslager Sachsenhausen entlassen worden. Er entstammte einer bürgerlich-katholischen Gelehrtenfamilie. Mit zwanzig Jahren entschied er sich nicht für die vom Vater vorgesehene Priesterlaufbahn, sondern begeisterte sich für die Ideen von Marx und Lenin und trat der KPD bei. Er betrieb an mehreren Universitäten umfangreiche Sprach- und Geschichtsforschungen. Später beherrschte er fast alle europäischen Sprachen, zum Teil mit den Dialekten und Frühformen, außerdem noch arabisch und hebräisch. Unter dem Pseudonym Paul Braun zeichnete er vor allem außenpolitische Artikel für kommunistische Zeitungen im Ruhrgebiet und in Berlin. Aus dieser Zeit kannte er auch Walter Husemann.

Kurz nach Kriegsbeginn wurde Guddorf erneut verhaftet. Nach seiner Entlassung aus dem Polizeipräsidium besuchte er Ilse Schaeffer und überbrachte ihr Grüße ihres Mannes Philipp, der im Zuchthaus Luckau sein Zellennachbar gewesen war. Ilse Schaeffer stellte der Ärztin Elfriede Paul ihren neuen Bekannten vor.

Die Diskussionen mit dem hochgebildeten Marxisten bestärkten Schulze-Boysen in seiner prosowjetischen Einstellung. Guddorf, der Verbindungen zu kommunistischen Hamburger und Berliner Widerstandskreisen hatte, begann Material über die Sowjetunion aus der deutschen Presse und aus russischen und anderen Zeitungen, die er von Schulze-Boysen erhielt, auszuwerten und zu sammeln. Harro Schulze-Boysen wollte dieses Material für eine Dissertation über die sowjetische Außenpolitik nutzen, die er an der Auslandswissenschaftlichen Fakultät einzureichen gedachte.

Schulze-Boysen erstellte aus den ihm zugänglichen Unterlagen ein Informationsmaterial zu innen- und außenpolitischen Fragen, das unter Mitgliedern und Sympathisanten Berliner Widerstandszirkel zirkulierte. Einige dieser Berichte gelangten über Elfriede Paul an Walter Küchenmeister in die Schweiz.

Nach seiner Entlassung aus dem Zuchthaus Luckau im März 1940 lernte der Kommunist und Sinologe Philipp Schaeffer Schumachers und Schulze-Boysens kennen, mit denen er in den nächsten Monaten die politische Entwicklung diskutierte.

Nachdem Heinrich Scheel Ende 1939 eingezogen worden und nach wenigen Monaten bereits bei der Luftwaffe zum Wetterdienstinspektor im Range eines Oberleutnants aufgestiegen war, gab es somit eine wichtige Möglichkeit, an Informationen aus diesem Sektor zu gelangen. Scheel schlug seinen Schulfreund Hans Coppi als Verbindungsmann zu Schulze-Boysen vor. Coppi war wegen einer politischen Haftstrafe »wehrdienstunwürdig« und hatte in naher Zukunft nicht mit einer Einberufung zu rechnen. Scheel machte Coppi anläßlich eines Pfingstausfluges mit

Lotte Schleif bekannt, die dann ein Zusammentreffen mit Harro Schulze-Boysen organisierte.

Hans Coppi, der von 1929 bis 1932 mit Scheel die Schulfarm Scharfenberg, ein reformpädagogisches Schulprojekt auf dem Tegeler See besucht hatte, war Anfang 1934 verhaftet und im Sommer 1934 zu einem Jahr Jugendgefängnis wegen Verteilens von Flugblättern verurteilt worden. Nach seiner Entlassung nahm er wieder Kontakt zu seinen Schulfreunden und zu Aktivisten des Berliner Kommunistischen Jugendverbandes auf. Seit Ende 1938 arbeitete er als Dreher in einer kleinen Maschinenbaufirma und besuchte 1939 einen Technikerkursus auf einer Abendschule der Deutschen Arbeitsfront. Im Herbst 1939 traf Coppi einen früheren Freund aus dem KJVD, der ihn zu dem Gesprächskreis um den Dramaturgen Wilhelm Schürmann-Horster[51] mitnahm. Schulze-Boysen und Coppi trafen sich gelegentlich. Näheres ist über den Kontakt aus dieser Zeit nicht bekannt.

Berlin, [Mitte Juni 1940]

Liebe Mama,
in diesen Tagen sind meine Gedanken oft bei Dir. Ich weiss ja so einigermaßen, was sich bei Euch tut. Ich male mir aus, wie Du womöglich bei alledem auch noch Deinen Bhf. Dienst weitermachst. Andererseits weiss ich ja, daß es Dir nicht zu viel wird ...

Die letzten Erfolge sind wirklich sehr schön. Wir alle hier sind gespannt, wie es weitergeht. Die Engländer kriegen jetzt bald die Quittung für alles, was sie sich leisten zu können glaubten während der letzten Jahre, ebenso, wie während der letzten Jahrhunderte ... Ich selbst bin innerlich froh und angetan, daß wir die von mir immer wieder in den letzten Jahren geforderte Rückendeckung nach Osten haben und daher aufs Ganze gehen können. Nach Jahren der »Opposition« ist es wirklich ein schönes Gefühl, zu sehen, wie alles sich entwickelt. Die »City« ist nun mal der Feind. Alles andere wiegt viel leichter. Hoffentlich kommen wir bald zu einem Frieden mit Frankreich. Mit den Angelsachsen wird's wohl länger dauern. Die Amerikaner wollen sich anscheinend auch noch einmischen, wobei allerdings die Frage ist, ob sie zeitlich noch zurecht kommen.

Einen schönen Gruss auch von Libs. Du schreibst, Du würdest gern mal was Privates von uns hören. Aber »Privatleben« ist nicht mehr, ich habe ja fast jeden Abend noch Kolleg. Pfingsten waren wir 2½ Tage sehr erholsam mit Freunden im Zelt (Liebenberg, an unserem See). Mit Rad kamen wir schnell hin. Im übrigen ist es noch ziemlich kalt hier.

Dein H.

Der kampflosen Übergabe von Paris am 14. Juni folgte am 22. Juni die Unterzeichnung der französischen Kapitulation im Salonwagen des Marschalls Foch im Wald von Compiègne.

Am 25. Juni traten das deutsch-französische und das italienisch-französische Waffenstillstandsabkommen in Kraft, das die Okkupation eines großen Teils Frankreichs einschließlich der gesamten Atlantikküste festschrieb. Im unbesetzten Südosten durfte Pétain als »Staatschef« im freundschaftlichen Einvernehmen mit den deutschen Machthabern weiter regieren.

Inzwischen verstärkten sich die englischen Luftangriffe auf Deutschland.

29. 6. 1940

Lieber Papa,
hoffentlich hast Du vorgestern Nacht weder körperlich noch seelisch Schaden gelitten. Die Ruhestörung muss wohl erheblich gewesen sein. Aber mit Oropax und Bett im Keller geht's wohl zur Not. [...] Die englischen Lords und Plutokraten scheinen immer noch nicht die Sinnlosigkeit weiteren Widerstands gegen den Führer eingesehen zu haben. D. h. »Plutokraten« wollen sie selber garnicht mehr genannt werden; das Volk macht tatsächlich allem Anschein nach eine revolutionäre Wandlung durch. Ob das allerdings ausreicht, die Besetzung der Inseln zu verhindern, bleibt mehr als fraglich. Immerhin glaube ich, daß sie zähen Widerstand leisten werden. Russland besetzt immer mehr strategisch wichtige Positionen[52] und ist anscheinend gewillt, erst bei den Friedensverhandlungen ein Wort mitzusprechen. Auf so viel Öl sitzend mag ihnen das am Ende glükken ...! Pétain als französischer Hindenburg scheint den englischen Dreh erkannt zu haben: Die Briten wollen Frankreich der roten Revolution in den Rachen werfen, um uns Schwierigkeiten zu machen. Dagegen sträubt sich dann doch selbst ein Reynaud. Dann schon lieber einen schlechten Frieden mit den bösen Nazis ...; »Alles verloren, aber ›Ehre‹ gerettet ...« schreibt man dann. London, Berlin, Moskau spielen ein hohes Spiel, und es wird von Tag zu Tag aufregender, (sofern man sich überhaupt noch über irgend was aufregt ...)

China scheint langsam aus dem Krieg auszuscheren.[53] Japan und USSR drängen auf Kompromiss in irgend einer Form. Beide haben Interessen andernorts. Dagegen scheint Spanien, im Zusammenhang mit Kampf um Gibraltar und dann Afrika, langsam auf Kriegsbeteiligung loszugehen. USA schnappt sich Südamerika, kann die Dinge aber im Augenblick noch nicht entscheidend beeinflussen.

Immerhin sitzt hier noch ein wichtiger Gegenspieler auf lange Sicht.

Wann kommt Mama nach Haus?

Einen schönen Sonntagsgruß. In Liebe,

Dein H.

Berlin, 9. 8. 1940

Liebe Eltern,
wieder ist eine arbeitsreiche Woche vorbei, ohne die erwarteten Ereignisse allerdings, und ich habe einen Augenblick Zeit, um Euch einen Gruss zum Sonntag zu schicken.

Zum letzten Weekend war ich draußen in Liebenberg. Libs hatte sich zur Nachkur dort bis heute aufgehalten und gut erholt. Ich war lange nicht draußen gewesen und hatte Glück: Liebenberg war schön wie selten und das Wetter strahlend und sonnig. Das Wasser in der »Lanke« war prächtig klar, aromatisch und richtig temperiert. Also, alles war sehr erholsam. Es wimmelte übrigens von Kriegsgefangenen, Polen und Franzosen. Bei den letzteren auch viele Gebildete, »feine Gesichter« sozusagen, die sich anscheinend mit Würde in ihr Schicksal fügten. Die Partei passt aber streng auf, daß niemand mit ihnen spricht. Teilweise kann man sich ja auch auf unsere Arbeiter und Landarbeiter nicht verlassen; es soll schon zu Verbrüderungsszenen gekommen sein. [...]

Das von Mama erwähnte Buch von Marais[54] lasen wir auch mit Interesse. Ich selbst war mit dem interessanten Thema ja schon vertraut, denn die Termiten waren Turels[55] Spezialität, er fand sie nicht zu Unrecht so interessant, diese Tiere. Libs hat das neue Buch nun auch gelesen und schon an Bekannte verschenkt.

Den Saint-Exupéry liebe ich sehr, und nicht nur ich allein. Er gilt als einer der besten lebenden Franzosen. Hoffentlich ist er nicht gefallen, wie so viele Andere. [...]

Der Russe, den Mama getroffen hat, scheint – seinen Bemerkungen zur Lage nach zu urteilen – ja ein »interessant-tuender Herr« gewesen zu sein. Meist haben diese Emigranten von den wirklichen Dingen keine Ahnung. Emigranten sind zu allen Zeiten schlechte Berater gewesen.

Schluss für heute. Alles Liebe. Hoffentlich habt Ihr durch die nächtlichen Besuche nicht allzu peinliche Störung.

Euer H.

Berlin, [21. August 1940]

Ihr Lieben!

Ich bin etwas besorgt, wenn ich an Euch denke. Die nächtlichen Störungen werden ja umso ungemütlicher, je weiter wir in den Herbst und in die langen Nächte hereinkommen. Hier fängt's jetzt auch langsam an, aber im Vergleich zu Euch sind wir doch Etappe. Hoffentlich lässt sich Papa auch weiterhin nicht zu sehr stören. Mama kann den versäumten Schlaf ja eher am Tage nachholen …

Für Papa einige Vlamen-Meldungen anbei.[56] Die Vlamen werden wohl wieder an Bedeutung gewinnen, da die gross-niederländische Lösung unter Leopold anscheinend Schwierigkeiten macht, eben weil besagter Herr nicht recht 'ran will, da sein Ansehen in einigen Staaten sowieso schon etwas ramponiert ist. […]

Außer den »Rothschilds«[57] neulich habe ich übrigens in Libs' Vertretung noch eine Filmkritik verfassen müssen, die morgen, Donnerstag, in der »Essener«[58] erscheint. Hoffentlich sperrt man Libs nicht dafür ein. Ich habe ziemlich vom Leder gezogen.

Um den Anforderungen des nächsten Kriegswinters gewachsen zu sein, haben wir, d. h. Libs, ordentlich Himbeersaft eingemacht. Da ich mich ja am besten abends von Haferflocken, Gries und ähnlichen Dingen nähre und Milch ja auch nicht immer zu haben ist, schien uns das ganz nützlich so. Manchmal kriegt man auch noch Ovomaltine, die mir besonders gut bekommt.

Mein nächstes Universitäts-Semester beginnt am 2. 9. Die Immatrikulation muss erneuert werden. Six sagte mir, als ich ihn das letzte Mal sah, das würde keine Schwierigkeiten machen, und falls doch, würde er das Nötige veranlassen und die Sache durchpauken. Leider ist er nun eingezogen und die bürokratischen Universitäts-Behörden machen Schwierigkeiten und Scherereien. Aber ich denke, daß ich die überwinde. (Es handelt sich um »Studium von Berufstätigen«, aber schliesslich mache ich ja nicht trotz meiner Dienststelle, sondern direkt auf Veranlassung und auf Wunsch derselben mein Examen; da sollte doch das Kultusministerium eigentlich keine Schwierigkeiten machen!)

Zum Geburtstag hätte ich gern, wenn Ihr es machen könnt, einen Band von *Brandenburg*[59] über die deutsche Außenpolitik seit Bismarck. [Er] ist, soviel ich weiss, *1939* herausgekommen. Wenn Papa erst mal reinsehen will, könnt Ihr ihn mir auch später zusenden. Ich kann das Buch gut für mein Studium brauchen. […]

Alles Liebe!

Euer H.

Ende August 1940 zog der 60jährige Erich Edgar Schulze nach über 20 Jahren wieder die Marineuniform an. Er wurde als Korvettenkapitän aktiviert und in der Planungsgruppe eingesetzt, die sich mit dem »Unternehmen Seelöwe«, der vorgesehenen Invasion auf England, beschäftigte. Am 13. August begann der Luftkrieg gegen englische Städte und am 5. September die verstärkte Bombardierung von Industrieanlagen, um das Wirtschaftspotential Großbritanniens zu vernichten. In der dreimonatigen Luftschlacht erlitt die deutsche Luftwaffe schwere Verluste. Damit entfiel die wichtigste Voraussetzung für die geplante Invasion: die Erringung der Luftherrschaft über den Landungsraum. Ende September wurden die Tagangriffe mit größeren Bomberverbänden eingestellt und im Oktober 1940 mit dem Nachtbombenkrieg begonnen, der bis Mitte April 1941 andauerte. In der Abteilung »Fremde Luftmächte« wurden die Zielunterlagen für die Luftangriffe erarbeitet und den Piloten zur Verfügung gestellt.

Berlin, 2. 9. 40

Meine liebe kleine Mama,
vor lauter Luftalarm- und Arbeitsmüdigkeit kann ich zwar kaum aus den Augen sehen, aber ich muss Dir doch schnell schreiben, um Dir zu danken für Deine lieben Grüsse und das Päckchen zu meinem Geburtstag. Du bist jetzt so allein in Duisburg, daß meine Gedanken besonders oft und innig zu Dir hinwandern.

Libertas ist seit Sonnabend Nacht wieder da. Sie kam gerade in den gewohnten nächtlichen Alarm hinein. Gestern abend waren wir sehr gemütlich bei Engelsings (Er hat auch am 2. 9. Geburtstag und wir feierten schon voriges Jahr zusammen ...) Wir warteten in aller Ruhe ab, bis der Alarm kam und gingen dann in munterer Stimmung in den Luftschutzkeller des kleinen Häus'chens, wo es recht gemütlich war. [...]

Ja, es ist wohl so, daß wir der grössten Schlacht aller Zeiten zusteuern. Denn ich kann mir nicht vorstellen, daß man um »die« Unternehmung herumkäme. Bevor England nicht besetzt ist, gibt es noch nicht einmal einen Friedensgedanken, geschweige denn einen Frieden. [...]

Papa schrieb heute aus Wilhelmshaven. Ich freue mich eigentlich für ihn und ich teile Deine Ansicht: es wird ihm vielleicht körperlich und seelisch recht gut tun. Wie stark doch die Bande der Tradition sind: Da zieht nun dieser Mann aus zur Zerstörung seiner eigenen Lebensform! Wenn das bei so reifen Menschen passiert, was soll man dann zu den halben Kindern sagen!? Aber ich meine das nicht etwa vorwurfsvoll, sondern eher etwas verwundert über das

Leben ganz allgemein. Ja, trotz meiner nun 31-jährigen Erfahrung in diesem merkwürdigen Leben auf diesem kleinen Stern, habe ich das Wundern noch nicht verlernt. Im Gegenteil, das Leben erscheint mir so reich und wunderhaft, daß ich von Tag zu Tag erkenne, wie wenig man es alles in ein Schema pressen kann. (Aber ich glaube, das darf nur ich zu mir sagen, denn die Mehrzahl der Menschen haben viel zu wenig Ordnung in ihren Gedanken ...)

Morgen fängt die Universität wieder an. Six ist wieder da, und ich hoffe, daß es nun keine Schwierigkeiten mehr gibt. Das Lernen gibt doch groß Freud. Nur mit dem Schlaf muss ich es mir nun noch raffinierter einteilen ... Mit Bartz steh ich mich sehr gut. Ich kann eigentlich im Dienst machen, was ich will. Mitunter komm ich also eine Stunde später in den Dienst, und das tut gut.

Einen sehr lieben Gruß. Die Ovomaltine tut mir äußerst gut. Sowas ist das richtige für mich. Hartmut schickte auch rührenderweise gute Sachen (Fischchen, Schoko, Rasierseife usw.)

Dein H.

Kassandro
Über Arvid Harnack zur sowjetischen Botschaft

Harro Schulze-Boysen hatte im Herbst 1940 den Schriftsteller Adam Kuckhoff kennengelernt. Greta Kuckhoff beschrieb das Zusammentreffen später: »Harro Schulze-Boysen und seine Frau Libertas verfehlten bei aller Jugend nicht, Eindruck auf uns zu machen. Sie sahen gut aus, waren von einer Sicherheit, die diejenigen gewinnen, die sich in den verschiedenen Ländern und Kreisen bewegt haben und überall als angehörig anerkannt worden sind. Da sie außerdem fachlich fundiertes Wissen mit einer natürlichen Fähigkeit verbanden, die Fakten klug zusammenzustellen und zu das Weiterdenken anregenden Schlußfolgerungen zu führen, waren wir bald so im Gespräch, als kennten wir uns seit langem. Der junge Offizier bediente sich kaum der dem Marxisten gebräuchlichen Begriffe, und doch war, was er sagte, dem marxistischen Denken gemäß. Alles, was er vorbrachte, selbst schwierige Begründungen, waren knapp und ohne Umschweife. [...] Adam war von der Gradlinigkeit, mit der Harro uns zu offener Darlegung unserer Einstellung herausgefordert hatte, begeistert. Uns gefiel dieser schneidige, tatendurstige Gegner mitten im Lager der Nazis! Es hatte sich in letzter Zeit eine etwas lahme Lust herausgebildet, mit gar zuviel Vorsicht an die Dinge heranzugehen und das einfach Mut machende Handeln zu vernachlässigen. Bald wurde mir klar, daß es eine Zeit der Umstellung war. [...] Libertas war eine Augenfreude; sich mit ihr zu unterhalten ein Vergnügen. Im Gespräch mit Harro ergänzte sie seine Ausführungen mit klugen und eigenen Argumenten. Uns fiel auf, daß sie aus den verschiedenen Zeitungen und Zeitschriften Beispiele brachte. Unsere Gedanken auf dem Heimweg und während der nächsten Tage bewegten sich vor allem um die Frage: Ist Harro ein Mensch, den man mit Arvid Harnack bekannt machen sollte? Sie waren so unterschiedlich im Temperament und doch so fest in ihrer Zielsetzung, daß es zu einer fruchtbaren Zusammenarbeit kommen mußte.«[60]

Kuckhoffs informierten Arvid Harnack über diese denkwürdige Begegnung. Zunächst trafen sich Libertas Schulze-Boysen und Mildred Harnack in der Wohnung Kuckhoffs.

Harnack war vor 1933 im »Bund Geistiger Berufe«, einer der KPD nahestehenden Organisation, aktiv. Als Generalsekretär der »Arplan«, einer von ihm gegründeten Gesellschaft zum Studium der sowjetischen Planwirtschaft, reiste er 1932 in die Sowjetunion. Nach 1933 pflegte Harnack Kontakte zu früheren Mitgliedern und Sympathisanten dieser intellektuellen Kreise. Harnack hatte mit seiner Frau Mildred ein loses Netz von Kontakten zu Hitler-Gegnern aufgebaut, die in kleinen Diskussionszirkeln miteinander verkehrten. Einem von Harnack geleiteten Kreis gehörten auch Kuckhoffs an. Es wurden politische und weltanschauliche Fragen, vor allem über den Sozialismus, erarbeitet und diskutiert. Auf diese Weise wollte Harnack die Teilnehmer vorbereiten, nach dem Sturz des NS-Regimes in einer sozialistischen Gesellschaft Verantwortung zu übernehmen. Von Aktivisten des kommunistischen Widerstandes hielt er sich jedoch fern, da er eine Aufdeckung durch die Gestapo befürchtete. Zur Enttäuschung einiger seiner Freunde trat er 1937 der NSDAP bei, gab die Verbindungen zu kommunistischen Kreisen auf und zog sich stillschweigend und ohne weitere Erklärungen zurück. Bis 1942 avancierte er zum Oberregierungsrat im Wirtschaftsministerium.

Bereits seit 1932 hatte Harnack mit Sergej Bessonow und Alexander Hirschfeld von der sowjetischen Botschaft intensive und vertrauensvolle Gespräche über sozialistische Auswege aus der kapitalistischen Krise geführt. Der sowjetische NKWD-Auslandsnachrichtendienst zählte Harnack seit 1935 zu seinen Informanten. Er übergab an Gewährsleute der sowjetischen Botschaft Kopien von geheimen Wirtschaftsverträgen, Unterlagen zur Valutawirtschaft Deutschlands, über die Finanzierung deutscher Spionageorganisationen sowie politische Informationen. Harnacks Gesellschaftsbild eines auf sozialen Ausgleich zielenden, planwirtschaftlich organisierten deutschen Nationalstaats mit einer zwischen Ost und West ausbalancierten Außenpolitik waren keine bloße Projektion sowjetischer Verhältnisse auf Deutschland. Er lehnte ein moskauhöriges Deutschland ab. Den Sturz des Nationalsozialismus hielt er jedoch nur mit Unterstützung von außen für möglich und dafür wollte er gegenüber der Sowjetunion mit seinen Informationen eine Vertrauensbasis schaffen. Seit den Prozessen in Moskau hatte Harnack Bedenken gegen Stalins innenpolitischen Terror und Zweifel an der Wahrhaftigkeit der sowjetischen Propaganda, was ihn nicht daran hinderte, seine Kontakte, die erst Ende 1938 abbrachen, zu Vertretern der sowjetischen Botschaft aufrechtzuhalten.

Harnack hatte seine Frau Mildred, eine gebürtige Amerikanerin, Ende der zwanziger Jahre während eines Studienaufenthaltes in den USA kennengelernt. Sie kehrte mit ihm nach Deutschland zurück, 1931 heirateten sie. Bis zu ihrer Entlassung im Jahre 1933 arbeitete Mildred als Lektorin für amerikanische Literatur an der Berliner Universität und anschließend am Berliner Abendgymnasium. Sie hatte vielfältige Kontakte zur amerikanischen Botschaft und war eng mit der Tochter des Botschafters Martha Dodd befreundet. Mitte der dreißiger Jahre wurde Mildred Vorsitzende einer amerikanischen Frauenorganisation in Berlin. 1939 machten Harnacks die Bekanntschaft des Sekretärs für ökonomische Angelegenheiten an der amerikanischen Botschaft Donald Heath, dem Arvid Harnack auch interne Informationen über die Devisenbewirtschaftung und andere die Amerikaner interessierende Fragen zukommen ließ.

Im September 1940 suchte der seit kurzem an der sowjetischen Botschaft tätige Mitarbeiter des NKWD-Auslandsnachrichtendienstes Alexander Korotkow[61] Harnack auf und stellte sich als Alexander Erdberg vor. Er mußte den zunächst sehr zurückhaltend reagierenden Harnack erst davon überzeugen, daß er ein Freund von Alexander Hirschfeld sei. Bereits Ende September informierte Korotkow Moskau, Harnack habe von einem Stabsoffizier des Oberkommandos der Wehrmacht (OKW) erfahren, daß Deutschland Anfang 1941 mit einem Krieg gegen die Sowjetunion beginnen werde. Das Ziel dieses Krieges sei die Abspaltung des europäischen Teils der UdSSR von der Sowjetunion. Harnack hatte diese Nachricht von Freunden erhalten, die im OKW in militärwissenschaftlichen Forschungsbereichen und Planungsgruppen arbeiteten und Zugang zu internen Informationen hatten.

Im Oktober und November 1940 trafen sich Adam Kuckhoff, Arvid Harnack und Harro Schulze-Boysen zu ersten Gesprächen. Schulze-Boysen informierte über sein Tätigkeitsfeld im Luftfahrtministerium, die Diskussionen an der Auslandswissenschaftlichen Fakultät, aber auch über seinen Freundes- und Diskussionskreis, die Verbindungen zu kommunistischen Aktivisten, über Flugblätter, die er von ihnen erhielt und weitergab und über die von ihm gefertigten wöchentlichen Informationen über die Lage in Deutschland für einen kleinen Kreis von Gesinnungsfreunden. Kuckhoff und Harnack mahnten zur äußersten Vorsicht und drangen darauf, den Kontakt über Walter Küchenmeister in die Schweiz aus Sicherheitsgründen abzubrechen.

Libertas Schulze-Boysen hatte zuvor besorgt mit Greta Kuckhoff darüber gesprochen, daß ihr Mann sich häufig von seinem Temperament hinreißen lasse und die ihr notwendig erscheinenden Vorsichtsmaßnahmen außer acht lasse. Sie erhoffte sich von Arvid Harnack einen mäßigenden Einfluß und die stärkere Beachtung konspirativer Regeln.

Berlin, 29. – 30. 9. 1940

Mein lieber guter »alter« Papa,
es ist 01.00 Uhr nachts. Ich sitze im tiefsten Luftschutzkeller Berlins, nämlich im RLM, als *O. v. D.*[62] Auf diese Weise komme ich nun endlich dazu, meinen schon mehrere Tage alten Vorsatz, Dir zum 3. X. zu schreiben, auszuführen. Über gestörte Nächte zu jammern, haben wir Berliner ja trotz allem kein Recht. Ich weiss ja, was bei Euch los ist. Im übrigen freue ich mich, daß Du eine interessante Tätigkeit gefunden hast.

Am Sonnabend kreuzte Mama hier auf und wird wohl noch bis Dienstag bleiben. Leider ist, wie gesagt, so viel zu tun, daß wir nicht viel von einander haben. An der Universität bin ich insofern sozusagen in den »Lehrkörper« eingerückt, als Six (der Dekan der Fakultät) mich beauftragte, in seiner Vertretung eine außenpolitische Übung abzuhalten, was ich Freitags von 18–20 h besorge. Dann mache ich noch Skandinavien, USSR und Geopolitik als Übungen mit und höre einige sehr interessante volks- und weltwirtschaftliche Vorlesungen. Das kommt also noch zu Dienst und Luftalarm-Nächten hinzu. Zuweilen ist es ein bischen reichlich, aber da ich sonst nicht viel unternehme und meine Kräfte zusammenhalte, geht es. Libs geht es auch gut; sie lässt Dich tausendmal grüßen. [...]

Berlin, 15. 10. 40

Bitte an Papa weiter!

Ihr Lieben!
Ich hatte soviel um die Ohren und die Freizeit so nötig zum Luftschnappen und Schlafen, daß ich nicht recht zum Schreiben kam während der letzten Tage. Papas Briefe schickte Mama mir nach; wir haben sie mit Anteilnahme gelesen. Brandbomben vor die Schlafzimmertür kommen hoffentlich nicht zu häufig vor ... Über die Fotos haben wir uns auch sehr gefreut. Das Eine, ohne Mütze, besonders gut. Tausend Dank!

Bei uns kam ein Flakbodenkrepierer herunter neulich, gottlob mitten auf der Reichsstraße, die ja breit ist. So gab es zwar unzählige Löcher in den Häuserwänden, Fensterglassplitter und 1 großes Loch im Straßendamm – aber sonst nichts weiter. Letzte Nacht wurde auch wieder heftig geballert. Bomben waren auch in der Nähe. Da wir unsern Schlaf dringend brauchen, haben wir uns für die Fälle, wo es zu laut wird zum Oben-bleiben in den Keller eine Couch gestellt. Dazu nehme ich dann das dicke Schafsfell mit und schlafe wie (man gestatte das Wort) ... in Abrahams Schoß.

RM 100.– für Universitäts-Gebühren erhielt ich. Tausend Dank auch hierfür. Ich bin jetzt von Länderkunde Skandinavien nach längerem Überlegen doch auf USA umgeschwenkt. Der Schwede ist im Feld oder jedenfalls eingezogen, sein Vertreter ist Geologe und Rassenforscher und betrachtet das Skandinavienproblem von einer für mich ganz uninteressanten Seite her. Bei ihm zu promovieren wäre für mich zwar leicht, aber praktisch nutzlos. Jetzt werfe ich mich auf Amerika. Das ist zwar ein grosser Komplex, und man vertut dann wenigstens seine Zeit nicht.

Zum Weekend waren wir in Teupitz[63] draussen. Herrlicher Herbsttag, wie auch heute übrigens. Mindestens 30 km gelaufen, und das tat gut. Dann am Sonntag abend gleich wieder zum (Nacht-) Dienst. [...]

Alles Liebe!

Euer H. [...]

Im Herbst 1940 war Wilhelm Guddorf bei einer Zusammenkunft der Freunde Schulze-Boysens zugegen. Er war erstaunt, den aus der Schweiz zurückgekehrten Walter Küchenmeister in dieser Runde anzutreffen. Guddorf bezeichnete Küchenmeister, der 1926 aus der KPD ausgeschlossen worden war, als einen Fahnenflüchtigen der KPD und vermutete in ihm einen möglichen Gestapospitzel. Die Organisation sei bei Küchenmeister am falschen Platze und das Informationsmaterial gehöre nicht in seine Hände. Außerdem verwies Guddorf darauf, daß er selbst jetzt die KPD vertrete, und verlangte den Abbruch aller Beziehungen zu Küchenmeister. Kurt Schumacher und Philipp Schaeffer zogen sich daraufhin von Küchenmeister zurück. Schulze-Boysen ließ sich von den Querelen nicht beeindrucken und hielt weiterhin seine freundschaftlichen Beziehungen zu Walter Küchenmeister und Elfriede Paul aufrecht. Seine Kontakte zu Guddorf wurden lockerer.

Kurt Schumacher stellte im September Harro Schulze-Boysen den Bildhauer Cay von Brockdorff vor, der sich als Hörer am Auslandswissenschaftlichen Institut einschreiben wollte. Er gehörte – wie Hans Coppi auch – einem Freundeskreis von Kommunisten an und sollte als Verbindungsmann zu Schulze-Boysen fungieren. Die Kommunisten erhofften sich von Brockdorff, der Schulze-Boysen in den Lehrveranstaltungen direkt erleben konnte, auch einen mäßigenden Einfluß auf den Heißsporn. Zum anderen nutzte Brockdorff die Vorlesungen, um Fragen aufzuwerfen, die es Schulze-Boysen ermöglichten, sein Thema zu erweitern und auch kritische Positionen zu behandeln.

Berlin, 29. 10. 1940

Meine liebe Mama, lieber Papa,
Dank für Eure Briefe. Uns geht's gut. Mama soll sich nicht beunruhigen darüber, daß wir bei Alarm jetzt oben bleiben. Ich tu's jetzt nämlich auch, Libs und ich haben uns beide als Brandwache einteilen lassen. Wir hüten also unsere Wohnung. Ich bin ja schliesslich in diesen Fragen im Bilde und weiss, was Zweck hat und was nicht Zweck hat. Unser Haus hat garkeinen richtigen Keller, sondern ragt bis über die Hälfte aus dem Boden heraus, in ihm befinden sich grosse, baumstarke Abort- Warmwasser- und Heizungsröhren und 6 schlechtgeschützte Fenster. Dieser Schutzraum müsste von Rechts wegen polizeilich verboten werden, er ist in dieser Form lebensgefährdend. Leider bietet unser Haus nichts Besseres. Solange also die Engländer nicht mehr und nicht schwerere Bomben abwerfen als bisher, ist für uns (wir gehen oben ins kleine Zimmer, das nur eine Dachluke hat) oben keine Spur mehr Gefahr als unten. Wenn einem eine Bombe aufs Bett fällt, ist es natürlich Pech. Wenn die Bombe aber 1 m weiter an der Hausmauer entlang nach unten fällt, dann detoniert sie im Schutzraum und die Leute unten haben ihre besten Tage gesehen, wenn sie nicht schon an Grippe, Nieren-Lungen oder sonstigen Entzündungen eingegangen sind (was uns oben nicht passieren kann.)

Das Fell haben wir natürlich immer wieder mit nach oben genommen. Es leistet uns auf alle Fälle gute Dienste. Schluss mit dem Thema: Vorläufig ist es ja alles garnicht der Rede wert. Das Bombenrisiko ist doch wirklich vorerst nicht größer als das bei einem normalen Berliner Weekend in irgend einem modernen Verkehrsmittel. Die Toten, die es bisher in Berlin gegeben hat, sind bis auf ganz wenige im Keller umgekommen. Viel mehr Leute aber sind an Krankheiten, d. h. Kellerkrankheiten eingegangen ... Man muss sich doch nicht verrückt machen lassen. Man wird sich gewöhnen an den Krach. [...]

Heute Griechenland im Krieg[64] ... Schwerpunkt rutscht immer mehr ins Mittelmeer. Mit den Chinesen hat der Krieg jetzt langsam schon größeren Umfang als der vorige. Denn die Yankees können es ja auch kaum noch erwarten.

Wie gesagt, nichts neues. Dies nur als Gruss und Gesundheitszeichen.

In tiefer Liebe,
Euer H.

Berlin, 29. 11. 1940

Mein lieber Papa,
Dank für Deine Päckchen und Briefe! Wir freuen uns, daß Du es auch an Deinem neuen Aufenthaltsort[65] gut getroffen hast. Wahrscheinlich war – trotz aller nächtlicher Störungen – die vorige Sache wegen ihrer Intimität noch netter, aber Können verpflichtet ja nun mal. Wenn man Dir jetzt also neue Aufgaben gestellt hat (incl. Fieseler Storch[66]), ist das ja auch nicht schlecht. Daß die Verpflegung dort nicht so gut ist wie vorher, hört man allgemein. Aber das Verpflegungs-Niveau wird sich im Lauf der Zeit wohl überall ziemlich angleichen …

Ich selbst habe nicht viel Abwechslung, das wird wohl vorerst auch nicht anders werden. Die Universität hat etwas lendenlahmen Betrieb. Die meisten Übungen sind ja abends, und die Abende stehen im Zeichen der Luftalarme. Die Übungen und Seminare fallen also oft aus. Ab 1. 1. will ich an meiner Diplomarbeit arbeiten (Luftpolitische Untersuchungen Nordpolargebiete); hoffentlich tritt dann im Lauf des 1. Halbjahrs 41 mal das Prüfungsgremium der neuen Fakultät zusammen, damit ich die Sache hinter mich bringen kann. Es ist und bleibt natürlich eine absurde Situation: auf fast allen Gebieten weiss ich mehr als die Dozenten, ich habe ja nicht umsonst jetzt so viele Jahre lang praktisch Auslandswissenschaft betrieben. Andererseits erschwert das Studium natürlich etwas der Umstand, daß ich es nicht bewenden lassen kann mit gewöhnlichen kleinen Arbeiten wie jeder andere Student, sondern wenn ich was liefere, muss es etwas Besonderes sein. Das fällt mir bei dem Übermaß an dienstlicher Arbeit nicht immer ganz leicht. Vor allem muss ich ja gesund bleiben, u. ich habe es mir daher zum Prinzip gemacht (nachdem ich zeitweilig einmal »im voraus« davon abgegangen war …), nicht über Mitternacht hinauszuarbeiten, 8 Stunden Schlaf also pünktlich einzuhalten.

Positiv zu werten ist die in jedem Fall für mich sehr nützliche zweite grosse Lernperiode meines Lebens, auch der Kontakt mit den jüngeren Jahrgängen ist nicht ohne Reiz.

Im Dezember werde ich eine Unterredung haben mit dem dann zurückkehrenden Dekan, den ich ja vertrat. Ich habe ihm verschiedenes über die ganze neue Fakultät zu sagen: Für die jungen Semester sind es zu viele Vorlesungen (Pflichtvorlesungen), es muss in Zukunft mehr Zeit bleiben zum Bücherlesen. Es muss auch größerer Spielraum gewährt werden bei der Auswahl dessen, was man hört. Zur Zeit sitzen verschiedene Professoren auf hohem Piedestal in monopol-artiger Stellung, das ist nicht gut.

Morgen, Sonnabend, haben wir einige gute Freunde als Gäste zu uns geladen, was jetzt lange nicht mehr der Fall war ... Ich habe gerade mehrere gute Flaschen erstanden, und wir wollen uns einen guten Nachmittag und Abend machen, auch wenn es im Keller endet.

Über die politisch militärische Entwicklung kann man ja schlecht schreiben. Ich denke, dass sich unsere Meinungen da ziemlich dekken. Die Briten scheinen auch weitere Coventrys[67] noch einstecken zu wollen, die Yankees fangen den ganzen Empireladen ja im weitesten Sinne auf und werden wohl nächstes Jahr allerhand liefern.[68] Die Russen scheinen die Entwicklung in der Meerengengegend[69] abgebremst zu haben. (Gleichgewichtspolitik), die Griechen stehen in Albanien.

Schluss für heute. Kommst Du Weihnachten nach Duisburg? Wenn ja, wie lange? Ich fürchte, wir werden hier nicht wegkommen im Dezember. Im Februar soll ich 14 Tage Urlaub haben. Aber ich glaub's erst, wenn ich ihn habe.

Alles Liebe, auch von Libertas

Dein Harro.

Berlin, 18. 12. 40

Ihr Lieben,

ich schreibe in zwei Ausfertigungen, einmal nach Duisburg, und einmal Feldpost, damit Ihr auf alle Fälle beide Post bekommt. In der letzten Zeit hatte ich so viel um die Ohren, dass ich nicht zum Schreiben kam ... [...]

Weihnachten und Neujahr geht bei uns der Dienst durch. D. h. – am 1. Feiertag ist wohl Sonntagsdienst und wir können dann hoffentlich doch einen Tag ins Freie nach Liebenberg.

Bartz teilte mir gestern mit, daß der Chef des Generalstabs persönlich meine Ernennung zum Regierungs.-Rat ausgesprochen habe bezw. unterschrieben habe (Das Personalamt machte ja immer noch Schwierigkeiten ...) Es scheint also wirklich, obwohl ich mich wirklich nicht drum bemüht habe, zu werden. Es dauert natürlich noch eine Weile, bis es amtlich wird (und vorher glaub' ichs auch grundsätzlich noch nicht.) [...]

Meine eigenen »Hörer«, d. h. meist Hörerinnen (weil während des Trimesters viele Studenten wegkamen und mehrere erkrankten) hatte ich auch bei uns, und es war ein durchaus gelungenes Volksfest. Das außenpolitische Seminar behalte ich auch im nächsten Semester.

... Keine Ruhe zum Schreiben. Das ganze Zimmer schon wieder voller Leute, die was wollen, und die mir über die Schulter sehen ...

Wenn ich kann, schreib ich morgen weiter.

Auf alle Fälle bin ich am Weihnachtsabend mit sehr lieben und guten Gedanken und Gefühlen bei Euch.

Euer H.

Zu den interessiertesten Hörern im außenpolitischen Seminar gehörte der achtzehnjährige Horst Heilmann. Schulze-Boysen, den Heilmann sehr verehrte, erkannte schnell die große Begabung des jungen Mannes. Eine Arbeit über das Thema »Die Sowjets und Versailles« brachte die beiden näher. Sie trafen sich häufiger und planten eine gemeinsame Diplomarbeit zum Thema »Kreuzzug gegen Moskau«. Heilmann meldete sich 1941 freiwillig zur Wehrmacht, trat im September 1941 der NSDAP bei und kam im März 1942 zum Funkentzifferungsdienst beim Oberkommando des Heers. Es kam zu intensiven Gesprächen zwischen Schulze-Boysen, Heilmann, dessen Freund Rainer Hildebrand und Albrecht Haushofer, der im Herbst 1940 eine Lehrtätigkeit als Professor für Geopolitik an der Auslandswissenschaftlichen Fakultät begonnen hatte.[70] Durch die freundschaftliche Beziehung zu Schulze-Boysen veränderte sich Heilmanns ursprünglich positive Einstellung zum Nationalsozialismus.

Berlin, Weihnachten 1940

Ihr Lieben Drei (hoffentlich alle 3!),
nach einer von dreimaligem Luftalarm leicht gestörten Nacht jetzt aus verschiedenen Gründen erheblich verspätet nach Hause kommend, habe ich eigentlich ein redliches Schlafbedürfnis. Aber vorher sollt Ihr doch den Weihnachtsgruss haben, der neulich in den Ansätzen stecken blieb. Über Mamas Anruf freuten wir uns sehr. Das Paket ist inzwischen auch gekommen. Ich seh mir aber erst zu Weihnachten an, was drin ist. Man muss sich überraschen lassen.

Hartmuts Beförderung zum Fähnrich z. S. ist ja sehr erfreulich. Wenn nun der Ischias noch weggeht, ist ja alles okay. Wenn ich nicht nächstens die Majors-Achselstücke bekommen würde, wie Schmid es mir gestern auf der Weihnachtsfeier noch mal zusicherte, würde mich Hartmutbruder am Ende noch eingeholt haben …

Die Bücher für Euch kommen hoffentlich richtig an. »Der Deutsche von Bayencourt«[71] ist von einem guten Freund von uns geschrieben; ich selbst habe nur 1 Kapitel gelesen, Libs das ganze Buch. Der Verfasser ist ein sehr ernst zu nehmender Mann. Vielleicht findet Papa irgendwann mal die Zeit, hineinzusehen. Den Fallada für Mama hab ich ausgesucht. Fallada ist zwar nie ganz unbedingt erfreulich, aber auch nie langweilig, sondern zeitnah und aufschlussreich. Das kl.

Buch für Hartmut ist als Reiselektüre gedacht und soll ihn an Venedig erinnern.

Ich selbst habe mir zu Weihnachten auch einige Bücher gestiftet: Carl Schmitt, Positionen und Begriffe (Aufsätze des bekannten Staatsrechtlers ...) und Gerhard Ritter, Machtstaat und Utopie. Beides recht anregend und fürs Studium nützlich.

In politicis wird 1941 wohl die Entscheidung bringen. Die Mittelmeerlage ist ja nicht ganz einfach. Falls wir es nicht bis März doch noch mit der sagenhaften Invasion versuchen, müssen wir wohl zusehen, irgendwie nach Afrika zu kommen, um die Italianos da zu retten. Mit der Balkan- und Meerengenfrage wird dann wohl doch zuguterletzt die Russenfrage sehr akut werden ... Über Gibraltar kriegen wir die Briten ja entscheidend nicht zu packen; zudem wollen die Spanier nicht recht, da sie nichts zu fressen haben, und Weygand scheint auch eigene französische Pläne in Nordafrika zu haben ... Einfach in der Mitte des Mittelmeers »drüber weg« geht wohl kaum: man sieht doch mal wieder die Bedeutung der Seemacht für jedes weltpolitische Ringen (und es gibt ja nur noch solche ...). [...]

Uns geht's unverdient gut. Ich selbst bin selten im Leben so arbeitsfähig und gut in Form gewesen wie jetzt in diesen ganzen Monaten. Dabei arbeite ich wirklich intensiv von früh bis spät.

Einen Dreierkuss,

Euer H.

Harro Schulze-Boysen erhielt im Januar eine neue Aufgabe in der Attachégruppe der 5. Abteilung im RLM. Er bearbeitete die Berichte der an den Botschaften tätigen Luftwaffenattachés. Seine neue Dienststelle befand sich in Wildpark-West bei Potsdam, wo sich das Hauptquartier der Luftwaffe, der Sitz des Oberbefehlshabers der Luftwaffe sowie die Befehlsstelle des Chefs des Nachrichtenverbindungswesens der Luftwaffe und des Luftnachrichtenregiments befand. Dort hatte Göring ein unterirdisches Kommandozentrum errichten lassen. Schulze-Boysen kam nur ein oder zwei Mal in der Woche nach Berlin.

Mitte Januar 1941 erfuhr Harnack von Schulze-Boysen, daß jetzt auch das Luftfahrtministerium in die Vorbereitungen des Rußland-Feldzuges eingebunden war und die Luftwaffe mit Aufklärungsflügen über sowjetischem Territorium begonnen hatte. Harnack gab diese Informationen, ohne Schulze-Boysen davon in Kenntnis zu setzen, an Korotkow weiter, der sie verschlüsselt nach Moskau übermittelte.

Berlin, 18. 1. 1941

Liebe Eltern,
einigermassen grosse Neuigkeiten: Ich gehe »raus«; zunächst bleibe ich noch hier in der Nähe, März evtl. Frankreich, im Rahmen der Abteilung V[72], also ohne grundsätzlich Anderes als bisher zu tun. Über meine Tätigkeit kann ich nur soviel sagen, daß sie noch interessanter und seriöser als die bisherige sein wird. Ich habe ziemlich viel mit Attaché-Sachen zu tun, gehöre hinfort zur Attachégruppe. Finanziell ist es sofort schon eine Verbesserung (von wegen »I. Linie« und so, d. h. Extra-Verpflegungsgelder usw.) später, wenn die Regierungsrat-Sache perfekt sein wird, noch günstiger. Die Sache wurde von oben her dekretiert, ohne daß Bartz gefragt wurde. Er war ziemlich verbittert, dass man ihm sein »langjähriges Gehirn« einfach so wegholte. Dann hat er mir aber doch, wie die Anderen, zu der ganz ehrenvollen Sache gratuliert.

Meine Studienpläne sind durch die ganze Sache natürlich auch in Mitleidenschaft gezogen. Ich habe scheinbar Pech in der Beziehung. Ich hatte ja seit 1. 1. etwa meine große Diplomarbeit in Angriff genommen und sowieso nicht vor, noch weitere Vorlesungen zu hören. Also das wäre nicht tragisch. Solange wir hier in der Nähe bleiben, kann ich ja wahrscheinlich abends auch ganz gut für mich arbeiten, und da ich wöchentlich 1x in die Stadt komme, kann ich mir auch Literatur heranholen oder durch L. heranholen lassen. Nur wenn's dann weiter weg gehen sollte, wird's schwierig ... Aber das ist ja noch nicht sicher, und es hat keinen Zweck, sich graue Haare deswegen wachsen zu lassen ... Im schlimmsten Fall muss ich eben direkt bei Kriegsende ins Examen gehen. Die formellen und potentiellen Voraussetzungen sind dann ja da.

Es ist natürlich ein Schlag ins Kontor, aber was kann man da machen? C'est la guerre ... Ich kann ja wegen persönlicher Dinge kein grosses Theater machen. Solange ich in Bln.-Nähe bleibe, kommen mir auch meine neuen Vorgesetzten weiter entgegen (obwohl ich natürlich darauf achten werde, daß mein neuer Start nicht beeinträchtigt wird durch anderweitige Ablenkung ...), außerhalb Berlin-Nähe kann man natürlich nichts mehr machen als dieses oder jenes Buch lesen ...

Tragisch kann ich alles nicht nehmen, denn primär ist für mich ja doch immer nur wieder das Lernen, und gelernt hab ich im letzten Jahr viel. Papa schulde ich rund 100 Mark für drei Semester. Er soll nicht nochmal umsonst gezahlt haben. Aber Rückzahlung war ja sowieso vereinbart.

Für Libertas war natürlich auch alles sehr überraschend. Zunächst ist sie froh, mich noch »etwas« zu behalten. Und umgekehrt bin ich auch vergnügt, nicht ganz aus der Welt zu sein ... (ich meine, aus ihrer, aus unserer kleinen Welt).

Schluss für heute. Diese Mitteilung sollte schon vor 3 Tagen weg. Ich kam einfach nicht zum Schreiben, hatte zuviel zu tun.

Alles Liebe,
Euer H.

Wildpark-West, 23. 1. 41

Ihr Lieben, –
gut hier eingetroffen. Sehr sympathische Herren, mit denen ich zu tun habe. Arbeit von morgens früh bis *spät* in die Nacht, – aber interessant (und das ist ja die Hauptsache). Merkwürdiges Gefühl: plötzlich wieder mal neuer Lebensabschnitt. Wieder alles von vorn.

Luft gut. Verpflegung gut. Zeit zum Studium leider *sehr* beschränkt.

Sonnabend bin ich in Berlin. Heute vor allem meine neue Anschrift (siehe oben).

Alles, alles Liebe
Euer H.

Wildpark-West, 3. 2. 41

Ihr Lieben,
einen schönen Gruss aus meiner mönchischen Arbeitszelle. Viel zu berichten ist nicht von hier, ich kann nur von Zeit zu Zeit mal ein Lebens- und Liebeszeichen geben. Mama braucht die Briefe übrigens nicht nachzusenden, da Papa ja immer als »2. Ausfertigung« den Durchschlag bekommt ... Das Dasein hier bekommt mir gut. Es gibt sehr viel Fleisch zu essen, und ein paar kleine Spaziergänge (zwischen den einzelnen Geländen) macht man ja auch am Tag: Verschneiter Wald mit guter Luft.

Die Arbeit ist ähnlich interessant wie meine frühere. Weniger journalistisch und mehr »diplomatisch« allerdings. Immerhin kann ich hier wieder mal allerhand dazulernen. Mein jetziger Arbeitsplatz wurde bisher von einem Major ausgefüllt, der mir die letzten 2 Wochen noch sehr nett bei der Einarbeitung half.

Goltz sah ich heute hier. Lässt grüßen.

In den freien Pausen (Arbeitspausen, nicht Dienststunden-Pausen), die ich habe, lerne ich eifrig weiter. Philosophie des »Als ob«: Als ob ich ins Examen müsste. Irgendwann werde ich ja auch doch wohl mal in so etwas wie »die große Prüfung« müssen. Es kann sich nur noch um eine kurze Frist handeln, und die will genutzt sein.

An Hartmut schrieb ich. Er soll nur, wenn er nicht mehr weiter kann, nach Berlin kommen. Der gute Junge hat wirklich keine gute Zeit. Eine Italienreise für Mama würde ich *nicht* empfehlen.

Alles Liebe,

Euer H.

Wildpark-West, 5. 2. 1941

Liebe Eltern,

über meine jetzige Arbeit kann ich aus Gründen der Geheimhaltungspflichten natürlich nicht viel mitteilen. Kurz nur folgendes: Ich gehöre nach wie vor meiner alten Abteilung an, und zwar jetzt dem mobilen Teil (vorher »2. Staffel«). Innerhalb der gleichen Abteilung also bearbeite ich nun nicht mehr, wie früher, Presseeingänge, – sondern andere sehr interessante Berichte aus aller Welt. Viele Leute, die mir schreiben, kenne ich ja. Mein früherer Abteilungs-Chef[73], den Papa auch mal im RLM besuchte, sitzt jetzt in Helgas Hauptstadt, ein Schwippschwager[74] von Libs in einer Balkanhauptstadt usw. Ihr könnt Euch denken, daß man viel Arbeit hat, um alles zu lesen u. zu verwerten, daß andererseits der lückenlose Überblick ganz besonders lehrreich und interessant ist, auch im Sinne meiner Sprach- und Länderstudien.

Ganz so unabhängig und frei wie bisher unter B[artz] bin ich nun, trotz des avancements, nicht mehr. So etwas gibt's eben nicht alle Tage. In schwierigen Fällen muß ich hier Ratschläge und Beschlüsse von Vorgesetzten einholen. Bisher konnte ich ja in meinem eigenen 6 Mann starken Laden machen, was ich wollte. (Die von mir bisher aufgebaute Arbeit läuft unter Leitung meines bisherigen Hilfsreferenten in beschränktem Umfang weiter).

Gesundheitlich geht es mir besonders gut. Zuerst dachte ich mit Sorge daran, daß ich nun noch viel mehr am Schreibtisch sitzen müsste wie bisher. Aber die Regelmäßigkeit der hiesigen Existenz, die frische Naturluft draußen, das gute Essen und das Fehlen der Berliner Nervenbeanspruchungen (überfüllte U-Bahn, Übermaß an Menschen und Eindrücken usw.) tun doch ganz gut, sodaß ich auch ohne Urlaub ganz munter weiter mache. Man kann sich hier nicht schlecht konzentrieren. Soweit, bis an die wohlerwogene Grenze des Statthaften, meine Neuigkeiten beruflicher Art. [...] Die letzte Führer-Rede[75] war hier allen eine große Freude; den Pessimisten hat sie wieder neue Hoffnung gemacht. Hoffentlich wird England bald besetzt. Niemand unterschätzt die Schwierigkeiten, aber daß man den Krieg 1941 ohne die Besetzung Englands beenden könnte, kann man wohl kaum annehmen. Natürlich müssen erst mal die U-Boote her, auf die man ja allgemein große Hoffnungen setzt und die dem britischen Seehandel empfindliche Verluste zufügen werden! Im übrigen bin ich – in den Grundzügen – der gleichen Ansicht über die mutmaßliche Neugestaltung Europas wie früher. Die sozialistischen Lebensformen werden sich immer stärker durchsetzen. 1789 hatte man erst die humanen Ideen, dann die Guillotine und dann den großen Krieg zur Durchsetzung der neuen Prinzipien; diesmal scheint die Reihenfolge umgekehrt zu liegen. Erst der große europäische Krieg zur Zerstörung des bestehenden, lebensunfähig-gewordenen, dann die Abrechnung der betrogenen Völker mit ihren schlechten Führern (d. h. den Juden und Plutokraten) und am Schluß eine lange Zeit der Rekonstruktion, (»Restauration« der ruinierten menschlichen Bezirke), des großen Wiederaufbaus im Rahmen großer Wirtschaftsräume. In welcher Form und zu welcher Zeit der Neubau vor sich gehen wird, das entscheiden nicht wir allein, sondern die riesigen (geographischen) Hintermänner zwischen den heutigen beiden kriegsführenden Zentren ... Aber weiter will ich den Faden nicht spinnen ... Hoffen wir, daß bis zum Frühjahr 1942 alles vorbei ist. Tempo hat die Zeit ja hinreichend im Leibe, also warum nicht?

Mama hat letzte Nacht ja wieder mal einige Störungen in unmittelbarer Nähe gehabt. Hoffentlich war es nicht zu arg.

Mit Libs kann ich öfter mal telefonieren. Im übrigen hat sie viel Arbeit und ist ja ziemlich daran gewöhnt, die Tage allein zu verbringen. Am Sonnabend haben wir es dann immer besonders nett zusammen.

Innige Grüße Euch Beiden

Euer Sohn H.

Oberst Josef Schmid, Chef der Abteilung »Fremde Luftmächte«, schätzte den Diensteifer Schulze-Boysens sehr. Er galt bald als die rechte Hand Schmids, der auch über die Zielkarteien der Bomberwaffe wachte. Schulze-Boysen sah deutliche Aufnahmen von der Leningrad vorgelagerten Insel Kronstadt, aus einer Höhe von 6000 Meter aufgenommen. Die deutschen Flugzeuge operierten von den Flugplätzen in Bukarest, Königsberg und von Nordnorwegen aus. Hierüber und über weitere ihm zugängliche Details der anlaufenden Vorbereitungen für einen Angriff auf die Sowjetunion informierte Schulze-Boysen Ende Februar Harnack, der ihm andeutete, er würde diese Informationen an die »richtigen Stellen« weiterleiten. Daß dies der sowjetische Nachrichtendienst sein würde, sagte er ihm jedoch nicht. Schulze-Boysen, der wohl dennoch davon ausging, daß seine Informationen nach Moskau gelangen würden, bat Harnack, sehr vorsichtig bei der Übermittlung der vertraulichen Nachrichten zu sein, da er bei Bekanntwerden leicht als Quelle ermittelt werden könnte.

Wildpark-West, 26. 2. 1941

Liebe Eltern,
ziemlich lange hörte ich nichts Direktes von Euch. [...] Ich selber habe mich hier nun ganz gut »eingelebt«, soweit man das in so einem Zustand hinter Stacheldraht kann. Gesundheitlich ist es keine Verschlechterung zum mindesten. Auch etwas schreiben und lesen kann ich nebenbei, wenn auch natürlich systematische wissenschaftliche Arbeit kaum zu leisten ist.

Nach der letzten Führerrede[76] setzt man hier grosse Stücke auf den Ubootkrieg, und manche erhoffen sich hier die Entscheidung. Ich nehme an, daß die britische Tonnage-Lage ernst ist, sehe aber doch das Kriegsende bei weitem noch nicht als gekommen an. Immer fester habe ich den Eindruck, daß der richtige »Weltkrieg« überhaupt erst losgeht.

Das deutsch-russische Verhältnis sehe ich nach wie vor als den Angelpunkt der Weltpolitik an. Noch glaubt man vielerorts mit »guten Wirtschaftsbeziehungen« usw. auszukommen. Meine Gedanken gehen, in einem ganz volkserhaltenden und positiven Sinne, viel weiter; aber sie werden erst später aktuell werden, wenn überhaupt.

Gewisse Kreise propagieren als rettenden Weg für das Reich nach wie vor den Auslauf nach Osten à la Bethmann[77] (selbstredend teile ich hier nichts Dienstliches mit, sondern unverbindlich in Berlin Gehörtes ...), aber ich verspreche mir von Ukraine-Abenteuern[78] heute ebenso wenig wie 1933, bin auch überzeugt, daß Onkel Alfred das für einen Fehler gehalten hätte.

Solange Wallstreet und City nicht niedergerungen sind, können wir uns nicht mit der anderen Seite befassen, ohne dem Westen die Endentscheidung zuzuspielen. Also muss eines Tages eine positive Lösung statt des heutigen getarnten Mißtrauens gefunden werden. Ich habe da eine – immer stärker von allem persönlichen Ressentiment und Vorurteil freie – Synthese in petto und bin gespannt, ob man sie mal brauchen wird – oder ob die Weltgeschichte mir einen Strich durch meine Rechnung macht ...

[...] Mein bisheriger Gruppenleiter wird demnächst Luftattaché, wie gerade heute bekannt wurde. Vermutlich wird dann mein bisheriger unmittelbarer Vorgesetzter, Major Hünerberg aus Kiel (!) seinen Posten einnehmen und ich dann einen ziemlich selbständigen Arbeits- und Verantwortungsbereich bekommen.

Die zwei Beamten, die ich zugeteilt bekam, machen einen recht guten Eindruck. Wenn man uns nicht zuviel reinredet, kann es eine gute »Equipe« werden ... Der eine, Timm, ist übrigens auch aus Kiel.

Dann sind noch 2 Uffz. und 3 Damen da: also ein ziemlicher Laden. Mit weniger würde ich es auch schaffen.

Sonst kann ich natürlich Dienstliches nicht schreiben. Und da das Privatleben ja nur noch Stunden einnimmt, ist es um die Berichterstattung dürftig bestellt.

Bleibt also das Bekenntnis, daß ich oft mit vielen guten und treuen Gedanken bei Euch allen bin.

Euer H.

In dieser Zeit war Harro Schulze-Boysen sehr beunruhigt über den ungewissen Gesundheitszustand seines Bruders Hartmut, der schon längere Zeit im Lazarett lag, um die ständigen Schmerzen in seiner Hüfte behandeln zu lassen. Nach verschiedenen Diagnosen stellten die Ärzte Ende Februar fest, daß er an Knochentuberkulose leide und man mit dem Schlimmsten rechnen müsse.

[Wildpark-West,] 3. 3. 1941.

Mein lieber Papa,
mit meiner ganzen Seele bin ich in dieser schweren Zeit bei Euch. Immer wieder wandern meine Gedanken zu Euch hin. Es ist alles so plötzlich gekommen, daß ich es noch garnicht fassen konnte zuerst, aber Dein Brief lässt ja nun leider keinen Zweifel mehr am Ernst der Lage. Es ist mir sehr bitter, daß ich nicht hinfahren kann zum Hartmutbruder. Ich will zusehen, daß Libs wenigstens zu ihm kommt.

Solange er atmet, wollen wir die Hoffnung, daß noch alles gut wird, nicht fahren lassen. Wir haben ihm dem Tod ja schon einmal abgerungen. Ich bin sicher, daß er selbst sein Bestes tun wird. Das Leben selbst ist ja kein so sehr grosser Spass, – und den besten Teil hat er hinter sich, – aber Ihr habt es nicht verdient, Mama und Du, daß dieser Junge fortgeht, der in dieser ganzen grauen Duisburger Zeit Eure große Freude war.

Es würgt mir im Halse, wenn ich an alles denke, und die Tränen kann ich nicht zurückhalten.

In tiefer Liebe bin ich bei Dir.

Dein Harro.

[Wildpark-West,] 15. 3. 41 (nachts)

Mein lieber Papa,
Hab Dank für Deine beiden lieben Briefe vom 11. und 12. 3.

Libs fährt am Montag, den 23. d. M, nach St. Blasien. So wie die Dinge liegen, bin ich der Auffassung, daß es zweckmäßig wäre, wenn

Libs Mama ablösen würde. Nach Mamas eigener Darstellung ist sie am Rand ihrer Kräfte und außerstande, Hartmut etwas abzugeben. Hartmut will sie daher auch anscheinend immer nur kurze Zeit sehen. Ich glaube, daß Libs ihm im Augenblick mehr geben kann. Gegen Libs werden auch seine 2 Zimmer-Kameraden weniger einzuwenden haben. Wenn Du kannst, so wirke doch auf Mama dahingehend ein, daß sie sich selbst etwas Ausspannung gönnt in dieser Zeit.

An die verschiedenen Verlautbarungen der Ärzte betr. Hartmut glaube ich nach wie vor ganz u. gar nicht. Die Leute wissen so wenig, und man braucht ihren verschiedenen Diagnosen keineswegs zu glauben. An die Knochen TB glaube ich bisher nicht. Ich bleibe zunächst bei der Annahme eines Krankheitsbildes: Rheuma (Ischias) – verfehlte Mandeloperation – Rippenfellentzündung mit Lungeninfektion. Die Gelenkschmerzen usw. werden wahrscheinlich auch Rheuma sein (Dieses verstärkt durch falsche Ernährung + Bewegungsmangel!) Von »Hoffnung-aufgeben« kann keine Rede sein:

So schnell schreiben wir den Jungen nicht ab.

Die Kunde vom Mülheimer Haus ist in diesem Zusammenhang ja mehr komisch zu werten. Die Fensterscheiben und Risse lassen sich wohl flicken. Im übrigen kommts noch dicker.

Zu essen habe ich hier genug. Das Kommißbrot vertrage ich nicht besonders gut. Bisher brachte ich mir etwas Weißbrot aus der Stadt mit. Vielleicht lass ich mir bei Gelegenheit auch weisses verschreiben. Das ist kein Problem. Gesundheitlich gehts mir besser als in Berlin. Wenn ich auch nicht viel hier 'raus komme, so freue ich mich doch täglich beim Gang nach dem Kasino an Wald und Flur und frischer Luft.

Im Südosten sieht man nicht mehr recht durch. Die Engländer machen, was ich von Anfang an annahm, den Versuch, zum mindesten zeitweilig uns den Knüppel einer Balkanfront zwischen die Beine zu schmeißen. Die Russen versuchen eifrig, die Japaner mit in den Krieg hineinzubekommen, und vielleicht gelingt ihnen das auch. Auf diese Weise bekommen sie dann später den Rücken frei. USA wird derweilen immer aktiver. Man merkt es bei uns nun doch langsam, was das bedeutet.

Ich gehe, wenn ich von der Sorge um Hartmut einmal absehe, ziemlich unbeschwert durch die Gegenwart. Ich weiss recht gut, daß meine Stunde noch kommt. Bis dahin wird gelernt und gesund geblieben, so gut es geht und soweit es in meiner Macht steht. Um meinetwillen braucht Ihr Euch also keine Minute lang Sorgen zu machen. Zum 1. 4. bekomme ich einen neuen Vorgesetzten, der mir seit 1933 aus Warnemünde bekannt ist.

Nächsten Sonnabend halte ich an der Universität meine letzte Vorlesung ab. Ich habe es gern getan, und – einem »on-dit« zufolge – besser und interessanter als die meisten Professoren. Jedenfalls war der Anwesenheitsprozentsatz der Teilnehmer immer maximal bis zum Schluss.

Alles Liebe, – mit ganz wachem Herzen

Dein H.

Harnack bezeichnete – so belegen Berichte aus dem Archiv des russischen Auslandsnachrichtendienstes – gegenüber Korotkow Schulze-Boysen als vertrauenswürdig, gab aber zu bedenken, daß der »hitzige Dekabrist« mit seinen vielfältigen unüberschaubaren Kontakten ein Sicherheitsrisiko darstellen könnte. Mit dieser zur Vorsicht mahnenden Charakterisierung wollte Harnack wahrscheinlich Schulze-Boysen vor einer Anwerbung durch den sowjetischen Nachrichtendienst schützen und gegenüber der sowjetischen Seite die Fäden in der Hand behalten. Harnack ging es um die Ausgestaltung politischer Kontakte und nicht um den Aufbau einer nachrichtendienstlichen Residentur des NKWD in Deutschland.

Mitte März drang die Moskauer Zentrale gegenüber Korotkow darauf, den Informanten aus dem Luftwaffenstab persönlich kennenzulernen. Harnack hielt es für zweckmäßig, Schulze-Boysen zunächst im Glauben zu lassen, sich nicht mit einem direkten Vertreter der Russen zu treffen, da er befürchtete, der Luftwaffenoffizier könnte das Gespräch als Anwerbung für eine Spionagetätigkeit auslegen.

Am 27. März kam es in Harnacks Wohnung zu der ersten Begegnung mit Alexander Korotkow. Schulze-Boysen hatte auf einem Zettel einige Notizen vorbereitet, die er vortrug. Korotkow gewann den Eindruck, daß der Luftwaffenoffizier wußte, mit wem er redete, und bereit war, mit der sowjetischen Seite vertrauensvoll zusammenzuarbeiten. Korotkow charakterisierte die beiden mental unterschiedlichen Männer gegenüber der Moskauer Zentrale: Während Harnack vorwiegend Pläne für die Zukunft schmiede und seine Leute auf die Zeit nach der Nazidiktatur vorbereite, sei Schulze-Boysen ein kämpferischer Mensch, der über die Notwendigkeit von Aktionen zur Erreichung des Zieles nachdenke, das Harnack erträume. Korotkow hätte viel lieber mit Schulze-Boysen unter vier Augen gesprochen, aber dies war wegen dessen Dienst in Wildpark-West nicht möglich. Es war einfacher gewesen, mit Harnack einen unverfänglichen Treff auszumachen. Anfang April informierte Korotkow die Zentrale in Moskau, daß im Stab der Luftwaffe die Verkehrsknotenpunkte, Objekte und Orte für eine Bombardierung auf sowjetischem Territorium festgelegt worden seien. Der Angriff auf die Sowjetunion sei nunmehr endgültig entschieden und könne in kurzer Zeit erfolgen.

Die von Harnack, Schulze-Boysen und anderen Quellen in Moskau eingehenden Warnungen über die sich ausweitenden Angriffsvorbereitungen und auch die Veröffentlichungen ähnlicher Meldungen in amerikanischen und englischen Zeitungen verunsicherten die Zentrale des Nachrichtendienstes. Stalin war äußerst mißtrauisch, er glaubte nicht an einen Einfall deutscher Truppen im Jahre 1941. Korotkow erhielt aus Moskau den Auftrag, die Beziehungen zu Schulze-Boysen unbedingt zu aktivieren und zu versuchen, dokumentarisches Material oder Kopien von entsprechenden Dokumenten zu beschaffen. Dieses Ansinnen lehnten Schulze-Boysen und auch Harnack ab, weil sie damit ihre Sicherheit gefährden würden. Korotkow agierte vorsichtig. Er wollte seine deutschen Partner nicht verunsichern und betonte gegenüber seinen Vorgesetzten, daß für die beiden Hitler-Gegner die Weitergabe von kriegswichtigen Nachrichten nur Teil einer umfassenderen auf den Sturz des Hitler-Regimes ausgerichteten Tätigkeit sei. Sie waren keine bezahlten Agenten und betrachteten ihre sowjetischen Gewährsleute nicht als Auftraggeber, sondern als Vertreter eines Landes, mit dem sie sich ideell verbunden fühlten, und erwarteten von ihnen Unterstützung.

Die Zentrale des NKWD-Auslandsnachrichtendienstes hatte inzwischen bei der Komintern nachfragen lassen, ob dort Harnack, Schulze-Boysen und einige ihrer Freunde bekannt seien. Georg Lukács berichtete über Arvid Harnack, den er u. a. aus der »Arplan« gut kannte. Schulze-Boysen war dort nicht bekannt. Korotkow hatte ihn mehrfach aufgefordert, seine Kontakte in den kommunistischen Untergrund abzubrechen, um seine Informantentätigkeit nicht zu gefährden. Ob Schulze-Boysen dies akzeptierte, geht aus den Dokumenten nicht hervor.

Aber nicht nur die Begegnungen mit Harnack und Korotkow beschäftigten Harro Schulze-Boysen in dieser Zeit. Er hatte sich verliebt. Es ist nicht bekannt, wann genau er Stella Mahlberg aus dem Schauspielensemble des Deutschen Theaters kennengelernt hatte. Sie spielte in den Stücken »Im Himmel und auf Erden« von Klaus Herrmann, »Das lebenslängliche Kind« von Robert Neuner und im »Zerbrochenen Krug« unter Heinz Hilpert.

Stella Mahlberg wurde wahrscheinlich Ende September 1942 verhaftet und in das Polizeipräsidium am Alexanderplatz eingeliefert, kam aber bald wieder frei. Sie nahm sich 1947 das Leben.

Das Miteinander zwischen Harro und Libertas war nach außen hin offen und vertrauensvoll. Die Eheleute gestanden sich gegenseitig Freiheiten zu. Libertas suchte in wechselnden Liebesaffairen einen Halt in ihrem Leben. Sie litt unter der Anspannung noch mehr als Harro. Ingeborg Engelsing sah eine Ursache der Entfremdung der Ehepartner darin, daß Libertas in Liebenberg nie ganz ernst genommen wurde: »Nun versuchte sie immer und überall der Mittelpunkt zu sein, was ihr häufig auch gelang. Sie gab mir gegenüber diese Eigenschaft auch mit rührender, entwaffnender Offenheit zu. Ihre Geltungsbedürfnisse brachten sie in eine unglückliche Situation. Später litt sie sogar unter Harros Wirkung auf Menschen. So ging sie, von Ehrgeiz getrieben, ihren eigenen Weg.«[79]

In Gegenwart ihres Bruders erwähnte Libertas einmal, daß Stella Mahlberg einen gewissen Einfluß auf eine maßgebende Persönlichkeit beim SD hätte. Bei dem in den Briefen an Stella Mahlberg erwähnten Hauptmann Hecker könnte es sich um den 1879 geborenen Ewald Hecker handeln, der im Stab des Reichsführers der SS arbeitete.

Harro Schulze-Boysen wollte Stella aber nicht für seine politischen Ziele benutzen. Dennoch war seine Leidenschaft nicht losgelöst von den unwirtlichen Zeitläuften. Harro konnte und wollte ihnen nicht entfliehen. Seine Gefühle für diese Frau, die ihm viel bedeutete, entfremdeten ihn nicht von seinen Überzeugungen. Zugleich beabsichtigte er, Stella nicht nur körperlich, seelisch, sondern auch geistig für sich zu gewinnen.

[Wildpark-West,] 5. 4. [1941]

Gut' Nacht, Fix –
einen Gruss, einen letzten Gedanken am Tag, sehnsuchtsvoll zu Dir hingeschickt: Das ist das einzige, wozu es noch reicht. Nach dem langen Tagwerk bricht es sich von ganz innen her Bahn, wird am ganzen Körper Empfindung und begleitet mich in den bleiernen Schlaf.

Meine aufmerksame erste Geliebte Du.

H.

[Wildpark-West], 6. 4. [1941]

Fixlein,
Schwarz-Weisses, (rot lass ich nun doch weg, um Dich nicht zu ärgern!) – von Rechts und von Tatsachen wegen müsstest Du jeden Abend einen Gruss bekommen, aber soviel Briefe, wie ich gern wollte, kann ich Dir ja nicht schicken. Also bleibt das Papier erst mal liegen.

Ja, das war also neulich ganz dumm von mir, als ich Dir Auskunft über dies und jenes nicht geben wollte. Wir werden bald einmal ausführlich über die ernsten Dinge der Zeit sprechen (womit ich nicht etwa Einzelheiten der politischen Taktik oder des »wehrwissenschaftlichen« Denkens meine, wie neulich im Gespräch mit Hauptmann Hecker, – sondern die grossen Linien der Arbeit für die Zukunft).

Ursachen meiner Scheu neulich, wenn ich's mir nachträglich überlege, folgende:

1. Die neulich schon erwähnten Gesichtspunkte:

– feste Absicht, Dich ganz »frei wachsen« zu lassen. Du gefällst mir so gut und Du tust mir so gut, wie Du bist …

– wie beim Tanzen zuerst: Zittere immer noch am ganzen … Geist, wenn ich Dir näher komme. Ein sehr dummer, aber wunderbar-seltsamer Zustand, an einen Sonnenaufgang erinnernd. Lass mich noch ein bischen! Später wird's klarer.

2. Schon während ich dies schreibe, weiss ich den Hauptgrund: Das, was ich Dir sagen könnte, wird etwas anderes sein, als was ich der übrigen Welt sage. Es werden Gespräche mit mir selber sein können, es wird immer nur Arbeit, nie Aufruf oder Werbung oder Ueberredung sein können. Ich bin Dir zu nah, um Dir gegenüber zu stehen. Ein Grund mehr, sehr vorsichtig ans Werk zu gehen.

[…]

[Wildpark-West,] 7. 4. [1941]

Liebe Eltern,
von Herzen einen Oster-Gruß Euch Beiden. Hoffen wir vor allem, daß der Ostermorgen auch unserem Hartmut gilt und daß alles wieder klar kommt.

In den letzten Wochen war ich mit meinen Gedanken öfter denn je bei Euch. Am Ende haben so harte Zeiten auch das Gute, daß sie uns zusammenschweissen und über hunderte von km hinweg wieder näher bringen …

Von mir gibt's wenig zu berichten. Dienst und Schlafen; kurzes ausreichendes Essen … Einmal in der Woche ein freier Tag, der eben gerade so kurz ist, daß man schnell einmal spürt, daß man den Rest der Zeit quasi eingesperrt ist. Na, vielleicht haben solche Wartburgzeiten auch ihr Gutes. – Im nächsten Frühling ist alles vorbei, hoff' ich.

Ich kann nicht viel schreiben, denn es gibt keine Ruhe. Mama muss Helga vielmals grüssen.

Alles Liebe.

Euer H. […]

[Wildpark-West,] 12. 4. [1941]

Mein Liebes,
garkeine Zeit hab ich eigentlich, aber einen Gruss musst Du doch noch schnell haben. Und dazu eine Liebeserklärung, oder auch eine ganze Reihe davon.

Es war so schön, und ich bin noch ganz bei Dir, den ganzen Tag.

H.

Es ist zwei Uhr nachts und ich bin zum Umfallen müde. Aber der Tag soll nicht abgeschlossen sein ohne einen Gruss an Dich, meine Geliebte.

H.

Sonnabend

Fix,

– eben Deine 2 Briefe bekommen. Der Osterbrief war offenbar inmitten der grossen Menge an Osterbriefen liegen geblieben. Ganz schnell (vielleicht ist heute abend mehr Zeit zum Schreiben).

zu 2) Mittwoch komme ich mit ins Theater, wenn die Sache öffentlich ist. Ich rufe Dich Mittwoch früh um 9 Uhr an. Wir gehen dann entweder vormittags zusammen ins Theater oder – falls das nichts wird – wir treffen uns am Bhf. Zoo wie sonst, zu einer noch zu verabredenden Zeit. Hecker – kannst Du nicht eventuell ausmachen, dass er abends sich irgendwo mit mir trifft und Du dann nach dem Theater noch zu uns stösst? Wenn Du meinst, dass es schwierig ist (persönlich), dann lass es natürlich.

Zu Brief 1): Keine Schwindelei Libs gegenüber. Sie ist im Bilde und von mir *nicht* beschwindelt worden. Sowas machen wir nicht.

Deine Mutter – das ist ein besonderer Fall. Bei jeder anderen würde ich raten, die Wahrheit zu sagen und es darauf ankommen zu lassen. Aber hier habe ich – auch ohne nähere Kenntnis des Menschen und der Umstände – das Gefühl, dass man sehr grosse Rücksicht zu nehmen hat. Also da musst Du natürlich entscheiden.

Schluss. Der Brief soll weg.

Nächste Woche komme ich vielleicht 2 mal nach Berlin, also Freitag oder Sonnabend noch einmal. Darauf freut sich der gefangene Vogel.

Love H.

[Wildpark-West,] 20. 4. [1941]

Herz, das ich liebe und um das ich mich sorge!

Es ist ein sehr feines Ding, dieses Herz – und ich glaube, man muss sehr schonend mit ihm umgehen, damit es abends im Theater nicht unregelmässig arbeitet. Jedenfalls habe ich mir das neulich gedacht, als Du Mittwoch abend noch anriefst ... »Ob immer gleich bei allem Schönen soviel Bitteres sein« muss? Ich glaube, ja, Fixl, – und wenn die Bitternis nicht gleich dabei ist, dann später. Der bittere Tropfen gehört wohl zum Menschsein: »Paradise lost« ..., das ist schon so, ganz unkompliziert erscheint die Erde nur den Idioten, unserer Art Menschen gibt sie genug Rätsel und Komplikationen auf.

Ihnen die Stirn bieten, Fixstern, sonst wirft es uns um! Und je mehr uns die Welt belästigt, desto mehr Grund für uns, sie zu verändern. Gefühle in Verse zu fassen: ein Weg, Formen aus Stein zu hauen, auch ein Weg. – Visionen in Wirklichkeit umzusetzen: Dein Weg, mein Weg! Aber wir müssen uns stark machen, und je feiner das Herz, desto stärker der Panzer.

Nur manchmal, da findet man einen anderen, dem man sich öffnen darf. Aber diese Wohltat muss man sich schon erkämpfen und den bitteren Tropfen müssen wir in Kauf nehmen; Wir müssen sogar Geschmack an ihm finden, glaube ich.

Fixlein, das darfst Du nicht denken, dass wir nie fortfahren werden, an ein warmes Meer, in eine Sonne, die auch Deine lieben kleinen kalten Füsse wärmt, in eine »Nacht ohne Maske«. Das darfst Du nicht denken, wenn Dir überhaupt etwas daran liegt, denn es hängt alles von uns ab.

Einmal steht ein Wagen vor Deiner Tür, und Harro holt Dich ab. Und wenn Du dann sagst: »Ich mag doch nicht mehr«, dann – ach nein, das wirst Du nicht sagen.

Und damit bekommst Du heut Deinen Gutenachtkuss von neulich zurück.

H.

[Wildpark-West,] 3. 5. [1941]

Geliebtes,
mein Anruf gestern nahm ein unerwartet schnelles Ende. Ich wusste garnicht, dass es da eine Dreiminutengrenze gab und hatte keine Groschen bei mir.

Eigentlich wollte ich gestern oder heute in der Stadt sein, aber die Aussichten auf eine etwas großzügigere Gewährung von Freizeit sind sehr schnell wieder zerplatzt, und daher bleibt es bis auf weiteres wohl bei, Dienstag-Abend-Mittwoch, mit Schwerpunkt auf Mittwoch nachmittag, evt. auch Vom-Theater-Abholen Dienstag abend. Du hörst also von mir entweder am Dienstag abend fernmündlich oder per Abholung – oder, wenn es Dienstag abend zu spät wird, am Mittwoch um ½10 (Anruf zuhause).

Letzten Mittwoch abend kam ich, nachdem ich noch, nacheinander, etliche mir wichtige Menschen gesehen und gesprochen hatte, endlich nach Mitternacht nach Hause. Kaum lag ich eine Minute im Bett (und schlief schon den Schlaf des Gerechten)! da weckt mich das Telefon: Sofort rauskommen! Wagen in 15 Minuten an der Ecke usw. Ich sagte Dir ja schon, wie froh ich in diesem Augenblick war, dass … (oder vielmehr: dass nicht …) Im Augenblick, als ich im Wagen sass, gabs dann Alarm (noch mal sehr froh!) Im offenen

Wagen, ziemlich kalt, gings dann weg. Eine gute Tasse (!) »Slivowitz« machte mich dann wieder warm. Dann gab's Arbeit bis zum nächsten Abend, und ich war Dir so dankbar für den Kaffee! Als ob Du's vorausgeahnt hättest, dass ich ihn brauchen würde! –

Zu Dir selbst, – zu uns: ich habe doch schon richtig verstanden am Dienstag abend. Die Aufgabe, die Du meinem Herzen stellst, ist so gross und schön – und schwer, dass jedes Wort dazu meinerseits mir allzu billig erscheinen würde. Ich will tun, mehr noch: ich will sein, was ich kann, Fixlein, –

»Sender« der Bedingungslosigkeit, der Ausschliesslichkeit, der Rückhaltlosigkeit; »Antenne« für Dich!

Aber vergiss nie, dass Sender und Antennen des Stromes benötigen, sie werden von Energien gespeist, über die wir nicht frei verfügen. Wenn der Ton einmal schwächer wird, dann vergiss nie, dass am schlechten Empfang auch das Wetter, die Zeiten, die »Atmosphäre« schuld sein kann, aber dass des Senders Herz lebendig schlägt; bald sind die Zeichen unverkennbar wieder da, stärker und klarer vielleicht noch als zuvor … Ich kann es nur »wollen« schreibst Du … Dieses »Wollen« ist sehr viel, und mein Dazutun ist auch Einiges vielleicht, aber abhängig ist die Gnade des Schicksals nicht nur von uns Beiden. Es ist noch Vieles im Spiel, und je klarer wir das erkennen, desto stärker werden wir, um alles zu meistern.

(Beschwerden zu diesen »technischen« Ausführungen werden am nächsten Abend am Wittenbergplatz entgegengenommen. Wie ich sie liebe, Deine streitbaren Proteste!)

Nein, Fix, das war nicht unrecht von Dir, mich damit zu belasten. Manchmal kommts mir so vor, als trüge ich den ganzen Erdball auf meinen mageren Schultern, – aber Deine Sehnsucht zur Liebe, zum Lieben-Dürfen und zum Geliebt-werden, – das ist eine Last, unsagbar süss, die ich gern noch dazu auf mich nehme.

Auf dass ich nicht Schaden nehme an meiner Seele, Fix. Bestimmt aus reinem Egoismus. Das Leben ist so schön, weisst Du, ich schlage vor, wir lassen es uns von niemandem und nichts auf [unvollständig]

Harro Schulze-Boysen arbeitete im Frühjahr 1941 an einer kleinen historischen Studie über Napoleon, dessen politischen Weg er mit Auszügen aus Werken bekannter Historiker darstellte. Auffällig ist die Ähnlichkeit zu einer Studie des Vaters über die Invasionspläne Napoleons gegen England aus dem November 1940.[80] Doch der Sohn ging weiter. Er rückte die historischen Fakten noch konsequenter in das aktuelle Bezugsfeld, indem er die Parallelen zwischen der Napoleonischen Invasionspolitik und den Plänen Hitlers für den Rußlandfeldzug verdeutlichte. Schulze-Boysen gebrauchte die historische Gestalt Napoleons gleichsam als Chiffre zur Beschreibung Hitlers. Die »Napoleon«-Schrift kursierte in Berliner und Münchener Widerstandskreisen.

Wildpark-West, 8. 6. 41

Lieber Papa,

Es war nett von Dir, mal anzurufen. Daß Latrinengerüchte so schnell auch zu Euch dringen, ist ja wohl eine Auswirkung neuzeitlicher Blitzkriegführung ... In Wahrheit liegen die Dinge natürlich umgekehrt.

Ich selbst weiss wenig über unsere Vorhaben, und da ich nichts weiss, kann ich mich ja ruhig meinen Vermutungen hingeben: Ich habe den Eindruck, daß die alten Bethmann- u. Hoffmannpläne wieder fröhliche Auferstehung feiern. Damit geht der Krieg dann wohl seinem Höhepunkt entgegen. Ich tippe auf erheblichen Raumgewinn, Überraschungen für uns auf psychologischem Gebiet und in der Luft. USA kommen dann mit ihren Flugzeuglieferungen zum Winter gerade zurecht, um den Versuch zu machen, den von traditionellen Hecken bereinigten Erdteil unter ihren plutokratischen Schutz zu nehmen, d. h. uns anschließend die nötigen Goldanleihen zur Verfügung zu stellen, wenn wir brav sind. Irgend ein Bourbon oder sonstiger Maharadscha wird sich schon finden. Das deutsche Bürgertum macht unbesehen mit; Du weisst ja, wie ich die Leute einschätze. Am Ende von Hunderttausenden, vielleicht Millionen Toten steht dann das grosse Geschäft, wie es seit jeher geplant war. Vielleicht ist das eine pessimistische Phantasie; es kann ja auch anders kommen. Aber ich bin skeptisch, und ich hatte das Bedürfnis, meine Befürchtungen andeutungsweise noch mal (nur Dir gegenüber) kurz zu Papier zu bringen, bevor das Gewitter losbricht. Einiges hast Du wohl schon neulich aus der historischen Studie[81] ersehen, die ich Dir sandte.

Ich habe mir ein Fahrrad besorgt und fahre des Abends manchmal raus in die hübsche Gegend. Das versöhnt einen mit manchem.

Vorgestern wurde ich übrigens Oberleutnant. Das Personalamt hatte mich anscheinend vergessen und ich selbst hatte mich nie darum gekümmert, befördert zu werden. Nun hatte sich wohl der Abteilungs-Chef dahintergeklemmt, und da kam ich außer der Reihe plötzlich dran.

Sonst nicht viel Neues. Hoffentlich geht die scheussliche Zeit für Hartmutbruder bald vorüber.

Alles Liebe,

Dein H.

Der sowjetische Nachrichtendienst beauftragte Mitte April 1941 Korotkow, in Berlin eine Residentur des NKWD-Nachrichtendienstes unter Leitung von Arvid Harnack aufzubauen. Es sollten die personellen und funktechnischen Voraussetzungen für eine Zusammenarbeit in Kriegszeiten geschaffen werden. Harnack zögerte und weigerte sich schließlich, den Funkbetrieb zu leiten. Harro Schulze-Boysen schlug vor, Kurt Schumacher als Funker auszubilden. Als Schumacher jedoch Anfang Juni nach Posen eingezogen wurde, brachte er Hans Coppi ins Gespräch. Mitte Juni traf sich Coppi mit Korotkow und erhielt am 21. Juni ein erstes Funkgerät mit einem begrenzten Aktionsradius von 1000 Kilometern. Hans Coppi selbst hatte keine funktechnischen Kenntnisse, aber Schulze-Boysen, der das Funken beherrschte, wollte es ihm beibringen. Ein weiteres Gerät übergab Korotkow an Elisabeth Schumacher.

Arvid Harnack übernahm das Verschlüsseln der Nachrichten. Karl Behrens sollte dann die chiffrierten Meldungen an Hans Coppi überbringen.

Am 15. oder 16. Juni informierte Schulze-Boysen Korotkow ein letztes Mal über den unmittelbar bevorstehenden Angriff deutscher Truppen. Korotkow gab die brisante Meldung sofort nach Moskau weiter. Der Volkskommissar für Staatssicherheit, Merkulow, informierte am 17. Juni Stalin, daß die folgenden Informationen von einem Offizier aus dem Generalstab der deutschen Luftwaffe stammten:

»1. Alle militärischen Maßnahmen Deutschlands zur Vorbereitung des bewaffneten Angriffs gegen die Sowjetunion sind vollständig abgeschlossen. Mit dem Angriff kann jederzeit gerechnet werden.

2. In Kreisen des Stabes der Luftwaffe ist die TASS-Mitteilung vom 6. Juni mit Ironie aufgenommen worden. Es wird unterstrichen, daß diese Erklärung keinerlei Bedeutung haben kann.[82]

3. Flugziele der deutschen Luftwaffe sind in erster Linie: Das Elektrokraftwerk ›SWIR-3‹, Moskauer Betriebe, die verschiedene Flugzeugteile herstellen (Elektroausrüstung, Kugellager, Karosserie), sowie KFZ-Reparatur-Werkstätten.

4. An den militärischen Aktionen wird sich Ungarn auf deutscher Seite aktiv beteiligen. Ein Teil der deutschen Flugzeuge, hauptsächlich Kampfflugzeuge, befindet sich schon auf ungarischen Flugplätzen. [...]«

Stalin notierte seinen Kommentar auf dem Rand des Berichtes: »Genosse Merkulow, schicken Sie Ihren ›Informanten‹ aus dem Stab der deutschen Luftwaffe zu seiner Hurenmutter zurück. Das ist kein Informant, sondern ein Desinformant.«[83]

Zeitenwende
Krieg gegen die Sowjetunion

Schulze-Boysen war überarbeitet aber guter Dinge. Das Nazi-Regime war nicht von innen, sondern nur durch eine militärische Niederlage zu stürzen. Der Krieg im Osten bedeutete für den Hitler-Gegner eine »Zeitenwende«, es war der Anfang vom Ende der Nazidiktatur. Schulze-Boysen und Harnack sahen in ihrem Zusammengehen mit der Sowjetunion eine Möglichkeit, die nationale Eigenständigkeit Deutschlands zu sichern, ein neues »Versailles« zu verhindern und dann in Zusammenarbeit mit der Sowjetunion eine sozialistische Entwicklung in Deutschland einzuleiten. Mit den Funkgeräten besaßen sie nun ein wichtiges Kommunikationsmittel.

Kurz vor dem Angriff auf die Sowjetunion am 22. Juni traf Schulze-Boysen Walter Husemann, dem er im Vertrauen erzählte, daß er von den »Freunden« – so lautete die Umschreibung für sowjetische Kontaktpersonen – »Musik«, also Funkgeräte und finanzielle Unterstützung für die illegale Arbeit erhalten habe. Husemann, mit den Regeln kommunistischer Konspiration auf das engste vertraut, war entsetzt, daß Schulze-Boysen ihm diese höchst geheimen Informationen anvertraute. Er wandte sich an seinen Freund Kurt Schulze, von dem er wußte, daß er Verbindungen zu sowjetischen Gewährsleuten hatte, und bat ihn, sie vor dem »Provokateur« Schulze-Boysen zu warnen. Doch Korotkow hielt Schulze-Boysen nach wie vor für vertrauenswürdig. Husemann zog sich von Schulze-Boysen zurück.

Am 26. Juni sandte Schulze-Boysen einen Probefunkspruch: »1000 Grüße allen Freunden.« Dies sollte der einzige Funkspruch bleiben, der auf der vereinbarten Frequenz aus Berlin in Moskau ankam.

Korotkow gelang es, nach Kriegsausbruch aus der von SS-Leuten umstellten sowjetischen Botschaft unbemerkt herauszukommen. Er traf sich mit Adam Kuckhoff, den er instruierte, alles zu tun, um den Krieg so schnell wie möglich beenden zu helfen. Es gehe jetzt darum, daß jeder daran mitwirke. In völliger Verkennung der Lage schlug Korotkow vor, Nägel vor die Tanks und Autos zu streuen, um die Kriegsmaschinerie zu stoppen, und Aufrufe an die deutschen Arbeiter zu verfassen, damit diese nicht in den Krieg gegen die Sowjetunion zögen.

[Wildpark-West,] 15. 7. [1941]

Liebes,
bei der vielen Hast und Arbeit bin ich eine ganze Weile nicht zum Schreiben gekommen. Ich will zusehen, den Brief heute mit Eilpost weg zu bekommen. Heute ist wirklich der erste Tag, wo ich

mal wieder ein paar Minuten für mich habe. Der Offizier, den ich 14 Tage vertrat, ist heute morgen wiedergekommen.

Dein Bericht über den missglückten Anruf in Berlin hat meine volle Aufmerksamkeit gefunden, allerdings ohne dass ich ganz begriffen: Libs hat gegen ½8 den Anruf entgegengenommen, noch dazu auf einen falschen Namen lautend. Für den Fall, dass Herr S-B gemeint sei! Der sei ab 8 h zu sprechen. Um 8 kam dann auch ein Anruf und ich war »dran« und gab kund, dass ich bis ½9 sprechbereit sei! Daraufhin wurde das Gespräch zurückgezogen. Das ist alles. Dass Du es warst, habe ich erst Deinem Brief entnommen. Ich bekomme ja oft dienstliche Anrufe auch aus Wien. Libs hat keinen Augenblick angenommen, dass das Gespräch ab 8 Uhr nicht mehr durchkommen würde. Natürlich bekümmert es mich, dass Du Aerger hattest. Die Kunde war natürlich nur Wasser auf die Mühle meiner latenten Skepsis gegenüber jeglicher Uebermittlung von Stimmungen und Gefühlsäusserungen mit den Mitteln der *»Technik«*, wozu ganz gewiss die Reichspost (Tel) gehört. Der Draht ist ein *öffentlicher* Verkehrsweg, – und Stimmungen und Gefühle sind »Privatsache.« Es liegt etwas Unangenehmes in dem Auf-Draht-ziehen von Sentiments, und obwohl Du richtig böse gewesen zu sein scheinst, fällt es mir doch schwer, alles so ernst zu nehmen. »Du alte Fleischerhundseele«, wirst Du sagen, »alles mögliche nimmst Du ernst, und hier, wo es sich um meine durchwachte Nacht und eine morgendliche Enttäuschung handelt usw, – da interessierst Du Dich nicht genügend und machst Deiner Ehefrau keine Szene und garnichts.«

Brrr, fühl ich mich roh und böse, was tu ich bloss …? Wenn Du hier wärst, würde ich Dir ganz lieb und leise über Dein rabenschwarzes Haar streichen, und ich traue mir's zu, dass ich Dich weich bekäme. Aber so?

Schlimme Zeiten!!

Hoffentlich hast Du besseres Wetter als das Volk von Berlin. Hier regnet es dauernd.

Schluss für heute. Es gibt eigentlich nichts Neues. Wenn Du da unten sitzt, bist Du mir immer etwas fremd, aber deswegen keineswegs weniger geliebt.

Dein H.

[Wildpark-West,] 5. 8. [1941]

Geliebtes,
schnell will ich noch versuchen, Dir nach Wien einen Gruss zu schicken. Vielleicht erreicht er Dich dort noch. Ich freu mich von Herzen, dass Du Dich so gut erholst. Um den Wörther See beneide

ich Dich natürlich (obwohl ich jetzt fast jeden Morgen von 7–½9 allein hier segele mit einer Olympiajolle. Heute sogar bei ordentlichem Sturm und Seegang) – und den Häcker hab ich natürlich um *Dich* beneidet! Was haben es andere Leute gut mit Dir, – oder vielmehr: eine wie gute Umgebung hatten sie mit Dir.

Wir zwo: furchtbar ungerahmt, – und in Zukunft soll es nun noch schlimmer werden?! Wenn ich könnte, würde ich mich schnell mal ent*lie*ben (*ie*, nicht umgekehrt!) und bei Kriegsende wiederkommen, auf gut Glück sozusagen. Du glaubst garnicht, wie ungern ich ein mir so seltenes und liebes Gefühl den tausend kleinen Widrigkeiten unserer jetzigen Berliner Existenz aussetze! Ach ja, ich würde schon mönchisch leben können indessen, – aber es ist ja nun mal so, dass man Gefühle nicht auf Eis legen kann! Wir leben in Wind und Wetter, und was nicht standhält, verdirbt: Quo vadis felicitas?[84]

Ich will Dir nicht mehr schreiben, Dich nicht mehr anrufen, Dich immer seltener sehen. –

Schluss: Denn ich hab Dich ja lieb.

H.

23.9.1941

Mein lieber Papa,
der Urlaub[85] hat doch gut gewirkt. Ich bin noch so faul, daß ich mich erst heute zum Schreiben aufraffe, obschon ich noch oft in Gedanken bei Dir bin. Auch habe ich noch einen Mordsappetit, sodaß ich mit Hilfe meiner mitgebrachten Schätze ein oder zwei Extra Mahlzeiten einlege.

Du hast es wirklich alles besonders nett und lieb für mich gemacht, Papa. Hab noch mal tiefen Dank dafür!

Wichtiger als alle albernen Meinungsverschiedenheiten ist ja schließlich das warme Herz, und es ist schön, dieses warme Herz immer bei Dir zu spüren. In diesem Sinne hoffe ich auch, daß Du es nicht falsch verstanden hast, wenn ich mich an einzelnen Unternehmungen mit Deinen Kameraden nicht beteiligte. [...] andererseits sollten diese 14 Tage ja Erholung sein, und das heißt bei mir in aller erster Linie seelischer Ausgleich, Milieuveränderung, Gedanken außerhalb des Gewohnten. Aus diesem Dualismus meines Ferienzwecks heraus mußt Du es verstehen, wenn ich nicht allen Deinen Wünschen oder Anregungen nachkam. Na, vielleicht war das ganz unnötig zu schreiben.

Dem Admiral dankte ich heute morgen in einem Brief. [...]

Alles Liebe

Dein H.

Nachdem bis zum 22. Juni die Warnungen von Schulze-Boysen und Harnack in Moskau ignoriert wurden, drängte die sowjetische Führung jetzt darauf, die Berliner Informanten zu aktivieren. Doch auf der vereinbarten Frequenz herrschte Funkstille. Um eine Verbindung herzustellen, bat Korotkow den Nachrichtendienst der Roten Armee, auf seiner »Linie« aktiv zu werden und einen Gewährsmann nach Berlin zu schikken. Ende August 1941 erhielt der in Brüssel tätige Agent »Kent« einen Funkspruch mit dem Auftrag, sich zur Behebung von Schwierigkeiten bei der Nachrichtenübermittlung nach Berlin zu begeben und dort Adam Kuckhoff und Schulze-Boysen aufzusuchen. Ihre Adressen und Telefonnummern waren in dem Funkspruch angegeben worden. Ende Oktober 1942 traf »Kent« in Berlin ein und setzte sich telefonisch mit Libertas Schulze-Boysen in Verbindung. Sie rief daraufhin ihren Mann nach Berlin. Schulze-Boysen und »Kent« trafen sich zu einem vierstündigen Gespräch. Nach Brüssel zurückgekehrt, informierte »Kent« in sieben Funksprüchen die Moskauer Zentrale des militärischen Nachrichtendienstes über knappe Treibstoffvorräte, eine voraussichtliche Offensive in Richtung der Erdölgebiete, die Lage der Hauptquartiere von Hitler und Göring, große Verluste der Luftlandetruppen bei der Einnahme von Kreta, den Bestand an Flugzeugen, die monatliche Neuzuführung von Flugzeugen und anderes. Die Funkverbindung sei bisher wegen eines defekten Gerätes und aufgrund eines fehlenden erfahrenen »Musikanten« nicht zustande gekommen. Die ganze Gruppe sei aber gesund und verfüge über große Arbeitsmöglichkeiten.[86] Das Wechselstromfunkgerät war ausgefallen, weil Hans Coppi es in einem Stadtteil ausprobierte, der noch mit Gleichstrom versorgt wurde. Das batteriegetriebene Gerät war nicht einsatzfähig, weil die aufladbaren Anoden ausgefallen waren.

Das Zusammentreffen mit dem Agenten »Kent« war für Schulze-Boysen eine Ermutigung in schwieriger Zeit: Während die deutschen Truppen 25 Kilometer vor Moskau standen, schickten die Russen einen Ansprechpartner zu ihm nach Berlin.

Doch beim Moskauer Nachrichtendienst hätte man sich sehr gewundert, wenn man erfahren hätte, wie sich die »Residentur« in Berlin inzwischen entwickelte. Im Gegensatz zu den von Korotkow gegenüber Schulze-Boysen angegebenen Arbeitsrichtlinien – eine kleine abgeschirmte Gruppe für die Verschlüsselung und Übermittlung von Nachrichten aufzubauen – erweiterte sich der Kreis von Gleichgesinnten ständig. Libertas Schulze-Boysen lernte während eines Besuches bei Annie Krauss[87], einer »Hellseherin« in Stahnsdorf, deren Nachbarn John Graudenz[88] kennen. Graudenz, im Jahre 1921 Anhänger der KAPD, hatte in den zwanziger Jahren für United Press und amerikanische Zeitungen gearbeitet, war nach 1933 Handelsvertreter für Automobilfirmen und hatte Verbindungen zu kommunistischen Freunden. Bei Engelsings trafen Schulze-Boysens den Zahnarzt Helmut Himpel und seine Verlobte Marie Terwiel, die als »Halbjüdin« ihre juristische Dissertation nicht einreichen durfte. Himpel behandelte jüdische Patienten, denen ein Arztbesuch verboten war, in ihren Wohnungen. Eine Heirat mit Himpel war Marie Terwiel aus »rassischen« Gründen verweigert worden.

Libertas Schulze-Boysen, die seit dem 1. November als Referentin bei der Deutschen Kulturfilmzentrale arbeitete, gewann bei einem Besuch ihres Freundes Jan Bontjes van Beek die Sympathien seiner neunzehnjährigen Tochter Cato. Das Netz freundschaftlicher Verbindungen mit Menschen, die dem Nazi-Regime kritisch eingestellt waren, um Schulze-Boysen wuchs stetig.

16. 11. 41

Liebes Schwesterchen,
zu Deinem Geburtstag viele liebe Grüsse! Ich hoffe, Ihr seid trotz Krieg und anormaler Zeiten vergnügt und munter.

Von mir selbst ist wenig zu berichten. Was ich tagein-tagaus tue, geht außerhalb meiner Dienststelle ja niemanden was an. Ich muss also leider die »Verschwiegenheit im Kriege«, von der schon Clausewitz in klassischer Form schrieb, auch Dir gegenüber so weit treiben, daß das Briefeschreiben sich kaum lohnt, – es sei denn im Sinne eines Lebenszeichens. Was die Zeitereignisse angeht, so sitze ich ja ziemlich an der Quelle und langweile mich nicht. Es würde sich direkt für mich lohnen, später mal Geschichtsprofessor zu werden. Aber vermutlich werde ich Anderes zu tun haben ...

Zuhause bin ich nur selten und kurz. Libs, die für den Kulturfilm arbeitet und mehr als ich verdient, kommt auch erst abends spät nach Hause. Es ist auch ganz gut so für sie. Beschäftigung ist ja das Gesündeste für Leib und Seele.

Die Tage mit Papa in Holland waren recht erholsam und anregend. Natürlich haben wir uns wie in alten Tagen auch zuweilen in die Wolle gekriegt, im grossen und ganzen war aber alles recht harmonisch und nett. Papa hat es da sehr schön.

»Im übrigen bin ich noch der Alte«, hätte ich beinah geschrieben. Aber das stimmt nicht ganz. Das, was ich nun mal bin, bin ich noch etwas klarer und gründlicher geworden mittlerweile. Hoffentlich sehen wir uns in absehbarer Zeit mal wieder.

Schönen Gruss an Deinen Carlo und die beiden Kleinen.

Dein H.

Anfang Dezember 1941 begann vor Moskau die sowjetische Gegenoffensive. Das Unternehmen »Barbarossa« mit einer blitzartigen Niederschlagung der Sowjetunion war gescheitert. Zum ersten Mal erlitt Hitlerdeutschland eine militärische Niederlage. Dieses riesige Land im Osten hatte trotz der großen Verluste einen langen Atem und mobilisierte neue Reserven. Am 11. Dezember erklärte die deutsche Regierung den USA den Krieg. Der Bogen schnellte zurück. Schulze-Boysen fühlte sich in seinen Einschätzungen über den Verlauf des Krieges bestätigt.

Der Funkkontakt zwischen Moskau und Berlin kam indes noch immer nicht zustande. Die sowjetische Seite suchte vergeblich von Funkstellen in Stockholm und von England aus auf der vereinbarten Frequenz ihre Berliner Gegenstelle. Korotkow schlug vor, »Kent« noch ein zweites Mal nach Berlin zu schicken. Das war jedoch nicht mehr möglich. Mitte Dezember 1941 hatte die Geheime Feldpolizei in Brüssel die Funkstelle »Kents« ausgehoben und die Funker verhaftet. »Kent« mußte sich nach Marseille, in das von den Deutschen nicht besetzte Gebiet Frankreichs, absetzen. Die deutsche Funkabwehr arbeitete mit Hochdruck daran, den Funkschlüssel zu knacken, damit sie die aufgefangenen Funksprüche lesen konnte. Im Frühjahr 1942 bildeten Abwehr und Gestapo in Belgien eine Fahndungskommission mit der Bezeichnung »Rote Kapelle«. Die Funker hießen in der Abwehrsprache »Pianisten«. Da die Abwehr von mehreren Funkstellen ausging, die mit Moskau in Verbindung standen, nannte die deutsche Abwehr sie »Rote Kapelle«. Noch war die Berliner Adresse von Schulze-Boysen in kryptischen Zahlenkolonnen verborgen.

Berlin, 21. 12. 41.

Meine liebe Mama, Lieber Hartmutbruder,
in diesen Weihnachtstagen bin ich mit vielen Gedanken bei Euch. Es ist nicht viel Weihnachtsstimmung um mich, aber man denkt ja doch unwillkürlich an die »alten Zeiten« zurück und hat die Hoffnung, daß wir uns mal wieder irgendwann alle zusammen haben. Vollzählig und gesund.

Ich selber bin zunächst wieder ins RLM gekommen (also Anschrift Altenburger Allee 19). Es gibt viel Arbeit in der Stadt, und so kommen wir von den fetten Fleischtöpfen wieder zu den mageren, dafür wird es allerdings manchmal abends nicht so spät werden, hoffe ich. Obwohl Libs ja auch vollauf beschäftigt ist, werden wir auch wieder etwas mehr von einander haben, denke ich. Vor der übrigen Welt gedenke ich nicht viel von dieser Veränderung verlauten zu lassen. Es hat sich gerade ganz gut angelassen, daß ich nur alle 1–2 Wochen mal zu sprechen bin, das kann ruhig so bleiben.

Libs' Großmutter[89] starb kürzlich im Alter von 89 Jahren. Ich war zur Beerdigung in Liebenberg. Es war eine sehr würdige, schlichte Feier. Der schwedische Gesandte war auch da, Kranz vom König. Natürlich auch ein Kranz aus Doorn[90]. Das Ende war glücklicherweise am Schluß ganz ruhig. Die alte Dame hat sich nicht mehr zu lange mit dem Sterben gequält.

Der Krieg überflutet immer größere Teile des Erdballs. Quo vadis, Europa? In Afrika- und Ostfront müssen wir erst mal zurück ... Da kommen propagandistisch-psychologisch natürlich die Erfolge der Japaner[91] sehr gelegen.

Libs ist für 14 Tage an der Mosel bei Freunden. Hoffentlich wird sie dort bei besserer Ernährung (Butter) ihr dummes Nesselfieber los. Mir selbst geht's gut, wenn ich auch manchmal etwas »ab« bin von der vielen Arbeit. An und für sich hat sich mein Gesundheitszustand seit Kriegsbeginn eher verbessert als verschlechtert; hoffentlich bleibt es dabei. Libs hat vor, sich aus Liebenberg ein Mädchen zu beschaffen, da ihr der Haushalt neben der anstrengenden beruflichen Arbeit wohl zu viel werden würde, wenn sie kochen wollte. Es ist allerdings fraglich, ob man besser zuhause kocht als für etwas Geld in der Stadt isst ... Wir müssen das noch ausprobieren.

Hoffentlich passt Hartmut die Pelzjacke. Ich hätte garnicht gedacht: Er hat doch erheblich mehr Format (nicht nur geistig!!!) wie ich. Die Mäntel waren allerdings schon mir etwas zu klein. Shawl und Buch sind hoffentlich auch angekommen. Anliegend noch ein Bild einer Holzplastik, die jetzt bei uns steht, von einem befreundeten Künstler. Über Papas und Mamas Paket aus Duisburg haben wir uns sehr gefreut, noch mal vielen Dank. Alles Liebe

Euer Harro.

Berlin, 24. 12. 1941

Lieber Papa,
inmitten des ganzen Umzugbetriebes kam ich nicht dazu, vorgestern noch an Dich zu schreiben. Ich muß daher heute meinen Weihnachtsgruß vervollständigen. Heute abend werden wir alle in Gedanken beieinander sein. Von Helga und Hartmut hatte ich eben Post. Helga geht es gut. Hartmut schrieb traurig über Schwerkriegsbeschädigtenrente von RM 100.– und über Auskunft über Studienmöglichkeiten.

Seit gestern bin ich nun wieder im RLM. Das Essen ist im Haus der Flieger zwar nicht gerade reichlich, aber immerhin doch durchaus genießbar. Es ist gut, daß Libs und ich finanziell nicht zu knausern brauchen (was z. B. der Fall wäre, wenn Libs statt ihre 6–700 RM zu verdienen, Kinder hätte!) So können wir uns wenigstens auch ruhig mal dort zum Essen niederlassen, wo es einen Batzen Geld kostet.

Im Osten scheinen die Russen zunächst weitere Reserve Armeen heranzuholen. Diese unendliche Front, die jetzt in die Defensive geraten ist (unsererseits) ist schon ein sehr ernstes Problem.

Über die Krise beim Heer (Generalität)[92] hier nur Gerüchte, die wiederzugeben nicht zweckmäßig!

Heute abend werde ich bei Tante Elle sein, anschließend bei Libs' Bruder und dessen Frau noch vorbeigehen. –

Wenn Du Kakao noch bekommen kannst, kaufe ihn. Überhaupt alles Eßbare ist brauchbar. Senatogen allerdings bekommt man hier zur Zeit noch. Soll ich mal wieder Geld schicken? (Schätze, es gibt auch bei Euch nicht mehr viel.)

Es war mir eine Freude, eben – wenn auch nur dienstlich kurz – am Telefon Deine Stimme zu hören.

Alles Liebe
Dein H.

Berlin, 15. 1. 42

Mein lieber Papa,
hab Dank für Deine Zusendung. Das Biomalz löffle ich täglich voller Appetit.

Bestrebungen der Japaner, mit Tschiangkaitschek ins Reine zu kommen, sind gewiß da, aber heute noch nicht spruchreif. Von einer pan-asiatischen Front kann man wohl bisher ebenso wenig sprechen wie von einer pan-europäischen im eigentlichen Sinne. Ich glaube übrigens, daß Japans Aspirationen – nach Niederländisch Indien[93] – noch stärker in Richtung Australien laufen als in Richtung Indien. Konsolidiert sind die japanischen Neu-Erwerbungen[94] natürlich noch nicht, weder vonseiten der Vereinigten Staaten, noch vonseiten des Rätestaates, der mit Wladiwostock ja immer noch einen Pfahl im japanischen Fleische hat. Singapur[95] wird natürlich für die Briten eine bittere Sache, aber der weiße Macht-Verfall in Asien ist wohl ohnehin unaufhaltsam ... Der von Dir erwähnte B[oris] Souvarine[96] ist nicht so wissenschaftlich wie Du denkst. Diese Biographie ist eine ausgesprochene Tendenzangelegenheit, vermutlich aus bestimmten Gründen von Herrn St[alin], dem Gegenstand des Buches, selbst in die Welt gesetzt. Dieser ziemlich gewitzte Herr kennt nicht erst seit heute die Oberflächlichkeit seiner Gegner und hat mit einer ganzen Reihe von Büchern und

Verfassern solcher Art der Welt ein gründlich falsches Bild über sich selbst und seine Bestrebungen mitgeteilt. Bei genauerem Studium hätte sich ein ziemlich anderes Bild ergeben als das, was man bis vor kurzem in London, Bln, Paris, Washington usw. hatte. Der Mann ist im Grunde ganz und garnicht so uninteressant, so eine »verkorkste Existenz«, so ein »armes Ludersch« wie Du (wie mir scheint, etwas verspätet) meinst. Die Literatur hat bei mir viel an Fremdheit verloren seit ich Filme sah, die da als Brücke zum Verständnis dienen konnten. Vor einem Jahr war hier in Bln. Ostrowskis »Wald« im Staatlichen Schauspielhaus am Gendarmenmarkt der größte Erfolg der Winter-Saison. Anderen Leuten mag es also ähnlich ergangen sein wie mir. Die Anschaulichkeit, jenseits der reinen Übersetzung, hat Totes zum Leben erweckt, und die Dinge waren plötzlich ganz nahe.

Also, um einen der Dichter würde ich mich schon, wenn mir der Sinn danach steht, bemühen, aber um Herrn Boris S[ouvarine] nur dann, wenn ich eine Doktorarbeit über sowjetische Außenpolitik schreiben wollte (was ich ja mal vorhatte) – oder jedenfalls unter sehr kritischem Gesichtswinkel. –

Die Arbeit im RLM lässt sich nicht schlecht an. Ich habe mir eine offenbar sehr fähige Schreibdame beschaffen können und arbeite jetzt wieder ziemlich selbständig + in erfreulicher Distanz von dem guten, aber pedantischen Hünerberg, mit dem es wirklich schwer war. Ziemlich oft gibt es gutes Essen bei den ausländischen Attachés, was die Fleischkarten in willkommener Weise entlastet. Ich habe vor allem mit einem Schweden, Finnen und Portugiesen zu tun.

Libs kommt morgen, hoffentlich gut erholt, wieder.

Alles Liebe

Dein H.

Im Luftfahrtministerium hatte Schulze-Boysen Erwin Gehrts wieder getroffen, den er bereits 1928 als Chefredakteur einer überregionalen Zeitung im Ruhrgebiet kennengelernt hatte. Ende 1932 hatten sie in Berlin über Auswege aus der Krise diskutiert, als der den Ideen der »konservativen Revolutionäre« nahestehende und im »Tat-Kreis« aktive Gehrts Redakteur bei der »Täglichen Rundschau« geworden war.

Gehrts, einen Kopf kleiner und 20 Jahre älter als Schulze-Boysen, hatte schon im Ersten Weltkrieg bei den Fliegern gedient und war 1935 als Hauptmann wieder aktiviert worden. Mit dem Krieg gegen die Sowjetunion, den Gehrts ablehnte, entwickelte sich zwischen ihm und Schulze-Boysen ein Vertrauensverhältnis auf kameradschaftlicher Basis.

Sie trafen sich und diskutierten die aktuelle Lage und die militärischen Entwicklungen. Schulze-Boysen vermittelte ihn zu Annie Krauss mit ihren »hellseherischen Fähigkeiten«. Gehrts wollte immer ein wenig »genauer« in die Zukunft blicken. Vielleicht war seine Neigung zu okkulten Dingen und die Affinität zum Spiritualismus aus dem ungeheuren inneren Druck jener Zeit zu erklären.

Aufgrund seines Kontaktes zu Schulze-Boysen wurde auch Gehrts im Herbst 1942 verhaftet und im Februar 1943 hingerichtet.

Berlin, 27. 1. 1942

Ihr Lieben,
Ich habe mal wieder so viel Arbeit, dass ich Euch nach 30450[97] und nach St. Blasien auf einmal schreibe …

Dank für Eure Briefe. Auch Papas Päckchen habe ich bekommen. Die Zahnpasta ist bereits in Libs' und meinem Gebrauch, den Kakao trinke ich jeden Morgen, zusammen mit Trockenmilch, die ich im September noch in Holland erstand, und mit Traubenzucker, den es hier noch gibt. Beim Biomalz habe ich schon die 2. Büchse in Angriff genommen. Hier herrscht die Grippe, aber uns geht es gut, mir immer noch etwas besser als Libs. Wenn noch jemand von Euch mal *Franzbranntwein* oder sowas (z. B. Nervpin) erstehen kann, dann kauft bitte für mich. Ich reibe mich jeden Tag mit sowas ab, und es bekommt mir gut. Dann habe ich noch eine kleine Bitte an Papa: Ich kaufte mir in Haag die graue Taschenlampe (Dynamo) v. Philipps und könnte dafür 2 Ersatz-Birnen und 2 Glasverkleidungen für die Birne gebrauchen (1x für Bartz, dem Beides kaputt ging und dem ich helfen möchte, einmal als Reserve für mich selbst …) Die Glasverkleidung ist aufschraubbar oder vielmehr aufzuklemmen und lockert sich leicht … Von RR[98] interessieren mich eigentlich nur die früher von mir angegebenen Sachen. Die anderen habe ich nämlich fast alle, entweder im Original oder in Übersetzung. Schönen Dank für die Bemühung.

Daran, dass das Indien-Problem[99] noch in diesem Krieg sehr akut wird, zweifle ich nicht. Der Abgang des bisherigen britischen Botschafters, Sir Stafford Cripps, von Moskau dürfte hiermit zusammen hängen. Cripps ist nicht etwa abberufen worden, sondern auf eigene Initiative hin und wohl auch auf Anraten seiner Moskauer Freunde nach England zurückgekehrt. Er ist über Indien geflogen und hat dort mit Nehru verhandelt. Wenn er jetzt in England politisch aktiv wird, so wird er nicht nur Moskau's britischer Botschafter im Unterhaus sein, sondern zugleich der Anwalt Nehru's. Wie man hört, reicht der Einfluss Cripps' heute sehr weit. Cr. entstammt adliger Familie, kam dann als Christlich-Konservativer ins Parlament, ging später zu den Labour-Leuten, wurde dann aber wegen Volksfrontbemühungen und zu starker Sympathie für Moskau und die indischen Radikalen herausgetan. Heute dürfte er nach Winston Churchill der stärkste Mann in England sein. Wenn es jemals zu einem Frieden zwischen dem Reich und Deutschland kommt, ist es möglich, dass Cr. ein wichtiges Wort mitsprechen würde. Zunächst wird er ohne Zweifel den britischen Konservativen klarzumachen suchen, dass vom indischen Volk nur dann ein Kampf an der Seite Englands zu erwarten ist, wenn man den Indern etwas »zu verteidigen« gibt, also mindestens den Dominion-Status[100].

Hartmut sollte Unterlagen zu dem von ihm geplanten Studium der Auslandswissenschaften anfordern von der »Auslandswissenschaftlichen Fakultät der Universität Berlin«, Berlin C, Schinkelplatz. Postkarte genügt. Die schicken ihm dann alles zu. Ich wollte die verschiedenen Broschüren und Prospekte eigentlich selbst holen, komme aber nicht dazu.

Hartmut müsste sich dann zunächst mal entscheiden für zwei Länder nebst Sprachen, davon ein Land nebst Sprache, die nicht auf der Schule erlernt wurden oder »landläufig« (wie italienisch) sind. Sprachkenntnisse sind für das ganze Studium unbedingte Voraussetzung. Bücher kann man wohl über Freiburg beschaffen. [...]

Es kommt ja garnicht so sehr darauf an, wo man anfängt. Wichtig ist, dass man beginnt, wissenschaftlich, d. h. nicht zuletzt auch quellenkritisch, zu arbeiten und mal zu erkennen, wie viel man selbst aus dem auf den ersten Blick dümmsten Thema noch herausholen kann und wieviel Freude das macht. Auf einem, wenn auch nur kleinen oder speziellen Gebiet mehr zu wissen als die Anderen, – das ist eine tolle Sache, finde ich. Wenn einem das nicht liegt, soll man nicht studieren.

Papa wäre ich noch dankbar für gelegentliche Rücksendung der kleinen roten Schrift, die ich seinerzeit im Haag liess. Russland und Versailles, oder so, hiess das Ding. Es war recht interessant zum Thema der Entwicklung des »Kreuzzugs-Gedankens« (Europa gegen die SU). Bei uns zu Hause ist leider die Heizung kaputt. Das ist bei den Temperaturen natürlich nicht gerade gemütlich. Libs und ich sind ja aber gottlob am Tage fast nie da. Schlafen tun wir in einem ganz kleinen Kämmerchen, das wir mit Heizsonne erwärmen. [...]

Schluss für Heute, schönen Gruss.

Euer H.

Berlin, 6.2.42

Ihr Lieben,
infolge absoluten Zeitmangels wird es wohl vorerst beim zweigleisigen Einheitsbrief bleiben. Ich bin froh, wenn ich gerade mal die Zeit erwische, um überhaupt zu schreiben … Unsere Heizung wurde mittlerweile nach einer eisigen Woche während einer kurzen, aber wirksamen Tau-Periode wieder geflickt, sodass wir es schon zum letzten Weekend wieder warm hatten. Inmitten der allgemeinen Grippe sind Libs und ich trotz des Missgeschicks von irgendwelchen Erkältungen ganz verschont geblieben.

Papa danke ich für Brief und Rücksendung des kleinen Buches, das heute ja so aktuell ist wie nur je. […] Hier erhielten wir gerade einen ordentlichen Schwung amerikanischer Zeitschriften und Bücher, offenbar Beutematerial. Wenn man ausländische Sachen liest, kann man auf angenehme Weise lernen …

Hier ist jetzt überall die Sonntagsarbeit eingeführt: Eine starke Belastung für alle Leute mit Familienleben. Ueberhaupt habe ich auf Grund der verschiedensten Berichte, die mir zukommen, den Eindruck, dass die Auswirkungen dieses Krieges auf den Lebensstil der Völker noch radikaler sein werden als alles nach Anno 18. Die Tatsache, dass – in viel stärkerem Ausmass als 14–18 – Menschen, die bisher zusammengehörten, auseinandergerissen werden, hinaus ins mehr oder weniger abenteuerliche Leben, jedenfalls in ein eigenes, neues Schicksal, diese Tatsache kann, allen entgegenstehenden Absichten zum Trotz, das ganze Gesellschafts- und Lebensgefüge nur immer mehr erschüttern, – von den rein wirtschaftlichen Dingen, von Politik und Weltanschauung ganz abgesehen.

Von den Dingen draussen in der Welt bezw. an der Front erfährt man auch hier immer weniger. Die neuesten Bestimmungen lassen einen noch mehr in Unkenntnis als bisher. Das Informationsmonopol hat sich noch verschärft. Die sowjetischen Operationen haben, vor allem westlich [von] Moskau durch die versuchte Zangenbewegung gegen die deutschen Armeen, ein ziemliches Format angenommen. Immerhin rechnet Moskau wohl selbst mit erneuter Grossoffensive zum Sommer. Hinter der Ostfront treten ja alle anderen Dinge an Bedeutung zurück … obschon Ostfront und Wehrwirtschaftslage nicht zu trennen sind. –

An Büchern las ich letzthin u. a.: Ein interessantes Werk von H. Bäcker »Dasein als Dienst, – Bausteine zu einem neuen Europa«[101], ein neues religionsphilosophisches Buch von Bergmann[102], eine sehr gründliche, wenn auch veraltete Sibirien-Studie aus dem Jahr 1922, zusammen mit einer neueren, ergänzenden Arbeit aus Pacific

Affairs über die sibirischen Eisenbahnen heute. Sehr viel zum Lesen kommt man ja nicht, aber zuweilen in der Bahn oder abends vorm Einschlafen ... Neulich versuchten wir bei uns ein kleines »Fest« zu improvisieren, es war auch recht nett, aber im grossen und ganzen sind die Leute doch schon zu müde und unterernährt, um gross zu feiern.

Schönen Gruss Euch dreien,

Euer H.

Weihnachten 1941 hatten Libertas und Harro Schulze-Boysen den Psychoanalytiker John Rittmeister und dessen Frau Eva kennengelernt.

Rittmeister arbeitete in den dreißiger Jahren als Volontärarzt in Zürich und als Assistenzarzt in der Heil- und Pflegeanstalt in Müsingen. Er verkehrte in linksintellektuellen Kreisen und mußte deshalb 1938 die Schweiz verlassen. In Berlin arbeitete er zunächst als Oberarzt an der Nervenklinik Waldhaus in Berlin-Nikolassee und wurde Ende 1939 Leiter der Poliklinik des Deutschen Institutes für psychologische Forschung und Psychotherapie.

Eva Rittmeister, 15 Jahre jünger als ihr Mann, lernte auf der Heilschen Abendschule, wo sie sich auf das Abitur vorbereitete, regimekritische Freunde kennen. Die Diskussionen mit ihrem Mann bestärkten die jungen Leute in ihrer antinazistischen Haltung.

Bei Rittmeister lernte Schulze-Boysen auch dessen langjährigen Freund, den Romanisten Werner Krauss, kennen. Krauss war als Dolmetscher für Französisch und Spanisch in eine Dolmetscherkompanie nach Berlin einberufen worden. Er unterstützte die Widerstandsaktivitäten und wurde Ende November 1942 verhaftet und zum Tode verurteilt. Ein Antrag zur Wiederaufnahme des Verfahrens nach zwei psychiatrischen Gutachten führte zu einem Verfahren vor dem Reichskriegsgericht, das ihn zu fünf Jahren Zuchthaus verurteilte.

Das Zusammentreffen mit Schulze-Boysen war für Rittmeister wie eine Begegnung der »anderen Art«. Sofort war eine Übereinstimmung vorhanden, eine Basis für den lange vermißten intellektuellen Austausch. Auch die jungen Freunde Eva Rittmeisters waren von Schulze-Boysens Ausstrahlung begeistert. Hier war einer, der überzeugend diskutieren konnte, aber auch handeln wollte.

Mit der Niederlage der Wehrmacht vor Moskau im Dezember 1941 schien der Wendepunkt des Krieges erreicht zu sein. Unter den Hitler-Gegnern verbreitete sich Optimismus. Bei einem Zusammentreffen mit Rittmeister entstand Mitte Januar die Idee, mit einem Flugblatt an die Öffentlichkeit zu gehen. Die 20jährige Cato Bontjes van Beek und ihr Freund Heinz Strelow überarbeiteten den ersten Entwurf von Schulze-Boysen und Rittmeister. Mitte Februar 1942 wurde die sechsseitige, einzeilig auf Wachsmatrizen getippte und dann hektographierte Schrift »Die Sorge um Deutschlands Zukunft geht durch das Volk«[103] auf dem Postweg an katholische Pfarrämter, protestantische Pfarrer, Professoren, Ärzte, Diplom-Ingenieure, Rechtsanwälte, den früheren Finanzminister Popitz, selbst den Staatssekretär im Justizministerium Freisler, in Berlin tätige Auslandskorrespondenten, aber auch Wehrkreis- bzw. Wehrbezirkskommandos in ganz Deutschland verschickt. Die Adressen hatte Marie Terwiel aus dem Telefonbuch herausgesucht. 288 Exemplare erhielt die Gestapo bis Mitte März 1942 zurück. Die Gesamtzahl der versandten Exemplare ist nicht bekannt. Die Gestapo stellte Ende März ihre Nachforschungen ein, da sie die Verfasser nicht ermitteln konnte.

Mit dem Titel der Schrift hatten die Verfasser auf eine Anfang Februar 1942 durch Radio Moskau verbreitete Erklärung von sechzig emigrierten deutschen Abgeordneten, Gewerkschaftsfunktionären, Schriftstellern und Künstlern Bezug genommen, die mit den Worten beginnt: »Erfüllt von tiefster Sorge um unser deutsches Volk, seine Ehre und seine Zukunft«; sie setzten aber gegenüber dem Moskauer Text eigene Akzente.

Sie wollten die bürgerliche Opposition in der »inneren Emigration« erreichen und auf sie einwirken, indem sie an das patriotische Gewissen appellierten: »Alle, die sich den Sinn für echte Werte bewahrten, sehen schaudernd, wie der deutsche Name im Namen des Hakenkreuzes immer mehr in Verruf gerät.« Die noch Zögernden werden ernst genommen: »Sind wir schwach und kleinmütig, machen wir uns zu Unrecht Sorgen, lassen wir die Führung charakterlos in Stich?« Das Ergebnis der daran anschließenden Betrachtungen gipfelt in den beiden auch graphisch herausgehobenen Erkenntnissen: »Ein Endsieg des nationalsozialistischen Deutschlands ist nicht mehr möglich!« und: »Hitler geht unter ebenso wie Napoleon untergegangen ist. Wer die Zukunft des Volkes weiterhin mit dem Geschick Hitlers gleichsetzt, begeht ein Verbrechen.«

Zugleich spricht die Flugschrift die Notwendigkeit einer sozialen Massenbasis an und eröffnet damit eine Perspektive des antifaschistischen Widerstands: »Nur durch das entschlossene Zusammengehen der volksverbundenen Kräfte in der Wehrmacht mit den besten Teilen der Arbeiterklasse und der Intelligenz kann der herrschenden Partei das Heft aus der Hand gerissen werden ... Das deutsche Volk braucht eine sozialistische Regierung der Arbeiter und Soldaten und der werktätigen Intelligenz.« Man grenzte sich gegen »reaktionäre« Hitlergegner ab: »Die Politik gewisser Feudaler, Diplomaten, Bankiers usw., welche davon träumen, nach einem Staatsstreich dem Lande durch die Verfolgung aller bisher an der Macht Beteiligten eine neue politische Grundlage zu geben und alsdann ein restauriertes Deutschland auf Kosten Rußlands mit den ›Plutokraten‹ zu versöhnen, hat keinen Boden unter den Füßen, und bringt nicht den Frieden. Mit Haß, Demagogie und rückschrittlicher Gesinnung wird keine Zukunft gezimmert.«

Statt dessen wurde auf ein Bündnis mit der Sowjetunion orientiert.

Mit aller Entschiedenheit wird auch die zum damaligen Zeitpunkt in der bürgerlichen Oppostion eindeutig dominierende Option für eine einseitige Beendigung des Krieges im Westen als illusionär und »volksfeindlich« abgelehnt. Jede Fortsetzung des Krieges könne nur ein Ergebnis haben: »Dann wird der Zusammenbruch ein Ausmaß annehmen, im Vergleich zu dem der November 1918 eine Lächerlichkeit war.« Also sei – und in diesem Tenor endet die Schrift – aktiver und passiver Widerstand auf breitester Front unumgänglich.

Berlin, 22.2.42

Mein lb. Hartmut,
Deinen Geburtstag hatte ich keineswegs vergessen, leider komme ich aber erst heute zum Schreiben und zu dem fälligen Glückwunsch. Die Hauptsache ist ja, daß Du bald wieder ganz auf dem Damm bist, und das wünsche ich Dir von ganzem Herzen. Leider gibt es wenig zu kaufen, aber wenn Dir an irgendeinem Buch liegt, musst Du es schreiben. Ich selber sitze ja nun auch Sonntags im Dienst. Heute ist z. B.: ein herrlich sonniges Winterwetter und ich würde lieber spazierengehen als im RLM hocken. Hoffentlich kommst Du mal wieder etwas raus.

In unserem großen Zimmer zuhause haben wir uns gerade einen »Halbgürtel« von Bücherborden einbauen lassen, sodaß das Zimmer jetzt etwa so aussieht: [...]

Das grüne sind die Bücherborde. Der Schreibtisch steht jetzt in diesem Zimmer in der Ecke. Dafür ist jetzt der Durchgang vom 2. zum 3. Zimmer offen. Es hat allerhand Arbeit gemacht, aber nun sind wir mit der Umräumerei ziemlich fertig.

Es tut mir leid, daß ich hier so fest sitze, aber es gibt garkeine Möglichkeit, jetzt hier fortzukommen, sonst würde ich Mamas Wunsch, Euch mal zu besuchen, herzlich gern nachkommen. Es wäre wirklich mal an der Zeit, daß wir uns wiedersehen. Man hätte sich doch manches mitzuteilen; – zum Briefschreiben ist es nicht die Zeit.

Alles Gute, Teurer Bruder!
In Liebe
Dein Harro.

Die Bildstelle der Kulturfilmzentrale, in der Libertas Schulze-Boysen seit dem 1. November 1941 arbeitete, sammelte Fotos von Soldaten und Offizieren. Darunter befanden sich Aufnahmen von unvorstellbaren Greueltaten gegenüber der Zivilbevölkerung, unter anderem von der Liquidierung polnischer, jüdischer und russischer Menschen.

Libertas Schulze-Boysen sprach mit Greta Kuckhoff über das, was sie dort sah: »Im tiefsten Herzen habe ich trotz aller Belege und Fotos nicht glauben wollen, daß Deutsche fähig sind zu solch abscheulichen Taten. Dabei weiß ich ja, wie es Harro selbst ergangen ist. Aber dieses Hinmorden ganzer Völker: Ich kann einfach nicht mehr –!«[104] Libertas begann, Material über die Verbrechen der Einsatzgruppen und der Wehrmacht zu archivieren. Sie wollte die Beweise der Untaten »stolzer deut- scher Männer« für den Zeitpunkt aufbewahren, an dem die Verbrecher für ihre Untaten zur Verantwortung gezogen werden sollten.

Diese Fotos bildeten auch den Ausgangspunkt für ein von Adam Kuckhoff und John Sieg erarbeitetes Flugblatt. Es schildert eindringlich die Untaten und appelliert an deutsche Soldaten der Ostfront, sich dem »Meuchelmord an russischen Patrioten« zu entziehen und mit den Partisanen, die wie einst Schill und Hofer für die Befreiung ihres Volkes kämpften, zusammenzuarbeiten und zu ihnen überzugehen.[105]

Berlin, 16. 4. 42

Mein lieber Onkel Werner,
zu Deinem 60. Geburtstag senden Libertas und ich Dir die herzlichsten Glückwünsche. Das Beste, was man in diesen halsbrecherischen Zeiten für jemanden, den man gern hat, erhoffen kann, ist ja *Gesundheit* im umfassendsten Sinne …

Es ist wirklich traurig, dass wir uns schon *so* lange Zeit nicht mehr sahen. Gewiss hätte man sich vieles zu erzählen.

Leider ist bei mir an urlaubsähnliches Ausbrechen bis auf Weiteres garnicht zu denken. Wir haben seit einigen Wochen überhaupt keinen freien Tag mehr in der Woche, nehmen also auch den Sonntag oder anderwärts gewährten »Freien Tag« mit zu Hilfe, um die anfallende Arbeitsmenge zu bewältigen. Ich selbst habe gegen dieses regenerationslose Verfahren ziemliche Bedenken; einmal in der Woche würde ich aus gesundheitlichen Gründen wirklich gern mal an die Luft und evtl. Sonne schnappen. Aber es ist wohl typisch für die heutige Zeit, dass man Motoren und technisches Gerät schont und pflegt, vom Menschen dagegen auch ohne derlei Rücksichtnahme Erstaunliches erwartet. Wenn ich dazu komme, treibe ich spät am Abend noch etwas geistige Hygiene, indem ich mich der Philosophie widme. Solches Unternehmen wird unterstützt durch die Tatsache, dass man hier und da in den Berliner Antiquariaten doch noch ganz gute Sachen bekommt. Gestern z. B. brachte ich von einem kleinen Mittagsgang in der Friedrichstadt zwei Bände J. St. Mill. (Logik) nach »Hause« (d. h. ins RLM), ferner 3 Bände Mauthner »Wörterbuch der Philosophie« und 2 Bände Buckle, »Geschichte der Zivilisation in England«, – Dinge, nach denen ich schon lange suchte.

Kürzlich hatten wir hier Mama zu Besuch, die jetzt in Freiburg bei Hartmut ist.

Libertas arbeitet ebenso wie ich von morgens bis abends, und zwar beim Kulturfilm (Reichs-Kulturfilm-Zentrale), wo sie mit ihren Interessen voll auf ihre Kosten kommt und auch eine recht selbständige Referentenstellung hat.

Mir selber macht die Arbeit nur noch sehr teilweise Freude. Der Geist der Bürokratie nimmt auf allen Gebieten immer mehr Ueberhand; wenn das so weitergeht, sehe ich für das »neue Europa« sehr schwarz. Schon Bismarck, auch Onkel Alfred, haben ja oft die Weltmachtbefähigung des Deutschen Volkes angezweifelt auf Grund des bei uns allzu entwickelten Bürokratismus, des allzu engen Ressortgeistes, des Mangels an persönlicher Initiative usw. Heute ist es schlimmer denn je, und leider eben unter den Augen der ganzen Welt. Gut, dass es daneben andere, objektiv bewundernswerte Dinge und Erscheinungen gibt.

Letzte Woche waren Libs und ich zum 1-jährigen Gründungstag des Staates Kroatien[106] eingeladen. Es war ein erstaunlicher Aufwand, etwa 400 Menschen, an die 200 Autos im Grunewald vor der Tür (so viel hatte man seit Kriegsbeginn hier kaum irgendwo gesehen ...). Es war beinah so, wie sich die Filmonkels den Wiener Kongress vorstellen, und viel hätte nicht gefehlt, dann hätten Oberhofzeremonienmeister mit handfesten Stäben dagestanden und beim Eintritt von Schulze-Boysen und Frau dreimal auf den glänzenden Fussboden geklopft und gerufen: Seine Exzellenz, der Oberleutnant Heinz Harro Max Wilhelm Georg usw. Na, also so ähnlich war es wirklich. Wer nicht vom Adel war, wurde von den Kroaten einfach geadelt. Mit sich selber machen sie es genau so (Sie haben den Geist unseres Auswärtigen Amtes, wie man hieran sieht, vollkommen und mit slawischer Schläue erfasst ...). Also Oberleutnant *von S.-B.* begab sich nebst Gattin von Raum zu Raum, erst begrüssten einen die Attachés und die jüngeren Offiziere, dann kam der Luftattaché, dann der Gesandte, dann dessen Frau in Nationaltracht, dann ein rotseidenes Herz mit kroatischem Nationalwappen als Geschenk für die Damen, die Eintragung ins Gästebuch –

und endlich last not least zwo riesengrosse Buffets mit sehr unverfälschten bäuerlichen Genüssen, zu deren besten Speck und der Slivovitz zählten. Die Sache fing um 17 h an, um 18 h hatten einige deutsche Offiziere schon zu viel getrunken und es wurde lustig. Um 21 Uhr gingen Libs und ich sehr vergnügt weg, aber am nächsten Tag hörte ich, dass dies Mordsfest sich noch die ganze Nacht für einige Unentwegte hingezogen hat, ein bekannter Oberstleutnant übernachtete dort, in der Gesandtschaft auf der Couch.

Ich denke, ich bekomme Fotos, um sie Euch gelegentlich zu zeigen. Wer irgendwie konnte, steckte sich übrigens ungeniert Apfelsinen und Zigarren in die Taschen ...

In England, so hörte ich neulich, sollen die traditionellen gesellschaftlichen Formen im Zeichen des Krieges auch schon erheblich gelitten haben.

Aber zurück zu den Kroaten. Im Laufe des Abends traf Libs dann einen Herrn vom Auswärtigen Amt namens von Pannwitz, und durch den hörte ich dann, dass das besagte Gesandtschaftsgebäude in all seiner Pracht früher jener Frau von Pannwitz gehörte, bei der ich um 1920 herum mit Helga zusammen Kindergymnastik hatte. Ueber 20 Jahre später kam ich also ins gleiche Haus zurück, und ich hatte es nicht erkannt. Nur noch die Stimme der baltischen Gymnastiklehrerin, eines Frl. von Engelhardt, hatte ich in Erinnerung: ääins-zwääi, ääins-zwääi-drääi.

Hier ist jetzt endlich der Sommer ausgebrochen, d. h. zunächst mal eindeutig der Frühling, aber es war dieses Jahr ein ziemlich unvermittelter Uebergang. Der kalte Winter hat leider erhebliche Schäden für die kommende Ernte mit sich gebracht, sodass wir im kommenden Winter wohl den Gürtel noch erheblich enger werden schnallen müssen. Ueber Ostern waren Libs und ich in Liebenberg, und da hörten wir dann einiges von den agrarischen Sorgen. – Im Teupitzsee haben wir jetzt ein Insel-Grundstück[107]; schade nur, dass ich nicht raus komme.

Schluss für heute. Tante Emma und Dir alles Gute.

Dein H.

Berlin, 3. 5. 1942

Mein lieber Papa,
hab nochmals vielen Dank für Deine verschiedenen Zusendungen. Ich kann mir gut denken, wieviel Du um die Ohren hast und finde es daher besonders nett von Dir, dass Du an mich gedacht hast.

Hoffentlich hast Du eine erfreuliche Unterkunft gefunden. Ganz so nett wie das Bisherige wird es wohl nicht sein.

Wir konnten gestern den »Zweiten Mai« feiern durch einen Ausflug nach Teupitz, um ein von Libs neuerworbenes Grundstück auf einer Insel im Teupitzsee erstmalig zu besichtigen. Mit Freunden fuhren wir vom Görlitzer Bhf. los. Es war ein maßloses Gedränge, und es musste auffallen, wie hochgradig zänkisch und überreizt die Leute schon sind. Dauernd gab es irgendwo Krach, und wenn auch die altbekannten gemütlichen und witzigen Berliner noch lange nicht ausgestorben sind, merkt man eben doch sehr stark das dritte Kriegsjahr. In Großköris schwangen wir uns aufs Rad, mieteten dann in Teupitz ein Ruderboot und, nachdem wir nett zu Mittag gegessen hatten, bestiegen wir unsre Insel. Das Grundstück – und überhaupt die ganze Insel – ist sehr prächtig. Die Insel ist ca 800 m lang und der Länge nach durch eine breite »Strasse« aufgeteilt. Unsere Parzelle ist etwa 25–75 m, also rund 1600 m^2 gross, hügelig, teils Wiese, teils Baumbestand, am Wasser ziemlich schroff etwa 6 m abfallend, unten noch ein kleiner Strand. Auf der übrigen Insel herrscht teils noch Wildnis, teilweise aber stehen auch schon hübsche kleine Wochenendvillen und blühende Gärten. Wir waren also mit unserem Kauf sehr zufrieden, besonders da die Sonne herauskam und uns ein erstes Sonnenbad auf unserem neuen Rittergut ermöglichte. Da nach den neuesten Bestimmungen bei der Attachégruppe der Sonntagsdienst doch nicht ganz so streng gehandhabt werden soll wie bisher, kommen wir vielleicht im Lauf des Sommers noch mal raus … Es ist doch immer recht erholsam, wenn man mal frische Luft schnappt. – […]

An und für sich ist ja alle wissenschaftliche Arbeit, die ohne Papier kaum denkbar, heute eine recht prekäre Sache geworden. Immer stärker muss man ja, wie z. B. Rostock, Lübeck, aber auch Emden, Kiel und Köln zeigen, mit Bomben und Brand rechnen. Gewiss stehen wir erst am Anfang einer solchen Entwicklung, denn ich glaube nicht, dass die Engländer in dem Maße Kulturvolk sind, dass sie mit Rücksicht auf ihre oder unsre Kulturdenkmäler die Angriffe aufstecken. Ihr ganzer materialistischer Kriegsplan läuft ja darauf hinaus, eben in immer stärkerem Maße ihre angebliche Produktionsüberlegenheit zum Tragen zu bringen und am besten können sie das ja aus dem Luftraum heraus. Ich bin jedenfalls froh, die schöne Backsteingotik Lübecks und Rostocks noch gesehen und erlebt zu haben. Aber wieviel an nie zu ersetzenden Kulturwerten unsres Erdteils werden noch vor die Hunde gehen?!

Von Tante Ilse's Mann[108] haben wir lange nichts gehört, aber neulich war ich mit Kollegen von ihm einen Abend zusammen. Die Leute waren recht ratlos und gedrückt. Eine Reihe wichtiger

Berufspläne schienen ihnen durch die Binsen gegangen zu sein und nun waren sie ratlos und besorgt.

So, ich will Schluss machen für heute. Ich muss noch mehr Briefe schreiben, aber Du kommst immer zuerst dran.

In Liebe,

Dein H.

Berlin, 9. 5. 42

Ihr Lieben,

Dank für Eure Briefe. Ich freue mich immer sehr, ein Lebenszeichen von Euch zu haben. Papa scheint ja tüchtig zu tun haben. Schade, dass die Spaziergangmöglichkeiten nicht mehr dieselben sind! Aber natürlich gibt es noch unangenehmere Gegenden wie z. B. Duisburg-Hochfeld ... Angenehmer denke ich mir natürlich auch Freiburg jetzt. Freiburg im Frühling ist ja wirklich ein Gedicht! Schliesslich habe ich zwei Studentenfrühlinge dort verlebt, und ein bißchen wehmütig denke ich heute zurück an den Schlossberg, an die Dreisam, an das schöne Breisach, an den Glottertäler – und an alles, was es sonst noch an schönen Dingen gab. Von unten her gesehen etwas rechts vom »Dattler« gab es zu meiner Zeit die bekannte »Milchwirtschaft«, abgekürzt MIWI, da assen wir im Sommer abends immer grosse Mengen von Erdbeeren und Schlagsahne. (!) Ja, es war schon eine herrliche, unbeschwerte Zeit, die ich da mit Eurem Wechsel verlebte. Nie hab ich Euch genug dafür gedankt ... Damals schien es alles so selbstverständlich, und erst wenn man älter wird, merkt man, wie bevorzugt man war.

Dass Mama mit einer Kroatin Freundschaft geschlossen hatte, finde ich nicht weiter überspannt oder seltsam. Wieso denn nicht? Sie haben vieles, was wir nicht haben, und umgekehrt. Ein begabtes Volk sind sie jedenfalls, sowohl gefühls- wie auch verstandesmässig. Und warum sollte man nicht bis an's Lebensende immer neue Freundschaften schliessen? Wem's gegeben ist ...?!

Ich bin froh darüber, von mir selbst sagen zu können, dass ich im letzten Jahr mehr als einen Freund gewonnen habe: Da ist J[onny Graudenz], alter Journalist, sicher schon über 40, mit einer rührend gastfreundlichen Frau[109] und zwei lustigen Backfischtöchtern[110]. Er ist heute Kaufmann und hat eine nette kleine Villa draussen in Stahnsdorf, also in der Wannseegegend. Morgen, zum Sonntag, werden wir hinausfahren und in dem großen Garten in der Sonne liegen. Und dann kommt sicher auch R[ittmeister] hin, etwas älter als ich, ein bekannter Psychiater, der eigentl. gerade nach Zürich fahren wollte, aber die Reisegenehmigung noch nicht hat. Er wohnt ganz in unserer Nähe. Seine kleine künstlerisch begabte Frau [Eva] war neulich mit uns in Teupitz. Dann ist F[ritz][111] da, den wir durch R[ittmeister] kennen lernten. Junger 23-jähriger Arbeiter bei Zeiss, der abends sein Abitur machte und nebenher Volkswirtschaft studiert. Als wir ihn neulich besuchten, hat Libs ihm den Kopf gewaschen, weil er, an Hand seiner elektrotechnischen Begabung, eine solche Vielfalt an Beleuchtungsraffinessen usw. in seiner Bude hatte, dass man Gefahren witterte … Immerhin, er arbeitet unermüdlich an sich selber, und Alle helfen ihm, weil er so begabt ist. Dann ist da der 19-jährige Horst Heilmann, vor 1½ Jahren mein bester Hörer im Aussenpolitischen Seminar der Universität. Er ist sehr ruhig und wirkt auf den ersten Blick fast etwas schüchtern, aber er hat etwas bezwingend Klares und Konzentriertes. Er sieht in mir zwar so etwas wie seinen »Professor«, aber er wird mich bald überflügelt haben. Wir machen eine grosse aussenpolitische Arbeit zusammen. Wir ergänzen uns so gut, dass wir am liebsten immer zusammen arbeiten würden. Er ist als Funker beim OKH eingezogen und hört Funksprüche ab usw., aber jede freie Minute schafft er was. Und dann haben wir einen Zahnarzt[112] mit seiner Freundin[113], die Libs in vielem so ähnlich ist … Und dann sind da natürlich einige hübsche und nette Mädchen, mit deren einer oder anderer ich von Zeit zu Zeit mal gut essen gehe in einem der teuren Lokale, wo man noch etwas bekommt. Libs ist befragt und hält sich mittlerweile mit irgend einem Flirt vom Film schadlos. Manchmal gehen wir aber auch alle zusammen los.

Und die alten Freunde sind auch noch da. Walter [Küchenmeister], und die Aerztin E[lfriede Paul], deren Praxis, im Zeichen des Krieges, immer mehr anwächst. Der eine Junge[114] von Walter, der »Nackte Spatz« auf einem unserer Weekendfotos von 1938, ist auf einem der besten Internate der Schweiz untergekommen. So wird er, trotz der Hungerjahre früher, ein gesunder junger Mann werden und die wackre Elfriede kann auf ihr Verdienstkonto einen TB-Fall weniger in Europa buchen. Kurt Schumacher, der Bildhauer, behütet Gefangene in Posen. Zuerst war er ziemlich unglücklich, aber wir haben ihm diese oder jene Bekanntschaft in Posen vermitteln können, und nun kommt er besser über die Zeit dort hinweg.

Weisenborn ist auch noch da und ein grosser Mann beim Rundfunk.[115] Seine Ehe mit unserer kleinen Untermieterin von früher, genannt »Schnäbelchen«, weil sie den Nachnamen Schnabel[116] hatte, geht grossartig, offenbar hat er keinerlei Heimweh zurück zu seinem in zahlreichen abenteuerlichen Romanen beschriebenen Junggesellenleben.

Na, das ist nur eine unvollständige Aufzählung von Freundschaften. Allmonatlich entstehen neue, und wenn man sich auch längst nicht so oft sehen kann wie im Frieden, so hält man doch zusammen ... [...]

Im Osten wird es bald wieder Bewegung geben, und Hunderttausende neuer Opfer. Im Herbst werden wir dann wohl im Kaukasus und an der Wolga stehen. Auch Leningrad werden die Russen nicht halten können. Und Moskau? Mit all dem rechnen die Russen, aber Russland ist gross, und die Sowjets denken nicht an Frieden, sondern hoffen auf ihren längeren Atem ... Den Yankees scheint es ja vorerst noch ganz lieb zu sein, wenn die Europäer sich gegenseitig schwächen, trotzdem fragt man sich, wie lange sie mit ihrer 2. Front[117] warten können, wo die Dinge im Fernen Osten, um Indien, Australien usw. sich immer mehr zuspitzen. Gleich, was kommt, es war geschickt von Stalin, durch seinen Pakt[118] mit Tokio den Japanern die Hände frei zu geben für ihre Angriffe gegen die USA. So können die Amerikaner doch nicht ganz so unbeteiligt mit dem Ziel des grossen End-Booms in Wartestellung gehen, wie sie eigentlich wollten und wollen. Heute sind sie alle drin in der grossen Mühle, die die alte Welt zermahlen wird, die die Städte und die Dome und die Sitten »pulverisiert« ... Keiner ist mehr draussen ... Ein Ragnarök[119] ohnegleichen ... Die kosmischen Katastrophen kommen hinzu. Die Kälte im Winter, das Frühjahr ohne Regen ... Fehlt nur noch im Sommer die Dürre. Hui, wird Europa im nächsten Winter hungern ...! Schluss mit Tour d'Horizon. Seid in Liebe gegrüsst, der Hartmutbruder natürlich immer mit. [...]

Euer H.

Mama hat Durchschlag

Harro Schulze-Boysens Lebensrhythmus wurde durch die Arbeit im RLM bestimmt. Der Gegner des NS-Regimes leistete in einer wichtigen Zentrale des NS-Staates eine anerkannte Arbeit. Das gelegentliche Zusammensein mit Freunden, die seine Gegnerschaft zum NS-Regime teilten, stellte für ihn ein Refugium dar. Dieser Freundeskreis war keine fest gefügte Organisation, sondern ein loser Kreis von Personen, zusammengehalten durch gemeinsame Ausflüge, gegenseitige Einladungen, Diskussionen und gelegentliche Feste. Ein kameradschaftliches Miteinander bestimmte ihr Zusammensein. Die Informationen von Schulze-Boysen, seine Argumente und die Diskussionen bestärkten die Freunde in ihrer ablehnenden Haltung gegenüber dem Nazi-Staat. Sie waren eine Minderheit, mußten vorsichtig agieren, mußten an die realen Lebensumstände, an die Unzufriedenheit der Menschen anknüpfen und behutsam die Front der Gegner erweitern. Man suchte Kontakte zu Gleichgesinnten und verfaßte Flugblätter. So wurde auch die Rede des Bischofs von Galen gegen die Euthanasie und andere oppositionelle Schriften weitergegeben.

Zwar fügte sich Schulze-Boysen auch in die Notwendigkeit der Einhaltung gewisser konspirativer Grundregeln, aber sein Leben fand in der Öffentlichkeit und nicht im Untergrund statt. Die für manche verblüffende Offenheit, mit der er sich über Mißstände äußerte und über militärische Entwicklungen sprach, war für ihn zugleich auch Tarnung. Mit dieser Haltung war er weniger angreifbar. Er hatte scheinbar nichts zu verbergen. Seine Freunde waren beeindruckt von der Sicherheit, mit der sich der Nazi-Gegner in der Öffentlichkeit bewegte. Einige deuteten die Unbekümmertheit als Leichtsinn und zogen sich, wie Cato Bontjes van Beek und Heinz Strelow, von ihm und seinem Kreis zurück.

Die Stärkung des inneren Zusammenhalts und die Erweiterung der Kontakte nach außen war die Regel, nach außen gerichtete Aktionen bildeten die Ausnahme.

Am 8. Mai wurde im Berliner Lustgarten die antisowjetische Propagandaausstellung »Das Sowjetparadies« eröffnet. Die Bevölkerung sollte auf den länger währenden Krieg ideologisch eingestimmt, die Überlegenheit der »deutschen Rasse« demonstriert und der Überfall auf die Sowjetunion als eine Befreiungstat für die dort lebende Bevölkerung dargestellt werden. Das Feindbild mußte stimmen. Der massenhafte Besuch der Ausstellung wurde durch die NSDAP organisiert.

Schulze-Boysen schlug eine Zettelklebeaktion vor, um der Bevölkerung ein Zeichen zu geben, daß die Gegner im Inneren noch aktiv seien. John Rittmeister, Adam Kuckhoff, Günther Weisenborn und auch Mitglieder eines kommunistischen Zirkels in Neukölln waren dagegen, weil sie befürchteten, daß eine solch spektakuläre Unternehmung die Aufdeckung ihrer Arbeit zur Folge haben könnte. Doch besonders die Jüngeren traten vehement für diese Aktion ein. Sie wollten nicht immer nur reden, sondern auch handeln. In der Nacht vom 17. zum 18. Mai 1942 wurden in verschiedenen Berliner Stadtteilen Zettel geklebt. Circa fünfzehn Personen beteiligten sich. Harro Schulze-Boysen sicherte in Uniform und mit gezogener Pistole die Klebeaktion am Sachsendamm. Am 18. Mai – es war ein Montag – konnten die zur Arbeit eilenden Berliner an Hauswänden und Bäumen folgenden Anschlag lesen:

STÄNDIGE AUSSTELLUNG

Das NAZI PARADIES
Krieg Hunger Lüge Gestapo
Wie lange noch?

Unabhängig davon gab es eine weitere Aktion gegen die Propaganda-Ausstellung: Am Nachmittag des 18. Mai legten Mitglieder der Widerstandsgruppe um Herbert Baum Brandsätze in der Ausstellung. Sie wurden Ende Mai 1942 verhaftet.

Über die Gespräche zwischen Schulze-Boysen und Arvid Harnack ist aus dieser Zeit wenig bekannt. Er wie auch Adam Kuckhoff lehnten den »Aktionismus« von Schulze-Boysen ab. Harnack setzte sich in dieser Zeit verstärkt auf theoretischer Ebene mit dem verhaßten Regime auseinander und arbeitete an einer Studie über das »nationalsozialistische Stadium des Monopolkapitalismus (Imperialismus)«.

Berlin, 19. 5. 42

Ihr Lieben,
jetzt, da sich ein immerhin beachtlicher Teil der Familie in Freiburg versammelt hat, sind Papa und ich mit unseren Gedanken natürlich (soweit das die viele Arbeit zulässt) bei Euch. Es ist wirklich kummervoll, dass wir nicht Alle zusammen-»strömen« können.

Wenn Helga nach Berlin kommt, wäre ich ihr dankbar für möglichst rechtzeitige Benachrichtigung, um mich zeitlich etwas darauf einzurichten. Es wäre doch dumm, wenn ich dann gerade dienstlich abwesend sein müsste. Sie kann natürlich gern bei uns einige Tage kampieren.

Hier ist es nun doch endlich Sommer geworden. In einigen Wochen hoffe ich doch mal etwas Urlaub zu bekommen und gedenke dann auch Freiburg zu besuchen. Ich kann noch garnichts Definitives sagen, würde aber gern schon jetzt wissen, welcher Monat Euch am besten passen würde, – ganz unverbindlich für beide Teile natürlich.

20. 5. 42

Gestern wurde ich unterbrochen. Gerade kommt der Bescheid, dass man über Pfingsten zwei freie Tage bekommen soll. Hoffentlich wird das Wetter schön: Man ist so dankbar für jeden Strahl Sonne und für jeden Windhauch, der an den Körper kommt. Ganz sicher entspricht diese bescheidene Dankbarkeit einem nicht gestillten Bedürfnis nach Harmonie in der Natur. Vor lauter Arbeit »vergisst« man ja tatsächlich wochenlang oft, ob Sommer oder Winter draussen ist.

Im Anschluss an das tägliche Mittagessen im Haus der Flieger gibt es um den guten, alten Bartz herum immer noch nette Unterhaltungen, manchmal sogar mit einigem Niveau. Es ist interessant zu sehen, wie auch träg-veranlagte Geister langsam sich Gedanken zu machen beginnen. Nebenher entwickelt sich ein kleiner Tauschverkehr. Heute tauschte ich z. B. einige Zigaretten, die ich überhatte, gegen 1 Flasche Schampus ein, mit der ich gelegentlich Gäste zu beglücken gedenke. Gästezigaretten habe ich noch von meiner vorjährigen Urlaubsreise zu Papa. Es gibt ungefähr nichts, was man heute nicht schon nutzbringend verwerten könnte. Schwierig ist nur der von Papa gewünschte Versand der leeren Biomalzdosen. Im Karton bekam ich so ein Ding von der Post als »zu schwer« zurück. Ohne Karton ist die Verpackung schwierig. Ich will aber mein bestes tun und noch mal versuchen. [...]

Libs war 4 Tage in Wien. Als sie losfuhr, hatte sie keine Karte für Schlafwagen, hat dann aber unterwegs wenigstens ein Bett für die halbe Nacht (bis 03 00 h morgens) pachten können, sodass es auf diese Weise noch halbwegs erträglich wurde. Zurück ist es ihr dann ähnlich ergangen. Heute morgen meldete sie sich ganz vergnügt von der Unternehmung zurück, – ich war schon etwas in Sorge gewesen, als sie etwas »arm« losfuhr am Sonnabend. Ihre Besprechungen mit der Wien-Film sind anscheinend gut verlaufen.

Welche Sprache hat sich Hartmut an der Universität Freiburg vorgenommen? Französisch? Wie stehen sich nun Onkel Hartmut und Helgas Kinder? Wie vertragen sich Mamas Enkelkinder mit ihrer Grosstante? Ich erwarte anschauliche Stimmungsberichte aus dem Schwarzwald.

Bisweilen, stets
Euer aller H. [...]

Pfingsten verbrachten Harro und seine Freunde bei herrlichem Wetter auf der Mole in Marquardt bei Potsdam. Dort standen zwei Zelte. Elfriede Paul, Walter Küchenmeister und sein Sohn Rainer sowie Freunde von Elfriede Paul kamen mit Paddelbooten. Später trafen Elisabeth und Kurt Schumacher, Hilde und Hans Coppi und Fritz Thiel ein. Auch John Rittmeister und John Graudenz sowie dessen Töchter kamen.

Im Juni verbrachte Harro Schulze-Boysen mit John Graudenz einen dreiwöchigen Urlaub im schwäbischen Kocherstetten auf der Burg eines Freundes. Dort lernten sie Marcel Melliand kennen, der einen Textil-Verlag in Heidelberg besaß und eine Reise in die Schweiz plante, wo er über gute Kontakte verfügte. Graudenz und Schulze-Boysen wollten diesen Auslandskontakt nutzen, um eine wichtige Information an den englischen Nachrichtendienst zu lancieren: Schulze-Boysen hatte erfahren, daß englische Funksprüche, die Geleitzüge durch das Nordmeer nach Murmansk ankündigten, von der deutschen Abwehr entschlüsselt werden konnten. Mellinads Reise in die Schweiz kam jedoch nicht zustande.

Bei einem kurzen Zusammensein mit der Mutter im Mai 1942 äußerte Harro Schulze-Boysen, daß es erst besser in Deutschland werde, wenn sich genug Deutsche bereit fänden, für ihre Überzeugung zu sterben. Hunderte könne Hitler ermorden, Tausende nicht. Auf die Frage der Mutter, ob er auch zu den Hunderten gehören wolle, reckte er sich hoch auf, wie es oft in solchen Fällen seine Art war, und erwiderte nur: »Warum ich nicht?«

Als die Mutter ihm angstvoll sagte, einmal, 1933, sei die Rettung noch geglückt, ein zweites Mal werde sie nicht gelingen, da suchte er ihre Sorge mit einigen halb scherzhaften Worten zu zerstreuen: Die Gestapo sei auch nicht viel klüger als er.[120] Die meisten seiner Freunde wußten nichts von diesen Überlegungen.

Burg Stetten, 18. 6. 42

Lieber Herr Heilmann,
haben Sie schönen Dank für Ihren Gruss vom 14. 6. Mit meiner Urlaubszeit hatte ich leider keine Wahl, bin aber doch ganz froh, daß ich mal rausgekommen bin. Die Arbeit kommt gut voran, wenn auch die Materialfülle oft erdrückend scheint. Den Sch. musste ich mitnehmen, um die Bände endlich auch selbst ganz zu lesen. Viel Brauchbares darin! Die Disposition wird sich erst bei fortschreitender Arbeit klar herausschälen, scheint mir. Vorerst handelt es sich nur um Arbeits-Stützen. Am 26. bin ich zurück.

Bis dahin herzlichst
Ihr Schulze-Boysen

Kocherstetten, 22. 6. 42

Ihr Lieben,
wir schreiben den 22. Juni. Beim Aufwachen heute morgen erinnerte ich mich, wie ich am 22. 6. 41 aufwachte ... Draussen in Wildpark 06. 00 morgens ertönten Lautsprecher durchs ganze Haus, die den Krieg gegen Russland verkündeten. Ich wusste ja längst alles, aber es war doch ein historischer Augenblick, mehr noch: Eine Zeitwende schien es mir. Dieses Jahr, am 22. 6. war alles weit friedlicher. Die Morgensonne schien mir gegen 08.00 h genau aufs Gesicht, eine frische Nordostbrise bewegte die sonst schon sonnenwarme Luft. Fünf Minuten später war ich schon draussen zum Frühstück, d. h. Bohnenkaffee oder Kakao, Brot, Butter, Ei, Marmelade, und das alles im schattigen Schlosshof ... Nun gingen wir vormittags hinunter, den Steilhang hinab ins Dorf Kocherstetten, zum Fluss, zu einem unvergleichlich brausenden, schäumenden, erfrischenden Bad im Wehr. Johnny [Graudenz], der immer lästert,

nannte es ein »Natur-Bidet«, aber es ist eben doch mehr Natur als das letztere, und dazu hundertprozentige Massage durch den Schwall des Wassers.

Dann lagen wir in der Sonne im Heu. Es war noch eine hübsche junge Frau da, aber ich war heute, so wie die ganzen drei Wochen hindurch, unvorstellbar harmlos gesonnen. Die Nordsee ist in dieser Beziehung weit gefährlicher als das liebliche Schwabenland! Gut erholt habe ich mich, bin knusprig-braun, faul und »dick« (soweit das bei mir überhaupt möglich!), und traurig ist nur, dass ich Freitag früh wieder im Dienst sein muss, und daß dieser Dienst mir keine Freude mehr macht, seit einiger Zeit. Es ist zu dumm und mittelmäßig alles, und das, was man bei aller Bemühung schaffen kann, was sie einen schaffen lassen, – das steht in gar keinem Verhältnis zum gesundheitlichen Einsatz. Wir fahren über Stuttgart zurück, und ich möchte bei einem J[ohn] bekannten Arzt mal feststellen, ob es garkeine Möglichkeit gibt, mich auf meine Nieren zurückzuziehen ... Libs schreibt lieb wie immer. Ich freue mich, daß sie mich seit Jahren auch mal wieder in menschenwürdigem Zustand vor die Augen bekommt.

Hoffentlich erholt Ihr Euch alle gut. Ich schicke den Brief 1x nach Freiburg und 1x nach Badgastein, bitte Mama aber, ihr Exemplar auf alle Fälle nochmals an Papa zu senden, da ich nicht genau weiss, ob meine unvollständige Adresse ihr Ziel erreicht.

Alles Liebe! Mama noch einmal Dank für die netten Freiburger Tage. Es war so schön, Euch mal wieder wenigstens teilweise beieinander zu haben. Nach dem Krieg müssten wir alle zusammen mal hier her. Es ist das allerschönste Deutschland. Die schönsten Minuten des Tages sind des abends auf »meiner« Bank, mit dem Blick zwischen Baumzweigen hindurch weit ins immer wieder durch neue grüne Berge gestaffelte Tal, unten am Berg das Dörfchen, mit roten Ziegeldächern und spitzem Kirchturm, und über allem eine große Ruhe, nur ab und zu ein Glockenschlag oder der Schrei eines Pfaus, der zu einem Hof in der Nähe gehört, oder eine vorüberschwirrende Schwalbe. In der Luft sah ich gestern lange einem spannenden Luftkampf zwischen Lämmergeier und Krähe zu, aber das war ja ein harmloser Krieg!

Alles Liebe,
Euer H.

Harro Schulze-Boysen verfügte über eine Vielzahl von Kontakten. Er traf sich mit Werner von Trott, dem älteren Bruder von Adam von Trott, mit Carl Dietrich von Trotha, der im Kreisauer Kreis verkehrte, mit dem im

Auswärtigen Amt tätigen Curt Bley, dem früheren Vorsitzenden der sozialistischen Studenten, mit Hans Zehrer und anderen. Mit Werner Krauss besuchte Schulze-Boysen im Sommer 1942 das Lokal »Bärenschenke« in der Friedrichstraße, das von französischen Zwangsarbeitern frequentiert wurde. Mit ihnen wollte er ins Gespräch kommen. Ihm schwebte vor, die ausländischen Zwangsarbeiter als Verbündete im Kampf, in revolutionären Organisationen, in »Legionen« zusammenzufassen. In einem Flugblatt wurden die Zwangsarbeiter aufgerufen »die Kriegsmaschinerie zu behindern, den Gang der Hitlerschen Kriegsmaschine zu lähmen« und »mit der Waffe in der Hand den Kampf für den Sturz des Faschismus zu führen«. Ihre Reaktion war sehr zurückhaltend.

Berlin, 6. 7. 42

Ihr Lieben,
habt Dank für Eure Karte aus München. Schade, daß wir nicht auch zur Stelle waren.

Hier in Bln. umfing mich natürlich wieder gleich die Arbeit höchst intensiv; z. Zt. vertrete ich gleich noch jemanden mit.

Dafür ist es nun endlich ein bisschen Sommer geworden: drückende, trockene Berliner Hitze. Immerhin waren Libs und ich letzten Sonntag draußen in Liebenberg, wo wir schön braun brannten und noch und noch ins Wasser stiegen. Die Lanke hat so herrlich klares, blaues Wasser, – ganz selten für die Mark.

Zu essen gibt's allerdings auch in Liebenberg nicht mehr viel. Da war Schwaben doch noch besser dran. Deutsche sieht man kaum noch auf dem Lande, dafür Russen in immer größeren Mengen. Das Volk, das bisher diese Untermenschen nur aus der Propaganda kannte, bekommt jetzt endlich mal ein richtiges Bild. Alles spricht über die Russen (auf dem Lande, in der Industrie, im Haushalt). [...]

Wenn Mama noch etwas Kakao hat, soll sie schicken. Man kann hier alles brauchen. Desgl. Milch. Man hat tatsächlich dauernd Hunger. Heute Essen mit hohem kroatischen Offizier im Haus der Flieger. Synthetische Tomatensuppe, Kartoffeln und Erbsen (ohne Soße, ohne Fleisch), Synthetisches Eis, Brot mit Weißkäse (ohne Butter). Das an einem nicht fleischfreien Tag zu repräsentativem Anlaß ... Der viele Alkohol bekam einem natürlich kaum bei so wenig Unterlage!

Mit meiner großen aussenpolitischen Arbeit bin ich im Urlaub gut weitergekommen. Hoffentlich habe ich bis Kriegsschluss alles fertig. Ich glaube, ich habe allerhand auf der Pfanne.

Schluß für Heute. Alles Liebe!

Euer H.

Berlin, 25.7.1942

Meine liebe Mama,
zu Deinem Geburtstag wünsche ich Dir von Herzen alles Gute. Hoffentlich bist Du nach den letzten nächtlichen Ereignissen heil und gesund. Papa rief heute hier an und erkundigte sich, ob ich etwas von Dir gehört hätte. Das war nicht der Fall, aber wir gaben uns Beide der Annahme hin, daß wir vermutlich schon etwas erfahren hätten, falls eine Bombe gerade das Haus getroffen haben sollte. Etwas ungemütlich wird es ja nachgerade dort; dabei wird es vermutlich noch unangenehmer werden.

Ich bin sehr dafür, dass die Tommies Dich wenigstens am Geburtstag in Ruhe lassen.

Ja, es ist ein bischen bitter, am 27.7. Dich relativ allein in Mülheim zu wissen, aber c'est la guerre, und da kann man nichts machen. Wir müssen ja dankbar sein, dass wir uns erst vor kurzem doch familienweise wieder näher kommen konnten. Es waren wirklich nette Tage in Freiburg.

Lieber Papa, Ich habe viel zu tun, hoffe aber morgens ein wenig aufs Boot zu kommen, um mich zu »rekreieren«. Hünerberg ist auf Urlaub ab Morgen, mit dem zurückgekommenen eigentlichen Leiter der Gruppe, Oberstleutnant Wodarg, ist es leichter zu arbeiten.

Neulich hatten Libertas und ich mehrere ganz nette Essen in einer Woche. 2 mal bei den Schweden, einmal bei den Kroaten, bei den ersteren mehr auf vornehm, bei den letzteren auf slawisch-üppig. Die junge Frau des kroatischen Attaché-Gehilfen gab sich etwas in der Art einer Wiener Soubrette, grazil und wasserstoffblond, und fing schon beim 3. Gang an zu singen. Im ganzen gab's 10 Gänge. Ausser uns Beiden und den Kroaten-Attachés war noch ein charmanter ehemaliger k. u. k. jetzt kroatischer General da. Ich hatte in diesem Milieu etwas Schwierigkeiten, die leicht geschmähten »Preussen« in Schutz zu nehmen. Am nächsten Tag hatten Libertas und ich einen gelinden Kater, vor allem wegen des vielen guten Fetts im Essen, das der Magen kaum noch annahm.

Ueber die Gesamtlage der Welt kann man wenig mitteilen. Papa hat ja nicht umsonst soviel zu tun. Ich bin gespannt, ob was aus der 2. Front wird. Ganz abseits zu stehen können sich die Angelsachsen ja wohl à la longue doch nicht leisten, dazu haben sie auch im Mittleren Osten zu viel investiert; sie müssten also was unternehmen, bevor wir über den Kaukasus 'rüber sind. Stalin hat anscheinend die Absicht, seine grosse Schlacht erst in den traditionellen Gefilden an der Wolga bei Zarizyn-Stalingrad zu schlagen. Vielleicht fällt alles zeitlich zusammen, jedenfalls war dies schon vor über einem

Jahr meine vor Mitarbeitern ausgesprochene Vermutung, die damals recht ungläubig zur Kenntnis genommen wurde. Nun, was auch kommen mag, der Führer wird's schon schaffen. Er hat ja die Vorsehung auf seiner Seite. Für den Herbst macht man sich auch hier in Berlin auf grössere Angriffe gefasst. Da bekommt dann unsere prächtige Flak was zu tun, und durch abendliches Zuhausesein bekommt allseits das Familienleben neuen Aufschwung.

Für Mama lege ich ein Foto bei von meinem Ferienaufenthalt in Stetten.

Alles Liebe!
Dein Harro

Am 30. Juni 1942 hatte das inzwischen von Gestapo und Spionageabwehr gegründete Sonderkommando »Rote Kapelle« in Brüssel den Funker Johann Wenzel verhaftet. Wenzel war bis Mitte der dreißiger Jahre im KPD-Nachrichtendienst tätig gewesen. Danach wurde er in Moskau als Funker ausgebildet und 1938 vom militärischen Nachrichtendienst der Roten Armee nach Belgien geschickt. Dort richtete er Funkstellen ein, bildete Funker aus und war selbst als Funker tätig. So hatte er auch die sieben Funksprüche von »Kent« nach Moskau über sein Zusammentreffen mit Schulze-Boysen in Berlin durchgegeben.

Wenzel wurde in der Festung Breendonk bei Brüssel schwer gefoltert und Ende Juli 1942 nach Berlin in das Reichssicherheitshauptamt gebracht. Anfang August nannte Wenzel unter dem Druck der Folter den Funkschlüssel, die dazugehörigen Bücher und die entsprechenden Seiten. Der Funkentzifferungsdienst des OKH begann mit der Entschlüsselung der aufgefangenen Funksprüche.

Mitte Juli hatte die Zentrale des sowjetischen militärischen Nachrichtendienstes über eine holländische Funkstelle von Wenzels Verhaftung Kenntnis erhalten. Die Mitarbeiter in Moskau reagierten darauf nicht und informierten offensichtlich auch nicht den NKWD-Nachrichtendienst über die davon ausgehenden Gefahren für die im Funkspruch von Ende August 1941 genannten Berliner Gewährsleute. Wahrscheinlich interessierte sie dieser Vorgang auch nicht sonderlich, weil es sich hierbei nicht um eigene Agenten handelte, sondern um die der Konkurrenz des NKWD. Mitte August meldete sich Wenzel, der, wie es im Spionagejargon heißt, »umgedreht« worden war, aus Brüssel über Funk in Moskau. Das Funkspiel des Sonderkommandos »Rote Kapelle« mit Moskau begann.

Die durch die Sommeroffensive der deutschen Truppen erneut in große Bedrängnis geratene sowjetische Führung verlangte nach Informationen aus Berlin. Die Funkverbindung war immer noch nicht zustande gekommen. Zwar konnte ein Funkgerät repariert werden, und Hans Coppi, inzwischen von Fritz Thiel als Funker ausgebildet, hatte einige von Harnack verschlüsselte Nachrichten abgesandt. Diese waren jedoch offenbar im Äther verhallt. Anfang August 1942 setzte der sowjetische NKWD-Auslandsnachrichtendienst zwei Fallschirmspringer über Ostpreußen ab. Albert Hößler[121] und Robert Barth[122], mit leistungsfähigen Funkgeräten ausgestattet, meldeten sich in Berlin bei Elisabeth Schumacher. Sie informierte Harro Schulze-Boysen, der Hans Coppi bat, sich um Albert Hößler zu kümmern und die Aufnahme des Funkbetriebes aus Berlin zu sichern. Coppi ließ sich für drei Wochen krankschreiben.

Berlin, 12.8.1942

Lieber Papa,
hab tausend Dank für Deine verschiedenen Zusendungen. Das eine üppige Päckchen hat uns über viele Tage »hinweggeholfen«. Es war wirklich rührend von Dir, diese Dir selbst vom Munde abgesparten Dinge herzuschicken. [...] Was die Zeitgeschichte angeht, so bin ich nicht sicher, dass die Japaner Wladiwostock angreifen werden. Dies wäre natürlich den Amerikanern und manchen anderen Leuten sehr recht, aber die Japaner wissen schliesslich auch, dass die Sowjets an der Fernostfront noch allerhand Truppen haben und besser kämpfen als die übrigen »Vereinten Nationen«. Mag sein, dass eine Bereinigung des Chinaproblems und endlich auch eine Grenzänderung um das (schon dem Namen nach bedrohliche) Wladiwostock den Japanern auch als notwendig erscheint, ich möchte aber doch annehmen, dass die sich jetzt erst mal der Festigung ihrer südostasiatischen Positionen widmen werden.

Ueber die Türken ist viel gemunkelt worden. Die Leute verhandeln und handeln mal hier und mal dort. Tatsächlich haben sie nur einen Wunsch z. Zt.: Neutral zu bleiben und weiter relativ bon zu leben. Die Dinge könnten für die Türken natürlich eine zwanghafte Aenderung erfahren, wenn die deutschen Truppen schon dieses Jahr an der sowjetisch-türkischen Grenze auftauchen würden. Aber von dieser Perspektive bin ich nicht ganz überzeugt. Ich neige zu der Annahme, dass es den Russen vorerst noch gelingt, den Kaukasuskamm zu halten. Im Endeffekt glaube ich, dass die Türken 1943 eher mit den Briten und Amerikanern zusammenmachen als mit uns. Von Papen[123] erwarte ich keine Wunderdinge.

Die sogen. »Zweite Front« macht natürlich technische und militärische Schwierigkeiten. Aber wenn die Schwierigkeiten sich nicht schon aus (der G. A.[124]) ganzen Natur der »demokratischen« Mächte ergäben, müssten sie von der britischen Staatsführung erfunden werden. Was besseres, als dass Russen und Deutsche sich im blutigsten Kampf weiter schwächen, kann ihnen ja garnicht passieren. Für die Zweite Front gilt offenbar in weiten Kreisen Englands die Parole: Immer davon reden, nie daran denken! Man wird doch den Bolschewiken nicht zum Sieg verhelfen … Je schwächer Moskau bei Kriegsende ist, desto mehr hofft man mit Europa, insbesondere den Deutschen machen zu können, was einem passt. 1918 war Russland – trotz allem – noch viel zu stark (jedenfalls im Vergleich zu den ebenfalls geschwächten Westmächten und den uninteressierten USA). Wer Nicolson, WC[125] oder Lloyd George liest, merkt ja, wie störend die rote Gefahr einer europäischen Flurbereinigung im plutokratischen Sinne im Wege stand. Auch aus dem von Dir gelesenen Schriftchen von Hohlfeld über »Versailles und die russische Frage« wurde das ja deutlich. Mit der Zweiten Front zur Entlastung Stalins dürften sich also die Londoner Konservativen nicht allzusehr beeilen. Das wissen die Politiker im Kreml auch, und deshalb dürften die ein Interesse daran haben, die Zweite Front zu erzwingen. Sie sind auf dem besten Wege dazu, wie mir scheint. Die Methoden Stalins waren immer sehr realpolitisch. Die Ereignisse in Indien[126] sind keineswegs Ergebnisse Berliner oder Tokioter »Machenschaften«, sondern Stalins Geschoss. Auch der Rückzug Timoschenkos in einer Richtung, die die deutschen Truppen immer näher heranführen an die empfindlichsten Stellen[127] nicht nur des Empire, sondern auch des USA-Imperialismus (Kapitalinvestitionen in Iran, Irak usw.), schlägt in die gleiche Kerbe. Gleichzeitig setzen die Agenten Moskaus im verschiedensten Gewande die Rede vom bevorstehenden Sonderfrieden[128] mit dem Hinweis, dass das Ausbleiben der 2. Front eine neue Politik notwendig mache, dass Deutschland ohnehin seine Kräfte künftig gegen die Angelsachsen konzentrieren müsse und werde usw. Das ist natürlich ein gefährliches Spiel, immerhin scheint es den Briten schon ziemlich an die Nieren zu gehen; jedenfalls spricht man davon, dass Churchill schnell nach Moskau flog.

Mir scheint, die britisch-amerikanische Rechnung, dass sich Deutsche und Russen weiter lediglich »Ad maiorem Gloriam der Angelsachsen«, wie Onkel Alfred es nannte, verbluten sollen, ist ja auch allzu durchsichtig-zynisch, als dass nicht beide Betroffenen Anstrengungen machen müssten, diesem Automatismus zu entrinnen. Es ist ja immer das gleiche Problem seit 1917 … Ich las jetzt die drei Bände der Memoiren von D'Abernon, da wird einem vieles erschreckend klar. Der Mann sagt (1922/23) ganz klar: Wir Engländer haben ein Interesse daran, dass die Sowjetunion zerschlagen wird. Diese Aufgabe muss Deutschland übernehmen. Zu diesem Zweck müssen die Juden weg, die »unverständlicherweise« den Absichten des britischen Imperialismus sich nicht fügen wollen und häufig nach dem Osten tendieren. Zu diesem Zweck muss sich Deutschland mit Polen verständigen. Zu diesem Zweck muss dem Reich im Südosten Europas freie Hand gegeben werden. Zu diesem Zweck muss Frankreich veranlasst werden, dem Reich nicht in den Rücken zu fallen. So wurde schon der Kapp-Putsch inszeniert, so wurde Rathenau nach Rapallo umgelegt, so wurde Seeckt zum Abgang gezwungen, so wurde jahrelang Stresemann (der im Reich kaum jemand hinter sich hatte, aber treu alles tat, was D'Abernon forderte) gestützt, so wurde dem Dritten Reich willig die Bahn frei gemacht und über den 30. 6. 34 ging es dann unentwegt bis nach München. Nach München haben dann die Sowjets sehr hohes Spiel gemacht, das in der Verständigung mit dem Reich gipfelte. Wie sie das geschafft haben, habe ich seit zwei Jahren intensiv untersucht. Ich kenne einigermassen die aussenpolitischen Methoden des Kreml. Umso interessierter sehe ich den heutigen Ereignissen zu.

Schluss für heute. Alles Liebe

Dein H.

Berlin, 23. 8. 42

Ihr Lieben,

[...] Schrieb ich schon, dass ich einen neuen Chef erhielt?

Ich bin schon 33 mit ihm zusammen in einer kleinen Klemm geflogen. Sehr netter, verträglicher und natürlicher Mann. Noch ziemlich jung. Seine Frau war bis vor kurzem Schreibdame bei der Abtlg.

Der September kommt bald und verspricht, nach meiner nichtdienstlichen Auffassung, eine Art Höhepunkt des ganzen Orlog zu bringen. Vielleicht werden jetzt alle Teile aufs Ganze gehen. Manchmal bin ich etwas besorgt um Papas Gegend[129]. Die Bevölkerung vor allem ist doch reichlich unfreundlich. Irgendwo werden die Engländer ja bestimmt noch mal als grössere Mahalla kommen; neulich bei Dieppe[130] sind sie ja immerhin mit ihren Seestreitkräften ganz lustig rumkutschiert. Nach eigenen Angaben war es ja der Sinn des missglückten Unternehmens, mal festzustellen, inwieweit unsere Luftwaffe ihren Pötten gefährlich werden könnte.

Aber die 2. Front wird's ja nicht allein sein. Wir werden das Jahr ja auch nicht verstreichen lassen, ohne dass der Führer im Osten noch grössere Taten verbringt. Die Afrika-Lage kann auch nicht ewig auf der Stelle bleiben. Und die Russen müssen, wenn überhaupt ja, natürlich ihre Reserven auch dann ansetzen, wenn die Tommies kommen. Zu diesen Reserven gehört nicht zuletzt die Aufforderung an die diversen Bevölkerungen, uns das Leben sauer zu machen. Ich denke, das werden WC u. Stalin-Väterchen in Moskau neulich abgestimmt haben[131]. Na, irgendwann müssen die Mäuse ja doch aus den Löchern, und am Ende ist es uns militärisch nur recht, wenn überall Fraktur geredet werden kann. Besser ein Ende mit ein bischen Schrecken, als Krieg ohne Ende. Soweit meine ganz persönlichen Perspektiven zur Weltlage.

Hier ist alles einigermassen »verhungert«, d. h. durch Unterernährung etwas geschwächt. Aber dem Glauben an den Führer kann das keinen Abbruch tun. Es ist eben nur lästig, weil man wirklich oft nicht mehr so schuften kann, wie man natürlich gern möchte. Schluss für heute, und alles Liebe.

Euer H.

Verhaftung

Mitte August übergab die Funkabwehr der Gestapo die entschlüsselten Funksprüche mit Namen und Adresse Schulze-Boysens. Die Gestapo begann ihn zu beobachten. Dabei konnte sie zunächst nichts Auffälliges feststellen. Er bewegte sich außerhalb seines Dienstes in einem Kreis von Intellektuellen. Auch ein Treffen von Schulze-Boysen und Arvid Harnack – sie wurden von Beamten bei einem gemeinsamen Spaziergang im Tiergarten beobachtet – löste zunächst keinen Verdacht aus.

Nach einem sonntäglichen Segelausflug am 30. August offenbarte Schulze-Boysen gegenüber Heilmann, daß er seit Jahren gegen das NS-Regime arbeite und mit sowjetischen Stellen kooperiere. Horst Heilmann berichtete ihm daraufhin, daß in seiner Dienststelle Funksprüche aus Moskau entschlüsselt worden seien, die auf russische Agenten in Berlin hinwiesen. Schulze-Boysen bat ihn, von den Funksprüchen Abschriften zu fertigen. Spät abends suchte Schulze-Boysen seinen Freund Hugo Buschmann auf. Niedergeschlagen und etwas nervös bat er Buschmann, eine Verbindung zu einem Kroaten in Zagreb herzustellen, den er gut kannte. Möglicherweise glaubte er, dort Zuflucht finden zu können.

Am Montag, dem 31. August 1942, wurde Schulze-Boysen in das Foyer des Luftfahrtministeriums gerufen und dort verhaftet. Der Zugriff der Gestapo erfolgte früher als geplant, weil bei den Beobachtungen der im Funkentzifferungsdienst tätige Heilmann als Freund von Schulze-Boysen erkannt worden war und die Gestapo befürchtete, daß Schulze-Boysen bereits Verdacht geschöpft haben könnte. Er kam sofort in das Hausgefängnis der nahegelegenen Gestapozentrale, in die Prinz-Albrecht-Straße 8.

Als Libertas Schulze-Boysen ihren Mann im RLM anrief, erhielt sie die

Nachricht, daß er plötzlich eine dringende Dienstreise antreten mußte und auch nicht klar sei, wann er wiederkehre. Von seiner Sekretärin erfuhr sie, daß ihr Mann aus dem Zimmer gegangen sei, Mütze, Koppel und Pistole zurückgelassen habe.

Drei Tage später wandte sich Libertas an Horst Heilmann, der ihr den Funkspruch zu lesen gab, worin ihre Wohnadresse angegeben worden war. Sie begann, sofort die Fotosammlung über Verbrechen der SS und der Wehrmacht zu vernichten, informierte einige Freunde und bereitete für den 8. September ihre Abreise nach Traben-Trarbach an der Mosel zu Bekannten vor. Bereits am 5. September waren Horst Heilmann und am 7. September Mildred und Arvid Harnack in ihrem Urlaubsort an der Kurischen Nehrung verhaftet worden.

Libertas wurde im Zug nach Traben-Trarbach verhaftet und in das Reichssicherheitshauptamt gebracht. Sie schrieb im Auftrag der Gestapo an ihre Mutter, die sie noch zum Bahnhof gebracht hatte, eine Karte, um sie zu beruhigen und die Verhaftung geheim zu halten.

Berlin, 9. 9. 1942

Geliebte M[ama]!
Ich möchte Dir nur rasch schreiben, damit Du Dich nicht sorgst, da Du vermutlich in Traben-Tr[arbach] angerufen hast. Ich bin wegen einer dringenden dienstlichen Angelegenheit während meiner Reise zurückgerufen worden und werde wahrscheinlich für etwa eine Woche ausserhalb von Berlin sein.

Näheres kann ich Dir im Augenblick leider nicht mitteilen. Es handelt sich um einen Auftrag, der mich sehr interessiert, sodass es mir auf den Verlust der einen Ferienwoche nicht ankommt.

Ich bin gesund und bei guten Kräften.

Ich hoffe bestimmt, dass es trotzdem noch zu unserer gemeinsamen Reise kommt!

Alles Weitere dann mündlich!

Tausend liebe Grüsse und Gedanken

Immer Dein Bieni [Libertas]

Nach ihrer Vernehmung fragte Libertas Schulze-Boysen die Gestapobeamtin Gertrud Breiter, mit der sie allein im Zimmer war, wie sie in die Gestapo-Zentrale gekommen sei. Frau Breiter erzählte ihr, daß sie dienstverpflichtet worden sei und die Arbeit ihr nicht viel Freude bereite. Libertas glaubte, sich dieser Frau in ihrer Not anvertrauen zu können, und bat sie, Hans Coppi zu warnen. Ihr Vertrauen erwies sich als verhängnisvoller Irrtum. Coppi, seine Frau Hilde, Kuckhoffs, Schumachers, John Graudenz und andere wurden am 12. September verhaftet.

Die Spitzen des Dritten Reiches schalteten sich direkt in den Fortgang der Untersuchung ein. Hitler beauftragte Göring mit der allgemeinen Führung des als äußerst brisant empfundenen Falles, der als »Geheime Kommandosache« geführt wurde. Die auf 20 Beamte aufgestockte Gestapo-Sonderkommission verhaftete in den nächsten Wochen über 120 Personen.

Am 28. September erhielt Erich Edgar Schulze in Holland ein Telegramm von Verwandten aus Berlin. Darin wurde er um einen dringenden Rückruf gebeten. Auf diese Weise erfuhr er, daß Harro seit längerer Zeit nicht mehr auffindbar sei, auch seine Frau Libertas und die Schwester seiner Frau seien verschwunden. Sofort begab sich der Vater nach Berlin in das Reichsluftfahrtministerium, wo er nur ausweichende Antworten auf seine Fragen erhielt. Daraufhin eilte er zur militärischen Abwehr. Admiral Canaris, den er kannte, traf er nicht an. Sein Vertreter, Oberst von Bentivegni, teilte ihm mit, daß sein Sohn sich im Reichssicherheitshauptamt befinde und es sich um eine überaus ernste Sache handele.

Erich Edgar Schulze ließ sich bei dem Abteilungschef im Reichssicherheitshauptamt Fritz Panzinger anmelden, der ihm mitteilte, daß sein Sohn seit Jahren überwacht und nach Vorlage von Beweismaterial verhaftet wurde. Der Fall sei nicht nur ernst, sondern auch hoffnungslos. Inzwischen hätte Schulze-Boysen auch zugegeben, sich staatsfeindlich und hochverräterisch betätigt zu haben.

Am 30. September konnte der Vater seinen Sohn sehen. In Gegenwart von zwei Gestapokommissaren sagte Erich Edgar Schulze, er sei als sein Vater gekommen, um zu helfen und zu hören, wie das am besten geschehen könne. Harro Schulze-Boysen antwortete ruhig, es sei aussichtslos, ihm irgendwie helfen zu wollen. Seit Jahren habe er gegen den NS-Staat gearbeitet und im vollen Bewußtsein der Gefahr gehandelt. Er sei nunmehr entschlossen, die Folgen auf sich zu nehmen.

Die Gestapo-Kommissare lenkten das Gespräch auf angeblich von Schulze-Boysen gesammelte und die NS-Führung belastende Dokumente, die er über Freunde ins Ausland verbracht hätte und die nun eine gewisse Rückendeckung für die Verhafteten darstellen sollten. Harro Schulze-Boysen schwieg zu den Einlassungen. Vater und Sohn versicherten sich beim Abschied ihrer Liebe zueinander.

Am 2. Oktober schaltete sich Himmler persönlich ein und nahm an einer Vernehmung Schulze-Boysens teil. Am 8. Oktober führte Himmler ein Gespräch mit dem Chef der Gestapo Heinrich Müller zum Fall Schulze-Boysen, und am 12. Oktober wurde der Vater von der Gestapo erneut aufgefordert, nach Berlin zu kommen. Panzinger teilte ihm mit, sein Sohn sei bereit, über den Verbleib der Dokumente unter der Bedingung Auskunft zu geben, daß man für seine mitverhafteten Freunde einen Aufschub der zu erwartenden Todesstrafe bis Ende 1943 zusichere. Im Staatsinteresse hätten die maßgebenden Stellen der Annahme des ungewöhnlichen Vorschlages zugestimmt. Harro Schulze- Boysen wolle aber seine Aussage nur in Gegenwart des Vaters machen.

Im Beisein von E. E. Schulze erklärte daraufhin Harro Schulze-Boysen, daß sich alle Dienstunterlagen an ihrem Platz befänden; es seien keine die Regierung belastenden Materialien ins Ausland verbracht worden. Die überraschten Gestapo-Leute erklärten auf Nachfrage des Vaters, ob die Vereinbarung weiterhin gelte, daß die Bedingungen des »Abkommens« erfüllt seien, aber strengstes Stillschweigen erwartet werde.

Am 21. Oktober ließ sich Himmler erneut von Müller berichten. Anfang November 1942 wurde der »Fall Schulze-Boysen« dem Kriegsgerichtsrat Manfred Roeder[132] beim Reichskriegsgericht übergeben, der im Auftrag Görings als Anklagevertreter fungieren sollte. Mitte November erhielt Roeder den Abschlußbericht der Gestapo. Der für die NS-Führung angefertigte Bericht über die »Rote Kapelle« vermittelt das Bild eines zentral geführten, eng miteinander verflochtenen und hoch effizient arbeitenden sowjetischen Spionagenetzes in Westeuropa. Die Berliner Freundschafts- und Widerstandskreise wurden diesem Netz zugeordnet, gewissermaßen als deren Ableger. Weitergehende Untersuchungen nahm Roeder nicht mehr vor, so daß die Anklagevertretung in deutlicher Kontinuität zu den Argumentationsmustern der untersuchenden Gestapobehörde verblieb, ja diese sogar zuspitzte. Nach Abschluß der Ermittlungen stellte Göring dem SS-Obergruppenführer Heinrich Müller aus einem Sonderfonds 100 000 Reichsmark zur Verfügung, um ihm zu ermöglichen, »besonders verdiente Beamte« für »besondere Leistungen in einem äußerst wichtigen Ermittlungsfall« zu honorieren.

Harro Schulze-Boysen war die gesamte Zeit im Hausgefängnis des Reichssicherheitshauptamtes inhaftiert. In seiner Zelle schrieb er ein Gedicht, das er zwischen den Dielen seines Zellenbodens versteckte und das Günther Weisenborn im Sommer 1945 dort wiederfand.

Gestapa

Zelle 2

Der Wind schlägt nass ans Fenster
und heulend schlägt's Alarm!
In Deutschland gehn Gespenster um
Hier drinnen ist es warm ...

Sie nennen es Gefängnis,
der Leib ist auch gebannt
und doch ist das Verhängnis, ach,
dem Herz noch kaum bekannt.

Mir scheint's wie Klosterzelle:
Die hellgetünchte Wand
hält fern mir jede Welle, die
mich sonst so jäh berannt.

Der Geist schweift frei ins Leben,
die Fesseln schern ihn nicht
und Zeit und Raum, sie heben sich
hinweg im blassen Licht.

Und sind wir losgeschnitten
von unruhvoller Welt,
so ist auch abgeglitten all
das Beiwerk, das nicht zählt.

Es gilt nur letzte Wahrheit
dem überscharfen Blick
und ungetrübte Klarheit wird
hier zum Daseinsglück.

Der Stunde Ernst will fragen:
Hat es sich auch gelohnt?
An Dir ist's nun zu sagen: Doch!
Es war die rechte Front.

Das Sterben an der Kehle
hast Du das Leben lieb ...
und doch ist Deine Seele satt,
von dem, was vorwärts trieb.

Wenn wir auch sterben sollen,
so wissen wir: Die Saat
geht auf. Wenn Köpfe rollen, dann
zwingt doch der *Geist* den Staat.

Die letzten Argumente
sind Strang und Fallbeil nicht,
und uns're *heut'*gen Richter sind
noch nicht das *Welt*gericht.

Schulze-Boysen,
Nov. 42.

Berlin 7.12.42

Liebe Eltern!

Habt tausend Dank für die Päckchen; ich bitte Mama jedoch, den Versand weiterer Lebensmittel ab sofort zu stoppen, da die Sondervergünstigung der Empfangsberechtigung für derlei Sachen nicht mehr besteht.* Mama soll deshalb nicht etwa denken, daß ich hier verhungere: Das Essen ist schmackhaft und ausreichend.

Auch Hartmuts Grüsse erwidere ich von Herzen.

Mit meinen Gedanken bin ich bei Euch allezeit! Ich hab Euch lieb.

H.

* Hoffentl. erreicht diese Mitteilung Mama noch vor Abgang des nächsten Päckchens!

Berlin, 10.12.42

Liebe Eltern!

Aus meiner Zelle gibt es nicht viel neues zu berichten. Man kommt leicht dazu, den Gedanken und vor allem den Erinnerungen nachzugehen, und es ist ein eigenartiges Erlebnis zu sehen, wie vieles, was einem draussen wichtig schien, verblasst, – und wie andere, als selbstverständlich genommene Dinge sich in den Mittelpunkt stellen. Es ist ein grosses Zurückfinden, das ich nicht missen möchte in meinem Leben. Heimfinden: vor allem zu Euch! Nach so viel unruhigem Leben kommt da die grosse Gelassenheit zu mir; und nur immer wieder die Tatsache, dass ich Euch nun so viel Leid zufüge, macht auch mir das Herz schwer.

Ich freue mich, dass es Hartmut etwas besser geht. Wie gern denke ich an die Freiburger Tage mit Euch: Mama, Helga und die vergnügten Kinder! Auch die Tage mit Papa in Holland waren so schön. Ich zehre von alledem, es ist mir täglich Brot. Nein, ich bin wirklich nicht allein und »einsam und verlassen«. Auch im Traum tun sich Seiten des Lebens auf, die ich bisher nicht kannte! Es ist ein eigenartiges Ding um den Menschen, – wie sehr die Umgebung ihn formt! Es wäre natürlich ein Trugschluss, zu sagen, dies sei nun die wahre Erkenntnis vom Leben. Aber es ist doch eine sehr wertvolle Ergänzung, für die man dankbar sein muss. Ich bin's. Nicht, als ob nun die Metaphysik alles andere verdrängt hätte, aber ich habe nun doch wenigstens empfunden und selbst erlebt, was ich bisher allenfalls teilweise begriff.

Plötzlich und spät erst wird mir klar, was ein dichtender Freund meinte, als er einem Roman das Motto gab:

»Opfere alles, was Du hast, –
und am Ende opfere auch noch das, wofür Du alles geopfert hast!«[133]

Natürlich sucht der geistige Selbsterhaltungstrieb eine Weile dagegen anzugehen, und die Ehre verbietet jeden Widerruf in der Not. Aber, »entre nous« werden die Dinge ungeheuer einfach und elementar, bei Licht besehn, und der eigentliche, unbekleidete Lebenstrieb und das Schicksalhafte werden im Rückblick zu den Hauptkomponenten des Bildes.

Tut's was, wenn man immer tiefer zu sich findet? Gewiss nicht: »Solang Du das nicht hast, dieses Stirb' und Werde ...«[134]

Seid in tiefer Liebe gegrüsst.

Euer H.

Am 15. Dezember begann der Prozeß gegen den Oberleutnant Schulze-Boysen und weitere elf Angeklagte (Libertas Schulze-Boysen, Arvid Harnack, Mildred Harnack, Herbert Gollnow, Horst Heilmann, Kurt Schumacher, Elisabeth Schumacher, Hans Coppi, Kurt Schulze, Erika von Brockdorff, Johannes Graudenz) wegen »Hochverrats u. a.« vor dem 2. Senat des Reichskriegsgerichtes in der Witzlebenstraße. Das Gericht warf dem Angeklagten Schulze-Boysen vor, niemals ehrlich dem nationalsozialistischen Staat gedient, sondern sich jahrelang als »Hochverräter« und »Hetzer« betätigt zu haben. Außerdem habe er dem Kommunismus, also dem »Landesfeind«, gedient und »Spionage durch Weiterleitung von Nachrichten an Moskau und durch Einrichtung und Unterstützung der Funkverbindungen getrieben«.

Harro Schulze-Boysen erklärte in seinem Schlußwort, daß er für eine deutsch-russische Verständigung eingetreten sei. Er habe sich mit seiner Gruppe bereithalten wollen, um im Falle einer Krise die Verbindung zwischen der nationalsozialistischen Regierung und der russischen Regierung herstellen zu können. Landesverrat habe er nicht begehen wollen.

Am 19. Dezember wurde Schulze-Boysen wegen »Vorbereitung zum Hochverrat, Kriegsverrats, Zersetzung der Wehrkraft und Spionage zum Tode, zum Verlust der Wehrwürdigkeit und zum dauernden Verlust der bürgerlichen Ehrenrechte« verurteilt. Bis auf Mildred Harnack und Erika von Brockdorff wurden alle Angeklagten zum Tode verurteilt. Hitler ordnete am 21. Dezember die Vollstreckung der Todesurteile an, für Schulze-Boysen, Harnack, Schumacher und Graudenz durch Erhängen.

Die Urteile für Mildred Harnack und Erika von Brockdorff hob der oberste deutsche Feldherr auf und verwies sie zur Neuverhandlung an einen anderen Senat des Reichskriegsgerichtes. Erwartungsgemäß wurden die beiden Frauen Mitte Januar 1943 zum Tode verurteilt.[135]

Die Hinrichtung wurde für den 22. Dezember in Plötzensee angeordnet. Doch der Ausgang des Prozesses hatte schon vor seinem Beginn festgestanden: Im Hinrichtungsschuppen waren bereits Mitte Dezember Eisenträger für das Erhängen eingezogen worden.

Berlin-Plötzensee, 22. Dez. 1942.

Geliebte Eltern!
Es ist nun soweit! In wenigen Stunden werde ich aus diesem Ich aussteigen. Ich bin vollkommen ruhig und ich bitte Euch, es auch gefasst aufzunehmen. Es geht heute auf der ganzen Welt um so wichtige Dinge, da ist ein Leben, das erlischt, nicht sehr viel. Was gewesen ist, was ich getan, – davon will ich nicht mehr schreiben. Alles, was ich tat, tat ich aus meinem Kopf, meinem Herzen u. meiner Überzeugung heraus, und in diesem Rahmen müsst Ihr als meine Eltern das Beste annehmen: Darum bitte ich Euch!

Dieser Tod passt zu mir. Irgendwie habe ich immer um ihn gewusst. Es ist »mein eigener Tod«, – wie es einmal bei Rilke heisst!

Das Herz wird mir nur schwer, wenn ich an Euch Lieben denke. (Libertas ist mir nah und teilt mein Schicksal zur gleichen Stunde!) Euch trifft Verlust und Schande zugleich, und das habt Ihr nicht verdient... Ich hoffe nicht nur, – ich glaube, daß die Zeit Euer Leid lindern wird.

Ich bin nur ein Vorläufiger gewesen in meinem teilweise noch unklaren Drängen und Wollen. Glaubt mit mir an die gerechte Zeit, die alles reifen lässt!

Ich denke an Vaters letzten Blick, bis zuletzt. Ich denke an die Weihnachtsträne meiner lieben kleinen Mutter. Es bedurfte dieser letzten Monate, um Euch so nah zu kommen. Ich habe, ich verlorener Sohn, ganz heimgefunden, nach so viel Sturm und Drang, nach so viel Euch fremd anmutenden Wegen.

Ich denke an den guten Hartmut und freue mich, daß es ihm besser geht! Meine Gedanken wandern nach Freiburg zurück, wo ich auch Helga und ihre Beiden zum ersten u. letzten Mal sah. Ja, ich denke noch an so manche(n), – zurück an ein reiches, schönes Leben, von dem so Vieles ich Euch verdanke, so Vieles, das nie gelohnt wurde.

Wenn Ihr hier wäret, unsichtbar seid Ihr's: Ihr würdet mich lachen sehen angesichts des Tods. Ich habe ihn längst überwunden. In Europa ist es nun einmal so üblich, daß geistig gesät wird mit Blut. Mag sein, daß wir nur ein paar Narren waren; aber so kurz vor Toresschluss hat man wohl das Recht auf ein bißchen ganz persönliche historische Illusion.

Ja, und nun gebe ich Euch allen die Hand und setze nachher 1 (eine einzige) Träne hierher als Siegel und Pfand meiner Liebe.

Euer Harro.

Berlin-Plötzensee
22. 12. 1942

Mein Vater!
Diesen letzten Brief schreibe ich nur für Dich. Persönlich und privat habe ich eben an Mama und Dich zugleich geschrieben. Ich habe Dich damals in diese Sache im Geheimen Staatspolizeiamt hineingeholt, und es ist mir heute Leid drum, Dich überhaupt mit so einer, aus der Haftpsychose geborenen Sache, behelligt zu haben. Ich wollte Dir nur schreiben, daß ich heute etwas klarer im Kopf bin als damals, und Dich bitten, weder positiv noch negativ noch an die Sache weiter irgendwelche Gedanken zu verschwenden!

Im übrigen habe ich alles, was ich tat, getan aus der vielleicht irrigen Annahme heraus, daß die Situation von 1918 sich wiederholen könnte. Damals mussten wir das Diktat unterzeichnen, weil es unserer Außenpolitik an jeder Rückendeckung gegenüber den Westmächten fehlte. Es fehlte an den personellen und technischen Voraussetzungen einer Drohung. Diese Voraussetzungen wollten wir diesmal schaffen, und diesem Ziel haben wir alles Andere taktisch untergeordnet, und auf diesem Wege sind wir mit den Vorschriften und Gesetzen des Staates in Konflikt gekommen. Das ist alles. Das Urteil konnte kein anderes sein, das ist mir vollkommen klar. Und obwohl mich der Gerichtshof mit schlechter Note entlassen hat, habe ich ihn guter Erinnerung: Ruhig, sachlich, gerecht. Ich glaube, ein Jahrgangskamerad von Dir war dabei als Vorsitzender[136]. Natürlich war ich nicht gut in Form nach so langer Haft. Also ein gutes Schlusswort ist es nicht gewesen!

Schluss mit diesen paar sachlichen Nebensächlichkeiten! – Es war mein Leben, u. ich habe nicht das Gefühl, viel versäumt zu haben. Euch geliebten Eltern gegenüber bleibe ich allzeit in schwerer Schuld. Behaltet mich in nicht allzu schlechtem Gedenken! Ich danke Euch für alles, was Ihr mir wart und in diesen letzten Augenblicken seid.

H.

271/46.

Reichskriegsgericht
2. Senat
StPL (HLS) II 129/42
StPL (RKA) III 495/42
III 496/42
III 497/42

21 Abdrucke

Geheime Kommandosache! 6. Jan. 1943

S m. geh. 1918 Nr. 55

Im Namen des Deutschen Volkes!

Admiral

Feldurteil.

8D. 7

In der Strafsache gegen

1.) den Oberleutnant Harro Schulze-Boysen, +
2.) die Ehefrau Libertas Schulze-Boysen, +
3.) den Oberregierungsrat Dr. Arwid Harnack, +
4.) die Ehefrau Mildred Harnack, 6 J.
5.) den Oberleutnant Herbert Gollnow, +
6.) den Funker Horst Heilmann, +
7.) den Soldat Kurt Schumacher, +
8.) die Ehefrau Elisabeth Schumacher, +
9.) den Dreher Hans Coppi, +
10.) den Kraftfahrer Kurt Schulze, +
11.) die Gräfin Erika von Brockdorff, 10 J.
12.) den Handelsvertreter Johannes Graudenz +

wegen Hochverrats u.a.

hat das Reichskriegsgericht, 2. Senat, in der Sitzung vom 19. Dezember 1942 auf Grund der mündlichen Hauptverhandlung vom 15. - 19. Dezember 1942 an der teilgenommen haben

als Richter:
Senatspräsident Dr. Kraell, Verhandlungsleiter,
General Mußhoff,
Vizeadmiral Arps,
Generalmajor Stutzer,
Reichskriegsgerichtsrat Dr. Schmitt,

als Vertreter der Anklage:
Oberstkriegsgerichtsrat Dr. Roeder,

als Urkundsbeamter:
Heeresjustizinspektor

Heeresjustizinspektor Güldner,
für Recht erkannt:

Es werden verurteilt:

1.) Die Angeklagten Oberleutnant Harro S c h u l z e - B o y s e n und Schütze Kurt S c h u m a c h e r wegen Vorbereitung zum Hochverrat, Kriegsverrats, Zersetzung der Wehrkraft und Spionage zum Tode, zum Verlust der Wehrwürdigkeit und zum dauernden Verlust der bürgerlichen Ehrenrechte.

2.) Dr. Arwid H a r n a c k , Libertas S c h u l z e - B o y s e n , Elisabeth S c h u m a c h e r , Hans C o p p i und Kurt S c h u l - z e wegen Vorbereitung zum Hochverrat, Feindbegünstigung und Spionage zum Tode und zum dauernden Verlust der bürgerlichen Ehrenrechte, Hans C o p p i außerdem zum Verlust der Wehrwürdigkeit.

3.) Johannes G r a u d e n z wegen Vorbereitung zum Hochverrat, Feindbegünstigung, Zersetzung der Wehrkraft und Spionage zum Tode und zum dauernden Verlust der bürgerlichen Ehrenrechte.

4.) Funker Horst H e i l m a n n wegen Kriegsverrats und Spionage zum Tod, zum Verlust der Wehrwürdigkeit und zum dauernden Verlust der bürgerlichen Ehrenrechte.

5.) Oberleutnant Herbert G o l l n o w wegen Ungehorsams im Felde und Preisgabe von Staatsgeheimnissen zum Tode und zum Verlust der Wehrwürdigkeit.

6.) Gräfin Erika von B r o c k d o r f f wegen Beihilfe zur Vorbereitung zum Hochverrat und zur Spionage zu 10 - zehn - Jahren Zuchthaus und zum Verlust der bürgerlichen Ehrenrechte auf 10 - zehn - Jahre.

7.) Frau Dr. Mildred H a r n a c k wegen Beihilfe zur Vorbereitung des Hochverrats und zur Spionage zu 6 - sechs - Jahren Zuchthaus und zum Verlust der bürgerlichen Ehrenrechte auf 6 - sechs - Jahre.

Das Vermögen der Angeklagten Harro S c h u l z e - B o y s e n , Dr. Arwid H a r n a c k , Kurt S c h u m a c h e r und Johannes G r a u d e n z wird eingezogen.

Es werden ferner eingezogen bei dem Angeklagten Hans C o p p i 2500 RM, bei dem Angeklagten Kurt S c h u l z e 2100 RM.

Von Rechts wegen.

<u>Gründe.</u>

Gründe.

Über den allgemeinen Verlauf der strafbaren Betätigung der Angeklagten wurde folgendes festgestellt:

Die Angeklagten gehörten teilweise der alten KPD. an, zum größeren Teil neigten sie eigenen sozialistischen Gedankengängen persönlicher Prägung zu, die sie im Jahre 1933 zu einer oppositionellen Einstellung gegenüber dem nationalsozialistischen Staat führten. Ihre Gedanken diskutierten sie zunächst in kleineren Zirkeln, wobei marxistische und leninistische Literatur besprochen wurde. Sie verfaßten Aufsätze und Berichte, die zur Schulung im eigenen kleineren Kreise dienten und gingen im weiteren Verlauf zur Herstellung und Verbreitung ausgesprochener Hetzschriften kommunistischen Charakters über. Als der deutsch-russische Pakt im Jahre 1939 abgeschlossen wurde, fand man sich vorübergehend mit dieser Lage ab. Mit dem Ausbruch des Rußlandfeldzuges wurde jedoch erneut und verstärkt die aktive Tätigkeit aufgenommen. Es wurden eine Anzahl auf Massenwirkung berechneter Hetzbroschüren verfaßt und verbreitet, wobei man Bedacht darauf nahm, Kreise der Intelligenz, der Polizei und Wehrmacht zu erreichen. Daneben stellte man nunmehr die unmittelbare Verbindung mit Moskau her. Diese gelang zunächst nur in unvollkommener Form, bis der russische Nachrichtendienst selbst dazu überging, Fallschirmspringer abzusetzen und der Gruppe der Angeklagten Sendeapparate zuzuleiten. Kurz bevor ein Sendebetrieb im größeren Umfang aufgenommen wurde, gelang es der Geheimen Staatspolizei, die sämtlichen Beteiligten festzunehmen.

Bei den einzelnen Angeklagten ist das Gericht zu folgenden tatsächlichen- und Schuld-Feststellungen gekommen.

1.) Harro S c h u l z e - B o y s e n .

Der Oberleutnant Harro Schulze-Boysen wurde am 2.9.1909 zu Kiel als Sohn des späteren Fregattenkapitäns Edgar Schulze und seiner Ehefrau Marie-Luise geb. Boysen geboren. Sein Groß- und Patenonkel war der Großadmiral von Tirpitz. Der Angeklagte bestand 1928 die Reifeprüfung auf dem Realgymnasium in Duisburg und studierte anschließend Rechts- und Staatswissenschaften in Freiburg und Berlin. Von 1922 ab gehörte er dem Jungdeutschen Orden an. Sein Studium schloß er nicht ab. Er betätigte sich schriftstellerisch und war 1932 bis 1934 Schriftleiter der Monatsschrift "Der Gegner". Nach dem Umbruch 1933 wurde er auf kurze Zeit in einem Konzentrationslager verwahrt. Vom Mai 1933 bis zum März 1934 nahm er an einem Ausbildungskurs für Flugzeugbeobachter teil. Im April 1934 trat er als Angestellter bei der Leitung der damaligen Nachrichten-und Pressestelle "Ausländische Luftstreitkräfte (See)" ein. Er wurde in das Luftfahrtministerium übernommen und leistete in den Folgejahren in der Abteilung Luftnachrichtenwesen, dann in der 5. Abteilung des Generalstabs und bei Ic des Luftwaffenführungsstabes Dienst als Angestellter. Seine Übernahme als Regierungsrat war geplant. Nach Ableistung von Übungen wurde er zum Leutnant und Oberleutnant des Beurlaubtenstandes ernannt. Neben seiner dienstlichen Tätigkeit im RLM. leitete er ein außenpolitisches Seminar an der auslandswissenschaftlichen Fakultät der Universität Berlin.

Der Angeklagte ist nicht vorbestraft. Dienstlich wurde er als überdurchschnittlich begabt beurteilt. Es wird ihm bescheinigt, daß er auf Grund seiner Sprachkenntnisse der 5. Abteilung des Generalstabs in den letzten 4 Jahren hervorragende Dienste geleistet habe.

Schulze-Boysen hat niemals ehrlich dem nationalsozialistischen Staat gedient. Seine schon vor 1933 vorhandene, ausgesprochen sozialistisch-kommunistische Gedankenrichtung hat er auch weiter verfolgt, nachdem er in staatliche Dienste getreten war. Er fand in den Eheleuten Schumacher, einem Fräulein Gisela von Pöllnitz und dem ehemaligen Kommunisten Küchenmeister Gesinnungsgenossen, mit denen er zunächst eine Art von Arbeitsgemeinschaft gründete, die in den Jahren 1934 bis 1938 bei jeweiligen Zusammenkünften über kommunistische Literatur und Ziele

diskutierte.

Abkürzungsverzeichnis

AA	Auswärtiges Amt
ASTA	Allgemeiner Studentenausschuß
BArch	Bundesarchiv Berlin-Lichterfelde
BDM	Bund Deutscher Mädel
BGB	Bürgerliches Gesetzbuch
BT	Berliner Tageblatt
ChrSV	Christlich-Sozialer Volksdienst
CDU	Christlich Demokratische Union
CIA	Central Intelligence Agency, amerikanischer Geheimdienst
CIC	Counter Intelligence Corps, 1945–1965 Organisation des amerikanischen Heeres für militärische Abwehrfragen
DAZ	Deutsche Allgemeine Zeitung
Demag	Deutsche Maschinenbau AG
DDP	Deutsche Demokratische Partei
DDR	Deutsche Demokratische Republik
DNVP	Deutschnationale Volkspartei
DVP	Deutsche Volkspartei
DVS	Deutsche Verkehrsfliegerschule Warnemünde
GDW	Gedenkstätte Deutscher Widerstand Berlin
Gestapa	Geheimes Staatspolizeiamt
GPU	Gosudarstvennoje polititscheskoje upravlenije, Sowjetische Geheimpolizei
GWU	Geschichte in Wissenschaft und Unterricht
HJ	Hitlerjugend
hs.	handschriftlich
IfZ	Institut für Zeitgeschichte München
IML	Institut für Marxismus-Leninismus beim ZK der SED
Jungdo	Jungdeutscher Orden
KAPD	Kommunistische Arbeiterpartei Deutschlands
KGB	Komitee für Nationale Sicherheit der UdSSR, sowjetischer Geheimdienst
KJVD	Kommunistischer Jugendverband Deutschlands
KPD	Kommunistische Partei Deutschlands Komintern Kommunistische Internationale
KZ	Konzentrationslager
MdL	Mitglied des Landtages
MdR	Mitglied des Reichstags
MfS	Ministerium für Staatssicherheit der DDR
ms.	maschinenschriftlich

NF	Nationalsozialistische Freiheitspartei
NKWD	Volkskommissariat für Innere Angelegenheiten der
NS	Nationalsozialistisch
NSDAP	Nationalsozialistische Deutsche Arbeiterpartei
OKH	Oberkommando des Heeres
OKW	Oberkommando der Wehrmacht
Pg.	Parteigenosse
PKG	Pensionskürzungsgesetz
RFSS	Reichsführer SS
RLM	Reichsluftfahrtministerium
RM	Reichsmark
RSHA	Reichssicherheitshauptamt
SA	Sturm-Abteilung
SAPD	Sozialistische Arbeiterpartei Deutschlands
Sch. B.	Harro Schulze-Boysen
SD	Sicherheitsdienst des Reichsführers-SS
SED	Sozialistische Einheitspartei Deutschlands
SPD	Sozialdemokratische Partei Deutschlands
SS	Schutzstaffel
StP	Deutsche Staatspartei
TH	Technische Hochschule
USPD	Unabhängige Sozialdemokratische Partei Deutschlands
USSR/ UdSSR	Union der Sozialistischen Sowjetrepubliken
VA	Volksnationale Aktion
VB	Völkischer Beobachter
V. D. St.	Kyffhäuser-Verband der Vereine Deutscher Studenten
VfZ	Vierteljahreshefte für Zeitgeschichte
VGH	Volksgerichtshof
VKV	Volkskonservative Vereinigung
VRP	Reichspartei für Volksrecht und Aufwertung
VRV	Volksnationale Reichsvereinigung
VVN	Vereinigung der Verfolgten des NS-Regimes
Zentrum	Deutsche Zentrumspartei
ZfG	Zeitschrift für Geschichtswissenschaft
ZK	Zentralkomitee
ZPA	Zentrales Parteiarchiv

Anmerkungen

Der Mythos »Rote Kapelle«

1 Klaus Lehmann: Widerstandsgruppe Schulze-Boysen/Harnack. Männer und Frauen des illegalen antifaschistischen Kampfes, Berlin 1948.
2 Allan Welsh Dulles: Germany's Underground, New York 1947.
3 Elsa Boysen: Harro Schulze-Boysen. Das Bild eines Freiheitskämpfers, Düsseldorf 1947.
4 Gerhard Ritter: Carl Goerdeler und die deutsche Widerstandsbewegung, München 1954.
5 Niedersächsisches Staatsarchiv Hannover, Akten der Staatsanwaltschaft Lüneburg (I Js 16/49) gegen den ehemaligen Generalrichter der Luftwaffe, Dr. Manfred Roeder, wegen Aussageerpressung.
6 Margret Boveri: Der Verrat im 20. Jahrhundert, Hamburg 1956.
7 Hans Rothfels: Die deutsche Opposition gegen Hitler, Frankfurt/Main 1960.
8 Elke Steiner: Karl Barth und die »Rote Kapelle«, in: Standpunkt, 1983, Heft 8.
9 Bundesarchiv Berlin-Lichterfelde, N 2506, Nachlaß Greta Kuckhoff.
10 Johannes Tuchel: Das Bild der Widerstandsgruppe »Rote Kapelle« in der Überlieferung des Ministeriums für Staatssicherheit. Vortrag in Seattle am 12. 10. 1998.
11 Alexander Blank/Julius Mader: Rote Kapelle gegen Hitler, Berlin 1979.
12 Karl Heinz Biernat/Louise Kraushaar: Die Schulze-Boysen/Harnack-Organisation im antifaschistischen Kampf, Berlin 1970; Deutsche Widerstandskämpfer, Berlin 1970; Günther Reichert: Harro Schulze-Boysen, in: Paul Heider (Hrsg.): Lebendige Traditionen. Lebensbilder deutscher Kommunisten und Antifaschisten, Berlin 1974.
13 Greta Kuckhoff: Vom Rosenkranz zur Roten Kapelle, Berlin 1975.
14 Elfriede Paul: Ein Sprechzimmer der Roten Kapelle, Berlin 1981.
15 Das Drehbuch stammte von Wera und Claus Küchenmeister. Regie führte Horst E. Brandt. Der Film wurde 1971 uraufgeführt.
16 Gilles Perrault: L'orchestre rouge, Paris 1967, deutsch: Auf den Spuren der Roten Kapelle, Frankfurt am Main/Wien 1992 (überarbeitete Neuauflage). Das in zwanzig Sprachen übersetzte Buch wurde ein großer Erfolg. G. Perrault interviewte erstmals Leopold Trepper und andere Überlebende sowie Angehörige in Frankreich und Belgien, aber auch frühere Gestapo-Beamte und Mitarbeiter der Abwehr, die im Sonderkommando »Rote Kapelle« tätig gewesen waren.
17 Leopold Trepper: Die Wahrheit. Autobiographie, München 1975.
18 Winfried Martini: Deutsche Spionage für Moskau 1939 bis 1945, in: »Die Welt«, 15.–27. 10. 1966.

19 Wilhelm Ritter von Schramm: Verrat im Zweiten Weltkrieg, Düsseldorf 1967.

20 »– … – ptx ruft moskau.–.«, in: Spiegel 1968, Heft 21 bis 30. Die erste und zweite Fortsetzung von Gilles Perrault und die restlichen Fortsetzungen von Heinz Höhne.

21 Heinz Höhne: Kennwort Direktor. Die Geschichte der Roten Kapelle, Frankfurt am Main 1970.

22 The Rote Kapelle. The CIA's History of Soviet Intelligence and Espionage Networks in Western Europe 1936–1945, in: Classified Studies in twentieth-century diplomatic and military history, Washington D. C. 1979.

23 Gerd Sudholt (Hrsg.): Das Geheimnis der Roten Kapelle. Das US-Dokument 0/7708. Verrat und Verräter gegen Deutschland, Leoni 1978.

24 Peter Weiss: Die Ästhetik des Widerstands, Band III, Frankfurt am Main 1981.

25 Otto Ernst Schüddekopf: Linke Leute von rechts. Die nationalrevolutionären Minderheiten und der Kommunismus in der Weimarer Republik, Stuttgart 1960; Karl Otto Paetel: Versuchung oder Chance? Zur Geschichte des Nationalbolschewismus, Göttingen, 1965; Louis Dupeux: »Nationalbolschewismus« in Deutschland 1919–1933. Kommunistische Strategie und konservative Dynamik, München 1985.

26 Peter Steinbach: Ein Kämpfer, bereit die Folgen auf sich zu nehmen, in: Deutsches Allgemeines Sonntagsblatt, 1989, Nr. 35; ders.: Widerstandsorganisation Harnack/Schulze-Boysen. Die »Rote Kapelle« – ein Vergleichsfall für die Widerstandsgeschichte, in: Geschichte, Wissenschaft und Unterricht (1991), Heft 3; Johannes Tuchel: Weltanschauliche Motivationen in der Harnack/Schulze-Boysen-Organisation, in: Kirchliche Zeitgeschichte, 1988, Heft 2.

27 Heinrich Scheel: Ein Schulungsmaterial aus dem illegalen antifaschistischen Widerstand der Roten Kapelle, in: ZfG, 1984, Heft 1; ders.: Die Rote Kapelle und der 20. Juli 1944, in: ZfG, 1985, Heft 4.

28 Regina Griebel, Marlies Coburger, Heinrich Scheel: Erfasst? Das Gestapo-Album zur Roten Kapelle. Eine Fotodokumentation, Halle 1992; Hans Coppi: Harro Schulze-Boysen – Wege in den Widerstand. Eine biographische Studie, Koblenz 1993.

29 Die Ausstellung wurde in Berlin, Frankfurt am Main, Karlsruhe, Köln, Bremen und Dresden gezeigt. Die Beiträge der Tagung sind veröffentlicht in: Hans Coppi, Jürgen Danyel, Johannes Tuchel (Hrsg.): Rote Kapelle im Widerstand gegen den Nationalsozialismus, Berlin 1994.

Kindheit und Jugend zwischen Krieg, Revolution und Stabilisierung (1909–1929)

1 Sommeroffensive der deutschen, ungarischen und österreichischen Truppen im Osten. Am 5. August 1915 wurde Warschau besetzt.

2 Vgl. Wilhelm I. R.: »An das deutsche Heer und die deutsche Marine«,

in: Deutscher Geschichtenkalender (Hrsg. Friedrich Purlitz), 34, 1918, II. Band, 1. Hälfte, Juli–September 1918, Leipzig 1918.

3 Hermann Ehrhardt, Marineoffizier, Freikorpsführer, Mitbegründer der Organisation Consul, Ende 1922 verhaftet, im Juli 1923 aus dem Leipziger Untersuchungsgefängnis geflohen, im Herbst 1925 amnestiert.

4 Die Rote Armee begann Anfang Juli 1920 eine Offensive gegen die polnischen Verbände, die im Mai weite Teile der Ukraine besetzt hatten. Mitte August 1920 stand die Rote Armee vor Warschau.

5 Die russische Form müßte heißen: Где он папа? Он в Дуйсбурге.

6 Rechtsradikale Geheimorganisation, verantwortlich für den Mordanschlag auf Walther Rathenau und andere deutsche Politiker, die den Versailler Friedensvertrag erfüllen wollten.

7 Werner Schulze arbeitete als Jurist am Berliner Kammergericht.

8 Soldaten und Offiziere der belgischen und französischen Besatzungstruppen wurden in Duisburger Wohnungen einquartiert.

9 Die Briefe wurden durch französische Militärbehörden zensiert.

10 Helmut Kessner.

11 Der Muttertag wurde am 13. Mai 1923 in Deutschland zum ersten Mal begangen. Der 8. Mai 1914 war mit dem Mother's day bill vom amerikanischen Kongreß zum Staatsfeiertag erklärt worden.

12 Das nach dem amerikanischen Bankier Dawes benannte Abkommen wurde am 30. August 1924 zwischen den Alliierten und der deutschen Regierung in London unterzeichnet. Jährlich sollte das Deutsche Reich 2, 5 Milliarden Goldmark an Reparationen bezahlen.

13 Der am 28. Juni 1919 von der deutschen Delegation im Spiegelsaal von Versailles unterzeichnete Friedensvertrag verfügte u. a. die Abtretung der Kolonien, Danzigs und des Polnischen Korridors (insgesamt 70 000 km^2 mit 6,5 Millionen Einwohnern), die Besetzung des Saarlandes sowie die Besetzung des linksrheinischen Gebietes mit rechtsrheinischen Stützpunkten und legte weitgehende Rüstungsbeschränkungen fest. Der Anschluß Österreichs an Deutschland wurde untersagt. Der Artikel 231 schrieb fest, daß »Deutschland und seine Verbündeten als Urheber für alle Verluste und Schäden« verantwortlich seien. Die Unterzeichnung des »Diktats von Versailles« wurde von der extremen Rechten den Politikern der Weimarer Republik als Erfüllungspolitik angelastet. Sie forderte eine Revision des Friedensvertrages von Versailles.

14 Die Leistungen der Schüler des Duisburger Realgymnasiums wurden sehr streng bewertet, die Note »gut« galt als etwas ganz Besonderes.

15 Liberale Tageszeitung, Hauptblatt des Mosse-Verlages.

16 Deutsche Allgemeine Zeitung, national ausgerichtete Tageszeitung.

17 (lat.): ferner.

18 Nationalistische völkische Zeitung.

19 Der Jungdeutsche, Tageszeitung des Jungdeutschen Ordens.

20 H. Schulze: Gästeabend der Junggefolgschaft, in: Der Jungdeutsche vom 26. 2. 1926.

21 Diesen Hinweis verdanken die Herausgeber Manfred Tietz, Lehrer am Steinbarth-Gymnasium Duisburg.

22 Westdeutsche Tagung des Jungdeutschen Ordens am 31. Juli und 1. August 1926 in Köln mit einer Rede von Arthur Mahraun.

23 Ruhrbefreiungstag des Jungdeutschen Ordens am 14. und 15. November 1925 in Dortmund mit einer Großkundgebung, an der Harro Schulze teilnahm.

24 Bezeichnung aus der Ordensmythologie für einen größeren Bezirk.

25 Großbürgerliche englische Tageszeitung.

26 Englische Tageszeitung.

27 Englische Zeitschrift.

28 Der englische Bergarbeiterstreik dauerte von Mai bis November 1926.

29 Zeitschrift des Jungdeutschen Ordens.

30 Schweden war im Ersten Weltkrieg neutral.

31 Im März 1926 veröffentlichte Hermann Ehrhardt ein politisches Kampfprogramm unter der Losung »Nationale Einheit tut not!« Darin warb er für eine nationale Einheitsfront von der Deutschen Volkspartei über Deutschnationale und Bayerische Volkspartei bis zu den Deutschvölkischen.

32 Der Deutsche unbekannte Soldat, in: Der Jungdeutsche vom 25. 12. 1926.

33 H. Schulze: Die Knieende, in: Der Jungdeutsche vom 7. 8. 1927.

34 Deutsch-germanische Bezeichnung für den Monat August.

35 Seit Mitte der zwanziger Jahre gab es eine geheime Zusammenarbeit zwischen der Reichswehr und der Roten Armee. Unter Umgehung der Bestimmungen des Versailler Vertrages konnte die Reichswehr Flugzeuge in Lipezk und Panzer in Kasan testen.

36 Gosudarstvennoje polititscheskoje upravlenije, sowjetische Geheimpolizei.

37 Erich Edgar Schulze unternahm 1927 eine Geschäftsreise in die Sowjetunion.

38 Der mächtigste Zeitungskonzern der Weimarer Republik, 1877 in Berlin von Leopold Ullstein gegründet.

39 Das liberale »Berliner Tageblatt«, Chefredakteur Theodor Wolff war Mitbegründer der DDP und zählte zu den einflußreichsten Publizisten in der Weimarer Republik.

40 Kurt Tucholsky veröffentlichte zahlreiche Artikel in der linksliberalen »Weltbühne«.

41 August Winnig: Befreiung, Berlin 1926. Ein Aufruf an den Arbeiter, seinen Daseinskampf zum Befreiungskampf der Nation auszuweiten.

42 Nicola Sacco und Bartolomeo Vanzetti, in die USA eingewanderte italienische Arbeiter, dort wegen eines angeblichen Mordes zum Tode verurteilt und 1927 trotz weltweiter Proteste hingerichtet.

43 Teile dieser Ansprache finden sich wieder in dem ein Jahr später veröffentlichten Artikel »Jugend und Führer. Zu Hindenburgs 81. Geburtstag«, in: Der Jungdeutsche vom 2. 10. 1928.

44 Bismarck-Bund, Jugendorganisation der DNVP.

45 Sozialistische Arbeiterjugend Deutschlands, Jugendorganisation der SPD.

46 Im Kampf für Deutschlands Erneuerung. Junggefolgschaft Duisburg, in: Der Jungdeutsche vom 8. 4. 1928. Ferner: Bericht im Duisburger Generalanzeiger vom 3. 4. 1928.
47 Im Kampf für den Volksstaat. Die Stellung der Jugend im Orden von Bruder Harro Schulze-Boysen, in: Der Jungdeutsche, vom 21. 3. 1928.
48 Anwerbung von neuen Mitgliedern für die Burschenschaften.
49 Admiral Adolf von Trotha, Führer des Großdeutschen Bundes.
50 Zitat aus Friedrich Schiller: Wilhelm Tell.
51 (lat.): Wir werden sehen!
52 Deutsches Volkstum, völkische Zeitschrift.
53 Mondäne Zeitschrift aus dem jungkonservativen Umkreis.
54 Zeitschrift für persönliche und völkische Lebensfragen.
55 Das akademische Deutschland, Berlin 1931; Handbuch des studentischen Verbindungswesens, Leipzig 1925. Die »Albingia« entstand im Mai 1884 und wurde 1920 in den Studentenverband des völkischen Miltenberger Rings, einer nicht farbentragenden, schlagenden Verbindung, in der Politik keine Rolle spielte, aufgenommen. Dies bestätigten auch Werner von Simson und Herbert Antoine-Feill, frühere Mitglieder der »Albingia«.
56 Bayerischer Ferienort bei Garmisch-Partenkirchen.
57 Der Vormarsch, Blätter der nationalistischen Jugend, nationalrevolutionäre Zeitschrift.
58 Der Bund Wiking war aus der Marinebrigade Ehrhardt entstanden. Mit einer Elite wollte Ehrhardt den nationalen Befreiungskampf führen.
59 Antikriegsstück, Toller klagt am Beispiel eines entmannten Kriegsinvaliden das Grauen des Krieges an.
60 Walter Lambach veröffentlichte im Juni in der »Politischen Wochenschrift« einen Artikel, in dem er das schlechte Abschneiden der DNVP bei den Wahlen im Mai 1928 auf das Festhalten am Monarchismus zurückführte. Die DNVP sollte zu einer »volkskonservativen Partei der Selbsthilfe« entwickelt werden, für Monarchisten und Republikanern gleichermaßen offen.
61 Wandervögel, nicht näher bezeichnete Gruppe aus der bündischen Jugend.
62 Fest des Frauenbundes der deutschen Kolonialgesellschaft Duisburg, der Marie-Luise Schulze vorstand.
63 Pro Patria (lat.): Für das Vaterland.
64 Straßburg gehörte von 1871 bis 1918 zu Deutschland. Nach dem Versailler Vertrag fiel Elsaß-Lothringen wieder an Frankreich.
65 Vor dem Völkerbund griff Gustav Stresemann am 6. März 1929 die polnische Politik gegenüber der deutschen Minderheit an.
66 Rheinbaben gründete Ostern 1929 mit jüngeren Politikern der DVP die »Front 1929«, um die DVP zu reformieren.
67 Arthur Mahraun: Die Neue Front, Berlin 1928.
68 Die tätigste Gruppe der Universität. Jungdeutsche Studentengemeinde in Freiburg, in: Der Jungdeutsche vom 17. 8. 1929.
69 Rudolf Küstermeier war Schriftleiter der pazifistischen Studentenzeitschrift, Sozialdemokrat, ab 1932 in der Leitung der späteren Wider-

standsgruppe »Roter Stoßtrupp«, im November 1933 verhaftet, bis 1945 im Zuchthaus Brandenburg, in den Konzentrationslagern Sachsenhausen und Bergen-Belsen.

70 Kyffhäuser-Verband der Vereine Deutscher Studenten. Im V. D. St. wurden die nichtfarbentragenden, aber schlagenden studentischen Verbindungen zusammengefaßt.

71 Jurisprudenz (lat.): die Rechtswissenschaft.

72 Stahlhelm – Bund der Frontsoldaten, als Interessenverband der Veteranen des Weltkrieges gegründet, wurde der St. zu einem entschiedenen Gegner der Weimarer Republik.

73 Nationaler Wehrbund, wurde 1923 gegründet, zunächst eine Zweigorganisation des Stahlhelms. Seit 1924 eigenständige weit rechts stehende Frontkämpfer-Organisation, vor allem in Mitteldeutschland aktiv.

74 Oberland, 1921 gegründetes Freikorps, beteiligt an der Niederschlagung der Bayerischen Räterepublik im April 1919 und 1921 an den antipolnischen Kämpfen in Oberschlesien.

75 Bund deutscher Arbeiterjugend, war bis 1929 der SA unterstellt.

76 Ein politisches System, in dem die wahre Macht bei der Hochfinanz und der Wirtschaft liegt.

77 Mit den Reichsfarben des Wilhelminischen Kaiserreichs identifizierte sich das rechtskonservative Spektrum der Bevölkerung, das die schwarzrotgoldene Reichsfahne der Weimarer Republik ablehnte.

78 Linksliberale Wochenschrift, Herausgeber war Carl von Ossietzky.

79 Berliner Illustrierte Nachtausgabe, rechtskonservative Boulevardzeitung.

80 Alfred Hugenberg gründete 1914 die Werbeagentur Ala, übernahm 1916 den Scherl-Verlag und beteiligte sich an der Nachrichtenagentur Telegraphen-Union. Mit der Gründung der Beratungs- und Finanzierungsgesellschaft für die Presse »Vera Verlagsanstalt GmbH« 1917, der »Wirtschaftsstelle für die Provinzpresse« (Wipro), der Kreditinstitute »Mutuum-Darlehen-AG« und der »Alterum-Kredit-AG« 1922 gewann Hugenberg maßgebenden Einfluß auf die Provinzpresse. Mit dem Erwerb der »Universum-Film-AG« (Ufa) im Jahre 1927 erreichte der Konzern den Höhepunkt seiner Machtkonzentration.

81 Leipziger Neueste Nachrichten und Handelszeitung.

82 Der Wehrwolf, Organ des gleichnamigen Frontkämpferbundes.

83 Der Türmer, Halbmonatsschrift für volksbewußtes Deutschtum im Reiche und im Auslande. Evangelisch-völkisches Blatt.

84 Der Deutschen Volkspartei nahestehend.

85 Zeitschrift des »Bund Oberland e. V.«

86 Reichsbanner Schwarz-Rot-Gold, 1924 als politischer Kampfverband der gemäßigten Linken gegründet, bekannte sich zur Weimarer Republik und zur schwarz-rot-goldenen Fahne. Obwohl das Reichsbanner als überparteilich galt, waren seine etwa drei Millionen Mitglieder zumeist Anhänger der SPD und der DDP.

87 Am 5. Mai 1926 hatte das Kabinett des Reichskanzlers Hans Luther dessen Vorschlag zugestimmt, den Reichsvertretungen in allen europäischen Hafenstädten neben der offiziellen schwarz-rot-goldenen

Reichsflagge auch das Führen der schwarz-weiß-roten Handelsflagge zu gestatten. Dieses Vorhaben widersprach der Weimarer Verfassung, die die Handelsflagge ausdrücklich nur für Schiffe der deutschen Handelsmarine vorsah, und stieß auf heftigen Widerstand von SPD, Zentrum und DDP. Hintergrund dieses »Flaggenstreits« um das nationale Symbol war die prinzipielle Ablehnung der Weimarer Republik und ihrer schwarz-rot-goldenen Fahne durch konservativ-nationalistische Kreise, die aus »nationalen« Anlässen, wie nach der Wahl Hindenburgs zum Reichspräsidenten, demonstrativ Schwarz-Weiß-Rot hißten.

88 Ferdinand Foch forderte auf der Versailler Friedenskonferenz, die französische Militärgrenze bis zum Rhein zu verschieben.

89 Im Mai 1919 präsentierten die alliierten Mächte in Versailles der deutschen Delegation die beschlossenen Friedensbedingungen mit der Aufforderung, dazu innerhalb einer kurzen Frist Stellung zu nehmen, wobei Verhandlungen nicht vorgesehen waren. Von den meisten Deutschen wurden die Friedensbedingungen und die Art ihrer Unterbreitung als eine Art »Diktat« verstanden. Sch. B. bezieht sich in seinem Brief auf das Gebot, den Anschluß Österreichs an Deutschland von der Zustimmung des Völkerbundes abhängig zu machen, was einem praktischen Verbot gleichkam. Die ehemaligen Provinzen Posen und Westpreußen fielen Polen zu. Für einen Landzugang nach Ostpreußen wurde ein »Korridor« durch Polen gefordert.

90 Gustav Stresemann, Mitgründer der DVP, 1923–1929 Reichskanzler, Außenminister, erhielt 1926 den Friedensnobelpreis für die Aussöhnung mit Frankreich.

91 Innerhalb der halbillegalen Schwarzen Reichswehr und vorher in einigen Freikorps waren vermeintliche Spitzel ermordet worden.

92 Fridericus. Deutsche Fackel, nationale Wochenzeitung.

93 Der US-amerikanische Politiker und Wirtschaftsberater Owen Young entwarf als Präsident der Internationalen Sachverständigenkommission zur Regelung der Reparationsforderungen an Deutschland Ende 1929 einen Plan, der im Februar 1930 den Dawes-Plan ablöste. Er setzte die deutschen Reparationszahlungen auf 121 Milliarden Reichsmark fest, die in 59 gleichen Jahresraten abzuzahlen waren. Der Young-Plan wurde durch das Hoover-Moratorium 1931 de facto und durch das Lausanner Abkommen 1932 formell aufgehoben.

94 Artikel 231 des Friedensvertrags von Versailles verlangte von Deutschland die Anerkennung der alleinigen Schuld am Ersten Weltkrieg und leitete daraus sämtliche festgeschriebenen Repressionen gegen dieses Land ab. Vor allem die politische Rechte focht die Anerkennung der Kriegsschuld vehement an und lehnte auch sämtliche im Versailler Vertrag festgelegten Sanktionen gegen Deutschland ab. Am 9. Juli 1929 hatten die Führer von Stahlhelm, DNVP, Alldeutschem Verband, Reichslandbund und NSDAP einen »Reichsausschuß für das Deutsche Volksbegehren« gebildet, der eine Aufhebung der »Kriegsschuldlüge« und damit verbunden eine Änderung der Weimarer Verfassung zum Ziel hatte.

95 Eine von Arthur Mahraun 1928 verfaßte Schrift über die Ziele des Jungdeutschen Ordens.

96 Ernst Lemmer war von 1922–1933 Generalsekretär der Hirsch-Dunckerschen Gewerkschaften und Sprecher des Reichsbanners.

97 1920 von der NSDAP erworbene Tageszeitung, 1924/25 verboten, ab 1925 zum politisch-propagandistischen Massenblatt ausgebaut.

98 Sch. B. absolvierte im Oktober 1929 an der Hanseatischen Yachtschule in Neustadt an der Ostsee einen Lehrgang und erwarb die Qualifikation eines Hochseeseglers.

99 Wahrscheinlich Max Adler.

100 Kundgebung der Großballei Sachsen am 1. September 1929 in Dresden.

Die Suche nach Auswegen aus der Krise (1929–1933)

1 Studentenschaft und Parteiismus, in: Der Jungdeutsche vom 15. 11. 1929.

2 Bericht über eine Lesung von Frank Thieß in der Internationalen Studenten Vereinigung am 25. 1. 1929, in: Der Jungdeutsche vom 5. 2. 1930.

3 Der Deutsche Studentenverband wurde 1928 als Gegenbewegung zu den meist rechtsgerichteten, nationalistischen Studentenorganisationen von sozialdemokratischen, demokratischen und republikanischen Gruppen gegründet und erhielt auch von einigen Zentrumsanhängern sowie jüdischen Vereinigungen Unterstützung.

4 Dachverband der preußischen Studentenschaften.

5 Kurt Berlowitz, Führer des im Deutschen Studentenverband organisierten Verbandes sozialistischer Studentengruppen.

6 Fritz Söhlmann, Theologiestudent, Vorsitzender des Jungdeutschen Hochschulrings und Herausgeber der Monatsschrift »Vormarsch. Jungdeutsche Rundschau«.

7 Am 17. November 1929 fanden die Preußischen Kommunalwahlen statt.

8 Das 1908–1912 in der Bellevuestraße im Berliner Bezirk Tiergarten errichtete Hotel »Esplanade« gehörte neben dem Hotel »Adlon« und dem Hotel »Kaiserhof« zu den ersten Berliner Grandhotels.

9 Sch. B. bezieht sich auf das 1928 erschienene Buch von Erich Maria Remarque »Im Westen nichts Neues«.

10 Ubbo Struckmann wurde Ende 1930 kurzfristig Wohnungsgenosse von Sch. B., er war Mitglied der Internationalen Studenten Vereinigung Berlin.

11 Veranstaltungsreihe der Internationalen Studenten Vereinigung Berlin.

12 Wahrscheinlich ein Schreibfehler, es muß »Bathseba« heißen.

13 Sch. B.: Der Nationalsozialist in der deutschen Studentenschaft, in: Der Jungdeutsche vom 28. 11. 1929.

14 In dem Film »Das Tagebuch einer Verlorenen« spielte die amerikanische Tänzerin und Schauspielerin Louise Brooks die Hauptrolle.

15 Emma und Werner Schulze.

16 1924/25 entstandenes Theaterstück von Eugene O'Neill.

17 A. Mahraun: Parole, Berlin 1929. M. rief dazu auf, das volksnationale Gedankengut des Jungdeutschen Ordens in die demokratischen Wählerkreise zu tragen.

18 Reinhard Höhn, Staatsrechtler, 1928 im Führungskreis des Jungdeutschen Ordens, veröffentlichte 1929 »Arthur Mahraun, der Wegweiser zur Nation«, Januar 1932 Austritt aus dem »Jungdo« und Zusammenarbeit mit der SS, 1934 Leiter des SD-Inlandsnachrichtendienstes, 1935–1945 Leiter des Instituts für Staatsforschung in Berlin, SS-Oberführer.

19 A. Mahraun (Hrsg.): Zehn Jahre Jungdeutscher Orden, Berlin 1929.

20 Kommunistischer Jugendbund in der UdSSR.

21 Diese Parteien wurden Anfang 1930 nicht gegründet. Die Konservative Volkspartei entstand erst im Juli 1930.

22 Raimund August Heinrich Freiherr von Gleichen-Rußwurm war Herausgeber der Zeitschrift »Der Ring. Politische Wochenschrift«.

23 Reichspartei für Volksrecht und Aufwertung entstand 1926 als Interessenvertreter der Sparer, Anleihenzeichner und Inflationsgeschädigten.

24 Sparerbund für das Deutsche Reich, Organisation der Inflationsgeschädigten.

25 Fritz Herrmann, Organisationsleiter des Jungdeutschen Ordens, 1933 Eintritt in die NSDAP; Polizeipräsident in Hagen.

26 Kampfblatt ehemaliger Sozialisten gegen die Internationale. Wochenblatt für Wirtschaft und Arbeit, Organ der Vereinigung national gesinnter Arbeiterführer.

27 Berliner Krolloper, gegenüber dem Reichstag, im Sommer 1931 geschlossen, nach dem Reichstagsbrand Ausweichquartier des Reichstags.

28 Die Reichsgemeinschaft junger Volksparteiler hatte sich im Juni 1929 als eigenständige Bewegung der Frontgeneration in der DVP gegründet und forderte die Schaffung einer von den Wirtschaftsverbänden unabhängigen bürgerlichen Sammlungspartei.

29 Wahrscheinlich Erik Nölting.

30 Der Young-Plan, am 13. März 1930 durch den Reichstag gebilligt, wurde 1931 durch das Hoover-Moratorium de facto und 1932 durch das Lausanner Abkommen formell aufgehoben.

31 Am 18. März 1930 wurde ein Liquiditätsabkommen zwischen Deutschland und Polen unterzeichnet, das den beiderseitigen Verzicht auf Kompensationsansprüche festschrieb.

32 Helga Schulze plante im Frühjahr 1930 eine Studienreise durch Italien. Diese Reise bedeutete für die Familie Schulze eine erhebliche finanzielle Belastung.

33 Volksnationale Reichsvereinigung.

34 Jakob Links: Die Demokraten beim Jungdo, in: Die Weltbühne vom 25. 6. 1929.

35 Erich Ernst Lüth, Führer der Hamburger Jungdemokraten, gründete mit linken Kräften der DDP im März 1930 die Radikaldemokratische Vereinigung.

36 Die Berliner Gruppen der Jungsozialisten wurden durch den SPD-Vorstand Anfang 1930 aufgelöst.

37 Vossische Zeitung, Berliner Tageszeitung.

38 Berliner Lokalanzeiger, Berliner Tageszeitung.

39 Der Tag, Tageszeitung für Intellektuelle, Sprachrohr der DNVP.

40 Die Tat, Unabhängige Monatsschrift für Politik und Kultur.

41 Der Artikel 48 ermächtigte den Reichspräsidenten u. a. bei »Gefährdung der öffentlichen Sicherheit und Ordnung« Notverordnungen zu erlassen und gegebenenfalls militärische Mittel einzusetzen oder Grundrechte außer Kraft zu setzen.

42 Neue Preußische Kreuz-Zeitung, konservative Tageszeitung.

43 Zwölf MdR-DNVP gründeten am 28. Januar 1930 die Volkskonservative Vereinigung.

44 Am 6. April 1930 fand in der Berliner Philharmonie vor mehreren tausend Menschen eine öffentliche Kundgebung der Volksnationalen Reichsvereinigung statt.

45 Ernst Credé-Hoerder verfaßte das Drama »§ 218«, das Erwin Piscator am Wallner-Theater inszenierte. Piscator hatte dem Drama eine Rahmenhandlung hinzugefügt, die die jeweilige Vorstellung zu einer Art Volksversammlung gegen den Abtreibungsparagraphen werden ließ.

46 Spielort für Piscators Theaterkollektiv.

47 Die Börsenzeitung galt als offiziöses Sprachrohr des Auswärtigen Amtes.

48 Otto Strasser, SPD-Mitglied, 1923 NSDAP, leitete von 1926 bis 1930 gemeinsam mit seinem Bruder Gregor den »Kampf-Verlag« in Berlin, verließ 1930 die NSDAP, gründete die Kampfgemeinschaft Revolutionärer Nationalsozialisten, 1933 Emigration.

49 Die Wahlen vom 14. September 1930 brachten der SPD zwar einen Stimmenverlust, sie blieb jedoch mit 143 Sitzen die stärkste Fraktion im Reichstag. Trotzdem wollte sie keine Regierungsverantwortung, sondern eine Oppositionsrolle übernehmen. Sie befürchtete, viele ihrer sozialpolitischen Positionen aufgeben zu müssen und damit weitere Wähler zu verlieren.

50 BZ am Mittag, Zeitung für den Straßenverkauf.

51 Von der NSDAP übernommener Titel einer antidemokratischen Schrift von Arthur Moeller van den Bruck.

52 Christlich-sozialer Volksdienst, Anfang 1930 von oppositionellen Mitgliedern der DNVP gegründet.

53 (lat.): Was zu beweisen war.

54 Pensionskürzungsgesetz. Zur Sanierung des Haushaltes war die Kürzung von Pensionen vorgesehen.

55 Rudolf Heberle, Schwiegersohn von Ferdinand Tönnies, Professor für Soziologie in Kiel, von 1926–1929 Rockefellerstipendiat in Wisconsin/USA, lernte dort Mildred und Arvid Harnack kennen.

56 Adolf Grimme, Reformpädagoge, religiöser Sozialist, preußischer Kultusminister 1930–32. Ab 1933 Kontakte zur Bekennenden Kirche, befreundet mit Adam Kuckhoff, 1942 verhaftet und zu drei Jahren Haft verurteilt. 1946–1948 Kultusminister des Landes Niedersachsen.

57 Diskussionsforum für nationalistisch gesinnte Männer, prominenteste Mitglieder der DG: Robert Bosch, Gustav Krupp von Bohlen und Halbach und Alfred Hugenberg, Hans Delbrück, Adolf von Harnack und Friedrich Meinecke.

58 Einige Vorfahren Schulzes, so der Hofapotheker Simon aus Berlin, waren jüdischer Abstammung.

59 Ein jungdeutscher Pionier. Durch Siedlung zur Volksgemeinschaft – Ein praktisches Beispiel, in: Der Jungdeutsche vom 30. 10. 1930.

60 Ein Debattierklub, Vorsitzender war Joachim Stresemann, der älteste Sohn von Gustav Stresemann.

61 Der Alldeutsche Verband trat vor 1914 für eine aktive Flotten- und Kolonialpolitik und im Ersten Weltkrieg für ein Annexionsprogramm zur Sicherung und Erweiterung des »deutschen Lebensraums« ein, forderte nach 1918 die Errichtung einer nationalistischen Diktatur. Der ausgeprägte Antisemitismus leistete dem Nationalsozialismus Vorschub.

62 Mitglieder der »Kampfgemeinschaft Nationalsozialistischer Revolutionäre« um Otto Strasser.

63 Erich Edgar Schulze gehörte keiner dieser Parteien an, wählte die Deutschnationale Volkspartei.

64 Kreis um die expressionistische Literaturzeitschrift »Der Sturm«.

65 Im Februar 1931 verlangte die Stahlvereins-Verwaltung von den Arbeitern der Stahlhütte Duisburg-Meiderich, ab sofort unter Tarif zu arbeiten, da andernfalls die Hütte geschlossen würde. Der Duisburger Oberbürgermeister Jarres erreichte die mehrheitliche Zusage der Arbeiter für die geplante Lohnsenkung. Die Gewerkschaften konnten dieser Abmachung nicht zustimmen, so daß keine Einigung zustande kam. Die Hütte wurde geschlossen, und über 5000 Arbeiter verloren ihre Arbeit.

66 Wahrscheinlich Kuno Tönnies, der jüngste Sohn von Ferdinand Tönnies.

67 Seit 1855 tagte die Erste Kammer des preußischen Parlaments im sogenannten Preußischen Herrenhaus.

68 Ulrich von Hassell, Botschafter in Jugoslawien, 1932–1938 in Italien, 1938 in den Wartestand versetzt, 1944 verhaftet und 1945 hingerichtet. Von Hassell war durch seine Ehe mit Ilse von Tirpitz, der Tochter Alfred von Tirpitz', mit Schulze-Boysen entfernt verwandt.

69 Sch. B.: Halten wir klaren Kurs?, in: Der Jungdeutsche vom 1. 3. 1931.

70 In den Friedensverträgen von Versailles wurde der Anschluß Deutsch-Österreichs an Deutschland, der von beiden Regierungen in ihren Verfassungen bereits vorgesehen war, von der Zustimmung des Völkerbundes abhängig gemacht und damit quasi verboten. Die Regierung Brüning vereinbarte, um dieses Verbot zu umgehen, im März 1931 mit der österreichischen Regierung Regelungen, die den wirtschaftlichen »Anschluß« Österreichs an Deutschland einleiten sollten. Die in weiten Kreisen der Bevölkerung populäre großdeutsche Idee mußte im September 1931 auf Drängen des Völkerbundes und des Internationalen Gerichtshofes in Den Haag fallengelassen werden.

71 Die Anfang 1931 aufgebauten nationalsozialistischen Betriebszellenorganisationen fanden unter den Arbeitern nur eine geringe Resonanz.

72 Wilhelm Frick, MdR-NSDAP 1924–1933, 1929/30 Kultus- und Innenminister in Thüringen, wurde durch die Landtagsmehrheit in Thüringen zum Rücktritt gezwungen.

73 Wegen der Häufung von Überfällen der Nationalsozialisten beschloß der Reichstag am 28. März 1931, daß bis zum 3. Januar 1932 Versammlungen unter freiem Himmel nur nach ausdrücklicher Genehmigung stattfinden dürften.

74 Die Berliner Ausgabe des »Völkischen Beobachters« erschien von März 1930 bis zum 1. April 1931.

75 Georges Sorels Lehre vom »sozialen Mythos«: Der Mythos sei der spontane Ausdruck von Gruppenüberzeugungen, während die Utopie ein Produkt von Intellektuellen darstelle.

76 Anspielung auf den Titel des Buches »Gemeinschaft und Gesellschaft« von Ferdinand Tönnies, worin »Gemeinschaft«, als eher naturhaft gewachsenem Organismus im Gegensatz zur »Gesellschaft« als zweckrationaler Organisationsform einer bestimmten Gruppe aufgefaßt wurde.

77 Während des ersten französischen Revolutionskrieges (1792–1797) begann am 20. September 1792 nach einem Artillerieduell bei Valmy der Vormarsch der französischen Revolutionstruppen zum Rhein.

78 Marie Elisabeth Lüders, MdR-DDP 1919–1930, MdB-FDP 1953–1961, entfernte Verwandte von Sch. B., stammte aus Schleswig-Holstein.

79 Das achtzackige Ordenskreuz auf weißem Grund.

80 Hans-Bernd von Haeften und Werner von Haeften. Sch. B. kannte sie seit seiner Kindheit. Beide Brüder waren an den Vorbereitungen des Attentats auf Hitler am 20. Juli 1944 beteiligt.

81 Mahraun schlug vor, den Gutsbesitzern im Osten 20 Millionen Morgen Land abzukaufen und auf diesem Land eine Million Bauernwirtschaften zu errichten. Dort sollten nicht nur Bauern, sondern auch Arbeitslose aus den Städten siedeln können.

82 Beantragter Volksentscheid der NSDAP, DNVP, DVP und des Stahlhelm zur vorzeitigen Auflösung des preußischen Landtages. Ende Juli 1931 hatte sich die KPD dem gegen die sozialdemokratisch geführte Regierung unter Severing gerichteten Volksbegehren angeschlossen.

83 Papst Pius XI. legte 1931 in der Enzyklika »Quadragesimo anno« die katholische Soziallehre dar.

84 Film von Lewin Milestone nach dem Roman von Erich Maria Remarque. Von der nationalistischen Rechten, voran den Nationalsozialisten, wurde das 1928 veröffentlichte Buch und der 1930 aufgeführte Film als Beleidigung der Frontsoldaten des Ersten Weltkrieges verunglimpft. Nach organisierten Protesten verbot die Film-Oberprüfstelle die öffentliche Aufführung des Filmes, weil er das deutsche Ansehen im Ausland gefährde.

85 Robert Solten: Studentenkrawalle, in: Die Weltbühne vom 14. 7. 1931.

86 Der Jungdeutsche vom 22. 7. 1931.

87 Nach dem Zusammenbruch der Österreichischen Creditanstalt im Mai 1931 war das Vertrauen der internationalen Kreditmärkte auch in die deutschen Banken gesunken. Kurzfristige Auslandsanleihen waren in Deutschland nicht mehr zu erhalten. Als im Juni/Juli 1931 auch die Darmstädter und Nationalbank, eine der größten deutschen Geschäftsbanken, in schwere Bedrängnis geriet und schließen mußte, setzte ein Ansturm auf die anderen Banken ein. Obwohl die Regierung daraufhin für zwei Tage die Banken schließen ließ, um Verordnungen zur Verhinderung einer großen Krise zu erlassen, kündigten zahlreiche ausländische Banken ihre Kredite und rissen damit die meisten deutschen Kreditinstitute und Unternehmen sowie Länder und Gemeinden in eine schwere Finanzkrise.

88 Plans. Zeitschrift für Kunst, Literatur und Politik, erschien von 1931 bis 1932 in Paris mit dem Untertitel »organe de doctrine et d'action«.

89 André Germain.

90 Die Versailler Friedensverträge.

91 Im Mai 1930 hatte Strasser Hitler erklärt, daß er ein Zusammengehen von Deutschland mit Italien und Rußland für notwendig erachte, da beide Staaten die einzigen entschieden antiversailler Mächte seien.

92 (franz.): »vergoldete Jugend«. Zur begüterten Oberschicht gehörende Jugendliche.

93 Auf deutsch erschienen, Pierre Viénot: Ungewisses Deutschland, Frankfurt am Main 1932.

94 Friedrich Sieburg, Auslandskorrespondent der »Frankfurter Zeitung«, veröffentlichte 1929 den Essay »Gott in Frankreich« und 1931 »Frankreichs rote Kinder«.

95 Vermutlich Heinrich Treitschke: Deutsche Geschichte im 19. Jahrhundert.

96 Vermutlich Emil Ludwig: Otto von Bismarck, 1922 erschienen.

97 Vermutlich Hermann Kantorowicz: Der Geist der englischen Politik und das Gespenst der Einkreisung Deutschlands.

98 Geburtstag von Sch. B.

99 Vermutlich Ferdinand Fried: Das Ende des Kapitalismus, Jena 1931.

100 Der Dichter Stefan George verfolgte rein ästhetische Ziele und verwendete konsequent die Kleinschreibung.

101 Vorschlag Hindenburgs, einen »Wirtschaftsbeirat beim Reichspräsidenten« einzuberufen, in den Vertreter der Industrie, des Handwerks, des Handels, der Banken und Versicherungen, der Landwirtschaft und der Gewerkschaften berufen werden sollten.

102 Gemeint ist der Reichsschatzminister a. D. Georg Gothein.

103 Deutsche Gesellschaft zum Studium Osteuropas, 1931–1934 Generalsekretär Klaus Mehnert, Vorsitzender Prof. Dr. Otto Hoetzsch, auch Herausgeber der »Zeitschrift zum Studium Osteuropas«.

104 Die Eltern Schulze-Boysens, insbesondere seine Mutter, vermuteten, daß der acht Jahre ältere Uttmann von Elterlein einen radikalisierenden Einfluß auf ihren Sohn ausübe und ihr Sohn seinen Mitbewohner miternähre.

105 (engl.): Erfolg.

106 Alexandre Marc, 1904 in einer jüdischen Familie in Odessa geboren, studierte in Frankreich und Jena Politik, Recht und Philosophie, Mitbegründer des »Ordre Nouveau« und Mitarbeit an den Zeitschriften »Plans«, »Esprit« und »Revue d'Allemagne«.

107 In der Sowjetunion gab es zu dieser Zeit eine recht freizügige Familienpolitik. Siehe auch Klaus Mehnert: Jugend in der Sowjetunion, Berlin 1932.

108 Sch. B. wollte in Paris ein von der Zeitschrift »Plans« geplantes Treffen der »revolutionären Jugend Europas« vorbereiten.

109 Ursprünglich wurde diese Zeitschrift von 1919–1922 unter dem Titel »*Der* Gegner« als »Blätter zur Kritik der Zeit« von Julian Gumperz und Karl Otten im Malikverlag bei Wieland Herzfelde herausgegeben. In dieser Zeitschrift wurde linke Kritik gegen den Krieg geübt, Partei ergriffen für die revolutionären Nachkriegskämpfe der Arbeiter und für die junge Sowjetunion geworben. U. a. publizierten hier Oscar Maria Graf, Upton Sinclair, John Dos Passos, Raoul Hausmann, George Grosz, Erwin Piscator, Kurt Hiller, Axel Eggebrecht, August Wittfogel, aber auch Bucharin, Sinowjew und Trotzki.

110 In der Ausgabe vom 15. 11. 1931 heißt es, daß in »Plans« der fortgeschrittenere Teil der Verteidiger der Bourgeoisie zu Wort käme und der deutsche Faschismus bereits seine französischen Brüder gefunden habe.

111 Nach der Vierten Krisen-Notverordnung vom 8. Dezember 1931 wurden die Sozialleistungen weiter stark herabgesetzt, u. a. die bislang gewährten Ermäßigungen und Unterstützungen für Studenten.

112 Oper von Bertolt Brecht und Kurt Weill, 1930 in Leipzig uraufgeführt.

113 Bei den Kommunalwahlen am 10. Januar 1932 in Lippe-Detmold verzeichneten die Kommunisten einen Stimmenzuwachs von gut 66 %, die Nationalsozialisten von 40% und die SPD einen Verlust von 16%.

114 Das von der Zeitschrift »Plans« einberufene Treffen der »revolutionären Jugend Europas« fand Anfang Februar 1932 in Frankfurt am Main statt.

115 Germain wohnte während seines Berlinaufenthaltes bei einer Familie von Arnim.

116 Sch. B. plante im Sommer 1932 eine Studienreise durch die Sowjetunion.

117 Antwort an Hans Grimm, in: gegner vom 15. 1. 1932. Sch. B. setzte sich darin mit Grimms politischem Essay »Von der bürgerlichen Ehre und bürgerlichen Notwendigkeit« auseinander. Der nationalkonservative Schriftsteller Hans Grimm erlangte großen Erfolg vor allem mit seinem Hauptwerk »Volk ohne Raum«, dessen Titel zum Schlagwort für die nationalsozialistische Expansions- und Lebensraumpolitik wurde. 1933 wurde Grimm Präsidialrat der Reichsschrifttumskammer.

118 In der Dezemberausgabe des »gegner« vom 15. 12. 1931 stellte Sch. B. erstmals seine neue Kolumne mit dem Titel »Hier spricht die junge Generation« vor.

119 Tschiang Kai-schek hatte sich 1927 gegen seine früheren kommunistischen Verbündeten gewandt. Sie errichteten lokale Regierungen und bekämpften Tschiang Kai-schek.

120 Ende 1931 hatte Japan die Mandschurei besetzt, woraufhin die USA am 7. Januar 1932 eine Note an China und Japan sandten, in der sie China zu einer Politik »der offenen Tür« aufriefen und Japan an die »Souveränität, Unabhängigkeit und Unverletzlichkeit Chinas« erinnerten.

121 Tageszeitung der christlichen Gewerkschaftsbewegung.

122 Ernst Fuhrmann, Schriftsteller und »Biosoph«, Leiter des Folkwangmuseums in Essen, von Juni 1931 bis März 1932 Mitarbeiter des »gegner«, 1937 Emigration.

123 Franz Mariaux: Tagung französischer und deutscher Nationalrevolutionäre, in: Deutsche Führerbriefe, 1932, Heft 12.

124 F. Mariaux: Nationalrevolutionäre Kooperation: in Der Ring, 1932, Heft 8.

125 Heinz Gollong: Jugend im Niemandsland, in: Literarische Welt vom 19.2.1932.

126 Ernst Fuhrmann: Zur Abrüstungsfrage, in: gegner vom 5. Februar 1932. Er polemisierte gegen jede Form von Militarismus.

127 Die »Tägliche Rundschau«, erschien von September 1932 bis zum 3.5.1933.

128 Empfang anläßlich des Tages der Roten Armee am 23. Februar.

129 Ilse Secker von Mallinckroth, Schriftstellerin, arbeitete zeitweilig im Sekretariat der »gegner«-Redaktion. Ihr Mann, Hans Friedrich Secker, von 1923 bis 1929 Direktor des Kölner Wallraff-Richartz-Museums, war seit 1931 mit Sch. B. befreundet.

130 Sch. B.: Der neue Gegner, in: gegner vom 5. 3. 1932.

131 Weigand von Miltenberg (Pseudonym von Blank): Der braune Boykott, in: gegner vom 20. 4. 1932. Herbert Blank gehörte wie Richard Schapke zum engsten Führungskreis von O. Strassers »Schwarzer Front«.

132 Richard Schapke: Marxismus in der Abwehr, Nationalsozialismus im Angriff, in: gegner vom 5. 3. 1932.

133 Boris Goldenberg: Gegner, Kampfmethoden – so oder so, in: gegner vom 20. 3. 1932.

134 Karl Korsch: Thesen des faschistischen Staatsbegriffs, in: gegner vom 5. 3. 1932. K. Korsch, MdR-KPD 1924–1928, 1926 Ausschluß aus der KPD wegen »ultralinker« Positionen. 1933 Emigration, mit Turel befreundet.

135 Die Partei der Verzweifelten, in: gegner vom 20. 4. 1932.

136 Ernst Fuhrmann: Zuchtwahl im 3. Reich, in: gegner vom 5. 3. 1932.

137 Leo Trotzki: Der Zentrismus im allgemeinen und der Zentrismus der Stalinbürokratie. Die KPdSU und die Komintern, in: gegner vom 5. 3. 1932.

138 Boris Goldenberg: Marxismus als Ideologie, in: gegner vom 5. 3. 1932.

139 Artur Goldstein: Opportunismus als Partei, in: gegner vom 20. 4. 1932.

140 Sch. B.: Aufnordung der Fremdenlegion?, in: gegner vom 20. 3. 1932.

141 Ders.: Vom kommenden Wir, in: gegner vom 10. 7. 1932.
142 Ders.: Die Saboteure der Revolution, in: gegner vom 5. 4. 1932.
143 Persil, wahrscheinlich Spitzname, Mitglied des »L'Ordre Nouveau«.
144 Ernst Niekisch, 1917 Eintritt in die SPD, 1918 Vorsitzender der Arbeiter- und Soldatenräte Bayerns, 1921–1923 Festungshaft, 1928 Gründung des Widerstandsverlages, 1928–1935 Herausgabe der Zeitschrift »Widerstand«, vertrat nationalbolschewistische Ideen.
145 Karl O. Paetel, in den zwanziger Jahren im Bund der Köngerer und der Deutschen Freischar, 1928 gründete er den antikapitalistischen Arbeitsring »Junge Front«, 1930 Hauptschriftleiter der »Kommenden«, gehörte bis 1931 der »Schwarzen Front« an, trennte sich von Otto Strasser und gründete die Gruppe »Sozialrevolutionäre Nationalisten«, gab 1931–1933 die »Antifaschistischen Briefe« und »Die sozialistische Nation« heraus, Paetel galt als »Nationalbolschewist«.
146 Deutscher Korrespondenzverlag.
147 Heinz Gollong: Die nationalrevolutionäre Jugend vor der Entscheidung, in: Literarische Welt vom 1. 7. 1932.
148 Pressespiegel ausgewählter Beiträge diverser in- und ausländischer Zeitschriften, brachte im Heft 6 vom Juni 1932 Artur Goldstein: Voraussetzungen eines Staatsstreiches, aus: gegner vom 5. 5. 1932.
149 Um die Zeitschrift »gegner« hatten sich in Berlin Lesekreise gebildet., weitere »gegner«-Kreise in Frankfurt am Main, Darmstadt, Wiesbaden, Offenbach, Heidelberg, Mannheim, Hamburg, Stuttgart, Karlsruhe, Saarbrücken, Leipzig und in Innsbruck.
150 Der wichtigste Financier des »gegner« war ab Juli 1932 Fred Schmid.
151 Akademische Arbeitstagung europäischer Jugend im Mai 1932, Referenten: Gustav Wynecken, Edgar J. Jung, Pater F. Muckermann, Fritz Klatt, also die ältere Generation. Ausführlicher Bericht in: Michael M. Hoffmann (Hrsg.): Jugend in der Krise, Berlin 1932.
152 Europäische Jugend, in: Neue Zürcher Zeitung v. 23. 8. 1932.
153 Sch. B. organisierte ein Arbeitsdienstprojekt für Angestellte, Arbeiter, Bauern und Studenten vom 6. August bis 3. September 1932 in Bad Saarow. Das »geistige Leitthema« lautete »Wege und Aufgabe der jungen Generation«, die praktische Aufgabe bestand in der Anlage eines Sportplatzes.
154 Nachdem Brüning am 30. Mai 1932 zurückgetreten war, wurde am 1. Juni 1932 ein Präsidialkabinett unter Franz von Papen gebildet.
155 Alexander Schwab, gründete mit Franz Jung 1920 die KAPD, trat später in die SPD ein, 1936 verhaftet, starb 1943 in der Haft.
156 Sch. B. wollte auf Grund seiner Kontakte zum Pressechef der Reichsanstalt für Arbeitslosenvermittlung und Arbeitslosenversicherung, Alexander Schwab, eine Arbeitsdienstkorrespondenz gründen.
157 Sch. B. pflegte die im Sommer 1931 während seiner Frankreichreise entstandenen Kontakte zu Philippe Lamour und Alexandre Marc. Er vermittelte Kontakte zu Otto Strasser und anderen Nationalrevolutionären.
158 Ende November 1932 erschienen im Berliner Waldemar-Hoffmann-Verlag drei »gegner«-Schriften, die im Spätsommer 1932 als »The-

sen zur Zeit« konzipiert worden waren. Sch. B.: Gegner von heute – Kampfgenossen von morgen; Alfred Schmid: Aufstand der Jugend; Adrien Turel: Das Recht auf Revolution.

159 Sch. B.: Gegner von heute – Kampfgenossen von morgen, Berlin 1932.

160 Ders.: Vom kommenden Wir, in: gegner vom 10. 7. 1932.

161 Robert Jungk: Gespräch mit Hans Coppi am 4. März 1989.

162 Sch. B.: Gegner von heute ... (vgl. Anm. 159).

163 Geburtstag von Erich Edgar Schulze.

164 Fritz Klein: Auf die Barrikaden?, Berlin 1932.

165 Valeriu Marcu, Historiker und Literat, veröffentlichte die Schrift »Das große Kommando Scharnhorsts. Die Geburt einer Militärmacht in Europa«. Im Dezemberheft des »gegner« erschien eine Besprechung von E. E. Schulze.

166 Regine Schütt: Gespräch mit Hans Coppi, April 1991.

167 Anfang November 1932 hatte Sch. B. eine Erholungsreise in die Nähe von Liegnitz unternommen und dort den Vetter seines Mitarbeiters von Czettritz besucht.

168 Bündische Rußland-Tagung am 26./27. 11. 1932, in: Die Kommenden vom 20./27. 11. 1932, Referenten: Klaus Mehnert, Roderich von Bistram sowie Dr. Juri Semjonoff von der sowjetischen Botschaft.

169 Mit anderen »gegnern« mietete Schulze-Boysen in Pichelswerder ein Blockhaus.

170 Polizeibericht über die vom »Gegnerverlag« einberufene Versammlung am 16. 2. 1933 um 20.30 Uhr im Nordischen Hof, Bundesarchiv Berlin-Lichterfelde, R 1501/St 22/165.

171 Im Oktober 1932 wurde die französische Zeitschrift als Nachfolgerin des Journals »Plans« von Emmanuel Mounier gegründet. »Esprit« vertrat einen avantgardistischen Linkskatholizismus mit föderalistischen Gedankengängen. Von 1933–1938 gab »L'Ordre Nouveau« ein eigenes Blatt heraus.

172 »Esprit« veröffentlichte am 1. 2. 1933 eine Betrachtung von Alexandre Marc über die Situation in Deutschland, in der er auch auf die »gegner« einging. Harro Schulze-Boysen veröffentlichte in diesem Heft einen offenen Brief eines jungen Deutschen an Frankreich mit der Forderung nach einer gemeinsamen revolutionären Kampffront. Raymond Aron antwortete ihm in allgemeiner Form.

173 Vgl. A. Mahraun: Das Gebot der Stunde – Die nationale Opposition antwortet Hitler, in: Der Jungdeutsche vom 12. 2. 1933.

174 Seit dem 1. November 1932 hatte Sch. B. zwei Büroräume in der Schellingstraße angemietet.

175 Die SA richtete wilde Konzentrationslager ein, verhaftete willkürlich politisch Andersdenkende, folterte und ermordete sie.

176 Mit der nach dem Reichstagsbrand erlassenen »Verordnung zum Schutz von Volk und Staat« vom 28. Februar 1933 waren die wichtigsten Grundrechte der Weimarer Republik, wie das Recht auf freie Meinungsäußerung, die Pressefreiheit und das Vereins- und Versammlungsrecht, außer Kraft gesetzt. Die Gegner der Regierung wurden mit der Todesstrafe bedroht.

177 Vgl. Sch. B.: Die Machtergreifung, in: »gegner« vom 15.2.1933, Videant consules, »gegner« vom 15.3.1933; Signal zum Aufbruch, in: gegner vom 20.4.1933.

178 Claire Jung: Paradiesvögel. Erinnerungen, Hamburg 1987.

179 Alexandre Marc: Les adversaires, in: Revue d'Allemagne, Heft 4 vom 15.4.1933.

180 Unter dem Pseudonym Georg Sebastian Faber veröffentlichte Fred Schmid 1933 das Buch »Der Erzkönig. Ein Bekenntnis zu Friedrich dem Großen«. Im Aprilheft des »gegner« wurden Auszüge veröffentlicht.

Zwischen Depression und Selbstbehauptung (1933–1939)

1 Vgl. Otto Weber-Krohse: Landschaftliche Politik, in: »gegner« vom 20.4.1933.

2 August Ludwig von Schröder, kommandierender Admiral des Marine-Korps Flandern 1914–18. Erich Edgar Schulze kannte Schröder bereits seit 1899.

3 Sch. B.: Gegner von heute – Kampfgenossen von morgen, Berlin 1932.

4 Gestapobeamte wollten von Sch. B. eine Erklärung, daß sein von der SA umgebrachter Mitarbeiter Henry Erlanger Selbstmord begangen habe.

5 Hermann Becker, seit 1913 Fähnrich; ab Februar 1915 diente er in der Seeflugstaffel in Norderney, Borkum, List, Zeebrügge, geriet im Juli 1917 in englische Kriegsgefangenschaft, war 1925–1933 Lehrer und Schulleiter der DVS, 1934 Kommandeur der Flugzeugführerschule Warnemünde, 1939–1943 Inspizient der Luftdienstverbände im RLM, August 1944 verhaftet, Todesurteil wegen Zersetzung der Wehr-kraft.

6 NSDAP-Parteitag »des Sieges« vom 1. bis 3. September 1933 in Nürnberg mit 100 000 Teilnehmern. Das Feuerwerk fand am letzten Abend des Parteitags statt.

7 Friedrich Christiansen, Inspekteur der deutschen Fliegerschulen, 1937 Chef des NS-Fliegerkorps, Wehrmachtsbefehlshaber in den Niederlanden 1940–1945. E. E. Schulze kannte Christiansen, als dieser 1915 bis 1918 Geschwaderführer bei der Seestation Zeebrügge war.

8 Parteigenosse. Bezeichnung für Mitglieder der NSDAP.

9 Eine Mitgliedschaft in der NSDAP und der SA läßt sich nicht nachweisen. Vielleicht war dies eine Schutzbehauptung gegenüber der Mutter.

10 Ilse Secker: Lumb fordert heraus, Berlin 1933. Der Roman sollte im Fischer-Verlag erscheinen, erschien Mitte November 1932 im Edwin-Runge-Verlag.

11 Unter dem Namen Bertram, der aber nur schwer als Sch. B. zu erkennen ist, außer einigen Äußerungen, die so weit verknappt werden, daß sie dem Zeitgeist entsprechen.

12 Die SS-Hilfspolizei hatte Ende April 1933 alles beschlagnahmt, was sich im Büro der »gegner«-Redaktion befand.

13 Oswald Spengler: Jahre der Entscheidung. Erster Teil: Deutschland und die weltgeschichtliche Entwicklung, 1933. Soll als Widerstandsschrift gegen den Nationalsozialismus aufgefaßt worden sein.

14 Turel hat in seinem Buch »Die Eroberung des Jenseits«, 1931 in Berlin erschienen, die Einsichten des Astronomen Kepler in Beziehung zu gesellschaftlichen Entwicklungen gesetzt.

15 Film der »Volksdeutschen Filmgesellschaft« nach dem Buch »Horst Wessel – ein deutsches Schicksal« von H. H. Ewers. Der Film wurde am Tage seiner Uraufführung, am 8. Oktober 1933, Wessels 26. Geburtstag, von Goebbels verboten. Wessel, ein 1930 erschossener SA-Führer, war ein Märtyrer der NS-Bewegung.

16 Das am 4. Oktober 1933 verabschiedete »Schriftleitergesetz« hatte zum Ziel, die gesamte deutsche Presse zum nationalsozialistischen Propagandamittel zu machen. Die Mitgliedschaft im Reichsverband der deutschen Presse war verbindlich.

17 René Fülop-Miller: Macht und Geheimnis der Jesuiten, Berlin 1932.

18 Propagandafilm nach dem gleichnamigen Roman von Karl Alois Schenzinger, Uraufführung am 12. September 1933 in München. Der Hitlerjunge Helmut Norkus war 1931 von Kommunisten getötet worden, was ihn zum Märtyrer der NS-Bewegung werden ließ. Der Film setzte dies in eine rituelle Zelebration des NS-Ethos um.

19 Sch. B.: Gegner von heute ... (vgl. Anm. 3).

20 12. November 1933. Reichtagswahlen und Abstimmung über den Austritt aus dem Völkerbund. Zwei Millionen Wähler blieben der Abstimmung fern, und drei Millionen stimmten gegen die NSDAP.

21 Regine Schütt: Gespräch mit Hans Coppi, April 1991.

22 Regine Schütt.

23 Die »Genetokratie« war nach Turel die »züchterische und gärtnerische Beherrschung der Entstehung und des Wachstums der wertespendenden Gestalten«. Vgl. A. Turel: Technokratie Autokratie Genetokratie, Berlin 1934.

24 Letztes Zusammentreffen in Berlin nach der Befreiung aus dem wilden Konzentrationslager.

25 Fred Schmid war ebenfalls Schweizer Staatsbürger.

26 Edwin-Runge-Verlag Berlin-Tempelhof.

27 (franz.): nichts Neues.

28 Geheimes Staatspolizeiamt, Zentralbehörde der Ende April 1933 geschaffenen Geheimen Staatspolizei unter Leitung von Rudolf Diehls.

29 Drama von Friedrich Schiller.

30 Der SA-Führer Zietlow, dessen SA-Sturm Sch. B. mißhandelt hatte, besuchte Regine Schütt gelegentlich. Er warb um sie und gab ihr zu verstehen, daß es ein leichtes für ihn sei, ein Flugzeug in Warnemünde abstürzen zu lassen.

31 Eine Tätigkeit als Journalist war nur möglich, wenn die Reichsschrifttumskammer nach Einreichung eines Antrages die Zulassung erteilt hatte.

32 Deutscher Glaube. Eine Monatsschrift der Deutschen Glaubensbewegung, 1934–1944.

33 Die SS hatte Ende April 1933 alles beschlagnahmt.

34 Am 12. Februar 1932 kam es zu Kämpfen der nationalsozialistischen »Heimwehr« und regulärer österreichischer Verbände mit Mitgliedern des antifaschistischen »Schutzbundes«.

35 Ernst Bergmann: Die 25 Thesen zur Deutschreligion, Leipzig 1934.

36 Paul de Lagarde, Orientalist, Kulturkritiker, Vertreter des religiös völkischen Antisemitismus. Auf ihn beriefen sich die konservativen »Revolutionäre« und auch Alfred Rosenberg.

37 Chronik über die älteste Geschichte der Germanen von 2193 vor bis 1256 n. d. Z. Hermann Wirth gab die bis 1933 als Fälschung geltende Chronik heraus. Die Chronik wurde 1934 von führenden Nationalsozialisten, als von der französischen Revolution beeinflußt, abgelehnt.

38 Sch. B.: Gegner von heute – Kampfgefährten von morgen, in: Die Kommenden vom 5. 3. 1933.

39 Die Pfadfinderschaft »Die Falkenburg« unter Leitung von Rudi Pallas war als überregionale Spielschar der Hitler-Jugend beigetreten.

40 Ein Stück von Walter Erich Schäfer über die »Völkerschlacht« 1813 bei Leipzig.

41 Reichsluftfahrtministerium.

42 (franz.): Unter uns.

43 Major Karl Bartz, Leiter der Gruppe »Bearbeitung grundsätzlicher operativer taktischer und technischer Fragen der fremden Luftmächte«. Bartz war auch schriftstellerisch tätig. Er veröffentlichte historische Romane und belletristisch verfaßte Sachbücher über den Ersten Weltkrieg.

44 Öffentlich Bedienstete mußten einen Nachweis ihrer deutschen Abstammung durch Vorlage einer urkundlichen Abstammung bis zu den Großeltern nachweisen.

45 Der 1. Mai war als »Tag der nationalen Arbeit« zum Feiertag bestimmt worden. Die Mitarbeiter des Luftfahrtministeriums mußten an der Veranstaltung auf dem Tempelhofer Flugfeld teilnehmen.

46 Hitler betonte, daß nach 15 Jahren Verzweiflung und Selbstaufgabe sich das Volk wiedergefunden und gleichen Schritt gefaßt habe.

47 Die Rückkehr Deutschlands zum Völkerbund, der seinen Sitz in Genf hatte.

48 Die Uniform der Marine. E. E. Schulze sollte wieder in die Marine reaktiviert werden. Er blieb jedoch bei der Demag und wurde erst 1940 als Seeoffizier reaktiviert.

49 Duisburg-Hochfeld, Sitz der Demag-Zentrale, in der E. E. Schulze seit 1922 arbeitete.

50 Libertas Haas-Heye.

51 Werner Titze: Nationalsozialismus und europäische Neuordnung, in: Wille zum Reich vom 15. 6. 1934.

52 E. R.: Frankreich 1914 und 1934. Das Land zwischen Niedergang und Aufbruch, in: Wille zum Reich vom 15. 8. 1934; ders.: Faschismus über Europa, in: Wille zum Reich vom 1. 9. 1934; ders.: Das neue Gesicht Europas, in: Wille zum Reich vom 15. 9. 1934.

53 Günther Mann war im Frühjahr 1934 in die SA eingetreten, um mit dem Ausweis der SA-Anwärterschaft in die Hauptschriftleiterliste der Reichsschrifttumskammer aufgenommen zu werden.

54 Sowjetrußland, in: Luftwehr, 1935, Nr. 3. Der Artikel ist ungezeichnet.
55 Berliner Zeitung.
56 Völkischer Beobachter.
57 Wille zum Reich.
58 Günther Mann: Rätsel um Polen, in: Wille zum Reich vom 15. 4. 1935.
59 Karl O. Paetel: Reise ohne Urzeit. Eine Autobiographie, London, Worms 1984.
60 Auswärtiges Amt.
61 Reichsluftfahrtministerium.
62 Werner Türke: Streit um 2250 Inseln, in: Wille zum Reich vom 20. 6. 1935.
63 Werner Türke: Japanische Generäle rücken vor, in: Wille zum Reich vom 20. 7. 1935.
64 Wille zum Reich.
65 Unter dem Vorwand, mit dem Ausland konspiriert und Umsturzpläne gehegt zu haben, wurden vom 30. Juni bis 2. Juli 1934 mindestens 85 SA-Führer und Regime-Kritiker von der SS ermordet.
66 Konrad Zander, Befehlshaber des Luftwaffen-Kommandos See in Kiel. E. E. Schulze kannte Zander von seiner Tätigkeit als Chef der Zerstörerflotille in Flandern.
67 Zeitung der Schutzstaffel der NSDAP, Organ der Reichsführung SS.
68 Leiter der Berliner Niederlassung von United Press war Gösta von Uexküll, ein Vetter von Libertas Schulze-Boysen.
69 Das auf dem NSDAP-Parteitag am 15. September 1935 verabschiedete Rassengesetz regelte im »Arierparagraph«, wer als Jude zu gelten habe.
70 Schlagwort der nationalsozialistischen Ideologie. Die Blut-und-Boden-Mystik idealisierte die »germanisch-nordische« Rasse als Bauerntum entgegen einem »jüdischen Nomadentum«.
71 Veröffentlicht als »Aufsatzbesprechung«. Vgl. Sch. B.: Chefingenieur Rougeron: Douhet und die Lehre von der Einheitlichkeit des Materials, in: Revue de l'Armée de l'Air, Mai–Juni 1934, in: Luftwehr, 1936, Nr. 2.
72 Hitler hielt am 7. März 1936 vor dem Reichstag eine außenpolitische Rede, in der er die Wiederherstellung der deutschen Souveränität über die demilitarisierte Rheinlandzone ankündigte. Gleichzeitig wurden für den 29. März Neuwahlen für den Reichstag anberaumt, an denen alle Deutschen teilnehmen konnten, die nicht nach den Nürnberger Gesetzen als Volljuden galten.
73 Es gab Gerüchte, daß Deutschland zum Völkerbund zurückkehren würde.
74 Das 1934 bis 1936 erbaute Reichsluftfahrtministerium in der Leipziger Straße war der erste Regierungsneubau nach 1933.
75 Oswald Spengler starb am 8. Mai 1936. Nach ihm wurde das Auto benannt.
76 Ausflugsort in Mülheim.
77 Sch. B. war bereits 1930 aus der Kirche ausgetreten.
78 Sch. B.: Bericht über Sprachstudienreise nach Schweden vom 13. August 1936. IfZ München ED 335/2.

79 Die Olympischen Sommerspiele fanden vom 1. bis 16. August 1936 in Berlin statt.

80 Erich Edgar Schulze war von einer Demag-Geschäftsreise in die Sowjetunion zurückgekehrt.

81 (span.): Volksfront.

82 Vom 19. bis 24. August 1936 wurde ein Schauprozeß in Moskau gegen Grigori Sinowjew, Lew Kamenjew und weitere Mitglieder des »trotzkistisch-sinowjewistischen terroristischen Zentrums« durchgeführt. Das Militärgericht des Obersten Gerichtshofes verurteilte alle Angeklagten zum Tode durch Erschießen. Am. 25. August 1936 wurde das Urteil vollstreckt.

83 Hans Zehrer hatte sich aus dem politischen Leben zurückgezogen, wohnte mit seiner Frau in Kampen auf Sylt.

84 Am 25. November 1936 unterzeichneten Deutschland und Japan den Antikomintern-Pakt, ein Abkommen zur Bekämpfung der Kommunistischen Internationale.

85 Karl Graf von Meran fertigte als V-Mann des SD Berichte über nazifeindliche deutsche Emigranten in der Schweiz. 1938 von der Schweizer Bundespolizei verhaftet und im Oktober 1938 nach Deutschland abgeschoben.

86 Albrecht Haushofer: Sulla, Berlin 1937.

87 E. E. Schulze kam von einer mehrmonatigen Asien-Reise zurück, die ihn nach China und Japan geführt hatte.

88 Mitte Juli drangen japanische Truppen in Nordostchina ein.

89 Helga Schulze hatte im März 1937 den Italiener Carlo Mulachié geheiratet und lebte in Venedig.

90 Am 20. Juli 1936 wurde im Schweizer Montreux eine neue Meerengenkonvention abgeschlossen, die der Türkei gestattete, die Meerenge am Bosporus militärisch zu befestigen. Gleichzeitig sicherte die Konvention den Schwarzmeerstaaten in Friedenszeiten das Recht, Kriegsschiffe durch die Meerenge zu schicken, während die Durchfahrt für andere Staaten starken Einschränkungen unterlag.

91 Terra incognita (lat.): unbekanntes Land.

92 In China kämpften die nationalistischen Guomindang-Truppen mit den kommunistischen Volksbefreiungsgruppen gegen japanische Okkupationstruppen.

93 Libertas Schulze-Boysen, Brief an Sch. B. vom 11. 11. 1937, Sammlung »Rote Kapelle«, GdW Berlin.

94 Carlo Mulachié, Ehemann von Helga Schulze.

95 Günther Weisenborn: Memorial, Berlin. Der gespaltene Horizont. Niederschriften eines Außenseiters, Berlin 1983.

96 Die Wintersonnwendfeier sollte am 21. Dezember in Form eines Julfestes begangen werden und die »Volksweihnacht« die christliche Weihnacht ersetzen.

97 Bezeichnung für die Teilnehmer am Marsch der NSDAP auf die Feldherrenhalle am 9. 11. 1923 in München.

98 Helga Mulachié hatte in Venedig ihre Tochter Gabriela zur Welt gebracht.

99 Das Schreiben ist nicht erhalten.

100 Günther Weisenborn: Barbaren, Berlin 1931.

101 Nach einem Ultimatum Hitlers trat der österreichische Bundeskanzler Kurt von Schuschnigg zurück. Am 12. März 1938 marschierten deutsche Truppen in Österreich ein.

102 Am 20. Mai verkündete die tschechoslowakische Regierung die Mobilmachung ihrer Streitkräfte. England und Frankreich unterstützten diesen Schritt. Hitler war verunsichert.

103 Günther Weisenborn: Die guten Feinde, 1946.

104 Elfriede Paul: Ein Sprechzimmer der Roten Kapelle, Berlin 1981.

105 Anschluß des mehrheitlich von Deutschen bewohnten Sudetengebietes an Deutschland.

106 Die Uraufführung fand am 1. März 1939 in Bremen statt.

107 Besuch des ungarischen Reichsverwesers Miklós Horthy Ende August 1938 in Berlin.

108 Elfriede Paul.

109 Elfriede Paul: Ein Sprechzimmer ... (vgl. Anm. 104).

110 Zitat aus Johann Wolfgang von Goethe: Torquato Tasso.

111 Vgl. Heinz Bergschicker: Deutsche Chronik. 1933–1945. Ein Zeitbild der faschistischen Diktatur, Berlin 1981.

112 (serbokroat.) Dubrovnik, jugoslawische Stadt an der Adria.

113 Brief Libertas Schulze-Boysen an Erich und Marie-Luise Schulze vom 21. 11. 1938, IfZ München 335/2.

114 (lat.): wenn die Dinge so bleiben.

115 Sch. B.: Wehrchronik (Luftwaffe), in: Jahrbuch der Luftwaffe 1939.

116 Ingeborg Engelsing, Herbert Engelsing, Herstellungsleiter der Tobis-Filmgesellschaft. Sch. B. hatte Engelsings im Herbst 1938 bei seinem Freund Werner von Simson kennengelernt.

117 Hartmut Schulze hatte sich freiwillig zur Marine gemeldet.

118 Am 2. Juli 1939 unterzeichneten England und Japan ein Abkommen, in dem England die »besonderen Bedürfnisse« Japans in China anerkannte und damit seine bisherigen Konzessionen aufgegeben hatte.

119 Seit Ende Juni 1939 verhandelten leitende Mitarbeiter des britischen Außenministeriums über einen Pakt gegenseitigen Beistands zwischen der UdSSR, Frankreich und England.

120 Im spanischen Bürgerkrieg hatten Frankreich und England sich verpflichtet, eine Politik der »Nichteinmischung« zu betreiben und jegliche Ausfuhr von Waffen und militärischen Ausrüstungen nach Spanien verboten. Deutschland und Italien unterstützten in dieser Zeit das Franco-Regime mit umfangreichen Waffenlieferungen.

121 Die USA-Regierung annullierte am 27. Juli 1939 den amerikanisch-japanischen Handelsvertrag aus dem Jahre 1911.

122 Gemeint ist offensichtlich England.

123 Vgl. Heinrich Scheel: Vor den Schranken des Reichskriegsgerichtes, Berlin 1993.

124 Günther Weisenborn: Memorial ... (vgl. Anm. 95).

Der Krieg: Hoffnung und Katastrophe (1939–1942)

1 Ingeborg Malek-Kohler: Im Windschatten des Dritten Reiches. Begegnungen mit Künstlern und Widerstandskämpfern, Freiburg i. Br. 1986.
2 Hugo Buschmann: De la résistance au défaitisme, in: Les Temps Modernes, 5, 1949, Nr. 46/47, übersetzt von Nora Leo.
3 Am 3. September 1939 erklärten Frankreich und England Deutschland den Krieg.
4 Rede des Generalfeldmarschalls Göring vor Arbeitern der Rheinmetall-Borsig-Werke in Berlin-Tegel am 9. 9. 1939.
5 Am 4. September 1939 griffen britische Bomber Wilhelmshaven an.
6 (lat.): Wahrheit tut not. Zu leben ist nicht wichtiger.
7 Gisella von Pöllnitz starb an Lungentuberkulose in der Schweiz.
8 Am 17. September 1939 marschierten sowjetische Truppen in Polen ein. Entsprechend den Geheimabsprachen zwischen Deutschland und der Sowjetunion von August 1939 wurden am 28. September 1939 die neuen Grenzen offiziell vereinbart.
9 Im September 1939 gelangten die ersten Schnellbombenflugzeuge vom Typ Ju 88 zum Einsatz. Es war eines der vielseitigsten Flugzeuge der deutschen Luftwaffe.
10 Frankreich und England erklärten eine Wirtschaftsblockade gegen Deutschland.
11 Die Grenze zwischen Deutschland und der Sowjetunion verlief an der von dem britischen Politiker Curzon im Jahre 1921 vorgeschlagenen Grenzlinie, die davon ausging, daß es sich bei den westukrainischen und westbelorussischen Gebieten um Territorien handelte, deren überwiegende Bevölkerung ethnisch nicht zu Polen gehörte.
12 Sch. B. wußte von dem großen englischen Rüstungspotential und der Gefahr von Bombenangriffen für die Zivilbevölkerung.
13 Am 9. Oktober erließ das OKW die Weisung zur Vorbereitung eines Angriffs auf Frankreich, Belgien, Luxemburg und die Niederlande.
14 Walter Bauer: Die Armee des Don Quichotte, 1939.
15 Den Text »Denn wir fahren nach Engeland« hatte Hermann Löns im Ersten Weltkrieg verfaßt. Die neue Melodie komponierte Herms Niels.
16 Ernst von Salomon: Die Geächteten, Berlin 1929. Das Buch behandelt den Mord an Walther Rathenau im Jahre 1922.
17 Am 3. September 1939 hatte ein deutsches U-Boot ohne Vorwarnung den britischen Passagierdampfer mit 1102 Passagieren an Bord versenkt. Auch neutrale Handelsschiffe wurden angegriffen.
18 Nach sowjetischen Forderungen zu Gebietsabtretungen begannen am 5. 10. 1939 sowjetisch-finnische Verhandlungen, die in den finnischen Winterkrieg (30. 11. 1939 – 12. 3. 1940) mündeten.
19 Eine Leningrad vorgelagerte Insel, Marinestützpunkt der Roten Armee.
20 Leningrad.
21 Am 28. September 1939 unterzeichneten auf sowjetischen Druck Estland und am 5. Oktober 1939 Lettland einen Beistandspakt mit

der Sowjetunion. Er beinhaltete auch die Stationierung sowjetischer Truppen auf ihren Territorien.

22 Der Präsident der Slowakei, Jozef Tiso, hatte am 15. 3. 1939 die Unabhängigkeit der Slowakei proklamiert und sie anschließend unter den Schutz des deutschen Reiches gestellt.

23 Im April 1939 wurde Albanien von italienischen Truppen besetzt und faktisch zu einem italienischen Protektorat umgestaltet.

24 Franz Alfred Six, 1930 Eintritt in die NSDAP, studierte Staatswissenschaften, Geschichte und Zeitungswissenschaft in Heidelberg, 1933 Assistent am Institut für Zeitungswissenschaften, promovierte 1934, 1935–1939 »Gegnerforschung« im SD-Hauptamt, 1939 Leiter der Abt. VII im RSHA, Dekan der Auslandswissenschaftlichen Fakultät der Berliner Universität.

25 Deutsche Hochschule für Politik am Schinkelplatz 6. In den Räumen der Ende 1939 geschlossenen Hochschule befand sich die Auslandswissenschaftliche Fakultät.

26 Karl Bartz: Zeebrügge. Der englische Angriff auf die deutsche U-Boot-Basis, Berlin 1938.

27 Johannes Haller: Die Epochen deutscher Geschichte, Berlin 1923.

28 Gaststätte Lutter und Wegner, am Gendarmenmarkt.

29 Lutz Hachmeister: Der Gegnerforscher. Die Karriere des SS-Führers Franz Alfred Six, München 1998.

30 Reichssicherheitshauptamt, Abteilung VII »Weltanschauliche Forschung und Auswertung«.

31 Wolf von Tirpitz: Wie hat sich der Staatsbetrieb beim Aufbau der Flotte bewährt?, Leipzig 1923.

32 Hans Hallmann, Historiker, unterstützte Alfred von Tirpitz bei der Herausgabe von Dokumentenbänden in den Jahren 1924 und 1926.

33 Fritz Kern, Historiker, half Alfred von Tirpitz bei der Veröffentlichung seiner »Erinnerungen«.

34 Diese Arbeit ist nicht erhalten.

35 Am 12. März 1940 wurde ein Friedensvertrag abgeschlossen. Die sowjetische Grenze wurde nördlich von Leningrad hinter die Linie Wyborg-Sortowala verlegt. Einige finnische Gebiete, darunter Inseln im Finnischen Meerbusen, fielen an die UdSSR.

36 Am 9. April 1940 besetzten deutsche Truppen das neutrale Norwegen.

37 Norwegischer Hafen, über den der Eisenexport Schwedens abgewickelt wurde, nördlichste Stadt Europas.

38 Norwegische Insel.

39 Erzabbaugebiet in Schweden. Hauptabnehmer des Eisenerzes war die deutsche Stahlindustrie.

40 Kleiner Ort im Norden Schwedens knapp hinter dem Polarkreis, vier Stationen vor Narvik.

41 Ort an der Ostküste Schwedens, am Bottnischen Meerbusen gelegen, Eisenbahnlinie nach Norwegen.

42 Drittgrößte norwegische Stadt, am Trondheimfjord, ca. 500 Kilometer nördlich von Oslo gelegen.

43 In dem Meeresarm zwischen Jütland und dem südöstlichen Norwegen fand am 31. Mai und 1. Juni 1916 die größte Seeschlacht des Ersten Weltkrieges zwischen Deutschland und England statt.

44 Ottora Douglas lebte in Oslo.

45 Ingeborg Malek-Kohler: Im Windschatten ... (vgl Anm. 1).

46 Churchill bildete nach dem 10. Mai 1940 eine große Koalition aus Konservativen, Liberalen und Labour-Partei.

47 Gemeint sind die Italiener.

48 Mussolini beteuerte gegenüber Hitler das »völlige Einvernehmen«. Der Kriegseintritt Italiens erfolgte erst am 10. Juni 1940.

49 Die Mutter hatte wahrscheinlich vorgeschlagen, daß ihr Sohn in die NSDAP eintreten sollte. Die Mitglieder der NSDAP trugen ein rundes Abzeichen mit dem Hakenkreuz.

50 Hugo Buschmann: De la résistance au défaitisme ... (vgl. Anm. 2).

51 Wilhelm Schürmann-Horster lernte 1938 bei einem Kostümfest Cay und Erika von Brockdorff und die Bildhauerin Ruthild Hahne kennen, die sich dann mit anderen zu einem Diskussionskreis zusammengeschlossen hatten.

52 Mitte Juni forcierte die Sowjetunion den Anschluß Litauens, Lettlands und Estlands an die UdSSR. Anfang August 1940 beschloß der Oberste Sowjet der UdSSR, die baltischen Staaten als Unionsrepubliken in die Sowjetunion aufzunehmen. Ende Juni besetzte die Sowjetunion die Nordbukowina und Bessarabien, die nach dem Ersten Weltkrieg an Rumänien gefallen waren.

53 Japan hatte in den dreißiger Jahren Teile Chinas besetzt, aber es gelang nicht, ganz China zu erobern. Der militärische Kampf gegen die japanischen Truppen wurde erschwert, weil sich die kommunistischen Verbände heftige Kämpfe mit Einheiten der chinesischen Nationalregierung lieferten. Die Kommunistische Internationale drängte die chinesischen Kommunisten, sich mit der Guomindangregierung zu einigen, um gemeinsam den antijapanischen Kampf zu führen.

54 Eugène Marais: Die Seele der weißen Ameise.

55 Adrien Turel: Reise einer Termite zu den Menschen, Zürich 1983.

56 E. E. Schulze war während des Ersten Weltkrieges im flämischen Brügge stationiert und hatte sich für die Unabhängigkeit der Flamen eingesetzt.

57 Zeitnahe Geschichte: Die Rothschilds im Film, in: Essener Nationalzeitung vom 25. 7. 1940.

58 Retouchierte Wirklichkeit. Offene Fragen zu einem Erfolgsfilm, in: Essener Nationalzeitung vom 22. 8. 1940.

59 Arnold Brandenburg, Historiker, veröffentlichte 1924 »Von Bismarck zum Weltkrieg«.

60 Greta Kuckhoff: Vom Rosenkranz zur Roten Kapelle, Berlin 1971.

61 Alexander Korotkow, seit 1929 Mitarbeiter der OGPU; in den dreißiger Jahren arbeitete er in Österreich, Frankreich und Deutschland, kehrte 1938 in die UdSSR zurück und wurde im Sommer 1940 an die sowjetische Botschaft nach Berlin geschickt.

62 Offizier vom Dienst.

63 Kleiner Ort südlich von Berlin.

64 Am 28. Oktober 1940 begann der italienische Angriff auf Griechenland.

65 E. E. Schulze wurde im November 1940 Stabschef beim Marinebefehlshaber in den Niederlanden.

66 Kurzstart- und Kurzlandeflugzeug mit Langsamflugeigenschaften. Wichtigstes deutsches Verbindungsflugzeug im Zweiten Weltkrieg.

67 Luftangriff auf Coventry am 14. November 1940. Alle in Westeuropa vorhandenen Bomber wurden zusammengezogen. Bei diesem Angriff wurde zum erstenmal das Zentrum einer Stadt zerstört.

68 1941 erhielt Großbritannien auf Grundlage eines Leih- und Pachtvertrages Waffen und strategisches Material aus den USA.

69 Deutschland versuchte die Türkei für ein gemeinsames Vorgehen gegen die Sowjetunion zu gewinnen.

70 Rainer Hildebrand: Wir sind die Letzten. Aus dem Leben des Widerstandskämpfers Albrecht Haushofer und seiner Freunde, Berlin 1947.

71 Adam Kuckhoff: Der Deutsche von Bayencourt, Berlin 1935.

72 Abteilung Fremde Luftmächte im Generalstab der Luftwaffe.

73 Hilmer Freiherr von Bülow, Luftwaffenattaché an der deutschen Botschaft in Rom.

74 Carl-August von Schoenebeck.

75 Am 30. Januar 1941 hielt Hitler eine Rede zum achten Jahrestag der Machtergreifung. Das Jahr 1941 sollte das Jahr einer großen Neuordnung Europas werden.

76 Die Rede vom 30. 1. 1941.

77 Theobald von Bethmann Hollweg, 1900–1917 Reichskanzler, eines seiner Kriegsziele war, Rußland von der deutschen Grenze abzudrängen und seine Herrschaft über die nichtrussischen Völker zu brechen.

78 Kolportiert wurden Nachrichten, daß die Ukraine ihre Selbständigkeit erhalten sollte.

79 Ingeborg Engelsing, undatierter Bericht nach 1945. Der Bericht befindet sich im Besitz der Herausgeber.

80 Erich Edgar Schulze: Invasionspläne gegen England. Auf Grund französischer Quellen, Hamburg 1940.

81 Napoleon Bonaparte, sein politischer Weg kurz dargestellt in Auszügen aus bekannten Werken der Geschichtsschreibung. Ungezeichnet, veröffentlicht in: Günther Weisenborn: Der lautlose Aufstand, Hamburg 1954.

82 In der TASS-Erklärung vom 14. Juni 1941 hieß es unter anderem, daß »Deutschland [...] den Nichtangriffspakt ebenso einhält wie die Sowjetunion. Nach Auffassungen sowjetischer Kreise entbehren die Gerüchte über die Absicht Deutschlands, den Pakt zu zerreißen und einen Überfall auf die UdSSR zu unternehmen, jeder Grundlage.«

83 Hans Coppi, Jürgen Danyel, Johannes Tuchel: Die Rote Kapelle im Widerstand gegen den Nationalsozialismus, Berlin 1994, S. 136.

84 (lat.): Wohin gehst du, Freude?

85 Sch. B. verbrachte im September zwei Wochen Urlaub bei seinem Vater in den Niederlanden.

86 Der Wortlaut der Funksprüche ist veröffentlicht in: Hans Coppi, Jürgen Danyel, Johannes Tuchel: Die Rote Kapelle ... (vgl. Anm. 83).

87 Annie Krauss, Geschäftsinhaberin einer Lack- und Farbengroßhandlung, verfügte angeblich über hellseherische Fähigkeiten, Libertas Schulze-Boysen besuchte sie 1940 und lernte John Graudenz, den Nachbarn von Annie Krauss, kennen.

88 John Graudenz, seit 1916 bei United Press, 1921 Mitbegründer der KAPD, 1922/23 Korrespondent in Moskau, 1928–1932 Journalist bei der New York-Times, 1932 Vertreter deutscher Maschinenbauunternehmen in Irland, ab 1935 Handelsvertreter in der Fahrzeugbranche, wohnte in Stahnsdorf bei Berlin.

89 Augusta Fürstin zu Eulenburg-Hertefeld, eine geborene schwedische Gräfin von Sandels.

90 Der im Holländischen Doorn lebende Kaiser Wilhelm II. war ein Jugendfreund des Fürsten Philipp Eulenberg zu Hertefeld.

91 Der japanische Luftüberfall am 7. 12. 1941 auf den amerikanischen Stützpunkt Pearl Harbour veränderte das Kräfteverhältnis zugunsten Japans. Gleichzeitig drangen japanische Einheiten in Thailand ein und landeten in Malaya.

92 Aufgrund des fehlgeschlagenen »Barbarossaplanes« wurden der Oberbefehlshaber des Heeres von Brauchitsch und 35 Generäle ihres Postens enthoben. Hitler übernahm den Oberbefehl des Heeres.

93 Die indonesischen Inseln, niederländisches Kolonialgebiet, wurden Mitte Februar angegriffen. Am 9. März kapitulierten die Niederländer und ihre Verbündeten.

94 Am 25. Dezember 1941 ergaben sich die englischen Truppen in Hongkong, am 2. 1. 1942 rückten japanische Truppen in Manila ein.

95 Singapur kapitulierte am 15. Februar 1942.

96 Vgl. Boris Souvarine: Stalin – Anmerkungen zur Geschichte des Bolschewismus, München 1980.

97 Wahrscheinlich die Feldpostnummer von Erich Edgar Schulze.

98 Russische Revolution.

99 Mit dem Krieg in Europa und im pazifischen Raum wuchs die Rolle Indiens als wirtschaftliche und militärische Basis Großbritanniens. Anfang Januar 1942 lehnte der indische Nationalkongreß die Unterstützung Englands im Krieg erneut ab, solange die britische Regierung einer nationalen indischen Regierung nicht zustimme.

100 Ein der Verwaltung nach selbständiges Land des britischen Weltreiches.

101 Hans Bäcker: Dasein als Dienst. Bausteine zu einem neuen Europa, Berlin 1941.

102 Ernst Bergmann: Die Geburt des Gottes Mensch. Eine Philosophie der Religion und der Religionen. Nach Grundsätzen der »natürlichen Geistlehre« dargestellt, Leipzig 1939.

103 Als Faksimile in: Der antifaschistische Widerstandskampf der KPD im Spiegel des Flugblatts 1933–1945, Berlin 1978; ferner: Peter Steinbach/Johannes Tuchel (Hrsg.): Widerstand in Deutschland 1933–1945. Ein historisches Lesebuch, München 1994.

104 Greta Kuckhoff: Vom Rosenkranz ... (vgl. Anm. 60).

105 Vgl. John Sieg: Offene Briefe an die Ostfront, in: Peter Steinbach, Johannes Tuchel (Hrsg.): Widerstand in Deutschland ... (vgl. Anm. 103).

106 Nach dem Einmarsch deutscher Truppen am 10. April 1941 hatten Mitglieder der faschistischen Ustascha-Bewegung den »Unabhängigen Staat Kroatien« ausgerufen. Das Territorium umfaßte außer Kroatien auch Bosnien-Herzegowina mit 6,3 Millionen Einwohnern.

107 Im März 1942 hatte Libertas Schulze-Boysen bei der Märkischen Wochenendgesellschaft ein 1500 m^2 großes Grundstück auf der Insel in Teupitz gekauft und eine erste Anzahlung geleistet.

108 Ulrich von Hassell.

109 Antonie Graudenz, Fotografin, Ehefrau von John Graudenz.

110 Silvia und Karin Graudenz.

111 Fritz Thiel, 1932 Mitglied des KJVD, 1935/36 Funker bei der Luftwaffe, 1936 verhaftet wegen »Hochverratsverdacht«, 1937 aus Mangel an Beweisen freigelassen, 1939 zur Wehrmacht eingezogen, auf Antrag der Zeiss-Ikon-Werke im Februar 1940 vom Wehrdienst freigestellt, seit 1939 Besuch der Heilschen Abendschule. Im April 1942 bildete er Hans Coppi als Funker aus und half, ein defektes Funkgerät zu reparieren.

112 Helmut Himpel.

113 Marie Terwiel.

114 Claus Küchenmeister.

115 Günther Weisenborn war seit Januar 1942 Leiter der Kulturabteilung der Zentralredaktion am Großdeutschen Rundfunk.

116 Margaret Weisenborn lernte Günther Weisenborn 1939 bei Sch. B. kennen.

117 Churchill war gegen eine Landung anglo-amerikanischer Truppen in Westeuropa, weil sie zunächst ihre militärischen Aktionen auf den Mittelmeerraum und auf Nordafrika konzentrieren sollten.

118 Japan schloß am 13. April 1941 einen Neutralitätspakt mit der Sowjetunion.

119 Nach der nordischen Mythologie: Weltuntergang.

120 Elsa Boysen: Harro Schulze-Boysen. Das Bild eines Freiheitskämpfers, Koblenz 1992.

121 Albert Hößler, KJVD, KPD seit 1929, 1933 Flucht in die Tschechoslowakei, politische Arbeit in der Grenzregion, 1935/36 Studium an der Lenin-Schule in Moskau, 1937 Teilnahme am spanischen Bürgerkrieg, nach schwerer Verwundung 1939 Rückkehr in die Sowjetunion, Arbeiter im Traktorenwerk Tscheljabinsk, im Herbst 1941 Ausbildung zum Fallschirmspringer und Funker.

122 Robert Barth, Schriftsetzer bei der »Roten Fahne«, KPD seit 1930, 1933/34 Haft, 1939 Soldat, im März 1942 zur Roten Armee übergelaufen, Ausbildung als Fallschirmspringer.

123 Franz von Papen, deutscher Botschafter in der Türkei.

124 Nicht zu ermitteln.

125 Winston Churchill.

126 Am 8. August 1942 nahm der Indische Nationalkongreß eine Resolution über den »Beginn einer Kampagne des zivilen Ungehorsams« an. Am 9. August wurden die Führer des Indischen Nationalkongresses Gandhi, Nehru und andere verhaftet.

127 Ende Juli 1942 begann die deutsche Offensive in Richtung Kaukasus. Am 10. August 1942 wurde das Erdölgebiet um Maikop besetzt.

128 Die kritische Lage nach dem deutschen Vormarsch in Richtung Kaukasus und Stalingrad nährte im Sommer 1942 immer wieder Gerüchte über einen bevorstehenden Sonderfrieden zwischen der Sowjetunion und Deutschland.

129 Die Niederlande.

130 Am 19. August 1942 unternahmen englische und kanadische Truppen bei Dieppe an der französischen Kanalküste einen Landungsversuch. Sie erlitten dabei hohe Verluste.

131 Vom 12.–16. August 1942 fanden in Moskau Gespräche zwischen Churchill und Stalin statt.

132 Manfred Roeder, 1935 Eintritt in die Wehrmachtsjustiz, Richter im Luftgaukommando III, 1941 Oberstkriegsgerichtsrat, Beauftragter Görings beim Reichskriegsgericht.

133 Günther Weisenborn: Barbaren, Berlin 1931.

134 Zitat aus: Johann Wolfgang Goethe: West-östlicher Diwan.

135 Die »Rote Kapelle«, in: Norbert Haase: Das Reichskriegsgericht und der Widerstand gegen die nationalsozialistische Herrschaft, Berlin 1993.

136 Vorsitzender des Zweiten Senats war Alexander Kraell, 1925 Staatsanwalt in Offenbach, 1930 Landgerichtsrat, NSDAP, nach 1933 Eintritt in die Wehrmachtsjustiz, Anfang 1943 zum Oberreichskriegsanwalt befördert.

Bildnachweis

Das Porträt von Regine Schütt befindet sich in Privatbesitz. Alle weiteren Fotos stammen aus der Gedenkstätte Deutscher Widerstand, Berlin.

Lebensdaten

2.9.1909	Geboren in Kiel als erstes von drei Kindern des Kapitänleutnants Erich Edgar Schulze und seiner Frau Marie-Luise, geb. Boysen
1913	Übersiedlung nach Berlin (Versetzung des Vaters ins Reichsmarineamt)
1913–1922	Besuch des Heinrich-von-Kleist-Realgymnasiums in Berlin-Schmargendorf
1922	Übersiedlung nach Duisburg, Besuch des Steinbarth-Realgymnasiums Angehöriger des Jungdeutschen Ordens (bis 1933)
1923	Kurzfristige Haft nach Beteiligung am Widerstand gegen die französische Besetzung des Ruhrgebiets
1920–1928	häufige Sommeraufenthalte in Schweden bei Familie Hasselrot
Sommer 1926	Aufenthalt in England und Schottland
März 1928	Abitur am Duisburger Steinbarth-Gymnasium
1928/29	Jurastudium in Freiburg i. Br.; Erstchargierter in der nicht farbentragenden Verbindung »Albingia« Mitarbeit im Allgemeinen Studentenausschuß
Sommer 1929	Teilnahme an einem Lehrgang des Hochsee-Wehrsportverbandes »Hansa« in Neustadt
ab November 1929	Fortsetzung des Jurastudiums in Berlin an der Friedrich-Wilhelms-Universität Leitung der Jungdeutschen Gefolgschaft Berlin-Wedding bis 1931
Sommer 1931	Dreimonatiger Aufenthalt in Frankreich, Kontakte zu Mitarbeitern des Journals »Plans«
Ende 1931	Beurlaubung vom Studium Mitarbeit an der von Franz Jung herausgegebenen Zeitschrift »gegner«
ab März 1932	Schriftleiter der Zeitschrift »gegner«
ab Juli 1932	Herausgeber der neu strukturierten Zeitschrift »gegner« Integrationsfigur des »gegner«-Kreises mit Kontakten zu verschiedenen politischen Lagern
April 1933	Verbot des »gegner«, kurzzeitige Inhaftierung und schwere Mißhandlungen durch die SS
1933–34	Ausbildung als Seebeobachter an der Deutschen Verkehrsfliegerschule in Warnemünde

ab 10. 4. 1934	Hilfsreferent in der 5. Abteilung »Fremde Luftmächte« des Reichsluftfahrtministeriums
1934	Bekanntschaft mit Libertas Haas-Heye
1934/1935	Teilnahme am Genfer Sommerkurs des Weltverbandes der Völkerbundgesellschaften
1935	Unter Pseudonym Mitarbeit an der Zeitschrift »Wille zum Reich«
	Kurze Begegnung mit Arvid Harnack
	Bildung eines oppositionellen Freundeskreises
21. 7. 1936	Hochzeit mit Libertas Haas-Heye, Reise nach Schweden
1937	Mitarbeit am »Handbuch der Wehrwissenschaften« und an der Zeitschrift »Luftwehr«
Anfang 1938	Erstellung einer Informationsschrift über ein in Barcelona geplantes Sabotageunternehmen der Abwehr, das von Gisella von Pöllnitz in den Briefkasten der sowjetischen Handelsvertretung in Berlin geworfen wird
Februar 1938	Hausdurchsuchung und Fluchtpläne
Herbst 1938	Flugblatt zur Sudetenkrise
Oktober 1938	Reise nach Jugoslawien mit Zwischenstationen in der Schweiz und in Italien
1939	Beförderung zum Leutnant
	Anläßlich einiger Reisen von Elfriede Paul in die Schweiz sucht Sch. B. nach Wegen für einen Informationsaustausch mit der KPD-Auslandsleitung in der Schweiz
1940	Bekanntschaft mit dem Ehepaar Adam und Greta Kuckhoff
	In dieser Zeit weitere Kontakte zu Helmut Himpel, Maria Terwiel, Heinrich Scheel, Hans Coppi, John Graudenz u. a.
1940	Fernstudium an der Auslandswissenschaftlichen Fakultät der Berliner Universität mit dem Ziel der Promotion
	Durch Kuckhoffs erneute Begegnung mit Arvid Harnack
1941	Oberleutnant der Reserve, als Regierungsrat vorgesehen
	Kommandierung in die Attachégruppe des Luftwaffenführungsstabes in Potsdam-Wildpark; Abbruch des Fernstudiums
März 1941	Bekanntschaft mit dem Angehörigen der sowjetischen Botschaft Alexander Korotkow; warnt diesen vor dem geplanten Überfall auf die Sowjetunion
	Erarbeitung und Verbreitung der Flugschrift »Napoleon«
	Beginn der Freundschaft mit der Schauspielerin Stella Mahlberg

September 1941	Besuch und Urlaubsaufenthalt bei Erich Edgar Schulze in Holland
Oktober 1941	Mehrstündige Begegnung mit dem im sowjetischen Auftrag aus Brüssel angereisten Anatoli Gurewitsch (Kent), Weitergabe einer Reihe von wichtigen Informationen, die später per Funk aus Brüssel nach Moskau gesendet werden
Dezember 1941	Rückkehr ins Reichsluftfahrtministerium nach Berlin
1941/42	Erweiterung des Bekanntenkreises (Jan und Cato Bontjes van Beek, Heinz Strelow, John Rittmeister, Fritz Thiel); Kontakt zu Kreisen des späteren »20. Juli« (Haushofer, von Trotha u. a.)
Januar/Februar	1942 Erarbeitung der Flugschrift »Die Sorge um Deutschlands Zukunft geht durch das Volk« mit John Rittmeister
Mai 1942	Planung und Teilnahme an der nächtlichen Zettelklebeaktion vom 17./18.5.1942 gegen die antisowjetische Propagandaausstellung »Das Sowjetparadies«
Juni 1942	Versuch, gemeinsam mit John Graudenz englische Stellen darüber zu informieren, daß der englische Funkverkehr über die Absendung von britischen Geleitzügen abgehört wird
31.8.1942	Verhaftung im Reichsluftfahrtministerium und Einlieferung in die Gestapozentrale in der Prinz-Albrecht-Straße 8
15.–19.12.1942	Prozeß vor dem 2. Senat des Reichskriegsgerichts Verurteilung zum Tode »wegen Vorbereitung zum Hochverrat, Kriegsverrat, Zersetzung der Wehrkraft und Spionage«
22.12.1942	Hinrichtung in Plötzensee

Bibliographie der von Harro Schulze-Boysen veröffentlichten Artikel

1. Gästeabend der Junggefolgschaft, in: Der Jungdeutsche vom 26. 2. 1926.
2. Der deutsche unbekannte Soldat, in: Der Jungdeutsche vom 25. 12. 1926.
3. Die Knieende, in: Der Jungdeutsche vom 7. 8. 1927.
4. Jugend und Führer. Zu Hindenburgs 81. Geburtstag, in: Der Jungdeutsche vom 2. 10. 1928.
5. Im Kampf für den Volksstaat, in: Der Jungdeutsche vom 21. 3. 1928.
6. Der Nationalsozialist in der deutschen Studentenschaft, in: Der Jungdeutsche vom 28. 11. 1929.
7. Sozialismus als Aushängeschild – Kapitalismus als Wirklichkeit, in: Der Vormarsch. Jungdeutsche Rundschau (1931), H. 8.
8. Haben wir klaren Kurs?, in: Der Jungdeutsche vom 1. 3. 1931.
9. Antwort an Hans Grimm, in: gegner, 2. Jg. (1932), H. 1/2.
10. (unter HSB): Gebt Scheringer frei, ebda.
11. Der neue Gegner, in: gegner, 2. Jg. (1932), H. 4/5.
12. Aufnordung der Fremdenlegion, in: gegner, 2. Jg. (1932), H. 6.
13. Die Saboteure der Revolution, in: gegner, 2. Jg. (1932), H. 7.
14 (unter HSB): Der Gegner, in: gegner, 2. Jg. (1932), H. 11/12.
15. Vom kommenden Wir, in: gegner, 3. Jg. (1932), H. 1/2.
16. (unter Esbe, Heinz): Straßenkampf und Sprachenverwirrung, ebda.
17. Arbeitsdienst und Sozialisten, ebda.
18. Die Konsequenz der Minister, in: gegner, 3. Jg. (1932), H. 3/4.
19. Kommentar ohne Titel, in: gegner, 3. Jg. (1932), H. 5/6.
20. Gegner von heute – Kampfgefährten von morgen, in: Die Schriften der Gegner, Berlin 1932, (Nachdruck: Koblenz 1983).
21. Gespräch mit Professor Honeffer, in: gegner, 4. Jg. (1933), H. 1.
22. (unter HSB): Antwort an den SA-Mann D. O., in: gegner, 4. Jg. (1933), H. 1.
23. Lettre ouverte d'un jeune allemand a la france, in: Esprit (1933), H. 5.
24. Die Machtergreifung, in: gegner, 4. Jg. (1933), H. 2.
25. (unter HSB): Randbemerkungen, in: gegner, 4. Jg. (1933), H. 2.
26. Gegner von heute – Kampfgefährten von morgen, in: Die Kommenden (1933), H. 9/10.
27. Videant Consules, in: gegner, 4. Jg. (1933), H. 3.
28. Signal zum Aufbruch!, in: gegner, 4. Jg. (1933), H. 4.
29. (unter HSB): Buchkritik, in: gegner, 4. Jg. (1933), H. 4.
30. (unter HSB): Weihnacht bei den Fliegern, in: Niederdeutscher Beobachter vom 24. 12. 1933.
31. (unter Türke, Werner): Krisenprobleme in USA, in: Wille zum Reich (1935), Folge 11 vom 1. 6. 1935.

32. (unter Türke, Werner): Streit um 2250 Inseln, in: Wille zum Reich (1935), Folge 12 vom 20. 6. 1935.
33. (unter Türke, Werner): Treibstoff der Völker, in: Wille zum Reich (1935), Folge 13 vom 5. 7. 1935.
34. (unter Türke, Werner): Japanische Generale rücken vor, in: Wille zum Reich (1935), Folge 15 vom 20. 7. 1935.
35. (unter Türke, Werner): Überstaatliche Ölmächte in Abessinien, in: Wille zum Reich (1935), Folge 18 vom 20. 9. 1935.
36. (unter W. T.): Italiens Bombengeschwader gegen Englands Kriegsschiffe, in: Wille zum Reich (1935), Folge 19/20 vom 10. 10. 1935.
37. (unter W. T.): Antiprofithetze oder Rüstungsstärke, in: Wille zum Reich (1935), Folge 22 vom 20. 11. 1935.
38. (unter W. T.): Rote Gefahr in Fernost, in: Wille zum Reich (1935), Folge 23 vom 5. 12. 1935.
39. (unter W. T.): Licht und Schatten 1936, in Wille zum Reich (1935), Folge 24 vom 20. 12. 1935.
40. (unter Mann, Günther): Rätsel um Polen, in Wille zum Reich (1935), Folge 7/8 vom 15. 4. 1935.
41. (unter H. Eg.): Gegen Imperialismus – Für Rohstoffbasis, in: Wille zum Reich (1935), Folge 13 vom 5. 7. 1935.
42. (unter H. Eg.): Vernünftig leben – anständig sterben, in: Wille zum Reich (1935) Folge 11 vom 1. 6. 1935.
43. (unter H. Eg.): Frontsoldaten – auf wessen Kommando?, in: Wille zum Reich (1935), Folge 14 vom 20. 7. 1935.
44. (unter H. Eg.): Ihre Sorgen unsere Freiheit, in: Wille zum Reich (1935), Folge 17 vom 5. 9. 1935.
45. (unter H. Eg.): Jeden einzelnen geht es an, in: Wille zum Reich (1935), Folge 18 vom 20. 9. 1935.
46. (unter H. Eg.): Memel wie man ein Land nicht verwalten soll!, in: Wille zum Reich (1935), Folge 19/20 vom 10. 10. 1935.
47. (unter eg.): Unter der Lupe, in: Wille zum Reich (1935), Folge 21 vom 5. 11. 1935.
48. (unter Semper): Europa im Schraubstock. Auseinandersetzung mit Eugen Diesel, in: Wille zum Reich (1935), Folge 12 vom 20. 6. 1935.
49. (unter Galburg, Peter): Bomben bedrohen Städte, in: Wille zum Reich (1935), Folge 7/8 vom 15. 4. 1935.
50. (unter Galburg, Peter): Liberale Wirtschaft ist Wehrverrat, in: Wille zum Reich (1935), Folge 11 vom 1. 6. 1935.
51. (unter Galburg, Peter): Rußland hamstert Schiffe, in: Wille zum Reich (1935), Folge 15 vom 5. 8. 1935.
52. (unter Galburg, Peter): Auf dem Wege nach Sowjetfrankreich, in: Wille zum Reich (1935), Folge 16 vom 20. 8. 1935.
53. (unter Galburg, Peter): Fortsetzung des Krieges mit anderen Mitteln, in: Wille zum Reich (1935), Folge 23 vom 5. 12. 1935.
54. (unter Galburg, Peter): Techniker und Soldaten, in: Wille zum Reich (1936), Folge 2 vom 20. 1. 1936.
55. Die Luftrüstungen des Auslands 1936/37, in: Jahrbuch der Luftwaffe 1938.

56. Wehrchronik (Luftwaffe) 1938, in: Jahrbuch der Luftwaffe 1939, Berlin 1939.
57. Napoleon Bonaparte. Sein politischer Weg kurz dargestellt in Auszügen aus bekannten Werken der Geschichtsschreibung, Flugschrift aus dem Frühjahr 1941.
58. Die Sorge um die Zukunft Deutschlands geht durch das Volk, Agis-Flugschrift vom Februar 1942.
59. Rechenschaft, Gedicht vom November 1942, in: Das heimliche Deutschland. Blätter der Widerstandsbewegung, Berlin 1946. Die Vertonung von H. Weiß befindet sich auf der Schallplatte der Gruppe »Sorgenhobel«.
60. Die Artikel 1, 2, 3 wurden nachgedruckt in: Tatort Duisburg. Widerstand und Verfolgung im Nationalsozialismus. Bd. 1. Essen, 1989, die Artikel 7, 13, 15, 24 und 26 sind im Nachdruck erschienen in: Hans Coppi, Wege in den Widerstand, Koblenz 1995. Die Flugschrift Nr. 57 findet sich nachgedruckt in: Günther Weisenborn, Der lautlose Aufstand, Hamburg 1954.
61. Die Flugschrift Nr. 58 ist als Faksimile enthalten in: Der antifaschistische Widerstandskampf der KPD im Spiegel des Flugblatts 1933–1945, Berlin 1978, ferner in: Scheel, Heinrich, Rote Kapelle und 20. Juli 1944, in: Zeitschrift für Geschichtswissenschaften (1985) Heft 4; Peter Steinbach, Johannes Tuchel (Hrsg.): Widerstand in Deutschland 1933–1945. Ein historisches Lesebuch, München 1994.

Personenregister

Abel, August (1887–1962), Pressewart des Jungdeutschen Ordens 56
D'Abernon, Edgar Vincent (1857–1941), 1920–1926 engl. Botschafter in Berlin 368
Ackermann, Lilly (1891–1976), Leiterin einer Berliner Schauspielschule 219
Adler 99
Adler, Max (1870–1933), Philosoph 73, 392
Albers, Mitglied der »Albingia« 63
Arnim, (Familie) von 136, 237, 398
Arnim-Muskau, Adolf Graf von (1875–1931), Gründungsmitglied des Nationalen Klubs 93
Aron, Raymond (1905–1983), frz. Philosoph 401
Atkinson, Thomas (1905–1942), brit. Kolonialoffizier 224

Baden, Großherzog von, Mitglied der Heidelberger Ruperten 57
Bäcker, Hans (geb. 1889), Nervenarzt und Schriftsteller 348, 412
Baltrusch, Friedrich (1876–1949), Christlicher Gewerkschafter 69
Bartenbach 302
Barth von Wehrenalp, Erwin (1911–1996), Dramaturg, Journalist 167
Barth, Karl (1886–1968), Theologe, Begründer der »Bekennenden Kirche« 14, 190, 387
Barth, Robert (1910–1945, erschossen in Moskau), Fallschirmspringer 367, 413
Bartz, Karl (geb. 1900), Gruppenleiter im RLM 119 f., 196, 198 f., 204, 227, 234, 240, 242, 245, 250, 267, 269, 271, 293, 311, 318, 321, 323, 346, 360, 404, 409
Baudach, Politiker der DNVP 69
Bauer, Arnold (geb. 1909), Schriftsteller 134, 304
Bauer, Walter (1904–1976), Schriftsteller 288 f., 408
Baum, Herbert (1912–1942, ermordet) 360
Becker, Hermann (1893–1945, erschossen), 1933/34 Leiter der Deutschen Verkehrsfliegerschule Warnemünde 168, 171 f., 177, 187, 189 f., 402
Beek, Cato Bontjes van (1920–1943, hingerichtet), Keramikerin 341, 349, 359
Beek, Jan Bontjes van (1899–1969) Keramiker 341
Benesch, Eduard (1884–1948), 1933–1938 tschechoslowak. Staatspräsident 263
Bentheim, Prinzessin von 142
Bentivegni, Franz von (1896–1958) Stellvertretender Chef der Abwehr im Kriegsministerium 372
Bergery, Gaston (1892–1958), 1918–1924 Generalsekretär der Alliierten bei der Kommission für Reparationszahlungen 123
Bergmann, Ernst (1881–1945), Professor für Philosophie in Leipzig 186, 348, 404, 412
Bergner, Elisabeth (1897–1986), Schauspielerin 112
Bergschicker, Heinz 407

Bergtel, Rudolf (geb. 1897) 275 f.
Berlowitz, Kurt, Führer des Verbandes sozialistischer Studentengruppen in Berlin 79, 392
Bessonow, Sergej, Mitarbeiter der sowj. Handelsvertretung in Berlin 312
Best, Captain, Mitarbeiter des brit. Nachrichtendienstes 290
Bethmann Hollweg, Theobald von (1856–1921), 1909–1917 Reichskanzler 23, 325, 335, 411
Biernat, Karl-Heinz 385
Birkhäuer, Ernst, Schulfreund von Sch. B. 33
Bismarck, Otto von (1815–1898), 1871–1890 Reichskanzler 126, 309, 353, 399
Bistram, Roderich von, Journalist 180, 188, 401
Blank, Alexander 385
Blank, Herbert (1889–1958), Publizist 143, 399
Blei, Franz (1871–1942), österr. Schriftsteller 80
Bley, Curt (geb. 1910), 1931/32 Vorsitzender des sozialistischen Studentenbundes 364
Bloem, Walter (1868–1952), Schriftsteller, Jurist und Regisseur 83
Blomberg, Werner von (1878–1946), 1933–1936 Reichswehrminister, 1936–1938 Reichskriegsminister und Oberbefehlshaber der Wehrmacht 249, 251
Bömcke, Eberhardt, gehörte zum »gegner«-Kreis 167
Borchardt, Rudolf (1877–1945), Schriftsteller 89
Borsig, Ernst von (1869–1933), Mitinhaber der Firma Borsig 93
Bosch, Robert (1861–1942), Industrieller 395
Boß, Wilhelm (1871–1957), Studienrat am Steinbarth-Gymnasium 40
Boveri, Margret, (1900–1945), Publizistin, Schriftstellerin 13, 385
Boysen, Elsa (1883–1963) 11, 14, 79, 81, 84, 91, 182, 253, 344, 372, 385, 413
Brandenburg, Arnold (1868–1946), Historiker 309, 410
Brandt, Fritz (1880–1949), Komponist 34
Brandt, Horst E., Filmregisseur 385
Brauchitsch, Walther von (1881 bis 1948), Oberbefehlshaber des Heeres 412
Brecht, Bertolt (1898–1956), Dramatiker 40, 132, 398
Breiter, Gertrud, Mitarbeiterin des RSHA 371
Breitscheid, Rudolf (1874–1944), Fraktionsvorsitzender der SPD im Reichstag 72, 108
Briand, Aristide (1862–1932), frz. Außenminister 123
Brockdorff, Erika von (1911–1943, hingerichtet), gehörte zum Freundeskreis um Schürmann-Horster 376, 410
Brockdorff, Cay von (1915–1999), Ehemann von Erika v. Brockdorff, Bildhauer 315, 410
Bronnen, Arnolt (1895–1959), Schriftsteller und Dramatiker 78
Brooks, Louise (1908–1985), amerikan. Schauspielerin 81, 392
Brüning, Heinrich (1885–1970), 1930–1932 Reichskanzler 88, 104, 128, 130, 133, 137, 395, 400
Bucharin, Nikolai (1888–1938, hingerichtet), 1917–1929 Mitglied des ZK der KPdSU 398
Buckle, Henry Thomas (1821 bis 1862), brit. Kunsthistoriker 353
Bülow, Hilmer Freiherr von (1883–1966), bis 1938 Leiter der Abteilung »Fremde Luftmächte« im RLM 191 f., 198 f., 201 f., 234 f., 245, 248, 411

Busch, Ernst (1900–1980), Schauspieler 243, 256
Buschmann, Hugo (1899–1983), Direktor der Eternit-Werke Berlin 279 f., 304, 370, 408, 410
Büttner, 1930–1933 MdL-VRV Sachsen 115

Calcer, Fritz van (geb. 1864), Professor für Staatsrecht in Freiburg 51
Cappeln, Martin von (geb. 1882) 190
Carstens, Mitglied der »Albingia« 63
Cervantes Saavedra, Miguel de (1547–1616), span. Dichter 289
Chamberlain, Arthur Neville (1869–1940), 1937–1940 brit. Premierminister 260 f., 263, 269, 273 f., 286, 289
Chevalley, Claude (1909–1984), frz. Mathematiker 208
Christiansen, Friedrich (1879–1972), Inspekteur der deutschen Fliegerschulen 171, 190, 402
Churchill, Winston (1874–1965), 1940–1945 brit. Premierminister 297, 347, 368, 370, 410, 413f.
Claassen, Walter (geb. 1874), Sozialpädagoge 83
Clausewitz, Carl von (1780–1831), preuß. General 184, 341
Coeler, Joachim (1891–1955), Kommandeur der Seebeobachterschule Warnemünde 186
Coburger, Marlies 386
Coppi, Hans (1916–1942, hingerichtet), gehörte zum Widerstandskreis um Schürmann-Horster 7 f., 305 f., 315, 336, 340, 361, 366 f., 371, 376, 413
Coppi, Hans (geb. 1942), Herausgeber 386, 401, 403, 411f.
Coppi, Hilde (1909–1943, hingerichtet), Frau von Hans Coppi 7, 361, 371
Cot, Pierre (geb. 1895), 1933–1937 frz. Luftfahrtminister 123
Credé-Hoerder, Ernst (1878–1942), Dramatiker 90, 394
Cremer, Fritz (1906–1993), Bildhauer 277
Crichton, schott. Gastfamilie Sch. B.s 41 f.
Crichton, Helen 41 f., 51
Cripps, Stafford (1885–1945), brit. Diplomat 346 f.
Crispien, Artur (1875–1946), 1920–1922 Vorsitzender der USPD 72
Cuno, Wilhelm (1876–1933), 1922–1923 Reichskanzler 49
Cuntz, Herrmann, Mitglied der »Albingia« 57, 63, 146
Curtius, Julius (1877–1948), 1926–1929 Wirtschaftsminster, 1929–1931 Außenminister 119, 121
Curzon, George (1859–1925), 1919–1924 brit. Außenminister 410
Czettritz, von, gehörte zum »gegner«-Kreis 179, 403

Dahl, Herbert (geb. 1910), gehörte zum »gegner«-Kreis 229
Danyel, Jürgen 386, 411 f.
Darré, Richard (1895–1953), 1933–1942 Reichsminister für Ernährung und Landwirtschaft 133, 209
Dawes, Charles (1865–1951), amerikan. Politiker und Bankier 35, 387
Delbrück, Hans (1848–1929), Historiker 37, 99, 395
Dempsey, Wiliam Harrison (1895 bis 1994), 1919 Boxweltmeister im Schwergewicht 30
Diehls, Rudolf (1900–1957), 1933 bis 1934 Leiter der Gestapo 403
Dietrich, Hermann (1879–1954), 1928–1930 Reichsernährungs-, 1930–32 Reichsfinanzminister 74

Dimitroff, Georgi (1882–1949), 1935–1943 Generalsekretär der Komintern 176
Dissel, Werner (geb. 1913), gehörte zum »gegner«-Kreis 167, 228, 230, 237
Döblin, Alfred (1878–1957), Schriftsteller, Nervenarzt 40, 132
Dodd, Martha (1908–1990) 313
Dos Passos, John Roderigo (1896–1970), amerikan. Schriftsteller 398
Douglas, Carl 295
Douglas, Ottora s. Haas-Heye, O. 410
Dostojewski, Fjodor (1821–1881), russ. Schriftsteller 217
Dovifat, Emil (1890–1969), Publizistikwissenschaftler an der Berliner Universität 97
Drynader, Gottfried Ernst Herrmann von (1876–1951), MdR-DNVP 1924–1933 36
Dudey, Politiker der DNVP 69
Dupeux, Louis 386
Duncker, Hermann (1874–1960), Lehrer an der marxistischen Arbeiterschule Berlin 146 f.
Dulles, Allan Welsh (1893–1969), bis 1945 Leiter des amerikan. Nachrichtendienstes in der Schweiz 10, 385
Düssel, Carl, Mitglied des Deutschen Herrenklubs 142
Duvernell, Helmut (geb. 1910), Absolvent des Steinbarth-Gymnasiums 49

Eggebrecht, Axel (1899–1991), Schriftsteller, Publizist, Filmdramaturg 398
Ehrhardt, Hermann (1881–1971), Marineoffizier, Freikorpsführer 27, 43, 53, 86, 195, 387–389
Einstein, Albert (1879–1955), Physiker 145
Elser, Georg (1903–1945, ermordet), Arbeiter 290
Elterlein, Uttmann von (geb. 1901), Aktivist im Jungdeutschen Orden 80, 94, 102, 105, 112 f., 129, 136, 398
Engelhardt, von 354
Engelmann, Frau 195
Engelsing, Herbert (1898–1962), Herstellungsleiter der Tobis-Filmgesellschaft 272, 279, 301, 341, 407
Engelsing, Ingeborg (geb. 1916), 407 f., 410 f.
Epp, Franz Xaver Ritter von (1868 bis 1946), Leiter des kolonialpolitischen Amtes der NSDAP 205
Erlanger, Henry (1933 ermordet), Mitarbeiter des »gegner« 162, 166, 402
Eulenburg-Hertefeld, Augusta Fürstin zu (1852–1941), Großmutter von Libertas Sch. B. 343, 412
Eulenburg-Hertefeld, Philipp Fürst zu (1847–1921), Großvater von Libertas Sch. B. 196, 226, 412
Eulenburg-Hertefeld, Marie Fürstin zu (1884–1960), Frau des Fürsten Wendt zu Eulenburg-Hertefeld 245
Ewers, Hans Heinz (1871–1943), Schriftsteller 175, 403

Falk, Dr. Bernhard (1867–1944), Rechtsanwalt, 1924–1932 MdL Preußen DDP/StP 79
Fallada, Hans (1893–1947), Schriftsteller 319
Fassel 130
Feill, Herbert Antoine (geb. 1909), Mitglied der »Albingia« 389
Finkenstein, Graf Fink von, Mitglied des Jungdeutschen Ordens 81
Fischbeck, Hans, Mitglied des Jungdeutschen Ordens 80
Fischer, Journalist der Rhein- und Ruhrzeitung 41
Fischer, Hermann (1873–1940), 1920–1932 MdR-DDP/StP,

Aufsichtsratsmitglied der Deutschen Bank 97
Foch, Ferdinand (1851–1929), frz. Marschall 68, 307, 391
Franco, Francisco (1892–1975), span. General und Diktator 223, 225, 265
Franck 252
Freisler, Roland (1893–1945), 1935–1942 Staatssekretär im Justizministerium 350
Frick, Wilhelm (1877–1946), MdR-NSDAP 1924–1933, 1929/30 Kultus- und Innenminister in Thüringen 114, 396
Fried, Ferdinand Pseudonym, siehe Zimmermann, Robert
Fritsch, Werner Freiherr von (1880–1939, gefallen), bis 1938 Oberbefehlshaber des Heeres 249, 252
Fritze, Mitglied der »Albingia« 63
Fuhrmann, Ernst (1886–1956), Schriftsteller und Biosoph, Mitarbeiter des »gegner« 137, 141, 143, 230, 399
Fülop-Miller, René (1891–1963), Schriftsteller 175, 403

Galen, Clemens August Graf von (1878–1948), Bischof von Münster 359
Galilei, Galileo (1564–1642), italien. Mathematiker und Philosoph 146
Gandhi, Mahatma (1869–1948), Führer der indischen Unabhängigkeitsbewegung 136, 414
Gehlen, Reinhardt (1902–1972), 1956–68 Chef des Bundesnachrichtendienstes 11
Gehrts, Erwin (1890–1943 hingerichtet), Journalist, Oberst der Luftwaffe 345 f.
Geisler, Hans (1891–1966), 1933–193 Chef der Ausbildungsabteilung im RLM 192
George, Stefan (1868–1933), Lyriker, Essayist 130, 397
Germain, André (1882–1971), Journalist 108, 112, 123 f., 136, 142, 179, 183, 211, 397 f.
Gessler, Freiburger Wirt 57
Gide, André (1869–1951), frz. Schriftsteller 80
Giono, Jean (1895–1970), frz. Schriftsteller 228
Gleichen-Rußwurm, Raimund Freiherr von (1882–1959), Herausgeber 83, 393
Goebbels, Joseph (1897–1945), 1933–1945, Reichsminister für Volksaufklärung und Propaganda 175, 281, 405
Goerdeler, Carl Friedrich (1884–1945, hingerichtet), Mitglied des Kreisauer Kreises 11
Goering, H., Student in Berlin 80
Goethe, Johann Wolfgang (1749–1832), Dichter 186, 407, 414
Goldhammer, Bruno (1905–1971), KPD-Abschnittsleitung Schweiz 270
Goldenberg, Boris (geb. 1905), Publizist 143, 146, 399
Goldstein, Artur, Journalist 143, 399
Gollnow, Herbert (1911–1943, erschossen), 1936 NSDAP, Oberleutnant der Luftwaffe 376
Gollong, Heinz (1906–1976), Journalist 401, 400
Goltz, Konrad von (1881–1947), Mitarbeiter des RLM 192, 322
Göring, Hermann (1893–1946), 1933–1945 Reichsminister der Luftfahrt, 1940 Reichsmarschall 9, 171, 176, 182, 190, 196, 226, 249, 252, 271, 295, 320, 340, 372, 408, 414
Gossler, Olga von Berenberg 213
Gothein, Georg (1857–1940), MdR-DDP 1919–1924, Schatzminister a. D. 130, 397

Gottschalk, Helga, Schulfreundin von Helga Schulze 34
Graf, Oskar Maria (1894–1967), Schriftsteller 398
Graudenz, Antonie (1893–1985), Fotografin 413
Graudenz, John (1884–1942, hingerichtet), Journalist, Mitbegründer der KAPD 340, 356, 361 ff., 371, 376, 412 f.
Graudenz, Silvia und Karin (geb. 1926) 413
Griebel, Regina 386
Grimm, Hans (1875–1959), Schriftsteller 136, 398
Grimme, Adolf (1889–1963), 1930 bis 1932 preuß. Kultusminister 97, 394
Grosz, George (1893–1959), Maler und Graphiker 398
Gründgens, Gustaf (1899–1963), Schauspieler, Regisseur 269
Guddorf, Wilhelm (1902–1943, hingerichtet), Philologe 14, 304 f., 315
Gumperz, Julian, Mitbegründer des »gegner« 398
Gutenberg, Johannes (1397–1468), Erfinder des Buchdrucks 146

Haas, Herrmann (geb. 1886), Cousin von Otto Haas-Heye 248
Haas, Walter (geb. 1890), Cousin von Otto Haas-Heye 248
Haas-Heye, Johannes (geb. 1912), Journalist, Bruder von Libertas Sch. B. 211, 252, 344
Haas-Heye, Libertas siehe Schulze-Boysen, Libertas
Haas-Heye, Otto (1879–1957), Modegestalter, Vater von Libertas Sch. B. 196
Haas-Heye, Ottora (geb. 1910), Schwester von Libertas Sch. B. 211, 299, 410
Haas-Heye, Victoria (1886–1967), geb. Gräfin zu Eulenburg-Hertefeld, Mutter von Libertas Sch. B. 242 f.
Haase, Norbert 414
Hachmeister, Lutz 409
Hadank, Günter (geb. 1892), Schauspieler, Regisseur 181
Haeften, Hans-Bernd von (1905–1944, hingerichtet), Diplomat 119, 396
Haeften, Werner von, (1908–1944, hingerichtet), Adjutant Claus Schenk Graf von Stauffenbergs 119, 396
Hahne, Ruthild, Bildhauerin, gehörte zum Widerstandskreis um Schürmann-Horster 410
Haller, Johannes (1865–1947), Historiker 294, 297, 409
Hallmann, Hans (geb. 1897), Historiker 409
Hammerstein-Equord, Kurt Freiherr von (1878–1943), 1930–34 Chef der Heeresleitung der Reichswehr 142
Harms 168
Harnack, Adolf von (1851–1930), ev. Theologe 395
Harnack, Arvid (1901–1942, hingerichtet), Jurist 5, 8, 10, 12 ff., 16, 206, 311 f., 324, 328 f., 336 f., 340, 360, 367, 370 f., 376, 394
Harnack, Mildred (1902–1943, hingerichtet), Philologin, Frau von Arvid Harnack 312 f., 371, 376, 394
Hassell, Ilse von 112, 355, 395
Hassell, Ulrich von (1881–1944, hingerichtet), Diplomat 112, 252, 355, 395, 413
Hasselbach von, Mitglied der »Albingia« 64
Hasselrot, Bengt (geb. 1910), Romanist 28, 33, 37, 183
Hasselrot, Berndt (geb. 1862), schwedischer Jurist 28, 37, 183
Hasselrot, Gunhild (geb. 1873) 32, 37, 55, 183, 220
Hatheyer, Heidemarie (1918–1990), Schauspielerin 279

Hauer, Wilhelm (1881–1962), 1920–1933 Führer des Bundes der Köngener 185, 187
Haushofer, Albrecht (1903–1945, erschossen), Geograph und Schriftsteller 184, 230, 298, 319, 406, 411
Haushofer, Karl (1869–1946) 184
Hausmann, Raoul (1886–1971), Künstler, Hauptvertreter des Dadaismus in Berlin 398
Heath, Donald, Botschaftsrat an der amerikan. Botschaft in Berlin 313
Hebbel, Friedrich (1813–1863), Dichter und Dramatiker 269
Heberle, Franziska, Frau von Rudolf Heberle und Tochter von Ferdinand Tönnies 233
Heberle, Rudolf (1896–1991), Professor für Soziologie in Kiel 97, 104, 114, 206, 224, 233, 394
Hecker, Ewald (geb. 1879), SS-Oberführer im Stab des RFSS 330, 332, 334
Hegel, Georg Wilhelm Friedrich (1770–1831), Philosoph 141
Heider, Paul 385
Heilmann, Horst (1923–1942, hingerichtet) 319, 357, 362, 370 f., 376
Hellpach, Willy (1877–1955), MdR-DDP 1928–1930 60, 85, 90, 97
Henser, Schriftsteller 197
Hergershausen, Alfred (1909 bis 1944, Auschwitz) 34
Herrmann, Fritz (geb. 1895), Organisationsleiter des Jungdeutschen Ordens, Polizeipräsident von Hagen 84, 393
Hermann, Klaus (1903–1972), Schriftsteller, Dramatiker 329
Herzfelde, Wieland (1896–1988), Publizist und Schriftsteller 398
Hesse, Hermann (1877–1962), Schriftsteller 40
Heubel, Günther Carl Alexander (geb. 1871), Präsidialmitglied der Vereinigung der Deutschen Arbeitgeberverbände 93
Heydrich, Reinhard (1904–1942, Attentat), 263
Hildebrand, Rainer (geb. 1914) 319, 411
Hiller, Kurt (1885–1972), expressionistischer Schriftsteller 398
Hilpert, Heinz (1890–1967), Regisseur, Schauspieler 329
Himmler, Heinrich (1900–1945), Reichsführer SS 196, 209, 252, 256, 372 f.
Himpel, Helmut (1907–1943, hingerichtet), Zahnarzt 341, 357, 413
Hindenburg, Paul von (1847–1934), 1925–1934 Reichspräsident 38, 45 f., 61., 88, 128, 130, 156, 196, 390, 397
Hintzmann, Ernst (1880–1951), 1928–1932 MdR-DVP/DNVP 69
Hirschfeld, Alexander, 1930–1935 Sekretär an der sowj. Botschaft in Berlin 312 f.
Hirschfeld, Magnus (1868–1935), Nervenarzt und Sexualforscher 143
Hitler, Adolf (1889–1945), Führer der NSDAP, 1933–1945 Reichskanzler 9, 77, 98, 104 f., 113, 123, 126, 128, 133, 140, 147, 154, 156, 179 f., 182, 188, 193, 195 f., 209, 217, 228, 249, 252, 254, 260, 263, 268, 270, 279 ff., 290, 297, 303, 305, 340, 362, 372, 397, 401, 404 f., 407, 410, 412
Hochfeld 200
Hoetzsch, Otto (1876–1946), Vorsitzender der Deutschen Gesellschaft zum Studium Osteuropas 188, 397
Hofer, Andreas (1767–1810, erschossen), Tiroler Freiheitskämpfer 352
Hoffmann, Michael M., Leiter der internationalen Studenten Vereinigung Berlin 151, 400
Hohl, Oberleutnant d. R., Bearbeiter der USA-Luftstreitkräfte im RLM 289

Hohlfeld, Johannes (1888–1950), Historiker 368
Höhn, Reinhard (1904–2000), Jurist, bis 1932 Führer im Jungdeutschen Orden 82, 393
Höhne, Heinz Journalist 17 f., 386
Hollmann, Flugschüler in Warnemünde 175
Hoppe, Vorsitzender der Allgemeinen Studentenschaft an der Berliner Universität 80
Höpker-Aschoff, Hermann (1883–1954), 1925–1931 preuß. Finanzminister 97
Hößler, Albert (1910–1942, ermordet), Spanienkämpfer, Fallschirmspringer 367, 413
Horthy, Miklós (1868–1957), ungar. Reichsverweser 258, 407
Huch, Ricarda (1864–1947), Schriftstellerin 9
Hugenberg, Alfred von (1865–1951), Industrieller und Politiker 55, 68, 77, 85, 91, 105, 119, 390, 395
Hünerberg, Leiter der Attachégruppe in der Abt. »Fremde Luftmächte« des RLM 325, 345, 365
Husemann, Marta (1913–1960) 256
Husemann, Walter (1909–1943, hingerichtet), Werkzeugmacher, Journalist 14, 256, 260, 305, 337

Inge, William Ralph (geb. 1860), brit. Theologe 217

James, Evan 222
Jansen, Werner (1890–1943), Schriftsteller 36
Jarres, Dr. Karl (1874–1951), 1925–1933 Oberbürgermeister von Duisburg 110, 395
Jedzek, Klaus (1908–1971), Dramaturg 167, 180 f., 203 f., 207, 230
Jellicoe, John R. (1859–1935), brit. Admiral 297
Jeschonnek Hans (1899–1943, Freitod), Chef des Generalstabes im RLM 271
Jouvenel, Henry de (1876–1935), 1927–1933 frz. Botschafter in Rom 112
Jung, Claire (1892–1981) 402
Jung, Edgar Julius (1894–1934 erschossen), Schriftsteller 108, 195, 400
Jung, Franz (1888–1963), Schriftsteller 132, 143, 148, 152, 159, 400
Jünger, Ernst (1895–1997), Schriftsteller und Essayist 112, 153, 156, 230
Jünger, Friedrich Georg (geb. 1898), Schriftsteller, Lyriker, Essayist 201
Jungk, Robert (1913–1994), Schriftsteller 149, 154, 401

Kalser, Erwin (1883–1958), Schauspieler 80
Kamenjew, Lew (1883–1936, erschossen), sowjetischer Politiker 408
Kant, Immanuel (1724–1804), Philosoph 145
Kantorowicz, Hermann (1877–1940), Jurist, Historiker 126, 397
Karcher, Student 80
Kapp, Wilhelm (1865–1943), Professor in Freiburg 52
Kastl, Ludwig (1878–1969), Präsidialmitglied des Reichsverbandes der deutschen Industrie 142
Kaufmann, Erich (1880–1972), Staats- und Völkerrechtler 79, 82
Kent, Deckname für Alexander Gurewitsch, Agent des sowj. militärischen Nachrichtendienstes in Brüssel 340, 342, 366
Kepler, Johannes (1571–1630), Physiker, Astronom 174
Kern, Fritz (1884–1950), Historiker 297, 409

Kessler, Ulrich (1894–1983), Kommandeur des Küstenfliegergruppe List auf Sylt 227
Kessner, Helmut (geb. 1908), Schulfreund von Sch. B. 33 f., 387
Keudell, Walter von (1884–1973), 1927/28 Reichsinnenminister 83
Kierkegaard, Søren Aabye (1813 bis 1855), dän. Philosoph 184
Kirchhoff, Hermann (geb. 1892), Vorsitzender der Gesellschaft für Völkerbundfragen 195
Klages, Ludwig (1872–1956), Philosoph und Psychologe 137, 230
Klatt, Fritz (1888–1945), Pädagoge 88, 400
Klein, Fritz (1895–1936), Chefredakteur der DAZ 401
Knauer, Arzt 246 f.
Köbel, Eberhard (1907–1955), Jugendführer des »d. j. 1. 11.« 147
Koch, Wilhelm (1877–1950), 1919–1933 MdR-DNVP 60
Koch-Weser, Erich (1875–1944), 1919–1930 MdR-DDP 69
Koester, Frau 112
Koester, Adolph (1883–1930), Diplomat 112
Kollwitz, Käthe (1867–1945), Graphikerin und Bildhauerin 57
Kormann 73
Korotkow, Alexander (1909–1961), Mitarbeiter des NKWD-Auslandsnachrichtendienstes 9, 313, 320, 328 f., 336 f., 340, 342, 410
Korsch, Karl (1886–1961), Professor an der Jenaer Universität 143, 399
Kraell, Alexander (1894–1963), 1942 Oberreichskriegsanwalt beim Reichskriegsgericht 414
Krafft, Otto (geb. 1882), Fabrikant in Freiburg 49
Krauss, Annie (1884–1943, hingerichtet), Inhaberin einer Lack- und Farbengroßhandlung 340, 346, 412
Krauss, Werner (1900–1976), Romanist 349, 364
Kraushaar, Louise 385
Krupp von Bohlen und Halbach, Alfred (1907–1967), 1936 Prokurist, 1938 NSDAP 197
Krupp von Bohlen und Halbach, Gustav (1870–1950) 395
Küchenmeister, Claus (geb. 1930), Schriftsteller, Drehbuchautor 256, 307, 385, 413
Küchenmeister, Rainer (geb. 1926), Maler 256, 361
Küchenmeister, Wera, Schriftstellerin 385
Küchenmeister, Walter (1897–1943, hingerichtet), Journalist, Schriftsteller 202 f., 230 f., 256, 260, 270, 272, 305, 313, 315, 357, 361
Kuckenberg, Mitglied des »L'Ordre Nouveau« 144
Kuckhoff, Adam (1887–1943, hingerichtet), Schriftsteller, Dramaturg 10, 16, 311, 313, 337, 340, 352, 359 f., 371, 394, 411
Kuckhoff, Greta (1902–1981) 9, 15 f., 311, 314, 352, 371, 385, 410, 412
Küpper, Edgar, Abiturient des Steinbarth-Gymnasiums 49
Küstermeier, Rudolf (1903–1977), Pazifist, Sozialdemokrat 389

Lagarde, Paul de (1827–1891), Orientalist, Kulturphilosoph 404
Lambach, Walter (1885–1943), 1928–1933 Vorsitzender der DNVP 55, 69, 83, 389
Lammers, Klemens (1882–1957), 1924–1929 MdR-Zentrum 60
Lamour, Philipp (geb. 1905), Mitglied des »L'Ordre Nouveau« 138, 144, 400
Lampe, Jorg, Mitarbeiter des »gegner« 157
Landau, Robert, rumän. Erfinder 149
Landsberg, Freiherr von 93

Langhoff, Wolfgang (1901–1966), Schauspieler, Regisseur 270
Lehmann, Klaus 385
Lehmbruck, Wilhelm (1881–1919), Bildhauer 43 f.
Lemmer, Ernst (1898–1970), 1922–33 Generalsekretär der Hirsch-Dunckerschen Gewerkschaften 69, 85, 392
Lenin, Wladimir (1870–1924), russischer Revolutionär, Staatsmann 30, 45, 144, 281 f., 305
Leo, Nora 410
Levetzow, Magnus von (1871–1939), 1933–1935 Polizeipräsident von Berlin 162
Levy, Ernst (1881–1968), Jura-Professor in Freiburg 52
Lindeiner-Wildau, Hans Erdmann von (1883–1947), 1924–1930 MdR-DNVP 92
Links, Jakob, Journalist 393
Lloyd Georges, David Earl (1863–1945), 1916–1922 brit. Premierminister 30, 368
Löns, Hermann (1866–1914), Schriftsteller 410
Lubbe, Marinus van der (1909–1934, hingerichtet), holl. Maurergeselle 176
Lukács, Georg (1885–1971), ungar. Philosoph und Literaturwissenschaftler 329
Ludendorff, Erich (1865–1937), preuß. General 37
Lüders, Marie Elisabeth (1878–1966) 119, 396
Ludwig, Emil (1881–1948), Schriftsteller 397
Lüth, Erich Ernst (1902–1989), Führer der Hamburger Jungdemokraten, Gründer der Radikaldemokratischen Vereinigung 88, 393
Luther, Hans (1879–1962), 1923 bis 1925 Finanzminister, 1925 bis 1926 Reichskanzler 60, 390
Machiavelli, Niccolò (1469–1527), ital. Schriftsteller und Machttheoretiker 230
Macdonald, James Ramsey (1866–1937), 1931–1935 brit. Premierminister 123
Mader, Julius 385
Mahlberg, Stella, Schauspielerin (1947 Freitod), 329 ff.
Mahler, Gustav (1860–1911), österr. Komponist 34
Mahraun, Arthur (1890–1950), 1920 bis 1933 Hochmeister des Jungdeutschen Ordens 38 f., 43, 53, 60 f., 65, 67 ff., 71, 74 f., 77, 81 f., 85, 88, 90 ff., 95, 98, 119, 153, 388 f., 394 f., 396, 401
Maimet, frz. Abgeordneter 123
Malek-Kohler, Ingeborg, siehe Ingeborg Engelsing
Mallinckroth, Ilse Secker von (1888–1938), Schriftstellerin 142, 172, 179, 203, 205, 399, 402
Man, Hendrik de (1885–1953), belg. Sozialdemokrat 88
Mandel, Hermann (1882–1946), Mitbegründer der »Deutschen Glaubensbewegung« 186
Mann, Günther, Schriftsteller 202, 404 f.
Mann, Heinrich (1871–1950), Schriftsteller 78
Mann, Thomas (1875–1955), Schriftsteller 40, 78
Marais, Eugène (1871–1936), südafrikan. Schriftsteller 308, 410
Marc, Alexandre (geb. 1904), Gründer des »L'Ordre Nouveau« 132 f., 208, 210, 398, 400, 402
Marcu, Valeriu (1899–1942), Historiker und Literat 155, 401
Mariaux, Franz Publizist 139, 161, 399
Martini, Winfried 385
Marx, Karl (1818–1883), Philosoph und Ökonom 100, 111, 133, 141, 145, 153, 305

Marx, Wilhelm (1863–1946), 1926–1928 Reichskanzler 107
Mehnert, Klaus (1906–1984), Politologe und Publizist 130, 156, 188, 397f., 401
Meinecke, Friedrich (1862–1952), Historiker 296, 395
Mejer, Leiter des Nachrichtendienstes im RLM 191
Melliand, Marcel (1890–1943), Freimaurer, Nazigegner 361
Meran, Karl Graf von (geb. 1907), V-Mann des SD 229, 406
Merkulow, Wsewolod (1900–1952, erschossen), sowj. Volkskommissar für Staatssicherheit 336
Metzsch, Horst von, (1874–1946), General der Artillerie 295
Meyendorff, Irene von (geb. 1916), Schauspielerin 279
Meyer, Alfred (1891–1945), Gauleiter der NSDAP von Westfalen-Nord 99
Michels, Martha (geb. 1910), verh. Blankenhorn 38
Miebach, Hans (1901–1934), Flugzeugführer, Freikorpskämpfer der Brigade Ehrhardt 184
Mielke, Erich (geb. 1907), Minister für Staatssicherheit der DDR 15
Milestone, Lewin (1895–1980), amerikan. Filmregisseur 396
Mill, John Stuart (1806–1873), engl. Philosoph 353
Moeller van den Bruck, Arthur (1876–1925), Schriftsteller 40, 135, 202, 394
Mola Vidal, Emilio (1887–1937), span. General 223
Moltke, Helmuth James Graf von (1907–1945, hingerichtet) Mitglied des Kreisauer Kreises 18
Mounier, Emanuel (1905–1950), frz. Journalist 401
Mozart, Wolfgang Amadeus (1756–1791), Komponist 34
Muckermann, F. 400
Mühsam, Erich (1878–1934, KZ Oranienburg), Pazifist, Anarchist, Schriftsteller 108
Mulachié, Carlo (1906–1986) 241, 285, 406
Mulachié, Gabriela (geb. 1937) 406
Müller, Frau 232
Müller, Heinrich (1900–1945), Chef des Amtes IV, (Gestapo) im RSHA 372 f.
Müller, Hermann (1876–1931), 1928–1930 Reichskanzler 88
Mussolini, Benito (1883–1945), Führer der italien. Faschisten, 1925 bis 1943 Regierungschef 239, 410

Nagott, Fräulein 37, 84
Napoleon I. Bonaparte (1769–1821), 1804–1814/15 Kaiser der Franzosen 145, 302, 334 f., 411
Napoleon III., Louis N. Bonaparte (1808–1878), 1852–1870 Kaiser der Franzosen 23
Nehmitz, Clara (1887–1952) 305
Nehru, Jawaharl (1889–1964), Führer des indischen Nationalkongresses 346, 414
Neuner, Robert, Pseudonym für Rudolf Kästner (1899–1974), Schriftsteller 329
Neurath, Konstantin Freiherr von (1873–1956), 1932–1938 Außenminister 252
Nicolson, Sir Harold, brit. Diplomat 368
Niedermayer, Ritter Oskar von (1885 bis 1948), Privatdozent für Wehrwissenschaften an der Berliner Universität 235, 240, 243, 246
Niekisch, Ernst (1889–1967), Herausgeber des »Widerstand« 146, 153, 203, 400
Niels, Herms, Komponist 410
Niemöller, Martin (1892–1984), Theologe, Wortführer der Bekennenden Kirche 252

Nietzsche, Friedrich (1844–1900), Kulturphilosoph 34, 40, 137, 153, 166, 174, 185
Nölting, Ernst oder Erik (1892–1953), 1933 Professor für Nationalökonomie und Soziologie 107, 393
Nonnenbruch, Fritz (geb. 1895), Journalist 183
Norkus, Helmut (1931 erschossen), Mitglied der Hitlerjugend 403
Nostitz, Moritz Freiherr von 33
Nuß, Elsa Mitglied des Republikanischen Rednervereins 159, 193

O'Neill, Eugene (1888–1953), amerikan. Dramatiker 81, 393
Ossietzky, Carl von (1889–1938), Publizist 390
Oster, Hans (1897–1945, ermordet) 18
Otten, Karl (1889–1963), Schriftsteller 398

Paasche, Hans (1881–1920, ermordet), Marineoffizier, Schriftsteller 158
Paetel, Karl Otto (1906–1975), Publizist 146, 157, 187, 204, 386, 400, 405
Pallas, Rudi (1907–1952) 404
Pannwitz, Eberhard von (geb. 1883), Mitarbeiter im Auswärtigen Amt 354
Panzinger, Friedrich (1903–1959), Gruppenleiter IV A im RSHA 372
Papen, Franz von (1879–1969), 1932 Reichskanzler, 1933/34 Vizekanzler 181, 196, 252, 367, 400, 413
Paul, Elfriede (1900–1981), Ärztin 16, 230, 240, 254, 256, 259 f., 270, 272, 304 f., 315, 357, 361, 385, 407
Perrault, Gilles (geb. 1931), frz. Schriftsteller 17, 385 f.
Pétain, Henri (1856–1951), frz. Marschall, Chef der Vichy-Regierung 300, 307
Petersen, Julius (1878–1941), Literaturwissenschaftler 262
Pfemfert, Franz (1879–1954), Publizist, Verleger 132
Piscator, Erwin (1893–1966), Theaterregisseur 90, 394, 398
Pius XI. (1857–1939), 1922–39 Papst 396
Platon (427–347 v. Chr.), griech. Philosoph 230
Poelchau, Harald (1903–1972), Gefängnispfarrer und Mitglied des Kreisauer Kreises 14
Poincaré, Raymond (1860–1934), 1922–1924 und 1926–1929 frz. Ministerpräsident 30
Pöllnitz, Gisella von (1911–1939) 228, 230, 240, 252, 272, 283, 408
Prinzhorn, Hans (1886–1933), Psychiater und Nervenarzt 137
Proudhon, Pierre-Joseph (1809–1865), utopischer Sozialist 133

Rachmanowa, Alja (1898–1991), Schriftstellerin 228
Rado, Alexander (geb. 1899), Leiter einer Gruppe des sowj. militärischen Nachrichtendienstes in der Schweiz 17
Raffay, Richard von 197
Ranke, Leopold von (1795–1886), Historiker 296
Rathenau, Walther (1867–1922, ermordet), 1922 Außenminister 369, 387, 408
Rechberg, Arnold (1879–1947), Industrieller, Amateurpolitiker, politischer Publizist 41
Reichenau, Walter von (1884–1942), 1935–1939 Kommandierender General des VII. Armeekorps 252
Reichert, Günther 385

Reinhold, Peter (1887–1955), 1928 bis 1932 MdR-DDP/StP 97
Remarque, Erich Maria (1898 bis 1970), Schriftsteller 392, 396
Reventlow, Ernst Graf zu (1869–1943), Schriftsteller, MdR-NSDAP 1924–1933 30
Reynaud, Paul (1878–1966), 1938–1940 frz. Finanzminister, 1940 Verteidigungsminister 307
Reznicek, Felicitas von 213
Rheinbaben, Rochus Albrecht Freiherr von (1893–1937), Publizist 60, 63, 69, 83, 391
Ribbentrop, Joachim von (1893 bis 1946, hingerichtet), 1936–1938 deutscher Botschafter in London, 1938–1945 Außenminister 195, 213, 228, 252, 286
Rilke, Rainer Maria (1875–1926), Schriftsteller 112, 207
Ritgen, von, Fluglehrer an der DVS in Warnemünde 168, 191
Ritter, Gerhard (1888–1967), Historiker, Professor in Freiburg 11 f., 320
Rittmeister, Eva (geb. 1913) 349 f., 357
Rittmeister, John (1898–1943, hingerichtet), Psychoanalytiker 349 f., 356 f., 359, 361
Roeder, Manfred (geb. 1900), Oberkriegsgerichtsrat beim Reichskriegsgericht 10, 12, 373, 385, 414
Rohleder, Joachim (1892–1973), Oberst der militärischen Abwehr im OKW 12
Röhm, Ernst (1887–1934, erschossen), SA-Stabschef 195
Rolland, Romain (1866–1944), frz. Schriftsteller 246 f., 346
Roosevelt, Franklin D. (1882–1945), 1933–1945 Präsident der USA 274
Rosenberg, Alfred (1893–1946), Schriftsteller und Hauptschriftleiter des »Völkischen Beobachter« 175, 204, 404
Rosenberg, Marcel, 1936–1938 sowj. Botschafter in Spanien 224
Rothfels, Hans (1891–1976), Historiker 13, 385
Rotmann, Patrick 17
Röth, Erich (1895–1971), Verleger 187, 202, 218

Sacco, Nicola (1891–1927), italien. Arbeiter 45, 388
Saint-Exupéry, Antoine de (1900–1944, verunglückt), frz. Schriftsteller 308
Salomon, Ernst von (1902–1972), Schriftsteller 228, 289, 410
Schacht, Hjalmar (1877–1970), 1923–1930 Reichsbankpräsident 93, 128
Schaeffer, Ilse (1899–1972), Bildhauerin 305
Schaeffer, Philipp (1894–1943, hingerichtet), Sinologe 305, 315
Schäfer, Walter Erich 404
Schapke, Richard (1897–1940), Publizist 143, 399
Schiele, Martin (1876–1930), 1925 Innenminister, 1928–1932 Ernährungsminister 92
Scheel, Heinrich (1915–1996), Historiker 19, 277, 305 f., 386, 407
Schenzinger, Karl Alois (1886 bis 1962), Schriftsteller 403
Schill, Ferdinand (1776–1809, erschossen), preuß. Offizier 352
Schiller, Friedrich (1759–1805), Dichter 389, 403
Schleif, Lotte (1903–1965), Bibliothekarin 306
Schmid, Fred (1899–1968), Führer des »Grauen Korps« 147, 155, 157, 161, 180 f., 183, 400, 402
Schmid, Joseph (1901–1956), Oberst, 1938–1942 Abteilungsleiter im RLM 247 f., 271, 324
Schmitt, Carl (1888–1985), Publizist 320

Schneider, Gustav (1877–1935), 1924–1932 MdR-DDP/StP 69
Schoenebeck, Carl August von (1898 bis 1989), 1939–1944 Luftwaffenattaché an der deutschen Botschaft in Sofia 410
Scholz, Ernst (1913–1986), Architekt 229
Scholz, Heinrich (1884–1956), ev. Theologe und Philosoph 288
Schönherr, Fritz, Bankier der Potsdamer Marcus-Bank 149
Schottmüller, Oda (1909–1943, hingerichtet), Bildhauerin, Tänzerin 229 f.
Schramm, Wilhelm Ritter von 17, 386
Schröder, August Ludwig von (1854–1933), 1914–1918 Kommandierender Admiral des Marine-Korps Flandern 402
Schroeder, Hans, Studienfreund von Sch. B. 269
Schüddekopf, Otto Ernst 386
Schulze, Emma, Frau von Werner Schulze 81, 278, 354, 393
Schulze, Erich Edgar (1880–1974), Vater von Sch. B. 10, 13, 21 ff., 70 f., 86, 96, 101, 132, 160, 310, 334 f., 341, 372 f., 388, 395, 401 f., 404, 406 f., 410–412
Schulze, Georg (1843–1932), Germanist und Sanskritforscher, Großvater von Sch. B. 22 f., 37, 80, 82, 84
Schulze, Hartmut (geb. 1922), Bruder von Sch. B. 24, 29, 34, 38, 152, 186, 207, 213, 220, 269, 275, 319, 326 f., 343, 347, 351, 407
Schulze, Helga (geb. 1910), Schwester von Sch. B. 23 f., 28 f., 30, 34 f., 38 f., 45, 65, 73, 81, 87, 130 f., 135, 152, 156, 173 f., 183, 203, 220, 233, 241, 249, 266, 282, 285, 343, 360, 393, 406
Schulze, Kurt (1894–1942, hingerichtet) 337, 376
Schulze, Marie-Luise (1884–1972), Mutter von Sch. B. 21 ff., 29, 55 ff., 131, 135, 162, 173, 212, 239, 253 f., 294 f., 302, 389, 400
Schulze, Werner (1882–1945), Jurist, Onkel von Sch. B. 22, 31, 79, 81, 86, 11, 131, 174, 192, 194, 203, 352, 387, 393
Schulze-Boysen, Libertas (1913 bis 1942, hingerichtet) 196, 201 f., 204 f., 211 ff., 404, 406f., 412f.
Schulze-Gaevernitz, Gerhart von (1864–1943), Jurist und Philosoph 83
Schumacher, Elisabeth (1904–1943, hingerichtet), Graphikerin 159, 228 f., 254, 256, 260, 272, 301, 336, 361, 367, 371, 376
Schumacher Kurt (1902–1942, hingerichtet), Bildhauer 159, 228 ff., 254, 256, 260, 275 f., 301, 315, 336, 343, 357, 361, 371, 376
Schürmann-Horster, Wilhelm (1900–1943, hingerichtet), Schauspieler, Leiter eines Widerstandskreises 306, 410
Schuschnigg, Kurt von (1897–1977), 1934–1938 österr. Bundeskanzler 407
Schütt, Regine (1912–1999) 155, 162, 166, 177, 181, 401, 403
Schwab, Alexander (1887–1943), Mitbegründer der KAPD 151, 400
Schwarz, Hans (1890–1967), Dichter, politischer Literat 219
Schwoerer, Hans (geb. 1890), Mitglied der »Albingia« 63
Secker, Hans Friedrich, 1923–1929 Leiter des Wallraff-Richartz Museums 399
Seeckt, Hans von (1866–1936), 1920–1926 Chef der Heeresleitung der Reichswehr 105, 128, 369
Semjonoff, Juri, Mitarbeiter der sowj. Botschaft in Berlin 401

Sethe, Paul (1901–1978), Redakteur der »Frankfurter Zeitung« 228
Severing, Carl (1875–1952), 1930–1932 preuß. Innenminister 72 f., 119
Sieburg, Friedrich (1893–1964), Journalist 126, 144, 397
Sieg, John (1903–1942, Freitod), Leiter eines Widerstandskreises in Berlin 14, 352, 415
Siemers, Hans, Reeder 239
Simeneit, Hans, Psychologe im Reichswehrministerium 102
Silone, Ignazio (1900–1978), Schriftsteller, Mitbegründer der KP Italien 266
Simson, Werner von (1908–1996), Studienfreund von Sch. B. in Freiburg 54, 389, 407
Sinclair, Upton (1878–1968), amerikan. Schriftsteller 398
Sinowjew, Grigori (1883–1936, erschossen), sowjet. Politiker 398, 406
Six, Franz Alfred (1909–1975), Politologe 292, 294, 296, 309, 311, 314, 409
Smend, Rudolf (geb. 1882), Professor an der Berliner Hochschule für Politik 70
Söhlmann, Fritz (geb. 1905), Vorsitzender des Jungdeutschen Hochschulrings 78 f., 392
Solmssen, Georg Adolf (1869–1941), Präsident des Zentralverbandes des Deutschen Bank- und Bankiergewerbes 93
Solten, Robert, Mitarbeiter der »Weltbühne« 397
Sombart, Werner (1863–1941), Nationalökonom und Soziologe 73, 97
Sonntag, Georg (1859–1939), Arzt, Privatdozent an der Universität in Freiburg 49, 51
Sorel, Georges (1847–1922), frz. Sozialphilosoph 117, 230, 396
Souvarine, Boris (1893–1984), frz. Journalist, Mitbegründer der KPF 344 f., 412
Spengler, Oswald (1880–1936), Kultur- und Geschichtsphilosoph 40, 135, 153, 174 f., 263, 283, 403, 405
Sperling, Fritz (1912–1958) 270
Staël von Holstein, Frl. 28
Stalin, Joseph (1879–1953), Generalsekretär der KPdSU 13 280 f., 286, 313, 336, 344, 358, 365, 368, 370, 412, 414
Stampfer, Friedrich (1874–1957), Journalist, 1920–33 MdR-SPD 97
Steinbach, Peter, wiss. Leiter der Gedenkstätte Deutscher Widerstand 386, 412 f.
Steiner, Elke 385
Steinbarth, Dr. Quintin (gest. 1912), Mitbegründer des Duisburger Realgymnasiums 31
Stennes, Walther (1898–1989), oppositioneller Berliner SA-Führer 113
Stevens, Major, Mitarbeiter des brit. Nachrichtendienstes 290
Stichert, Mitglied der »Albingia« 63
Stoff, Rudolf (geb. 1899), Mitarbeiter in der 5. Abteilung des Gen. Stabes der Luftwaffe 267
Stohrer, Eberhard von (geb. 1883), deutscher Botschafter in Spanien 252
Stolberg-Rossla, Christoph Martin Fürst zu (1888–1949), Großgrundbesitzer, Mitglied des Deutschen Herrenklubs 93
Stolper, Gustav (1888–1947), Journalist 97
Strasser, Gregor (1892–1934, erschossen), Organisationsleiter der NSDAP bis 1932 396
Strasser, Otto (1897–1974), gründete 1930 die »Kampfgemeinschaft revolutionärer Nationalisten« 93,

102, 105, 108, 123 f., 128, 143, 146, 153, 157, 394f., 397, 399f.
Straub, Agnes (1890–1941), Schauspielerin 244
Streicher, Julius (1885–1946), Gauleiter der NSDAP Franken, Herausgeber des »Stürmer« 206
Strelow, Heinz (1915–1943, hingerichtet), Mitglied des KJVD 349, 359
Stresemann, Gustav (1878–1929), 1923–1929 Reichskanzler und Außenminister 60, 68, 369, 389, 391, 395
Stresemann, Joachim (1909–1998) 395
Struckmann, Ubbo, Mitglied der Internationalen Studentengemeinschaft Berlin 80, 392
Stuhlmann, Mitglied der »Albingia« 63
Stumpff, Hans-Jürgen (1889–1968), Generaloberst, Chef des Luftwaffen-Personalamts im RLM 226
Sudholt, Gerd 386

Tamarowski 136
Terwiel, Marie (1910–1943, hingerichtet) 341, 350, 357, 413
Thälmann, Ernst (1886–1944, ermordet), Vorsitzender der KPD 143
Thiel, Fritz (1916–1943, hingerichtet), 1935/36 Funker bei der Luftwaffe 357, 361, 367, 415
Thierry-Manlu, frz. Politiker 210
Thieß, Frank (1890–1977), Schriftsteller 78, 148, 392
Tietz Manfred (geb. 1939), Lehrer in Duisburg 387
Timm, Mitarbeiter im Luftwaffenführungsstab des RLM 325
Timoschenko, Semjon (1885–1970), sowj. Marschall 368
Tirpitz, Alfred von (1849–1930), Großadmiral 5, 8, 22, 24, 27, 31, 46, 61, 64 f., 71 f., 73, 86, 167, 190, 297, 325, 368, 395, 409
Tirpitz, Margot von (geb. 1888), Tochter von Alfred von Tirpitz 72
Tirpitz, Wolf von (1887–1967), Sohn von Alfred von Tirpitz 199, 201, 297, 409
Tiso, Jozef (1887–1947), 1939–1945 Staatspräsident der Slowakei 409
Titze, Heinrich (geb. 1872), Professor für bürgerliches Recht an der Berliner Universität 108
Titze, Werner, Pseudonym von Sch. B. 404
Tönnies, Carola, Tochter von Ferdinand Tönnies 233
Tönnies, Ferdinand (1855–1936), Philosoph, Soziologe 5, 22, 53, 97, 104, 206, 233, 394–396
Tönnies, Kuno (1907–1963) 111, 395
Tönnies, Lisbeth, Schwester von Ferdinand Tönnies 254
Toller, Ernst (1893–1939), Schriftsteller, Pazifist 54, 389
Treitschke, Heinrich von (1834–1896), Historiker 126, 397
Trepper, Leopold 1938–1942, Offizier des sowjet militär. Nachrichtendienstes in Belgien und Frankreich 17, 385
Treviranus, Gottfried Reinhold (1891–1971), 1924–1930 MdR-DNVP 83, 90, 92, 108
Trotha, Admiral Adolf von (1896–1940), Marinekamerad von Erich Edgar Schulze 389
Trotha, Carl Dietrich von (1907 bis 1952), Mitglied des Kreisauer Kreises 363
Trott zu Solz, Adam von (1909–1944), hingerichtet), Mitarbeiter im Auswärtigen Amt, Mitglied des Kreisauer Kreises 363
Trott zu Solz, Werner von (1902–1965), Journalist 363
Trotzki, Leo (1879–1940, ermordet), russ. Revolutionär 143, 146, 281, 398 f.

Tschiang Kai-schek, (1897–1975), Führer der nationalchinesischen Regierung 344, 399
Tschitscherin, Georgi (1872–1936), 1918–1930 sowjetrussischer Volkskommissar für auswärtige Angelegenheiten 30
Tuchel, Johannes 385f. 411–413
Tucholsky, Kurt (1890–1935, Freitod), Schriftsteller und Publizist 45, 388
Turel, Adrien (1890–1957), Schweizer Philosoph und Psychoanalytiker 145, 149 f., 157, 159, 162, 166, 174, 177, 179, 181 f., 183, 308, 401, 403, 410
Türke, Werner, Pseudonym von Sch. B. 405

Uexküll, Gösta von (geb. 1909) 405
Ullstein, Leopold (1826–1896), gründete 1877 die Buch- und Zeitschriftenverlagsgruppe Ullstein 388
Unger-Winkelried, Emil, Führer der Vereinigung national gesinnter Arbeiterführer 84

Valentin, Maxim (1904–1987), Schauspieler 83
Vanzetti, Bartolomeo (1888–1927, hingerichtet), italien. Arbeiter 45, 388
Viénot, Pierre (1897–1944), Publizist, Abgeordneter des frz. Parlamentes 125, 397

Wallach, Mitglied der »Albingia« 64
Walden, Herwarth (1878–1941) 132
Waldthausen von, Sohn des Essener Industriellen Wilhelm von Waldthausen 197
Weber, Alfred (1898–1958), Nationalökonom und Soziologe 97
Weber, Max (1864–1920), Soziologe, Sozialökonom 96, 116
Weber-Krohse, Otto (geb. 1903), Leiter der Pressestelle Ost der NSDAP 166, 402
Weill, Kurt (1900–1950), Komponist 398
Weisenborn, Günther (1902–1969), Schriftsteller 14, 243 f., 251, 255 ff., 271, 278, 301, 357, 359, 373, 406 f., 411, 413f.,
Weisenborn, Margarete (geb. 1914) 357, 413
Weiser, Grethe (1903–1970), Filmschauspielerin 279
Weiss, Peter (1916–1982), Schriftsteller 18, 386
Wessel, Horst (1907–1930, erschossen), Berliner SA-Führer 181, 185, 403
Westarp, Kuno Graf von (1864 bis 1945), 1926–1928 DNVP-Parteivorsitzender 89, 92
Wied, Victor Prinz von (1934–1942), deutscher Botschafter in Schweden 295
Wilhelm II. (1859–1941), 1888–1918 König von Preußen und deutscher Kaiser 22, 26, 196, 386, 412
Wilcke, Mitglied der »Albingia« 63
Wilson 198
Winnig, August (1878–1956), Schriftsteller 45, 388
Wirth, Hermann 404
Wirth, Joseph (1879–1956), 1921/22 Reichskanzler, 1929/30 Reichsminister für die besetzten Gebiete 60
Wissel, Rudolf (1869–1962), 1919 Reichswirtschaftsminister, 1928 bis 1930 Reichsarbeitsminister 97
Wittfogel, Karl August (1896–1988), Sozialwissenschaftler 130, 398
Wittgenstein, Prinz von 130
Wodarg, Rudolf (geb. 1908), Leiter der Attachégruppe im RLM 365
Wolff, Theodor (1868–1943, KZ Sachsenhausen), Mitbegründer der DDP 45, 133, 388

Wynecken, Gustav (1875–1964), Schulreformer 400

Young, Owen (1874–1962), amerikan. Politiker und Wirtschaftsberater 391

Zander, Konrad (1883–1947), Befehlshaber des Luftwaffen-Kommandos See in Kiel 211, 226, 405
Zehrer, Hans (1899–1966), Journalist, Publizist 106, 113, 227, 232 f., 243, 364, 406
Zeppelin, Ferdinand Graf von (1838–1917), Begründer des Starrluftschiffbaus 146
Zietlow, SA-Führer, 1933 Journalist 181, 403
Zimmermann, Friedrich (1898 bis 1967), Mitarbeiter der »Tat« und der »Täglichen Rundschau« 399
Zimmermann, Robert 107, 127, 397
Zinn, Georg (1901–1976), 1950–1969 hessischer Ministerpräsident 14
Zuckmayer, Carl (1896–1977), Schriftsteller und Dramatiker 103
Zweig, Stefan (1881–1942), österr. Schriftsteller 40

Zu dieser Ausgabe

Die vorliegende Ausgabe beinhaltet Briefe von Harro Schulze-Boysen an Verwandte und Freunde. Die Originale befinden sich im Institut für Zeitgeschichte München (ED 335), im privaten Nachlaß von Helga Mulachié, Hartmut Schulze-Boysen und Christian Roy aus Montreal sowie im Bundesarchiv, Militärwissenschaftliches Archiv Freiburg (Nachlaß Tirpitz) und in der Zentralbibliothek Zürich (Nachlaß Adrien Turel).
Das Material umfaßt über 1 200 Typoskriptseiten. Für die vorliegende Ausgabe war es unumgänglich, eine Auswahl zu treffen. Dabei wurden die für die persönliche und politische Entwicklung Harro Schulze-Boysens wesentlichen Briefe berücksichtigt. Auf ca. ein Drittel der vorhandenen Briefe, aber auch auf die veröffentlichten Artikel mußte verzichtet werden. Gekürzt wurden Wiederholungen und – aus persönlichkeitsrechtlichen Gründen – Details aus der Privatsphäre. Alle Kürzungen der Herausgeber wurden durch [...] kenntlich gemacht; Ergänzungen mit eckigen Klammern gekennzeichnet.

Die Wiedergabe der Aufzeichnungen folgt in Orthographie und Interpunktion den Originalen. Offensichtliche Orthographie- und Interpunktionsfehler wurden stillschweigend korrigiert. Sämtliche Hervorhebungen Schulze-Boysens wurden kursiv, doppelte Hervorhebungen zusätzlich in Versalien wiedergegeben.

Die Edition der Briefsammlung wurde chronologisch vorgenommen. Da nicht alle Briefe datiert sind, wurden sie entsprechend ihrem inhaltlichen Bezug zeitlich zugeordnet.

Vermutlich August 1915, Berlin: an E. E. Schulze in Brügge, undatiert, hs.
25. 5. 1916, Berlin: an E. E. Schulze in Brügge, hs.
17. 12. 1916, Berlin: an E. E. Schulze in Brügge, hs.
4. 7. 1917, Berlin: an E. E. Schulze in Brügge, hs.
vermutlich August 1918, Berlin: an E. E. Schulze in Brügge, undatiert, hs.
7. 7. 20, Gripsnås: an E. E. und Marie-Luise Schulze in Berlin, hs.
vermutlich Mitte August 1920, Gripsnås: an E. E. und M.-L. Schulze in Bansin, undatiert, hs.
22. 5. 1922, Berlin: an E. E. Schulze in Duisburg, hs.
vermutlich Sommer 1922, Gripsnås: an Helga und Hartmut Schulze vermutlich in Berlin, undatiert, hs.
vermutlich Juli 1922, Gripsnås: an M.-L. Schulze und E. E. Schulze vermutlich in Berlin, undatiert, hs, unvollständig erhalten.
3. 9. 1922, Berlin: an E. E. Schulze in Duisburg, hs.
10. 6. 1923, Gripsnås: an E. E. und M.-L. Schulze in Duisburg, hs.
22. 7. 1923, Gripsnås: an E. E. und M.-L. Schulze in Duisburg, hs.

26. 8. 1923, Gripsnås: an E. E., M.-L. und Helga Schulze in Duisburg, hs.
11. 5. 1924, Duisburg: an M.-L. Schulze, hs.
1. 9. 1924, Gripsnås, Mariefred: an E. E. und M.-L. Schulze in Duisburg, hs.
30. 11. 24, Duisburg: an E. E. Schulze, hs.
24. 7. 1925: an M.-L. Schulze in Duisburg, hs.
24. 8. 1925, Gripsnås: an E. E. und M.-L. Schulze in Duisburg, hs.
3. 9. 1925, Gripsnås: an E. E. und M.-L. Schulze in Duisburg, hs., unvollständig erhalten.
6. 8. 1926, Ballachulish House, Ballachulish, Argyllshire Scotland: an E. E., M.-L., Helga und Hartmut Schulze vermutlich in Duisburg, hs.
vermutlich Mitte August 1926, Great Britain, Ballachulish, Ballachulish House, Argyllshire, Scotland: an Familie E. E. Schulze vermutlich in Duisburg, undatiert, hs.
23. 8. 1926, 25 Montpellier Crescent Wallasey Cheshine: an Familie E. E. Schulze vermutlich in Duisburg, hs.
18. 8. 1927, Gripsnås Mariefred: an E. E. und M.-L. Schulze vermutlich in Duisburg, hs.
Poststempel vom 28. 8. 1927, Mariefred: an E. E. Schulze in Duisburg, Postkarte, hs.
27. 3. 1928, an Alfred von Tirpitz in Berlin, hs.
vermutlich April 1928, Freiburg: an E. E. und M.-L. Schulze in Duisburg, undatiert, ms.
vermutlich April/Mai 1928, Freiburg: an E. E. und M.-L. Schulze in Duisburg, undatiert, hs.
vermutlich Juni 1928, Freiburg: an E. E. und M.-L. Schulze in Duisburg, undatiert, ms.
vermutlich Juni 1928, Freiburg: an E. E. und M.-L. Schulze in Duisburg, undatiert, ms.
vermutlich Mai 1928, Freiburg: an E. E. und M.-L. Schulze in Duisburg, undatiert, ms.
13. 8. 1928, vermutlich Mariefred, Gripsnås: an E. E. und M.-L. Schulze vermutlich in Duisburg, hs.
3. 9. 1928, Freiburg: an M.-L. Schulze in Duisburg, ms.
vermutlich November 1928, vermutlich Freiburg: an Familie Schulze in Duisburg, undatiert, hs.
Anfang Dezember 1928, Freiburg: an M.-L. Schulze in Duisburg, undatiert, hs.
4. 2. 1929, Freiburg/Breisgau: an M.-L. Schulze in Duisburg, ms.
10. 3. 1929, Elmau: an E. E. Schulze, hs.
7. 6. 1929, Freiburg: an M.-L. und E. E. Schulze in Duisburg, ms.
vermutlich Juni 1929, Freiburg: an Helga Schulze vermutlich in Duisburg, undatiert, hs.
12. 8. 1929, Duisburg: an Alfred von Tirpitz in Feldafing, ms.
27. 8. 1929, vermutlich Duisburg: an Helga Schulze in München, ms.
vermutlich Anfang September 1929, Hamburg: an E. E. Schulze vermutlich in Bad Kissingen, undatiert, hs.
14. 9. 1929, Feldafing/Starnbergersee: Alfred von Tirpitz an Sch. B. in Duisburg, ms.

24. 11. 1929, Berlin: an E. E. und M.-L. Schulze in Duisburg, ms.
13. 12. 1929, Berlin: an M.-L. und E. E. Schulze in Duisburg, ms.
vermutlich Ende Januar 1930, Berlin: an M.-L. und E. E. Schulze in Duisburg, undatiert, ms.
6. 3. 1930, Berlin: an M.-L. und E. E. Schulze in Duisburg, ms.
vermutlich März 1930, Berlin: an M.-L. und E. E. Schulze in Duisburg, undatiert, ms.
vermutlich Ostern 1930, Berlin: an E. E. und M.-L. Schulze in Duisburg, undatiert, ms., unvollständig erhalten.
31. 3. 1930, Berlin: an M.-L. und E. E. Schulze in Duisburg, ms., unvollständig erhalten.
11. 4. 1930, Berlin: an M.-L. und E. E. Schulze in Duisburg, ms.
15. 4. 1930, Berlin: an M.-L. und E. E. Schulze in Duisburg, ms.
24. 7. 1930, Berlin: an M.-L. Schulze in Duisburg, ms.
vermutlich Mitte September 1930, Berlin: an E. E. Schulze in Duisburg, undatiert, ms.
1. 10. 1930, Berlin: an E. E. Schulze in Duisburg, hs.
20. 10. 1930, Berlin: an M.-L. und E. E. Schulze in Duisburg, Postkarte, ms.
25. 10. 1930, Berlin: an M.-L. und E. E. Schulze in Duisburg, ms.
7. 12. 1930, Berlin: an M.-L. und E. E. Schulze in Duisburg, ms.
10. 12. 1930, Berlin: an M.-L. Schulze in Duisburg, ms.
17. 1. 1931, Berlin: an Rudolf Heberle in Kiel, ms.
vermutlich Februar 1931, Berlin: an E. E. und M.-L. Schulze in Duisburg, undatiert, ms.
vermutlich Januar 1931, Berlin: an E. E. und M.-L. Schulze in Duisburg, undatiert, ms.
21. 2. 1931, Berlin: an M.-L. und E. E. Schulze in Duisburg, ms.
21. 3. 1931, Berlin: an M.-L. und E. E. Schulze in Duisburg, hs.
1. 4. 1931, Berlin: an M.-L. und E. E. Schulze in Duisburg, ms.
10. 4. 1931, Berlin: an Rudolf Heberle in Kiel, ms., unvollständig erhalten.
18. 4. 1931, Berlin: an M.-L. Schulze in Duisburg, ms.
vermutlich Mitte Juli 1931, Berlin: an M.-L. Schulze in Elmau, undatiert, ms.
vermutlich Juli 1931, Berlin: an M.-L. und E. E. Schulze in Duisburg, undatiert, ms.
31. 7. 1931, Paris: an M.-L. und E. E. Schulze in Duisburg, hs.
18. 8. 1931, Trébeurden C-du-N.: an E. E. und M.-L. Schulze in Duisburg, hs.
vermutlich Ende August 1931: an E. E. Schulze vermutlich in Duisburg, undatiert, hs.
1. 9. 1931, St. Cast, Celtic: an E. E. Schulze vermutlich in Duisburg, hs.
1. 10. 1931, Berlin: an E. E. Schulze in Duisburg, hs.
10. 11. 1931, Berlin: an E. E. Schulze in Duisburg, ms.
26. 11. 1931, Berlin: an E. E. Schulze in Duisburg, ms.
vermutlich Mitte Januar 1932, Berlin: an M.-L. und E. E. Schulze in Duisburg, undatiert, ms.
vermutlich Ende Januar 1932, Berlin: an E. E. und M.-L. Schulze in Duisburg, undatiert, hs., unvollständig erhalten.
vermutlich Ende Februar 1932, Berlin: an E. E. Schulze in Duisburg, undatiert, ms.

25. 2. 1932, Berlin: an M.-L. Schulze in Duisburg, ms., unvollständig erhalten.
21. 5. 1932, Berlin: an Alexandre Marc in Paris, ms.
23. 5. 1932, Berlin: an M.-L. Schulze in Duisburg, ms.
20. 6. 1932, Berlin: an M.-L. und E. E. Schulze in Duisburg, ms.
vermutlich Ende Juni 1932, Berlin: an E. E. Schulze in Duisburg, undatiert, ms.
5. 7. 1932, Duisburg: E. E. Schulze an Sch. B. in Berlin, hs., unvollständig erhalten.
26. 8. 1932, Berlin: an E. E. und M.-L. Schulze in Duisburg, ms.
vermutlich August 1932, Berlin: an M.-L. Schulze in Duisburg, undatiert, hs.
27. 9. 1932, Berlin: an E. E. Schulze in Duisburg, ms.
29. 11. 1932, Berlin: an M.-L. und E. E. Schulze in Duisburg, ms.
17. 2. 1933, Berlin: an E. E. und M.-L. Schulze in Duisburg, ms.
2. 3. 1933, Berlin: an E. E. und M.-L. Schulze in Duisburg, Postkarte, ms.
vermutlich März/April 1933, Berlin: an M.-L. Schulze in Duisburg, undatiert, ms.
Mitte April 1933, Berlin: an E. E. Schulze in Duisburg, undatiert, ms.
26. 5. 1933, Warnemünde: an E. E. und M.-L. Schulze in Duisburg, hs.
31. 5. 1933, Warnemünde: an E. E. und M.-L. Schulze in Duisburg, hs., unvollständig erhalten.
6. 6. 1933, Warnemünde: an Adrien Turel, vermutlich in Berlin, hs.
25. 7. 1933, Warnemünde: an M.-L. Schulze in Duisburg, hs, unvollständig erhalten.
3. 8. 1933, Warnemünde: an E. E. Schulze in Duisburg, hs.
18. 8. 1933, Warnemünde: an E. E. Schulze in Duisburg, hs.
30. 8. 1933, Warnemünde: an M.-L. Schulze in Duisburg, hs.
3. 9. 1933, Warnemünde: an E. E. Schulze in Duisburg, hs.
15. 9. 1933, Warnemünde: an E. E. Schulze in Duisburg, hs.
vermutlich 21. 9. 1933, Warnemünde: an M.-L. Schulze in Duisburg, undatiert, hs.
4. 10. 1933, Warnemünde: an E. E. und M.-L. Schulze in Duisburg, hs.
9. 10. 1933, Warnemünde: an Helga Schulze vermutlich in Kiel, hs.
10. 10. 1933, Warnemünde: an Adrien Turel vermutlich in Berlin, hs.
12. 10. 1933, Warnemünde: an M.-L. und E. E. Schulze in Duisburg, hs.
18. 10. 1933, Warnemünde: an M.-L. und E. E. Schulze in Duisburg, hs.
31. 10. 1933, Warnemünde: an M.-L. und E. E. Schulze in Duisburg, hs.
10. 11. 1933, Warnemünde: an E. E. und M.-L. Schulze in Duisburg, hs.
vermutlich Mitte November 1933, Warnemünde: an Adrien Turel vermutlich in Berlin, undatiert, hs.
17. 11. 1933, Warnemünde: an M.-L. und E. E. Schulze in Duisburg, hs.
24. 11. 1933, Warnemünde: an E. E. und M.-L. Schulze in Duisburg, hs.
4. 12. 1933,Warnemünde: an E. E. und M.-L. Schulze in Duisburg, hs.
3. 1. 1934, Warnemünde: an E. E. und M.-L. Schulze in Duisburg, hs.
8. 1. 1934, Warnemünde: an M.-L. Schulze in Duisburg, ms.
29. 1. 1934, Warnemünde: an E. E. und M.-L. Schulze in Duisburg, ms.
2. 2. 1934, Warnemünde: an E. E. Schulze in Duisburg, ms.
17. 2. 1934, Warnemünde: an M.-L. und E. E. Schulze in Duisburg, ms
22. 2. 1934, Warnemünde: an M.-L. Schulze in Duisburg, ms.

12. 3. 1934, Warnemünde: an E. E. Schulze in Duisburg, ms.
22. 3. 1934, Warnemünde: an E. E. und M.-L. Schulze in Duisburg, ms.
24. 3. 1934, Warnemünde: an E. E. und M.-L. Schulze in Duisburg, hs.
Ostern 1934, Warnemünde: an E. E. und M.-L. Schulze in Duisburg, ms.
3. 4. 1934, Warnemünde: an M.-L. und E. E. Schulze in Duisburg, hs.
12. 4. 1934, Berlin: an E. E. und M.-L. Schulze in Duisburg, ms.
1. 5. 1934, Berlin: an Helga Schulze vermutlich in Kiel, undatiert, ms.
15. 5. 1934, Berlin: an E. E. und M.-L. Schulze in Duisburg, ms.
13. 6. 1934, Berlin: an E. E. Schulze in Duisburg, hs.
vermutlich Juni 1934, Berlin: an E. E. Schulze in Duisburg, undatiert, ms.
19. 7. 1934, Berlin: an E. E. und M.-L. Schulze in Duisburg, hs.
7. 8. 1934, Berlin: an E. E. und M.-L. Schulze in Wildbad, ms.
4. 9. 1934, Berlin: an M.-L. und E. E. Schulze in Duisburg, hs.
9. 9. 1934, Berlin: an M.-L. und E. E. Schulze in Höchenschwand, hs.
1. 10. 1934, Berlin: an E. E. Schulze in Duisburg, ms.
2. 2. 1935, Berlin: an M.-L. und E. E. Schulze in Duisburg, hs.
vermutlich Februar 1935, Berlin: an M.-L. Schulze in Duisburg, undatiert, ms.
3. 5. 1935, Berlin: an M.-L. und E. E. Schulze in Duisburg, ms.
16. 5. 1935, Berlin: an M.-L. und E. E. Schulze in Duisburg, ms.
25. 5. 1935, Berlin: an E. E. und M.-L. Schulze in Duisburg, hs.
6. 7. 1935, Berlin: an E. E. und M.-L. Schulze in Duisburg, ms.
16. 7. 1935, Berlin: an M.-L. und E. E. Schulze in Duisburg, ms.
26. 7. 1935, Berlin: an M.-L. Schulze in Duisburg, hs.
27. 7. 1935, Berlin: an M.-L. Schulze in Duisburg, hs.
24. 8. 1935, Genf: an Claude Chevalley vermutlich in Paris, hs.
15.-19. 10. 1935, Berlin: an M.-L. Schulze in Duisburg, ms.
6. 11. 1935, Berlin: an M.-L. Schulze in Duisburg, hs.
12. 1. 1936, Halle/Saale: an E. E. und M.-L. Schulze in Duisburg, hs.
26. 1. 1936, Halle/Saale: an E. E. und M.-L. Schulze in Duisburg, hs.
28. 2. 1936, Halle/Saale: an E. E. und M.-L. Schulze in Duisburg, hs.
2. 3. 1936, Halle/Saale: an M.-L. und E. E. Schulze in Duisburg, hs.
9. 3. 1936, Halle/Saale: an M.-L. und E. E. Schulze in Duisburg, hs.
30. 3. 1936, Halle/Saale: an E. E. und M.-L. Schulze in Duisburg, hs.
vermutlich April 1936, Berlin: an M.-L. Schulze in Duisburg, undatiert, ms.
24. 5. 1936, Berlin: an M.-L. Schulze in Duisburg, ms.
9. 7. 1936, Berlin: an E. E. und M.-L. Schulze in Duisburg, ms.
10. 7. 1936, Berlin: an M.-L. und E. E. Schulze in Duisburg, ms.
13. 8. 1936, Berlin: an E. E. Schulze in Duisburg, Postkarte, hs.
21. 8. 1936, Berlin: an M.-L. Schulze in Kiel, ms.
6. 9. 1936, Liebenberg: an E. E. Schulze in Duisburg, hs.
12. 9. 1936, Berlin: an E. E. und M.-L. Schulze in Duisburg, ms.
1. 10. 1936, Berlin: an E. E. Schulze in Duisburg, ms.
26. 10. 1936, Berlin: an M.-L. und E. E. Schulze in Duisburg, hs.
12. 11. 1936, List/Sylt: an E. E. und M.-L. Schulze in Duisburg, hs.
21. 11. 1936, List/Sylt: an E. E. und M.-L. Schulze in Duisburg, hs.
27. 11. 1936, List/Sylt: an E. E. Schulze in Duisburg, hs.
24. 2. 1937, Berlin: an E. E. und M.-L. Schulze in Duisburg, ms.
6. 5. 1937, List/Sylt: an M.-L. Schulze in Mülheim, ms.

7. 6. 1937, Berlin: an M.-L. Schulze in Mülheim, ms.
22. 7. 1937, Schleswig: an M.-L. Schulze in Mülheim, hs.
25. 7. 1937, Schleswig: an M.-L. Schulze in Mülheim, hs.
18. 8. 1937, Berlin: an E. E. und M.-L. Schulze in Mülheim, ms.
11. 9. 1937, Berlin: an E. E. und M.-L. Schulze in Mülheim, ms.
15. 9. 1937, Berlin: an E. E. Schulze in Mülheim, ms.
21. 9. 1937, Berlin: an E. E. Schulze in Mülheim, ms.
6. 10. 1937, Berlin: an E. E. Schulze in Mülheim, hs.
13. 10. 1937, Berlin: an M.-L. Schulze in Mülheim, ms.
16. 10. 1937, Berlin: an E. E. und M.-L. Schulze in Mülheim, ms.
27. 12. 1937, Liebenberg: an M.-L. und E. E. Schulze in Mülheim, hs.
29. 12. 1937, Berlin: an E. E. und M.-L. Schulze in Mülheim, ms.
24. 1. 1938, Berlin: an M.-L. und E. E. Schulze in Mülheim, ms.
27./28. 1. 1938, Berlin: an E. E. und M.-L. Schulze in Mülheim, ms.
5. 2. 1938, Berlin: an E. E. und M.-L. Schulze in Mülheim, ms.
25. 2. 1938, Berlin: an E. E. und M.-L. Schulze in Mülheim, hs., unvollständig erhalten.
vermutlich 21. 5. 1938, Berlin: an M.-L. und E. E. Schulze in Mülheim, ungenau datiert, ms.
22. 5. 1938, Berlin: an M.-L. Schulze in Mülheim, ms.
4. 6. 1938, Berlin: an E. E. und M.-L. Schulze in Duisburg, ms.
11. 6. 1938, Berlin: an M.-L. und E. E. Schulze in Duisburg, ms.
vermutlich Ende August 1938, Berlin: an M.-L. und E. E. Schulze in Mülheim, undatiert, ms.
30. 8. 1938, Berlin: an E. E. und M.-L. Schulze in Mülheim, ms.
1. 10. 1938, Berlin: an E. E. Schulze in Golzow, ms.
4. 10. 1938, Berlin: an M.-L. und E. E. Schulze in Mülheim, hs.
11. 10. 1938, Berlin: an M.-L. Schulze in Mülheim, ms.
11. 11. 1938, Berlin: an E. E. und M.-L. Schulze in Mülheim, ms.
25. 3. 1939, Berlin: an M.-L. und E. E. Schulze in Duisburg, ms.
1. 5. 1939, Berlin: an E. E. Schulze in Duisburg, ms.
vermutlich Juni 1939, Berlin: an M.-L. Schulze in Duisburg, undatiert, ms.
vermutlich Anfang Juli 1939, Berlin: an E. E., Hartmut und M.-L. Schulze in Duisburg, undatiert, ms.
5. 8. 1939, Berlin: an E. E. Schulze in Duisburg, ms.
vermutlich Ende August 1939, Berlin: an M.-L. Schulze in Duisburg, undatiert, ms.
30. 8. 1939, Berlin: an E. E. Schulze in Bad Gastein, hs.
11. 9. 1939, Berlin: an E. E. und M.-L. Schulze in Duisburg, ms.
16. 9. 1939, Berlin: an E. E. und M.-L. Schulze in Duisburg, hs.
20. 9. 1939, Berlin: an M.-L. und E. E. Schulze in Duisburg, ms.
27. 9. 1939, Berlin: an E. E. und M.-L. Schulze in Duisburg, ms.
2. 10. 1939, Berlin: an E. E. Schulze in Duisburg, ms.
21. 10. 1939, Berlin: an M.-L. und E. E. Schulze in Duisburg, ms.
28. 10. 1939, Berlin: an M.-L., E. E. und Hartmut Schulze in Duisburg, ms.
vermutlich November 1939, Berlin: an M.-L., Hartmut und E. E. Schulze in Duisburg, undatiert, hs.
20. 1. 1940, Berlin: an E. E. und M.-L. Schulze in Duisburg, ms.

28. 1. 1940, Berlin: an E. E. und M.-L. Schulze in Duisburg, hs.

vermutlich Anfang Februar 1940, Berlin: an E. E. und M.-L. Schulze in Duisburg, undatiert, hs.

vermutlich Anfang Februar 1940, Berlin: an E. E. und M.-L. Schulze in Duisburg, undatiert, hs.

11. 2. 1940, Berlin: an M.-L. und E. E. Schulze in Duisburg, ms.

21. 3. 1940, Berlin: an M.-L. und E. E. Schulze in Kiel, ms.

12. 4. 1940, Berlin: an E. E. Schulze in Duisburg, ms.

vermutlich Ende April 1940, Berlin: an E. E. Schulze in Duisburg, undatiert, hs.

11. 5. 1940, Berlin: an M.-L. und E. E. Schulze in Duisburg, ms.

24. 5. 1940, Berlin: an M.-L. und E. E. Schulze in Duisburg und Milano, ms.

14. 6. 1940, Berlin: an M.-L. und E. E. Schulze in Duisburg, ms.

vermutlich Mitte Juni 1940, Berlin: an M.-L. Schulze vermutlich in Mülheim, undatiert, ms.

29. 6. 1940, Berlin: an E. E. Schulze vermutlich in Mülheim, ms.

9. 8. 1940, Berlin: an M.-L. und E. E. Schulze vermutlich in Duisburg, ms.

vermutlich 21. 8. 1940, Berlin: an E. E. und M.-L. Schulze vermutlich in Duisburg, undatiert, ms.

2. 9. 1940, Berlin: an M.-L. Schulze in Duisburg, ms.

29./30. 9. 1940, Berlin: an E. E. Schulze vermutlich in Wilhelmshaven, hs., unvollständig erhalten.

15. 10. 1940, Berlin: an M.-L. und E. E. Schulze in Duisburg und Wilhelmshaven, ms.

29. 10. 1940, Berlin: an M.-L. und E. E. Schulze in Duisburg und den Niederlanden, ms.

29. 11. 1940, Berlin: an E. E. Schulze in den Niederlanden, ms.

18. 12. 1940, Berlin: an E. E. Schulze vermutlich in Amsterdam und M.-L. Schulze in Mülheim, ms.

Weihnachten 1940, Berlin: an M.-L., Hartmut und E. E. Schulze in Duisburg, ungenau datiert, ms.

18. 1. 1941, Berlin: an E. E. Schulze vermutlich in Den Haag und M.-L. Schulze vermutlich in Mülheim, ms.

23. 1. 1941, Wildpark-West: an E. E. Schulze vermutlich in Den Haag und M.-L. Schulze vermutlich in Mülheim, hs.

3. 2. 1941, Wildpark-West: an M.-L. Schulze vermutlich in Mülheim und E. E. Schulze vermutlich in Den Haag, hs.

5. 2. 1941, Wildpark-West: an M.-L. Schulze vermutlich in Mülheim und E. E. Schulze vermutlich in Den Haag, hs.

26. 2. 1941, Wildpark-West: an E. E. Schulze vermutlich in Den Haag und M.-L. Schulze vermutlich in Kiel, ms.

3. 3. 1941, Wildpark-West: an E. E. Schulze vermutlich in Den Haag, hs.

15. 3. 1941, Wildpark-West: an E. E. Schulze vermutlich in Den Haag, hs.

vermutlich 5. 4. 1941, Wildpark-West: an S. Mahlberg in Berlin, undatiert, ms. (Abschrift)

vermutlich 6. 4. 1941, Wildpark-West: an S. Mahlberg in Berlin, undatiert, ms. (Abschrift), unvollständig erhalten.

7. 4. 1941, Wildpark-West: an E. E. und M.-L. Schulze vermutlich in St. Blasien, ms.

vermutlich 12.4.1941, Wildpark-West: an S. Mahlberg in Berlin, undatiert, ms. (Abschrift)
vermutlich 20.4.1941, Wildpark-West: an S. Mahlberg in Berlin, undatiert, ms. (Abschrift)
vermutlich 3.5.1941, Wildpark-West: an S. Mahlberg in Berlin, undatiert, ms. (Abschrift), unvollständig erhalten.
8.6.1941, Wildpark-West: an E. E. Schulze vermutlich in Den Haag, ms.
vermutlich 15.7.1941, Wildpark-West: an S. Mahlberg, vermutlich in Wien, undatiert ms. (Abschrift)
vermutlich 5.8.1941, Wildpark-West: an S. Mahlberg in Wien, undatiert, ms.
23.9.1941, Wildpark-West: an E. E. Schulze vermutlich in Den Haag, hs.
21.12.1941, Berlin: an M.-L. und Hartmut Schulze vermutlich in St. Blasien, ms.
24.12.1941, Berlin: an E. E. Schulze vermutlich in Den Haag, hs.
15.1.1942, Berlin: an E. E. Schulze vermutlich in Den Haag, hs.
27.1.1942, Berlin: an E.E. Schulze vermutlich in Den Haag und M.-L. Schulze in St. Blasien, ms.
6.2.1942, Berlin: an E.E. Schulze vermutlich in Den Haag und M.-L. Schulze vermutlich in St. Blasien, ms.
22.2.1942, Berlin: an Hartmut Schulze vermutlich in St. Blasien, hs.
16.4.1942, Berlin: an Werner Schulze in Leipzig, ms.
3.5.1942, Berlin: an E. E. Schulze vermutlich in Den Haag, ms.
9.5.1942, Berlin: an E. E. Schulze in Den Haag und M.-L. Schulze vermutlich in Freiburg, ms.
19.5.1942, Berlin: an Helga Mulachié, Hartmut und M.-L. Schulze in Freiburg, ms.
18.6.1942, Burg Stetten: an Horst Heilmann in Berlin, Postkarte, ms.
22.6.1942, Kocherstetten: an M.-L. Schulze in Freiburg und E. E. Schulze in Bad Gastein, ms.
6.7.1942, Berlin: an M.-L., Hartmut und E. E. Schulze vermutlich in Mülheim, ms.
25.7.1942, Berlin: an M.-L. Schulze in Mülheim und E. E. Schulze vermutlich in Den Haag, ms.
12.8.1942, Berlin: an E. E. Schulze vermutlich in Den Haag, ms.
23.8.1942, Berlin: an M.-L. Schulze in Duisburg und E. E. Schulze in Den Haag, ms.
9.9.1942, Berlin: Libertas Schulze-Boysen an Thora Gräfin zu Eulenburg in Liebenberg, Postkarte, ms.
vermutlich November/Dezember 1942: Gedicht von Sch. B., hs.
7.12.1942, Berlin-Plötzensee: an E. E. und M.-L. Schulze in Duisburg, hs.
10.12.1942, Berlin-Plötzensee: an M.-L. und E. E. Schulze in Duisburg, hs.
22.12.1942, Berlin-Plötzensee: an M.-L. und E. E. Schulze in Duisburg, hs.
22.12.1942, Berlin-Plötzensee: an E. E. Schulze in Duisburg, hs.

Wir danken allen, die das Zustandekommen dieser Ausgabe unterstützten, besonders Helga Mulachié und Hartmut Schulze-Boysen, die ihr Einverständnis zum Abdruck der Briefe gaben, aber auch Arnold Bauer, Herbert Dahl, Werner Dissel, Johannes Haas-Heye, Robert Jungk (†) und Regine Schütt, den Freunden und Zeitgenossen von Harro Schulze-Boysen, ferner Christian Roy aus Montreal für die Überlassung der Briefe an die französischen Freunde. Für die Möglichkeit, die Archive zu nutzen und Materialien zitieren zu dürfen, danken wir dem Institut für Zeitgeschichte München, der Pressestelle des Auslandsnachrichtendienstes der Russischen Föderation, dem Zentrum für die Aufbewahrung und Nutzung von Dokumenten der neuesten Geschichte der Russischen Föderation, dem Bundesarchiv Berlin-Lichterfelde, der Deutschen Dienststelle in Berlin, der Gedenkstätte Deutscher Widerstand, dem Militärwissenschaftlichen Archiv Freiburg und der Zentralbibliothek Zürich.

Almuth Giesecke und Franziska Günther vom Aufbau-Verlag sowie Johannes Tuchel und Ulrike Hett von der Gedenkstätte Deutscher Widerstand in Berlin gilt unser Dank für ihre Unterstützung. Ebenso danken wir Wladimir Petscherski aus Moskau für seine Hinweise, Ulrike Langer und Nora Leo für ihre Übersetzungen aus dem Französischen sowie Karla Schmidt und Julia Thomas, die bei den Recherchen für das Namensregister halfen.

Geertje Andresen
Hans Coppi